Franche-Comté

Cofondateurs : Philippe GLOAGUEN et Michel DUVAL

Directeur de collection et auteur
Philippe GLOAGUEN

Rédacteurs en chef adjoints
Amanda KERAVEL
et Benoît LUCCHINI

Directrice de la coordination
Florence CHARMETANT

Directrice administrative
Bénédicte GLOAGUEN

Directeur du développement
Gavin's CLEMENTE-RUIZ

Direction éditoriale
Catherine JULHE

Rédaction
Isabelle AL SUBAIHI
Mathilde de BOISGROLLIER
Thierry BROUARD
Marie BURIN des ROZIERS
Véronique de CHARDON
Fiona DEBRABANDER
Anne-Caroline DUMAS
Géraldine LEMAUF-BEAUVOIS
Olivier PAGE
Alain PALLIER
Anne POINSOT
André PONCELET

Conseiller à la rédaction
Pierre JOSSE

Administration
Carole BORDES
Éléonore FRIESS

2017/18

hachette

TABLE DES MATIÈRES

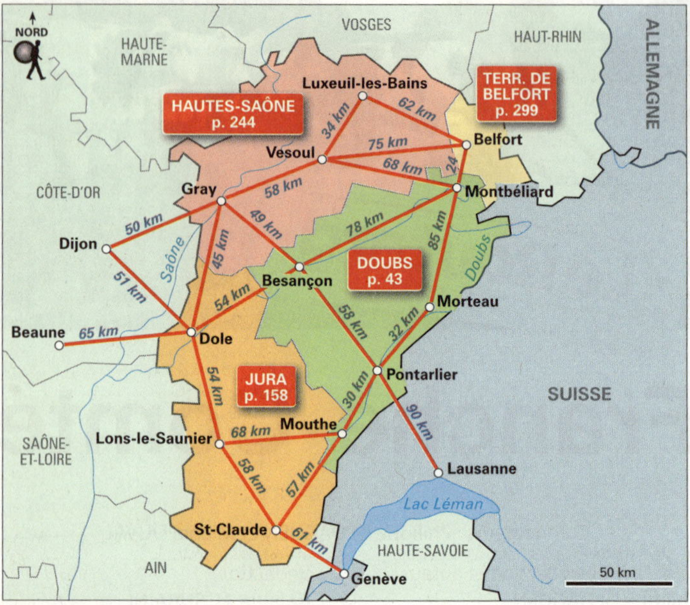

PRÉAMBULE

- La rédaction du *Routard* 6
- Introduction 11
- Nos coups de cœur 12
- Lu sur routard.com 27
- Itinéraires conseillés 28

COMMENT Y ALLER ? 33

- Par la route 33
- En bus 33
- En train 33
- En avion 34

BON À SAVOIR AVANT LE DÉPART 37

- ABC de la Franche-Comté 37
- Avant le départ 37
- Budget 38
- Climat 39
- Livres de route 40
- Personnes handicapées 41
- Sites internet 41

LE DOUBS 43

- ABC du Doubs 43
- La vie au grand air 46

DE BESANÇON À ARC-ET-SENANS 47
- Besançon 47
- La saline royale d'Arc-et-Senans 67
- Du val d'Amour à la source de la Loue 73

LA VALLÉE DU LISON 73
- Nans-sous-Sainte-Anne 73

LE HAUT-DOUBS, DE PONTARLIER À CHAPELLE-DES-BOIS 77
- Pontarlier 77
- Les Fourgs 86
- La vallée des Deux-Lacs – Malbuisson 88
- Métabief – Le mont d'Or 94
- Mouthe 99
- Chapelle-des-Bois 101

LA RÉPUBLIQUE DU SAUGEAIS 104
- Montbenoît 105

LE PAYS HORLOGER 107
- De Montbenoît à Morteau 108
- Morteau 109
- Villers-le-Lac 113
- Le Russey 116
- Charquemont 117
- Goumois 119
- Maîche 120
- La vallée du Dessoubre 121
- Saint-Hippolyte 123

LE PAYS DE MONTBÉLIARD 125
- Montbéliard 126

LA VALLÉE DU DOUBS, DE MONTBÉLIARD À BAUME-LES-DAMES
- L'Isle-sur-le-Doubs 137
- Baume-les-Dames 139

LA VALLÉE DU CUSANCIN 142

DE BAUME-LES-DAMES À VALDAHON 142

LES VALLÉES DE LA LOUE ET DU LISON 144
- La source de la Loue 144
- Mouthier-Haute-Pierre 146
- Lods 147
- Vuillafans 148
- Ornans 149
- Cléron 155

LE JURA 158
- ABC du Jura 158
- Lons-le-Saunier 159

LA BRESSE JURASSIENNE ET LE PAYS DOLOIS 168
- Dole 171
- Le val d'Amour et la forêt de Chaux 177

LE VIGNOBLE DU JURA ET LE REVERMONT 179
- Salins-les-Bains 179
- Arbois 184
- Poligny 190
- Château-Chalon 193
- Baume-les-Messieurs 195
- Saint-Amour 198

LE PAYS DES LACS ET DE LA PETITE MONTAGNE 199
- Les vallées du Suran et de la Valouse 200
- Le lac de Vouglans 202
- Clairvaux-les-Lacs 206
- Les cascades du Hérisson 207
- Le lac de Chalain 211

LE HAUT-JURA ... 212
- Champagnole ... 213
- Nozeroy ... 216
- Foncine-le-Haut ... 218
- Le Grandvaux ... 219
- Longchaumois ... 221
- Morez ... 222
- Les Rousses ... 226
- Les Hautes-Combes ... 233
- Saint-Claude ... 237

LA HAUTE-SAÔNE ... 244
- ABC de la Haute-Saône ... 244
- Vesoul ... 245

LA VALLÉE DE L'OGNON ... 252
- Villersexel ... 254
- Le long de l'Ognon ... 256
- Gy ... 261

LE VAL DE SAÔNE ... 262
- Gray ... 262
- Champlitte ... 266
- La moyenne vallée de la Saône ... 269
- Les Hauts du val de Saône ... 274

LES VOSGES DU SUD EN HAUTE-SAÔNE ... 276
- Luxeuil-les-Bains ... 278

Le parc naturel régional des ballons des Vosges ... 284
- Fougerolles ... 285
- Le plateau des Mille Étangs ... 287
- De Servance à Melisey par la montagne ... 291
- La vallée du Rahin ... 293
- Lure ... 297

LE TERRITOIRE DE BELFORT ... 299
- ABC du Territoire de Belfort ... 299
- Belfort ... 300
- Le lac du Malsaucy ... 319

LES VOSGES DU SUD ... 320
- Giromagny ... 320
- Auxelles-Haut ... 322
- Le ballon d'Alsace ... 322
- La route des villages fleuris ... 324
- La plaine de Belfort et le Sundgau ... 326

LE PLATEAU DU JURA ... 330
- Delle ... 330

HOMMES, CULTURE, ENVIRONNEMENT ... 335
- Architecture ... 335
- Communautarisme et utopisme ... 337
- Cuisine ... 338
- Économie ... 339
- Forêt et sapin-président ... 343
- Frontière et frontaliers ... 343
- Géographie ... 344
- Habitat ... 345
- Histoire ... 346
- Langue régionale ... 350
- Les Lip ... 351
- Personnages ... 351
- Sites inscrits au Patrimoine mondial de l'Unesco ... 354
- Vins et alcools ... 354

Index général ... 376

Liste des cartes et plans ... 383

Recommandation à ceux qui souhaitent profiter des réductions et avantages proposés dans le *Routard* par les hôteliers et les restaurateurs.

À l'hôtel, pensez à les demander au moment de la réservation ou, si vous n'avez pas réservé, **à l'arrivée.** Ils ne sont valables que pour les réservations en direct et ne sont pas cumulables avec d'autres offres promotionnelles (notamment sur Internet). Au restaurant, parlez-en **au moment** de la commande et surtout **avant** que l'addition ne soit établie. Poser votre *Routard* sur la table ne suffit pas : le personnel de salle n'est pas toujours au courant et une fois le ticket de caisse imprimé, il est souvent difficile de modifier le total. En cas de doute, montrez la notice relative à l'établissement dans le *Routard* de l'année et, bien sûr, ne manquez pas de nous faire part de toute difficulté rencontrée.

☎ **112 :** c'est le numéro d'urgence commun à la France et à tous les pays de l'UE, à composer en cas d'accident, agression ou détresse. Il permet de se faire localiser et aider en français, tout en améliorant les délais d'intervention des services de secours.

Sculpture de Vauban, Besançon

LA RÉDACTION DU ROUTARD

(sans oublier nos 50 enquêteurs, aussi sur le terrain)

Thierry, Anne-Caroline, Éléonore, Olivier, Pierre, Benoît, Alain, Fiona, Gavin's, André, Véronique, Bénédicte, Jean-Sébastien, Mathilde, Amanda, Isabelle, Géraldine, Marie, Carole, Philippe, Florence, Anne.

La saga du *Routard* : en 1971, deux étudiants, Philippe et Michel, avaient une furieuse envie de découvrir le monde. De retour du Népal germe l'idée d'un guide différent qui regrouperait tuyaux malins et itinéraires sympas, destiné aux jeunes fauchés en quête de liberté. 1973. Après 19 refus d'éditeurs et la faillite de leur première maison d'édition, l'aventure commence vraiment avec Hachette. Aujourd'hui, le *Routard*, c'est plus d'une cinquantaine d'enquêteurs impliqués et sincères. Ils parcourent le monde toute l'année dans l'anonymat et s'acharnent à restituer leurs coups de cœur avec passion.

Merci à tous les Routards qui partagent nos convictions : liberté et indépendance d'esprit ; découverte et partage ; sincérité, tolérance et respect des autres.

NOS SPÉCIALISTES FRANCHE-COMTÉ

Thomas Rivallain : transbahuté dès l'enfance dans le combi familial, les sens affutés en tournée musicale ou louvoyant sur les itinéraires bis, tout est prétexte aux carnets de route pour cet admirateur de fleuves. Souvent parti là où on ne l'attend pas, il travaille ses guides en Anjou, auprès de l'indomptable Loire. En bon apôtre du voyage, Thomas ne croit que ce qu'il voit.

Amanda, Mathilde et Marie : quand l'une arpente les routes bretonnes en quête de la meilleure pâte à crêpes, l'autre explore le bocage normand à coups de gorgées de cidre, pendant que la troisième chausse ses skis pour dégoter le meilleur refuge alpin. La curiosité, l'enthousiasme et la gourmandise sont leur meilleur sonar, que complètent deux décennies d'expérience à user leurs semelles sur les routes de l'Hexagone. Un trio complice et indépendant qui essaie, entre deux voyages, de garder la ligne.

UN GRAND MERCI À NOS AMI(E)S SUR PLACE

Pour cette nouvelle édition, nous remercions particulièrement :

- **Sylviane Dornier** de Doubs Tourisme ;
- **Nadine Abichou** de l'office de tourisme de Besançon ;
- **Sophie Paillard** et l'office de tourisme de Pontarlier et de la région des lacs ;
- **Évelyne Boilaux** de l'office de tourisme de Montbéliard ;
- **Mariette Perrard** du CDT du Jura ;
- **Magali Morel** du musée du Jouet à Moirans-en-Montagne ;
- **Patricia Louvrier** et le Parc naturel régional du Haut-Jura ;
- **Sandrine Guénerie** de Destination 70 ;
- **Katharina Buet** de Belfort-Tourisme.
- Et bien sûr, tous les autres offices de tourisme qui, année après année, nous apportent leur aide précieuse avec enthousiasme. Impossible de tous les citer !

Pictogrammes du Routard

Établissements

- Hôtel, auberge, chambre d'hôtes
- Camping
- Restaurant
- Boulangerie, sandwicherie
- Glacier
- Café, salon de thé
- Café, bar
- Bar musical
- Club, boîte de nuit
- Salle de spectacle
- Office de tourisme
- Poste
- Boutique, magasin, marché
- Accès Internet
- Hôpital, urgences

Sites

- Plage
- Site de plongée
- Piste cyclable, parcours à vélo

Transports

- Aéroport
- Gare ferroviaire
- Gare routière, arrêt de bus
- Station de métro
- Station de tramway
- Parking
- Taxi
- Taxi collectif
- Bateau
- Bateau fluvial

Attraits et équipements

- Présente un intérêt touristique
- Recommandé pour les enfants
- Adapté aux personnes handicapées
- Ordinateur à disposition
- Connexion wifi
- Inscrit au Patrimoine mondial de l'Unesco

Tout au long de ce guide, découvrez toutes les photos de la destination sur • *routard.com* • Attention au coût de connexion à l'étranger, assurez-vous d'être en wifi !

Le *Routard* est imprimé sur un papier issu de forêts gérées.

I.S.B.N. 978-2-01-279941-7

Le Lion de Belfort

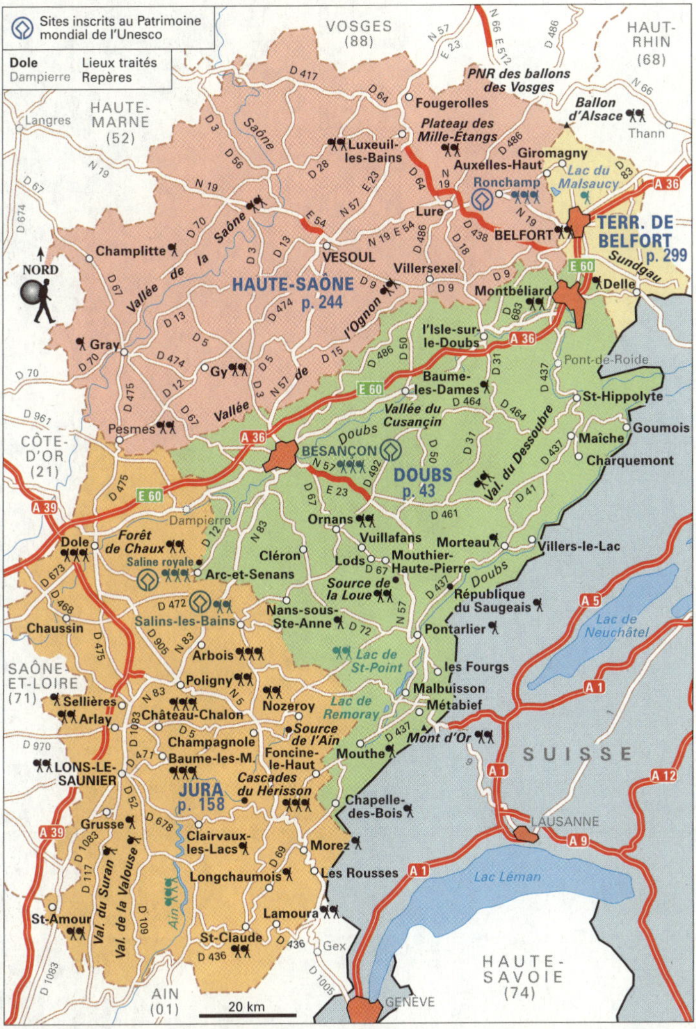

LA FRANCHE-COMTÉ

Belvédère des Quatre Lacs, à La Chaux-du-Dombief

© René Mattes

L'Est est jurassien, le Nord vosgien, le Sud bressan et l'Ouest flirte avec la Bourgogne, le tout est franc-comtois. Voilà, en résumé, toute la philosophie d'une région qui se partage entre sévère beauté des hauts plateaux, cascades tumultueuses, rivières et forêts denses. **Un paradis du tourisme vert !** La formule peut paraître sortie d'un dépliant touristique, mais elle colle parfaitement à ces trois... pardon, quatre départements dont l'arbre couvre presque la moitié de la superficie. Si le vert tient une place prépondérante, **le bleu n'est pas en reste,** avec 5 350 km de cours d'eau navigables, plus de 80 lacs et quelques milliers d'étangs. On considère l'eau comme un bienfait de la nature, et personne, ici, ne critiquera les jours où la pluie tombe généreusement pour nourrir une terre qui lui doit tout.

Pas d'inquiétude toutefois : ici, il ne pleut pas plus qu'ailleurs, mais les saisons sont plus marquées entre étés chauds et hivers rigoureux. Pas étonnant que Mouthe dans le Haut-Doubs soit le village le plus froid de France. Ce qui est un atout : lorsque la neige recouvre les montagnes jurassiennes, les skieurs remplacent les randonneurs dans les villages transformés en stations de sports d'hiver à taille humaine.

Le sens de la simplicité et de l'authenticité avait déjà marqué Louis Le Bon, qui décrivait les Francs-Comtois comme des « gens de gaillarde fierté, de haute stature et de fière résolution ». Et puis, de toute manière, un pays qui compte tant de fromages au caractère puissant (morbier, comté, mont-d'or, cancoillotte...), de vins charpentés (vin jaune, champlitte ou arbois) et de produits dont le nom seul évoque des saveurs prononcées (la montbéliard, la morteau, le jambon de Luxeuil, les cerises de Fougerolles...) mérite qu'on y pose son sac un petit moment.

Affinage du fromage AOP Morbier

NOS COUPS DE CŒUR

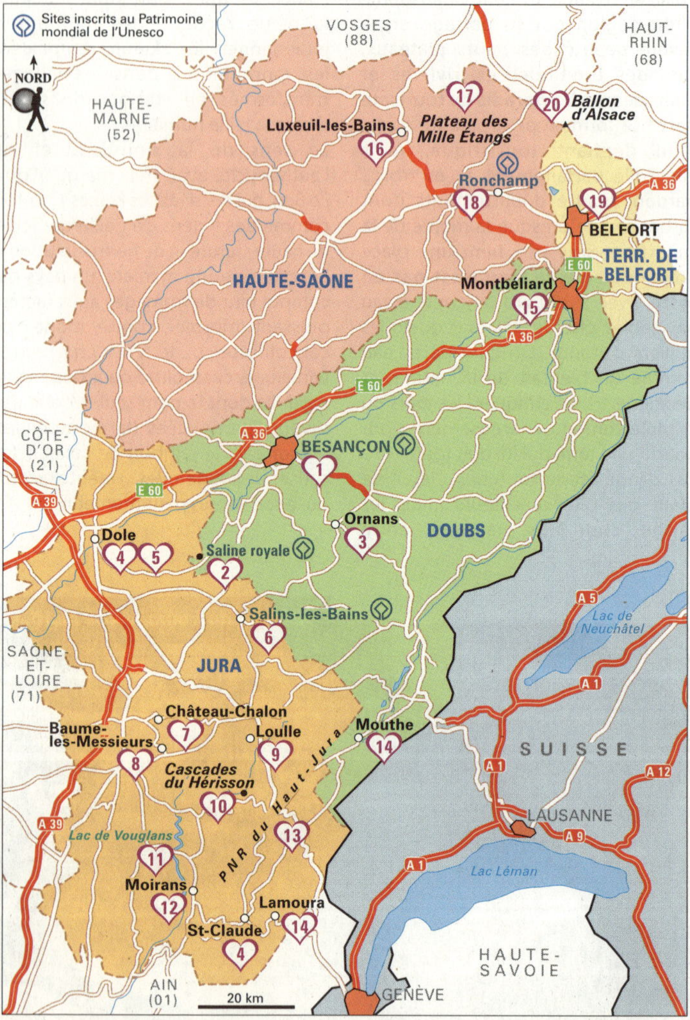

1 Prendre à revers la citadelle de Besançon et partir sur les nombreuses traces de Vauban.

Ce site formidable, le plus visité de Franche-Comté, est classé par l'Unesco au titre de Patrimoine de l'humanité. Site naturel d'exception que ce rocher qui domine de 118 m la boucle du Doubs. Le monumental ensemble (une ville de 10 000 habitants y tiendrait) est l'œuvre de Vauban, sinon son chef-d'œuvre. Il abrite aujourd'hui plusieurs musées et un zoo. On y passe facilement une bonne demi-journée. D'autres œuvres de Vauban sont à découvrir, comme le château de Joux, la citadelle de Belfort, le fort Saint-André… *p. 56*

Bon à savoir : • *citadelle.com* •

© René Mattes

2 Méditer devant la saline royale d'Arc-et-Senans, l'œuvre de Ledoux, son concepteur utopiste.

C'est l'un des autres sites francs-comtois inscrits aussi au Patrimoine mondial de l'Unesco. Même si, dès sa mise en service, en 1779, la production de la saline royale ne fut jamais très performante, elle reste le témoignage exceptionnel d'une architecture rationnelle, hiérarchisée et esthétique, traversée par le siècle des Lumières et ses idéaux de progrès. Elle abrite aujourd'hui un hôtel 3-étoiles. L'occasion unique, à la nuit tombée, de bénéficier de ce chef-d'œuvre et de ses beaux jardins presque pour vous tout seul. *p. 67*

Bon à savoir : *• salineroyale.com •*

3 Sillonner la vallée d'Ornans et descendre la Loue, chère à Courbet, après avoir visité le musée qui lui est consacré.

On aime Ornans avec ses ponts jetés sur la rivière, ses maisons suspendues, ses hôtels particuliers... Ville natale de Gustave Courbet – celui qui peignit le tableau tant décrié *L'Origine du monde* – dont il est devenu le meilleur ambassadeur. Ornans lui consacre même un programme d'envergure, « Pays de Courbet, pays d'artiste », visant à développer des itinéraires thématiques autour de son œuvre et de sites symboliques. *p. 149*

Bon à savoir : *navigable sur 170 km, la Loue se prête bien à la pratique du kayak.*

© Hughes Hervé/hemis.fr

4 Emprunter la ligne des Hirondelles, une voie ferrée du XXe s, célèbre pour ses ouvrages d'art à travers la montagne.

Au long de ses 120 km, cette voie franchit majestueusement le relief jurassien parfois tumultueux : 36 tunnels et 18 viaducs aériens qui lui ont valu ce surnom de « ligne des Hirondelles ». Elle dévoile évidemment de superbes vues panoramiques, surtout depuis que les TER se sont dotés d'amples baies vitrées. D'ailleurs, c'est toujours une ligne régulière de la SNCF, entre Saint-Claude et Dole. *p. 159*

***Bon à savoir :** en saison, plusieurs formules-découvertes sont proposées (infos aux offices de tourisme de Saint-Claude et de Dole).*

© Gilles Lansard/OnlyFrance.fr

5 Arpenter les rues historiques de Dole, avant d'atteindre, marche par marche, la collégiale Notre-Dame.

La préfecture du Jura possède un patrimoine architectural exceptionnel. Au détour de chaque rue apparaissent les réminiscences des fastes du passé : portails blasonnés, portes sculptées, montées d'escalier à double volée, cours intérieures, tourelles rondes, carrées ou hexagonales... La collégiale Notre-Dame témoignage de la fierté et de la puissance de l'ancienne capitale du comté de Bourgogne, s'impose au paysage urbain grâce à son clocher-porche haut de 73 m. *p. 175*

6 Se plonger dans l'univers fascinant des salines de Salins-les-Bains, classées par l'Unesco – un monde insoupçonné !

La partie souterraine (XIIIe au XIXe s) et le musée des Salines rendent bien compte de ce que fut cet or blanc utilisé comme conservateur pendant des siècles. Le sel avait une valeur telle que la ville était protégée par des fortifications – dont il subsiste aujourd'hui les forts Saint-André et Belin – contre les pillards. À leur apogée, les salines produisaient 12 000 t de sel par an. *p. 182*

Bon à savoir : *il est recommandé de regrouper la visite des salines de Salins avec celle d'Arc-et-Senans, indissociables.* • *salinesdesalins.com* •

© Bringard Denis/hemis.fr

7 **À Château-Chalon, déboucher une bouteille de l'AOC en admirant l'un des plus beaux vignobles de France.**

Ce village, digne représentant des « Plus beaux villages de France », au bord d'un escarpement de 222 m offre, de ses quatre belvédères, un panorama grandiose. On y vient avec plaisir déguster un peu de son prestigieux vin couleur or, dans des caves où la température ambiante fait ressortir tous les arômes délicats. Le vin jaune de Château-Chalon est un vin fameux entre tous, qui n'a, comme le diamant, qu'un seul défaut : son infinie rareté. L'aire de production de l'AOC ne représente que 90 ha. À accompagner d'un morceau de vieux comté ! *p. 193*

8 **S'engouffrer dans la fabuleuse vallée de Baume-les-Messieurs, un endroit magique, béni des dieux !**

La plongée sur encore l'un de ces « Plus beaux villages de France » donne vraiment l'impression de descendre vers une vallée perdue dont l'existence aurait été jusqu'ici tenue secrète. La majesté des lieux saute aux yeux quand on parvient à l'ancienne abbaye impériale. Il ne reste plus qu'à avancer dans cette reculée, l'une des plus belles de Franche-Comté, jusqu'à des grottes et une remarquable cascade, dans une nature verdoyante. Ce petit paradis, chanté par Édith Piaf dans *Les Trois Cloches*, est l'un des sites les plus visités du département. *p. 195*

© René Mattes

Photo : © M.-J. Lambert/CG39 Illustration : © Roman Charpentier

9 **Aller emboîter ses petits petons dans les immenses empreintes de dinosaures au site de Loulle, dans le Jura.**

Il s'agit d'une ancienne piste fréquentée par les dinosaures, il y a 155 millions d'années (c'est-à-dire au Jurassique supérieur). On peut y observer très nettement (et de la couleur les met encore plus en évidence) d'innombrables empreintes s'entrecroisant en pistes. Elles proviennent pour l'essentiel de sauropodes, des dinos au long cou, comme le diplodocus et de théropodes, de petits carnivores bipèdes de 2 m de haut. Intrigant et déroutant ! *p. 215*

***Bon à savoir :** dans les environs de Champagnolle. Accès libre et gratuit.*

(10) Faire une balade vivifiante en arpentant le site des cascades du Hérisson.

Mariage de deux ruisseaux (dont l'Yrisson, qui a donné son nom à l'ensemble) se réunissant en une série de cascades plus belles les unes que les autres, le Hérisson s'étend sur 15 km. Seuls les marcheurs peuvent les approcher par une balade de 3,7 km et 250 m de dénivelé en sous-bois, à l'écoute des eaux où chaque cascade joue sa partition avec grâce ou fureur, selon son tempérament. Attention, pas mal de monde dès les beaux jours et, s'il pleut, la roche devient vite glissante. *p. 207*
Bon à savoir : *belvédère pour les personnes à mobilité réduite à Ilay.*

11 **Sentir les lacs du Jura, comme celui de Vouglans, craquer en hiver et passer de l'émeraude au noir de jais.**

Avec ses 1 600 ha, c'est le troisième lac artificiel de France. Des belvédères permettent de profiter de ce site assez exceptionnel, aux faux airs de fjord avec ses rives pentues et boisées qui plongent dans une eau turquoise, et de méditer sur le village et la vieille chartreuse, qui dorment sous les flots... Au programme pour ceux qui ont un peu plus de temps : spectaculaire via ferrata à Moirans, baignade et sports nautiques. *p. 202*

Bon à savoir : *dans le Jura, nombre de lacs se transforment en patinoire naturelle durant l'hiver.*

12 **Siffler dans des appeaux en buis, faire tourner des toupies, bousculer des quilles chez les fournisseurs du Père Noël à Moirans-en-Montagne.**

La vaste et profonde forêt comtoise a fait de la région, par excellence, le pays des tourneurs sur bois. C'est à eux que l'on doit la belle longévité du jouet jurassien. Près de la moitié des jouets *made in France* sont *made in Jura.* Les prospères entreprises de Moirans ont su prendre, dès les années 1960, le tournant du plastique et de la mécanisation. *p. 204*

Bon à savoir : *tout un monde enchanté à découvrir au fascinant et moderne musée du Jouet de Moirans-en-Montagne (• musee-du-jouet.com •).*

© Roy Philippe/hemis.fr

13 **Jouer à saute-frontière avec la Suisse et randonner entre les pointillés de la carte dans le parc naturel régional du Haut-Jura.**

Les montagnes du Jura se jouent pas mal des limites territoriales. Les sentiers empruntent la vallée du Doubs, avant de sinuer sur les hautes terres – à plus de 1 700 m d'altitude –, avec quelques maisons, lorsque la route y passe... À cheval sur cette frontière, le parc naturel régional du Haut-Jura, créé en 1986, offre quelque 5 000 km de sentiers pédestres balisés. Les randonneurs ont de quoi faire avant de finir leur route devant une soupe aux pois ! *p. 212, 343*

14 **Assister à l'impressionnante course de ski de fond la Transjurassienne.** C'est l'une des plus célèbres compétitions de ski de fond au monde, au même titre que la mythique Vasaloppet, en Suède. Chaude ambiance le long du parcours, avec les passages de coureurs salués par des concerts de cloches de vaches. C'est à Lamoura qu'est donné le départ de cette course de 76 km (pour la plus longue épreuve) jusqu'à Mouthe. Elle réunit des milliers de sportifs, aussi bien de haut niveau que des amateurs. Parmi eux les « sénateurs », les fondeurs, qui ont participé à toutes les Transju' depuis la création ! *p. 231*
Bon à savoir : le 2e dim de fév.

© Jeff Pachoud/AFP Creative/Photononstop

15 **Oublier ses clichés, être surpris par la jolie ville de Montbéliard et ouvrir de grands yeux devant ses fameuses « Lumières de Noël ».**
Montbéliard – pensez-vous – est une petite ville industrielle, ennuyeuse, grise... Stop ! On découvre des ruelles médiévales et de somptueux hôtels particuliers du XVIIIe s à l'ombre d'un beau château perché. À découvrir à Noël, autour du plus authentique des marchés de tout le pays et de la Fête de la Lumière avec ses défilés et ses 115 000 points lumineux illuminant la ville. Un Noël dans la plus pure tradition germanique. *p. 126*

© Hagenmuller Jean-François/hemis.fr

16 **S'étonner de l'impressionnant patrimoine qu'abrite la petite cité de Luxeuil-les-Bains.**

Dès les premiers pas dans sa longue Grande-Rue, on est surpris par la richesse des façades de cette petite ville d'eaux du piémont vosgien. Opulence évidemment liée à la présence de sources connues depuis l'Antiquité. On construisit à Luxeuil, au VIe s, une abbaye qui affirma sa puissance jusqu'à la Révolution. Prospérité sans faille qui verra la construction d'hôtels de luxe, d'un parc thermal, d'un casino… Aujourd'hui, les thermes accueillent 4 000 curistes par an. *p. 278*

© René Mattes

17 Dans les Vosges saônoises, emprunter les chemins qui louvoient entre les mille étangs du plateau du même nom.

La Scandinavie a sa région des Mille Lacs, la Haute-Saône possède ses Mille Étangs. Et, à son échelle, elle tient largement la comparaison. Paysages sublimes avec une foultitude d'étangs cachés dans la forêt, reflétant fougères et troncs de bouleaux. Au carrefour des petites routes, autant de calvaires qu'en Bretagne. Une microrégion véritablement enchanteresse sous un soleil printanier. Mais lorsque s'installent les brumes de l'automne, on est prêt à croire les gens du pays quand ils assurent que des nymphes dansent autour des étangs. *p. 287*

© ADAGP, Paris 2017
© Ivan Vdovin/Age fotostock

18 S'émerveiller devant l'œuvre spirituelle de Le Corbusier, à la chapelle de Ronchamp, en Haute-Saône.

Juchée sur un sommet, cette chapelle présente une modernité toujours aussi fulgurante et est classée par l'Unesco depuis 2016. Quand, en 1950, l'architecte dessine d'un trait Notre-Dame-du-Haut, il sacrifie à une grande tradition de l'architecture classique : penser un volume en fonction de l'espace dans lequel il s'inscrit. Il souhaite que « la forme du sanctuaire réponde au site dans lequel il se trouve, aux bombements, aux creusements des monticules et de la forêt… ». *p. 294*

Bon à savoir : *• collinenotredameduhaut.com •*

19 Se plonger dans l'ambiance jeune et musicale de Belfort à l'occasion des Eurockéennes, début juillet, et du FIMU, à la Pentecôte.

La ville a démontré son ancrage dans le nouveau siècle avec les Eurockéennes, l'un des plus grands rassemblements musicaux d'Europe. Remarquable programmation, à des prix qui restent abordables pour tous. Plus de 90 000 fans se rassemblent dans le beau cadre du lac du Malsaucy. Dans la même veine, le FIMU (Festival international de Musique universitaire), à la Pentecôte, accueille 60 000 personnes ! *p. 300, 318*

Bon à savoir : *• eurockeennes.fr • fimu.com •*

20 Gravir le ballon d'Alsace et admirer le panorama, jusqu'au mont Blanc les jours de beau temps.

À 1 247 m d'altitude, le ballon d'Alsace aiguise les appétits, comme si chacun voulait garder pour soi un morceau du bonbon vosgien. Ainsi, trois régions (Alsace, Lorraine et Franche-Comté) se le partagent-elles ! La route monte superbement à travers forêts de sapins, d'épicéas et de hêtres. Des dizaines de chemins balisés vous invitent à taper dans le ballon ; on peut même y skier. Tout en haut, d'immenses pelouses d'altitude suivent les douces pentes. Par grand beau temps, c'est l'enchantement. *p. 322*

Lu sur routard.com

La Franche-Comté au fil de l'eau
(tiré du carnet de voyage de Marie Borgers)

Pleine de ressources avec ses 5 550 km de cours d'eau et plus de 80 lacs, la Franche-Comté arbore des paysages où l'eau s'invite partout. Elle découle des mers qui recouvraient le Jura il y a 65 millions d'années, ainsi que de la fonte des glaciers. Une bonne idée pour des vacances au vert…

La capitale régionale Besançon, classée « Ville d'art et d'histoire », est elle-même lovée dans un méandre du Doubs. L'eau qui abreuve la ville et ses environs trouve ses sources dans un écrin de verdure. Elle a joué un rôle fondamental dans la **géologie** tourmentée de la région. Elle a sculpté et érodé la pierre. Aujourd'hui encore, elle nourrit la terre et fait de ces paysages remarquables un terrain propice à la randonnée. Il y en a pour tous les niveaux. Entre sous-bois traversés par l'eau et plateaux calcaires habillés de verdure, la vallée de la Loue offre une soixantaine de parcours pédestres balisés. En pleine forêt, l'eau rythme les pas du marcheur. Presque mystique !

Le relief jurassien a développé ses spécificités géologiques avec des reculées qui forment des vallées encaissées dominées par des falaises. Ce phénomène est le fruit d'un travail d'érosion, notamment dû à l'eau : le lit des rivières s'est infiltré dans le massif calcaire. Parmi les sites les plus visités de Franche-Comté, la reculée de Baume-les-Messieurs est sans doute la plus impressionnante. Elle arbore une ramification qui la rend unique, puisqu'elle s'ouvre sur la reculée de Blois-sur-Seille.

Présente dans les cascades, lacs et rivières, l'eau a permis l'implantation **d'activités artisanales.** Tanneries, draperies, papeteries ont fleuri sur les rives. Et la tradition artisanale perdure : potiers, sculpteurs… Le potentiel énergétique de l'eau a joué un rôle déterminant dans l'industrialisation de la Franche-Comté. Son énergie motrice a été exploitée le long des rives du Doubs, de la Loue et de leurs affluents, qui se sont hérissées de moulins et d'usines. L'eau a alimenté forges, scieries, cristalleries… Outre son énergie motrice, les propriétés de l'eau ont donné naissance à un tissu industriel : verreries, salines…

Signe tangible de l'exploitation de la force hydraulique, la taillanderie de Nans-sous-Sainte-Anne fabriquait faux et taillants. C'est l'eau de la montagne, acheminée par un aqueduc, qui enclenchait le mouvement des roues. Mais la fierté de la taillanderie demeure sa mécanique des soufflets, destinés à refroidir les forges. Unique en Europe, elle lui vaut son classement aux Monuments historiques.

Autre exemple d'industrialisation née de l'eau, Salins-les-Bains et ses eaux salées. L'« or blanc » était indispensable à la conservation des aliments, en particulier des fromages et des salaisons. Jusqu'en 1962, cette « Petite Cité comtoise de caractère » a travaillé à l'exploitation du sel dans ses salines, désormais classées à l'Unesco. Ses galeries souterraines du XIIIe siècle sont un lieu historique de l'industrie comtoise.

ITINÉRAIRES CONSEILLÉS

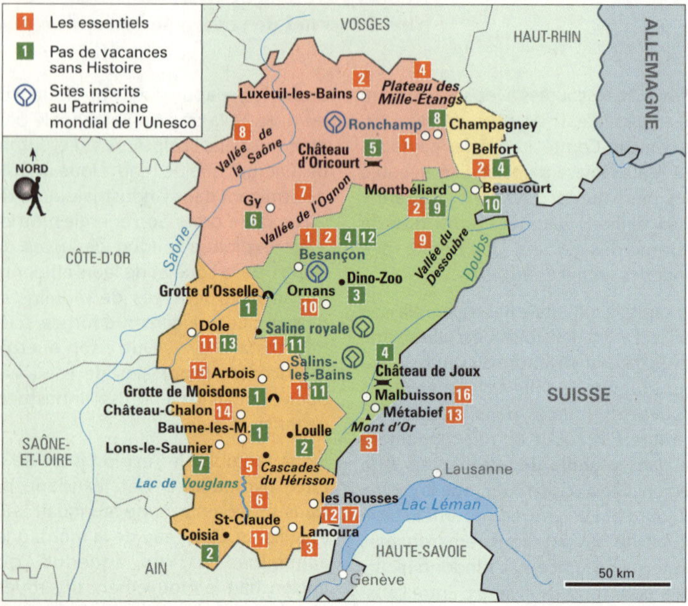

Les essentiels

Côté patrimoine, la région n'a pas à rougir ; elle compte 4 sites sur la ***liste de l'Unesco (1)*** : la ***citadelle Vauban*** de ***Besançon,*** les ***salines d'Arc-et-Senans*** et ***Salins-les-Bains*** ainsi que la ***chapelle de Le Corbusier*** à ***Ronchamp.*** Parmi ***les villes (2),*** si ***Besançon*** s'avère incontournable, de belles découvertes plus inattendues s'offrent à vous du côté de ***Montbéliard,*** la ville thermale de ***Luxeuil-les-Bains,*** ou encore ***Belfort*** la militaire. Côté nature, la Franche-Comté se conjugue plus que jamais en vert et bleu. Autant dire que la rando de tous niveaux sera certainement au programme jusqu'aux sommets panoramiques du ***massif du Jura (3),*** sur le ***plateau des Mille Étangs (4)*** ainsi qu'aux fameuses ***cascades du Hérisson (5),*** par exemple. Sinon, profitez des ***lacs du Jura (6)*** – mention spéciale pour la couleur émeraude de Vouglans. Faites le plein d'air pur et de paysages à pied, à vélo, voire en kayak, dans les ***vallées de l'Ognon (7),*** de la ***Saône (8),*** du ***Dessoubre (9),*** ou de la Loue si chère à Courbet que l'on salue, au passage, à ***Ornans (10).*** Plus original : découvrez le Jura en empruntant la mythique ***ligne de train des Hirondelles (11)*** entre Dole et Saint-Claude, ou encore à ski aux ***Rousses (12)*** ou à ***Métabief (13).*** Enfin, accompagnez toutes ces découvertes de vins du Jura vers ***Château-Chalon (14)*** ou ***Arbois (15)*** et de vieux comté que vous aurez vu mâturer au ***fort Saint-Antoine (16)*** de ***Malbuisson*** ou dans celui des ***Rousses (17).***

Pas de vacances sans Histoire

Entre les ***4 500 grottes (1)*** de la région, et notamment celles d'Osselle, Moisdons ou Baume-les-Messieurs, les empreintes de dinosaures incrustées dans la roche à ***Loulle (2)*** et ***Coisia (2),*** ou encore l'amusant ***Dino-Zoo (3),*** le ton est donné pour la période préhistorique. On rembobine bien vite le temps pour s'attarder aux nombreuses ***forteresses Vauban (4)*** (citadelle de Besançon et de Belfort, château de Joux) et aux ***châteaux d'Oricourt (5),*** de ***Gy (6)...*** parmi tant d'autres. Clin d'œil à Rouget-de-Lisle et sa Marseillaise à ***Lons-le-Saunier (7),*** ou encore aux habitants de ***Champagney (8)*** qui firent de l'abolition de l'esclavage leur combat à la Révolution. Les amateurs d'histoire industrielle ne manqueront pas les sagas ***Peugeot*** à ***Sochaux (9)*** ou ***Japy*** à ***Beaucourt (10),*** ni l'incroyable aventure du sel à ***Arc-et-Senans*** et ***Salins-les-Bains (11),*** rien que pour le patrimoine bâti qui a survécu. Sans oublier les villes patrimoniales de ***Besançon (12)*** ou ***Dole (13)*** et la quarantaine de « Cités de caractère Bourgogne-Franche-Comté » qui parsèment le territoire.

Le Dino-Zoo, à Charbonnières-les-Sapins

Avec des enfants

Soyons clairs, la Franche-Comté se révèle un terrain de jeu idéal pour les plus jeunes. Louis Pergaud, l'auteur de l'inimitable *Guerre des boutons,* place l'intrigue de son récit dans le centre du Doubs et sa maison-musée se visite à ***Belmont (1).*** En ordre de bataille ou non, vos petits polisson(e)s adoreront partir à l'assaut des ***forteresses (2),*** comme la ***citadelle de Belfort,*** le ***château de Joux,*** celui ***d'Oricourt*** et, surtout, la ***citadelle de Besançon,*** où l'on trouve des musées ludiques et même un zoo avec miniferme. Pour les hommes des cavernes en herbe, la région compte une armada de ***grottes (3),*** comme celles d'***Osselle*** ou ***Moisdons*** entre autres. Pour rester dans le thème de la préhistoire, mention spéciale pour le XXL ***Dino-Zoo (4).*** À ***Loulle (5),*** comparer ses petits pieds aux dizaines d'empreintes de dinosaures découvertes dans la roche. Effet garanti ! Pour les splish-splash et les activités nautiques, on suggère les ***lacs de Saint-Point, Vouglans, Chalain, les Rousses,*** ou encore ***Lamoura (6).*** Mais il y en a tant d'autres ! Pour s'en mettre plein les yeux, la ***ligne de train des Hirondelles (7)*** entre Dole et Saint-Claude vaut tous les tours du monde, entre viaducs, tunnels et montagne. Pour les plus sages, un petit tour chez les fournisseurs du Père Noël au musée du Jouet de ***Moirans-en-Montagne (8),*** à moins d'aller écarquiller les yeux à la Fête de la lumière de ***Montbéliard (9)*** en décembre. On n'a pas encore mentionné les nombreuses randos faciles ou les stations de ski familiales des ***Rousses*** ou ***Métabief (10)...*** mais là, il est temps d'aller faire dodo !

Budget serré

Consultez les offices de tourisme pour connaître les **musées gratuits** certains jours et les nombreux *pass* offrant des réductions. À signaler, la *carte Avantages Jeunes*, propre à la Franche-Comté et destinée aux moins de 30 ans, valable 1 an y compris dans le Jura bernois, en Suisse. Elle donne droit à des entrées gratuites et à toutes sortes de réductions. Pensez aux plages aménagées des nombreux lacs de la région : ***Saint-Point, Vouglans, Chalain, les Rousses, Lamoura (1)...*** La région possède également une quarantaine de « Cités de caractère Bourgogne-Franche-Comté », des musées à ciel ouvert si agréables pour flâner. La vue panoramique sur les Alpes depuis les ***sommets du Jura (2)*** vaut tout l'or du monde, mais il faut souvent la mériter en marchant. Le ***Ballon d'Alsace (3)*** est, quant à lui, accessible en voiture. Côté paysages, entre rando et vélo, forêts et chemins de halage, points de vue et coins à pique-nique, on vous laisse dénicher toutes sortes de tableaux grandeur nature qui ne coûtent pas grand-chose.

Les Grangettes et le lac de Saint-Point

© Bringard Denis/hemis.fr

L'Arrosoir, fleuriste à Rougemont-le-Château

COMMENT Y ALLER ?

PAR LA ROUTE

La Franche-Comté est traversée par l'A 36, qui vient du triangle Dijon-Beaune-Dole pour se diriger vers Mulhouse via Besançon et Belfort. Pour rejoindre ce triangle : depuis le nord et Paris, par l'A 6 (via Auxerre) ou l'A 31 (via Troyes) ; depuis le sud et Lyon, par l'A 6 (via Mâcon) ou l'A 39 (via Bourg-en-Bresse).
Pour connaître les tarifs des principaux tronçons autoroutiers, consulter le site • *autoroutes.fr* •

➢ ***Le covoiturage :*** le principe est simple, économique et écologique. Il s'agit de mettre en relation un chauffeur et des passagers afin de partager le trajet et les frais, que ce soit de manière régulière ou exceptionnelle (pour les vacances par exemple). • *blablacar.fr* •

EN BUS

Le réseau de bus longue distance s'étant intensifié ces dernières années, le plus pratique est de consulter le comparateur de billets d'autocars • *comparabus.com* • qui regroupe les compagnies présentes en France : *Ouibus, Eurolines/Isilines, Flixbus.* De nombreuses villes sont desservies sur tout l'Hexagone avec, régulièrement, de nouvelles dessertes. À vous de voir en temps réel les liaisons existantes. Un lien vers les compagnies permet d'acheter ses billets en direct.

EN TRAIN

Au départ de Paris

➢ ***Gare de l'Est :*** plusieurs TGV directs quotidiens pour ***Vesoul*** (min 3h15) et des trains Corail pour ***Belfort*** (min 4h).

➢ ***Gare de Lyon :*** liaisons TGV régulières pour ***Besançon,*** avec ou sans changement à Dijon (min 2h30), ***Montbéliard*** (min 3h25), ***Dole*** (min 2h05) avec ou sans changement à Dijon, ***Pontarlier*** avec ou sans changement à Frasne ou Dijon (min 3h30), ***Belfort*** (min 3h40) et ***Lons-le-Saunier*** (min 3h10), avec changement à Dole, Bourg-en-Bresse ou Mouchard.

Au départ de la province et de la Suisse

➢ Des liaisons directes Corail ou TGV depuis ***Lyon.***

➢ Liaisons TGV directes (mais peu fréquentes) entre ***Lille*** et Besançon. Pratique pour Londres, la Belgique ou Roissy, car on ne passe pas par Paris.

➢ Des liaisons depuis ***Lausanne, Berne*** et ***Genève*** à destination de Paris, via la Franche-Comté avec TGV Lyria.

➢ Également une ligne (TGV de jour et 1 Corail de nuit) ***Marseille-Strasbourg,*** qui traverse la Franche-Comté.

➢ Quant à la ***LGV Rhin-Rhône*** (branche Est) entre Dijon et Mulhouse, elle dessert Besançon, Montbéliard et Belfort.

Pour voyager au meilleur prix

La SNCF propose des tarifs adaptés à chacun de vos voyages.

➢ ***Prem's :*** des petits prix disponibles toute l'année. Billets non échangeables et non remboursables (offres soumises à conditions). Impossible de poser des options de réservation sur ces billets : il faut les payer immédiatement.

➢ ***Les IDTGV :*** des prix mini, à saisir sur Internet uniquement.

➢ ***Les tarifs Loisirs :*** billets échangeables et remboursables. Pour bénéficier des meilleures réductions, pensez à réserver vos billets à l'avance (les réservations sont ouvertes jusqu'à 90 jours avant le départ) ou à voyager en période de faible affluence.

➢ ***Les cartes de réduction :*** pour ceux qui voyagent régulièrement, profitez de réductions garanties tout le temps avec les cartes *Enfant +, Jeune, Week-end* ou *Senior* + (valables 1 an).

Renseignements et réservations

– ***Internet :*** • *voyages-sncf.com* •
– ***Téléphone :*** ☎ *36-35 (0,40 € TTC/mn).*
– Également dans les gares, les boutiques SNCF et les agences de voyages agréées.

Comment circuler dans la région Franche-Comté ?

Le TER

Découvrir la région Franche-Comté avec le TER Franche-Comté, c'est facile et pratique. En effet, les principales villes et principaux sites touristiques sont accessibles directement en TER : Besançon, Belfort, Lons-le-Saunier, Arc-et-Senans, Ronchamp, Dole...
Deux lignes ferroviaires touristiques permettent également de découvrir la Franche-Comté et le Massif jurassien d'une manière originale :
– la ligne des Hirondelles, qui relie Dole à Morez et Saint-Claude ;
– la ligne des Horlogers, qui relie Besançon à Morteau et La Chaux-de-Fonds (Suisse).
Et pour bouger tous les jours, en toute liberté, seul ou à plusieurs, la Région Franche-Comté et la SNCF vous proposent la carte *visi'TER* : 25 % de réduction en semaine et 50 % de réduction le week-end et tous les jours pendant les vacances scolaires de la zone B pour 1, 2, 3, 4, et même 5 personnes.

Pour en savoir plus

– Rendez-vous sur le site TER Franche-Comté. • *ter.sncf.com/franche-comte* •
– Contactez les conseillers TER Franche-Comté : ☎ *0800-802-479 (appel gratuit depuis un poste fixe), lun-ven 6h30-19h.*

▲ TRAINLINE

Une nouvelle façon simple et rapide d'acheter vos billets de train sur le Web, mobile et tablette. Réservez vos billets pour voyager en France et dans plus de 20 pays européens. Consultez les tarifs et les horaires dans une interface claire et sans publicités. Trainline compare les prix de plusieurs transporteurs européens pour vous garantir le meilleur tarif.
Réservations et paiements sur • *trainline.fr* • et sur mobile avec l'application Trainline pour iPhone et Android.
Et pour répondre à vos questions : • *guichet@trainline.fr* •

EN AVION

✈ ***Euroairport de Mulhouse-Bâle-Fribourg :*** *68300 Saint-Louis.* ☎ *03-89-90-31-11.* • *euroairport.com* • Un aéroport trinational ! Vols internationaux, mais également quelques grandes villes françaises desservies directement, comme Paris-Roissy, Paris-Orly, Marseille, Lyon, Montpellier...

✈ ***Aéroport international de Genève :*** ☎ *41-22-717-71-05.* • *gva.ch* •

✈ ***Aéroport de Lyon-Saint-Exupéry :*** • *lyonaeroports.com* •

▲ AIR FRANCE

Rens et résas au ☎ *36-54 (0,34 €/mn – tlj 6h30-22h), sur* • *airfrance.fr* •*, dans les agences Air France et dans ttes les agences de voyages. Fermées dim.*
Air France propose des tarifs attractifs toute l'année. Pour consulter les meilleurs tarifs du moment, allez directement sur la page « Nos meilleures offres » sur • *airfrance.fr* •
Flying Blue, le programme de fidélisation gratuit d'Air France-KLM, permet

de cumuler des miles et de profiter d'un large choix de primes. Cette carte de fidélité est valable sur l'ensemble des compagnies membres de *Skyteam*.

▲ HOP!

Rens et résas sur • hop.com • ou • airfrance.fr •, dans ttes les agences de voyages ainsi qu'aux centres d'appel au ☎ 3654 (0,35 €/mn tlj) ou au ☎ 0892-70-22-22 (0,35 €/mn tlj). *HOP!* propose des tarifs attractifs toute l'année. Possibilité de consulter les meilleurs tarifs du moment sur *• hop.com •* Vols depuis Mulhouse-Bâle et Lyon.

BON À SAVOIR AVANT LE DÉPART

ABC de la Franche-Comté

- ***Statut depuis 2015 :*** région Bourgogne-Franche-Comté.
- ***Superficie :*** 16 202 km^2 (Bourgogne, 31 582 km^2).
- ***Villes principales :*** Besançon (Doubs), Lons-le-Saunier (Jura), Vesoul (Haute-Saône), Belfort (Territoire de Belfort).
- ***Population :*** 1 180 000 hab (Bourgogne, 1 644 000 hab).
- ***Principales industries :*** la construction automobile, la microtechnique (dont l'horlogerie), l'industrie du jouet.
- ***Point culminant :*** le crêt Pela (1 495 m).
- ***Signes particuliers :*** 665 clochers comtois à l'impérial, 230 km de frontière avec la Suisse, 5 350 km de cours d'eau, 4 500 grottes, le plus grand domaine de ski de fond de France.

AVANT LE DÉPART

Adresses utiles

Bourgogne-Franche-Comté Tourisme : *La City, 4, rue Gabriel-Plançon, 25044 Besançon Cedex. ☎ 03-81-250-800. • info@bfctourisme.com • franche-comte.org • Accueil téléphonique lun-ven 9h-12h30 et 13h30-17h (ven 16h).* Pour tout conseil, information ou réservation sur des séjours et des hébergements.

Gîtes de France : *☎ 0826-10-44-44 (tlj 9h-21h). • gites-de-france.com •* Les résas sont à faire auprès des relais départementaux des *Gîtes de France* (indiqués dans ce guide en introduction de chaque département).

Bons plans

– ***Carte Avantages Jeunes :*** une carte propre à la Franche-Comté. Destinée aux moins de 30 ans, elle est valable 1 an dans les 4 départements de la région et dans le Jura bernois, en Suisse. Elle donne droit à des entrées gratuites ou à un tarif réduit dans les musées, les festivals ou les centres de loisirs, des réductions dans les boutiques, etc. Un très bon plan vite rentabilisé. En vente dans les centres ou les bureaux *Information Jeunesse* de toutes les villes franc-comtoises. *• jeunes-fc.com •*

– ***Cités de caractère Bourgogne – Franche-Comté :*** environ 38 agglomérations de l'espace rural comtois se sont regroupées en réseau « Petites Cités comtoises de caractère » afin de sensibiliser le public à leur patrimoine. Depuis la fusion des régions, le réseau s'est ouvert à la Bourgogne. Publications et plans-guides disponibles pour mieux appréhender ces petites communes qui vous offriront un accueil de caractère ! *• cites-caractere-bfc.fr •*

– ***Eurovélo 6 :*** depuis 2008, un parcours à vélo entre Budapest et Nantes, en passant par la Franche-Comté, a été aménagé, à travers le Doubs, le Jura et le Territoire de Belfort. Curiosités touristiques, types de revêtement, hébergements, aires de pique-nique, étapes techniques possibles pour la réparation des bécanes... Original : des « vélogardes » sillonnent le parcours à certains endroits pour porter assistance. Brochure disponible gratuitement auprès des offices de tourisme, des CDT et du CRT ou sur le site ● *eurovelo6-france.com* ●

Auberges de jeunesse

Carte internationale d'étudiant (carte ISIC)

Elle prouve le statut d'étudiant dans le monde entier et permet de bénéficier de tous les avantages, services et réductions dans les domaines du transport, de l'hébergement, de la culture, des loisirs, du shopping...
La carte ISIC permet aussi d'accéder à des avantages exclusifs (billets d'avion spécial étudiants, hôtels et auberges de jeunesse, assurances, cartes SIM internationales, location de voiture...).

Renseignements et inscriptions

- ***En France :*** ● *isic.fr* ● *13 € pour une année scolaire.*
- ***En Belgique :*** ● *isic.be* ●
- ***En Suisse :*** ● *isic.ch* ●
- ***Au Canada :*** ● *isiccanada.com* ●

Carte d'adhésion internationale aux auberges de jeunesse (carte FUAJ)

Cette carte vous ouvre les portes des 4 000 auberges de jeunesse du réseau *HI-Hostelling* International en France et dans le monde. Vous pouvez ainsi parcourir 90 pays à des prix avantageux et bénéficier de tarifs préférentiels avec les partenaires des Auberges de Jeunesse *HI*. Enfin, vous intégrez une communauté mondiale de voyageurs partageant les mêmes valeurs : plaisir de la rencontre, respect des différences et échange dans un esprit convivial. Il n'y a pas de limite d'âge pour séjourner en auberge de jeunesse. Il faut simplement être adhérent.

Renseignements et inscriptions

- ***En France :*** ● *hifrance.org* ●
- ***En Belgique :*** ● *lesaubergesdejeunesse.be* ●
- ***En Suisse :*** ● *youthhostel.ch* ●
- ***Au Canada :*** ● *hihostels.ca* ●

Si vous prévoyez un séjour itinérant, vous pouvez réserver plusieurs auberges en une seule fois en France et dans le monde : ● *hihostels.com* ●

Monuments et musées nationaux

Les monuments et musées nationaux sont gratuits pour les enseignants et jeunes européens de moins de 26 ans. ● *monuments-nationaux.fr* ● *rmn.fr* ●
Pour la région Franche-Comté sont concernées la cathédrale de Besançon et son horloge astronomique.

BUDGET

Recommandation à ceux qui souhaitent profiter des réductions et avantages proposés dans le *Routard* par les hôteliers et les restaurateurs.

À l'hôtel, pensez à les demander au moment de la réservation ou, si vous n'avez pas réservé, **à l'arrivée.** Ils ne sont valables que pour les réservations en direct et ne sont pas cumulables avec d'autres offres promotionnelles (notamment sur Internet). Au restaurant, parlez-en **au moment** de la commande et surtout **avant** que l'addition ne soit établie. Poser votre *Routard* sur la table ne suffit pas : le personnel de salle n'est pas toujours au courant et une fois le ticket de caisse imprimé, il est souvent difficile de modifier le total. En cas de doute, montrez la notice relative à l'établissement dans le *Routard* de l'année et, bien sûr, ne manquez pas de nous faire part de toute difficulté rencontrée.

Nous indiquons plus bas l'échelle des tarifs auxquels nous nous référons pour l'ensemble de nos guides France.

Hébergement

D'une manière générale, nous indiquons des fourchettes de prix allant de la chambre double la moins chère en basse saison à celle la plus chère en haute saison. Ce qui implique parfois d'importantes fourchettes de prix, pas toujours en adéquation avec la rubrique dans laquelle l'établissement est cité. Le classement retenu est donc celui du prix de la majorité des chambres et de leur rapport qualité-prix.

À noter que lorsque les adresses sont équipées d'un ordinateur accessible au public et/ou du wifi, nous le mentionnons (et nous précisons si l'accès est payant).

– Les tarifs des ***campings*** sont calculés sur la base d'un emplacement pour deux avec voiture et tente, en haute saison.

– Les ***auberges de jeunesse*** et ***gîtes d'étape*** pratiquent en règle générale des tarifs « Bon marché » pour une nuitée en dortoir (avec ou sans les draps). Le tarif indiqué est celui du lit en dortoir et/ou parfois de la chambre double, quand il y en a.

– En ***chambres d'hôtes,*** les prix sont donnés sur la base d'une chambre double. Ils incluent le petit déjeuner. Les cartes de paiement sont rarement acceptées. Dans le cas contraire, nous indiquons « petit déj en sus » et « CB acceptées ».

– Concernant les ***hôtels,*** la base reste généralement celle d'une nuit en chambre double (sans petit déjeuner).

– ***Bon marché :*** jusqu'à 50 €.
– ***Prix moyens :*** de 50 à 80 €.
– ***Chic :*** de 80 à 120 €.
– ***Plus chic :*** de 120 à 150 €.
– ***Beaucoup plus chic :*** au-delà de 150 €.

Restos

Au restaurant, notre critère de classement est le prix du premier menu servi le soir (hors boissons). Les notions de « Prix moyens » ou « Plus chic » n'engagent donc que les prix. Autrement dit, certains restaurants proposant d'intéressantes formules, notamment au déjeuner, pourront malgré tout être classés dans la rubrique « Plus chic ».

– ***Très bon marché :*** moins de 15 €.
– ***Bon marché :*** de 15 à 25 €.
– ***Prix moyens :*** de 25 à 35 €.
– ***Chic :*** de 35 à 50 €.
– ***Plus chic :*** plus de 50 €.

CLIMAT

« Ah, c'est chez vous qu'il fait si froid ! » Une remarque à laquelle le Franc-Comtois n'échappera pas à l'annonce de sa région d'origine. La faute à Mouthe, gros bourg du Haut-Doubs, célèbre pour battre chaque hiver des records de froid et qui y a gagné le surnom de « Petite Sibérie ». Bien sûr, à Mouthe, comme dans pas mal d'autres coins du massif du Jura, en janvier-février, le thermomètre descend souvent à - 10 °C, - 20 °C, quelquefois même en dessous de - 30 °C (record absolu - 41 °C le 17 janvier 1985) : records enregistrés à la source du Doubs très tôt le matin, ce qui n'empêche pas de skier sans bonnet l'après-midi. Le Jura connaît en moyenne plus de 50 jours de neige par an. Dans le coin aussi, en plein mois de juillet, les amplitudes thermiques (des prairies gelées dans la nuit, un gentil 20 °C dans la journée) peuvent surprendre celui qui n'a glissé qu'un T-shirt dans son sac à dos. Heureuse surprise, en revanche, quand, au cœur de l'été, le thermomètre grimpe à plus de 30 °C (ce qui, toutefois, génère souvent des orages...). Mais la Franche-Comté ne se limite pas au massif du Jura, et le climat de la région dans son ensemble est classiquement semi-continental.

LIVRES DE ROUTE

– ***L'Acacia,*** de Claude Simon, Éditions de Minuit, coll. « Double » (poche double nº 26). Ce roman est un hommage à la famille de l'écrivain, à la rencontre – improbable – entre sa mère, issue d'une petite noblesse un brin culbénit de la région de Perpignan, et son père, descendant d'une lignée de paysans francs-comtois, libres penseurs et foncièrement anticléricaux. Claude Simon signe là quelques-unes des plus belles pages jamais écrites sur l'âme franc-comtoise.
– ***Le Faubourg des Coups-de-Trique,*** d'Alain Gerber, L'École des Loisirs, 1990. Roman. La vie d'un faubourg populaire de Belfort, de 1936 (« un soleil, un tout petit soleil au-dessus de nos têtes ») à la Seconde Guerre mondiale. Tout un pan de cette culture ouvrière, inhérente au nord de la Franche-Comté, dévoilée dans une langue savoureuse par un fan de jazz et de films noirs américains.
– ***La Vouivre,*** de Marcel Aymé, Gallimard, coll. « Folio ». L'écrivain brode autour d'une vieille légende comtoise. Le livre a été repris au cinéma par Georges Wilson en 1988 avec Lambert Wilson, Suzanne Flon, Jean Carmet...
– ***Au coin de la cheminée – Le Jura par les contes,*** de Patrick Rubise, éd. SeReine, 2008. Un livre de 30 contes sur le Jura, très bien illustré. Jurassien par sa famille maternelle, il a souvent agrémenté les soirées dans les villages francs-comtois de récits, avec films et diapos, de ses voyages à l'autre bout du monde (Asie, Amérique du Sud).
– ***La Guerre des boutons,*** de Louis Pergaud, Gallimard, coll. « Folio », 1973. Immortalisé par Yves Robert au cinéma, un classique qui a pourtant fait scandale à sa sortie. Le conformisme de l'époque ne s'accommodait pas de ce langage populaire, de ces bordées d'injures livrées sans guillemets par Pergaud, de l'absence totale de sentimentalisme et de bonhomie dans la vision qu'il livrait de ces garnements du village de Longeverne (dans lequel tout le monde reconnaîtra Landresse, le village natal de l'écrivain).
– Au rayon ***polars,*** quelques titres intéressants. *Histoire d'ombres,* d'Hervé Jaouen (De La Chapelle, 2004), jolie variation autour du personnage archétypique de la garce manipulatrice, sur fond de pêche à la mouche à Goumois. Deux « Série Noire » de chez Gallimard : *Route Story,* de Joseph Bialot (réédité en poche), où des chauffeurs routiers internationaux, plongés dans la sordide réalité de l'Europe centrale, évoquent avec nostalgie Arbois (et son vin) et la vallée de la Loue. Et *La Mort fait mal* (Gallimard, 2000), de Michel Embareck, où l'on reconnaîtra Lons-le-Saunier derrière le portrait sans concession de la petite ville de Moizy-les-Beauges. Pour les fans d'Exbrayat, un de ses romans (*Tu n'aurais pas dû, Marguerite,* Poche, 2000) se passe à Quingey, dans la vallée de la Loue.
– Et pour ceux qui veulent relire leurs classiques, quelques pages sur la Franche-Comté dans *Le Rouge et le Noir* de Stendhal ou *Les Misérables* de Victor Hugo (dans le livre premier, le grand homme explique à Jean Valjean – d'une manière un peu idyllique – le fonctionnement des fruitières du Haut-Doubs). Chateaubriand, dans ses *Mémoires d'outre-tombe,* raconte également une traversée du Haut-Doubs carrément angoissante. Même expérience pour Mary Shelley, qui a, selon certains exégètes, trouvé l'idée de son *Frankenstein* dans un voyage hivernal entre Pontarlier et le lac Léman...

PERSONNES HANDICAPÉES

Le label Tourisme et Handicap

Ce label national, créé par le secrétariat d'État à la Consommation et au Tourisme en partenariat avec les professionnels du tourisme et les associations représentant les personnes handicapées, permet d'identifier les lieux de vacances (hôtels, campings, sites naturels, etc.), de loisirs (parcs d'attractions, etc.) ou de culture (musées, monuments, etc.) accessibles aux personnes handicapées. Il apporte aux touristes en situation de handicap une information fiable sur l'accessibilité des lieux. Cette accessibilité, visualisée par un pictogramme correspondant aux quatre types de handicaps (moteur, visuel, auditif et mental), garantit un accueil et une utilisation des services proposés avec un maximum d'autonomie dans un environnement sécurisant.

Pour connaître la liste des sites labellisés : • *rendezvousenfrance.com* • (rubrique « Tourisme et Handicap »).

TOURISME & HANDICAP

Par ailleurs, dans notre guide, nous indiquons par le logo les établissements qui possèdent un accès ou des chambres pouvant accueillir des personnes handicapées. Certaines adresses sont parfaitement équipées selon les critères les plus modernes. D'autres, plus simples, plus anciennes aussi, sans répondre aux normes les plus récentes, favorisent l'accueil des personnes handicapées en facilitant l'accès à leur établissement, tant sur le plan matériel que sur le plan humain. Évidemment, les handicaps étant très divers, des lieux accessibles à certaines personnes ne le seront pas pour d'autres. Appelez donc auparavant pour savoir si l'équipement de l'hôtel ou du resto est compatible avec votre niveau de mobilité.
Malgré les combats menés par les nombreuses associations, l'intégration des personnes handicapées à la vie de tous les jours est encore balbutiante en France. Il tient à chacun de nous de faire changer les choses. Une prise de conscience est nécessaire, nous sommes tous concernés.

SITES INTERNET

• ***routard.com*** • Le site de voyage nº1 avec 750 000 membres et des millions d'internautes chaque mois. Partagez vos expériences avec la communauté de voyageurs : forums de discussions, avis, bons plans et photos. Pour s'inspirer et s'organiser, plus de 250 fiches pays actualisées avec les infos pratiques, les incontournables et les dernières actualités, ainsi que des reportages terrains et des carnets de voyage. Enfin, vous trouverez tout pour vos vols, hébergements, activités et voitures pour réserver votre voyage au meilleur prix. Routard.com votre voyage de A à Z !

• ***lecomtois.com*** • Plein de liens francs-comtois sur ce site de culture et de loisirs.

• ***juramusees.fr*** • Presque tous les musées du Jura en ligne. Et un *pass* pour les visiter à prix réduit.

- ***montagnes-du-jura.fr*** • Toutes les infos sur la montagne, par des conseillers qui la connaissent par cœur (découvrir, « esprits nordiques », la « première fois », balades inédites, gastronomie montagnarde, sports d'hiver...).
- ***parc-haut-jura.fr*** • Le site officiel du Parc naturel régional du Haut-Jura, avec un volet sur le tourisme durable.

LE DOUBS

DE BESANÇON À ARC-ET-SENANS 47
LA VALLÉE DU LISON 73
LE HAUT-DOUBS, DE PONTARLIER À CHAPELLE-DES-BOIS.......................77
LA RÉPUBLIQUE DU SAUGEAIS..............104
LE PAYS HORLOGER......107
LE PAYS DE MONTBÉLIARD......125
LA VALLÉE DU DOUBS, DE MONTBÉLIARD À BAUME-LES-DAMES.................137
LA VALLÉE DU CUSANCIN.............142
DE BAUME-LES-DAMES À VALDAHON...............142
LES VALLÉES DE LA LOUE ET DU LISON................144

• Carte *p. 44-45*

ABC du Doubs

- ***Superficie :*** 5 234 km².
- ***Population :*** 532 100 hab.
- ***Préfecture :*** Besançon (121 000 hab.).
- ***Sous-préfectures :*** Montbéliard (26 600 hab.), Pontarlier (18 800 hab.).
- ***Signes*** particuliers : 1 emploi sur 4 dans l'industrie (1 sur 6 au niveau national), 2 montres françaises sur 3 fabriquées dans le Doubs, 29 000 t de comté produites par an (60 % de la production française).
- ***Point culminant :*** le mont d'Or (1 463 m).

On a rarement vu un département porter si bien son nom ! Car le Doubs, c'est avant tout une rivière apaisante qui traverse tout un territoire auquel elle a donné son nom. Longue de 430 km, elle n'aurait besoin que de 90 km à vol d'oiseau pour rallier sa source à son embouchure avec la Saône, mais le Doubs s'autorise de multiples détours, une petite balade en Suisse, s'attarde dans plusieurs lacs, pour disparaître puis resurgir sous différents noms d'emprunt (la Loue, le Dessoubre). Le département, quant à lui, présente des reliefs et paysages variés : des villes de plaine, des sommets jurassiens (deux tiers des montagnes du Jura se trouvent administrativement dans le Doubs) et, entre les deux, de vastes plateaux. Pas facile à résumer d'un trait ! On ira à la rencontre de l'histoire au château de Joux, des utopistes à la saline royale d'Arc-et-Senans, de la recherche et de la technique à Montbéliard, d'un pays horloger, de merveilles de gueule à Morteau ou au mont d'Or, de grands espaces verts comme dans le Haut-Doubs ou le long de l'impressionnante vallée de la Loue... et des deux sites classés au Patrimoine mondial de l'Unesco : la saline royale d'Arc-et-Senans et la citadelle et les fortifications Vauban de Besançon. On se laisse donc aller, doucement, au fil des rencontres et des routes sinueuses, dans ce territoire composite et riche en contrastes, où l'art, la culture, le savoir-faire et les loisirs ont sagement trouvé leur alchimie.

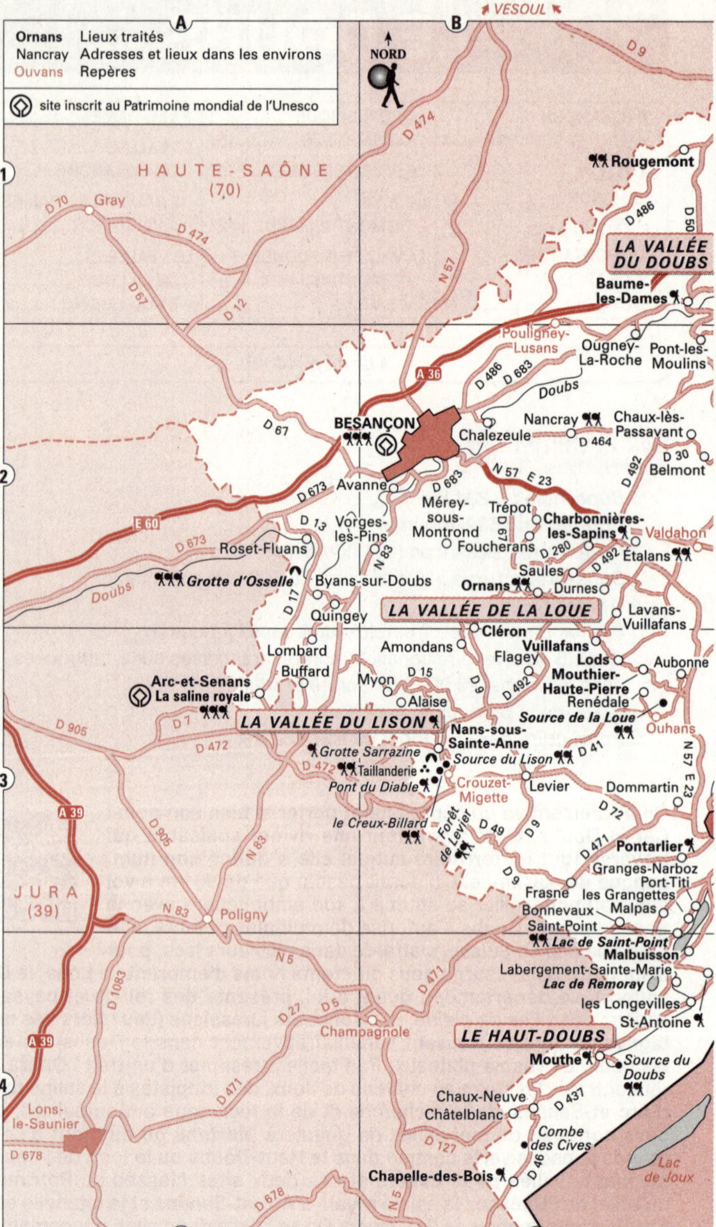

Ornans Lieux traités
Nancray Adresses et lieux dans les environs
Ouvans Repères
site inscrit au Patrimoine mondial de l'Unesco
NORD
VESOUL
DIJON
DOLE
DOLE
HAUTE-SAÔNE
(70)
JURA
(39)
Gray
Rougemont
LA VALLÉE DU DOUBS
Baume-les-Dames
Pouligney-Lusans
Ougney-La-Roche
Pont-les-Moulins
Doubs
BESANÇON
Chalezeule
Nancray
Chaux-lès-Passavant
Belmont
Avanne
Mérey-sous-Montrond
Trépot
Charbonnières-les-Sapins
Valdahon
Vorges-les-Pins
Roset-Fluans
Foucherans
Étalans
Grotte d'Osselle
Byans-sur-Doubs
Saules
Ornans
Durnes
Quingey
LA VALLÉE DE LA LOUE
Lavans-Vuillafans
Cléron
Amondans
Vuillafans
Lombard
Flagey
Lods
Aubonne
Buffard
Myon
Mouthier-Haute-Pierre
Arc-et-Senans
La saline royale
Alaise
Renédale
Source de la Loue
Ouhans
LA VALLÉE DU LISON
Nans-sous-Sainte-Anne
Grotte Sarrazine
Taillanderie
Source du Lison
Pont du Diable
Crouzet-Migette
Levier
Dommartin
le Creux-Billard
Forêt de Levier
Pontarlier
Granges-Narboz
Port-Titi
Frasne
les Grangettes
Bonnevaux
Malpas
Saint-Point
Lac de Saint-Point
Malbuisson
Labergement-Sainte-Marie
Lac de Remoray
les Longevilles
St-Antoine
Poligny
Champagnole
LE HAUT-DOUBS
Mouthe
Source du Doubs
Chaux-Neuve
Châtelblanc
Combe des Cives
Chapelle-des-Bois
Lons-le-Saunier
Lac de Joux

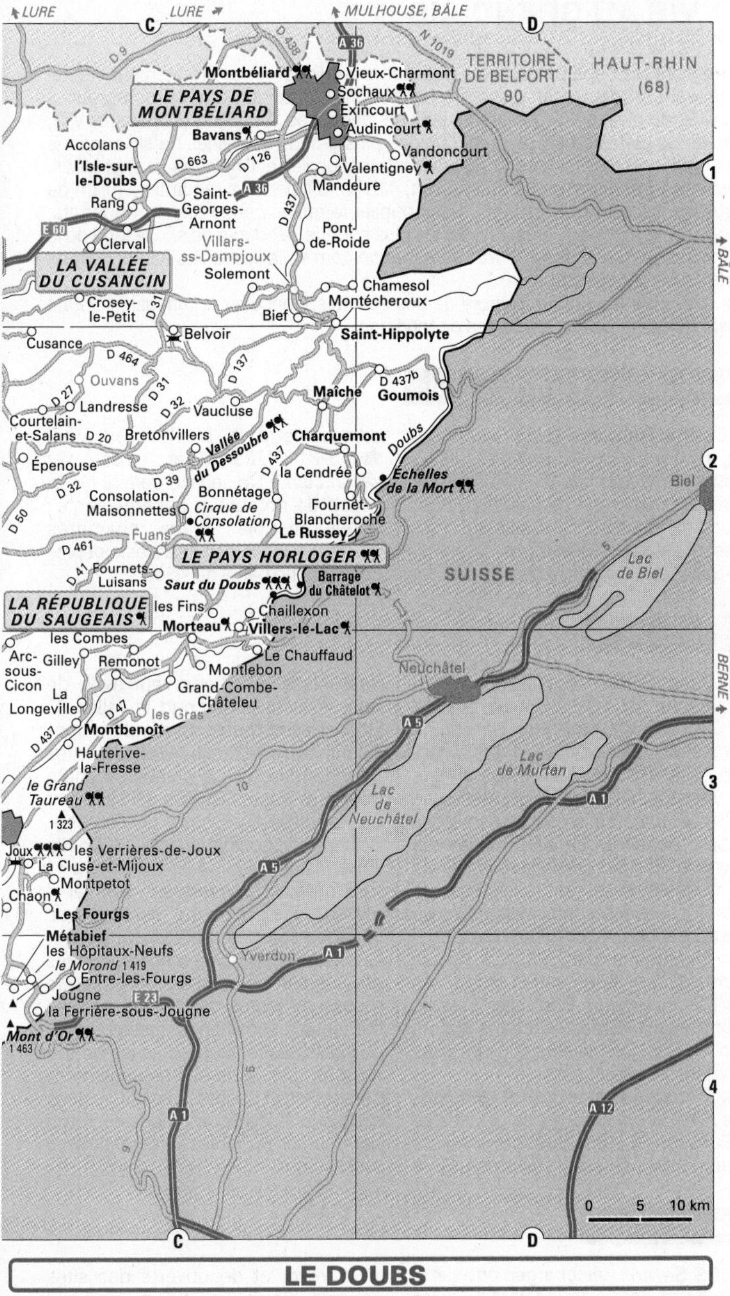
LURE
LURE
MULHOUSE, BÂLE
C
D
D 438
A 36
N 1019
TERRITOIRE DE BELFORT
90
HAUT-RHIN
(68)
D 9
Montbéliard
Vieux-Charmont
Sochaux
Exincourt
Audincourt
Vandoncourt
LE PAYS DE MONTBÉLIARD
Bavans
Accolans
l'Isle-sur-le-Doubs
D 663
D 126
A 36
Valentigney
Mandeure
Rang
Saint-Georges-Arnont
E 60
D 437
Clerval
Villars-ss-Dampjoux
Pont-de-Roide
LA VALLÉE DU CUSANCIN
Solemont
Chamesol
Montécheroux
Crosey-le-Petit
D 31
Bief
Saint-Hippolyte
Cusance
Belvoir
D 464
D 137
Ouvans
D 437b
D 27
D 31
Maîche
Goumois
Landresse
D 32
Vaucluse
Courtelain-et-Salans
D 20
Bretonvillers
Vallée du Dessoubre
Charquemont
Doubs
Épenouse
D 437
D 39
la Cendrée
Échelles de la Mort
D 32
Consolation-Maisonnettes
Bonnétage
Cirque de Consolation
Fournet-Blancheroche
D 50
Le Russey
Fuans
D 461
LE PAYS HORLOGER
D 41
Fournets-Luisans
Saut du Doubs
Barrage du Châtelot
SUISSE
LA RÉPUBLIQUE DU SAUGEAIS
les Fins
Chaillexon
Morteau
Villers-le-Lac
les Combes
Arc-sous-Cicon
Gilley
Remonot
Le Chauffaud
Montlebon
Grand-Combe-Châteleu
La Longeville
D 47
les Gras
Montbenoît
D 437
Hauterive-la-Fresse
le Grand Taureau
1 323
Joux
les Verrières-de-Joux
La Cluse-et-Mijoux
Montpetot
Chaon
Les Fourgs
Métabief
les Hôpitaux-Neufs
le Morond 1 419
Entre-les-Fourgs
Jougne
la Ferrière-sous-Jougne
E 23
Mont d'Or
1 463
Biel
Lac de Biel
5
BÂLE
Neuchâtel
BERNE
A 5
Lac de Murten
Lac de Neuchâtel
10
A 1
A 5
Yverdon
A 1
A 1
A 12
5
9
1
2
3
4
0
5
10 km

LE DOUBS

LA VIE AU GRAND AIR

Rares sont les départements qui peuvent revendiquer un environnement naturel aussi varié et des aménagements permettant la pratique d'aussi nombreuses activités de plein air : 3 000 km de sentiers pédestres, 1 600 km d'itinéraires VTT, 750 km de pistes de ski de fond, l'un des plus grands domaines de ski nordique d'Europe, un site pour les compétitions internationales et l'initiation au saut à skis, deux sites pour la pratique du biathlon, 410 km d'itinéraires raquettes, 40 km de pistes de ski alpin à Métabief... Sans oublier le reste : canoë-kayak, via ferrata, pêche, ULM, montgolfières. Et pour les plus sportifs, la course de ski de fond de la Transjurassienne en hiver *(• transjurassienne.com •)*, la Transjutrail au printemps ou la Transroller à l'automne...

Pour plus d'infos sur l'ensemble de ces activités, consulter le magazine *Doubs Mag'*, disponible dans les offices de tourisme.

Adresses et infos utiles

Doubs Tourisme *(plan Besançon, A2,* ***1****)* **:** *18, rue de la Préfecture, 25031 Besançon Cedex. ☎ 03-81-21-29-99. • cdt@doubs.com • doubs.travel •* Se procurer notamment *Doubs Mag'*, intéressant magazine gratuit.

Service réservation : *même adresse que le Doubs Tourisme. ☎ 03-81-21-29-80. • doubs-reservation.com •* Ce service gère la réservation de nombreux hébergements : hôtels, meublés, gîtes, chambres d'hôtes, villages de vacances... et propose tout un panel de séjours.

Transports

Gare SNCF Viotte *(hors plan Besançon par A1)* **:** *2, av. de la Paix. ☎ 36-35 (0,40 €/mn). Tramway pour le centre-ville.* Liaisons avec Paris, Dijon, Lyon, Marseille, Dole, Belfort, Morteau, Lons-le-Saunier, mais aussi Mulhouse et Strasbourg. Également de nombreux départs depuis la gare SNCF située aux **Auxons,** au nord de Besançon (10 mn de trajet en navette entre les 2 gares). Bus SNCF avec les principales villes de Haute-Saône : Vesoul, Gray, Rioz.

Liaisons en car : *infos sur • mobilignes.com • montsjura-autocars.fr •* De Besançon vers Pontarlier, Vesoul, Montbéliard, Gray... Certains trajets sont directs. Bonne desserte des villes et villages environnants.

Renseignements état des routes : *• inforoute25.fr •*

– **Eurovelo 6 :** un itinéraire cycliste balisé de Tulcea (Roumanie) à Saint-Nazaire ! Mieux vaut avoir de bons mollets. Il parcourt la vallée du Doubs, avec toutes sortes de propositions de visites culturelles, de haltes gourmandes, et de points de chute pour une étape. Dépliant « *En passant par la vallée du Doubs en Franche-Comté* » disponible auprès de *Doubs Tourisme.* Infos sur *• eurovelo6.org •*

– **« Motards, bienvenue ! » :** un label mis en place par *Doubs Tourisme* avec la *Fédération des motards du Doubs.* Les hôtels, chambres d'hôtes, centres et villages de vacances, gîtes de groupe ou autres campings labellisés mettent à disposition un garage fermé, un local chauffé pour sécher les combinaisons, etc. Carte des hébergements partenaires et suggestions d'itinéraires moto auprès de *Doubs Tourisme.* Envoi par courrier possible : *• doubs.travel/moto •*

Bons plans

– **GPS Safari :** *téléchargement sur le site • gps-safari-doubs.com •* Quête d'un trésor et découverte des sites naturels, historiques ou patrimoniaux du Doubs guidée par GPS (via un smartphone). Différents niveaux de difficulté et une centaine de « caches » proposées par *Doubs Tourisme*.

– **Biathlon pour Tous :** infos auprès du CDT. Tte l'année. Possibilité de s'initier, sur tout le département, à ce sport alliant combinaison de tir à la carabine laser et de ski de fond, roller, VTT ou skis-roues... selon la saison. Accessible aux enfants dès 8 ans. Pour imiter les 4 médaillés olympiques originaires du Doubs à Turin en 2006.

– ***Made in Chez Nous :*** un label qui fédère les entreprises industrielles et artisanales ouvertes au public pour présenter leur savoir-faire. Liste des membres du réseau (d'une grande variété) sur le site de *Doubs Tourisme* (• doubs.travel/madeincheznous •).

– **Relais-Saint-Pierre :** • doubs.travel/peche • C'est le label des pêcheurs ! Les hôtels, les campings, les chambres d'hôtes labellisés leur garantissent un accueil adapté à leur passion (local pour le matériel, infos, paniers repas, etc.).

DE BESANÇON À ARC-ET-SENANS

- **Besançon** 47
  - Le panorama du fort de Chaudanne
  - Le musée de plein air des Maisons comtoises à Nancray
  - Le gouffre de Poudrey à Étalans
- **La saline royale d'Arc-et-Senans** 67
  - Quingey : la grotte d'Osselle
- **Du val d'Amour à la source de la Loue** 73

BESANÇON

(25000) 121 000 hab. *Carte Doubs, B2*

• Plan *p. 49*

Pour Stendhal, « Besançon n'est pas seulement une des plus jolies villes de France, elle abonde en gens de cœur et d'esprit ». Voilà qui résume cette plaisante « Ville d'art et d'histoire », prise dans un écrin de nature quand on l'observe d'en haut... Parfois imaginée en montagne alors qu'elle se trouve à 250 m d'altitude, cette ville de plaine, aux belles maisons de pierre bicolore (gris-bleu et beige), n'en est pas moins active avec son important pôle étudiant et ses industries de microtechnique dont elle se veut la capitale. Moins vendeur... c'est ici que l'on fabrique les horodateurs ! En tout cas, « Besac » – pour les intimes – ne manque pas d'air et a même créé sa propre marque d'eau du robinet embouteillée, la *bisontine,* que l'on retrouve à la table des restaurants. À côté de ça, son histoire reste bien calme depuis son annexion à la France en 1678. C'est une vraie qualité de vie au quotidien qu'on observe ici, pour qui arrive par le TGV ou par l'autoroute. Quelques pas dans la longue rue piétonne centrale suffisent pour s'en convaincre. Si l'on continue jusqu'à la formidable citadelle, classée au Patrimoine de l'Unesco en 2008, on découvre, à ses pieds, une ville lovée dans une superbe boucle, presque parfaite, formée par le Doubs... et où la vie suit son cours calmement mais sûrement, à l'image de sa rivière.

UN PEU D'HISTOIRE

César, dans ses *Commentaires sur la guerre des Gaules,* décrit déjà cette boucle qui « entoure la ville entière d'un cercle qu'on croirait tracé au compas ». C'est d'ailleurs lui qui fait véritablement entrer la ville dans l'histoire. En 58 av. J.-C., César débarque à *Vesontio,* capitale de la tribu gauloise des Séquanes, assiégée

par les Germains d'Arioviste. Victorieux, César y installe une garnison, et *Vesontio* devient l'une des plaques tournantes de la Gaule romaine. En 888, elle entre dans le royaume de Bourgogne, qui, au Xe s, est cédé à l'Empire germanique. Deuxième période de prospérité : Besançon compte parmi les premières cités de la chrétienté d'Occident.
Au ***XVe s,*** la ville entre dans ce qu'on appelle son ***âge d'or.*** En ***1477, Louis XI s'empare de Besançon,*** mais doit la rendre en 1493 à l'empereur Maximilien d'Autriche, qui vient d'épouser Marie de Bourgogne. La Franche-Comté et Besançon passent alors aux mains des ***Habsbourg.*** Avec le XVIe s commence, pour la cité, sous l'administration de Marguerite d'Autriche et de son neveu Charles Quint, une période de paix, de prospérité et de progrès. La ***Renaissance*** marque la ville, d'autant qu'elle s'y est surtout exprimée par l'architecture.

Besançon devient française

À partir de 1635 et ***la guerre de Dix Ans (1635-1644),*** la ville s'engage dans un siècle de guerres. En 1659, la Franche-Comté est en effet officiellement rattachée à l'Espagne, mais tous les prétextes seront bons à la France pour tenter de récupérer la ville. En 1674, notamment, Louis XIV envahit la Franche-Comté et assiège la ville qui se défend farouchement (27 jours de canonnade).
En ***1678, Besançon devient définitivement française,*** pas mécontente de piquer à Dole le statut de capitale régionale, récupérant au passage parlement, université, intendance... Vers 1730, la présence française plus ou moins bien digérée (il est encore aujourd'hui des Francs-Comtois qui ne supportent pas, dans la galerie des Glaces à Versailles, le portrait de Louis XIV foulant aux pieds le drapeau comtois), la prospérité s'installe à nouveau. Sous ***les règnes de Louis XV et de Louis XVI,*** la ville se couvre de monuments : préfecture, théâtre et de nombreux hôtels particuliers.
Avec le découpage administratif de la Révolution, Besançon n'est plus que le chef-lieu d'un département peu riche, montagneux et dépeuplé. Tout au long du ***XIXe s,*** son statut de ville de garnison et de place forte freine quelque peu son expansion.

Besançon se redécouvre

Une situation qui lui permet, juste retour des choses, d'envisager l'avenir avec optimisme, en ce début de ***XXIe s*** : la ville a ainsi pu sauvegarder son patrimoine urbain, dont la réhabilitation totale ces dernières années lui a rendu un visage plus souriant, plus attractif pour des visiteurs qui (re)découvrent ses trésors cachés...
Aujourd'hui, Besançon tient son rang de ***capitale régionale*** (depuis 1973) et bouge, améliore son environnement, fait classer sa citadelle par l'Unesco, se dote d'un tramway (2 lignes, inaugurées en 2014), relooke son centre ancien, redonnant tout le cachet mérité à la cité...

Adresses et infos utiles

Office de tourisme *(plan B1, **2**)* **:** *2, pl. de la Première-Armée-Française, parc Micaud. ☎ 03-81-80-92-55. • besancon-tourisme.com • Lun-sam 10h-12h30 et 13h30-18h, dim et j. fériés 10h-13h ; juil-août, tlj 10h-18h. Fermé 1er janv, 1er mai et 25 déc.* Abondante documentation, plan de ville et réservations hôtelières. Organise des visites guidées de la ville et du patrimoine industriel des alentours.

Centre régional d'information jeunesse *(plan B1, **3**)* **:** *27, rue de la République. ☎ 03-81-21-16-16. • jeunes-fc.com • Mar-ven 10h-12h, 13h30-18h (en continu mer), ainsi que lun ap-m et sam ap-m.* Vente de la carte *Avantages Jeunes* (réductions sur les activités sportives, de loisirs, de culture et de vacances). Ne pas manquer, à l'extérieur, l'amusante statue de « l'arroseur arrosé ». Attention, elle fonctionne !

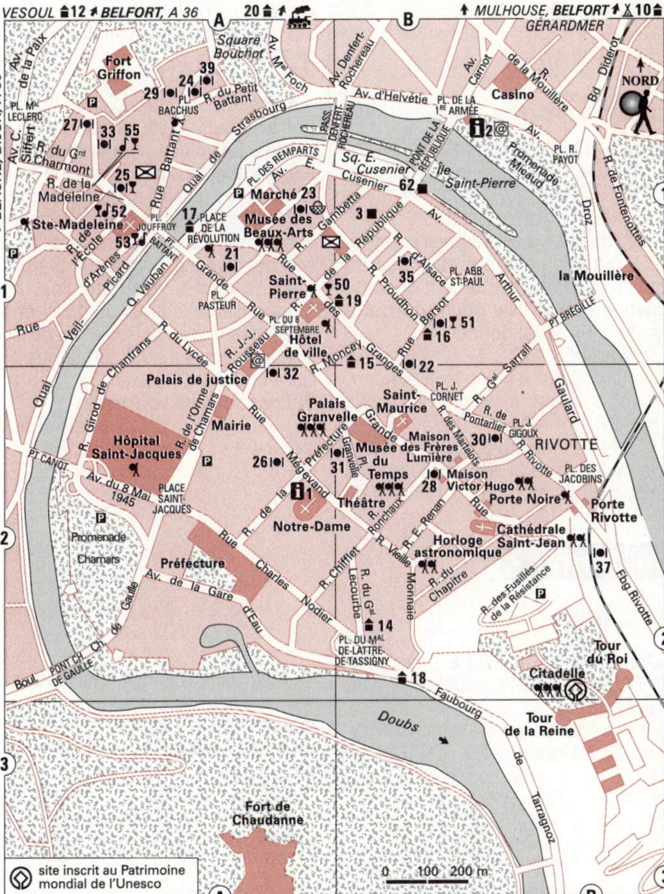

BESANÇON

Adresses utiles

1 Doubs Tourisme
2 Office de tourisme
3 Centre régional d'information jeunesse

Où dormir ?

10 Camping de la Plage
11 Habitat Jeunes « Les Oiseaux »
12 Ethic Étapes et La Retraite Sentimentale
14 Hôtel Best Western Citadelle
15 Hôtel du Nord
16 Chambres d'hôtes La Maison de Verre
17 Hôtel Vauban
18 Hôtel Le Sauvage
19 Hôtel de Paris
20 Hôtel Florel

Où manger ?

21 Le Café-Café
22 Bêtises et Volup'Thé
23 La Cuisine du Marché
24 L'Affineur Comtois
25 Les Zinzins du Vin
26 Les 4 Saisons
27 L'Avant-Goût
28 Le Salon d'Hugo
29 Le Vin et l'Assiette
30 Chez Pommamour
31 Le 1802
32 L'Annexe
33 Da Gianni
35 Le Poker d'As
37 Le Manège
39 Le Saint-Pierre

Où boire un verre ?

25 Les Zinzins du Vin
50 Brasserie du Commerce
51 Café Bohème
52 Les Passagers du Zinc
53 Brass'eliande
55 Madelaynes

Où acheter de bons produits ?

23 Le marché des Beaux-Arts

À voir. À faire

62 Promenades en vedettes panoramiques

✉ **Postes :** *bureaux principaux au 23, rue Proudhon (plan A-B1) et au 1, rue Battant (plan A1).*

Transports

■ **Ginko** (plan B1) **:** *boutique au centre Saint-Pierre, 28, rue de la République. ☎ 0825-00-22-44 (0,15 €/mn). • ginko.voyage • Accueil lun-sam 10h-19h.* Réseau de bus urbains (ville et communauté d'agglomération) et lignes de tramway. Les bus permettent de sortir facilement de la ville pour accéder à des chemins de randonnée.

■ ***Vélocité :*** *☎ 01-30-792-888 (n° non surtaxé). • velocite.besancon.fr • Abonnement de 1 sem 1 €, puis 1re demi-heure gratuite, sinon 1 €/h et 4 € les 24h.* L'ancêtre du Vélib' parisien roule déjà depuis plusieurs années. Le principe est le même : une trentaine de stations où prendre un vélo et le reposer ailleurs, tout simplement.

■ ***Taxis :*** *☎ 03-81-88-80-80 (gare SNCF) ou 03-81-80-17-76.*

– ***À noter :*** le centre ancien de la ville est truffé de sens uniques et de rues piétonnes. La voiture est donc déconseillée, d'autant plus que Besançon est une ville à taille humaine et qu'elle se découvre très facilement à pied. Les parkings sont nombreux mais payants, à l'exception des parkings Battant, à 5-10 mn à pied du centre-ville (attention, il est fermé chaque 2e lundi du mois) et surtout le parking de la Rodia (av. de Chardonnet) depuis lequel part le bus n° 27 qui monte à la Citadelle.

■ ***Locations de voitures :***

– Hertz : 27, rue Thomas-Edison. ☎ 03-81-41-99-29. • hertz.fr •

– Avis : 76, rue de Vesoul. ☎ 03-81-48-01-60. • avis.fr •

Où dormir ?

Camping

⛺ ***Camping de la Plage*** (hors plan par B1, **10**) **:** *12, route de Belfort, 25220* ***Chalezeule.*** *☎ 03-81-88-04-26. • contact@campingdebesancon.com • campingdebesancon.com • ♿ À la sortie de la ville, direction Belfort-Montbéliard. Ouv de mi-mars à fin oct. Forfait pour 2 env 19-21 €. 112 empl. Loc de bungalows toilés pour 4 pers 260-665 €/sem. Réduc de 10 % sur présentation de ce guide.* Emplacements bien ombragés installés entre le Doubs et une voie rapide. Vous savez donc de quel côté planter votre tente... Ping-pong, piscine municipale sur place (gratuite pour les campeurs), snack.

De bon marché à prix moyens

🏠 ***Habitat Jeunes « Les Oiseaux »*** (hors plan par B1, **11**) **:** *48, rue des Cras. ☎ 03-81-40-32-00. • contact@habitatjeuneslesoiseaux.fr • habitatjeuneslesoiseaux.fr • À 2,5 km du centre-ville. Accès par le bus n° 5 (direction Les Orchamps), arrêt « Les Oiseaux ». Env 30 € en chambre individuelle et 45 € la double, avec petit déj et draps. Tarifs dégressifs à partir de la 2e nuit. Menu au self 9,20 € (sf dim et j. fériés). Parking.* Le foyer des jeunes travailleurs fait office d'AJ lorsqu'il y a de la disponibilité. Grand bâtiment clair et moderne abritant de petites chambres sans charme, mais fonctionnelles et bien équipées (frigo, douche et w-c). Tennis, ping-pong, billard.

🏠 ***Ethic Etapes*** (hors plan par A1, **12**) **:** *3, av. des Montboucons. ☎ 03-81-50-07-54. • cis.besancon@wanadoo.fr • cis-besancon.com • ♿ À 2 km au nord du centre-ville, dir. Vesoul. Au carrefour Churchill, direction Dijon sur 1 km, puis à droite au niveau des stades. Bus n° 4 en journée (arrêt « Pôle Sportif »), ligne C en soirée (arrêt « GRETA »). Doubles 22-27 €/pers avec ou sans sdb, petit déj inclus. Repas possible. Au moins 55 chambres. Parking. Réduc de 10 % pour les individuels sur le prix de la chambre tte l'année sur présentation de ce guide.* Une structure moderne, fonctionnelle, propre et économique. Café avec billard et baby-foot, et, dans les étages, des chambres impeccables avec TV. Accueil très sympathique. Excellent rapport qualité-prix.

Hôtel du Nord *(plan B1-2, **15**) : 8, rue Moncey. ☎ 03-81-81-34-56. • hoteldunord3@wanadoo.fr • hotel-du-nord-besancon.fr • ♿ Doubles 63-73 €. Parking et garage fermé payants. Réduc de 10 % sur le prix de la chambre tte l'année, sur présentation de ce guide.* L'hôtel classique de (plein) centre-ville. Chambres au style « vieille France » qui mériteraient une rénovation, mais l'ensemble est propre, fonctionnel, et convenable compte tenu de sa bonne situation. Accueil cordial.

De chic à plus chic

Hôtel Florel *(hors plan par A1, **20**) : 6, rue de la Viotte. ☎ 03-81-80-41-08. • contact@hotel-florel.fr • hotel-florel.fr • Doubles à partir de 79 €.* Tout proche de la gare, dans un coin tranquille, un classique logis de France livrant plus de 50 chambres de bon confort, pour beaucoup donnant sur un jardin intérieur. Petit déj-buffet correct.

Hôtel Best Western Citadelle *(plan B2, **14**) : 13, rue du Général-Lecourbe. ☎ 03-81-81-33-92. • contact@bestwesterncitadelle.com • bestwesterncitadelle.com • Au pied de la citadelle. Doubles 92-110 €. Parking payant sur résa.* Retirées au fond d'une grande cour intérieure, une élégante bâtisse de pierre et des chambres confortables au goût du jour.

La Retraite Sentimentale *(hors plan par A1, **12**) : 39, chemin des Montboucons. 📱 07-86-53-24-71. • la-retraite-sentimentale@orange.fr • laretraitesentimentale.com • À 3 km au nord (même accès pour l'Ethic Etapes plus haut). Double 85 €. Parking.* Colette aimait le coin. Nous aussi. Il faut dire que la vue sur la ville en contrebas et l'environnement paisible favorisent le repos. D'autant que la maison réservée aux hôtes est pleine de surprises : des parties communes cosy et de caractère (impressionnante cheminée dans le salon très cosy), une salle de jeux géniale, quatre chambres séduisantes et tout confort ainsi qu'une piscine sur la terrasse. Accueil attentionné, à l'image du petit déj – exemplaire.

Hôtel de Paris *(plan A-B1, **19**) : 33, rue des Granges. ☎ 03-81-81-36-56. • contact@besanconhoteldeparis.com • besanconhoteldeparis.com • ♿ Doubles 90-140 €. Parking.* C'est l'hôtel tendance du centre-ville. Car la déco sophistiquée bouscule les habitudes, mêlant l'ancien et le contemporain avec audace (par exemple, ce long hall-couloir aux étranges fauteuils !). Les chambres sont plus sages, aménagées de façon élégante, voire design, et bien sûr tout confort. Si l'on ajoute une situation stratégique et un parking qui permet d'échapper à l'enfer du stationnement à Besançon, on tient là une très bonne adresse !

Chambres d'hôtes La Maison de Verre *(plan B1, **16**) : 26, rue Bersot. 📱 06-12-38-12-57. • katherine@lamaisondeverre.com • lamaisondeverre.com • Double 85 €. Plus un loft pour 4 et un appart de 3 chambres. Parking. Réduc de 10 % sur le prix de la chambre, sur présentation de ce guide.* Voici des chambres d'hôtes étonnantes et originales, au cœur de l'animation, mais cachées au fond d'une cour. Les murs vitrés de la salle à manger donnent sur l'intérieur de ce hangar retapé, où l'on se croirait presque dans un aquarium ! Chambres design avec décor minimaliste soigné, ambiances douces et une structure métallique. Un vrai concept.

Hôtel Vauban *(plan A1, **17**) : 9, quai Vauban. ☎ 03-81-82-02-08. • contact@hotel-vauban.fr • hotel-vauban.fr • Doubles 82-117 €, petit déj en sus. Parking des Beaux-Arts à moins de 200 m.* Superbement situé dans l'un des plus beaux alignements d'immeubles qui soient (classé Monument historique). Offre une douzaine de chambres thématiques de grand confort et à l'excellente insonorisation. Chacune d'entre elles illustre l'un des sites majeurs de Vauban. Belle vue sur le Doubs ou la place de la Révolution.

Hôtel Le Sauvage *(plan B2, **18**) : 6, rue du Chapitre. ☎ 03-81-82-00-21. • hotel-lesauvage@orange.fr • hotel-lesauvage.com • Doubles 99-290 €. Petit déj 14 €. Parking.* Au cœur du quartier historique, au pied des contreforts de la citadelle. Ancien monastère, puis maison de maître au XIXe s, puis à nouveau couvent pour les clarisses...

Un lieu de silence idéal donc et, surtout, de charme. Cadre raffiné, mobilier classe, décor épuré aux douces tonalités en font l'hôtel le plus élégant de la ville. Accueil pro et affable. Terrasse avec vue superbe.

Où manger ?

Il est bon de savoir que le dimanche soir, il n'est pas toujours évident de trouver une table où dîner, tout comme au mois d'août d'ailleurs.

Bon marché

|●| ***La Cuisine du Marché*** *(plan A1,* ***23****) : au sein du marché couvert des Beaux-Arts, rue Gustave-Courbet. 06-38-22-82-48. Tlj sf lun 9h-14h (19h sam). Plat du jour env 10 €. Menu env 16 € (copieux).* À l'abri de ses grandes baies, au cœur des stands de fruits et légumes ruisselants de fraîcheur et de couleurs, on ne peut rêver meilleure cuisine de marché ! Et soignée avec ça. Belles entrées, foie gras maison au savagnin, grande assiette « apéro-brunch », excellents desserts... Service alerte et efficace. Que dire de plus ?

|●| ***L'Affineur Comtois*** *(plan A1,* ***24****) : 82, rue du Battant. ☎ 03-81-61-47-29. Tlj sf sam midi et dim. Le midi, formules 12-16 €. Fondues 16-18 €.* Reconnaissable à sa vache attachée devant. Un battant de la qualité et de la convivialité, ici c'est du 100 % franc comtois et 101 % accueil chaleureux ! Cadre en pierre apparente et bois pour d'excellentes spécialités au fromage (ah, la fondue aux champignons !) et clientèle locale réjouie qui sait qu'elle retrouvera aussi tous ces bons produits à la *Crèmerie* du marché des Beaux-Arts.

|●| ***Les Zinzins du Vin*** *(plan A1,* ***25****) : 14, rue de la Madeleine. ☎ 03-81-81-24-74. • contact@leszinzinsduvin.com • Ouv slt mer-sam 11h-23h. Assiettes env 7-15 €.* C'est avant tout un caviste sincère ! Le patron est un passionné, qui s'efforce de trouver la perle rare dans la déferlante de vins naturels qui envahit le marché. Alors on goûte, on commente ses choix dans la bonne humeur, et on picore parmi les délicieux tapas et autres assiettes de charcuterie et de fromages... à moins de se régaler des desserts préparés par madame. Car c'est aussi un bistrot plein d'atmosphère, avec sa dizaine de tables phagocytées par les habitués !

|●| ***Les 4 Saisons*** *(plan A2,* ***26****) : 22, rue Megevand. ☎ 03-81-82-30-46. • restaurant.les4saisons@orange.fr • Fermé w-e et certains soirs. Congés : 1 sem à Pâques, 2 sem en août, 2 sem à Noël. Menus 15,50-27 €. Un café/guide offert sur présentation de ce guide.* Resto d'une discrétion absolue dans une rue pas trop passante. Et pourtant les clients sont là, nombreux... Pour l'accueil adorable de la patronne et pour la fraîcheur de la cuisine, alliée à une séduisante petite touche perso ! Légumes livrés à la cuisson exacte, sauces légères, fines associations de saveurs. C'est vraiment du soigné de chez soigné !

|●| ***Bêtises et Volup'Thé*** *(plan B1-2,* ***22****) : 79, rue des Granges (et rue Bersot). ☎ 03-81-50-83-45. Fermé dim soir et lun. Plats et formules env 10-15 €. Café offert sur présentation de ce guide.* Malgré les gros nuages en coton au-dessus du comptoir, il ne pleut jamais dans ce restaurant-salon de thé qui semble tiré d'un conte pour enfants. Tout est apaisant et zen chez Églantine, de la déco insolite aux plats aux noms délirants, dans un thème très fille ! Côté cuisine, les grosses salades et autres gratins sont frais et bio. Pâtisseries maison, glaces et de délicieux jus de fruits frais. Service adorable.

|●| ***Le Café-Café*** *(plan A1,* ***21****) : 5 bis, rue Luc-Breton. ☎ 03-81-81-15-24. Fermé dim, lun soir et j. fériés. Congés : 2de quinzaine d'août. Résa obligatoire. Formule env 12 € le midi en sem, plats env 14-22 € le soir à la carte.* Une adresse discrète, nichée au bout d'un petit passage. Mais n'hésitez pas à aller jusqu'à l'ardoise pour découvrir les suggestions du jour. On s'installe en terrasse ou dans cette adorable salle de poche à la déco colorée et aux vénérables banquettes, où l'on sert de copieuses assiettes qui font tout un repas. Accueil jeune et souriant.

IOI ***Le Salon d'Hugo*** *(plan B2, **28**) : 128, Grande-Rue (à côté du musée). 06-77-16-82-31. Ouv ts les midis, plus sam soir. Salon de thé 8h-19h (dim 14h-19h). Menus 12,50-14,90 € lun-ven.* Remarquable alchimie entre la qualité de la cuisine, le choix de vins de petits vignerons, le cadre et un accueil chaleureux. Pas de carte (tout sur l'ardoise), et une authentique cuisine de marché, bien mijotée. Fins desserts pas en reste ! Riche palette de thés, cafés et gâteaux qu'on déguste l'après-midi sur de confortables banquettes. Petite terrasse sur rue tranquille. Accueil suave et attentionné du patron et intéressants aphorismes sur les murs... Que demander de plus !

Prix moyens

IOI ***Le Vin et l'Assiette*** *(plan A1, **29**) : 97, rue Battant. ☎ 03-81-81-48-18. • le.vin@wanadoo.fr • Fermé dim, lun et j. fériés (plus mer soir hors saison). Congés : 3e sem de fév, 1 sem début mai, 2 premières sem d'août, 1 sem en nov. Formule déj 21 €, vin inclus ; carte env 35 €. 1 verre de vin en apéritif offert sur présentation de ce guide.* Très belle salle pleine de charme et de rusticité, installée dans une maison du XVe s. Cuisine simple aux couleurs locales. Pour accompagner tout ça, une intéressante sélection de vins, servis au verre et à l'aveugle. Et ce n'est pas de l'esbroufe, car les Leroy sont cavistes passionnés ! Ici, comme on dit, « on ne boit pas pour oublier mais on boit pour se souvenir ! ».

IOI ***Chez Pommamour*** *(plan B2, **30**) : 16, rue de Pontarlier. ☎ 03-81-81-52-66. ♿ Lun-ven à midi slt et le soir du 3e ven du mois. Fermé j. fériés et courant août. Compter 15-25 €. Café offert sur présentation de ce guide.* Un lieu assez intime, à la déco très féminine et une devise imparable : « Je me lève tôt, j'épluche les légumes, je cuisine, je mijote... ». Cuisine de marché, sous forme d'assiettes-repas joliment présentées, de superbes salades composées et de délicieux desserts du jour. Un lieu qu'on adore !

IOI ***Da Gianni*** *(plan A1, **33**) : 11, rue Richebourg. ☎ 03-81-81-42-96. Tlj sf dim-lun, midi et soir (résa très conseillée le w-e). Plats 17-29 €, pizzas 10-22 €.* Pour les accros à la cuisine italienne, l'adresse à Besançon ! Située dans une rue improbable, et pourtant c'est toujours quasiment plein. Plusieurs bonnes raisons : une vraie cuisine italienne réalisée avec cœur et professionnalisme, un service généreux sans pareil, des plats faits à la demande... Grand choix de pâtes : mais essayez donc les *nidi di rondine* (une des grandes spécialités de la maison avec les délicieuses lasagnes et les pizzas craquantes).

IOI ***Le 1802*** *(plan A-B2, **31**) : pl. Granvelle. ☎ 03-81-82-21-97. Tlj. Suggestion du jour env 15 € ; menu 30 € ; plats env 16-31 €.* La brasserie chic de la ville, bien dans l'air du temps, qui a choisi justement de le remonter sur un thème toujours d'actualité par ici : Victor Hugo (né en 1802 !). Ambiance, il est vrai, un brin romantique en salle et cuisine de brasserie classique et de qualité, mais qui s'apprécie encore mieux l'été, à l'ombre, en terrasse, vrai charme du lieu (en fin d'après-midi, places particulièrement disputées pour l'apéro !).

De prix moyens à chic

IOI ***Le Poker d'As*** *(plan B1, **35**) : 14, sq. Saint-Amour. ☎ 03-81-81-42-49. • lepokerdas0081@orange.fr • Fermé dim et lun. Congés : de mi-juil à mi-août et fêtes de fin d'année. Menus 24,50-55 € ; carte env 50 €. Apéritif maison offert sur présentation de ce guide.* Resto pas routard pour deux sous, mais une valeur sûre pour les notables de la ville. Cadre cossu façon chalet, décoré de cloches à vache... L'ensemble est soigné, de bonne facture, plaisant pour les papilles, avec une cuisine made in Franche-Comté ! Réputé pour son poulet fermier au vin jaune et morilles.

IOI ***Le Manège*** *(plan B2, **37**) : 2, fg Rivotte. ☎ 03-81-48-01-48. • restaurant-le-manege@wanadoo.fr • Fermé dim soir et lun. Congés : 2 sem début mars, 1 sem début mai et 2 sem en août. Formule déj en sem 14,90 €, menus 31-46 €.* On est attiré par la façade néoclassique, dessinée par un élève de Claude-Nicolas Ledoux. Ce bâtiment fait référence à la tradition militaire et donc équestre de la ville, d'où son nom. L'ancien octroi renferme une salle élégante et classique, qui laisse l'assiette s'exprimer à loisir. Cuisine habile, fraîche et très actuelle, rythmée par les saisons et le marché. Terrasse de poche aux beaux jours.

I●I *L'Avant-Goût* *(plan A1,* ***27****) : 4, rue Richebourg (quartier Battant). ☎ 03-81-81-48-86. ● avant.gout@free.fr ● Fermé sam midi, dim, lun et j. fériés. Congés : 1 sem en avr, 3 sem en juil-août et 15 j. en fin d'année. Formule déj en sem 15,50 € ; le soir, menu 34 € ; carte env 35 €.* Une petite partie bar et une autre salle plutôt agréable. Le chef, qui a fait ses gammes en Suisse chez les plus grands, régale les adeptes de beaux produits, et d'une cuisine que l'on pourrait qualifier de rustico-raffinée. Petit bout de terrasse pour les jours de soleil.

I●I *L'Annexe* *(plan A1-2,* ***32****) : 11, rue du Palais-de-Justice. ☎ 03-81-53-17-12. Fermé sam midi, dim, et lun soir. Formules 18,90-21,90 € le midi, menus 27-47 €.* Derrière la porte anodine se cache une élégante petite salle contemporaine, prolongée par une terrasse dans une courette. Tables hautes. Plats classiques de bonne facture, préparés avec de bons produits. Garantie d'une pause déjeuner de qualité. Le soir, la carte courte (2 viandes, 3 poissons) garantit le meilleur, mais le budget sera en conséquence.

Plus chic

I●I *Le Saint-Pierre* *(plan A1,* ***39****) : 104, rue Battant. ☎ 03-81-81-20-99. ● lesaintpierre2@wanadoo.fr ● Fermé sam midi, dim et j. fériés. Congés : autour du Nouvel An, 1 sem à Pâques et 3 sem en août. Menus 42 € (vin et café compris), puis 52-75 €.* Cadre soigné, où la déco mêle harmonieusement la pierre apparente et le contemporain. Cuisine finement travaillée, que l'on apprécie dès le 1er menu. Ambiance raffinée et décontractée à la fois pour cette adresse considérée comme la référence en ville. Petite terrasse pour les beaux jours.

Où dormir ? Où manger dans les environs ?

⌂ I●I *Les Granges du Liège* *: 25660* ***Mérey-sous-Montrond.*** *☎ 03-81-81-67-90. ● auberge-lesgrangesduliege@orange.fr ● auberge-lesgrangesduliege.fr ● Tlj sf mar. Congés : 2 sem en janv, 2 sem en oct. Double 60 €, petit déj en sus. Menus 14 € (le midi, avec buffet de hors-d'œuvre)-25 €. Digestif maison offert sur présentation de ce guide.* Proche de Besançon (sud-est), un hameau perdu dans une nature de rêve, vaste vallée verdoyante, lumineuse et sereine. Dans une ancienne ferme, très grande salle à manger rustique de bon ton, mais, aux beaux jours, beaucoup préfèrent la terrasse. Cuisine régionale traditionnelle bien troussée. Excellent et généreux menu franc-comtois, quelques plats avec une touche perso et de beaux desserts... Intéressant choix de vins à prix fort abordables. Chambres de charme dans un calme total à 100 m du resto, et quelques gîtes.

I●I *L'Épicerie* *: 8, rue de l'Église, 25720* ***Avanne.*** *☎ 03-81-51-37-49. À env 8 km à l'est de Besançon, au centre du village. Fermé sam midi et dim soir. Formule déj 16,50 €. Menu 25,50 € ; repas 25-35 €.* Un mélange entre le café de pays et le bistrot branché, avec le mobilier chiné de rigueur et la ribambelle d'objets et de bibelots thématiques, façon épicerie à l'ancienne. Très sympa, comme la cuisine, qui propose à l'ardoise une sélection de plats traditionnels sans complication et bien ficelés. Spécialité : les grenouilles de pays (en mars) ! Quant à l'accueil, il fait dans la gouaille et le décontracté.

Où boire un verre ?

Ambiance estudiantine aidant, on trouve facilement de bons p'tits cafés pour aller grignoter et boire un verre. On a surtout aimé le quartier Battant, même si, du côté du centre ancien, il reste de sympathiques bars avec terrasse, toujours appréciés aux beaux jours.

🍷 🍽 ***Café Bohème*** *(plan B1, **51**) : 40, rue Bersot. ☎ 03-81-59-92-31. Tlj sf dim jusqu'à tard.* Leur devise, dans l'ordre : « Boire, rire et manger ». L'un des bars les plus vivants du coin, jusque dans la rue. Belle sélection de vins qu'apprécie une clientèle 25-35 ans bohèmo-branchouillée. Possibilité de grignoter d'excellentes tapas, tartines, assiette de charcuterie ibérique et *patatas bravas*.

🍷 ♪ ***Brass'eliande*** *(plan A1, **53**) : en bas de la rue de la Madeleine, quartier Battant, à l'ombre de l'église. Tlj jusqu'à minuit.* Populaire bar à bière des étudiants. Terrasse joyeusement animée aux beaux jours.

🍷 ♪ ***Madelaynes*** *(plan A1, **55**) : 19, rue de la Madeleine. ☎ 09-83-52-71-82. • madelaynes.com • Tlj sf dim et mar : lun 11h-14h et 18h-23h, mer-jeu 11h-1h (ven 2h), sam 14h-2h.* Bar de quartier avec une sympathique touche latino. Spécialiste des bons cocktails exotiques : *mojito, piña colada, caïpirinha,* rhums arrangés... Soirées latino torrides les jeudi, vendredi, samedi et cours de rock le lundi. Quelques tables sur le trottoir.

🍷 ***Les Zinzins du Vin*** *(plan A1, **25**) : voir « Où manger ? Bon marché ».*

🍷 ***Brasserie du Commerce*** *(plan A-B1, **50**) : 31, rue des Granges. ☎ 03-81-81-33-11. Tlj (sf dim en juil-août) 8h-1h. Congés : de mi-juil à mi-août. Menu 14 €, plat du jour 9,50 €.* Fondée en 1873, c'est l'une des plus anciennes brasseries de la ville. C'est aussi la plus belle : vastes miroirs, banquettes de velours, lustres kitsch, « pâtisseries » en stuc, du pur Art déco ! Noter les beaux portemanteaux en bronze. Salle à l'étage en mezzanine, plus moderne. Un établissement chargé d'histoire : Colette était une habituée du lieu quand elle séjournait dans la région.

♪ 🍷 ***Les Passagers du Zinc*** *(plan A1, **52**) : 5, rue de Vignier. ☎ 03-81-81-54-70. • lespassagersduzinc.com • Quartier Battant. Concerts à 21h pétantes (2 à 3 fois/sem, programme sur le site).* Un café-concert bourré d'atmosphère où sont passés bien des groupes de rock français ou étrangers. Un temps menacé puis soutenu par Jacques Higelin en personne. Au sous-sol, cave à la déco kitsch que l'on atteint en passant sous le capot de la DS qui trône dans le bar. Génial ! Une de nos adresses préférées, c'est dit !

Où acheter de bons produits ?

Le marché des Beaux-Arts *(plan A1, **23**) : rue Courbet. En plein centre, à côté du musée des Beaux-Arts. Tlj sf lun 7h-19h.* Dans une grande halle moderne et lumineuse, un beau marché pour retrouver tous les bons produits et spécialités locales : vieux comté, saucisse de Morteau, absinthe, vins de pays...

À voir

Besançon, qui a échappé aux destructions des deux guerres mondiales, a conservé la quasi-intégralité de son centre ancien. Joli trek urbain où l'on suivra les panneaux explicatifs, ou les différents parcours fléchés thématiques (plan gratuit à retirer à l'office de tourisme), d'autant que la ville se visite facilement à pied (Besançon a fait figure de pionnière pour l'aménagement de rues piétonnes). Mis à part la citadelle, seul le quartier Battant grimpe un peu. Avant de découvrir le centre, commencer la balade par la visite de la citadelle, qui offre la meilleure introduction à la découverte de la ville, géographiquement (vous voyez la ville à vos pieds) et historiquement parlant. Ne manquez pas non plus les fortifications qui encerclent Besançon : depuis les tours bastionnées (Chamars, Cordeliers, Rivotte), mais aussi le fort Griffon *(plan A1)* d'où l'on découvre une très belle vue sur la ville.

La citadelle *(plan B2-3)*

Ce site formidable, le plus visité de Franche-Comté, n'est qu'à 20 mn à pied du centre-ville. Ça grimpe sec pour y accéder, mais c'est l'occasion aussi de faire une bien jolie balade à travers la vieille ville. D'avril à octobre, des bus de la ligne nº 27 *(gratuits)* montent jusqu'à l'entrée principale, au départ du parking Rodia. Également un petit train touristique (d'avril à septembre). Un conseil : venez le matin, il y a beaucoup moins de monde. Il existe aussi un parking *(payant)* à l'entrée de la citadelle, mais il est vite saturé en été.

Entrée rue des Fusillés-de-la-Résistance. ☎ 03-81-87-83-33. • citadelle.com • ♿ (sf remparts et certains espaces). Tlj : juil-août, 9h-19h ; avr-juin et sept-oct, 9h-18h ; le reste de l'année, 10h-17h. Les musées ferment 15 mn avt la fermeture du site (les animaux du parc zoologique sont rentrés 1h avt). Entrée : env 11 € (sous réserve de changement) (hors animations) ; réduc. Le billet donne accès au site et à tous ses musées. Audioguide pour la visite commentée du site (gratuit). Livret découverte pour les 7-12 ans. ***Attention :*** *animaux de compagnie non admis sur le site.*

Quelques précisions

– La visite se divise en deux circuits : la partie vivante et animalière, et celle sur la mémoire historique. Prévoir au minimum 1 demi-journée pour tout voir. Visites guidées de la citadelle et d'une galerie souterraine selon programmation et lors de journées animations. Nombreuses autres animations et parcours thématiques (nocturnes...). Passionnantes visites théâtralisées de 1h, guidées par Vauban en chair et en os *(env 15 €, entrée comprise).*

Deux espaces de restauration : *Le Grand Couvert (ouv selon saison)* avec terrasse, et *La Taverne,* à l'entrée du jardin zoologique *(ouv selon saison).*

Quelques mots sur la citadelle

Site naturel d'exception, d'abord, que ce rocher qui domine de 118 m la rivière. Un coup d'œil rapide ne permet d'ailleurs pas de faire la distinction entre ce qui relève de la nature et ce que la main de l'homme y a imprimé. « Un promontoire inaccessible, ou peu s'en faut, aux oiseaux eux-mêmes », écrivait l'empereur romain Julien. Les Séquanes l'avaient déjà cerné d'une muraille. Les Romains, puis l'époque médiévale perfectionnèrent ces défenses. Cet ensemble monumental (11 ha, une ville de 10 000 habitants y serait à l'aise), que l'on découvre aujourd'hui, est l'œuvre (sinon le chef-d'œuvre ; il la considérait comme sa meilleure place forte) de Vauban. 30 années lui seront nécessaires pour fortifier la ville et édifier sa citadelle. Ironie de l'histoire : achevée en 1688, la citadelle de Vauban, remarquable ouvrage défensif, ne soutiendra que peu de sièges, sinon en septembre 1944, quand des combats violents opposèrent pendant plusieurs heures les Américains aux troupes allemandes qui y étaient retranchées. Elle servira de caserne pour les cadets du roi aux XVIIe et XVIIIe s, de prison pour les opposants au régime, de dépôt militaire...
Trois enceintes ou fronts successifs : le front Saint-Étienne, le front Royal, le front de Secours enfin. Derrière le front Royal s'étend une plate-forme divisée en deux cours par le long bâtiment des Cadets. Impressionnant (même Louis XIV en fut ébahi !) puits de 132 m de profondeur et grande roue de 4 m de diamètre dans laquelle tournait un homme pour amener l'eau depuis la nappe phréatique du Doubs. La citadelle est cernée par des remparts où pointent les tours de guet du Roi et de la Reine. On peut faire le tour du chemin de ronde en s'arrêtant pour admirer le panorama, l'un des plus beaux sur la ville avec celui du fort de Chaudanne. Enfin, comme toute forteresse qui se respecte, elle est sillonnée par un réseau de galeries de communications souterraines. Un tronçon de près de 130 m est visible, mais seulement dans le cadre de visites guidées.

Par ici la visite

L'espace Vauban : *dans le bâtiment des Cadets. Compter 20-45 mn de visite.* Une courte exposition avec vidéo intéressante, en 3D, retrace la conquête de Franche-Comté, la construction de la citadelle et s'attarde sur la personnalité de Vauban (1633-1707).

Le musée Comtois : *compter entre 45 mn et 1h30.* Un musée très varié évoquant les activités traditionnelles franc-comtoises déclinées sous des thématiques comme se nourrir, travailler, se divertir, croire en Dieu... Et toujours d'intéressantes expos temporaires.
– Le niveau inférieur est consacré à la production des fonderies locales. Voir aussi l'antique moulin à farine qui était actionné par deux chevaux. Très rare d'en trouver un en si bon état. La boulangerie de la citadelle fabriquait 600 rations chaque jour.
– Le niveau supérieur : intéressante section ethnographique. Les hommes, leur environnement, l'habitat rural... Comment ils se nourrissaient et composaient avec le froid. Reconstitution d'une cuisine du XIXe s. Belle collection de jouets anciens et, le clou du musée, une crèche bisontine avec ses 200 superbes marionnettes du XIXe s. Puis, l'alambic, la pharmacie, et une impressionnante collection de plaques de cheminée.

Le musée de la Résistance et de la Déportation : *de 1h15 à 2h30 de visite env. Projet de renouvellement du musée pour 2018-2020 (ouvertures sujettes à changement).* À la création de ce musée par une ancienne déportée, la citadelle s'est nécessairement imposée pour l'accueillir : 100 résistants y ont été exécutés sous l'Occupation. Même si l'on croit tout connaître des horreurs de la Seconde Guerre mondiale, on ne sort pas indemne de ce musée. Touffu, très pédagogique, volontairement oppressant (la visite du 2e étage est déconseillée aux enfants de moins de 10 ans), ce musée dérangeant – et passionnant à la fois – n'est pas de ceux qu'on peut choisir d'ignorer ou de traverser à la va-vite. Saga du colonel Fabien qui milita dans le Doubs au groupe FTP Valmy. Beaucoup de documents émouvants, comme l'acte d'engagement des candidats dans les Forces françaises libres... Mais le point fort de la visite, ce sont sans doute les ***salles d'art concentrationnaire.*** Elles ne sont pas en accès libre pour mieux les protéger, mais il suffit d'en faire la demande à l'accueil pour y découvrir les œuvres réalisées par Jean Daligault et Léon Delarbre pendant leur détention. Quel courage a-t-il fallu pour dérober ici un fragment de journal, là un bout de mine, afin d'offrir un témoignage aux générations futures ? Saisissant. Visite indispensable pourtant parce qu'on en connaît qui considèrent comme un « détail » les 6 millions de juifs exterminés, parce que le parti nazi ne faisait que 2,8 % des voix en 1928, parce que, comme le rappelle cette citation à l'entrée du musée : « Ceux qui ne se souviennent pas du passé sont condamnés à le revivre. »

Le Muséum : *compter de 2h à 4h de visite dans son ensemble.* Cet ensemble regroupe plusieurs espaces de présentations vivantes et c'est l'un des plus originaux dans son genre en France.
– *Le Naturalium (ouverture 2017) :* exposition sur la biodiversité, tout public dès 7 ans. Richesse des collections permettant de découvrir des spécimens de botanique, de zoologie et de paléontologie, dont certains n'ont jamais été exposés. Parmi les pièces phares : Boris le Tigre de Sibérie, un cœlacanthe (poisson fossile) ou un lynx naturalisé. Le tout complété par des manipulations ludiques, mécaniques et numériques, des projections multimédias et des films.
– *L'aquarium :* des bassins panoramiques figurent le cours du Doubs, dont on peut suivre les différentes physionomies. Ainsi que ses « habitants », des chabots et autre loche franche de sa source au patibulaire silure de son estuaire, en passant par les écrevisses et leurs drôles de HLM... À l'extérieur, jardin avec reconstitution du monde végétal des zones humides, ça donne un look un brin japonisant. Bassin de contacts : carpes et amours blancs se laissent caresser comme de braves toutous.

– *L'insectarium :* un des plus grands de France. Passionnant ! Une centaine d'espèces d'insectes ou d'arthropodes vivants, dont certains dans un environnement reconstitué (fourmilière vitrée, blattes... dans une cuisine). Des découvertes, comme le phasme dilaté (plus gros insecte du monde), et plein de bestioles sympas (criquets, fourmis...) ou à la mauvaise réputation : comme l'araignée tégénaire (terreur des ménagères).
– *Le noctarium :* à ne pas manquer. Laissez vos yeux s'acclimater. Loir ou rat, campagnol ou petite souris, ils s'enfouissent d'ordinaire dans les champs, squattent nos greniers. Dans la nature, seuls les insomniaques auraient une chance d'apercevoir ces animaux nocturnes. Heureusement, ici, tout a été fait pour faciliter leur observation : leur rythme biologique a été inversé et le jour changé en nuit. La déco (grenier, égouts, cuisine...) est franchement réussie, comme l'ambiance sonore (orages, par exemple), mais, hormis les surmulots (ou rats d'égout !) qui ont l'air de trouver le coin à leur goût, les autres animaux se font parfois discrets. Armez-vous de patience ! Le meilleur moment reste le début d'après-midi, à l'heure où ils sont nourris.
– *Le jardin zoologique : noter que les animaux sont rentrés 1h avt la fermeture du site.* Cet ancien « zoo » est devenu un site de référence pour la conservation d'espèces animales menacées d'extinction, notamment avec ses lémuriens de Madagascar, mais aussi ses lions d'Asie et autres ibis chauves. 400 animaux vivants, et bien vivants, qui bénéficient d'un espace entre fossés et remparts intelligemment transformé pour intégrer enclos, abris, etc. Mention spéciale pour les singes, qui régalent les enfants de leurs pitreries.
– *La P'tite Ferme :* un village peuplé d'animaux domestiques de petite taille. Un lieu qui ravit tout particulièrement les petits chérubins, interdit aux parents non accompagnés !

Autour de la cathédrale

Le quartier Saint-Jean *(plan B2) : au pied de la citadelle.* Des hôtels particuliers (l'hôtel Boitouset du XVIIIe s face à la cathédrale, l'hôtel Franchet de Rans du XVIe s, au départ de la rue des Fusillés-de-la-Résistance...), des tilleuls plusieurs fois centenaires et quelques rues d'un calme exceptionnel pour peu qu'on s'éloigne de la route d'accès à la citadelle. Un vrai décor : c'est d'ailleurs par ici que Stendhal promène Julien Sorel dans *Le Rouge et le Noir.*

La cathédrale Saint-Jean *(plan B2) : tlj.* Pas de façade monumentale. Architecture mêlant harmonieusement les XIIe et XIIIe s. Mais Saint-Jean vaut surtout pour les œuvres d'art qu'elle renferme. Dans la petite chapelle Saint-Étienne (à gauche de l'entrée), tombeau (XVIe s) pour le moins réaliste. Sous le gisant de l'archidiacre Ferry Carondelet (rondelet justement, ces ecclésiastiques savaient vivre !), son cadavre attaqué par quelques vers et une grenouille ! La chapelle s'ouvre sur l'abside du Saint-Suaire (le « béni », cousin de celui de Turin), toiles du XVIIIe s. Remarquez la croix rayonnante qui semble vraiment jaillir du mur. Dans le chœur, trône archiépiscopal doré, cadeau de Napoléon Ier. Notez les chapiteaux romans sculptés, vestiges d'un édifice initial reconstruit au XIIe s. Dans le bas-côté droit, vers la tribune d'orgue, le joyau de la cathédrale, *Vierge aux saints* (1512), exceptionnelle œuvre sur bois de Fra Bartolomeo à laquelle une restauration a redonné aux bleus toute leur luminosité. Enfin, ne sortez pas sans jeter un coup d'œil à la chaire en pierre du XVe s (pas mal dans le genre gothique flamboyant). On se croirait au théâtre !

L'horloge astronomique *(plan B2) : rue du Chapitre. ☎ 03-81-81-12-76. • horloge-astronomique-besancon.fr • Au pied du clocher de la cathédrale Saint-Jean. Visites commentées à 9h50, 10h50, 11h50, 14h50, 15h50, 16h50 et 17h50 (et soyez ponctuel !). Fermé mar tte l'année et mer oct-fin mars. Congés : janv. Entrée : 3,50 € ; gratuit moins de 26 ans et ressortissants de l'UE.* Les horloges astronomiques sont apparues à la fin du Moyen Âge. Celle-ci date du XIXe s et – un comble dans une capitale de l'horlogerie – a été fabriquée à Beauvais par un certain Auguste Vérité. Deux ans et demi de travail lui ont été nécessaires pour assembler les 30 000 pièces qui la composent. 57 cadrans donnent l'heure de Besançon mais aussi celle de 16 points du globe, les phases de la Lune, les marées dans huit ports (avec des batea tanguent sur les flots), etc. Un planétaire représente le mouvement des planètes du Soleil (en temps réel). 21 automates s'animent pour sonner les heures : le Christ ressuscite à 12h et est mis au tombeau à 15h. Et tout ça avec une seule seconde d'erreur par jour. La technologie moderne n'a qu'à bien se tenir ! Sauf que côté miniaturisation, ce n'est pas tout à fait ça : 5,80 m de haut pour 2,50 m de large...

La porte Noire et le square Castan *(plan B2)* **:** ce sont les derniers vestiges visibles (il existe également un réseau d'égouts dans le sous-sol de la ville...) de *Vesontio,* la ville romaine de Besançon. La porte Noire est un arc de triomphe construit au IIe s apr. J.-C. sous le règne de Marc Aurèle. Elle a perdu sa couleur noire après une restauration soignée et arbore désormais le teint frais et mordoré caractéristique de la pierre de Vergenne, issue des carrières de Haute-Saône. Le square a pris le nom d'Auguste Castan, premier (en 1870) à fouiller ces ruines. Il y voyait un théâtre. Ce fut, plus vraisemblablement, un monumental nymphée (grotte vénérant les nymphes) : huit imposantes colonnes ont été remontées côté rue. On se laisse gagner par l'ambiance romantique, voire un brin décadente, du lieu.

Le quartier Rivotte *(plan B2)* **:** *entre la cathédrale et le Doubs.* On peut y dégringoler par la rue du Chambrier (pittoresque succession de passages voûtés et d'escaliers pavés). Au débouché de la descente, l'*hôtel Mareschal* et sa petite fenêtre discrètement gothique au milieu d'une façade Renaissance. À deux pas, l'une des entrées de la ville, la *porte Rivotte,* flanquée de deux tours à toits coniques. On y déchiffre un amusant « Défense expresse de trotter » et on se demande qui a eu l'idée de faire passer en surplomb une ligne de chemin de fer.

La Grande-Rue *(plan A-B1-2)*

Véritable colonne vertébrale du centre ancien, elle reprend peu ou prou le tracé du *cardo* romain. D'une belle unité architecturale, la Grande-Rue peut se parcourir en laissant glisser son regard sur les façades élégantes auxquelles la pierre de Chailluz, ocre et bleu, donne sa couleur dominante. Remarquez les nombreuses devises en latin au-dessus de certaines portes et les grilles bizarrement ventrues des fenêtres, d'un style très andalou. C'est peut-être pour cela que Victor Hugo comparait Besançon à une vieille ville espagnole. Il faut également pénétrer dans les cours et arrière-cours intérieures pour découvrir de vertigineux escaliers, se glisser dans les *trages* (cousins bisontins de la traboule lyonnaise) quand les codes n'en ferment pas l'accès... Comme on a commencé la balade par la citadelle, nous vous proposons de descendre la Grande-Rue, de la charmante place Victor-Hugo, qui a vu naître plusieurs gloires locales (Victor Hugo lui-même, Charles Nodier et les frères Lumière), jusqu'au pont Battant.

- Au no 140, la maison natale de Victor Hugo (elle se visite). Courbet aurait vécu dans les combles de cette maison.
- Au no 127, l'*hôtel d'Étrabonne* (ou *de Clermont*). Portail aux vantaux richement décorés.
- Au no 120, immeuble de la première moitié du XVIIIe s. La façade aligne de nombreuses sculptures, dont un étonnant Roi mage modèle réduit.
- Au no 110, dans une cour intérieure pavée et traversée par une minuscule voie ferrée, un de nos escaliers préférés : à balustres de bois et ferronneries, il s'appuie sur un mur recouvert au XIXe s de panneaux de faïence décorée.

Le palais Granvelle *(plan B2)* **:** *96, Grande-Rue. Abrite le musée du Temps. Accès à la cour mar-sam 9h-18h, dim à partir de 10h ; fermé lun.* Édifié au milieu du XVIe s pour Nicolas de Granvelle, premier conseiller d'État et garde des Sceaux de Charles Quint, qui l'appelait « mon bon oreiller de repos ». Grands mécènes et collectionneurs, les Granvelle y accumulèrent les œuvres d'art, à l'origine des collections des musées de la ville. Imposante façade Renaissance d'influence flamande. Le passage public donne accès à une élégante cour rectangulaire, bordée d'arcades, qui rappelle la Renaissance italienne. En traversant la cour, on débouche sur la promenade Granvelle, aménagée en 1728. Un alignement de marronniers, une statue de Victor Hugo en toge romaine, une fontaine de rocaille qui cache des toilettes publiques et quelques brasseries aux terrasses stratégiques dès les beaux jours, même si les élégantes n'y montrent plus leurs nouvelles toilettes comme au XIXe s. Derrière la promenade, le *théâtre* construit de 1778 à 1784 sur les plans de Claude-Nicolas Ledoux, architecte de la saline d'Arc-et-Senans. Façade qui traduit ses influences italiennes. L'intérieur était révolutionnaire pour l'époque (première fosse d'orchestre du monde), mais a été détruit par un incendie en 1958.

*** ***Le musée du Temps*** *(plan B2) :* *dans l'aile nord du palais Granvelle. ☎ 03-81-87-81-50. ♿ Mar-sam 9h15-12h, 14h-18h ; dim et j. fériés 10h-18h. Fermé lun (ainsi que les 1er janv, 1er mai, 1er nov et 25 déc). Entrée : 5 € ; réduc, notamment sam (½ tarif) ; gratuit moins de 18 ans, étudiants et pour ts dim et j. fériés. Visite guidée et démonstration gratuites dim ap-m (à 15h et 16h30). Compter 1h30 de visite.*

Le palais Granvelle, demeure de prestige du XVIe s, vaut déjà le voyage pour la beauté de l'édifice Renaissance, avec tuiles vernissées qui rappellent celles de Beaune. Écoutez les mécanismes des horloges d'église qui, d'entrée, vous racontent l'histoire des hommes, à leur façon. Ici, il ne suffit pas d'ouvrir l'œil, mais de tendre l'oreille et d'avoir gardé une âme d'enfant.

– ***Rez-de-chaussée :*** plan-relief de la ville de 1722 (à l'échelle 1/600e). Expos temporaires.

– ***1er étage :*** renvoie le visiteur à ses souvenirs d'école : récits des découvertes de Ptolémée, Copernic et Galilée. « L'univers est un monde infini qui fonctionne comme une grande horloge. »

– *Salle de la Cheminée :* beau parquet et un magnifique cabinet de 1581 en chêne et noyer de style bourguignon et d'une richesse époustouflante (décoré de scènes mythologiques). Quelques peintures des XVIe et XVIIe s. Portrait de Nicolas Perronot de Granvelle d'une grande finesse d'exécution (normal, il est attribué au Titien)... Mobilier d'époque.

– *Salle de la Tenture :* une suite de sept tapisseries du XVIIe s relate l'histoire de Charles Quint (1500-1558). Le Sacre, le Mariage, le Siège de Besançon, l'Abdication... Tapisserie sur la méditation pleine de symboles : « crâne et horloge », le temps qui passe et qui rend futiles toutes les gloires militaires (symbolisées par les armes à terre). Belle *Déposition* de Bronzino.

– *Le cabinet de curiosités :* des pièces insolites comme ces peintures intégrant de vraies pendules ou cette pittoresque horloge de tonnelier.

– *Galerie de la Mesure du Temps :* expo de pendules et horloges de toutes formes. Intéressante vitrine des calendriers du monde. Puis les premières montres, cadrans solaires...

– ***2e étage :*** la fabrique du temps. Il s'emballe, on saute les siècles, la course à la précision nous emporte de vitrine en vitrine jusqu'au clou du musée : la montre la plus compliquée du monde, datant de 1904, composée de 975 pièces, et présentant les ciels de Paris, Lisbonne et Rio. Ce n'est qu'en 1989 que Patek et Philippe, puis Muller, ont dépassé les 24 complications de cette fameuse Leroy 01. On se retrouve au XXe s, si proche et déjà si lointain, et l'on passe

L'HEURE DES COMPTES !

Londres et Paris se trouvaient autrefois dans le même fuseau horaire. Mais, durant la Seconde Guerre mondiale, les Allemands imposèrent leur heure supplémentaire à Paris. La Grande-Bretagne l'adopta aussi, par solidarité avec la France ! Depuis, les Français sont toujours à l'heure de Berlin. Seule la Grande-Bretagne reprit son fuseau d'origine, une fois l'armistice signé.

subtilement de l'infiniment grand à l'infiniment petit. Dans une salle, les portraits de 13 personnages du XVIIe au XIXe s emblématiques de la richesse intellectuelle et professionnelle de la ville, comme l'inventeur de la soie artificielle ou celui de la navigation à vapeur (Jouffroy d'Abbans). Également des imprimeurs, orfèvres, sculpteurs, etc. Puis, on aborde les métiers et les grandes marques de l'horlogerie. Affiches de Lip et de Haldy (beau slogan : « Elles règlent le soleil ! »). Fameuses montres de Lip, dont certaines furent dessinées par Roger Tallon (le designer du TGV). Curieusement, lorsque la boîte fit faillite, aucune référence à la reprise de la production des montres *Lip* à Besançon, à partir de 1973 par les travailleurs eux-mêmes. Comme si cet emblématique épisode de l'histoire sociale (au même titre et au même moment que la bataille du Larzac), plus de 40 ans après, ne pouvait toujours pas être évoqué.
La salle du XXe s s'ouvre sur les nouvelles technologies du XXIe s, avec une galerie d'objets microtechniques et une plongée dans le mode de la nanotechnologie. Présentation de la toute première horloge atomique française, ainsi que l'horloge à quatre chiffres après les secondes, à la marge d'erreur de 1 seconde tous les 300 000 ans ! Suivent le « Tableau de diffusion de l'heure » (1934) qui donnait l'heure officielle à tous les horlogers de la ville, ainsi que la célèbre horloge parlante de France Inter.
– ***3e étage :*** ne pas manquer non plus le pendule de Foucault, haut de 13 m. Démonstration éblouissante : soit la boule de 17,5 kg pousse un mikado, soit elle allume une lumière. Une façon de vivre la rotation de la Terre sur elle-même. Foucault, par ailleurs également inventeur du gyroscope, fut le seul autodidacte jamais reçu à l'académie de Sciences. Depuis la tour, superbe vue sur tous les toits de la ville, la citadelle et la Grande-Rue. Également une belle librairie-boutique avec des objets uniques.

LE DOUBS

*** *La Maison Victor-Hugo*** *(plan B2)* ***:*** *140, Grand-Rue. ☎ 03-81-87-85-35. • besancon.fr/hugo • Tlj sf mar 10h30-18h 1er avr-31 oct, ainsi que les vac scol et w-e (17h30 le reste de l'année). Entrée : 2,50 € ; réduc ; gratuit moins de 18 ans et demandeurs d'emploi.*
Lieu de naissance, dans cette élégante demeure, le 26 février 1802, de Victor Hugo... Attention, pas un musée proprement dit. Dans une présentation contemporaine, laissant beaucoup de place à l'audiovisuel, c'est un juste hommage à l'homme engagé. On reste stupéfait, outre la richesse de son œuvre, de constater combien il fut en avance sur son temps et combien ses combats sont toujours d'actualité. Quatre thèmes : la liberté d'expression, le triptyque « misère-égalité-justice », l'enfance et l'éducation, la liberté des peuples. Il menait déjà des batailles contre la peine de mort, pour l'éducation scolaire (son lumineux : « Quand on ouvre une école, on ferme une prison ! »), les droits des femmes et des enfants, la liberté d'expression, la dignité humaine (de lui encore : « Ceux qui vivent, ce sont ceux qui luttent ! »)...
– *Au rez-de-chaussée :* voir l'ancienne pharmacie Baratte datant du XVIIIe s et qui fonctionna jusqu'en 1910, puis fut vendue. Elle a retrouvé sa place d'origine aujourd'hui. Expo des liens de Hugo avec Besançon et ses habitants.
– *Au sous-sol :* salle voûtée de pierre où passe en boucle un film de 1h environ, avec des extraits de texte lus par des acteurs...
– *Au 1er étage :* les espaces thématiques consacrés aux combats les plus emblématiques de Hugo. Au fil des pièces, on découvre le mobilier du salon de son logis rue de Clichy où il recevait Victor Schoelcher, Louis Blanc, de Banville, Gambetta, Camille Pelletan. Riche séquence sur les *Misérables,* dont on peut voir quelques extraits de films. L'expo n'oublie

HUGO, UNE INDIGNATION PLANÉTAIRE !

Pas du tout limité aux frontières nationales, Hugo, le précurseur de Stéphane Hessel, s'indignait aussi violemment pour des causes hors des frontières... Ainsi, protestant contre le sac et le pillage du palais d'été de Pékin en 1860 par les troupes coloniales françaises, il disait : « Les gouvernements sont parfois des bandits, les peuples jamais ! ».

pas bien sûr ses batailles littéraires... Le tout illustré de textes et photos originales, insolites, de caricatures et journaux d'époque, sans oublier ses percutants aphorismes toujours d'actualité.

Toujours le long de la ***Grande-Rue,*** au nº 103, dans la cour, bel escalier double du XVIIIe s à balustres de bois tourné. En face, l'ancien couvent des Grands-Carmes et sa fontaine du XVIe s représentant Neptune chevauchant un dauphin.
- Au nº 68, l'*hôtel de Terrier-Santans,* majestueux. Construit à partir de 1770, pour un marquis président au Parlement. Austère façade déridée par de larges baies. Large fronton. Imposant portail à vantaux de bois sculpté qui s'ouvre sur une cour un peu sévère.
- Rue des Martelots, voir *l'hôtel Alviset* et ses impressionnantes grilles de fenêtres ventrues, énorme travail de ferronnerie du début du XVIIe s (les plus belles de la ville).

La place du 8-Septembre-1944 ou place Saint-Pierre *(plan A1)* **:** les Bisontins persistent à l'appeler place Saint-Pierre, alors faites comme eux. Centre stratégique de la ville. Ici commence la zone piétonne de la Grande-Rue. Sur la place se font face l'église Saint-Pierre et, derrière la façade à porche, l'ancien hôtel de ville, de la fin du XVIe s. Une des rares façades à bossages de la ville.

L'église Saint-Pierre *(plan A1)* **:** date du XVIIIe s. Façade monumentale, d'un classicisme bon teint. Aussi longue que large, de type halle (trois nefs de même hauteur, colonnes à chapiteaux corinthiens). Noter les beaux panneaux ciselés du chœur et le buffet d'orgues de 1784.
- Derrière la cour de l'hôtel de ville, en passant le porche se trouve l'entrée de l'ancien palais de justice (construit au XVIe s mais considérablement remanié par la suite). La façade, signée Hugues Sambin, présente de belles ornementations.
- Au nº 44 de la *Grande-Rue,* l'***hôtel d'Emskerque*** (ou *hôtel d'Anvers,* plus facile à prononcer !). Construit à la fin du XVIe s pour une famille de riches négociants flamands établie à Besançon. Remarquez les têtes grimaçantes sculptées à chaque angle des fenêtres. Un passage (pavage en galets polychromes d'époque) conduit à une cour où se cachent un lampadaire à trois pieds (de lion !) et, tout au fond du parking, un charmant pavillon de plaisance.
- Au nº 49, dans la cour de l'hôtel Wey (XVIIIe s), s'amorce un *trage* et au nº 47, la maison des Œuvres de bienfaisance.

À L'AUNE DU SYSTÈME MÉTRIQUE

À l'angle de la Grande-Rue et de celle de l'ancien Palais-de-Justice, jetez un œil à la barre métallique verticale du XVIe s, enchâssée dans le mur. C'est un moulage de l'aune qui servait à mesurer les étoffes avant l'instauration du système métrique. Elle mesure environ 0,80 m alors que celle des autres provinces françaises affichait plutôt dans les 1,20 m. On imagine aisément la pagaille avant l'harmonisation !

Du côté du Doubs

La place du Marché ou de la Révolution *(plan A1)* **:** d'importants travaux d'aménagement lui ont rendu sa superbe ; elle est désormais pavée et piétonne. Une réussite. L'ancien grenier d'abondance, qui abritait au XVIIIe s les réserves de blé de la ville. Au nº 1, rue Goudimel, ne manquez pas l'ancien *hospice du Saint-Esprit* fondé au début du XIIIe s pour venir en aide aux nécessiteux. La cour cache une sublime galerie de bois (vraisemblablement du XVIe s) qui donne accès à une tour du XVe s. Riche décor sculpté

Renaissance (avec ses angelots, guirlandes...), mais qui trahit une sérieuse influence médiévale (monstres avalant l'extrémité des poutres).

Le musée des Beaux-Arts et d'Archéologie *(plan A1)* **:** *1, pl. de la Révolution.* ☎ *03-81-87-80-49.* • *musee-arts-besancon.org* • ***Réouverture courant 2017 après une longue campagne de travaux.***
Ce musée de premier ordre renferme la plus ancienne collection publique de tableaux (mise à la disposition des amateurs à partir de 1694 !). Parmi les pièces phares, une sélection d'antiquités égyptiennes et romaines. Et parmi les plus belles peintures : la célèbre *Ivresse de Noé* du Vénitien Giovanni Bellini, une très éloquente *Déposition de Croix* de Bronzino, la lubrique *Courtisane et Vieillard* et la légère *Nymphe à la source,* deux rarissimes tableaux de Lucas Cranach l'Ancien, *Le Duc de Ferrare* attribué à Titien, etc. Pour le XVIIIe s, deux toiles de Goya, sombres et sanglantes comme à son habitude. Parmi les maîtres français du XIXe s : des œuvres de Géricault, Ingres, etc. Plusieurs toiles de Courbet, le puissant (et gigantesque) *Hallali du cerf,* un *Autoportrait* et quelques paysages de Franche-Comté. Du côté de l'art moderne, bel ensemble de Bonnard, un joli Matisse, une nature morte également (au radis !) de Picasso, *Portrait d'Adèle Besson* par Renoir, quelques Valadon, Dufy, Vuillard...
Bref, ce musée installé dans une halle aux grains du XIXe s, remodelée avec brio dans les années 1970 par un élève de Le Corbusier, Louis Miquel, mérite largement la visite.

L'hôpital Saint-Jacques *(plan A2)* **:** un immense édifice dont la construction, amorcée en 1686, a pris 16 ans. On peut, passé la superbe grille d'entrée (classée), se balader dans le jardin ou sous les arcades de la cour d'honneur. L'***apothicairerie,*** créée au XVIIe s, se visite (renseignements à l'office de tourisme) : chevrettes, pots canons et autres piluliers alignés contre de belles boiseries. Il en est de même pour le ***musée de l'Anesthésie*** *(visites commentées prévues par l'office de tourisme à certaines dates).*

La chapelle du Refuge *(plan A2)* **:** *rue de l'Orme-de-Chamars (à côté de l'hôpital). Ouv (en principe) tlj 14h-16h30.* Chapelle d'un couvent créé au XVIIe s pour combattre l'immoralité au sein de la jeunesse féminine (et chez les garçons ?). À voir pour son intérieur baroque tendant à la perfection, puisque passant d'une ellipse au sol à un cercle : une coupole dans un ample dôme accompagnée de jolies boiseries. De l'extérieur, très beau dégradé de tuiles, demi-tons fauves, comme souvent magnifiques après la pluie. Immanquable depuis les collines alentour.

Les quais *(plan A1)* **:** côté centre, au niveau du pont Battant, le quai Vauban fut édifié par trois frères nommés Robelin, ingénieurs au service de Vauban. Bel alignement de façades du XVIIe s, d'une harmonie et d'une pureté toutes classiques. Sur le *quai de Strasbourg* lui faisant face, remarquer la synagogue aménagée au XIXe s dans le style mauresque, derrière un jardinet, et la bien solitaire tour de la Pelote (XVe s). Suivre le Doubs vers le sud, jusqu'au faubourg Tarragnoz. Agréable balade familiale et belles lumières les soirs d'été. C'est un peu la plage de Besançon. Au pied de la citadelle, on aperçoit le canal qui s'engouffre dans un tunnel.

Le quartier Battant, de l'autre côté du Doubs (plan A1)

Des rues pentues escaladent un coteau où, autrefois, on cultivait la vigne. Proudhon y est né d'un père tonnelier et brasseur. La vigne arrachée, les mauvais garçons ont fait vivre le quartier entre maisons closes et bistrots « mal famés » (la seule rue Battant en comptait une bonne cinquantaine au XIXe s). Puis dans ces maisons un peu décaties de Battant s'est installée une population d'origine immigrée. Une

histoire assez proche de celle de beaucoup de quartiers populaires. Rénovation massive depuis les années 1980, mais le quartier n'y a pas perdu son âme.
On pénètre dans le quartier par le *pont Battant,* à l'origine édifié par les Romains (le pont actuel date de 1953) et qui fut longtemps le seul point de passage sur le Doubs. Les échoppes qui le couvraient au Moyen Âge ont été remplacées par des vendeurs africains à la sauvette.

L'église Sainte-Madeleine : *ouv slt l'ap-m.* Reconstruite à partir de 1746 sur les ruines d'une collégiale du XIe s. Extérieur rénové (remarquez les imposants lampadaires à pieds de lion), flanqué de deux tours aux magnifiques tuiles bourguignonnes, visibles de loin. Au sommet de celle de gauche (et avec de bons yeux), on apercevra le *Jacquemart,* automate d'horloge, l'un des personnages les plus célèbres (avec Barbizier) de la crèche bisontine. À l'intérieur, immense tribune d'orgue qui franchit la nef d'un seul jet.

La rue Battant : l'artère principale du quartier. Commerçante et animée, elle est jalonnée de quelques immeubles intéressants. Au n° 12, maison du XVIe s ; une allée cochère voûtée conduit à une petite cour, quand elle est ouverte (belle plaque de cheminée du XVIIIe s et petite tour d'angle avec escalier à vis). Au n° 18, ancien hôtel de la Charité, maison de ville d'une abbaye, façade du début du XVIe s surélevée au XIXe s. Remarquez la niche, d'un gothique très chargé ; au n° 20, belle façade de 1714 avec mascarons sculptés à la clé des fenêtres.

L'hôtel de Champagney : *37, rue Battant.* Construit dans la première moitié du XVIe s et réaménagé dès 1560 par la veuve de Nicolas de Granvelle. Grande façade, sobre pour du gothique. Les fenêtres, percées de façon irrégulière, rompent un peu l'harmonie. Quatre gargouilles inattendues semblent jaillir du mur. Un passage voûté d'arêtes – le plus connu de Besançon – conduit à une petite cour. C'est l'un de ces petits passages typiques de la ville, qui rappellent les traboules de Lyon. Remarquez l'élégante galerie supportée par des colonnes de bois et de pierre, typique de l'architecture de la ville. En traversant la cour, une envolée de marches conduit au clos Barbizier (jardin de roses anciennes), puis on rejoint le ***fort Griffon,*** surplombant la cité et offrant un beau panorama méconnu sur la vieille ville.

La place Bacchus : *presque à l'extrémité supérieure de la rue Battant.* Fontaine de Bacchus, où ne coule malheureusement que de l'eau ! Autour de la place, au 97, rue Battant, belle maison vigneronne du XVe s à pignons de pierre (la cave est toujours à vins, voir « Où manger ? »). Au n° 62, curieuse et longue inscription sur le mur d'une maison de 1686 : « Qui trop haut est monté n'est pas en assurance, car il tombe souvent plus sans qu'il y pense. » Faut-il encore y voir un rapport avec le vin ?

Culture

– ***La Cité des Arts et de la Culture*** *(plan B2)* **:** *passage des Arts, 12, av. Arthur-Gaulard. FRAC, mer-ven 14h-18h, sam-dim 14h-19h.* Pôle culturel et touristique, conçu par l'architecte japonais Kengo Kuma. Sur trois étages, il rassemble sous un même toit le conservatoire et le Fonds régional d'art contemporain de Franche-Comté (FRAC). Le très intéressant bâtiment occupe le site de l'ancien port fluvial de Besançon des années 1930. Noter la toiture pixellisée de près de 6 000 m², mêlant panneaux de verre, aluminium teinté, végétaux et panneaux photovoltaïques...

♪ **La Rodia :** *4, av. de Chardonnet, quartier des Prés-de-Vaux. ☎ 03-81-87-86-00 et 03-81-87-86-09 (ligne directe de vente les soirs de concert à partir de 19h30).* • *larodia.com* • ♿ *Billetterie lun-ven 13h30-17h30 (réduc).* Très populaire salle de concert créée en 2011 et consacrée aux musiques actuelles. Elle doit son nom à l'ancienne usine Rhodia dont elle occupe le terrain. Riche programmation toute l'année (en principe à 20h30). Les soirs de concert, bar ouvert à tous.

À faire

➢ ***Randonnées pédestres :*** plusieurs dizaines de kilomètres de circuits balisés dans et tout autour de la ville. Notamment un GR de découverte des enceintes fortifiées. Circuits, topoguides et renseignements à l'office de tourisme. On recommande particulièrement les sentiers de Bregille et Chapelle-des-Bois, ainsi que ceux de Chaudanne et Rosemont. Depuis le fort de Chaudanne notamment, on se retrouve plus haut que la citadelle !

➢ ***Promenades en vedettes panoramiques :*** *embarcadère sous le pont de la République (plan B1, **62**). Env 12 € ; réduc. Compter 1h15 de balade.* Deux compagnies proposent, en fait, la même balade : le long de la boucle du Doubs, traversée du tunnel fluvial de près de 400 m sous la citadelle, passage de deux écluses.

■ ***Vedettes de Besançon*** *(bateau* Le Battant*) :* ☎ *06-64-48-66-80.* • *vedettesdebesancon.com* • *Env 4 départs/j., tlj en hte saison.*

■ ***Bateaux de Besançon*** *(bateau* Le Vauban*) :* ☎ *03-81-68-13-25.* • *sautdudoubs.fr* • *En hte saison, env 4 départs/j. Départs moins fréquents en basse saison.*

➢ ***Visites guidées de la ville :*** *sur résa.* Organisées par l'office de tourisme, elles se déclinent sous différentes thématiques autour du patrimoine et sont souvent originales : découverte des escaliers de Besançon, de différents quartiers, ou visites théâtrales et musicales en été...

➢ ***GPS Safari :*** • *gps-safari-doubs.com* • *(énigmes et coordonnées GPS ou en téléchargement). Voir les « Bons plans » en introduction du département.* Trek urbain à travers la ville avec, à découvrir, des parcours Vauban ou littéraire sur *Le Rouge et le Noir* de Stendhal.

– ***Le casino de Besançon*** *(plan B1) : av. Édouard-Droz.* ☎ *03-81-47-49-00. Tlj 11h-3h (4h w-e et veilles de fêtes).* Face au parc Micaud et près de l'office de tourisme, l'un des principaux lieux de promenade bisontins avec ses platanes multicentenaires. Un héritage de la courte carrière de ville thermale de Besançon, au XIXe s. On trouve encore de vieilles affiches mentionnant « Besançon-les-Bains ». Jetez un œil sur les vitraux classés dans le resto (très correct) et au fond de la salle de jeu. Machines à sous toute la journée et jeux traditionnels à partir de 21h.

Manifestations

– ***Festival de Besançon / Montfaucon :*** *mai.* • *festivaldemontfaucon.com* • Concerts dans des lieux prestigieux.
– ***Jazz en Franche-Comté :*** *de mi-juin à début juil.* ***Aspro-impro :*** ☎ *03-81-83-39-09.* • *aspro-impro.fr* • Dans la région, et tout particulièrement à Besançon. Une belle affiche !
– ***Festival de Musique Besançon-Franche-Comté :*** *sept.* L'un des plus vieux festivals du genre (depuis 1948). Concerts classiques et, ce qui en fait sa spécificité, concours de jeunes chefs d'orchestre, les années impaires. Seiji Ozawa et Frédéric Lodéon y ont fait leurs débuts.
– ***Festival Musiques libres :*** *oct.* ***Aspro-impro :*** ☎ *03-81-83-39-09.* • *aspro-impro.fr* • Concerts, poésie sonore et opéras de poche...

DANS LES ENVIRONS DE BESANÇON

Le panorama du fort de Chaudanne *(plan A3) : à 3 km du centre, direction Dole, puis c'est indiqué.* C'est le fort (fermé) dans les bois, au sommet de la colline (on en compte sept, comme à Rome !) qui se trouve sur la droite quand on regarde la citadelle depuis la ville. On monte en voiture ou à pied si on a le temps (compter 1h de balade) pour découvrir, une fois arrivé, la plus belle vue sur Besançon et sa topographie. La vue s'étend jusqu'à la citadelle et le pays de Besançon.

Le musée de plein air des Maisons comtoises : *25360* ***Nancray.*** *☎ 03-81-55-29-77. • maisons-comtoises.org • (sf quelques salles). À env 15 km à l'est de Besançon par la N 57 puis la D 464. Mai-juin et sept, tlj 10h-18h30. Juil-août, tlj 10h-19h. De mi-mars à avr et oct-début nov, mer-sam 13h-18h, dim et j. fériés 10h-18h. Animations tlj ; prévoir ½ j. de visite. Entrée : 9 € (hte saison), 6,50 € (basse saison) ; tarif réduit : 5,50 € ; enfants 6-16 ans : 5 € ; gratuit moins de 6 ans ; forfait famille 25 €. Bar-resto (mai-sept, fermé ven sf juil-août), boutique et aire de pique-nique. Visite guidée dim en juil-août.*

Dans une campagne joliment vallonnée surgissent de superbes maisons paysannes des XVIIe, XVIIIe et XIXe s, « l'œuvre » patiente d'un homme d'Église atypique, l'abbé Garneret. Une trentaine d'édifices représentatifs de la diversité architecturale comtoise sont répartis sur 15 ha. Des maisons du Sundgau (Territoire de Belfort), avec leurs colombages de chêne ou de sapin emplis de torchis, à la ferme du montagnon des Arces de Morteau (Haut-Doubs), couverte de tavaillons en épicéa, en passant par les petits édifices tels que les greniers où le paysan mettait à l'abri des incendies tous ses biens ou encore la citerne d'alpage, la chapelle de la Vierge noire, le ferre-bœuf... Ces maisons condamnées à disparaître ont été démontées pierre par pierre, poutre par poutre, puis remontées dans le respect des techniques anciennes.

L'ABBÉ DES CHAMPS

Connaissez-vous ce curé avec dans la soutane le carnet à dessin, l'appareil photo et... le casse-croûte ? Jusqu'à sa mort en 2002, l'abbé Garneret n'a cessé de dessiner sa région, de Belfort à Saint-Claude. Pas un village qui n'ait échappé à son crayon. L'abbé voulait sauver tout ce qui fait la richesse du monde rural. Son chef-d'œuvre : le musée de Nancray. Ses amis ont révélé en 2007 un fonds photographique inestimable : 70 000 clichés réalisés avec son Rollei. Des scènes de la vie paysanne et des visages qui reflétaient l'intérieur des hommes. Garneret, le Doisneau des champs ?

Les intérieurs des maisons ont été reconstitués méticuleusement. C'est un peu de l'âme de ces maisons qui a déménagé avec elles, elles restent des lieux « habités ». Certaines d'entre elles, comme la ferme des Bouchoux, abritent également des expos temporaires. Entre les bâtiments, quelques animaux pâturent tranquillement tandis que plusieurs très jolis jardins sont cultivés selon des techniques bio. Celui de la maison du tisserand abrite, par exemple, des plantes tinctoriales. D'ailleurs, une politique de développement durable est menée sur l'ensemble du site. Et tout au long du parcours, animations journalières : cuisson du pain, fonte de la cancoillotte, fabrication de torchis, barattage du beurre... et des journées thématiques avec un programme de spectacles spécifique. Un retour dans le passé, parfaitement reconstitué, pour le plus grand bonheur des petits et des grands.

Le gouffre de Poudrey : *25580* ***Étalans.*** *☎ 03-81-59-31-31. • gouffredepoudrey.com • À 24 km au sud-est de Besançon, direction Pontarlier (par la N 57). Ouv des vac scol de fév (zone A) aux vac scol de la Toussaint ; se renseigner pour les horaires. Visite guidée slt. Entrée : env 7 € ; réduc, notamment sur présentation du ticket du* Dino-Zoo *(voir plus loin « Au nord d'Ornans », à Charbonnières-les-Sapins). Env 45 mn de visite.* Ce « trou » de 1 million de mètres cubes a été découvert en 1899 et se situe, littéralement, au milieu d'un vaste plateau calcaire. On descend par 150 marches bien raides, à 70 m sous terre, pour découvrir l'immensité de cette impressionnante salle souterraine, la plus grande aménagée de France (600 m de circonférence, 40 m de haut), surplombée par un véritable plafond naturel (une grande dalle plate). Belles concrétions mises en valeur par un spectacle coloré de son et lumière dont la partie musicale a été conçue par un... géologue ! Prévoir une petite laine, car il fait 7 °C en bas. Une visite qui en met plein les yeux !

LA SALINE ROYALE D'ARC-ET-SENANS

(25610) *Carte Doubs, A3*

Petit rappel économico-historique pour comprendre pourquoi ce bourg tranquille cache un aussi prestigieux et surprenant monument, inscrit au Patrimoine mondial de l'Unesco depuis 1982. Au XVIIIe s, le sel a une importance considérable : on l'utilise pour la conservation des aliments, la fabrication du verre, de l'argenterie, voire de certains médicaments. Et il est lourdement taxé par la fameuse et impopulaire gabelle. Le pouvoir royal n'a donc de cesse de vouloir augmenter sa production.

La saline de Salins (voir « Le Jura ») ne se prêtant pas à une exploitation intensive, les technocrates de l'époque eurent l'idée, audacieuse, de faire voyager les eaux saumâtres puisées à 20 m de profondeur au long d'une vingtaine de kilomètres de conduites de bois jusqu'au village d'Arc, qui se trouvait à l'orée de la forêt de Chaux, un réservoir tout trouvé à bois de chauffage, indispensable à la transformation - par évaporation - de la saumure en sel.

BLANC DE TOUT SOUPÇON

Dans la tradition judaïque, le sel est symbole de fidélité et d'alliance avec Dieu. Cette substance divine était censée repousser le diable. Durant l'Inquisition, on a longtemps pensé que les sorcières se nourrissaient de plats sans sel. L'absence de sel dans une maison était donc une preuve de culpabilité. Sur ce principe, les tribunaux ecclésiastiques ont condamné nombre d'innocents !

L'emplacement de la nouvelle saline fut fixé en 1773 par un arrêté du Conseil du roi Louis XV. Claude-Nicolas Ledoux, inspecteur général des salines de Lorraine et de Franche-Comté et, surtout, architecte de génie, mit 4 ans pour édifier ce qui reste son œuvre majeure, avec les murs des Fermiers généraux à Paris. Elle est le témoignage exceptionnel d'une architecture rationnelle, hiérarchisée et esthétique, traversée par le siècle des Lumières, son effervescence intellectuelle et ses idéaux de progrès. Mais, dès sa mise en service en 1779, la production de la saline royale fut en deçà des prévisions. Elle ferma en 1895, concurrencée par le sel marin désormais transporté par le chemin de fer. Si la saline ne fut pas un échec cuisant, ce ne fut pas non plus une franche réussite au regard des efforts et des moyens déployés pour sa construction.

Une partie des bâtiments abrite désormais l'Établissement public de Coopération culturelle de Saline royale d'Arc-et-Senans, qui accueille des classes du patrimoine et des artistes en résidence, gère l'hôtel 3 étoiles et organise des colloques et des expositions.

Adresses utiles

- ***Office de tourisme d'Arc-et-Senans-Loue-Lison :*** *3, av. de la Saline (en face de la saline).* ☎ *03-81-57-43-21.* • *ot-arcetsenans.fr* •

– ***Montgolfière :*** le club de montgolfière ***Vents du Futur*** *(☎ 06-89-97-75-59. • ventsdufutur.fr • ; tte l'année, sur résa)* organise des promenades dans les airs. Cher, mais quel souvenir ! Vue aérienne de la saline inoubliable. Fête des montgolfières en septembre.

Où dormir ? Où manger ?

Camping

Camping municipal Les Bords de Loue : *chemin des Graduations. ☎ 03-81-57-50-28. ☎ 06-84-80-94-06. • camping.arcetsenans@free.fr • camping-des-bords-de-loue.fr • ♿ Ouv mai-fin sept. Forfait pour 2 env 13-17 €. Tipis et mobile homes 150-490 €/sem. 28 empl. Une boisson offerte (par empl.) sur présentation de ce guide.* Petit camping à l'écart du village et, comme son nom l'indique, pas loin de la rivière. Au calme, donc, et bien ombragé. Accueil sympathique. Terrain bien délimité par de hautes haies et bon confort général : sanitaires récents et bien tenus, machines à laver, aire de jeux pour les enfants... et même un tipi pour les amateurs d'originalité ! Un bon point de chute.

De prix moyens à chic

Hôtel-restaurant Le Relais : *9, pl. de l'Église. ☎ 03-81-57-40-60. • contact@relaisdarcetsenans.fr • le-relais-darc-et-senans.com • Fermé dim soir (sf juil-août), lun (tte l'année) et le soir des j. fériés. Résa conseillée au resto. Double 65 €. Menus 25,50-42 €.* Adresse discrète qui cache bien son jeu. Car elle renferme une agréable salle, où officie un jeune chef sympathique et consciencieux qui propose une bonne cuisine d'aujourd'hui, renouvelée en fonction des saisons et de l'inspiration.

Chambres d'hôtes de Hoop : *36, Grande-Rue. ☎ 03-81-57-67-92. • hebergement-arc-et-senans.fr • hebergement-arc-et-senans.fr • Doubles 60-85 €. Réduc de 10 % sur le prix de la chambre (avr-juin), sur présentation de ce guide.* Une bonne grosse demeure à deux pas de l'entrée des Salines offrant des chambres cosy et lumineuses comme tout, parquet en bois, draps design avec un beau jardin à l'arrière, un bar, un billard... Accueil au diapason.

Plus chic

Nuit à la saline : *☎ 03-81-54-45-17. • reception@salineroyale.com • salineroyale.com • Congés : nov-fév. Double 113 €, visite de la saline incluse.* Eh oui, il est possible de séjourner au sein de ce formidable monument. Les 31 chambres de ce 3-étoiles à l'aménagement contemporain, sont tout confort (les plus grandes avec mezzanine), et réparties dans les différents bâtiments du site. Vous aurez ainsi, à la nuit tombée, le chef-d'œuvre de Ledoux et ses beaux jardins pour vous tout seul... L'été, en plus de l'excellente table d'hôtes, possibilité de dîner sous forme de panier pique-nique où bon vous semble pour profiter du site et des jardins mis en lumière (dans les 2 cas, réserver impérativement).

Où dormir ? Où manger dans les environs ?

Prix moyens

Chambres d'hôtes de Lombard : *chez Andrée et Jean-Luc Carrière, 16, Grande-Rue, 25440* ***Lombard.*** *☎ 03-81-63-67-95. • carrierejl@aol.com • chambres-hotes-lombard.com • À 8 km au nord d'Arc-et-Senans. Juste à côté de l'église. Double 65 € (dégressif), familiale 95 €.* Cette maison de maître date des XVIIIe et XIXe s et profite d'un joli cadre fleuri avec vue sur la campagne et le mont Poupet. Très beau jardin. Couple bien sympathique proposant de belles chambres de caractère et spacieuses, comme la « Rose », idéale pour les familles, avec lit en cuivre dans une alcôve. Également 2 chambres avec salle de bains partagée. Au petit déj, confitures maison. Un très bon rapport qualité-prix-hospitalité.

Auberge de Buffard : *5, Grande-Rue, 25440* **Buffard.** *03-81-57-47-99. • aubergedebuffard@wanadoo.fr • À 5 km à l'est. Tlj sf lun midi en juil-août ; fermé dim soir-mer midi hors saison. Formule déj env 18 €, menus 22-38 €. Apéritif maison offert sur présentation de ce guide.* Village vigneron bucolique à souhait et une auberge de terroir tout ce qu'il y a de plus agréable, posée devant l'église. Salle tranquille ou terrasse, service et accueil jovial du maître de maison et de son fils (soirées bœuf très sympas !), et spécialités régionales classiques et copieuses. Vins du Jura... et de Buffard !

Chambres d'hôtes Le Détour : *27, rue de Besançon, 25440* **Buffard.** *03-81-57-50-77. • ledetour@chambres-hote.com • chambres-hote.com • À 5 km à l'est d'Arc-et-Senans. Double 72 €, familiale également. CB acceptées.* Les anciennes écuries de cette jolie propriété ont été entièrement repensées pour l'accueil des hôtes : terrasse pour profiter du jardin, un bar dans la salle à manger, et des chambres impeccables, classiques et tout confort. Agréable et efficace. En outre, les enfants adoreront les gentils petits voisins... 2 ânes hippies (des baudets du Poitou).

Chambres d'hôtes La Grange du Hérisson : *13, chemin du Bout-d'Amont, 25320* **Byans-sur-Doubs.** *03-81-63-68-66. • lagrangeduherisson@gmail.com • lagrangeduherisson.fr • À 10 km au nord d'Arc-et-Senans par la D 17 et la D 12. Double 65 € (dégressif). Table d'hôtes 23 € (boisson incluse).* Il a fallu 3 ans de travaux pour restaurer et réaménager la grange de cette ancienne ferme comtoise, mais cela valait la peine ! Les chambres sont impeccables, pleines de caractère et décorées avec goût. Une adresse de charme dans un village paisible.

À voir

La Saline royale : *03-81-54-45-45. • salineroyale.com • Juil-août, tlj 9h-19h ; juin et sept, 9h-18h ; avr, mai et oct, tlj 9h-12h, 14h-18h ; nov-mars, 10h-12h et 14h-17h. Fermé 1er janv et 25 déc. Entrée : env 9 € ; forfait famille et réduc. Visite guidée (2 €) : tlj avr-oct ; w-e, j. fériés et vac scol slt nov-mars. Compter 2h de visite (4h en été) dont 1h commentée (vivement recommandée, c'est passionnant !). Sinon, audioguide bien fait (2,20 €). Resto et cafétéria agréables, petit café le w-e en avr-mai et sept, et tlj en juin-août, ainsi qu'une belle boutique-librairie. Spectacle son et lumière 14 juil-15 août, env 10 €.*

Le portail d'entrée

De puissantes colonnes doriques et une grotte artificielle, sorte de caverne de dragons sortie d'un conte de fées ou d'une B.D. fantastique ! Comme une introduction au discours architectural de Ledoux : interprétation très libre des ordres classiques et lourd symbolisme – on passe de la caverne de Platon à la lumière du XVIIIe s ou, si vous préférez, de l'obscurité de la grotte à la lumière de la cour, où trône la maison du directeur. De nombreux détails renvoient à la franc-maçonnerie, dont Ledoux s'est souvent inspiré.

La cour

Paradoxalement, la saline ne fut pas vraiment acceptée par la population, peu sensible aux audaces architecturales et aux quelques avantages promis. Elle nota surtout que le droit de ramasser le bois dans les forêts alentour fut à l'époque annulé. En outre, sa construction (1775-1779) intervint au plus mauvais moment social, en pleine période de disette.

La saline était conçue pour fonctionner en quasi-autarcie. Largement séparés les uns des autres pour des raisons de sécurité, ses 11 bâtiments s'inscrivent dans un demi-cercle de 370 m de diamètre, aujourd'hui agrémenté d'une jolie pelouse.

Complètement inattendu pour une usine, ce plan en hémicycle est inspiré des théâtres antiques (l'un des dadas de Ledoux). Partisan d'une architecture dictée par la nature, Ledoux y voyait aussi une « forme pure comme celle que décrit le Soleil dans sa course », « imitant l'harmonie universelle du monde ».

Mais on peut aussi lire dans cette disposition en demi-cercle une intention qu'on qualifierait volontiers de panoptique. Les ouvriers, on le devine d'entrée, n'avaient en principe aucune possibilité d'échapper à la surveillance du directeur, qu'on peut imaginer posté derrière l'oculus (fenêtre ronde) de sa maison. Et même si l'on ignore (en l'absence d'archives) les conditions exactes de vie des ouvriers de la saline, on sait quand même que toute la famille y vivait et y travaillait, y compris les enfants dès 8 ans, à raison de 6 jours par semaine d'un labeur harassant. Le travail d'évaporation de l'eau salée s'effectuait, par ailleurs, dans une chaleur insoutenable autour des « poêles-fours ». Les sauniers étaient vite victimes de brûlures par le sel et le feu. Enfin, les « lieux charmants » où l'ouvrier était, selon Ledoux, censé trouver « ses plaisirs, la consolation de ses peines, le rassemblement de ses besoins » restaient malgré tout des chambres obscures et exiguës, au système de chauffage mal adapté aux hivers francs-comtois. Telle une petite ville, la Saline d'Arc-et-Senans disposait également en son sein d'une boulangerie, d'une chapelle, d'une infirmerie, de cachots, d'un four pour la cuisson du pain et de jardins potagers. Ce paradis social pourrait vite ressembler à un enfer, vu depuis le XXIe s. Mais quand on pense aux conditions de vie au XVIIIe s, dans une France où les bandes armées rançonnaient les campagnes, peu sûres, avoir un travail, un toit, un coin de jardin et être protégé devait certainement présenter quelques (petits) avantages... Les salines devaient par la suite inspirer nombre de réalisations à l'étranger, des prisons aux cités ouvrières anglaises. Elles fermèrent en 1895. Quasiment abandonnées, elles furent pillées et victimes d'un incendie en 1918, avant d'être finalement rachetées par le département du Doubs en 1927. En 1938, on commença à y interner les réfugiés républicains espagnols. Pendant l'occupation, les tziganes leur succédèrent, puis, à la libération, des prisonniers allemands. Enfin, après rénovation, en 1982, elles entrèrent de façon logique au Patrimoine mondial de l'Unesco... Depuis 2001, les anciennes parcelles potagères accueillent un festival des jardins associant 25 établissements scolaires chaque année.

UN FEU D'ENFER !

La fabrication du sel nécessitait une consommation de bois incroyable ! Il fallait pouvoir chauffer d'immenses chaudrons contenant 45 000 l de saumure. L'opération prenait environ 16h jusqu'à évaporation totale, extinction du feu et, enfin, récupération du sel !

La maison du directeur

Monumentale ! Et pour cause, elle abrite toutes les fonctions du pouvoir : religieux, administratif et politique. Construite comme un hommage aux villas italiennes, elle représente le style particulier de Ledoux, qui réinvite ici le néoclassicisme et l'architecture palladienne. Sa signature : les colonnes à bossage qui alternent tambours carrés et cylindriques ! Un imposant escalier placé dans l'axe du portail d'entrée conduit à un palier qui servait de chapelle. Au rez-de-chaussée, une exposition et un film de 25 mn évoquent l'histoire de la saline et du sel à travers tous les continents. On apprend, par exemple, que les veuves pouvaient reprendre le travail de leur mari. Acquis social ? Ou encore que l'« or blanc » fut à l'origine de bien des révoltes contre l'État (bandits au grand cœur, comme Mandrin, agitation politique comme la « Marche du sel » de Gandhi en 1930). Dans les caves, exposition « L'invention du Patrimoine mondial » sur les valeurs universelles défendues par l'Unesco.

De part et d'autre de la maison du directeur, un long bâtiment (la berne) où était fabriqué le sel, chacun flanqué de pavillons carrés. L'un pour l'administration de la gabelle, l'autre pour celle de l'usine.

Le musée Claude-Nicolas-Ledoux (1736-1806)
Situé dans l'ancien bâtiment des tonneliers, à la belle charpente de bois datée de 1776, c'est le seul musée d'Europe entièrement consacré à un architecte et à son œuvre. Même si la quasi-totalité des réalisations de Ledoux a disparu, films, gravures, plans, photos et surtout une soixantaine de maquettes très précises permettent de mieux cerner son travail, qui consista à mettre en pratique les grandes idées des Lumières par le mouvement et la refonte des institutions.
– ***L'aile droite présente le Ledoux d'avant la Révolution,*** architecte audacieux qui, en réaction au rococo à la mode, se réclame du classicisme français (à la Mansart) et de Palladio, puise avec une franche liberté dans le vocabulaire antique, fait dans la débauche de colonnades, est passionné par le monde du théâtre (projet novateur pour Besançon et invention de la fosse d'orchestre) et commence à jouer avec les formes. Ledoux, outre le fait qu'il était « bien en cour », a signé les plans de la barrière d'octroi de Paris (une cinquantaine de péages), dont on verra les modèles à l'étage du musée. Intime de Diderot, influencé par Rousseau, il parvient à sauver sa tête, mais n'a plus le droit d'exercer son métier, la Révolution mettant un terme à sa carrière.
– Commence pour lui une deuxième « période », exposée dans ***l'aile gauche du bâtiment*** : c'est le ***Ledoux de toutes les utopies,*** à commencer par la Cité idéale de Chaux, qu'il rêve d'élever autour de la saline d'Arc-et-Senans. Étonnant cimetière conçu comme un vaste auditorium. De même, cet étrange pont... presque futuriste, avec le tablier reposant sur des drakkars en pierre ! Ledoux dessine vraiment une architecture « parlante » : l'Oïkema, maison de tolérance (imaginée par l'architecte pour « préserver les liens du mariage en apaisant collectivement les désirs intempestifs », sic !), a ainsi, indubitablement, la forme d'un phallus ! L'un de ses principes était « le beau engendre le bon » ! Un idéalisme pas toujours très rassurant quand on sait ce que, souvent, deviennent les meilleurs des mondes...
– Ne manquez pas de vous balader sur 4 ha, dans la quinzaine de ***jardins*** à thème qui, chaque année, au travers du très beau ***festival des Jardins*** *(juin-oct),* illustrent dans d'infinies variétés de formes et de couleurs, un sujet différent.

L'église Saint-Bénigne d'Arc-et-Senans : *infos et brochure en vente auprès de l'office de tourisme.* L'église abrite un chemin de croix en cuir repoussé ainsi que des tableaux des XVIe et XVIIe s.

DANS LES ENVIRONS DE LA SALINE ROYALE D'ARC-ET-SENANS

QUINGEY (25440)

À env 13 km au nord d'Arc-et-Senans, sur la route de Besançon. Gentille petite bourgade s'étalant benoîtement sur les bords de la Loue. Le genre d'étape où il fait aussi bon se poser.

Où dormir ? Où manger ?

Camping les Promenades : *rue des Promenades, au bord de la Loue, à deux pas du centre, superbement placé. ☎ 03-81-63-74-01. • camping.lespromenades@orange.fr • campingquingey.fr • Mai-sept. Pour 2, compter 12 €. Env 75 emplacements de 100 m² (les meilleurs, en bord de rivière, bien sûr).* Arboré, sanitaires corrects, laverie, sèche-linge, bien surveillé.

Restaurant La Truite de la Loue : *2, route de Lyon. ☎ 03-81-63-60-14. • contact@latruitedelaloue.fr • latruitedelaloue.fr • Au bord de la rivière. Fermé mar-mer hors saison. Doubles 59-70 €. Menus*

19-30 €. Café offert sur présentation de ce guide. Au cœur du village, une auberge à l'ancienne. Une douzaine de chambres fonctionnelles d'un bon rapport qualité-prix. Restaurant classique très réputé aussi pour sa bonne cuisine traditionnelle, notamment pour ses truites. Une bien bonne halte, d'autant que la salle rustique ne manque pas de charme et que l'accueil est fort sympathique.

Café-restaurant de l'Hôtel de Ville : *9, pl. d'Armes. ☎ 03-81-63-63-12. Ouv ts les midis, plus les soirs en juil-août. Menu env 14 €.* Connu sous le nom de « Chez Christine », le p'tit resto populaire de village comme on les aime : pas de chichis, une cuisine franche et généreuse, une atmosphère authentique. Friture de truite fraîche, filet de perche, cuisses de grenouille en saison...

Où dormir ? Où manger dans les environs ?

Au Doux Repos : *sur la « voie romaine », 25320* ***Vorges-les-Pins.*** *☎ 03-81-65-12-29. 06-78-55-21-66. Entre Busy et Vorges, dans le virage, petite route qui monte sur 1 km. • fermeaubergebesancon.com • Résa obligatoire. Doubles 60-71 €, petit déj inclus. Tlj sf dim soir, repas soir slt et le dim midi. Menu 20 €, boisson en sus.* 2 grands chalets en pleine nature et surplombant la vallée. L'un pour les chambres d'hôtes, l'autre pour le resto. Calme absolu, confort, charme et bonne gastronomie régionale. Terrasse avec vue, salle traditionnelle et mezzanine. ***Restaurant de la Berge :*** *13, route des Grottes,* ***Roset-Fluans.*** *Sur la D 408 (peu après la grotte d'Osselle). ☎ 03-81-63-61-74. Tlj juil-août ; ven-dim midi hors saison. Menu env 20 €. À la carte, compter 25-30 €. CB refusées.* En pleine nature, resto genre guinguette sereine et bucolique au bord du Doubs. Terrasse bien entendu plébiscitée le week-end. Cuisine de poisson toute simple, mais c'est bon, frais, copieux. Goûter – dans un cadre en bois vraiment agréable, sur des nappes à carreaux – au silure fumé, aux grenouilles locales en saison, à la truite au beurre de baratte ou au vin jaune, à la friture d'ablette ou de goujon... Un p'tit coup de cœur pour le romantique environnement et la gentillesse de l'accueil.

À voir dans les environs

La grotte d'Osselle : *☎ 03-81-63-62-09. • grottes.osselle.free.fr • À 13 km (accès fléché) au nord d'Arc-et-Senans. Ouv avr-fin vac de Toussaint, tlj : juil-août, 9h-18h30 ; avr-juin, 9h-12h et 14h-17h30 (17h sept) ; oct-nov, dim 9h30-12h et 14h-17h (en sem 14h-17h). Visite guidée (env 1h) ttes les 15 mn en saison, ttes les 30 mn hors saison. Entrée : adulte 8 € ; enfant 4-12 ans 5 € ; réduc, notamment sur présentation de ce guide. Prévoir une petite laine, il y fait 13 °C en permanence.*
Découverte au XIIIe s, la grotte d'Osselle se visite depuis 1504 et n'a cessé, au fil des siècles, d'intéresser poètes et savants. Il paraît même que Voltaire a assisté aux fêtes et banquets qu'on y organisait au XVIIIe s. Les galeries ont été élargies pour permettre le passage des robes à panier ! C'est Georges Cuvier, l'inventeur de la paléontologie, qui, après de nombreuses fouilles dans la grotte, allait rendre Osselle célèbre dans le monde. En tout cas, elle est, avec Antyparos en Grèce, parmi les plus anciennes cavernes touristiques au monde !
– On visite près de 1,2 km de galeries (2,4 km aller-retour tout de même !) sur les 14 km que mesure la grotte. Et on change même de département ! Une quinzaine de salles facilement accessibles, car égrenées comme un chapelet et sans escalier, ou presque, pour changer de niveau. Belles concrétions aux formes et aux couleurs les plus variées. Stalactites et stalagmites colorées par les sels minéraux (suivant la théorie d'un certain abbé... Rose, le cuivre donne un joli gris bleuté, le sel de fer du beige et du marron, le manganèse du noir). Merci de respecter ces excroissances, elles poussent de 1 cm par siècle ! Également

un autel d'argile sur lequel les prêtres réfractaires célébraient la messe pendant la Révolution, une vieille coutume en Franche-Comté. En revanche, on s'interroge encore sur le pourquoi de ce pont d'une arche jeté sur la rivière souterraine en 1751. À proximité, ne manquez pas la « Cuisse de poulet » (sacré bestiau !), la « galerie des Orgues » et le « lac aux Colonnes » aux jolis reflets.
En 1826, Buckland, un conservateur du British Museum, mit au jour à Osselle le premier squelette complet d'ours des cavernes, vieux de 40 000 ans. Ce que rappelle une reconstitution d'un squelette et d'une famille complète d'ours. Il faut dire que c'est la plus importante nécropole mondiale d'ours des cavernes (entre 2 000 et 3 000 squelettes).
– Possibilité aussi de visiter la fascinante galerie de minéralogie en arrière-saison (l'été, c'est selon l'affluence, auprès de Claude Haaz, passionné et gérant du site), une collection exceptionnelle avec plus de 1 100 variétés de minéraux et des pièces uniques. Près de 60 % des pièces exposées seraient aujourd'hui introuvables.

DU VAL D'AMOUR À LA SOURCE DE LA LOUE

Entre Arc-et-Senans et Dole, dans le Jura voisin, la vallée de la Loue prend le doux nom de val d'Amour. On n'apprendra rien aux pêcheurs et aux canoéistes, la Loue est l'une des plus belles rivières de France. Elle se prête aussi à la baignade. Et si elle est pressée de quitter le profond canyon de sa haute vallée (elle dégringole de 229 m d'altitude en quelque 20 km), on s'y attardera pour découvrir des villages de charme serrés au pied d'abruptes falaises, les vergers en fleurs du printemps. Et l'on retrouvera la Loue, faussement alanguie, à Ornans où l'on a rendez-vous avec l'un de ses grands thuriféraires, un certain Gustave Courbet. Tous les chemins menant à Ornans, même les plus détournés, vous pouvez suivre le chemin de la rivière qui joue à cache-cache, dans un paysage délicieusement bucolique, jusqu'à l'entrée de la Venise franc-comtoise. Remonter, ensuite, jusqu'à la source de la Loue, avant d'aborder le Haut-Doubs à Pontarlier. Si vous avez le temps, on vous recommande un détour par le Jura voisin pour découvrir Salins-les-Bains et prendre la « route des Sapins » qui mène directement aux portes de Pontarlier. Pensez à la quitter à Levier pour retrouver la suite du périple, puisque nous avons choisi de remonter à la source et de vous faire découvrir tranquillement ces deux vallées magnifiques, où coulent deux rivières aux charmes incontestables, la Loue et le Lison.

LA VALLÉE DU LISON

- **Nans-sous-Sainte-Anne................................73**
  - Le pont du Diable
  - La forêt de Levier
  - Le massif d'Alaise-Saraz à Alaise
  - Le musée-relais du Cheval de trait comtois à Levier

Une vallée splendide, plus modeste, moins spectaculaire que celle de la Loue, mais plus « nature » et abritant l'un des plus fantastiques ensembles souterrains de la région.

NANS-SOUS-SAINTE-ANNE

(25330) 130 hab. *Carte Doubs, B3*

Aimable village, tranquille au fond de la vallée et autrefois célèbre pour sa faïencerie, puis pour son exceptionnelle taillanderie. On y vient aussi pour

admirer la cascade de la source du Lison. Enfant, le romancier Louis Pergaud y passait ses vacances, et certains de ses copains de l'époque sont sûrement devenus les héros de sa célèbre *Guerre des boutons*.

Où dormir ?
Où manger à Nans et dans les environs ?

Bon marché

■ |●| ***Gîte d'Étape Lison Accueil :*** *7, Grande-Rue. ☎ 03-81-86-50-79. • contact@lison.accueil.fr • lison.accueil.free.fr • Nuitée à partir de 20 €/pers en chambre ou 15-17 € en dortoir (4-6 lits). Repas 16 €.* Chaleureux et fraternel, c'est ce qui résume le mieux ce gîte rustique créé par 3 amis, tous guides et moniteurs spéléos. On loge dans des chambres et dortoirs sans prétention, on s'attable autour de grandes tablées conviviales pour goûter le jambon à l'os au vin jaune, et on profite de bons conseils avant de partir en rando ou en explo. Également un refuge indépendant avec 12 couchages et tout le confort.

Prix moyens

■ |●| ***Auberge Marle :*** *7, rue Georges-Colomb, 25440* ***Myon.*** *☎ 03-81-63-78-47. • hotel.marle@orange.fr • auberge-marle.fr • ♿ À 15 km au nord-ouest par la D 492 puis à gauche par la D 15. Resto fermé dim soir, plus lun hors saison. Congés : 2 sem en sept. Double 58 €. Formule 14,50 € ; menus 20-30 €. Apéritif maison offert sur présentation de ce guide.* Une petite auberge de campagne, rustique qu'il faut aller chercher... Côté chambres, c'est simple et désuet. Au resto, la cuisine généreuse avec des spécialités maison justifie une halte : croûte forestière aux champignons, soufflé de brochet au savagnin... Terrasse et petit jardin à l'ancienne.

|●| ***Chez Roméo et Patricia :*** *22, Grande-Rue, vers la taillanderie. ☎ 03-81-57-61-77. 📱 06-22-62-61-47. • romeo.chapplain@hotmail.fr • Oct-mars, ts les midis, plus les soirs ven-sam ; avr-sept, tlj midi et soir. Compter 25 €.* Petit resto de village, avec plaisante terrasse intérieure. Bonne cuisine franc-comtoise typique : suprême de sandre au savagnin, « clarinette » (oignons, lardons, pommes de terre gratinées), morbiflette, etc., et une savoureuse tête de veau.

Chic

■ |●| ***Chambres d'hôtes Résidence de Vaux :*** *29, Grande-Rue. 📱 06-08-40-99-49. • residencedevaux@gmail.com • residencedevaux.com • Doubles 80-90 €. Table d'hôtes 25 €.* Située en lisière du village, au calme et dans un bel environnement verdoyant, cette grande et élégante demeure du XIXe s renferme des chambres classiques de bonne taille, joliment meublées et tout confort. Très grand jardin. Adresse vraiment reposante, d'autant que l'accueil est tout sourire et décontracté.

À voir à Nans et dans les environs proches

La taillanderie : *au lieu-dit* ***La Doye.*** *☎ 03-81-86-64-18. 📱 06-58-16-92-87. • musees-des-techniques.org • ♿ (ateliers de fabrication slt). À 1 km à la sortie du village, bien indiqué. Tlj : juil-août, 10h-13h, 13h30-18h30 ; mai-juin et sept, 10h-12h30, 14h-18h ; avr et oct, 14h-17h ; mars et nov, sur rdv. Visite guidée slt, d'env 1h (mieux vaut appeler avt). Entrée : 6 € ; forfait famille ; réduc.* Une vaste ferme-atelier du XIXe s, classée Monument historique, où la famille Philibert a fabriqué jusqu'en 1969 des faux et autres outils agricoles. Mais l'apogée de la production fut atteint entre 1900 et 1914 : quelque 10 000 outils taillants et le double de faux, comptant plus de 100 modèles à l'époque. Rien n'a bougé depuis, et tout fonctionne encore parfaitement, vidéo à l'appui. Conservé en l'état (voyez les bouteilles d'époque qui traînent), un ensemble de machines de quelque 15 t est miraculeusement actionné par un maigre ruisseau qui s'appelle... l'Archange ! Un vrai spectacle où le son et la lumière jouent un rôle essentiel : la grande roue hydraulique (5 m de diamètre) tourne, les deux énormes soufflets en chêne (uniques en Europe) attisent les foyers de forge... un modèle d'ingéniosité technologique ! Bruit incroyable des machines, pas étonnant que les ouvriers devenaient vite sourds. Après une halte à la menuiserie, où l'on confectionnait les manches des outils, petite expo sur le quotidien des ouvriers. Un endroit exceptionnel, une plongée dans un XIXe s intact et impressionnant.

La source du Lison : *parking à 1 km du village, puis marcher 200 m env.* Une « vraie-fausse » source, mais un impressionnant jaillissement bien frais, puisque, comme la Loue, c'est une résurgence. Qu'importe, c'est elle qu'on préfère, plus mignonne et plus authentique, jusque dans son accès. Le Lison naît en fait ailleurs et s'offre un compliqué séjour souterrain pour ressortir en panache dans ce trou de verdure. Attention, du monde aux beaux jours. Plusieurs balades balisées de 15 mn à 2h, à faire au départ de la source. On peut notamment rejoindre Crouzet-Migette et la taillanderie. Coin pique-nique.

UNE LOI QUI COULE DE SOURCE

La source du Lison à Nans-sous-Sainte-Anne fut l'objet d'une première nationale au début du XXe s. Le propriétaire d'un moulin voulant supprimer la cascade et capter l'eau du Lison, la population se rebiffa, relayée par le député Charles Beauquier (1833-1916). Résultat : on vota la première loi sur la protection de l'environnement en France, dite « loi Beauquier » (1912). Et la source du Lison fut le deuxième site classé !

Le Creux-Billard : *un sentier y grimpe en 10 mn depuis la source du Lison.* Un vaste gouffre d'effondrement, haut de 80 m et baigné par une drôle de lumière. Des peintures préhistoriques y ont été retrouvées. Au centre, une cascade jaillit en période de hautes eaux. Le Creux-Billard est l'une des étapes du parcours souterrain du Lison et communique avec la source. Un paysage spectaculaire !

La grotte Sarrazine : *à 15 mn à pied par un sentier qui part du parking de la source.* Spectaculaire porche naturel de 90 m de haut, creusé au pied d'une abrupte falaise. En période de crue, une rivière un peu fougueuse en sort, le bief Sarrazin (déviation du Lison souterrain !). L'été, on peut sans problème faire quelques pas à l'intérieur de la grotte.

À faire

Escalade

– **La via ferrata :** *accès 2,50 € et loc de matériel (env 13 € la ½ journée) auprès de Lison Accueil (7, Grande-Rue ; ☎ 03-81-86-50-79).* Une belle « randonnée en falaise » dans le cirque du Verneau, dominant le village. Trois niveaux. Au sommet, on culmine à 550 m. Compter de 2 à 4h.

Randonnée pédestre

➢ **Le belvédère de Montmahoux :** 7 km, env 2h30 aller-retour sans les arrêts. Balisage : blanc et rouge, jaune et jaune et bleu. Infos auprès de *Lison Accueil* (voir « Où dormir ? Où manger à Nans et dans les environs ? »). Départ de l'église de Nans-sous-Sainte-Anne. Depuis le point de vue de

Montmahoux, si vous êtes essoufflé, vous pouvez redescendre à Nans après avoir fait le tour du panorama et d'une grande croix. Sinon, reprenez vers Montmahoux par le balisage blanc et rouge du GR 590.

DANS LES ENVIRONS DE NANS-SOUS-SAINTE-ANNE

Le pont du Diable : *à 6 km au sud-ouest de Nans-sous-Sainte-Anne, sur la route entre Crouzet-Migette et Sainte-Anne.* Une seule arche jetée sur un ravin profond de 25 m, vertigineuse vallée sèche où le Lison prend véritablement sa source avant d'entamer son parcours souterrain. En se penchant un peu (mais pas trop !), on peut voir les restes du visage du diable sculpté sur l'arche du pont.

À MALIN, MALIN ET DEMI

La légende raconte que lors de la construction du pont du Diable, chaque nuit, le démon détruisait le travail effectué par les ouvriers dans la journée. Pour mettre fin à ses petits jeux nocturnes, le Malin exigea deux âmes : celles de l'entrepreneur, un certain Babet, et celle du premier à franchir le pont terminé. Ce fut le curé d'un village voisin qui fut le premier à s'engager sur le pont. D'un coup de ciboire malicieux, le prêtre mit Satan K.-O. et l'expédia au fond du ravin !

La forêt de Levier : *elle débute à env 10 km au sud-est de Nans-sous-Sainte-Anne.* Avec sa voisine, la forêt de La Joux (voir la partie « Le Jura »), c'est l'une des plus prestigieuses sapinières d'Europe. Balade conseillée le long des petites routes forestières qui sillonnent cette étendue sylvestre. Vous découvrirez une portion de voie romaine (vers Villers-sous-Chalamont), l'épicéa de Chapeau-Paris (45 m de haut !) et les épicéas du roi de Rome, plantés en 1811. Une carte disponible dans les offices de tourisme retrace la route des Sapins (signalétique à ce sujet), longue de 42 km, qui part des environs de Champagnole (Jura) pour rejoindre Levier (Doubs). C'est tellement beau qu'on réfléchira, au prochain Noël, pour savoir si on achète un sapin coupé pour la maison...

Le massif d'Alaise-Saraz : *à* ***Alaise,*** *env 10 km au nord, par la petite D 139.* En 1855, un certain Alphonse Delacroix découvre un site gallo-romain (à 1 km à la sortie du village, dans les bois, c'est indiqué). Cette découverte fera « revivre en France le culte des souvenirs de l'ancienne Gaule ! ». Elle est à l'origine de toutes les recherches et théories qui ont suivi concernant Alésia. Sur place, quelques vestiges, beaucoup d'interrogations sur les fonctions de ce site... mais surtout une bonne excuse pour aller faire une petite promenade en forêt.
Petite expo au village sur le sujet (juillet-août). En repartant par la route d'Éternoz, on découvre un belvédère (signalé sur la gauche) avec une superbe vue sur la vallée du Lison.

Le musée-relais du Cheval de trait comtois : *halles de la mairie, 25270* ***Levier.*** *☎ 03-81-89-58-74. • musee-cheval-comtois-et-foret.fr • De Nans-sous-Sainte-Anne, aller jusqu'à Crouzet-Migette sur la D 113, puis prendre la D 72 sur 8 km env. Avr-sept et vac scol, mer-dim 10h-12h, 14h-18h ; le reste de l'année, sur résa, lun-ven 9h-12h, 14h-18h. Entrée : 4 € ; réduc ; gratuit moins de 8 ans.* Les anciennes halles du XIXe s ont été reconverties en un musée moderne, qui permet à toute une génération de découvrir la vie et les métiers gravitant autour d'un animal dont le galop et les hennissements vous accueillent dès l'entrée des lieux. Vidéo explicative assez pédagogique, et, en été, des sorties en calèche autour de la ville ou en forêt (1h, sur réservation). À l'étage, parcours consacré à la matière bois, de la graine à l'énergie renouvelable.

Fête

– ***Fête des Sapins de Levier :*** *Pentecôte. Rens à la mairie : ☎ 03-81-89-53-22.* Animations, jeux, défilés de chars fleuris... sans oublier l'inévitable bal du soir.

LE HAUT-DOUBS, DE PONTARLIER À CHAPELLE-DES-BOIS

- **Pontarlier** 77
  - Le Grand Taureau
  - Le fort Malher
  - Le château de Joux et la distillerie Les Fils d'Émile Pernot à La Cluse-et-Mijoux
  - Les tourbières de Frasne
- **Les Fourgs** 86
  - Montpetot
- **La vallée des Deux-Lacs – Malbuisson** 88
  - Malbuisson : la source Bleue, Chaon et la cave d'affinage du fort Lucotte – Comté Marcel Petite à Saint-Antoine
  - Saint-Point
  - Les Grangettes
  - Port-Titi • Labergement-Sainte-Marie
- **Métabief – Le mont d'Or** 94
  - Le sommet du Morond
  - Le sommet du mont d'Or • Fromagerie du Mont d'Or
  - La chapelle Saint-Maurice à La Ferrière-sous-Jougne
  - La ferme La Batailleuse à Rochejean • L'église Sainte-Catherine et le train touristique Le Coni'fer aux Hôpitaux-Neufs
  - Le sentier thématique et historique de la vallée de la Jougnena
- **Mouthe** 99
  - La source du Doubs
  - La tourbière du Moutat
  - Le parc nordique, tremplins internationaux de saut à skis de Chaux-Neuve
- **Chapelle-des-Bois** 101
  - L'écomusée-maison Michaud à La Combe-des-Cives • Le parc polaire à Chaux-Neuve

Des vaches montbéliardes dans des prairies piquetées de grandes gentianes (ces hautes fleurs jaunes qu'on retrouve partout dès le printemps), d'impressionnantes piles de grumes de sapins ou d'épicéas entassées au bord de petites routes, des lacs scintillants, voilà pour l'été. Et puis il y a l'hiver. Parce que, pour paraphraser Gilles Vigneault, ce pays c'est l'hiver, rude mais façonnant de sublimes paysages en vert et blanc. On note que cette région est particulièrement bien desservie avec, à Frasne, une gare TGV reliant directement Dijon, Paris et Lausanne. Un accès bien pratique pour se retrouver d'un seul coup en pleine nature !

PONTARLIER

(25300) 18 150 hab. *Carte Doubs, B-C3*

• Plan *p. 79*

La capitale du Haut-Doubs est posée à 837 m d'altitude, ce qui en fait la deuxième plus haute sous-préfecture de France après Briançon. Une ville à la montagne : on trouve des pistes de ski de fond à 5 mn du centre. On y bute presque sur le massif du Jura, entaillé quelques kilomètres plus loin par une spectaculaire cluse. Une ville à la campagne aussi (c'est une des plus importantes communes forestières de France), mais marquée par l'industrie avec *Nestlé,* entre autres... et le site de production du *Nesquik,* pour les amateurs ! C'est également une zone de passage vers la Suisse et l'Italie, donc d'échanges commerciaux qui, du Moyen Âge jusqu'à aujourd'hui, ont pas mal profité à la

ville. Mais l'histoire n'a pas fait de cadeaux à Pontarlier, ravagée par les Suédois, mercenaires à la solde de la France pendant la guerre de Dix Ans, victime d'une ribambelle de gigantesques incendies au cours des XVIIe et XVIIIe s... Ce qui explique le peu de monuments anciens dans cette ville un peu taillée au cordeau mais pas désagréable pour autant. Aujourd'hui plutôt riche en bonnes adresses, Pontarlier s'avère un point de chute idéal pour sillonner le Haut-Doubs.

LA FÉE VERTE

Pontarlier fut, jusqu'au début du XXe s, la capitale mondiale de l'absinthe. Cette verte liqueur, dite la « Fée verte », inventée en Suisse voisine, arrive à Pontarlier en 1805 dans les bagages d'un artisan dont le nom doit nécessairement vous dire quelque chose : Henri-Louis Pernod. La distillerie *Pernod Fils* fait école : cinq distilleries à Pontarlier en 1871, 25 en 1906 ! Une grosse centaine d'alambics qui, les bonnes années, distillent pas loin de 70 000 hl d'absinthe.
À l'époque, un tiers de la population vit directement ou indirectement de l'absinthe, mais les liaisons tapageuses de cette boisson (Rimbaud, Verlaine, Toulouse-Lautrec...), son immense popularité, la pression du lobby viticole (l'absinthe est le premier apéritif à apparaître sur le marché) et des ligues de vertu (« l'absinthe rend fou et criminel ») font progresser l'idée prohibitionniste jusqu'à son interdiction absolue en 1915.
Depuis, deux distilleries héritières de ces années produisaient un apéritif anisé, le Pontarlier-Anis, dit « Le Pont », rêvant à voix haute au jour où l'absinthe serait à nouveau autorisée. La levée de l'interdiction a eu lieu en 1988. Il faut toutefois attendre la fin des années 1990 pour revoir en magasin quelques bouteilles d'absinthe nouvelle, fabriquée en Provence ou dans la région parisienne. À Pontarlier, berceau de la « Fée verte », des champs de grande absinthe ont été replantés, et les distilleries ont à nouveau commercialisé, au début du nouveau millénaire, leurs premières bouteilles. Pontarlier s'est désormais investie dans le développement de la ***route de l'Absinthe,*** qui permet de relier la ville au val de Travers, en suivant un itinéraire franco-suisse jalonné de sites culturels, industriels... et gourmands ! Infos auprès de l'office de tourisme.

Adresses utiles

i ***Office de tourisme*** *(plan A2) : 14 bis, rue de la Gare. ☎ 03-81-46-48-33. • pontarlier.org • Mai-sept, lun-sam 9h-12h30 et 13h30-18h (plus dim 9h30-12h30 en juil-août) ; oct-avr, tlj sf dim 9h-12h et 14h-18h.* Organise des visites guidées *(payantes)* de la ville. Carte de la région en vente avec une dizaine de circuits pédestres balisés. Une autre avec des itinéraires VTT labellisés. Toutes 2 indéchirables et résistantes à la pluie.

Gare SNCF *(plan A2) : pl. de Villingen. ☎ 36-35 (0,34 €/mn).* TER pour Dôle via Arc-et-Senans, Frasne (TGV Paris-Lausanne) et les Verrières (Suisse). Ligne CFF pour Neuchâtel.

Gare routière *(plan A2) : devant la gare ferroviaire.* Plusieurs bus quotidiens pour Besançon, certains via la vallée de la Loue *(Mobidoubs, ☎ 03-81-63-44-50),* pour Maîche, via Montbenoit, Grand-Combe-Chateleu et Morteau *(RDTD, ☎ 03-81-46-40-44),* et pour Fleurier en Suisse *(TransN, • transn.ch •).*

Taxis : Doubs Taxi *(📱 07-81-95-70-93)* ou ***Guida*** *(📱 06-30-74-50-10).*

Où dormir ? Où manger ?

Camping

Camping-caravaning du Larmont *(hors plan par B2,* ***10****) : rue du Toulombief. ☎ 03-81-46-23-33. 📱 06-86-55-73-98. • contact@camping-pontarlier.fr • camping-pontarlier.fr • ♿ À 1,5 km du*

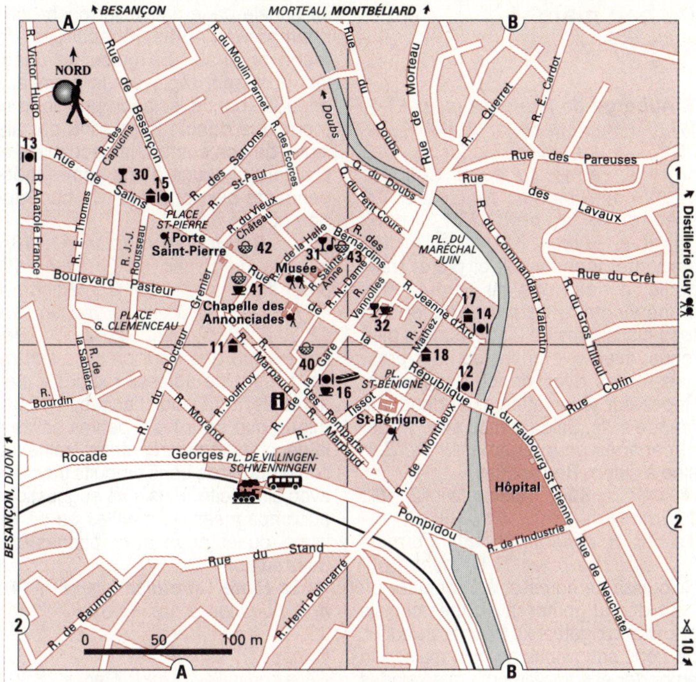

PONTARLIER

Adresse utile

- Office de tourisme

Où dormir ? Où manger ?

- **10** Camping-caravaning du Larmont
- **11** Auberge de jeunesse
- **12** Côté Pont
- **13** Le Rendez-Vous
- **14** La Pinte Comtoise
- **15** Hôtel-restaurant Saint-Pierre
- **16** Midi Treize
- **17** Chambres d'hôtes Jeanne d'Arc
- **18** La Maison d'à côté

Où boire un verre ? Où écouter de la musique ?

- **30** Le Springbocks
- **31** Café du Théâtre
- **32** Café littéraire L'Esperluète

Où acheter de bons produits ?

- **40** Le Chalet
- **41** Simplement Chocolat
- **42** Au Bon Échanson
- **43** Crèmerie Marcel Petite

centre-ville, direction Cluse-et-Mijoux, puis à gauche à la patte-d'oie (panneau). Ouv tte l'année sf 15 nov-15 déc. Forfait pour 2 : 13,90-20,10 €. Loc de chalets pour 4-7 pers 335-729 €/sem. 75 empl. Apéritif maison ou café-croissant offert sur présentation de ce guide. Dans un coin très tranquille à l'orée de la ville, des emplacements bien verts, délimités par des haies, et tout le confort attendu. Blocs sanitaires mixtes et propres. Toutes sortes d'activités sportives à proximité : rando, poney, espace VTT... Une adresse recommandée pour les familles.

De bon marché à prix moyens

Auberge de jeunesse *(plan A1-2, **11**) : 21, rue Marpaud. ☎ 03-81-39-06-57. • pontarlier@fuaj.org • fuaj.org • Fermé dim ap-m. Congés : de mi-nov à mi-déc. Nuitée 22,70 € avec draps et petit déj ; ½ pens possible. Menu 12,60 €.* Un lieu moderne, fonctionnel, et plutôt tranquille, à deux pas du centre. Plus d'une vingtaine de chambres et dortoirs classiques de 2 à 6 lits, très bien tenus, avec w-c privés ou non, presque toutes avec douche et lavabo. Repas sur réservation servi dans une grande salle. Salon sympa avec flipper et canapés pour regarder la TV. Cuisine à dispo. Bon accueil.

Midi Treize *(plan A2, **16**) : 13, rue de la Gare. ☎ 03-81-69-11-11. Tlj sf dim-lun 9h-18h. Formule 8 € ; assiettes-repas 11 € ; menu 22 €.* Réjouissante adresse, à fréquenter du petit déj au goûter (avec thés choisis et délicieux gâteaux). Pour le déjeuner, de bons sandwichs au pain maison (à emporter éventuellement), des salades et de sympathiques formules. Mais il serait presque dommage de passer à côté du menu, donc de la jolie cuisine d'une toute jeune chef, débordante de bonnes idées, à base de produits aussi bons que locaux et (souvent) bios. Cadre tout aussi emballant : fauteuils fifties, murs végétalisés et cuisine ouverte.

Côté Pont *(plan B2, **12**) : 2, rue de la République. ☎ 03-81-46-59-53. • gallet.sandra@orange.fr • Fermé dim-lun et j. fériés. Menu unique 18 € (26 € le sam). Apéritif offert sur présentation de ce guide.* Accueil plein de gentillesse et jolie déco (digne d'un magazine). Aux beaux jours (ça arrive !), la plus agréable des terrasses de la ville, en surplomb au-dessus de la rivière. Chaque jour, de bons petits plats différents évoluant au fil des saisons.

Chambres d'hôtes Jeanne d'Arc *(plan B1, **17**) : 12, rue Jeanne-d'Arc. ☎ 03-81-46-52-10. • jouille.dromard@gmail.com • Double 75 € ; familiales.* On a du mal à y croire, mais ce petit immeuble de ville avec sa banale cage d'escalier cache des chambres d'hôtes réhabilitées de façon originale. En guise de déco, les murs sont tapissés de panneaux en OSB (bonne isolation phonique et thermique donc) ! Elles sont, par ailleurs, de bon confort, impeccables, et profitent chacune d'une entrée indépendante bien pratique. Un bon rapport qualité-prix.

Le Rendez-Vous *(plan A1, **13**) : 31, rue de Salins. ☎ 03-81-46-89-34. • francismaller261@gmail.com • Fermé lun-mar. Menu le midi en sem 12,90 €, puis menus 23-32 €. Apéritif maison offert sur présentation de ce guide.* Une adresse régionale bien agréable, tant pour l'accueil sympathique que pour les 2 petites salles à la déco sobrement contemporaine, où l'on propose de bons produits travaillés avec simplicité. Plusieurs suggestions accompagnées de morilles ou de vin jaune, ou les deux, et de bonnes fondues au fromage.

La Pinte Comtoise *(plan B1, **14**) : 4, rue Jeanne-d'Arc. ☎ 03-81-39-07-35. Fermé mer soir, dim et j. fériés. Congés : 1 sem en fév, 3 sem en juil. Résa conseillée le midi. Menus 12,50 € le midi en sem, puis 16-31 €.* Cadre d'une élégante sobriété pour du traditionnel de bonne facture, bien copieux et à des prix abordables. Pour les amateurs de rösti, morteau, jambon à l'os... Quelques vins d'Arbois tout trouvés pour accompagner le repas. Goûter au suprême de pintade au comté sauce savagnin. Service rapide et courtois.

Hôtel-restaurant Saint-Pierre *(plan A1, **15**) : 3, pl. Saint-Pierre. ☎ 03-81-46-50-80. • stpierrehotel@gmail.com • hotel-st-pierre-pontarlier.fr • Resto fermé dim-lun. Double 90 € ; suite. Menus 16 € lun-sam, puis 28 €. Café offert sur présentation de ce guide.* L'établissement affiche des tons actuels et design. Les chambres – pas bien grandes mais personnalisées – ouvrent quasiment toutes sur la porte Saint-Pierre, arc de triomphe un rien tarabiscoté, et sur la montagne en arrière-plan pour les plus hautes. À la brasserie, cuisine traditionnelle de bonne tenue. Accueil efficace et sympathique.

Chic

La Maison d'à côté *(plan B1-2, **18**) : 11, rue Jules-Mathez. ☎ 03-81-38-47-18. 📱 06-87-84-09-11. • bienvenue@lamaison-da-cote.fr • lamaison-da-cote.fr • Double 100 €.* Quand la déco devient une passion, cela donne *La Maison d'à côté* : qu'il s'agisse du moindre bibelot chiné, des meubles de style classique ou très contemporain, ou du choix des tentures, tout a été soigneusement pensé, pour ne pas dire repensé, afin d'obtenir une atmosphère raffinée, à la fois moderne et baroque, en harmonie avec les vieux parquets, les moulures des plafonds, les boiseries et les cheminées en marbre de cet appartement bourgeois. Au final, c'est beau, et surtout très cosy. Accueil tout à fait charmant.

Où dormir ? Où manger dans les environs ?

Chambres d'hôtes Le Chant du Coq : *4, rue du Chant-du-Coq, 25300 **Dommartin.** ☎ 03-81-69-36-75. 📱 06-04-09-51-92 • phroy25300@orange.fr • le-chant-du-coq.com • ♿ À 4 km à l'ouest de Pontarlier par la D 72. Double 68 € (tarif dégressif à partir de 3 nuits). Table d'hôtes sur résa 22 € (vin compris).* Tout beau, tout neuf, ce gros chalet à côté de la maison des proprios a été conçu pour le bien-être des hôtes : une belle salle commune avec salon cosy et grande table pour les repas conviviaux, des chambres typiques tout confort et pimpantes, et une terrasse tranquille pour bouquiner. Très montagnard, mais dans une version douillette !

Chambres d'hôtes La Tour du Coq Doré : *10, rue des Maréchets, 25300 **Granges-Narboz.** ☎ 03-81-39-68-54. 📱 06-85-77-47-97 • patrick.petite@wanadoo.fr • chambres-hotes-franche-comte.com • ♿ À 4 km au sud-ouest de Pontarlier par la D 47. Double 76 € (79 € de mi-juil à mi-août et vac de Noël), familiales.* La maison, pourtant neuve, ne manque pas de caractère avec ses pierres apparentes, ses boiseries, et même une tour sur l'arrière. Les 4 chambres sont tout aussi soignées et décorées avec goût. À l'étage, toutes possèdent un grand balcon. Bref, rien ne manque pour le séjour des hôtes, qu'il s'agisse du matériel pour les bambins ou du local à skis.

Auberge Le Tillau : *Le Mont-des-Verrières, 25300 **Les Verrières-de-Joux.** ☎ 03-81-69-46-72. À 15 km au sud-est par la D 671, petite route à droite à la sortie du Frambourg puis fléchage. Resto fermé dim soir, lun et mar midi. Double env 80 €. Menus 13,50 € le midi en sem, puis 24-35 €. Café offert sur présentation de ce guide.* Dernière maison avant la Suisse, un vrai beau grand chalet perdu en pleine nature (attention aux animaux sur la route !), à 1 200 m d'altitude. Il ne manque plus que Heidi pour compléter ce tableau champêtre. Chaleureuse salle à manger tout habillée de bois et bonne cuisine de terroir. Chambres de bon confort. Sauna et jacuzzi. Plusieurs pistes de ski de fond et de VTT au départ de l'auberge.

Pause Déjeuner : *6, les Rosiers, 25300 **La Cluse-et-Mijoux.** ☎ 03-81-46-72-06. • p.dejeuner@sfr.fr • À 2,5 km au sud par la N 57. Ouv le midi mar-dim, plus ven-sam soirs. Congés : 1 sem en fév, 2 sem en mai, 2 sem en août-sept. Menus 15 € (midi en sem), puis 29-44 €. Café offert sur présentation de ce guide.* Oubliez la situation en bord de nationale, et... le nom d'apparence banale. C'est l'un des meilleurs restaurants du Doubs et une fabuleuse découverte ! Cadre contemporain agréable, atmosphère déliée et accueil plein d'attention. Le chef possède un sens inné des associations de saveurs, des équilibres de parfums et d'herbes (qu'il va cueillir tous les matins, de même que champignons et petits fruits). Produits de qualité, donc, et un remarquable premier menu, digne des plus grands.

Les Papillons-Auberge du Larmont : *route du Larmont, 25300 **Pontarlier.** ☎ 03-81-38-37-69. • restaurantlespapillons@orange.fr • ♿ À env 9 km à l'est par la N 57 ; au rond-point Malraux, prendre à gauche direction le*

Larmont (c'est fléché). Tlj midi slt (plus soir jeu-sam) pdt les vac scol. Sinon, tlj sf lun-mar (plus soir jeu-sam). Menus midi en sem 13-16 €, puis 29-46 €. Ces *Papillons* qui avaient fait leurs preuves au centre-ville se sont désormais posés sur la montagne voisine, dans un bâtiment contemporain aux salles agréablement *design,* prolongées d'une terrasse avec vue. Côté *Papillons,* toujours ces plats de saison sans esbroufe mais joliment élaborés avec de beaux produits (d'ici... et parfois d'ailleurs). Côté *Auberge du Larmont,* de conviviaux plats de montagne : fondues, raclettes, röstis... Et pour les randonneurs et autres skieurs de fond, petite restauration à toute heure.

Où boire un verre ? Où écouter de la musique ?

Le Springbocks *(plan A1,* ***30****) : 14, rue de Salins. ☎ 03-81-46-49-25. Ven-sam 9h-4h. Congés : 2 sem début août.* Les amateurs de rugby auront repéré le clin d'œil à l'Afrique du Sud. Bar donc fréquenté par ceux qui aiment le ballon ovale (et à Pontarlier, il y en a quelques-uns). Mais pas que : le « Spring », c'est surtout l'endroit où, dans un décor façon pub, les jeunes (et les moins jeunes) locaux aiment faire la fête.

Café littéraire L'Esperluète *(plan B1,* ***32****) : 5, rue Vannolles. • rencontrescafelivre@orange.fr • Mar-sam 10h-18h.* Un lieu de rencontre tranquille, un poil austère même, pour déguster un bon café et lire au calme. Rendez-vous littéraire hebdomadaire, toujours passionnant, avec un(e) auteur(e) les jeudi ou vendredi à 18h ou 20h (entrée libre ou somme modique).

Café du Théâtre *(plan A1,* ***31****) : 5, rue de la Halle. ☎ 03-81-46-45-71. Tlj sf dim à partir de 17h.* Le T, comme on dit ici : le seul bar rock de la ville et sûrement un des derniers à posséder un juke-box *(gratuit).* Clientèle d'habitués plutôt sages (un peu moins, parfois, côté look...) et concerts presque tous les samedis (rock tendance dure, électro...).

Où acheter de bons produits ?

Le Chalet (coopérative de fromagerie fruitière *; plan A1-2,* ***40****) : 13, rue Parguez. ☎ 03-81-39-71-34. Dans une ruelle en plein centre-ville. Lun-jeu 8h30-12h, 17h-19h (16h-19h ven-sam) ; dim et j. fériés 9h-12h.* Si on n'y fabrique plus de fromage, l'endroit continue à en vendre : comté, arlier, mont-d'or...

Simplement Chocolat *(plan A1,* ***41****) : 79, rue de la République. ☎ 03-81-46-35-27. • contact@simplementchocolat.fr • Fermé dim-lun.* Fabrication artisanale de chocolats (à l'absinthe !), macarons, guimauves... sous des plafonds peints du XVIIe s, aussi classes que classés. Pas de visite, mais cours possibles.

Crèmerie Marcel Petite *(plan A-B1,* ***43****) : 1, rue Sainte-Anne, dans le centre (pl. Cretin). ☎ 03-81-39-09-50. Tlj sf dim-lun 9h (sam 8h30)-12h30, 14h-19h.* La boutique d'un des plus gros producteurs locaux de comté. Belle sélection de leur production donc et de fromages d'ailleurs, entre autres bons produits.

Au Bon Échanson *(plan A1,* ***42****) : 66, rue de la République. ☎ 03-81-46-52-93. Dans la rue principale. Mar-sam 9h-12h, 14h-19h.* Un caviste qui présente notamment un très joli choix d'absinthes, d'ici ou d'ailleurs, et quelques petites choses (verres, fontaines, cuillères) qui vont avec.

À voir

Le centre-ville se visite à pied, et l'on ne risque guère de s'y perdre. L'ingénieur Querret, qui a reconstruit la ville après le funeste incendie de 1736, n'a pas cherché midi à quatorze heures : toutes les rues sont perpendiculaires à la rue rectiligne de la République.

La porte Saint-Pierre *(plan A1)* **:** impossible à rater. C'est le symbole de la ville qu'on retrouve sur tous les objets-souvenirs : dés à coudre, boules à neige... Arc de triomphe du XVIIIe s, classique dans sa partie inférieure (et, paraît-il, inspiré de la porte parisienne Saint-Martin), mais surmonté d'un clocher d'une bien inutile complication au XIXe s. Sur le fronton, on peut lire d'un côté un engageant « Soumission aux lois »... de l'autre « Liberté et Égalité ». La fraternité ayant été « oubliée », apparemment par le régime de Vichy.

La rue de la République : on persiste ici à la baptiser Grande-Rue (avec 520 m de long, elle mérite l'appellation). « Faire la Grande-Rue » est d'ailleurs une occupation à laquelle tout Pontissalien qui se respecte sacrifie au moins une fois par semaine. Autre rituel, surtout en hiver, le coup d'œil jeté au thermomètre et au baromètre installés entre la sous-préfecture et la bibliothèque, face à la mairie.

La chapelle des Annonciades *(plan A1)* **:** *56, rue de la République. Ouv selon expos.* Seul vestige d'un couvent établi ici en 1612. L'encadrement accumule les références à l'Antiquité (colonnes jumelées, chapiteaux corinthiens, etc.) et les vantaux de bois sont de style baroque. À l'intérieur, expositions temporaires *(incontournable* Salon des Annonciades *en juil et août).*

Le musée municipal d'Art et d'Histoire *(plan A1)* **:** *2, pl. d'Arçon. ☎ 03-81-38-82-16 ou 14. ♿ Lun et mer-ven 10h-12h, 14h-18h ; w-e et j. fériés 14h-18h. Fermé mar, 1er et 2 janv, 1er mai, 1er nov et 25 déc. Entrée : env 4 € ; réduc ; gratuit moins de 26 ans et pdt les vac scol de la zone B + juil-août. Audioguide gratuit (également téléchargeable sur le site de la mairie). Expos temporaires. Compter 45 mn de visite.* Installé dans ce qui est, vraisemblablement, la plus ancienne maison de la ville (XVe-XVIe s, plafonds à la française et vitraux Art nouveau modern style). Sur trois niveaux, il rassemble des collections liées à l'histoire de la ville depuis ses origines jusqu'au XXe s. Ne manquez pas, au 1er étage, de revivre l'histoire de l'absinthe, dont Pontarlier fut la capitale pendant plus d'un siècle. Au rez-de-chaussée, salle consacrée, selon le calendrier, soit à des expositions temporaires, soit aux peintres régionaux présentés par roulement à partir du fonds du musée (à l'exception, en principe, d'un autoportrait de jeunesse de Courbet !). Au sous-sol, collections archéologiques (sections sur la préhistoire, l'âge du bronze, l'âge du fer, la période gallo-romaine ou encore l'époque mérovingienne...), ainsi qu'une importante collection de faïences comtoises.

L'église Saint-Bénigne *(plan B2)* **:** précédée d'une place à arcades, récemment rénovée. Querret a carrément fait construire une fausse porte devant l'église pour que l'ensemble soit bien carré ! Essentiellement du XVIIe s, l'église est surmontée d'un clocher à l'impériale, typiquement comtois. À l'intérieur, intéressante statuaire illuminée par une belle série de vitraux abstraits de Manessier (1974). Remarquez également la chaire du XVIIIe s.

On termine la balade dans le centre-ville devant le ***8, rue de la République*** *(plan B2).* Façade baroque du XVIIIe s. L'immeuble abritait autrefois le tribunal où l'on prononça notamment la condamnation à mort par contumace de Mirabeau pour... rapt et adultère.

La distillerie Guy *(hors plan par B1)* **:** *49, rue des Lavaux. ☎ 03-81-39-04-70. • pontarlier-anis.com • À la sortie de la ville, direction Les Étraches. Visite mar-sam mat 8h-12h, 14h-18h. Fermé 1re sem de janv et 1 sem en oct. Env 45 mn. GRATUIT.* Au début du XIXe s, cette seule rue alignait une quinzaine de bistrots et quatre distilleries. Celle-ci s'est fait une solide réputation grâce au pontarlier-anis et a eu l'heureuse idée de renouer avec la tradition de l'absinthe. Un lieu étonnant, où ceux qui vous accueillent connaissent leur métier et aiment en parler. Évocation de la grande époque de l'absinthe, de la fabrication du pontarlier-anis (le « Pont », comme on l'appelle familièrement ici) ou de la liqueur de sapin produite depuis 1902. Alambics, foudres centenaires, photos... et dégustation-vente, parfois haute en couleur, en fin de visite.

À faire

➢ ***Le chemin du Train :*** balade à pied ou à vélo aménagée le long de l'ancienne voie ferrée qui reliait Pontarlier à Gilley, via Montbenoît et son abbaye. Une vingtaine de kilomètres et de jolis paysages avec quelques belles échappées sur la vallée du Doubs. Départ devant le lycée Toussaint-Louverture à la sortie de la ville, direction Besançon. Balade facile, sans dénivelée.

LE DÉBARQUEMENT DES ALLIÉS

Les Alliés, tout petit village à 8 km au nord-est de Pontarlier se dénommait « Les Allemands » avant la Première Guerre mondiale. Dès la déclaration de guerre de 1914, les habitants voulurent changer le nom de leur village. Ils choisirent « Les Alliés ». En 1940, les nazis revanchards reprirent l'ancien nom.

Ski et neige

Ski de fond : site de la Malmaison (35 km de pistes, dont 1 éclairée jusqu'à 21h les mardi et jeudi). Domaine du Larmont (33 km de pistes, dont 1 qui permet de rejoindre le domaine nordique des Cernets, en Suisse), plus le site du Laveron, un vrai choix !

Ski alpin : Sur le Larmont, 3 téléskis (pistes faciles). Forfait adulte : *13 €/j.*

– ***Luge :*** une petite piste (mais pentue) à la Malmaison. Une autre sur le Larmont avec tapis roulant et un espace ludique.

Sports et loisirs

– ***Randonnées pédestres :*** *carte de randonnées pédestres (payante) disponible à l'office de tourisme.* Une grosse dizaine de sentiers (en boucle) balisés de 5 à 10 km soit environ 130 km.

VTT : 170 km d'itinéraires balisés pour toutes les pratiques (de la petite balade familiale de 5 km au circuit sportif de 25 km). Parcours trial vers le camping et piste de descente des « Prés de l'Épine ».

Fêtes et manifestations dans le coin

– ***Fête de l'Absinthe :*** *juil, les années impaires.* Cueillette, animations musicales et vente de produits en provenance des distilleries.
– ***Festival des Nuits de Joux :*** *pdt 3 sem de fin juil à mi-août. CAHD, ☎ 03-81-39-29-36. Spectacles payants.* Théâtre et musique dans le cadre exceptionnel du château de Joux et, notamment, dans la cour d'honneur.
– ***Les Artisans au Grand-Cours :*** *w-e du 15 août les années paires.* Des artisans de tous corps de métier envahissent un grand jardin public. Expo-vente, démonstrations de savoir-faire, ateliers pour les enfants... autour d'un joli kiosque à musique. Une des manifestations les plus courues du Haut-Doubs.
– ***Les Absinthiades :*** *1er w-e d'oct. ☎ 03-81-38-82-12.* Expos, conférence et dégustation. Public de spécialistes et collectionneurs venus du monde entier.
– ***Rencontres internationales de Cinéma :*** *à la Toussaint pdt 1 sem. Ciné-club Jacques-Becker, ☎ 03-81-39-18-69.* Autour d'un grand thème ou de l'œuvre complète d'un cinéaste (avec une petite prédilection pour le cinéma italien...).

DANS LES ENVIRONS DE PONTARLIER

Le Grand Taureau : *par la N 57 direction Lausanne, puis route à gauche à la sortie de la ville, juste avt le supermarché Contact. En été, la route grimpe quasiment jusqu'au sommet ; en hiver, on y va à skis !* C'est, à 1 323 m d'altitude, le sommet du Larmont qui barre l'horizon derrière Pontarlier. En hiver, il faut chausser les skis, vers la ferme des Miroirs, qui a servi de décor au film *Les Granges brûlées*, avec Alain Delon et Simone Signoret. Du Grand Taureau, la vue porte sur toute la région : la plaine où s'est installée Pontarlier, les rebords de la vallée de la Loue, les sommets du Jura suisse et français, jusqu'aux Alpes quand il fait vraiment beau. Superbe au lever ou au coucher du soleil.

➢ **Le fort Malher :** *ou fort du Larmont inférieur. Chemin d'accès pédestre depuis la route du Grand-Taureau (belle balade, y compris à raquettes en hiver, le chemin est damé). S'arrêter au téléski de l'Arcan.* Le fort du XIXᵉ s menaçant de tomber en ruine, ne se visite pas. Belle vue depuis le belvédère. On domine une étroite échancrure, dont on saisit vite l'importance stratégique : le fort Malher surplombe, en effet, le château de Joux qui lui fait face.

Le château de Joux : *25300* ***La Cluse-et-Mijoux.*** *☎ 03-81-69-47-95. • chateaudejoux.com • À 10 mn de Pontarlier, en direction de la Suisse. Visite guidée slt (durée env 1h15). D'avr à mi-nov (et, selon météo, pdt les vac scol de fév et de Noël) : juil-août, 12 départs 10h-17h30 ; le reste de l'année, départs à 10h30, 11h15, 14h30, 15h15 et 16h. Également des visites théâtralisées et des visites nocturnes pdt la période estivale. Entrée : adulte 7,50 € ; réduc. Attention, il y fait frais, petite laine de rigueur. Par ailleurs, comme les poussettes ne sont pas recommandées en raison des nombreuses marches, l'accueil prête des porte-bébés.*

« Ici, on rêve l'histoire », la citation est de François Mitterrand (et l'on n'a pas trouvé mieux !). Un site exceptionnel, cinq enceintes successives sur 2 ha, trois fossés équipés de pont-levis, 10 siècles d'architecture militaire. Du premier édifice construit à partir du XIᵉ s subsistent la tour Grammont, la tour d'artillerie dite « du Fer-à-Cheval » (fin du XVᵉ s), d'où l'on domine toute la région, et quelques salles médiévales. Vauban, qui s'est fait les dents sur la citadelle de Besançon, en renforce ensuite les fortifications. Paradoxalement, cette désormais inexpugnable forteresse sert ensuite surtout de prison, comme le prouvent les nombreux cachots de célébrités que l'on découvre au cours de la visite : Mirabeau y est emprisonné pour dettes en 1775, la Révolution y enferme des chefs chouans, Napoléon ses ennemis comme Toussaint-Louverture, héros de l'abolition de l'esclavage (« En me renversant à Saint-Domingue, on n'a abattu que le tronc de l'arbre de la liberté des Noirs, il repoussera par ses racines parce qu'elles sont nombreuses et profondes ! »). Pour lui, en 1803, Joux fut vraiment « cette casemate dans la neige d'où l'on ne ressort pas » qu'évoque Claudel dans *L'Otage.* À noter d'ailleurs que le château de Joux s'est constitué en réseau sur le thème de l'esclavage (réseau appelé « la route de l'Abolition et des Droits de l'homme ») avec d'autres grands sites de l'est de la France, dont la *maison de la Négritude* à Champagney (Haute-Saône). Toussaint-Louverture mourut sur place, mais on n'a jamais retrouvé son corps.

À la fin du XIXᵉ s, Joffre, le futur maréchal, ajoute une touche finale au système défensif. On lui doit notamment l'étonnant escalier en colimaçon de 212 marches (pas de panique, la visite se contente de les descendre !). Pour l'anecdote, plusieurs scènes du film de Claude Lelouch, avec Jean-Paul Belmondo, *Les Misérables du XXᵉ s,* ont été tournées sur place.

UN PUITS ABYSSAL

Jamais avare de prouesse technique, Vauban fit creuser dans le château de Joux un impressionnant puits pour atteindre la nappe phréatique à l'origine à... 147 m de profondeur ! Une gageure pour les ouvriers qui travaillèrent non-stop, nuit et jour, pendant 1 an. Ayez une pensée pour ceux qui y ont laissé leur peau.

– *Le musée d'Armes anciennes :* temporairement transféré au musée municipal de Pontarlier, quelques pièces seulement sont visibles.
– Nombreuses animations liées au château tout au long de l'année : festival « Nuits de Joux », visites nocturnes, etc.

La distillerie Les Fils d'Émile Pernot : *18-20, Le Frambourg, 25300* ***La Cluse-et-Mijoux.*** *☎ 03-81-39-04-28. À 5 mn de Pontarlier, en direction de la Suisse. Lun-ven 8h-12h, 14h-18h ; sam 10h-12h. Visites et dégustations gratuites à 10h30, 15h et 16h30, et le sam à 10h30.* Installée dans les bâtiments de l'ancienne distillerie *Cousin Jeunes,* cette vieille maison fondée à la fin du XIXe s a pu renouer avec la fabrication de l'absinthe depuis la levée de son interdiction. Après une vidéo de présentation, la visite présente les alambics du XIXe s toujours en service, détaille toutes les étapes de la distillation, et s'achève comme de juste autour d'un petit verre ! Beau panel d'anisés, de liqueurs et de 14 absinthes différentes, dont une féroce qui titre 75° !

Les tourbières de Frasne : *à 15 km au sud-ouest de Pontarlier, par la D 471.* Un kilomètre de ponton aménagé dans la vallée du Drugeon, sur un espace tourbeux érigé en réserve naturelle (classée site Natura 2000). Ce sentier pédagogique, accessible à pied ou en fauteuil, semble flotter sur ces espaces humides en décomposition qui ont fourni, jusqu'en 1962, du combustible de chauffage aux habitants du coin. Ce genre de ponton s'inspire d'une technique rodée dans les pays nordiques, en particulier en Finlande.

LES FOURGS

(25300) 1 200 hab. *Carte Doubs, C3*

Situé à 1 100 m d'altitude à la frontière suisse, c'est le village le plus haut du département. Surnommé « le toit du Doubs », c'est un bourg-rue typique du Haut-Doubs forestier, entouré de hameaux satellites comme Les Petits-Fourgs, Haute-Joux, Les Granges-Berrard ou Les Granges-Bailly. Encore largement tournés vers l'agriculture, les habitants des Fourgs (qui, si on jette un œil sur l'annuaire téléphonique, semblent pour beaucoup s'appeler Tissot) se sont ouverts à un tourisme vert (et blanc), avec une foultitude d'activités de plein air : randonnées pédestres et à VTT, ski nordique et alpin, balades à raquettes, en traîneau à chiens ou à cheval...

LE POIDS DE LA POIX

On est à peu près sûr que le village tire son nom des fours qui y étaient installés au Moyen Âge pour fondre la poix (soit la résine) des sapins. Une poix aux multiples usages à l'époque : éclairage, calfatage des bateaux... Elle servait aussi, balancée chaude du haut des remparts des châteaux, à neutraliser l'ennemi...

Adresse utile

Office de tourisme : *36, Grande-Rue. ☎ 03-81-69-44-91. • les-fourgs.com • Vac scol d'été et saison d'hiver, ouv tlj. De mi-mars à juin et sept, ouv lun, jeu et sam.*

Où dormir dans le coin ?

Gîte d'étape Les Granges-Bailly : *☎ 03-81-69-40-62. • lesgrangesbailly@orange.fr • ♿ À 4 km au nord du village, par une petite route fléchée. ½ pens env 43 € sur résa.* Une ancienne ferme dans un hameau isolé, bénéficiant d'un environnement superbe. Aménagement intérieur moderne et confortable : espaces communs agréables, 3 chambres et 6 dortoirs impeccables. Accueil sympathique pour ne rien gâcher. Des sentiers (le gîte est sur la GTJ, la Grande Traversée du Jura), des circuits VTT et des pistes de ski de fond tout autour.

À voir. À faire

Le sapin-président : *dans la combe du Vourbey. Prendre un chemin forestier à droite juste avt la douane suisse.* Comme toute forêt du Haut-Doubs qui se respecte, celle des Fourgs a son sapin-président. Le plus grand, le plus beau, le plus vieux (celui-ci daterait de la fin du XVIe s) ! Courant 2006, le visage d'Edgar Faure a été sculpté dans le tronc, suite à un coup de foudre (on parle d'orage, bien sûr !). Fête populaire autour du sapin-président le dernier week-end de juillet, avec dégustation de soupe aux pois.

Ski, raquettes et traîneau

Ski de fond : beau réseau de 100 km de pistes tracées et balisées, avec possibilité de rejoindre les domaines de l'Auberson en Suisse et de Métabief par la GTJ.

Ski alpin : domaine (1 150-1 224 m). 7 remontées mécaniques réparties sur 3 sites (Les Rangs, La Meuse et Les Granges-Berrard) qui ne sont pas reliés entre eux. Pistes faciles, idéales pour les enfants (et les grands débutants !). Forfaits à petits prix et formule famille. Aux Rangs, jardin d'enfants, école de ski et piste de luge sécurisée. Petit snowpark et *boarder cross* au téléski de la Meuse.

– **Raquettes :** sentiers balisés pour les amateurs au départ des Fourgs. Location possible.

– **Pistes multiactivités :** *ouv à ts et gratuites.* Ski de fond, raquettes, piétons...

– **Jurachiens :** *hameau des Granges-Berrard. ☎ 03-81-69-48-19. • jurachiens.com • À 3 km, en direction du hameau des Granges-Bailly (indiqué). Baptême et initiation à la conduite d'attelage avec des chiens de traîneau ; à l'heure, à la journée ou au w-e. Résa vivement conseillée.* Possibilité de s'initier à la *pulka* scandinave, petite luge plus légère qu'un traîneau, tirée par un seul chien, avec, à l'arrière, le randonneur à skis de fond ou à raquettes. Activités d'été : balades en cani-rando, randonnée itinérante en sulky et tentes pour la nuit.

Randonnée pédestre

➢ **Le sentier des Bornes :** boucle avec quatre possibilités (de 12 à 23,5 km). Sentier thématique sur l'histoire de la frontière. Perché à plus de 1 000 m, le plateau des Fourgs et des Granges-de-Sainte-Croix ne connaît pas de frontières... La roche calcaire est présente des deux côtés de la limite territoriale, la forêt et les pâturages se côtoient dans une belle harmonie, l'habitation témoigne des mêmes adaptations au climat rude. Et pourtant, au fil des siècles, cette voie de passage a tout connu : conflits, invasions, contrebande, traités, etc. Une bonne dizaine de tables d'interprétation retracent cette saga jurassienne.

Fête et manifestations

– ***Course de chiens de traîneau :*** *fév.*
– ***Fête du Sapin-Président :*** *dernier w-e de juil (lire plus haut « À voir »).*
– ***Festival des Terroirs sans frontière :*** *sur 2 j. fin août.*

DANS LES ENVIRONS DES FOURGS

MONTPETOT

À 4,5 km au nord-est des Fourgs par la D 6, direction Pontarlier, puis une petite route à droite (fléchée). Calme et mignonnet hameau au cœur d'une clairière. Quelques fermes et la chapelle Notre-Dame, fondée en 1626, où l'on venait en pèlerinage demander à la Vierge « un temps favorable aux fruits de la terre ». Sur le chemin, jolie vue sur le château de Joux, qui fait face.

LA VALLÉE DES DEUX-LACS – MALBUISSON

Carte Doubs, B3-4

Les lacs naturels de Saint-Point (troisième lac naturel français avec 400 ha de superficie pour 7,2 km de long et 950 m de large) et de Remoray (plus petit et d'autant plus beau qu'il se trouve au cœur d'une réserve naturelle) s'étendent en fond de vallée entre champs et forêts. Nombreuses activités de plein air, bien sûr (dont la pêche au corégone, pas banale mais ne nous en demandez pas plus), avec, pour centre névralgique, Malbuisson, au bord du lac de Saint-Point. Ne dites jamais « lac de Malbuisson », ça fait touriste ! La ville a gardé de son expansion, dès le début du XXe s, un petit côté désuet. L'hiver, les lacs gèlent et deviennent de magnifiques patinoires naturelles. Également 70 km de pistes de ski de fond avec le domaine de la Fuvelle et celui de Métabief, tout proche. L'été, on trouve des plages aménagées et des activités nautiques en pagaille. On recommande le sentier du tour du lac Saint-Point : jolie boucle à faire de préférence au printemps et en automne, longue de 23 km. Le sentier est accessible depuis tous les villages de la rive. Tables de lecture des paysages.

MALBUISSON *(25160)*

Adresse utile

ℹ ***Office de tourisme du Mont d'Or et des Deux Lacs :*** *69, Grande-Rue.* ☎ *03-81-69-31-21.* • *malbuisson-les-lacs.com* • *Lun-sam tte l'année, tlj en juil-août et pdt les vac de Noël et de fév.* Une mine d'infos pour les hébergements (séjours « tout compris » à prix avantageux), les randonnées pédestres et à VTT, le ski de fond, les activités nautiques, l'équitation, etc. Propose des sorties accompagnées en été et en hiver.

Où dormir ? Où manger ?

Camping

Les Fuvettes : *24, route de la Plage et des Perrières. ☎ 03-81-69-31-50. 06-82-03-37-87. • les-fuvettes@wanadoo.fr • camping-fuvettes.com • Ouv juin-oct. Forfait pour 2 : env 16-24 €. Loc de chalets, bungalows et mobile homes (jusqu'à 8 pers) 300-940 €/sem.* Avec ses 320 emplacements, c'est le plus grand camping du coin. C'est aussi l'un des mieux équipés : snack-bar, épicerie, parc aquatique, animations pour les enfants, location de barques et d'embarcations à pédales, piscine et même une mini-ferme avec quelques chèvres ! Emplacements agréables, certains disposés directement face au lac.

Prix moyens

Hôtel Beau Site : *67, Grande-Rue. ☎ 03-81-69-34-80. • hotellelac@wanadoo.fr • hotel-le-lac.fr • Au centre, juste à côté de l'office de tourisme. Congés : de mi-nov à mi-déc. Double 60 €, plus des appartements pour les familles.* Une des adresses tenues par la famille Chauvin (de l'*hotel du Lac*). Bâtiment néoclassique début XIXe s, qui ne porte pas trop mal son nom pour les chambres côté lac. Certes, pas immenses ces chambres qui font rimer fonctionnel avec conventionnel, mais ce sont parmi les moins chères du tour du lac. Piscine à côté.

Hôtel de la Poste-Restaurant la Ferme : *61, Grande-Rue. ☎ 03-81-69-79-34. • hotellelac@wanadoo.fr • hotel-le-lac.fr • Tlj sf dim soir-lun (et mar soir en basse saison). Congés : de mi-nov à mi-déc. Double 60 €. Formule 11 €, menus 13-20,50 €.* Une autre adresse de la famille Chauvin. Celle-là propose des chambres assez plaisantes et une gentille cuisine de région. Spécialité tournedos de canard sur ardoise. Le tout à prix serrés.

De chic à plus chic

Hôtel-restaurant Le Lac : *65 Grande-Rue. ☎ 03-81-69-34-80. • hotellelac@wanadoo.fr • hotel-le-lac.fr • Congés : de mi-nov à mi-déc. Doubles 74-102 € ; ½ pens possible. Menus au Restaurant du Fromage à 11,50 € le midi en sem, puis 18-23 € ; au gastro, 19 € le midi en sem, puis 30-50 €.* L'institution locale, avec 2 annexes pour les bourses moins bien garnies (voir ci-dessus). Élégante et imposante bâtisse années 1930. Chambres de bon confort et 2 restaurants, l'un gastronomique, dans une salle très château de Versailles ; l'autre, le *Restaurant du Fromage* dont l'enseigne dit tout. Jolie piscine dans le grand jardin en pente douce avec vue sur le lac. C'est, au bar ou en terrasse, l'un des rares endroits hors Paris où l'on peut déguster des glaces de chez *Berthillon.*

Hôtel-restaurant Le Bon Accueil : *1, chemin de la Grande-Source. ☎ 03-81-69-30-58. • marcfaivre@le-bon-accueil.fr • le-bon-accueil.fr • Fermé dim soir, lun et mar midi. Congés : 2 sem en juin-juil, à la Toussaint et de mi-déc à mi-janv. Doubles 90-140 € ; familiales. Formule déj en sem 25 €, menus 45-80 €.* Tradition et terroir joliment revisités et modernisés par Marc Faivre, à l'aise derrière ses fourneaux. Épaulé par sa femme, Catherine, il sert une cuisine réjouissante, comme la tarte fine à la saucisse de morteau et la rouelle de poulet vin jaune et morilles – des classiques de la carte. Truites, très recommandables, dans leur vivier. L'une des tables les plus inventives du Haut-Doubs, à prix encore raisonnables. Déco contemporaine, qui colle bien à l'assiette. Chambres très agréables. Clairement notre adresse préférée autour du lac.

Où acheter de bons produits ?

Maison Grésard : *50, Grande-Rue. ☎ 03-81-69-31-26. • contact@gresard.fr • Tlj 9h-12h15 et 14h-19h, dim 9h-12h. Congés : nov.* Tout le monde connaît cette affaire familiale, dont les viandes, les charcuteries et les salaisons figurent parmi les meilleures du département. Spécialités fumées à cuire. Il faut dire que les animaux sont choisis directement sur le terrain, gage de qualité. Et cela fait 3 générations que ça dure !

À faire

La plage des Perrières *(vers le camping)* et grande ***plage des Landes*** *(en contrebas du village)* où, au printemps, les cygnes se promènent tranquillement... Une vraie photo de puzzle ou de carte postale ! Baignade en été (non surveillée).

■ ***Complexe nautique Aqua2lacs :*** *☎ 03-81-69-74-78. • vert-marine.com/aqua2Lacs-Malbuisson-25 • Tlj. Entrée : 6,50 €, réduc.* Espace aquatique avec un bassin de 260 m² et espace *wellness* pour la détente (spa, sauna-hammam...).

– ***Sports nautiques :*** ***Cercle de Voile,*** *plage des Landes. ☎ 03-81-69-38-30. 06-08-91-55-61. De mi-mai à mi-sept, tlj.* Canoë-kayak, caravelle-dériveur, catamaran, Optimist, planche à voile, embarcations à pédales, barques... Location et cours.

– ***Aviron :*** ***Aviron Pontissalien,*** *plage des Landes. 06-84-43-94-91. Mi-juil à fin août, tlj.* Location, stages, initiation.

– ***Location de barques, embarcations à pédales et canoës-kayaks :*** *chez* ***Hanriot-Nautisme,*** *sur la plage des Perrières. ☎ 03-81-69-25-57. 06-80-70-74-17. Juin-sept.*

À voir. À faire dans les environs

➢ ***Le sentier du tour du lac :*** *accessible depuis ts les villages autour du lac. Dépliant à l'office de tourisme.* Sur 20 km, on passe des bords de l'eau à l'ombre des forêts avec toujours sous les yeux une vue panoramique sur le site. À faire par étapes. Nombreux panneaux explicatifs tout au long du tracé.

➢ D'autres circuits de randonnée sont proposés au départ de tous les villages du tour du lac. Carte en vente à l'office de tourisme.

La source Bleue : *à 2 km au nord-est de Malbuisson, sur la D 437.* Sa couleur serait due aux larmes versées par la belle Aude de Bourgogne, venue pleurer la mort (à Roncevaux, bien sûr) de son fiancé Roland. Pour d'autres, ce serait Berthe de Joux pleurant son amant, occis par son légitime. Quoi qu'il en soit, les eaux de la source sont vraiment bleues... et vraiment froides ! Boucle de 6,5 km qui passe par Malbuisson.

Chaon *(25160)* **:** quelques jolies villas anciennes dans l'anse. À la sortie de Chaon, sur la droite, petite route qui conduit à la plage.

La cave d'affinage du fort Lucotte – Comté Marcel Petite : *25370* ***Saint-Antoine.*** *☎ 03-81-69-31-21. • comte-petite.com • À quelques km au sud-est de Malbuisson ; suivre l'accès par le village de Saint-Antoine, fléchage « Fort de Saint-Antoine ». Visites guidées sur résa slt : mer tte l'année ; lun-sam en juil-août, pdt les vac de Noël et de fév. Tarif : env 8 € ; réduc. Ne pas oublier sa petite laine, il fait 6-9 °C.* Un cheminement à travers les galeries permet de découvrir l'intérieur de cet ancien ouvrage militaire construit autour de 1880 et à 1 100 m d'altitude, véritable curiosité en soi. À travers un parcours didactique, on apprend ainsi toutes les étapes de l'affinage du comté. On y affine, lentement (14 mois en moyenne) et à basse température, 8 m sous terre, plus de 100 000 meules qui proviennent de différentes coopératives fruitières. Une fois par semaine, chaque meule de 40 kg environ est méticuleusement brossée, salée, puis retournée. Le chef de cave et les goûteurs, en véritables « œnologues » du fromage, vous expliqueront qu'avec leurs « sondes » ils sonnent les meules les unes après les autres pour cueillir chaque comté à son apogée et détecter à l'oreille celles qui ont des fissures ou des lainures (trous) trop importants. Petit rappel : un bon comté est un comté « aveugle », sans lainures. Une visite épatante de 1h30 pour découvrir le métier d'affineur, avec vidéo et dégustation à l'appui !

SAINT-POINT (25160)

Sur la rive gauche : la station la plus authentique et, ce qui ne gâche rien, la plus ensoleillée ! Saint-Point fut le premier lieu habité des rives du lac, construit autour d'un ancien prieuré. Petit village, touristique mais pas trop. On y organise en juin un célèbre triathlon.

Où camper ?

Saint-Point-Lac : *8, rue du Port. ☎ 03-81-69-61-64. • camping-saintpointlac@orange.fr • camping-saintpointlac.com • Au bord du lac et juste à côté de la plage. Ouv mai-sept. Forfait pour 2 : 14,50-16,50 €. 84 empl.* Confort de base, mais avant tout un environnement calme et un site ravissant. À proximité, nombreuses activités sportives.

Où acheter de bons fromages ?

Fromagerie Michelin : *2, pl. de la Mairie. ☎ 03-81-69-61-76. L'été, tlj 9h-12h, 16h-19h (8h-12h en juil-août, fermé dim ap-m en sept) ; hors saison, fermé l'ap-m des mer, dim et j. fériés.* On ne visite pas cette célèbre fromagerie (la plus petite de Franche-Comté), mais on peut y acheter de bonnes spécialités : la tarte au fromage, la tomme flora, le petit-saint-point (du nom du village). Sachez que la maison est l'un des fournisseurs de l'Élysée.

À voir. À faire

L'église : pittoresque, dans l'enclos de son minuscule cimetière. Nef romane en berceau du XIIe s. Harmonieux chevet. Croix de procession du XVIe s.

– ***Embarcations à pédales et bateaux électriques sans permis :*** ***Les Bateaux du Lac Saint-Point,*** *sur le port. 07-82-60-28-64. Loc mai-sept.*

LES GRANGETTES (25160)

Encore un petit village authentique qui domine le lac de Saint-Point avec quelques belles fermes et une plage très fréquentée.

Où dormir ? Où manger dans le coin ?

Chambres d'hôtes Les Attelages des Deux Lacs : *109, route des Grangettes, 25160* ***Malpas****. ☎ 03-81-69-68-69. • chambredhote.2lacs@orange.fr • chambre-dhote-jura.fr • À 3 km de Saint-Point par une jolie route forestière. Dans le bourg. Compter 72 € pour 2, dégressif à partir de 2 nuits.* Une grande ferme de montagne qui abrite un centre équestre très sympa. Si les extérieurs ont l'air parfois désordonnés, la maison est à l'inverse bien organisée, avec des chambres tout équipées, spacieuses, avec mobilier en pin et sanitaires privés indépendants. Cuisine et salle à manger à dispo, on peut aussi louer l'ensemble du gîte. Repas pour les randonneurs, cavaliers et motards, ou à partir de 5 personnes.

Chambres d'hôtes Le Chalet du Lac : *17, chemin du Lac, 25160* ***Les Grangettes.*** *06-85-76-75-27. • chaletdulac17@gmail.com • Doubles 90-110 €.* Superbe chalet en bordure de lac offrant une suite avec 2 chambres, chaleureuse, très confortable, décorée avec énormément de goût. Vue exceptionnelle sur le lac Saint-Point et proximité de la Suisse.

L'Auberge des Montagnards : *6, rue du Centre, 25160* ***Chaon.*** *☎ 03-81-89-42-19. Au centre du village de Chaon. Tlj sf dim soir et lun. Congés : 23 déc-20 janv et 2 sem en juil-août. Menus 20-35 €.* On va ici « chez Walter », du prénom d'un patron assez haut en couleur (à prendre, semble-t-il, au second degré), chasseur à ses heures, rigolard et accueillant. Décor éminemment rustique (avec cheminée) pour des plats de région qui se mangent avec appétit. Gibier et (excellentes) grenouilles en saison.

À faire

– **Planche à voile et catamaran :** *base nautique* ***Les Foulques du Haut-Doubs,*** *sur la plage. ☎ 03-81-69-62-31. • basenautiquedesgrangettes.fr • Juil-août, tlj ; mai-juin et sept, le w-e.* Cours et location.

– **Canoë-kayak :** *sur la plage. ☎ 03-81-39-60-65 (hors juil-août, avec le club Pontissalien) ou ☎ 03-81-69-62-31 (dans le cadre de la base nautique, plus haut).* Location et initiation. Descente des méandres du Doubs en juillet-août. Super ambiance.

PORT-TITI *(25160)*

À l'extrémité nord du lac. Un hameau de pêcheurs du dimanche, créé au début du XXᵉ s, les pieds dans l'eau et la tête dans la forêt, et qui tient son nom de Titi, un pêcheur qui avait décidé de se construire une maison sur pilotis au-dessus du lac. Une poignée de baraques de planches badigeonnées de couleurs vives, quelques barques et une petite plage de gravier. Rien ne semble avoir bougé depuis les années 1930.

LABERGEMENT-SAINTE-MARIE *(25160)*

Entouré de marais et de tourbières, plus sauvage que son frère, le ***lac de Remoray*** est une réserve naturelle depuis le début des années 1980. Pour découvrir sa faune, surtout riche en oiseaux, il ne faut pas manquer la maison de la Réserve, à la sortie du village (en venant de Pontarlier). Mieux intégrée dans l'environnement que le bâtiment voisin, construite en matériaux naturels, elle offre une vision pédagogique et ludique de tout ce qui se cache dans la nature environnante.

Où dormir ? Où manger dans les environs ?

Camping

Camping du Lac : *10, rue du Lac, 25160* ***Labergement-Sainte-Marie.*** *☎ 03-81-69-31-24. • camping.lac.remoray@orange.fr • camping-lac-remoray.com • Ouv de mi-mai à mi-sept. Forfait pour 2 14-16 €. Loc également de chalets, mobile homes* *et yourtes.* Un camping familial à l'atmosphère paisible, bien équipé (snack-bar, aire de jeux pour les enfants, location de vélos électriques et de GPS...), qui a comme gros avantage un accès direct à une plage surveillée. Emplacements agréables. Accueil efficace et souriant.

Prix moyens

Auberge du Coude : *Le Coude, route de Malbuisson. ☎ 03-81-69-31-57. • aubergeducoude@orange.fr • aubergeducoude.com • À égale distance entre Labergement et Malbuisson, sur la D 437. Congés : 2 sem en déc. Doubles 65-85 €. Menus 19 € le midi en sem, puis 30-65 €.* Ancien relais de diligence du XVIe s. Une très bonne table bien connue dans la région, où l'on peut lever le coude sans trop se faire remarquer, car l'atmosphère reste conviviale, mais suffisamment classe pour qu'on ne mange pas non plus au coude-à-coude. Chambres classiques et bien équipées.

Auberge de la Haute-Joux (la Cuisine d'Alix) : *2, rue du Jura, 25560 Bonnevaux. ☎ 03-81-89-70-99. 06-83-88-30-96. • auberge-de-la-haute-joux@orange.fr • Tlj sf lun, plus mer et le soir des mar, jeu et dim hors saison. Formule à 15 € le midi en sem. À la carte, 25-30 €. Apéritif offert sur présentation de ce guide.* Gentille auberge de village en face de l'église. Terrasse protégée recherchée, et, à l'intérieur, épinglés aux murs, les coups de cœur de la patronne... Dans l'assiette, de bons petits plats régionaux (escargots au vin jaune, jambon du Haut-Doubs au foin, croûte aux morilles). Accueil souriant, service au rythme du village...

À voir. À faire dans le coin

La Maison de la réserve : *28, rue de Mouthe. ☎ 03-81-69-35-99. • maisondelareserve.fr • Vac scol : tlj 10h-12h, 14h-18h (dim ap-m slt) ; hors saison, ouv w-e 14h-18h. Entrée : 5,50 € ; réduc. Compter 1h30 de visite avec livret explicatif.*
À la sortie de la ville par la route de Mouthe, surplombant le lac. Un bâtiment HQE fait en matériaux naturels, avec vue sur la réserve naturelle du lac de Remoray. Belles et innovantes expositions sur la faune et la flore du Haut-Doubs, et en particulier sur celle de la réserve, qui, sur ses 330 ha, compte plus de 200 espèces d'oiseaux. Deux salles d'expositions permanentes présentent la faune locale en milieux secs et humides. Pédagogique, didactique et ludique. Faire feuler le lynx naturalisé produit toujours son petit effet chez les enfants !
– Organise des sorties découverte nature pendant les vacances de février et en été *(compter 10 €/adulte et 6 € pour les 5-14 ans).*

La plage : *à Labergement-Sainte-Marie.* Si l'accès aux rives est rigoureusement contrôlé, on peut se baigner dans un petit plan d'eau aménagé au bord du lac, non loin de la Maison de la réserve.

La fonderie de cloches Obertino : *15, rue de Mouthe. ☎ 03-81-69-30-72. Kiosque d'expo-vente ouv lun-sam 9h30-12h, 14h30-18h30. Coulée du métal : se renseigner. Visite commentée d'env 20 mn, slt en juil-août, ven à 16h30. GRATUIT.*
Créée en 1834, cette maison familiale, dont le savoir est transmis de « père en fille », est la dernière fonderie artisanale de cloches pour bétail de France depuis que celle de Morteau a introduit la mécanisation. Les pièces sont uniques, puisque chaque moule ne sert qu'une seule fois !

Le rucher des Deux-Lacs : *lieu-dit L'Abbaye. ☎ 03-81-69-31-06. • lerucherdes2lacs.fr • À 5 mn en voiture du village, en direction de Frasne. Ouv tte l'année, tlj sf dim et j. fériés 9h-12h, 14h-19h pour le magasin ; possibilité de visites guidées en juil-août et vac de fév 10h-12h, 14h-19h. Dégustation et visite.*

GRATUIT. La vie des abeilles au travers d'une ruche vitrée et le travail de l'apiculteur dans la miellerie (toutes les étapes de la récolte à la mise en pot). Nombreux produits en vente.

Le belvédère des Deux-Lacs : *à 3 km de Labergement par la D 427 direction Mouthe.* Comme son nom l'indique... beau panorama sur l'ensemble du site, avec des airs de Scandinavie !

Fête et manifestations dans la région

– ***Tour du lac sans voiture :*** *mi-juin.* On ferme l'accès à la route et seuls les piétons, cyclistes, rollers... sont autorisés à passer. Belle initiative ! Animations.
– ***Triathlon du lac Saint-Point :*** *1 w-e fin juin, à Saint-Point.*
– ***La Foulée du lac Saint-Point :*** *début juil.* Course sur le sentier pédestre.
– ***Les Buissonnières :*** *juil, fête du village de Malbuisson.* Animations, feux d'artifice...
– ***Festival lyrique de Montperreux :*** *sur 10 j., début juil.*

MÉTABIEF – LE MONT D'OR

Carte Doubs, C4

Eh bien non, le mont d'Or n'est pas qu'un fromage AOC ! C'est aussi, avec 1 463 m d'altitude, le plus haut sommet du Doubs. Du haut de la station, la vue est impressionnante et permet d'observer près de 300 sommets alpins par beau temps.
Métabief, au pied du mont d'Or, s'affiche comme l'une des plus importantes stations de ski du Jura, à l'ambiance familiale. La station regroupe six villages qui, pour certains (Les Longevilles, Rochejean), ont gardé leur authenticité. Même si les environs de Métabief sont couverts de chalets d'un goût qui n'est pas toujours du nôtre, la station vit désormais toute l'année. L'été, elle se transforme en un site réputé par les spécialistes du VTT.

Adresses et infos utiles

Office de tourisme du mont d'Or et des Deux Lacs : *1, pl. de la Mairie, 25370* ***Les Hôpitaux-Neufs.*** *☎ 03-81-49-13-81. • tourisme-metabief.com • Ouv tte l'année lun-ven, plus sam quand le bureau de Métabief est fermé. Le bureau de Métabief (au pied des pistes) est ouv les w-e de mai-juin et sept et ts les j. pdt les vac scol d'été ainsi que 15 déc-31 mars.* Bien documenté (centres de vacances, hébergements collectifs, individuels, etc.), y compris sur la Suisse voisine. Annexe à Métabief : en hiver et en été, au pied des pistes. Propose d'intéressantes sorties nature accompagnées.

■ ***École du ski français :*** *6, pl. Xavier-Authier. ☎ 03-81-49-04-21. • esf-metabief.com •* Cours, jardin d'enfants, sorties raquettes, handiski, biathlon...

■ ***École de ski internationale :*** *pl. Xavier-Authier. ☎ 03-81-49-25-11. • ecoledeskimetabief.com •* Tous types de cours, tous niveaux, jardin d'enfants, sorties raquettes, biathlon...

■ ***Sports Nature :*** *2, rue de la Poudrière, 25370* ***Les Longevilles-Mont-d'Or.*** *☎ 03-81-49-90-95. • sportsnature.fr •* Propose des hébergements et des sorties encadrées, ainsi que des cours collectifs de ski de fond et de raquettes.

– ***Navettes :*** « skibus » qui relie en hiver les différents villages de la station. Pendant les vacances de Noël et de février, navette interne au village.

Où dormir dans le coin ?

Voici quelques adresses qui ont fait leurs preuves et où la demi-pension est souvent de rigueur. Voir aussi le site internet de l'office de tourisme (formules séjours tout compris, avec hébergement et activités à prix avantageux).

Bon marché

Les Sapins de l'Amitié : *1, rue du Télésiège, 25370* ***Métabief.*** *☎ 03-81-49-13-26. • contact@gite-groupe.com • gite-groupe.com • Congés : de mi-nov à fin déc. Compter 29-32 €/pers en ½ pens (obligatoire) ; 37-40 € en pens complète (obligatoire w-e de janv et vac scol d'hiver). Loc de draps. CB refusées. Café ou apéritif offert sur présentation de ce guide.* Proche des pistes de ski et de VTT, ce « Relais international de la jeunesse » est un grand chalet aux airs de maison familiale, avec près de 90 places réparties en chambres et dortoirs de 4 à 12 lits, simples, classiques et bien tenues (blocs sanitaires en commun). Mais attention, ce n'est pas une AJ : ici, c'est chacun sa chambre. Ambiance très chaleureuse et conviviale. C'est dans la bonne humeur que chacun met la main à la pâte pour dresser le couvert, faire la vaisselle ou donner un coup de balai. Veillées sympas autour de la cheminée, à moins de préférer bouquiner dans le très grand jardin. Remontées mécaniques à tarif réduit en hiver.

Hôtel Les Sapins : *58, rue du Bief-Blanc, 25370* ***Les Longevilles-Mont-d'Or.*** *☎ 03-81-49-90-90. • hotel.les.sapins@wanadoo.fr • hotel-sapins.fr • À 4 km au sud-est de Métabief. Congés : avr et d'oct à mi-déc. Double 53 €, familiales ; ½ pens possible. Café offert sur présentation de ce guide.* Au centre d'un petit village qui ne manque pas de cachet, une dizaine de chambres plaisantes et à prix doux. Certaines sous les toits, spacieuses et offrant une jolie vue sur le mont d'Or ou la campagne. Petit salon commun. Accueil discret et sympathique.

La Petite Échelle : *voir « Où manger dans le coin ? ».* Rigolo, mais à réserver aux aventuriers !

Prix moyens

Hôtel-restaurant L'Étoile des Neiges : *4, rue du Village, 25370* ***Métabief.*** *☎ 03-81-49-11-21. • contact@hoteletoiledesneiges.fr • hoteletoiledesneiges.fr • Fermé dim soir-lun. Double 64 €. Formule déj en sem 12 € ; menus 19-30 €. Café offert sur présentation de ce guide.* Un bâtiment de structure moderne et très fleuri, un peu à l'écart de la station, au-dessus d'une petite rivière. Plus d'une vingtaine de chambres fonctionnelles, dont quelques-unes en duplex. La plupart sont dotées d'un balcon tourné vers le mont d'Or et la campagne environnante. Même vue depuis la salle de restaurant. Bonne cuisine autour des produits du terroir. Piscine, sauna, terrasse.

Chambres d'hôtes des 4 Monts : *1, rue du Réservoir, Les Echampés, 25370* ***Jougne.*** *06-08-58-94-75. • les4monts@orange.fr • maisondhotesdes4monts.com • À 4 km de Jougne ; passer devant l'église et descendre dans la vallée de la Jougnena, c'est ensuite fléché. Congés de mi-nov à mi-déc. Double 70 €. Réduc de 5 % sur le prix de la chambre (à partir de 3 nuits consécutives) sur présentation de ce guide.* Cette ancienne grange a été habilement convertie en chambres d'hôtes. Déco minimale pour laisser le bois brut exprimer toute sa rusticité. Chambres spacieuses, tout confort (balnéo), et espace commun cosy. Chauffage par géothermie. Garages fermés. La Suisse est à 300 m, et on y entre à pied ! Une adresse parfaite pour les randonneurs, le beau petit déj montagnard met en forme pour la journée !

Où manger dans le coin ?

Voir aussi les hôtels qui font restos, plus haut.

De bon marché à prix moyens

LE DOUBS

La Remise : *52, rue Principale, 25240* **Les Villedieu-lès-Rochejean.** *☎ 03-81-69-25-57. • jean-paul.hanriot@wanadoo.fr • À 2 km. De Rochejean, prendre la route du Mont-d'Or, puis à droite après le pont pour Villedieu. Ouv slt le soir : hors vac scol ven-dim ; pdt les vac scol, mer et jeu en plus. Fondue env 13 €, repas env 20 €. Loc d'un chalet 6 pers. CB refusées. Café et digestif offerts sur présentation de ce guide.* Dans une ancienne grange. On vous prévient : c'est plus un bar de nuit, mais la fondue au comté est la référence des locaux. Ambiance à la fois débridée certains soirs et intime (poêle, petites lampes à pétrole), blues et rock'n'roll en fond sonore. Et cherchez bien la TV !

Restaurant de montagne La Boissaude : *25370* **Rochejean.** *☎ 03-81-49-90-72. Accès fléché depuis Les Longevilles-Mont-d'Or et Métabief (en été – la route n'est pas dégagée l'hiver) ou depuis Rochejean (tte l'année). Sur les pentes du mont d'Or. Tlj en hte saison. Fermé lun soir, mar et mer hors vac scol. Congés : fin nov-début déc. Résa très conseillée slt par tél. Menus à partir de 20,90 €, repas env 30 €.* À 1 230 m d'altitude, complètement isolé au milieu des alpages, on côtoie les sommets dans cette belle ferme comtoise typique avec son large toit et ses salles rustiques à l'atmosphère chaleureuse... Plats de montagne évidemment (fondue, caquelon...), mais aussi des viandes au grill, des salades géantes ou des planches-repas.

Restaurant La Petite Échelle : *25370* **Rochejean.** *☎ 03-81-49-93-40. • famillebournez@laposte.net • lapetiteechelle.com • Accès tte l'année depuis Rochejean, sur la route du Mont-d'Or ; 3 derniers km à raquettes l'hiver. Fermé de mi-nov à mi-déc. Nuitée 18-20 €/pers. Plats env 15-20 €. Appeler impérativement avt !* Ce chalet d'alpage à 1 140 m d'altitude ne semble pas avoir bougé depuis sa construction au XVIIIe s. On est au royaume du bois, les plafonds sont bas et l'atmosphère on ne peut plus rustique. Cuisine dans le même esprit, simple et sans chichis (rösti, fondue au vieux comté, charcuterie, saucisse), mitonnée avec les oignons du jardin. À goûter de préférence en terrasse, face à la montagne. Et pourquoi ne pas passer la nuit dans une des quatre yourtes attenantes ou dans une hutte ? Très sympa, mais rudimentaire (pas de douche). Sur réservation, visite de l'alpage *(1h ; 6 €, bon goûter inclus).* Ne pas manquer d'acheter leur belle B.D. sur l'élevage et la vie en montagne ! Accueil vraiment chaleureux en prime, une de nos adresses préférées...

Côté Cuisine : *40, route des Alpes, 25370* **Jougne.** *☎ 03-81-46-38-13. Sur la gauche, à l'entrée de Jougne quand on arrive de Métabief. Fermé lun-mar. Congés : 2 sem fin juin et 1 sem fin sept. Menus-cartes 37-45 €. Apéritif offert sur présentation de ce guide.* À l'étage d'une ancienne maison de vacances de la Gendarmerie nationale à l'architecture très *seventies.* Drôle d'endroit pour installer un resto. Mais la vaste salle contemporaine a de l'allure, et le chef, qu'on a connu étoilé, du métier. Jolie cuisine, au plus près du produit et gentiment facturée à quelques encablures de la frontière suisse.

À voir. À faire à Métabief et dans les environs

Le sommet du Morond : *accessible depuis Métabief à pied par une route forestière ou par le télésiège du Morond (w-e et j. fériés intersaison, tlj en juil-août ; montée 6 €).* À 1 419 m. Vue panoramique sur la chaîne des Alpes avec table d'orientation, moins somptueuse que depuis le sommet du mont d'Or, mais quand même sympa. Accès également au lac du Morond et à l'Espace découverte du mont d'Or pour une balade culturelle et bucolique *(env 45 mn-1h).*

Le sommet du mont d'Or : *en été, accès par la route depuis Les Longevilles-Mont-d'Or ou Rochejean, ou à pied depuis le Morond par le circuit des Crêtes (compter 2h A/R). En hiver, par le télésiège du Morond puis par le sentier raquettes des Crêtes.* 1 463 m, le plus haut sommet du département. Impossible de savoir pourquoi le mont d'Or porte un nom pareil, en référence au métal précieux. Serait-ce une lente déformation de « mont d'Ours » ? Ou la belle couleur dorée dont le soleil auréole sa roche ? En tout cas, si de l'or a bel et bien fait la richesse touristique de cette montagne, il est blanc ! Pour le panorama bien sûr, la mer de stratus (un des grands désespoirs des Suisses...) qui couvre la plaine du Léman, les sommets du Jura helvète et, par beau temps, toute (enfin presque) la chaîne des Alpes. De droite à gauche, le mont Blanc, les Alpes bernoises, la Jungfrau. Il se dit qu'on peut voir jusqu'à 300 sommets... Impressionnantes falaises à pic où il n'est pas rare d'apercevoir quelques chamois.

Fromagerie du Mont d'Or : *rue du Moulin, à l'entrée de Métabief (25370), en venant des Hôpitaux-Neufs. ☎ 03-81-49-02-36. • lagrangeauxfromages.com • Tlj sf dim ap-m 9h-12h15, 15h-19h. Visite de préférence le mat, pdt la fabrication des fromages qu'on observe à travers de larges baies vitrées. GRATUIT. Distributeur de fromages 24h/24.* Le mont d'Or a donné son nom à un fromage saisonnier fabriqué ici (comme un peu partout dans le Haut-Doubs, à l'instar du comté ou du morbier). Boutique de vente de produits régionaux dans cette entreprise familiale et film de présentation projeté sur grand écran.

La chapelle Saint-Maurice : *au hameau de* **La Ferrière-sous-Jougne,** *dans la profonde vallée de la Jougnena. On y descend par une route qui part derrière l'église de Jougne.* Les églises romanes se font rares dans le coin. En voici une, construite au XIIe s. Chapiteaux décorés de têtes de personnages et d'entrelacs, et crypte carolingienne.

La ferme La Batailleuse : *à* **Rochejean.** *☎ 03-81-49-91-15. • claj-batailleuse.com • Ouv 16h30-19h : lun-sam pdt les vac scol, sinon slt mer, ven, sam. Sur résa, visite guidée payante (min 10 pers) avec, en hiver slt, le goûter paysan ; sinon visite libre gratuite.* Découverte des animaux de la ferme, traite des vaches (à 17h45) et des chèvres, jeux pour les enfants. Vente de produits régionaux et de la ferme chez ces « objecteurs de croissance ».

L'église Sainte-Catherine : *aux* **Hôpitaux-Neufs.** Le village n'a aucun charme, mais il cache une intéressante église du XVIIe s. L'intérieur offre l'un des plus beaux exemples de ce style Renaissance à l'italienne qui a fait florès dans le Haut-Doubs : débauche d'ornementation pour le retable du maître-autel, jusqu'aux bancs et à l'imposant baldaquin !

Le train touristique Le Coni'fer : *aux* **Hôpitaux-Neufs.** *☎ 03-81-49-10-10. • coni-fer.org • Dans le bourg. Circule tte l'année : mai, juin et sept, départ dim à 15h ; début juil-fin août, tlj à 15h ; vac d'hiver, mer et jeu à 15h ; autres vac scol, mer à 15h. Compter 1h30 A/R. Billet : adulte 9 € ; 6-16 ans 5 € ; gratuit moins de 6 ans. Soirées repas-musical en juil-août.* On ne peut pas manquer les wagons colorés. Une promenade sur 7,5 km entre Les Hôpitaux-Neufs et Fontaine-Ronde. En 2015, cette ligne a fêté ses 140 bougies. Elle est la plus haute du massif du Jura, culminant à 1 012 m d'altitude. Une jolie promenade « rétro » à 15 à 20 km/h...

Le sentier thématique et historique de la vallée de la Jougnena : *brochure disponible à l'office de tourisme.* Boucle complète de 17 km (compter quand même 7h30), avec tables de lecture, à la découverte de l'histoire de la région, depuis l'époque romaine. Le parcours traverse la frontière (n'oubliez pas vos papiers) pour visiter Ballaigues et Vallorbe côté Suisse.

Quels sports pratiquer ?

Randonnées et descentes à VTT ou à pied (de tous niveaux), équitation, pêche, parapente, escalade, parcours aventure d'arbre en arbre, spéléo, canyoning, tir à l'arc, luge d'été, biathlon, canirando, trail... Rien ne manque (ou presque) dans le coin, y compris le biathlon (accessible à tous) et le ski à roulettes.

– ***Domaine Métabief-Mont d'Or*** *(1 000-1 420 m) :* *21 remontées mécaniques etpour 37 km de pistes. Forfait adulte : 26 €/j.* Trois points d'accès (Métabief, Les Tavins et Superlongeville), reliés par un bus gratuit en février. Les grands débutants resteront aux abords de Métabief. Les skieurs plus confirmés grimperont jusqu'au Morond. Enneigement tout au long de la saison avec des canons à neige.
– *Super initiative :* le télésiège du Morond est équipé pour accueillir les skieurs handicapés et leur donne ainsi accès au domaine de Métabief, soit en indépendant, soit à l'aide de « fauteuils-skis », pilotés par des accompagnateurs formés. *Infos :* ***Apach'Evasion,*** *06-61-02-01-31. • apachevasion.fr • ou* ***ESF*** *de Métabief.*

– ***Domaine d'Entre-les-Fourgs-Jougne*** *(1 100-1 250 m) :* *03-84-68-06-71. 3 remontées mécaniques et 5 pistes. Forfait adulte : 12,50 €/j.* Un village typique plus qu'une station. Idéale pour les débutants. Descente aux flambeaux pendant les vacances de février.

– ***Snowboard :*** plusieurs zones ludiques et freestyle avec notamment *Jura-Kid'Park,* un espace réservé aux plus jeunes (max 10 ans), un vrai minidomaine réservé.

Ski de fond : *rens et inscriptions auprès de l'office de tourisme (03-81-49-13-81). Forfait adulte : 8 €/j.* Plus de 100 km de pistes tracées et balisées pour tous niveaux, dont une piste éclairée en nocturne. Sur les traces des champions olympiques Vincent Defrasne et Florence Baverel (entre autres), vous pourrez expérimenter le biathlon sur le stade de la Seigne aux Hôpitaux-Vieux.

– ***Raquettes et piétons :*** 42 km de pistes raquettes et 19 km pour piétons. *Accès : 3 €.*

➢ ***Randonnées pédestres :*** *carte de randonnées pédestres (payante) et programme de randonnées accompagnées à l'office de tourisme.* 100 km de sentiers balisés pour tous les randonneurs (de la petite boucle de 4 km à la grande randonnée de 20 km). Pour découvrir un autre mont d'Or, loin des téléskis, à l'occasion d'un goûter au son du cor des Alpes ou d'un repas aux saveurs régionales.

➢ ***VTT :*** ***Smix du Mont d'Or,*** *03-81-49-20-00.* En complément de l'offre normale, secteur VTT à vocation ludique, « l'enduro mythique », au cœur de la forêt communale de Métabief (à côté de l'accrobranche). Différents niveaux comme les pistes de ski.

Manifestations

– ***Mont d'Or Show :*** *à Métabief, fin déc-début janv.* Course de télémark avec deuxième manche en nocturne.
– ***Trail du Mont d'Or à Métabief :*** *mi-juin.*
– ***Festival de la Paille :*** *à Métabief, 1 w-e fin juil-début août. • festivalpaille.fr/ •* Un festival de musiques actuelles.
– ***Balade au pays du Mont d'Or :*** *3e dim de sept.* Les chalets d'alpage du mont d'Or ouvrent leurs portes pour cette journée de randonnée. L'occasion de déguster les premiers fromages de la saison.

MOUTHE (25240) 1020 hab. *Carte Doubs, B4*

Typique village du val de Mouthe et appartenant au parc naturel régional du Haut-Jura, situé à l'extrême sud du Doubs, à la frontière avec le Jura et la Suisse. Parcourues par la Grande Traversée du Jura (GTJ) et le GR 5, ces montagnes du Jura attirent en été de nombreux VTTistes et randonneurs pédestres ou équestres. L'hiver, le domaine est un des paradis français du ski de fond. Connu du grand public grâce à Fabrice Guy, champion olympique de combiné nordique à Albertville en 1992, et réputé pour son climat froid et sec, le val de Mouthe bénéficie d'un bon enneigement de décembre à Pâques. Autre particularité, et pas des moindres pour le département, c'est près de Mouthe que la rivière du Doubs prend sa source, dans un joli petit site à 1,5 km à l'extérieur du village. Encore de belles randonnées en perspective, dans un paysage de forêts de résineux, combes, rivières, lacs et tourbières...

DES SANGLIERS AU MONT D'OR

Certains petits métiers, dont les forêts franc-comtoises ont le secret, sont parfois uniques en leur genre. Ainsi les sangliers de la région de Mouthe sont le nom des récoltants de sangles d'épicéa. Découpées, puis séchées, elles sont destinées à la confection des boîtes de mont-d'or, ce qui procure au fromage ce goût si particulier.

Adresse et infos utiles

Office de tourisme : *45, Grande-Rue. ☎ 03-81-69-22-78. • otmouthe.com • En hte saison, lun-sam et dim mat. En basse saison, mar-sam.* Cartes détaillées des circuits pédestres et VTT, ainsi que de nombreux documents sur le parc naturel régional du Haut-Jura. Vente de cartes de pêche et badges de tennis l'été. En hiver, propose les redevances de ski de fond.

École du ski français du val de Mouthe : *☎ 03-81-69-26-15.* Cours, encadrement ski handicap, sorties raquettes...

Où dormir ? Où manger dans le coin ?

Camping

Camping municipal de la Source du Doubs : *à* ***Mouthe.*** *06-71-45-47-65. ☎ 03-81-69-27-45 (mairie). • camping.mouthe@orange.fr • Mai-sept. Forfait pour 2 : env 11 €.* Une vingtaine d'emplacements pour les tentes, au fond d'un petit terrain très simple et peu intime, car longé par des sentiers de randonnée. Équipements de base : machine à laver, sèche-linge, aire de jeux pour les enfants.

De bon marché à prix moyens

Auberge du Grand-Gît : *8, rue des Chaumelles, 25240* ***Chaux-Neuve.*** *☎ 03-81-69-25-75. 06-46-64-62-32 • aubergedugrandgit@gmail.com • aubergedugrandgit.com • À 6,5 km au sud-ouest de Mouthe par la D 437. Resto ouv slt les soirs, mar-dim. Congés : de mi-mars à mi-avr et de mi-oct à mi-nov. Doubles 61-66 €. ½ pens possible. Menus 20-26 €. Apéritif maison offert sur présentation de* *ce guide.* À l'écart du village, un hôtel récent dans le style du pays. Une petite dizaine de chambres (dont 2 pour randonneurs), simples et pas toujours bien insonorisées, mais avec vue sur la campagne. Et les tarifs sont mesurés. Au resto, que du classique régional ou du nord. Accueil plaisant. Idéal pour amateurs de sports et de nature.

Chez Liadet : *route des Charbonnières, à 3 km de Mouthe. ☎ 03-81-39-99-58. • chezliadet.com • Congés : nov et avr. Chalets 4-6 pers et 10-12 pers, 45 €/pers en ½ pens. Menus 15 € le midi, puis 18-23 €. Café offert sur présentation de ce guide.* Situé idéalement au départ des pistes de ski de fond et de raquettes, l'un des meilleurs restos de la région. Salle sans chichis, en bois de pin pour une très belle cuisine régionale, servie copieusement. Glaces maison. Accueil familial gentil comme tout. Original : les formules (sur résa) rando raquette ou balade en traîneau avec repas. Beaux chalets à louer également.

L'Œil de Bœuf : *58, Grande-rue, à Mouthe. ☎ 03-81-69-27-58. • philippe.blery@orange.fr • Tlj sf mer. Menus 15 € midi en sem (café inclus), puis 25-48 €. Apéritif maison offert sur présentation de ce guide.* Dans la rue principale, il ne peut échapper à personne. Cuisine classique plutôt bien tournée, comme la truite fumée maison. Terrasse recherchée.

Chez Liadet : *route des Charbonnières, à 3 km de Mouthe. Indiqué depuis le centre du village (site du Liadet). ☎ 03-81-39-99-58. Tte l'année, sf nov et avr. Menus 18-22 €.* Au départ des pistes, le chouchou des gens du coin. Salle sans chichis en bois de pin pour une très belle cuisine régionale. Grosses tables en bois blanc destinées à recevoir l'excellente salade de truite, la savoureuse *rösti* charcuterie, les fondues, la *clocherade* et toutes ces sortes de choses... Produits ultra-frais, le tout servi copieusement. Glaces maison aux noms qui chantent local : absinthe, gentiane, miel, pêche de vigne et... bourgeons de sapin. Terrasse. Accueil familial gentil comme tout ! Original : les formules *(sur résa slt)* rando raquette encadrée + repas (les soirs de pleine lune) et, tous les soirs, balade en traîneau suivi d'une « boîte chaude ».

Où acheter de bonnes glaces et de bons gâteaux ?

Glacier-biscuitier Frères Vuez : *12, Grande-Rue. ☎ 03-81-69-26-82. Face à la mairie. Tlj sf dim ap-m.* Voilà 2 siècles que, dans la famille Vuez, on s'efforce de faire de bonnes choses. De la boulangerie, on est passé à la pâtisserie, puis au pain d'épice en pavé ou fourré, aux biscuits (après la guerre) et enfin aux glaces pour accompagner tout ça. Fait aussi salon de thé.

Ski de fond

Plusieurs sites (chez Liadet, Les Combes-Deniers, Le Crouzet, Pré-Poncet, Chapelle-des-Bois...). Des paysages superbes : combes et sombres forêts du Noirmont et du Risoux. Sur place et à Chapelle-des-Bois, écoles de ski (voir « Adresses utiles »).

DANS LES ENVIRONS DE MOUTHE

La source du Doubs : *à 1,5 km au sud-est de Mouthe ; route fléchée.* Le Doubs sort d'une falaise. Site bucolique : rochers éclatés par le gel, eau limpide et bien fraîche (autour de 6 °C) tout au long de l'année. Petite promenade à faire le long des méandres de la rivière ou circuit de 2,5 km permettant de faire le tour de la source.

> **LA PETITE SIBÉRIE**
>
> *Le val de Mouthe a hérité du surnom de « Petite Sibérie ». Parce qu'il y fait chaud ? Ça peut arriver : la température a, par exemple, atteint 36 °C en juillet 1952 ! Mais le pompon revient évidemment à l'hiver avec des records à répétition dont un - 41 °C en janvier 1985. Qui dit mieux ?*

La tourbière du Moutat : *juste à côté de la source.* Un petit coin de toundra dans le Jura. Des mousses décomposées (la tourbe) qui se sont accumulées dans un vaste étang formé à l'époque glaciaire. Site surprenant : on y trouve des plantes relictuelles (dont les origines remontent justement à cette époque glaciaire), qui apprécient le froid et l'humidité ambiants. Petit conseil : on ne s'aventure pas dans une tourbière, aux sols extrêmement mouvants et aux *gouilles* (trous d'eau) trompeuses. On peut, en revanche, rejoindre en 1h à pied le village de Mouthe par le *chemin du Moutat.*

Le parc nordique, tremplins internationaux de saut à skis de Chaux-Neuve : *à la sortie du bourg par la route de Chapelle. Visite guidée payante pdt les vac scol, infos auprès de l'office de tourisme (☎ 03-81-69-22-78). Visite libre gratuite. Initiation au saut à ski, combiné nordique et au biathlon avec carabine laser sur résa.* Lors de la visite, on monte au sommet de ce tremplin à l'origine des exploits de Fabrice Guy en 1992 aux Jeux olympiques. Ascension vertigineuse et difficile, mais quel point de vue ! Pour la pratique, ça se fait sur la neige en hiver ou sur un revêtement synthétique spécial en été. Les enfants adorent, même si c'est impressionnant au départ. Vidéo explicative. Bon encadrement par des brevetés d'Etat.

CHAPELLE-DES-BOIS

(25240) 250 hab. *Carte Doubs, B4*

Une église, quelques maisons anciennes et des chalets plus récents autour. Ce village de montagne, à 1 100 m d'altitude, conserve sa taille modeste, mais est pourtant devenu l'un des phares du ski de fond en France. On est ici dans le parc naturel régional du Haut-Jura, qui englobe tout le val de Mouthe jusqu'à la commune de Brey et s'étend sur deux régions et trois départements. Les grands espaces s'offrent à nous dans des paysages verdoyants, couverts de gentianes jaunes au printemps et de belles forêts de résineux. Vastes combes, tourbières et petits lacs, clairières isolées au cœur d'un ample massif forestier, le Risoux. Un petit bout du monde en soi.

Adresses utiles

Point tourisme : *à la mairie. ☎ 03-81-69-27-24 ou 22-78 (Mouthe). • chapelledesbois.com • otmouthe.com • Sinon, rens à Mouthe.*

Glisses nordiques : *chemin du Marais-Blanc. ☎ 03-81-69-10-85. • glissesnordiques.pagesperso-orange.fr •* Cours de ski nordique individuel ou collectif, stages pour grands et petits, sorties raquettes, initiation au biathlon et préparation à la *Transjurassienne* !

Location de VTT : ***Mont-Noir Sports,*** *25, route des Pâturages. ☎ 03-81-69-27-28. Dans le bourg.*

Où dormir ? Où manger ?

La Maison du Montagnon : *6, chemin du Grand-Tétras. ☎ 03-81-69-26-30. • maison.montagnon@orange.fr • maison-montagnon.fr • Dans le centre du village. Congés : avr et oct-nov. Sans le petit déj, dortoir de 4 lits (sanitaires communs) 22 €/pers ; chambre 3 ou 4 pers (avec sdb) 27,50 €/pers ; double (avec sdb) 27,50-32,50 €. Table d'hôtes (sur résa) midi en sem 15,50 €, le soir et dim midi 19 € (réduc enfants). Réduc de 10 % sur l'hébergement mai-oct sur présentation de ce guide.* Ce gîte d'étape et de séjour, de facture moderne, propose différents types de couchage : chambres pour 2 à 4 personnes avec ou sans sanitaires privés, familiales, petits appartements... Très fonctionnel et impeccable. Depuis le bar et la salle de resto (bonne cuisine familiale), baies vitrées avec jolie vue. Salle de fitness, sauna, salle de jeux pour les enfants, etc. Avec l'accueil nickel, rien ne manque ! Une très bonne affaire.

Hôtel des Bruyères : *3, pl. de l'Église. ☎ 03-81-69-21-71. • hotel.lesbruyeres@wanadoo.fr • hotellesbruyeres.fr • Doubles 68-100 €. Menu 29 €, ½ pens possible. Apéritif maison offert sur présentation de ce guide.* Sympathique petit hôtel de village au chaleureux style montagnard, offrant le meilleur de la tradition d'hospitalité comtoise. Chambres agréables et de bon confort. Copieux petit déjeuner et bonne cuisine régionale. Loue également 2 beaux gîtes de 2 et 3 chambres, spacieux, fonctionnels, avec tout le confort rêvé.

Où dormir dans les environs ?

Chambres d'hôtes chez Ghyslaine Marty : *lieu-dit* **Chaumoz.** *☎ 03-81-69-27-23. • gismarty@orange.fr • pagesperso.fr/la.chaumoz • (1 chambre). À env 3 km de Chapelle-des-Bois, sortir du village direction Bellefontaine puis 1re à droite, suivre le fléchage ; c'est la 1re maison sur la droite quand on arrive au hameau. Compter 65 € pour 2. Table d'hôtes sur résa : 18 €. Également des gîtes ruraux : 380-780 €/sem.* Dans une ancienne ferme, typique. 2 chambres, toutes simples, lambrissées, propres et nettes dont une sous les toits, mansardée. Une adresse tranquille.

Gîte des Trolls : *lieu-dit Le Pré-Poncet, 25240* **Châtelblanc.** *☎ 03-81-69-12-89. • coolcool25@orange.fr • refugelaperruque.fr • (l'été). Sur la commune de Châtelblanc mais plus proche de Chapelle-des-Bois (à 6 km au nord). Venant de Pontarlier, tourner à gauche au niveau du bâtiment avec l'inscription « Pré Poncet ». La ferme est à 200 m. Gîte pour 6 pers env 485-550 €/sem, 80-90 € la nuit hors saison (2 nuits min).* Une petite perle que ce gîte : impeccable, tout confort (avec même un sauna finlandais), il comprend une cuisine équipée, un salon avec un poêle et 2 jolies chambres auxquelles s'ajoute une mezzanine. Le luxe !

À voir à Chapelle-des-Bois et dans les environs

L'église Saint-Jean-Baptiste : de 1634, toute simple vue de l'extérieur, trapue comme savent parfois l'être les églises des pays de neige. À l'intérieur, trois autels plutôt sobres pour du baroque, et une remarquable chaire sculptée avec quatre panneaux pour autant d'évangélistes finement ciselés. L'heure sonnante vous est donnée par une cloche de la même époque. Romantique cimetière gazonné avec de vieilles tombes.

L'écomusée-maison Michaud : *25240* ***La Combe-des-Cives.*** *☎ 03-81-69-27-42. • ecomusee-jura.fr • À 4 km au nord de Chapelle-des-Bois, direction Chaux-Neuve. En été, tlj (sf sam) 14h-18h30, plus mar-ven 10h-12h ; sinon, ouv du lun ap-m à ven, plus dim ap-m mai-juin et sept. Fermé nov, 25 déc et 1er janv. Entrée : 5 € ; réduc. Livret de découverte.*
Ferme isolée du XVIIe s, typique de cette région, sauvée de la destruction pour être transformée en un musée, beau témoignage d'un artisanat oublié. Vaste toit et façade couverte de tavaillons (planchettes d'épicéa). À l'intérieur, scrupuleusement restaurée, la *nouva* (un couloir) sépare l'*hébergeage* (appartement) du *grangeage* (partie agricole) et débouche sur l'*â-fû* (cuisine), seule pièce pavée de la maison surmontée du fameux *tuyé* où l'on fumait jambons, saucisses ou « bresis ». Cave à fromages. Une architecture qui témoigne de l'adaptation de l'homme à une nature rude sinon hostile.
L'écomusée évoque la vie quotidienne de ces « montagnons » au XIXe s, les activités traditionnelles (labours, travail du bois, des pierres précieuses), et pose des questions sur la vie quotidienne au XXIe s. Expo sonorisée sur le « Grand Hiver » (présentation d'une foule d'objets usuels, oubliés ou étonnants comme cette charrette à chien pour transporter le lait). Quelques animaux naturalisés. On y fabrique aussi du pain (cuit au feu de bois dans un four vieux de 3 siècles) et des pâtisseries le vendredi (et le mardi pendant les vacances d'hiver) – enfournement à 14h. Réservation conseillée.

Le parc polaire : *au Cernois-Veuillet, 25240* ***Chaux-Neuve.*** *☎ 03-81-69-20-20. • parcpolaire.com • ♿ À 6 km au nord de Chapelle-des-Bois, bien indiqué. Tlj sf lun non fériés : vac de Noël, hiver, Pâques et Toussaint, 10h-17h30 ; vac d'été, 10h-18h30 ; entre vac de Toussaint et de Noël, mer et w-e 10h-17h30. Visites ttes les ½ h (pause 12h30-13h30). Fermeture billetterie 1h avt. Visite commentée (1h30 env avec film et expo). Entrée : env 10 € ; réduc. Snack tlj sf lun.* Prenez le temps de regarder, en arrivant, la petite exposition sur les espèces présentes sur le site et le film qui raconte l'histoire d'un couple pas comme les autres. Il aura passé une bonne partie de sa vie à élever, autour d'une ferme perdue dans la forêt, une meute de chiens polaires qui fut un temps la plus grande en Europe ! Attention, ici on ne parle absolument pas d'élevage, mais de clans. Ceux-ci vivent en semi-liberté, fonctionnent comme des loups et consomment 10 t de viande par an. Ces quelque 25 chiens, « sa grande famille » comme aime le déclarer Gilles, sont en partie des groenlandais (introduits en France par Paul-Émile Victor), en partie des indiens du Grand Nord américain, et répondent tous à leur nom quand on les appelle. C'est d'ailleurs l'originalité du parc : on invite les visiteurs au contact de la meute. Accompagné par les guides, on pénètre dans le vaste enclos des chiens pour mieux les comprendre, observer la structure sociale et l'organisation hiérarchique. Et comme le site évolue peu à peu vers une véritable réserve animalière, la balade se poursuit dans l'immense terrain dévolu aux chevaux tarpans, aux aurochs, aux yaks, aux bisons européens, aux cerfs, aux mouflons, aux chamois, mais aussi à une harde de 50 rennes suédois et finlandais ! Impressionnant.

À faire

Ski de fond

Des centaines de kilomètres au travers de vastes combes entre forêts d'épicéas et de hêtres (appelés ici « foyards »), paysages quasi scandinaves du côté du lac des Mortes. *Contacter* ***Glisses Nordiques :*** *☎ 03-81-69-10-85. • chapelle desbois.com •*

Randonnée pédestre et VTT

➢ **_Plusieurs circuits :_** sentiers forestiers et combes à faire à pied en été, à skis de fond l'hiver, au pied ou sur le plateau du Risoux. Balisage : jaune et bleu, blanc et rouge du GR 5. Carte des circuits pédestres et VTT disponible à l'office de tourisme de Mouthe ou au point info de Chapelle-des-Bois. Calme garanti. Des fleurs, de l'air pur : il fait bon ici être une vache ! Un sentier, raide et rapide, grimpe au point de vue de la roche Champion (30 mn aller-retour). Pour les courageux, atteindre ces 1 300 m permet, par beau temps, d'admirer le mont Risoux. Si vous êtes fatigué, raccourci possible à la hauteur du *chalet des Anges.* Depuis la Roche-Bernard, vue sur les lacs de Bellefontaine et des Mortes. Mais parcours plus difficile que le précédent.

LA RÉPUBLIQUE DU SAUGEAIS

Curieux cocktail que cette pseudo-république : une bonne rasade de forte identité géographique et historique, deux doigts de folklore et un zeste de gentille provocation. Le terme « Saugeais » apparaît pour la première fois au XIIe s alors que des colons suisses et savoyards viennent défricher le val pour faire construire l'abbaye de Montbenoît. Il désigne toujours une microrégion née après que les sires de Joux avaient fait don de ce territoire au clergé pour pardonner les fautes de leurs ancêtres. Économiquement, le Saugeais est tourné vers l'élevage laitier, pour la production de comté. Politiquement, c'est un bastion conservateur où la foi catholique est solidement ancrée. Ce qui explique la boutade d'un hôtelier de Montbenoît qui, un jour de 1947, alors qu'il reçoit le préfet, lui demande s'il « a un laissez-passer pour entrer dans le Saugeais ». Le préfet s'informe sur ce Saugeais, y voit une petite république libre dont il nomme l'hôtelier président ! La plaisanterie ne prête pas à conséquence et pourtant... Mme Gabrielle Pourchet, veuve de l'hôtelier, reprend le flambeau en 1972, élue à l'applaudimètre et à vie un soir de kermesse. Elle mène alors une retraite active, répondant à un volumineux courrier et côtoyant de nombreuses personnalités. À sa mort, en 2005, c'est Georgette Bertin-Pourchet, sa fille, qui est élue présidente de la république du Saugeais et met tout en œuvre pour que les traditions perdurent...

HONNI SOIT QUI MAL Y PENSE

La république du Saugeais, toute factice soit-elle, a tout de même son hymne national, sa monnaie (sans aucune valeur), son timbre, son drapeau, un Premier ministre et quelques prestigieux citoyens d'honneur. Le premier fut d'ailleurs Edgar Faure en 1974, alors président de l'Assemblée nationale. Une précision : la république possède deux douaniers mais pas de frontière, car, ici, « ce sont les voisins qui sont bornés » !

Comment y aller ?

On vous conseille, pour gagner le Saugeais depuis Pontarlier, le « chemin des écoliers », via la D 47 (vers Les Gras), qui longe la frontière suisse. Grandes combes typiques de la région, paysages verdoyants, frais et sauvages (lynx et grand tétras se partagent ces forêts-là). Quelques kilomètres après le petit village des Étraches, tourner à gauche sur la D 320 vers Hauterive-la-Fresse pour redescendre en quelques lacets en sous-bois sur Montbenoît. Une bien jolie balade en perspective.

MONTBENOÎT (25650) 400 hab. *Carte Doubs, C3*

La petite capitale de la république du Saugeais. Avec sa magnifique abbaye, elle offre le plus important ensemble religieux médiéval du département. À ne pas manquer !

Adresse utile

Office de tourisme de Montbenoît : *4, rue du Val-Saugeais. ☎ 03-81-38-10-32. • tourisme-loue-saugeais.fr • Lun-sam 9h-13h et 14h30-18h30, dim 10h-14h en été. En juin et sept (et les vac de fév), 9h30-12h et 14h-18h. Fermé sam ap-m et dim hors saison.* Personnel accueillant. Topoguides sur les alentours. C'est ici qu'entre autres, on achète les timbres de la république de Saugeais et toute la doc qui lui est liée.

Où dormir ? Où manger dans le coin ?

De bon marché à prix moyens

Camping du Lava : *au Lava, hameau de* ***Gilley.*** *☎ 03-81-43-30-88. Tte l'année. Moins de 10 €.* Une trentaine d'emplacements. En pleine campagne, tranquille, simple, mais équipements corrects.

Chambres d'hôtes de la Montagne : *14, La Montagne, 25650* ***Gilley.*** *☎ 03-81-43-37-91. À 3,5 km de Gilley (suivre Arc-sous-Cicon). Double 44 € ; ½ pens possible.* Immense chalet isolé sur les hauteurs, à 1 000 m d'altitude. À l'étage, 3 chambres simples mais agréables, colorées et bien tenues (dont 1 familiale), dans une grande ferme toujours dans son jus. Salle commune sympa. *Tuyé* à visiter et petit déj à base de produits maison. Une bonne adresse, à l'accueil jeune et souriant.

Le Sire de Joux : *pl. de l'Abbaye. ☎ 03-81-38-10-85. • lesiredejoux.com • ♿ (resto). Au centre du bourg, juste à côté de l'abbaye. Fermé lun midi. Doubles 63-80 €. Menus 16 € (déj en sem), puis 25-44 €.* Wifi. Un dynamique petit hôtel de village qui a rénové ses chambres dans un style actuel plaisant. Au resto, bonne cuisine de région, fraîche et soignée comme on dit.

De chic à plus chic

Chez les Colin, maison d'hôtes de la Fresse : *la Fresse, 25650* ***Hauterive-la-Fresse.*** *☎ 03-81-46-51-63. • chezlescolin@gmail.com • chezlescolin.fr • À 10 km au nord-est de Pontarlier par la D 47 (c'est le long de la route : panneaux). Double 130 €/pers en ½ pens.* Une ancienne maison de douaniers située sur les crêtes du Jura à l'intérieur douillet et la déco champêtre très sophistiquée. Chambres de charme, colorées, avec sanitaires dans le couloir et douches privées ou non. Terrasse avec jardin fleuri adorable. Pour les soirées, gigot au foin ou délicieux pot-au-feu, mitonnés par Christiane. Stages d'aquarelle l'été et sorties ski de fond ou raquettes en hiver.

Maison d'hôtes Le Crêt L'Agneau : *Les Auberges, 25650* ***La Longeville.*** *📱 06-89-93-24-49. • lilianejp@laposte.net • lecretlagneau.com • À 5,5 km de Montbenoît direction Gilley ; au lieu-dit Les Auberges, prendre à droite direction « Crêt L'Agneau ». Doubles 100-125 €. Repas sur résa 20-29 €.* Wifi. On vient d'abord au *Crêt L'Agneau* pour les « sèches », gâteaux secs francs-comtois, et pour les confitures. Liliane a même écrit un livre sur le sujet : *Les 52 Recettes de Lili.* On y reste pour les chambres chaleureuses aux meubles et tissus d'époque, chinés chez les brocanteurs, mais aussi pour la vue sur les montagnes de Gilley et pour le charme de cette grande ferme du XVIIe s, couverte de tas de bois et loin de tout (sauf de la Suisse, en face !). Dans la salle à manger, on trouve une grande table en bois massif où les hôtes sont réunis. Beau petit déj avec les saucisses fumées au genévrier dans le *tuyé* de la maison. Formule séjour possible en pension complète autour du ski de fond ou de sorties à raquettes (avec moniteur). Également des séjours à thème (champignons, VTT, rando...).

L'Entre-Roches : *1, rue Principale, 25650* ***Ville-du-Pont.*** *☎ 03-81-38-10-92. • restaurant.entreroches@orange.fr • Sur la D 437, au centre du village. Fermé dim soir et lun-mar. Menus 22 € midi en sem, puis 39-80 €.* Jolie salle de gastro contemporain, avec une cheminée (contemporaine elle aussi). Terrasse tranquille sur l'arrière, dominant la vallée du Doubs. Cuisine dans la grande tradition, au fil des saisons.

Où acheter de bons produits dans le coin ?

Noter que le coin regorge de bonnes petites adresses où déguster des produits régionaux. Certaines se visitent. Voir notamment la boucherie *Aux Produits Saugets (☎ 03-81-38-10-14 ; visites guidées)* à Maisons-du-Bois ou encore la fromagerie biologique *(visite sur résa)* à La Chaux-de-Gilley. Voici 2 adresses particulièrement recommandables :

Au Chalet Terroir Passion : *9, rue du Val-Saugeais, 25650* ***Montbenoît.*** *☎ 03-81-38-11-37. En face de l'abbaye. Fermé mer et dim ap-m.* Claude Querry, maître fromager, est aux commandes de cette boutique, la seule qui permette de se faire un bon casse-croûte entre Pontarlier et Morteau quand on est en randonnée. Au moins 5 comtés et des produits régionaux.

Le Tuyé du Papy Gaby : *2, rue Les Cotey, 25650* ***Gilley.*** *☎ 03-81-43-33-03. • tuye-papygaby.com • À 10 km au nord-est de Montbenoît par la D 131. Bien indiqué. Juil-août, tlj 9h-19h ; le reste de l'année, tlj 9h-12h, 13h30-18h30 (fermé dim de fin oct à mi-avr, hors vac scol). GRATUIT. Compter 15 mn de visite.* Vous serez accueilli par l'automate d'un douanier à l'entrée du plus célèbre *tuyé* du coin (se prononce « tué »), également l'un des plus grands avec ses 18 m de hauteur. Un signe qui ne trompe pas : les bonnes odeurs de fumée et de lait mélangées ! Visite combinant un petit film et les explications du guide. À part ça, le papy Gaby n'est plus, mais son automate chante toujours l'hymne national du Saugeais, et celui de la présidente tamponne les laissez-passer. Joli point de vue sur le village et la vallée. Très touristique, mais la visite fait presque partie du folklore sauget.

À voir

L'abbaye de Montbenoît : *juil-août, tickets à l'abbaye ; rens et tickets à l'office de tourisme, à côté, le reste de l'année. ☎ 03-81-38-10-32. Juil-août, visite libre tlj 10h-12h, 14h-18h ; visites guidées 6 fois/j. (2 le mat, 4 l'ap-m) et visites nocturnes. Sept-juin, visite libre slt. Brochure disponible à l'office de tourisme. Entrée : env 5 € ; gratuit moins de 12 ans. Attention : en visite libre, on n'accède ni au cachot, ni à la cuisine, ni à la salle capitulaire. Son et lumière en juil, sur le parvis.*

L'abbaye a été fondée vers le milieu du XIIe s, lorsque le Sire de Joux Landry fait don d'une partie de son territoire à l'archevêque de Besançon. Les moines augustins de Saint-Maurice-d'Agaune ainsi que des populations venues du Valais et de la Savoie défrichent la contrée et fondent l'abbaye. Le territoire du Saugeais devient pendant six siècles seigneurie ecclésiastique : l'abbé détient le pouvoir exécutif.

L'église

Entrée sous un anachronique clocher-porche rapporté au début du XXe s. Très sobre vaisseau à trois nefs aux piliers massifs du XIIe s sous influence cistercienne, qui contraste avec le chœur (du XVIe s) inspiré de la Renaissance flamande (voûte flamboyante). Au-dessus de la porte de la sacristie (1525), tête d'homme, si expressive qu'on pourrait croire qu'il a été emmuré vivant ! À droite de l'autel et de la piscine à coquilles en marbre, monumentale niche abbatiale finement sculptée. Lambris ciselés style Renaissance. À ne pas rater, les stalles en chêne de 1527. Il faut quasiment tout détailler : les petits médaillons circulaires ornés de difformes visages humains qu'on jurerait sortis d'une toile de Jérôme Bosch, les scènes allégoriques (misogynes ou féministes, on hésite), *L'Humiliation d'Aristote, Samson et Dalila,* ou l'intrigant *Crêpage de chignons* (outre le sujet inattendu qui fait tout l'intérêt, c'est aussi la seule sculpture qui soit encore en parfait état). Et encore de psychédéliques plantes à têtes humaines, des volutes qui deviennent hippocampes... Chaire en chêne du XVIIe s avec les quatre évangélistes au riche décor.

Les bâtiments abbatiaux

On visite le petit cloître du XIIe s, embelli au XVe s d'un gothique flamboyant, l'ancienne salle capitulaire (voûte romane qui descend jusqu'au sol) et la cuisine (double voûte romane des XIIe et XVe s, imposante cheminée, et horloge comtoise à une seule aiguille). À ne pas rater : le musée de la République du Saugeais (présents offerts aux présidentes notamment).

À faire

Ski de fond : 4 sites nordiques à Hauterive-la-Fresse, La Chaux-de-Gilley, Gilley et Arc-sous-Cicon.

➢ ***Le chemin du Train :*** l'ancienne voie ferrée a été réhabilitée en sentier pédestre et VTT, entre Gilley et Pontarlier, sur plus de 20 km. Vous pouvez souffler autant que vous le voulez !

➢ ***La Vy aux Moines :*** *départ de Montbenoît.* Une ancienne voie médiévale qui, au Moyen Âge, servait à relier l'abbaye de Montbenoît et le prieuré de Môtiers en Suisse. Aujourd'hui réhabilitée en sentier pédestre et VTT, elle traverse la montagne sur 33 km. Le sommet est à 1 200 m d'altitude, et les paysages ont gardé toute leur force originelle.

LE PAYS HORLOGER

- **De Montbenoît à Morteau** **108**
  - Le défilé d'Entreroches et la grotte du Trésor • La grotte-chapelle de Remonot • Le centre de loisirs La Combe d'Abondance aux Combes
- **Morteau** **109**
  - Grand Combe-Châteleu
- **Villers-le-Lac** **113**
  - Le lac de Chaillexon • Les bassins du Doubs • Le saut du Doubs • Le barrage du Châtelot
- **Le Russey** **116**
  - L'église Saint-Georges au Bizot • L'église Saint-François-d'Assise au Bélieu
- **Charquemont** **117**
  - Le belvédère de la Cendrée • Les échelles de la Mort • La station de loisirs La Combe-Saint-Pierre
- **Goumois** **119**
- **Maîche** **120**
- **La vallée du Dessoubre** **121**
  - Le château de Belvoir et les halles sergneuriales à Belvoir • Sancey-le-Long
- **Saint-Hippolyte** **123**
  - Le musée de la Pince « Musons et Créons » à Montécheroux

Bienvenue dans cette région dont le nom dit tout, qui va de Morteau à Saint-Hippolyte, englobe la vallée du Dessoubre et pousse jusqu'à la frontière

suisse. Après le barrage du Châtelot, dans les environs de Villers-le-Lac, le Doubs persiste à creuser de profondes gorges. Évidemment, la route ne s'y glisse pas, la D 437 se contentant de couper au presque plus droit à travers le plateau de Maîche-le-Russey, berceau du robuste cheval comtois. Au programme de cette balade, de blonds canassons donc, des chemins de contrebandiers, des bourgs horlogers sans charme exceptionnel mais au cœur d'une nature superbe et d'un temps que l'on essaie de maîtriser, à la seconde près.

– Plein d'infos détaillées sur le site • *pays-horloger.com* •

DE MONTBENOÎT À MORTEAU

Où dormir ? Où manger en cours de route ?

La Combe d'Abondance : *25500* **Les Combes.** *☎ 03-81-67-13-18. • emmanuelle@combe-abondance.com • combe-abondance.com • À Remonot (entre Pontarlier et Morteau), quitter la D 437, vers La Motte. Ensuite, c'est indiqué. Congés nov-déc. ½ pens demandée tte l'année 65-75 €/pers selon saison.* Un centre de vacances où il fait bon se retrouver, en toute saison, si l'on aime le calme et les activités sportives. Une vraie belle ferme où l'on se sent bien, avec des hébergements fonctionnels, propres et agréables : une douzaine de chambres de 2 à 6 personnes, certaines en mezzanine, toutes avec salle d'eau. Également une bonne et chaleureuse table d'hôtes. Idéal pour les familles.

Auberge de La Motte : *lieu-dit La Motte, 2, rue du 8-Mai, 25500* **Les Combes.** *☎ 03-81-67-23-35. • auberge.delamotte@orange.fr • auberge-de-la-motte.fr • À Remonot (entre Pontarlier et Morteau), quitter la D 437, vers La Motte. Ensuite, c'est indiqué. Double env 60 €. Menu midi en sem 14 €. Carte env 30 €. Possibilité de ½ pens. Apéritif maison offert sur présentation de ce guide.* Pour y parvenir, route superbe, environnement extra. Établissement de bourg, bien au calme, qui surprend le visiteur avec ses plafonds voûtés et son vieux dallage dans le couloir et la salle de bar. Du caractère ! L'auberge est dotée de chambres agréables et tout confort, avec parquet et salles de bains modernes. Également un sauna et toutes sortes d'activités sportives été comme hiver : tennis, départs de randonnées ou de ski de fond depuis le village (location de skis sur place), VTT, etc. Accueil très gentil. Fait également resto, avec quelques spécialités du cru.

À voir. À faire

Le défilé d'Entreroches : après le val du Saugeais, où il se fait dolent, le Doubs creuse ses premières gorges spectaculaires dans le calcaire. Superbe route, la D 437, sinueuse à souhait, qui suit au plus près le cours de la rivière à travers ce défilé. Sur la route, la ***grotte du Trésor,*** à 5 mn par un sentier indiqué depuis la D 437. Vaste voûte d'entrée.

La grotte-chapelle de Remonot : déjà fréquentée par les druides gaulois, puis lieu de pèlerinage chrétien. Statue de Notre-Dame de Ristier, qui résiste (depuis le XIVe ou le XVe s) très bien à l'humidité de la grotte. Un miracle ? Elle est, plus prosaïquement, en cèdre oriental. Voir également la statue de la Pitié de Dieu, du XIVe s, à gauche de l'autel. Si vous passez par là le 15 août, vous assisterez à une grande manifestation aussi attachante que haute en couleur. Les voitures qui passent devant la grotte sont bénies !

Le centre de loisirs La Combe d'Abondance : *25500* ***Les Combes.*** *☎ 03-81-67-13-18. • combe-abondance.com • Ouv tte l'année.* Propose, en plus de l'hébergement, des activités de plein air pour les petits et les grands. Parcours aventure, centre équestre, tir à l'arc, location de VTT ; et tout le matériel pour aller faire une descente en *canoë* ou *kayak* (sur réservation de mai à fin septembre).

MORTEAU

(25500) 6 800 hab. *Carte Doubs, C2-3*

On quitte cette fois bel et bien le Haut-Doubs forestier pour entrer dans le cœur du pays horloger. L'horlogerie s'est implantée sur cette longue zone frontière qui va jusqu'à Maîche, au XIXe s. Le travail de la ferme achevé, les paysans devenaient horlogers pour fabriquer des échappements-cylindres (mécanismes responsables du fameux tic-tac des montres). Un monopole mondial ! L'horlogerie s'est par la suite industrialisée et a façonné la ville. Mais Morteau, c'est aussi sa... saucisse, qu'on ne présente plus, fumée en *tuyé* et bien ferme, qui accommode les plats des restaurants alentours. Autre spécialité gustative, les caramels mous *Klaus,* dont tout le monde pense qu'ils viennent de Suisse.

Adresses utiles

Office de tourisme : *7, pl. de la Halle. ☎ 03-81-67-18-53. • pays-horloger.com • Juil-août, lun-sam ; le reste de l'année, lun-sam mat et fermé jeu mat.* Visites thématiques l'été et animations ponctuelles (comme les « Mardis de l'accueil et du terroir »).

Location de vélos et VTT : ***Espace Morteau*** *– 10, chemin du Breuille. ☎ 03-81-67-48-72. • espacemorteau.com •*

Où dormir ? Où manger ?

Hôtel Les Montagnards : *7 bis, pl. Carnot. ☎ 03-81-67-08-86. • hotel.les.montagnards@gmail.com • hotel-les-montagnards.com • Au centre de la ville, au fond d'une ruelle. Double autour de 60 €. Réduc de 10 % nov-mars sur présentation de ce guide.* Chaleureux petit hôtel où l'on est bien accueilli et où le bois blanc domine. Une vingtaine de chambres agréables, lambrissées et toutes rénovées dans un style montagnard pimpant. Salle de petit déj bien décorée, façon chalet. Une adresse centrale dans une gamme de tarifs raisonnables.

Hôtel de la Guimbarde : *10, pl. Carnot. ☎ 03-81-67-14-12. • info@la-guimbarde.com • la-guimbarde.com • Au centre-ville, au niveau d'un rond-point. Tte l'année. Doubles 64-110 €. Garage motos gratuit. Parking.* Ce *Logis de France* occupe les murs d'une belle demeure cossue, entièrement rénovée (ascenseur). Accueil absolument délicieux. Chambres confortables et fonctionnelles, tout indiquées pour une nuit de passage. Salle de remise en forme, jacuzzi, sauna... Une adresse pratique qui propose également un piano-bar ambiance jazz, avec une vaste terrasse sympa en surplomb de la rue. En saison, concert quasi chaque samedi vers 19h.

Jacques Alexandre : *34, Grande-Rue. ☎ 03-81-43-14-19. Fermé lun et dim. Menu midi en sem 17,50 €, puis 25-39 €.* C'est l'adresse tendance du centre-ville, avec sa déco contemporaine de bistrot chic et son immense comptoir où l'on peut s'attabler en observant le chef et ses commis. Si le cadre tranche avec les habitudes locales, ce qui plaît aux habitants, la cuisine, certes élaborée et présentée avec art, garde globalement un pied dans le terroir, avec des plats traditionnels, comme le magret de canard laqué aux épices et le gibier en saison.

Où dormir ? Où manger dans les environs ?

Auberge de la Combe Geay : *37, rue du Doubs, 25500* ***Les Fins.*** *☎ 03-81-67-02-53. • combegeay.com • Juste après la sortie de la ville, route de Villers-le-Lac. Fermé mer, jeu soir et dim midi. Menu 11 € midi en sem. Repas 20-25 €.* Le genre d'adresse que l'on est bien content de dénicher : pas compliquée, tenue par des jeunes souriants, et proposant une belle carte de spécialités régionales. Fondues, croûtes, morteau, feuilleté de volaille sauce vin jaune, ou truites, elles y sont toutes, préparées dans les règles et servies avec efficacité (röstis maintenus au chaud sur un brûleur, cancoillotte dans une saucière...). Vraiment très bien pour le prix, ce qui explique les nombreux locaux qui fréquentent cette salle classique et agréable.

Chambres d'hôtes Le Pré Oudot : *Le Pré-Oudot, 25390* ***Fournets-Luisans.*** *☎ 03-81-67-02-31. • lepreoudot@orange.fr • le-pre-oudot.fr • À env 10 km au nord de Morteau (pas évident à trouver : se faire expliquer le chemin). Congés : en nov. Double 105 € ; suites à partir de 125 €. CB refusées.* Difficile de ne pas succomber au charme de cette magnifique ferme équestre comtoise. Les chambres et les suites sont décorées avec beaucoup de goût, à la fois élégantes et rustiques en fonction des thématiques. Mais la vraie surprise est ailleurs, dans le manège où l'on a aménagé des suites superbes, qui surplombent les chevaux occupés à s'entraîner au saut d'obstacle. Quel spectacle ! Et pour ne rien gâcher, l'accueil est aussi adorable qu'attentionné.

Auberge du Tuyé : *8, rue Saint-Claude, Le Luisans, 25390* ***Fournets-Luisans.*** *☎ 03-81-43-58-70. • contact@aubergedutuye.fr • aubergedutuye.fr • À env 15 km au nord, dir. d'Orchamps-Vennes, au lieu-dit Le Luisans. Congés : 1 sem courant déc. Doubles 65-100 €. Menus 15 € (déj en sem)-50 €. Café offert sur présentation de ce guide.* Au choix, des chambres classiques et cosy aux jolis noms de fleurs, ou belles suites contemporaines au mobilier design, qui se démarquent dans cette bâtisse de bourg du XIXe s, gérée à la perfection par un couple chaleureux. Accueil convivial et confort assuré. Salon commun et espace détente. Côté resto, cuisine de terroir soignée élaborée avec des produits locaux.

Auberge du Meix-Lagor : *Le Meix-Lagor, 25500* ***Montlebon.*** *☎ 03-81-67-26-03. • info@meix-lagor.fr • meix-lagor.fr • À 7 km au sud-est de Morteau ; de Montlebon, suivre la direction « Le Gardot » sur env 4 km, puis le fléchage « Meix-Lagor » à droite (D 447). Gîte pour 15 pers 2 400 €/w-e. Fermé lun-mar. Repas env 30 €, sur résa le soir. Café offert sur présentation de ce guide.* Magnifique ferme comtoise du XIXe s, posée au milieu d'un nulle part où vivent lynx et chamois. Un gîte de grand charme pour 15 personnes, espace détente et piscine extérieure biologique. Cadre vraiment génial : il s'agit de greniers-forts du coin (genre de granges miniatures) reconstitués ici, à la façon d'un village où la place centrale fait office de salle à manger. Ça vaut le coup d'œil ! Côté nourritures terrestres, cuisine régionale et goûters consistants impeccables pour une halte sur les pistes de ski de fond. Une adresse déroutante, dans tous les sens du terme.

Où acheter de bons produits ?

Salaisons Bouhéret : *26, rue Fauche. ☎ 03-81-67-10-39. • salaisons-bouheret.com • Fermé dim, lun et jeu ap-m.* Cette institution artisanale, plus que centenaire, est une étape incontournable. Ici, on vend le « bresi » (viande de bœuf séchée et fumée) et de véritables saucisses de Morteau Label Rouge. Également des champignons séchés en saison. Une bonne idée de cadeau !

Klaus : *3, rue Victor-Hugo. ☎ 03-81-67-98-73. • klaus.fr • Tlj sf dim et lun mat 10h-19h (lun 14h30-19h). Visite possible de la fabrique, sur résa (en principe, mer et ven mat, limité à 10 pers).* On vient à ce magasin d'usine avant tout pour les caramels mous, qui ont fait la réputation de la maison. Mais également pour toute une gamme de chocolat, aux parfums parfois osés, dont la collection *Criollo* ! Plusieurs autres magasins en Franche-Comté.

Rième Boissons : *21, rue de la Louhière. ☎ 03-81-67-15-33. • riemeboissons.fr • À la sortie de la ville, route de Besançon. Tlj sf dim 8h-12h et 14h-19h (sam 9h-12h et 14h-18h).* Ce producteur de boissons depuis 1921 est connu pour ses sirops (sapin, gentiane...) et surtout pour la *mortuacienne.* Cette limonade 100 % de Morteau est encore vendue dans des bouteilles en verre à bouchon mécanique, comme autrefois. Nombreux parfums : traditionnel, citron, grenade, mandarine, cola, etc.

La Fruitière : *30, Grande-Rue. ☎ 03-81-67-07-05. • fruitieremorteau.com • Tlj sf dim.* On y trouve une belle sélection de fromages, notamment un fameux comté, fruité à souhait, ainsi que quelques produits régionaux artisanaux.

LE DOUBS

Où acheter de bons produits dans les environs ?

La ferme-musée du Montagnon : *au hameau de Grandfontaine, 25390* ***Fournets-Luisans.*** *☎ 03-81-43-57-86. • montagnon.com • Au nord de Morteau. Pâques-Toussaint, tlj 9h-12h30, 13h30-18h ; vac de fév, tlj 14h-18h. GRATUIT. Boutique.* Dans cette ancienne ferme typiquement comtoise du début du XVIIIe s, on retrace et explique la vie d'autrefois à la ferme et le travail de la salaison. La visite vaut le coup, car elle permet de découvrir un haut *tuyé* de 13 m (et ses odeurs !), ainsi qu'un habitat traditionnel entièrement reconstitué.

À voir

Le musée de l'Horlogerie : *château Pertusier, 17, rue de la Glapiney. ☎ 03-81-67-40-88. • musee-horlogerie.com • (sf à l'étage). À la sortie de la ville, direction Pontarlier, au rond-point près de l'horloge. Tlj 10h-12h, 14h-18h ; fermé le mat et le w-e oct-fin avr (sf sur résa). Entrée : 6 € ; réduc ; gratuit moins de 12 ans. Compter 1h de visite.* Dans un petit château Renaissance de la fin du XVIe s, ce musée attachant retrace quatre siècles de tradition horlogère (certaines montres-oignons datent de 1620), qui vous seront parfois contés avec passion par Constant, l'horloger-conservateur. Après une section fascinante sur les pièces détachées et l'outillage de précision, on découvre les collections hautes en couleur. Parmi nos pièces préférées : un marégraphe, de très beaux cartels Louis XIV et Louis XV, un piège à mouches (!), une impressionnante horloge astronomique de 1 500 kg (2,20 m de haut), une très rare horloge de carrosse pour calculer le prix de la course, une horloge squelette du XVIIIe s dont

TROP BON

En 1880, Barthélémy Belzon, venu du Sud-Ouest de la France, embaucha d'un coup 800 ouvriers pour sa « Grande Fabrique », première usine d'horlogerie créée à Morteau. Il avait eu l'idée d'une montre bon marché mais de qualité. Fausse bonne idée : ces montres fonctionnaient tellement bien que personne ne les faisait réparer, ni n'en changeait...

l'énergie provient d'un système à double ressort hélicoïdal, etc. On trouve également le plus petit mouvement du monde (98 pièces pour moins de 1 g !), les premières montres à bracelet (1914) et une amusante collection de montres à gousset : sur 24h, pour les deuils, triangulaire sautante (!), de franc-maçon... Reconstitution d'un atelier d'horlogerie de 1930 et de celui de l'horloger-paysan qui travaillait « à la fenêtre ». Quelques grandes signatures (Breguet, Martinot...) et un hommage à la comtoise, ainsi qu'aux gens du pays qui ont donné de leur temps pour perpétuer cette tradition.

La fonderie de cloches Obertino : *44, rue de la Louhière. ☎ 03-81-67-04-08. • obertino.com • À la sortie de la ville, direction Besançon. Visite guidée possible sur résa.* De cette fonderie installée à Morteau depuis 1931 sortent des cloches en bronze de 100 g à 50 kg. Au cours de la visite des ateliers, on observe notamment l'étape cruciale du moulage. On peut également faire la visite de la même maison à Labergement-Sainte-Marie, dans le Haut-Doubs.

La ligne des Horlogers : créée au XIXe s (et non sans difficultés, certains secteurs affichent des pentes à 30 %), c'est une ligne ferroviaire régulière, quotidiennement empruntée par les travailleurs frontaliers. Cette ligne – dont les trains s'arrêtent en gare de Morteau – relie deux villes à l'histoire intimement liée à l'horlogerie (et au Patrimoine mondial de l'Unesco) : Besançon et La Chaux-de-Fonds.

Sports et loisirs

– ***L'espace Morteau :*** *10, chemin du Breuille, BP 32077. ☎ 03-81-67-48-72. • espacemorteau.com •* Sorties sportives en stage de ½ journée à plusieurs jours : VTT, canoë-kayak, ski de fond, raquettes, chiens de traîneau, spéléologie, parcours dans les arbres (la *Forêt de l'Aventure, • foretaventuremorteau.com •*)...

– ***Le centre nautique du Val de Morteau :*** *Les Fins. ☎ 03-81-67-25-48. • vert-marine.com • À 4 km au nord de Morteau, direction Maîche. Tlj.* Un complexe aquatique couvert et complet... Idéal les jours de grande chaleur !

Ski de fond : 85 km de pistes sur les sites des Combes et des crêtes franco-suisses, dont une bonne portion de la GTJ – Grande Traversée du Jura. Sites du Chauffaud, Meix-Musy, Bonade : 6 téléskis du débutant au skieur confirmé sur les 3 sites. *Plan des itinéraires balisés disponibles auprès des offices de tourisme de Morteau et Villers-le-Lac. Rens à l'office de tourisme. Enneigement et état des pistes : ☎ 09-80-08-63-49.*

Ski alpin : plusieurs petites stations familiales à Grand-Combe-Chateleu (780-983 m ; 2 remontées mécaniques pour 2 km de pistes), au Meix Musy (970-1 283 m ; 4 remontées mécaniques, 3,5 km de pistes) et au Chauffaud (1 070-1 181 m ; 1 remontée mécanique, 1 piste et 1 *boardercross*).

– ***Raquettes :*** 10 itinéraires, soit 46 km.

– ***Les sentiers de la contrebande franco-suisse :*** créés en 2014, dont celui de l'Orlogeur au raide succès. Infos : *syndicat mixte du Pays horloger (☎ 03-81-68-92-40, • lescheminsdelacontrebande.com •).*

Fêtes

– ***Un vent de hip-hop :*** *3 j., mi-janv.* Sympathique festival autour de cette culture urbaine, côté danse.

– ***Fête du Cheval Comtois :*** *début août.* Des équidés comtois en nombre !

– **GTJ 200 :** *durant l'hiver.* Cette course de ski de fond, « le plus long des rubans blancs », au départ de Giron, dans le département de l'Ain, prend fin sur les hauteurs de Morteau.

DANS LES ENVIRONS DE MORTEAU

GRAND-COMBE-CHÂTELEU *(25570)*

À 4 km au sud-ouest de Morteau par la D 437 direction Pontarlier puis, à gauche, la D 47. Capitale de la ferme à *tuyé,* cette grande cheminée pyramidale en bois caractéristique de la maison rurale de cette région, où l'on fume la charcuterie. Celles du hameau des Cordiers (à droite, en entrant dans Grand-Combe) se visitent et, dans le centre, la charcuterie *Faivre* propose des salaisons que l'on vous recommande.

À voir

Les fermes-musées du pays horloger : *association des Arts et Traditions populaires du Beugnon. ☎ 03-81-68-86-90. Visites guidées : juil-août, tlj sf lun 10h-12h, 14h-17h30 ; 2de quinzaine de juin et 1re quinzaine de sept, slt l'ap-m (sf lun), 14h-17h. Entrée : 4 € ; réduc ; gratuit moins de 12 ans.* Il y a beaucoup à voir, à sentir et à écouter dans ce beau musée réparti entre deux bâtiments anciens. Le premier abrite la ferme-atelier, avec une forge complète datant de plusieurs siècles. La balade se poursuit à la maison Jacquemot (XVIIIe s), une ferme comtoise typique dont la pièce maîtresse reste bien sûr l'impressionnant *tuyé* (grande cheminée à bois), où l'on fume viande et saucisses. Mais ce qui rend la visite attachante, c'est que la vie semble s'être arrêtée au départ du « Julot », dernier habitant des lieux. Les saucissons sont toujours suspendus dans la cuisine, la grande table dans le poêle est joliment dressée comme pour un jour de fête, les costumes sont bien rangés dans la chambre et les outils en bonne place dans l'atelier.
– Fête le 3e week-end d'août.

VILLERS-LE-LAC (25130) 4 500 hab. *Carte Doubs, C2-3*

Au bord d'un lac, évidemment. C'est surtout un point de départ pour des excursions dans les environs proches, où le Doubs se livre à quelques-unes de ses plus belles fantaisies. Somptueux paysages à découvrir, dont le lac de Chaillexon et les bassins du Doubs jusqu'à la fameuse chute. Le saut du Doubs et les bassins sont classés « Grand Site national ». On fait face à la Suisse dans cette petite ville bourgeoise aux grosses maisons sur les hauteurs, au cœur du pays horloger. La plupart des habitants vont travailler chez les voisins helvètes. À ce propos, attention les jours de semaine, gros embouteillages vers 17h pour traverser la ville, à l'heure des retours de bureau.

Adresses utiles

Office de tourisme : *rue Berçot. ☎ 03-81-68-00-98. • pays-horloger.com • Juin-sept et petites vac scol, lun-sam (plus dim mat juil-août).* Pots d'accueil et animations estivales.

Location de canoës-kayaks et d'embarcations à pédales : *M. Faivre, à Chaillexon. 06-30-07-28-68.*

Où dormir ? Où manger ?

Auberge Franc-Comtoise : *Le Cernembert. ☎ 03-81-68-01-85. • info@aubergefranc-comtoise.fr • aubergefranc-comtoise.fr • À 4 km au-dessus du centre-ville, direction le saut du Doubs. Avec petit déj, nuitée en dortoir env 21 €, doubles env 69-81 €. Menu env 20 € sur résa. Réduc de 20 % sur la visite en bateau au saut du Doubs sur présentation de ce guide.* Chambres simples et claires, tout en bois, avec salle de bains et petit salon, certaines avec kitchenette. Elles sont situées en contrebas de la maison, de plain-pied (accès indépendant), et donnent sur une terrasse face à une très belle vue sur les monts du Jura. Très sympa. Salle rustique agréable pour goûter la cuisine régionale. Accueil sympathique.

Hôtel-restaurant Le France : *8, pl. Cupillard. ☎ 03-81-68-00-06. • info@hotel-restaurant-lefrance.com • hotel-restaurant-lefrance.com • Fermé dim soir et lun (plus mar midi hors saison). Congés : fin déc-fin janv et 1 sem en nov. Doubles 68-88 €. Menus 22 € (le midi)-36 €. Absinthe offerte au resto sur présentation de ce guide.* Il y a du Olivier Roellinger chez Hugues Droz, même goût des voyages, de la rencontre et des saveurs exotiques qu'il introduit de façon subtile dans ses mets. L'une des plus belles adresses du coin en tout cas. Résultat : une cuisine fine et inventive, mais qui sait rester « simple ». Le chef a son propre jardin d'herbes et une riche collection d'épices, mais il va aussi chercher ses ingrédients en forêt ou dans les haies ! Salle de resto agréable, tout autant que le service. Superbe carte de vins. À noter, qu'en saison, on peut également se régaler de menus simplifiés et de grandes assiettes-repas servies en terrasse par le *Petit France*. Chambres à la déco contemporaine et à l'atmosphère feutrée. Notre grand coup de cœur dans le Doubs.

Où dormir ? Où manger dans les environs ?

Restaurant du Port : *2, route du Port, 25130* ***Chaillexon.*** *☎ 03-81-68-04-42. • restaurantduport25@orange.fr • Du rond-point face à l'Hôtel Le France, prendre la petite rue qui longe le lac. C'est au bout du quai. Tlj sf lun, plus mar hors saison. Menus 13,50 € le midi en sem, puis 24-28 €.* Un cadre exceptionnel qui fleure bon les vacances, avec ses barques et canoës alignés sur le rivage, face aux Brenets, en Suisse. Vaut le détour même pour un verre en terrasse ou dans le patio avec ses grosses tables en bois et la baie vitrée sur le lac. Quant à la cuisine, elle propose des spécialités régionales classiques, mais aussi des salades pour un repas léger, un bon choix de fritures de poisson ou tout simplement, le soir seulement, des pizzas au feu de bois et des caquelons gratinés.

Hôtel-restaurant Les Cygnes : *Les Pargots,* ***Villers-le-Lac.*** *☎ 03-81-68-01-20. • hotelrestaurantlescygnes.com • Par la route des Brenets, à gauche peu avt la douane (indiqué). Resto fermé dim soir et sam midi. Doubles 50 € (w-c communs)-70 € avec ou sans sdb privée. ½ pens 58 €. Menus env 13 € (midi en sem)-27 €.* Cet hôtel face à la Suisse et bordant le lac possède de bien jolies chambres, contemporaines ou plus classiques. Balcon et vue imprenable sur le lac pour la plupart. Au resto, salle avec vue ou terrasse géniale surplombant les eaux, idéale pour observer les cygnes se balader nonchalamment. Cuisine régionale de qualité.

À voir à Villers-le-Lac et dans le coin

Le musée de la Montre : *5, rue Pierre-Berçot, à Villers même. ☎ 03-81-68-08-00. • pays-horloger.com/musee-de-la-montre.html • Face à l'office de*

tourisme. En principe (vérifiez !), juin-sept, tlj 10h-12h, 14h-17h. Hors saison, slt sur résa (min 10 pers). Entrée : adulte 6 € ; réduc. Visite d'env 1h.
Vaste espace dans cette ancienne fabrique d'horlogerie, aménagé avec goût et précision (forcément !). Retrace l'histoire de la montre, de sa création entre 1500 et 1550 à l'apparition du quartz, de l'objet de luxe à sa démocratisation vers 1880, époque des premières fabrications en série. Une exceptionnelle collection. Rares, précieuses, polissonnes ou de deuil, contre-révolutionnaires, design.... Prenez le temps de suivre la visite, riche en anecdotes. Également une foule d'autres objets : les mille outils de l'horloger, ainsi que les porte-montres qu'on posait sur la table de nuit, chronomètres de marine, machines d'horlogerie. À côté, une salle intéressante qui retrace le travail des paysans-horlogers du Haut-Doubs à l'aide d'automates.

Le lac de Chaillexon : *à la sortie de Villers-le-Lac.* Petit lac que forme le Doubs, arrêté par un barrage naturel et qui commence ici à marquer la frontière entre France et Suisse. Il offre une belle promenade en suivant le quai.

Les bassins du Doubs : après avoir traversé le lac de Chaillexon, le Doubs s'étale pendant 3,5 km dans de larges (200 m) bassins cernés par de hautes falaises calcaires aux formes bizarres : comme ce rocher dit « du Sphinx », côté français, mais qui évoque aux Suisses la tête de Calvin ! Visite possible uniquement par bateau (voir plus bas). En hiver, ne pas manquer le magnifique spectacle des milliers de patineurs français et suisses qui viennent s'élancer sur le lac quand il est gelé (à leurs risques et périls). Ça doit être la plus grande patinoire en Europe !

Le saut du Doubs : *à 7 km, accès depuis Villers-le-Lac. Attention, pas d'accès direct en voiture, compter 30 mn de descente puis de grimpette bien raide au retour, depuis le parking des Vions. Sinon, prenez le bateau depuis Villers ou les calèches. Voir plus loin la rubrique « À faire ».* Les chutes du Niagara locales. On rigole, mais la cascade est vraiment impressionnante. L'eau chute de 27 m dans un bouillonnement d'écume. Un petit belvédère s'avance à l'aplomb de la cascade. Également une passerelle qui rejoint la Suisse et offre un autre point de vue. Un lieu terriblement touristique avec ses cabanes de souvenirs (rarement made in Franche-Comté), parasols publicitaires et marchands qui s'installent n'importe comment. Cependant, le cadre reste enchanteur... hors saison.

Le barrage du Châtelot : *par la route, à 2 km du hameau du Pissoux. On peut aussi s'y rendre à pied (sentier balisé depuis le saut du Doubs).* Au fond d'une profonde gorge hérissée de forêts, costaud barrage-voûte : 148 m de long, 73 m de haut, 14 m d'épaisseur à la base ! Produit une électricité franco-suisse !

À faire

En bateau

➢ Vedettes ou bateaux-mouches. La balade est un peu chère, certes, et pas vraiment intime, mais superbe. Une quinzaine de kilomètres à travers le lac, les bassins, avec arrêt pour la visite (à pied, il vaut mieux !) du saut du Doubs. Deux compagnies proposent sensiblement les mêmes prestations et les mêmes prix *(env 15 € ; réduc).*

■ ***Vedettes panoramiques :*** *embarcadère du Pont. ☎ 03-81-68-05-34. • vedettes-panoramiques.com • Au centre de Villers-le-Lac. Départs Pâques-Toussaint. Bateau-resto sam soir en juil-août.*

■ ***Compagnie Droz-Bartholet :*** *☎ 03-81-68-13-25. • sautdudoubs.fr • Pavillon d'accueil bien visible à l'entrée de Villers-le-Lac quand on* *arrive de Morteau. Départs réguliers avr-Toussaint (mars et nov selon dispo et météo).* Possibilité de repas (certains jours) et de revenir avec un autre bateau.

En calèche

■ ***Les Calèches du Saut-du-Doubs :*** *Le Relais des Calèches, la Courpée. ☎ 03-81-68-09-03. • caleche-saut-du-doubs.org • Tlj l'été à 9h45, 10h45, 13h45, 15h15 et 16h45. Avr-juin et sept-oct sur résa. Env 14,50-18,50 € selon formule ; forfait famille, réduc.* Balade en calèches aller-retour jusqu'au belvédère des Taillards/bassins du Doubs. Durée : env 1h30. Ou balade en calèches et en bateau via le saut du Doubs. Également des excursions d'une bonne demi-journée (déjeuner compris).

À pied

➢ ***Belles randonnées en suivant la rivière :*** au départ du Parking des Vions (5 km aller-retour), au départ du Lac de Chaillexon (10 km aller-retour) ou au départ de Villers-le-Lac (14 km aller-retour). Carte des sentiers de randonnées disponible à l'office de tourisme.

À VTT

➢ 🚲 Le circuit balisé du ***Meix-Foncin*** (assez difficile) surplombe sur la moitié de son parcours les bassins du Doubs. Carte des sentiers VTT disponible à l'office de tourisme.

LE RUSSEY (25210) 2 110 hab. *Carte Doubs, C2*

Gros bourg posé à près de 1 000 m d'altitude, Le Russey (se prononce « é » à la fin) est, à lui tout seul, presque un symbole du Haut-Doubs horloger. Avec d'opulentes fermes comtoises qui rappellent la vocation pastorale (depuis le Moyen Âge) de ce vaste plateau qui sépare Morteau de Maîche, mais aussi avec quelques grosses maisons bourgeoises (et un superbe hôtel de ville) du XIXe s qui témoignent des petites fortunes amassées avec l'horlogerie à l'époque. Enfin de tout nouveaux lotissements révèlent eux, la réalité locale du travail frontalier.

Les environs cachent quelques-unes des plus belles églises du massif du Jura. Fortement catholique, cette région était d'ailleurs surnommée « la Petite Vendée » sous la Révolution et a eu un peu de mal à digérer la séparation de l'Église et de l'État. Ce qui n'a pas empêché Le Russey d'élire, de 1959 à aujourd'hui, des maires socialistes, dont Robert Schwint qui fut par la suite, de 1977 à 2001, celui de Besançon.

Où dormir ? Où manger dans les environs ?

🏠 ***Gîte d'étape Les Guinots :*** *hameau Les Guinots, Cerneux-Monnots, 25210* ***Bonnétage.*** *☎ 03-81-68-62-54 et 03-81-44-06-44. • andre-guillaume@orange.fr • À 4,5 km à l'est du Russey par la D 414 direction Charquemont, puis à droite la D 457 direction Fournet-Blancheroche. Résa conseillée. Nuitée env 16 €/pers.* Gîte d'étape très simple, dans la nature. Dans d'anciens greniers à grain, 2 dortoirs pour 8 personnes et 1 chambre de 3 lits.

🏠 |●| ***Hôtel-restaurant L'Étang-du-Moulin :*** *5, chemin de L'Étang-*

du-Moulin, 25210 ***Bonnétage.*** *☎ 03-81-68-92-78. • etang.du.moulin@wanadoo.fr • barnachon.com • ♿ À 5,5 km au nord du Russey, en marge de la D 437 ; indiqué depuis le village de Bonnétage. Bistrot ouv mar soir-dim soir. Resto gastronomique ouv mer soir-dim midi. Double 120 €. Côté bistrot, formules 13,50-18 € (déj sem), menus 24-34 €. Au resto, menus 46-139 €. Café offert sur présentation de ce guide.* Un grand hôtel à la fois chic et nature, dans un environnement privilégié, au bord d'un étang, tenu par les Barnachon, une famille aguerrie à l'hôtellerie-restauration. Chambres actuelles tout confort, espace bien-être et, surtout, une table de talent dans une très belle salle panoramique à la déco contemporaine. Cuisine de terroir revisitée, avec des clins d'œil méditerranéens et des produits régionaux utilisés avec subtilité. Poissons particulièrement réussis, dont la fameuse féra du Léman. Service très soigné.

DANS LES ENVIRONS DE RUSSEY

L'église Saint-Georges : *au* ***Bizot.*** *À 7,5 km au sud-ouest du Russey. Tlj 9h-18h.* Une des plus belles églises du « berceau de l'Horlogerie ». Du début du XVIe s, elle donne, de l'extérieur, l'impression de s'être enfoncée dans le sol sous le poids de son toit de laves (estimé à quelque 460 t). On ne voit rien à l'intérieur de l'impressionnante charpente de sapin (100 m³) qui le supporte, mais il y a de quoi s'occuper la vue dans la sobre nef : chaire de bois polychrome du XVIIIe délicatement sculptée, lutrins de la même époque et intéressante statuaire dont un saint Georges du XVIIe.
Juste à côté de l'église, ancienne maison de justice avec de belles fenêtres à croisées. Remarquez sur le toit, la cheminée qui porte, en bas-relief, la tête d'un juge.

L'église Saint-François-d'Assise : *au* ***Bélieu.*** *À 7,5 km au sud-ouest du Russey.* Du XVIIe s à l'origine, typiquement comtoise avec son clocher à l'impériale et ses murs recouverts de tavaillons. À l'intérieur, tout témoigne du talent des sculpteurs sur bois locaux : les retables, l'autel de la Vierge, une pietà de 1667, la chaire... jusqu'au confessionnal.

CHARQUEMONT (25140) 2 250 hab. *Carte Doubs, C2*

Ce haut plateau surprend : on s'attend à y dénicher de tranquilles villages agricoles et on découvre de gros bourgs animés qui vivent principalement de l'industrie horlogère, dont Charquemont, berceau de l'horlogerie française. On y fabrique encore de belles montres (Herbelin, Clyde-Saint Honoré, etc.). Les habitants sont les Centsous ou Sansous... à vous de voir ! Sublimes paysages aux alentours.

Où dormir ? Où manger dans les environs ?

De prix moyens à chic

Chambres d'hôtes Les Grillons : *au lieu-dit* ***Le Bois-de-la-Biche.*** *☎ 03-81-44-07-01. À 5 km à l'est de Charquemont, par la D 10 vers Combe-Saint-Pierre puis fléchage « Le Bois-de-la-Biche ». Congés : courant janv. Double 60 €.* À 1 000 m d'altitude, en pleine nature, face à la Suisse. Grand chalet bucolique avec quelques chambres à l'étage, ou dans une annexe de plain-pied avec entrée indépendante, classiques et sans surprise.

Accueil convivial et souriant de Sylvie. Le restaurant *Au Bois de la Biche,* qui appartient à la famille, est à deux pas.

Hôtel-restaurant Au Bois de la Biche : *route de la Cendrée, lieu-dit* ***Le Bois-de-la-Biche.*** *☎ 03-81-44-01-82. • thierry.marcelpoix@wanadoo.fr • boisdelabiche.fr • À 5 km à l'est de Charquemont, par la D 10 vers Combe-Saint-Pierre puis fléchage « Le Bois-de-la-Biche ». Fermé lun (plus dim soir hors saison). Congés : janv. Double 67 €. Menus env 24 €, sf w-e et j. fériés, puis env 36-47 €. ½ pens 63 €/pers. Café offert sur présentation de ce guide.* Sur le passage du GR 5 et de la GTJ (Grande Traversée du Jura), cette adresse isolée ne fait pas que le bonheur des randonneurs (3 chambres classiques et confortables). Les habitués font le déplacement pour une cuisine régionale bien travaillée, réputée pour son gibier (le Bois de la quoi, déjà ?). Salle agréable ou belle terrasse ombragée.

Gîte d'étape et de séjour La Maraude : *3, route des Joux, 25140* ***Fournet-Blancheroche.*** *☎ 03-81-68-26-20. 06-15-07-02-36. • contact@lamaraude.fr • lamaraude.com • À 5 km au sud de Charquemont. Indiqué à droite sur la route menant à Fournet-Blancheroche. Congés : en fév. Double 85 € (slt en sem ou en basse saison).* Un gîte d'étape de luxe ! Attention, pas de location individuelle le week-end ou en saison, se réserve dans sa totalité. Face aux pistes de ski de fond, avec une vue sur tout le plateau, ce gros chalet, ancienne ferme du XVIIIe s, propose des chambres spacieuses et tout confort au beau lambris de pin. Mais ce qui lui confère un charme fou, c'est la cuisine avec un *tuyé* dont la poutre maîtresse est millénaire, la salle à manger avec ses boiseries d'époque, ou la galerie desservant les chambres, coiffée d'une verrière elle-même surmontée d'une impressionnante charpente. Grande terrasse avec BBQ. Étonnant. Et on n'a encore rien dit du sauna et du tennis !

Chambres d'hôtes L'Authentique : *4 bis, rue du Lieutenant-Colonel-Loichot, 25140* ***Fournet-Blancheroche.*** *☎ 03-81-68-23-41. • pagnot.stephane@wanadoo.fr • chambres-hotes-lauthentique.com • À l'entrée de Fournet en arrivant de Charquemont. Doubles à partir de 80 €. Table d'hôtes slt le soir (à partir de 4 pers).* Bienvenue dans le grand chalet de Céline, une pro de l'hôtellerie reconvertie dans la chambre d'hôtes. Autant dire que *L'Authentique* ne fait pas franchement dans le rustique, mais plutôt dans l'efficacité et le bien léché : déco contemporaine soignée, confort impeccable, terrasse agréable pour chaque chambre (la maison est de plain-pied), et de bonnes prestations (sauna, jacuzzi, local à skis ou vélos).

À faire

Ski de fond : 40 km de pistes qui rejoignent Maîche et La Combe-Saint-Pierre.

Quelques pistes familiales de ***ski alpin*** et des ***sorties en traîneau*** tiré par des chevaux comtois (voir avec l'office de tourisme de Maîche).

– ***Patinoire :*** une des rares patinoires artificielles du Haut-Doubs.

DANS LES ENVIRONS DE CHARQUEMONT

Le belvédère de la Cendrée : *accès fléché depuis Charquemont.* Il y en a en fait deux, posés à plus de 1 000 m au-dessus des gorges du Doubs. Superbe panorama sur les Franches Montagnes suisses. Sentier d'interprétation de la nature. Il n'est pas rare d'apercevoir quelques chamois jouant à saute-éboulis au pied de la falaise. Également la présence avérée de lynx, amateurs de chevreuil...

Les échelles de la Mort : *à 10 km au sud de Charquemont, par la D 464 ; 2 km après Fournet-Blancheroche, prendre dans un virage une petite route sur* *la gauche, qui descend sur 4 km. Au bout de la route, emprunter le sentier qui grimpe depuis le parking. Départ également depuis l'hôtel-resto Au Bois de la Biche (voir plus haut). Passez la douane (et précisez au douanier que vous n'avez pas l'intention d'entrer en Suisse), puis prenez tt de suite à gauche un petit chemin qui descend au fond de la gorge. Un sentier conduit ensuite (en un gros quart d'heure) à ces 2 échelles métalliques de 15 m, accrochées à une vertigineuse falaise.* D'en haut, beau belvédère dominant un impressionnant canyon formé par la vallée. Nombreux sentiers de promenade aux alentours. Le site a été entièrement réhabilité et sécurisé (accès, sentiers, échelles et belvédères). Également une via ferrata *(☎ 03-81-68-65-50 ; • combesaintpierre.fr •)*, accessible toute l'année.

DE LA BRICOTTE À LA GRIMPETTE

Les passerelles artisanales au-dessus des gorges du Doubs favorisaient la bricotte (contrebande) entre la France et la Suisse. Tout y passait, notamment tabac, sucre et chocolat. Ces échelles de la mort sont aujourd'hui ouvertes aux randonneurs, mais ont été sécurisées. Quant aux clients des comptes numérotés en Suisse, ils préfèrent prendre le TGV.

La station de loisirs La Combe-Saint-Pierre : *☎ 03-81-68-65-50. • combesaintpierre.fr •* Été comme hiver, toutes sortes d'activités sportives : accrobranche, rollerbe, kart, VTT, parc d'orientation...

GOUMOIS (25470) 200 hab. *Carte Doubs, D2*

Village de poche, enjambant le Doubs, donc la frontière. On y descend par la fameuse route de la Corniche, au somptueux panorama. La vallée est franchement superbe, encore profonde, et on entend presque le Doubs pousser un soupir de soulagement d'avoir enfin quitté ses étroites gorges. Le coin semble n'avoir pas bougé depuis que Jean-Jacques Rousseau y herborisait à la fin du XVIIIe s.

Où dormir ? Où manger ?

Camping municipal la Forge : *le long du Doubs, à 2 km du village, en direction du Moulin-du-Plain. ☎ 03-81-44-27-19. • mairiegoum@wanadoo.fr • Ouv avr-oct. Mai-sept, réception ouv 9h-10h30 et 17h30-19h. Compter env 11 € l'emplacement pour 2.* Une étroite bande de terrain épouse les rives du Doubs, et un second terrain accueille le trop-plein de l'autre côté de la petite route (40 places tout juste). Pas d'installations démesurées ici, plutôt un cadre naturel baignant dans un calme olympien. Sanitaires très corrects. Refuge pour les marcheurs à 50 m du camping.

Hôtel-restaurant Taillard : *route de la Corniche. ☎ 03-81-44-20-75. • info@hotel-taillard.fr • hotel-taillard.fr • En haut du village. Resto fermé lun midi et mer midi, plus mer soir en mars et oct. Congés : de début nov à mi-mars. Doubles 90-125 €. Menus 28 € le midi, puis 39,50-70 €. Apéritif offert sur présentation de ce guide.* Un charme authentique et une atmosphère sereine font de ce *Relais du Silence* l'une des plus agréables étapes du pays horloger... depuis plus de 100 ans ! Il y a tout ce qu'on aime : des chambres soignées et cosy avec vue sur la Suisse, une terrasse au soleil pour déjeuner, et une table courue proposant une belle cuisine de saison. Enfin, une piscine à l'extérieur et une salle de remise en forme avec sauna.

LE DOUBS

À faire

➢ Plusieurs sentiers de petite ***randonnée*** : sentiers du Renard, du Hérisson (on y découvre la roche Tournante, censée faire un tour sur elle-même une fois par siècle, essayez de tomber le bon jour !), du Martin-Pêcheur ou encore des Seignottes, où est indiquée l'essence des arbres. Documentation auprès de l'office de tourisme de Maîche.

➢ La ***Ronde des Verriers,*** balade sympa le long du Doubs par les deux rives, de la Goule à Soubey (en passant par Goumois). Quelques vestiges de l'activité verrière, paysages sereins, flore et faune intéressantes...

PASSAGE EN SUISSE

Les tracés des frontières conduisent parfois à des curiosités comme à Goumois. Ainsi, il y a un Goumois français et un Goumois suisse, deux douanes, deux écoles, mais l'église et le cimetière sont communs. Toutefois, durant la Seconde Guerre mondiale, même combat ! Goumois était un lieu de passage en douce tout indiqué pour les juifs et un bastion pour la Résistance. Le curé avait même, paraît-il, caché un canon volé aux Allemands dans le buffet de l'orgue !

Le centre de plein air des Seignottes : ☎ *03-81-44-21-30.* Descente du Doubs en canoë-kayak, à partir de Goumois (Moulin-du-Plain) : plusieurs itinéraires de 8 à 32 km.

Pêche : sites 1re et 2e catégories. Infos auprès de l'office de tourisme de Maîche et à l'hôtel-restaurant du *Moulin du Plain* à Goumois.

MAÎCHE (25120) 4 155 hab. *Carte Doubs, C2*

Chef-lieu de canton, cette ville active, implantée au cœur d'une forêt de sapins et du pays horloger, est le berceau du cheval comtois, de la vache montbéliarde et du fameux gâteau de ménage. C'est à Maîche que, le 13 novembre 1944, Winston Churchill et Charles de Gaulle se retrouvèrent pour préparer la grande offensive de l'Est qui allait libérer le nord de la Franche-Comté et reconquérir l'Alsace.

Adresse utile

Office de tourisme des cantons de Maîche et du Russey : *16, rue du Général-de-Gaulle.* ☎ *03-81-64-11-88. • maiche@pays-horloger.com • Juil-août, lun-sam et dim mat. Le reste de l'année, lun-ven et sam mat.* Fournit des cartes de randonnées à faire alentour. Se renseigner sur les nombreuses animations, sorties et visites. En été, organise des sorties randonnée, et des visites guidées.

Où camper ? Où manger ?

Camping municipal : *23, rue Saint-Michel.* ☎ *03-81-64-12-56. • camping@mairie-maiche.fr • mairie-maiche.fr • Ouv tte l'année sf nov. Forfait pour 2 : env 10 €. Chalets env 250-310 €/sem. Env 10 €/pers en dortoir au gîte, doubles également. 70 empl.* Petit camping tout simple aux emplacements disposés en terrasses. Un peu bruyant dans la journée (la rue est empruntée), mais cela se calme vite. Également un gîte d'accueil de 38 places. Location de chalets et caravaneige. Nombreuses activités sportives à proximité, été comme hiver.

Restaurant du Gey : *39, rue Saint-Michel. ☎ 03-81-64-02-74. • legey@wanadoo.fr • Tlj en été, sf mar plus lun soir et jeu soir hors saison. Congés : 15 j. fin juin. Formules 15 € le midi en sem, carte env 25 €. En saison, menu friture de carpe à volonté (avec dessert). Apéritif maison offert sur présentation de ce guide.* Intérieur entre pierre et bois, niché en contrebas d'une grande bâtisse. À la carte, des spécialités régionales comme la friture (truite, carpe...) et la viande fumée dans le *tuyé.*

À faire

– ***Nombreuses activités sportives :*** randonnée, VTT, cyclotourisme, équitation, escalade, tennis, accrobranche, via ferrata, complexe aquatique *Cristallys*... L'hiver, balades à traîneau avec chevaux comtois et conduite de chiens de traîneau *(rens à l'office de tourisme).*

– ***Randonnées équestres « Le Doubs frontalier » :*** *infos auprès de* ***Doubs Tourisme.*** *☎ 03-81-21-29-99. • doubs.travel •* Superbe itinéraire franco-suisse d'attelage équestre, entre le Doubs et le Dessoubre, long de 64 km.

Ski de piste, de fond et raquettes : seulement 1 piste rouge pour les skieurs alpins et 40 km de pistes jusqu'à Charquemont pour les amateurs de ski de fond.

Manifestation

– ***Concours national du cheval comtois :*** *ts les ans, les 2e ven et sam de sept. À Maîche (stade des Tuileries). Animations équestres sam ap-m ; accès gratuit pdt les 2 j. • cheval-comtois.com •* Concours réunissant tous les chevaux de race comtoise. C'est aussi l'occasion, pour les haras nationaux, d'acheter les plus beaux étalons destinés à la reproduction de l'espèce.

LA VALLÉE DU DESSOUBRE

Carte Doubs, C2

Sauvage et peu peuplée. Les pâturages et les forêts dégringolent vers le Dessoubre, qui suit son cours en se demandant s'il est une sage rivière ou un torrent dissipé. Belle balade le long de la D 39, qui longe tranquillement toute la vallée du cirque de Consolation à Saint-Hippolyte, sur une trentaine de kilomètres.

Où dormir ? Où manger dans la vallée ?

De bon marché à prix moyens

Ferme-auberge de Frémondans : *au hameau de Frémondans, 25380* ***Vaucluse.*** *☎ 03-81-44-35-66. • sandrine.moreau6@wanadoo.fr • Accès difficile. Depuis Saint-Hippolyte, à 19 km au sud sur la D 39, prendre une petite route à droite juste avt d'arriver au village de Rosureux. En juil-août, ouv le midi sam et dim plus les soirs hors jeu-ven) ; slt ven soir-dim midi sept-juin. Congés : oct et fin d'année. Compter 15-20 €, sur résa slt. CB* *refusées. Café offert sur présentation de ce guide.* Une auberge bien agréable dans une belle ferme comtoise qui domine la vallée. Quelle vue depuis la terrasse ! Petite salle rustique pour des produits maison et des spécialités régionales à prix doux. Accueil sympathique.

Hôtel-restaurant de Gigot : *lieu-dit Gigot, 25380* ***Bretonvillers.*** *☎ 03-81-68-91-18. • hotel.gigot@orange.fr • hotel-gigot-vallee-dessoubre.com • À la jonction entre la D 20 et la D 39 (qui suit le Dessoubre). De mi-mai à mi-sept, tlj. Le reste de l'année, resto fermé lun soir, mer soir et jeu. Congés : de mi-janv à fin fév. Doubles à partir de 50 €. Menu du jour 13,50 € midi en sem ; puis 20-35 €. Café offert sur présentation de ce guide.* Situation de choix pour cet hôtel de montagne, au bord du Dessoubre, paradis des pêcheurs (boîte de mouches et carte de pêche fournies). Une quinzaine de chambres toutes différentes, décorées dans des tons pimpants, tout à fait agréables, surtout celles qui disposent d'un balcon. Salle de restaurant colorée et bonne cuisine traditionnelle sans complication. Accueil sympa.

Chambre d'hôtes Le Château Rose : *au lieu-dit Le Moulin-du-Milieu, 25380* ***Vaucluse.*** *☎ 03-81-44-35-18. • leschambresdeclaire@gmail.com • Sur la D 39, à 5 km à l'est de Rosureux. Double 70 €.* C'était la maison d'un riche meunier. Une débauche de tourelles à colonnades qui a dû faire jaser dans la vallée. Un charme un poil tarabiscoté donc, pour cette agréable chambre d'hôtes. Meubles anciens dans des chambres décorées avec goût, avec balcon côté rivière. Jardin au bord de l'eau.

À voir. À faire

Le cirque de Consolation : *25390* ***Consolation-Maisonnettes.*** *À 30 km au sud de Saint-Hippolyte par la jolie route de la vallée du Dessoubre (D 39).* Au bout du monde. La route vient buter sur ce vaste cirque rocheux où le Dessoubre et son affluent le Lançot prennent leur source. L'une de ces reculées typiques du massif du Jura. Au cœur du cirque, l'abbaye Notre-Dame-de-Consolation, « Conso » comme disent ceux, nombreux, qui sont passés par le sévère internat religieux installé jusqu'en 1981 dans cet ancien couvent de minimes. C'est aujourd'hui un centre culturel et pastoral, la Fondation du val de Consolation *(☎ 03-81-43-67-67 ; • artisansdepaix.org •)*, qui propose un programme d'animations tous les étés (randonnées, ateliers, conférences, formations...). Sont également exposés quelques-uns des 3 500 outils à bois collectionnés par l'entreprise régionale de meubles Perrin. On peut, enfin, visiter la petite chapelle *(tlj 9h-19h)* et découvrir la maquette du site, et se balader dans l'immense parc. Noter que l'accès au site est payant : *env 3 €.*

– Plusieurs sentiers pour l'extraordinaire belvédère de la Roche-du-Prêtre (1h30) et la cascade du Lançot (20 mn)... Resto sur place en été.

La vallée de la Réverotte : *accès depuis le carrefour de Gigot, sur la D 39.* Encore plus discrète, encore plus solitaire que celle du Dessoubre.

AUTOUR DE LA VALLÉE DU DESSOUBRE

Le château de Belvoir : *à* ***Belvoir*** *(25430). ☎ 03-81-86-30-34. • chateau-belvoir.com • À env 10 km au nord-ouest de la vallée du Dessoubre par la D 464. Juil-août, tlj 10h-11h30 (dernier départ), 14h-17h30 (dernier départ) ; Pâques-fin juin et début sept-dernier dim d'oct, dim et j. fériés aux mêmes horaires. Visite guidée (env 1h). Entrée : 5,50 € ; réduc ; gratuit moins de 12 ans ; réduc avec le pass.* Un vrai château féodal (XIIe, XVe et XVIIe s), perché sur un éperon rocheux, vraiment plein de charme. Petit village pelotonné à ses pieds. Avec de bons yeux, on verra Madge-Fâ, curieux personnage sculpté sur la plus haute tour. Un artiste peintre a acheté la bâtisse dans les années 1950 et lui a doucement redonné toute sa superbe : belle cuisine aux cuivres étincelants (remarquez l'élégante horloge franc-comtoise avec son chiffre quatre caractéristique), placard en pierre sculptée (on construisait solide à l'époque), collection d'armes (exceptionnelle cotte de mailles du XIIe s), serrures anciennes... Également une surprenante inscription datée de 1224 qui serait la première inscription arabe connue en France. Et, bien sûr, les peintures de Pierre Jouffroy, le peintre dont les enfants entretiennent et font vivre aujourd'hui les lieux. Illuminations le soir.

Au village, belles ***halles seigneuriales*** du XIVe s (sans doute les seules toujours d'origine de Franche-Comté) et, sur la place, une plaque qui rappelle qu'en 1794 l'abbé du village y a été guillotiné.

Sancey-le-Long *(25430)* **:** une imposante (pour un aussi petit village) basilique néo-romane des années 1920 rappelle que c'est ici qu'est née Jeanne-Antide Thouret, fondatrice de l'ordre des sœurs de la Charité, canonisée en 1934. Pour les fans, possibilité de visiter sa maison natale (son et lumière).

SAINT-HIPPOLYTE

(25190) 1 060 hab. *Carte Doubs, C1-2*

Au confluent du Dessoubre et du Doubs, dans un creux de verdure, ce joli village qui fait partie des « Petites Cités comtoises de caractère » a su prendre soin de son patrimoine. Les fortifications ont disparu, mais de nombreuses belles maisons ont résisté au temps dans le centre historique. À voir également : l'église (XIVe s) qui abrita rien de moins que le suaire du Christ de 1418 à 1452, le couvent des ursulines datant de 1700 et les vestiges du château des comtes de la Roche. Celui-ci date du XIe s et se trouve à proximité de la grotte du même nom, à environ 1h de marche du centre du bourg.
En amont de Saint-Hippolyte, la belle vallée du Doubs, terrain de pêche et de randonnée, offre d'ailleurs d'innombrables sentiers et points de vue à découvrir, mais relie aussi ce chef-lieu de canton bien vivant, où vous pourrez trouver de quoi préparer votre panier pique-nique, à la jolie petite ville suisse de Saint-Ursanne. À 30 km, celle-ci a su conserver son caractère médiéval : rues pavées, jolies tourelles, superbe collégiale, cloître...

Adresse utile

Office de tourisme : *pl. de l'Hôtel-de-Ville. ☎ 03-81-96-58-00 et 03-81-96-37-14. • tourisme-saint-hippolyte-doubs.fr • De mi-juin à mi-sept, lun-sam 9h30-12h et 14h-17h (sam 16h) et dim 9h30-11h30. Sinon mar-ven (mar-jeu oct-mai) 10h-12h et 14h-16h, sam 10h-12h.* Visite guidée de la ville et sorties randonnée.

Où dormir ? Où manger ?

Camping Les Grands Champs : *rue Beaumotte. ☎ 03-81-96-54-53. • camping.shippolyte@gmail.com • Légèrement en dehors du bourg, de l'autre côté du pont, près du stade. Ouv de mi-avr à mi-sept. Forfait pour 2 : env 15 €. Loc de caravanes env 25 € la nuit. CB refusées. Plus de 60 empl.* Très calme et champêtre, aux portes de la ville mais déjà au milieu des montagnes. Agréable donc, malgré sa simplicité et le peu d'équipements disponibles. Terrain en terrasse qui dégringole jusqu'au Doubs en contrebas. Blocs sanitaires bien tenus. Également une dizaine de minichalets rustiques à louer auprès de la mairie pour 4 à 6 personnes *(☎ 04-73-19-11-11 ; 125-300 €/sem selon confort).*

Hôtel-restaurant Le Bellevue : *route de Maîche. ☎ 03-81-96-51-53. • hotel.bellevue@free.fr • lebellevue-hotel.fr • Fermé lun midi et ven soir, plus dim soir hors juil-août. Double env 75 €. Menus midi en sem 14,30 €, puis 28,50-40 €. Café offert au resto, sur présentation de ce guide.* Plus encore que pour avoir une chambre avec vue (à l'ancienne pour certaines), c'est pour le plaisir de la table que les habitués réservent la leur dans la belle salle de ce *Logis de France,* vénérable institution. L'été, on mange en terrasse la bonne cuisine traditionnelle ; à l'automne, gibier à la carte. Service plaisant.

Où dormir ? Où manger dans les environs ?

Prix moyens

Hôtel Le petit Relais : *15, pl. du Général-de-Gaulle, 25150* ***Pont-de-Roide.*** *☎ 03-81-31-81-37. • contact@hotel-le-petit-relais.fr • hotel-le-petit-relais.fr • À 12 km au nord de Saint-Hippolyte par la D 437. Chambres 55-80 €. Réduc de 10 % sur le prix de la chambre nov-avr, sur présentation de ce guide.* Au centre de la ville, ce petit hôtel familial a fait peau neuve dans un style contemporain de bon aloi pour la partie hébergement. Une quinzaine de chambres modernes confortables, parking, accueil très sympathique : une bonne étape en somme. En revanche, on logera plutôt sur l'arrière, car la route est passante. Bar au rez-de-chaussée.

Chambre d'hôtes de la Ferme du Mont : *chez Sophie et Vincent Fonquernie, ferme du Mont, 25190* ***Solemont.*** *☎ 03-81-93-31-10. 06-46-87-24-84. • bleumont@wanadoo.fr • bleumont.free.fr • À 14 km à l'ouest de Saint-Hippolyte via Villars-sous-Dampjoux. Dans Villars, direction Solemont. À l'entrée du bourg, à droite par une route de 2 km qui monte vers les éoliennes (indiqué). Congés : 2 sem fin sept. Compter 60 € pour 2. Repas sur résa 25 €. Un panier de produits de saison de la ferme offert sur présentation de ce guide.* Vous et la nature, voilà l'esprit de cette adresse toute simple tenue par un jeune couple d'agriculteurs sympathiques et accueillants, qui vous livreront leurs secrets sur les environs. Dans une dépendance de la ferme, une grande chambre de 50 m², avec également un canapé-lit et une salle de bains spacieuse. Calme, fonctionnelle et confortable. Nombreux chats et animaux de la ferme pour distraire les petits comme les grands. Repas avec les produits maison, bien sûr.

L'Auberge Fleurie : *25190* ***Bief.*** *☎ 03-81-96-53-01. • aubergefleurie@orange.fr • À 4 km de Saint-Hippolyte par la route de Pont-de-Roide. Indiqué sur la gauche. Dans le bourg. Fermé dim soir-lun. Menus 25-35 €. Café offert sur présentation de ce guide.* Une auberge familiale dans un charmant petit village situé sur la rive gauche du Doubs. Cuisine régionale soignée et réputée dans les environs. Voyez le nombre d'habitués le midi en semaine. Spécialités de poissons et de plats du pays (ah, la charlotte de queues d'écrevisse !). Une terrasse prolonge la salle à manger en été. Service discret. N'oubliez pas de jeter un œil juste en face, à la petite chapelle du XVIIe s et à la belle croix en pierre du XVIe s, au centre du village.

Plus chic

Restaurant Mon Plaisir : *lieu-dit Journal, 25190* ***Chamesol.*** *☎ 03-81-92-56-17. • mon-plaisir@wanadoo.fr • À 7 km au nord de Saint-Hippolyte. Fermé lun-mar et le soir des j. fériés. Congés : 2 sem fin août-début sept et 1 sem à Noël. Pas de carte, menus 45-88 €.* Une magnifique adresse gastronomique, nichée dans un endroit assez improbable, un village perdu sur la route du plateau du Lomont. Des plaisirs régionaux élégants et élaborés avec une grande maîtrise à la table de cette maison fréquentée par des familles d'habitués. Carte renouvelée chaque mois et volontairement limitée en choix, variant avec les saisons. Après le repas, agréable balade pour découvrir les fontaines et lavoirs du village, joliment restaurés et fleuris.

DANS LES ENVIRONS DE SAINT-HIPPOLYTE

Le musée de la Pince « Musons et Créons » : *rue de la Pommeraie, 25190* ***Montécheroux.*** *☎ 03-81-92-56-77 et 68-51. ♿ (75 % du site). À 7 km au nord de Saint-Hippolyte par la D 121. Mai-oct, tlj sf lun et mar 14h-18h. Slt sur rdv hors saison. Entrée : 5 € ; réduc. Visite commentée slt (env 1h) et vidéo (13 mn).* La pince du « Poinçonneur des Lilas » venait peut-être de Montécheroux. Parce que ce petit village accroché aux premières pentes du Lomont est la capitale mondiale de la pince et qu'il détient l'unique brevet de la pince entrepassée, dite aussi « maillée ». Carrément ! Une entreprise y fabrique encore 50 000 à 60 000 pinces par an pour l'horlogerie, la bijouterie (300 ouvriers jadis... 10 aujourd'hui, mais ça tient !). Et ce musée, géré par une association, présente une belle collection de pinces, des plus usuelles (de cordonnier, de bijoutier...) aux plus insolites (pinces miniatures, pince à déboucher les bouteilles de champagne, à découper les hosties, à scier les bagues...). Voir aussi la liste bien triée de tous les clients à travers le monde qu'avaient les entreprises du village, et une belle vitrine datant de l'Exposition universelle de 1889.

LE DOUBS

LE PAYS DE MONTBÉLIARD

- **Montbéliard..................126**
- Sochaux : le musée de l'Aventure Peugeot, le centre de production Peugeot-Citroën et le stade Bonal de Sochaux-Montbéliard
- Audincourt : l'église du Sacré-Cœur
- Vandoncourt : la Damassine
- Valentigney : le musée de la Paysannerie et des Vieux Métiers
- Mandeure : le théâtre gallo-romain
- Sur les hauteurs de Bavans : le fort du Mont Bart

Une microrégion à part dans le Doubs. D'abord historiquement : le pays de Montbéliard n'est français « que » depuis 1793. Ensuite économiquement : avec ses dizaines de milliers d'emplois, il reste le poumon économique de toute la région et l'un des premiers sites industriels de France avec des sociétés de pointe. Pas le genre d'endroit où passer ses vacances ? Eh bien, pourquoi pas ! Parce que le pays de Montbéliard n'est pas que ça, loin de là. Au carrefour avec la Suisse et l'Allemagne, sur le passage du canal Rhin-Rhône, il faut en effet relever les efforts déployés par la municipalité pour valoriser les façades et développer les aménagements d'urbanisme. En outre, Montbéliard justifie son titre de « Ville et Pays d'art et d'histoire » avec un beau patrimoine et révèle un centre semi-piéton accueillant.

UN PEU D'HISTOIRE

En 1407, Henriette de Montfaucon, petite-fille du dernier comte de Montbéliard, épouse le prince Eberhard IV de Wurtemberg. Le pays de Montbéliard et la ville du même nom, dite « cité des Princes », font désormais partie intégrante de l'Empire germanique, avec tout ce que cela suppose comme conséquences sur sa vie sociale, politique, économique puis religieuse, même si les habitants continuent à parler le français. Le comté devient principauté, en 1495, et la ville véritable cité princière. Les ducs de Wurtemberg y établissent (en alternance avec Stuttgart puis Ludwigsburg) leur résidence. Les rois de France apprécient moyennement cette enclave germanique, surtout quand la principauté se montre sensible aux idées de la Réforme. Au XVIe s, la religion réformée y est officielle, Montbéliard devient carrément une petite capitale luthérienne. Les ducs de Wurtemberg entretiennent ensuite des liens étroits avec la Russie du tsar. Très étroits même : Sophie-Dorothée de Wurtemberg-Montbéliard devient, au XVIIIe s, la tsarine Maria Feodorovna. Étonnamment, les révolutionnaires parviendront presque facilement à ce que les rois n'ont eu de cesse d'essayer : en 1793, la principauté est rattachée à la France.

La « Peuge »

Le XIXe s marque le début d'une mutation économique qui va bouleverser complètement la région et tracer un trait – aujourd'hui gommé – sur le passé princier de la principauté. Le rattachement à la France ouvre de nouveaux débouchés, la bonne société luthérienne est ouverte au progrès. Après le développement de l'horlogerie par Japy, en 1887, c'est Armand Peugeot qui lance une petite entreprise familiale (qui fabriquait des moulins à café et des vélos) dans l'aventure. La première Peugeot à pétrole prend la route dès 1890, route qui sera longue. En 1912, la société des automobiles *Peugeot* installe son usine à Sochaux.

ET PEUGEOT HABILLA LES ÉLÉGANTES

En 1830, les crinolines étaient une armature en crin de cheval (d'où son nom) qui servait d'armature aux robes. Peugeot, qui fabriquait des lames de scie, produisit de fins arceaux d'acier bien plus souples et plus légers. Le succès fut tel qu'il fabriqua jusqu'à 1 000 crinolines par jour. La mode s'estompa dans les années 1880, pour laisser la place à l'automobile.

1945-1975, les Trente Glorieuses : 40 000 employés en 1972, 25 000 emplois induits dans la sous-traitance. À Audincourt, Valentigney, Mandeure, les rues longent d'interminables murs d'usines. Un eldorado qui attire d'abord les paysans de Haute-Saône, puis des travailleurs venus de beaucoup plus loin : Maghreb, Turquie, Yougoslavie. Les courbes de démographie s'affolent, le pays de Montbéliard pousse en hauteur, se hérisse de cités verticales. D'un paternalisme extrême, la « Peuge », comme on dit ici, est partout.
1975-1985 : le bouleversement. Peugeot investit 8 milliards de francs lourds dans l'usine de Sochaux pour en faire la plus moderne d'Europe, mais entame le licenciement de 20 000 personnes. Immeubles murés parce que désertés (l'incitation au départ des travailleurs immigrés a fonctionné), forte poussée du chômage : la région est sous le choc. Aujourd'hui, le pays de Montbéliard reste le seul centre urbain en France à s'identifier à l'automobile (à croire que les autres marques n'existent pas, c'est assez impressionnant sur les routes !) et entretient des rapports quasi affectifs – mêlant fierté et défiance – avec Peugeot.

MONTBÉLIARD (25200) 26 600 hab. *Carte Doubs, C1*

• Plan *p. 129*

Montbéliard, pensez-vous, est une petite ville industrielle, ennuyeuse, grise... Stop ! On visite d'abord : des ruelles médiévales à l'ombre d'un beau château perché, des maisons hautes en couleur, un temple Renaissance, de somptueux hôtels particuliers du XVIIIe s, des spécialités gastronomiques (la célèbre saucisse a décroché son IGP – Indication géographique

protégée – en 2011), un pôle universitaire et multimédia, une identité scientifique et technique affirmée ! Sans oublier le stade Bonal (pelouse chauffée et charpente de 1 200 m³ en épicéa), qui se visite.
Cette « Ville d'art et d'histoire », à la devise « Dieu seul est mon appuy ! », est bien agréable, modeste et chaleureuse, et tout y est à échelle humaine : des rues piétonnes, des manifestations artistiques régulières (au sein de son théâtre *L'Allan*) et sportives... Elle a même sa propre bière artisanale, la *Griffe du Lion* !

LA FÊTE DE LA LUMIÈRE

Que « fêtes »-vous, en décembre ? Si vous voulez assister à une vraie fête de fin d'année, venez aux « Lumières de Noël » de Montbéliard : vous tomberez, comme nous, sous le charme du plus authentique, du plus sincère des marchés de Noël de tout le pays. Un Noël dans la plus pure tradition germanique, où la tante Airie (bonne fée du pays) veille à ce que l'ambiance reste toujours aussi bon enfant. Fête de la Lumière (115 000 points lumineux illuminent la ville) et défilé de la lumière. Mais aussi fête des saveurs et de la bonne humeur. Quelque 140 artisans sont blottis autour du plus vieil édifice de France affecté au culte réformé. Nombreuses animations pour les enfants.

Adresses et infos utiles

Office de tourisme du Pays de Montbéliard *(plan B1)* ***:*** *1, rue Henri-Mouhot. ☎ 03-81-94-45-60. • paysdemontbeliard-tourisme.com • Près de la gare, au pied du château. Tlj sf dim (plus lun mat hors de mi-juil à mi-août). Également un bureau saisonnier au port de plaisance et un chalet d'accueil sur le marché de Noël.* Fournit de nombreux documents, dont le *pass Pays de Montbéliard* à 10 € (entrées gratuites ou à tarifs préférentiels, etc.). Infos sur les animations, visites guidées et escapades thématiques dans les environs... Également une librairie-boutique. À saluer aussi, l'effort d'accueil pour les personnes à mobilité réduite, malentendantes ou malvoyantes.

– ***Les Instantanés de l'été :*** *en été, à 20h, visites guidées théâtralisées. Sur résa et payant.* Pour découvrir la ville et son patrimoine.

Bus urbains : *CTPM, ☎ 0800-800-892. • ctpm.fr •* Réseau rejoignant l'ensemble des communes avoisinantes. Également des bus pour Belfort (arrêt *Acropole,* en face de la gare).

Port de plaisance *(plan A2)* ***:*** *capitainerie, rue Charles-Lalance. ☎ 03-81-94-45-60. Avr-oct.* Sur le Doubs et le canal du Rhône au Rhin, l'un des plus beaux et des plus sauvages parcours de France relie le Rhin à la Saône depuis 1834. On peut rejoindre ainsi Mulhouse, Besançon ou Dole et profiter de l'ancien chemin de halage devenu l'Eurovélo 6 pour se dégourdir les jambes.

Où dormir ?

De prix moyens à chic

Hôtel Bristol *(plan B1,* ***11****)* ***:*** *2, rue de Velotte. ☎ 03-81-94-43-17. • hotel.bristol@wanadoo.fr • hotel-bristol-montbeliard.com • Doubles 69-95 €. Parking privé payant. Réduc de 10 % sur le prix de la chambre sf marché de Noël, sur présentation de ce guide.* C'est la bonne surprise de la ville. Car cet hôtel a su s'adapter à l'air du temps, et a revu ses chambres dans un style douillet très actuel. Un bon confort donc, renforcé par une extension moderne qui abrite une piscine intérieure chauffée et un sauna ! Super, d'autant que l'accueil est fort sympathique. Salon de thé *(tlj 7h15-19h).*

Hôtel de la Balance (plan B2, **12**) : *40, rue de Belfort. ☎ 03-81-96-77-41. • contact@hotellabalance.com • hotellabalance.com • ♿ Dans la vieille ville. Doubles avec bains 75-85 €. Parking.* Cette maison du XVIe s a bien du caractère avec son élégante salle à manger (ancienne salle de bal avec moulures et lambris), ses meubles anciens, un solide escalier de bois qui craque comme au bon vieux temps... Chambres de bon confort, certaines plus modernes que d'autres. Nos lecteurs férus d'histoire demanderont la chambre aux meubles d'origine où a séjourné, en 1944, le maréchal de Lattre de Tassigny. Charme de l'histoire. Accueil efficace et sympathique.

Chambres d'hôtes La Rêverie (plan B2, **13**) : *11, rue Charles-Goguel. ☎ 03-81-94-06-00. 📱 06-81-22-79-30. • lareveriemontbeliard@gmail.com • lareveriemontbeliard.fr • Congés : 2 sem en août. Double 95 € ; familiale.* Fort bien située, à deux pas du centre-ville, une adresse de caractère au milieu d'un parc arboré (avec un superbe cèdre du Liban bicentenaire) bordant la petite rivière *Allan*... Grande demeure de charme à l'image de la salle à manger réalisée par Majorelle (le grand ébéniste de Nancy). Aux 2e et 3e étages, chambres thématiques, mélangeant astucieusement le passé et des clins d'œil contemporains. Beau petit déjeuner, salle de remise en forme, petite cuisine à dispo, barque pour canoter et accueil chaleureux de Nathalie et Philippe.

Où dormir dans les environs ?

Chambres d'hôtes au château Sahler : *rue du Mont, 25400* ***Exincourt.*** *☎ 03-81-94-37-74. 📱 06-18-41-09-61. • lemont@chateausahler.com • chateausahler.com • ♿ (1 chambre). À 6 km à l'est de Montbéliard. Tte l'année. 2 doubles et 3 suites à partir de 80 €.* Au calme, malgré la proximité de l'autoroute (on ne la voit pas), et agréablement situé dans un beau parc arboré de 5 ha, cet élégant château du début du XXe s se distingue par une étonnante architecture intérieure faite de demi-niveaux réunis par de beaux escaliers, des galeries et balcons à colonnes. Ascenseur pour conduire aux chambres et suites de très bon confort, toutes personnalisées avec goût. Spa et piscine couverte ou découverte selon météo, et terrain de tennis. Une vraie adresse de charme.

Chambres d'hôtes de la Maison de Juliette : *8, rue des Combes-Saint-Germain, 25700* ***Valentigney.*** *☎ 03-81-91-88-19. • maisondejuliette@orange.fr • maisondejuliette.fr • ♿ À 10 km au sud de Montbéliard, sortie n° 7 sur l'A 36. Double 85 €.* Tous les avantages de l'agglomération (accès en bus, proximité de l'Eurovéloroute), tout en étant au vert dans ce beau parc planté de tilleuls. La *Maison de Juliette,* une demeure bourgeoise pleine de charme, a appartenu à une demoiselle Japy. Elle abrite une suite et une chambre, se partageant la salle d'eau. Idéal pour les familles ! Et des chambres intimistes (« Pâquerette » et « Tourterelle ») aménagées dans la maison de jardin (avec entrée indépendante)... Françoise (mais où est donc Juliette ?) chine, ressort le linge de ses grands-mères et s'amuse à mettre en scène le mobilier.

Où manger ?

Attention, soyez prévenu, à Montbéliard, il n'est pas facile de trouver de quoi casser la croûte le week-end.

De bon marché à prix moyens

L'Arlequin (hors plan par B1, **20**) : *71, route de Belfort, 25600* ***Vieux-Charmont*** *(juste au nord de Sochaux). ☎ 03-81-95-41-65. • contact@arlequin-restaurant.fr • Au nord-est de Montbéliard... Très facile à trouver, juste après le musée Peugeot, c'est tt droit. Bus n°s 5 et 7. Tlj sf mer et sam midi, plus mar hors saison. Congés : 3 sem en août, courant*

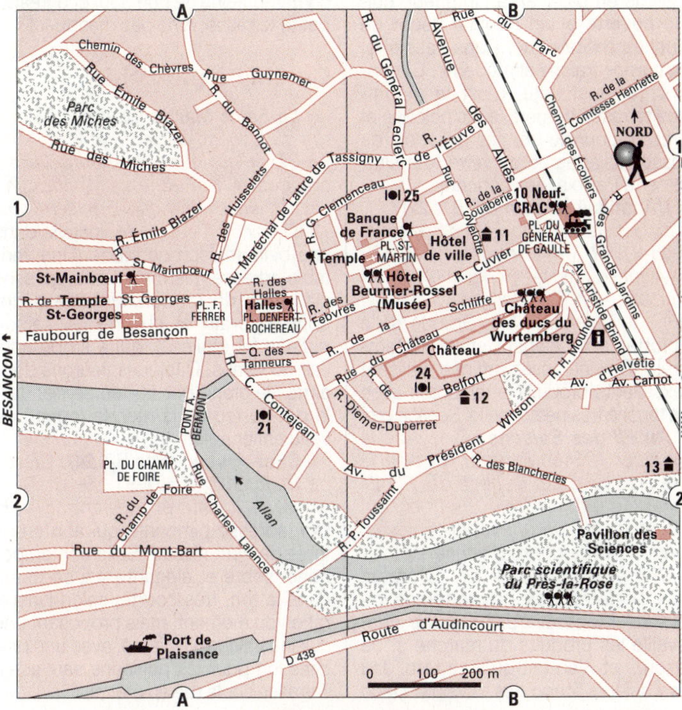

MONTBÉLIARD

Adresse utile	13 Chambres d'hôtes La Rêverie
Office de tourisme du pays de Montbéliard	**Où manger ?**
	20 L'Arlequin
Où dormir ?	21 Bains-Douches
	22 L'Arianis
11 Hôtel Bristol	24 Chez Joseph
12 Hôtel de la Balance	25 Le Saint-Martin

sept et aux vac de Toussaint. Menus 15-18 € (midi en sem), repas 20-30 €. Apéritif maison offert sur présentation de ce guide. Une adresse exceptionnelle. Très agréable maison avec terrasse protégée, cadre chaleureux et coloré comme l'accueil de Nataly, la patronne, enfant de la balle, ancienne élève du cirque Annie Fratellini, aussi douée sur la piste qu'en cuisine... Vous dégusterez ici les meilleures pizzas de la région, une craquante friture de carpe (sans arêtes !)... Organise le vendredi de belles soirées à thème avec des artistes de talent. Très, très conseillé de réserver !

Bains-Douches *(plan A2, **21**) : 4, rue Charles-Contejean. ☎ 03-81-98-45-71. Tlj sf lun, sam midi et dim soir. Menus 20 € (en sem)-29,50 €. Brunch d'anthologie le dim.* Anciens bains publics construits en 1952 transformés en resto tout en gardant l'essentiel de leur caractère avec leurs mosaïques d'origine. Terrasse confortable avec fauteuils en osier et, à l'intérieur, cuisine ouverte et un original décor de douches à l'italienne. Dans l'assiette, une cuisine fraîche et moderne. Cependant, le must l'été, c'est la magnifique terrasse derrière, avec pelouse et parasols pour de bonnes grillades, de grosses salades ou un verre tout simplement. Parfois, des concerts.

L'Arianis *(hors plan par B1,* ***22****)* **:** *11, av. du Général-Leclerc, 25600* ***Sochaux.*** *☎ 03-81-32-17-17. • contact@arianis.fr • À côté du musée Peugeot. Tlj sf ven soir, sam, dim soir. Congés : 3 sem en août. Compter 20-35 €.* Grande salle confortable à l'élégant style contemporain. Cuisine assez raffinée, utilisant d'excellents produits et élaborée avec une touche très personnelle. Service pro.

Au Fil des Saisons **:** *3, rue de la Libération, 25460* ***Étupes.*** *☎ 03-81-94-17-12. À 3 km à l'est de Montbéliard, direction Delle. Fermé sam midi, dim soir, lun et midi des j. fériés. Congés : fêtes de fin d'année. Menus 25,90 €, puis 29,50-40 €.* C'est la table préférée des gastronomes du pays de Montbéliard. Le jeune chef travaille les produits du marché et de saison... et n'en fait qu'à sa tête. Jeu des couleurs, choc des saveurs. Déco contemporaine de bon goût et agréable petite terrasse. À ne pas manquer !

De chic à plus chic

Le Saint-Martin *(plan B1,* ***25****)* **:** *1, rue du Général-Leclerc. ☎ 03-81-91-18-37. • lesaintmartin.montbeliard@orange.fr • ♿ Fermé sam midi, dim, lun et j. fériés. Menus 29 € en sem, puis 78 € ; env 50 € à la carte.* Installé dans une belle maison de pierre. Une véritable adresse gastronomique, au sens classique du terme. Agréable décor contemporain et cuisine de saison raffinée (et étoilée !), qui a su prendre l'air du temps. Quelques fleurons de la carte : le grand pot-au-feu de viandes, le pot-au-feu de la mer, le rognon de veau entier polenta...

Chez Joseph *(plan B2,* ***24****)* **:** *17, rue de Belfort. ☎ 03-81-91-20-02. Tlj sf dim et lun. Menus et carte env 55-70 €.* Une adresse pimpante qui abrite une table de haut niveau. Salle contemporaine, sobre et élégante. La carte est dans le ton, très courte, selon l'inspiration du moment, mais proposant une cuisine fraîche, vivifiante, avec une prédilection pour les poissons sauvages. Terrasse sur la rue en été.

Achats

Fromagerie de Montbéliard **:** *60, rue Jacques-Foillet. ☎ 03-81-91-37-85. • lafromageriedemontbeliard@gmail.com • Fermé dim ap-m.* Assez excentré, dans une zone commerciale, pas facile à trouver (se renseigner à l'office de tourisme ou téléphoner). La ville qui porte le nom de l'une des plus célèbres vaches de France se devait d'offrir aussi une vitrine pour ses fromages. 8 producteurs laitiers se sont donc unis pour populariser le *montbéliard* et d'autres productions issues des fermes locales. Très grand choix de produits.

À voir

Montbéliard est une ville dont le centre ancien – plusieurs bourgs en cercles concentriques autour du château – se visite à pied. Suivez le sentier urbain Heinrich-Schickhardt (adapté au déplacement des personnes à mobilité réduite, avec aide). Il vous mènera sur les pas de l'architecte talentueux du duc Frédéric Ier de Wurtemberg (brochure gratuite à l'office de tourisme). Visites possibles en langue des signes. Pensez également à vous procurer le guide du patrimoine *(payant)* ainsi que le *pass* tourisme pour faire des économies sur l'entrée des musées et des sites.

Le château des ducs de Wurtemberg *(plan B1)* **:** *☎ 03-81-99-22-61. ♿ Tlj sf mar (et certains j. fériés) 10h-12h, 14h-18h. Entrée : 5 € ; billet jumelé avec le musée d'Art et d'Histoire Beurnier-Rossel ; réduc ; gratuit moins de 18 ans et pour ts les 1er dim du mois.*

Du premier édifice construit à partir du XIIe s ne subsistent que deux tours, l'une du Moyen Âge et l'autre de la Renaissance, massives mais élégantes avec leurs lanternons. Une belle grille en fer forgé contemporaine ferme la cour de l'Ours devant la tour Henriette. Le très classique corps de logis, édifié en 1750 pour apporter plus de confort à la demeure, abrite désormais un beau et vaste musée multithématique.

Les salles historiques
C'est de loin la partie la plus intéressante du musée. Mais à l'exception des cuisines des XVIIe-XVIIIe s et d'une salle renfermant quelques maquettes du château et une série de tableaux, elles sont uniquement accessibles à l'occasion de visites guidées *(tlj sf mar à 15h).* On découvre dans les étages des tours (belle charpente au sommet) et, dans plusieurs salles du logis, des vestiges archéologiques, des collections d'armes anciennes, du mobilier exceptionnel ainsi que de nombreux portraits de la famille de Wurtemberg. Voir notamment le fameux bassin de la tempérance réalisé par Briot au XVIe s, une sorte de plateau en étain, dont la copie constitue le trophée du tournoi de tennis féminin de Wimbledon !

Peinture
Une large section, aérée et lumineuse, est consacrée aux expositions temporaires. La collection permanente s'intéresse aux artistes régionaux, représentés notamment par les peintres Paul Élie Dubois, Pierre Jouffroy, Georges Bretegnier, ou encore le sculpteur Armand Bloch.

Section archéologique
Inattendus galets gravés et peints de la préhistoire. Pour les Gallo-Romains : fibules (certaines sont de petites merveilles d'ornementation), céramiques sigillées et verrerie provenant des fouilles du site de Mandeure (5 000 pièces tout de même, dont une remarquable mosaïque), autour du IIIe s apr. J.-C. Pour les âges des métaux, belle collection de boucles de ceinture mérovingiennes.

La galerie d'histoire naturelle Cuvier
Né en 1769 à Montbéliard, Georges Cuvier est considéré comme le père de la paléontologie moderne. C'est lui qui révéla le monde très ancien des dinosaures. On voit ainsi nager, suspendu au plafond de l'une des salles, un eurhinosaurus (180 millions d'années), un reptile marin géant trouvé à Noirefontaine, pas très loin. À côté, un tyrannosaure en colère détruit un mur ! On se croirait dans *Jurassic Park.* Également de nombreuses vitrines et fossiles à découvrir, le tout agrémenté de bruitages et autres grognements préhistoriques ! Ne pas manquer non plus la reconstitution du bureau du célèbre scientifique.

La faune et la flore de Franche-Comté
Partie consacrée aux sciences naturelles actuelles. Le musée a son propre taxidermiste à demeure. Ainsi, une vache montbéliarde empaillée, répondant au nom d'Orée, trône désormais au milieu de l'une des salles ! On peut aussi entendre et identifier de nombreux chants d'oiseaux. Très belles reconstitutions d'écosystèmes, à différentes saisons.
– Le château accueille aussi, l'été et pendant les Lumières de Noël, des ***expositions temporaires*** d'envergure avec des visites et des ateliers pour les enfants et les familles.

Le logis des Gentilshommes *(plan B1-2)* **:** *à l'extrémité de l'esplanade (ou acropole) du château.* Il abrite le Conservatoire de musique et date de 1597. Façade à pignons typique de la Renaissance souabe (du pays souabe, en Allemagne). Construit par l'architecte wurtembergeois Heinrich Schickhardt (qui, au terme de notre balade dans Montbéliard, sera devenu une vieille connaissance !).

Le cœur historique : quartier d'origine médiévale au pied du château. De vieilles maisons hautes en couleur pour renouer avec la tradition chromatique des cités alémaniques des XVIe-XVIIe s. Sur les façades, le lilas le dispute au safran,

LE DOUBS

l'ocre au vieux rose. Au n° 42, rue de Belfort, hôtel particulier de 1559 : remarquez la tourelle (yorbe) typiquement montbéliardaise, qui abrite un escalier. Rue Diemer-Duperret, notez aussi les « tchâfas », grandes lucarnes de service au centre des façades, là encore spécialités architecturales locales. À l'angle de la rue de Belfort et de celle de la Sous-Préfecture, une grosse maison verte. C'est celle où est né le compositeur d'opérettes Francis Lopez (1916-1995).

Le temple Saint-Martin *(plan B1) : fermé au public, l'édifice se visite à certaines occasions (ap-m en juil-août, pdt les Lumières de Noël et les Journées du Patrimoine). Infos au ☎ 03-81-94-45-60.* Le plus ancien édifice français affecté au culte de la Réforme. Conçu en 1604 par l'inévitable Schickhardt, dans un style Renaissance italienne. L'intérieur est d'un dénuement total pour que « l'œil ne s'accroche à rien sinon à l'espace rempli de la parole de Dieu ». Grande salle au plafond à caissons. Elle abrite la copie du *Mömpelgarder Altar,* un retable protestant de 2 m x 4 m, réalisé en 1540 par l'atelier du peintre wurtembergeois Heinrich Fullmaurer et commandé par le comte Georges de Montbéliard pour lui servir de catéchisme illustré façon B.D. : l'un des chefs-d'œuvre de la Renaissance d'Allemagne du Sud.

L'hôtel Forstner (Banque de France *; plan B1) : juste derrière le temple Saint-Martin.* Encore un bel exemple de façade d'architecture influencée par la Renaissance italienne. Superposition d'ordres antiques : dorique, ionique, corinthien, etc. L'occasion de réviser ses classiques.

L'hôtel Beurnier-Rossel, musée d'Art et d'Histoire *(plan B1) : pl. Saint-Martin. ☎ 03-81-99-24-93. À côté du temple. Tte l'année, ouv les w-e 14h-18h ; mer-dim 14h-18h en juil-sept et pdt les Lumières de Noël. Billet jumelé avec le musée du château : 5 € ; réduc ; gratuit moins de 18 ans et pour ts le 1er dim du mois.*

Hôtel particulier construit en 1774, renfermant à la fois un musée et un intérieur d'époque élégamment reconstitué, évocateur de l'ambiance dans laquelle vivait une famille de la bourgeoisie protestante : quelques portraits de membres de la famille Beurnier-Rossel, salon de musique avec pianoforte et table-portefeuille de jeux. Dans le grand salon, superbe poêle en faïence ouvragé signé Jacob Frey, un bureau à pente, deux commodes Transition et une bibliothèque signés d'un célèbre ébéniste local, Abraham Nicolas Couleru. Bouddha dans le salon-bibliothèque, boiseries peintes de décor en grisaille, etc. Section d'art et traditions populaires montbéliardaises. Brève évocation de l'histoire locale : poids et mesures de la principauté, étains liturgiques protestants, poupées anciennes et jeux de société des XVIIIe-XIXe s. Enfin, sous les combles, remarquable collection de boîtes à musique *L'Épée* des XIXe-XXe s et automates à musique.

Les Halles *(plan A1) :* du XVIe s. Imposantes, avec leur façade très régulière, rythmée par de nombreuses fenêtres. Devant, la pierre à poissons du XVe s (non, ce n'est pas un banc public !). Elle servait d'étal les jours de marché. Guillaume Farel l'aurait utilisée comme tribune pour prêcher la Réforme en 1524.

L'église Saint-Maimbœuf *(plan A1) : rue Saint-Maimbœuf, au cœur de la Neuveville, quartier créé par Schickhardt pour accueillir les réfugiés huguenots. Mar-sam 9h-12h, 14h-17h (18h en été).* Elle domine (dans tous les sens du terme) le temple Saint-Georges (XVIIe s). Ce n'est pas une église, c'est un règlement de comptes ! C'est d'ailleurs bien parce que le catholicisme voulait prendre « une sainte revanche » qu'elle a été construite (de 1850 à 1875). Un imposant escalier, une vaste terrasse, une flèche aiguë qui culmine à 65 m : monumentale (pour la ville) ! Et encore, des problèmes financiers n'ont pas permis son achèvement. Intérieur bien théâtral aussi (retables et buffet d'orgue baroques, gigantesque tribune) mais doté d'une galerie de circulation en hauteur inspirée des temples réformés...

Le 10 Neuf (CRAC *; plan B1) : 19, av. des Alliés. ☎ 03-81-94-43-58. • le-dix-neuf.asso.fr • Près de la gare. Ouv 14h-18h (dim 15h) tte l'année, mar-dim ;*

visite guidée certains mer et sam. Également des ateliers pour enfants. GRATUIT. Centre régional d'art contemporain : expos de peinture, photos, sculptures, vidéos, etc. L'art à l'heure du XXIe s. Coloré avec de bonnes scénographies.

Le parc scientifique du Près-la-Rose *(plan B2)* **:** *accès libre. En été, programmation gratuite de concerts et spectacles dans le parc (les sam de mi-juil à mi-août).*
Agréable et verdoyante presqu'île de 10 ha, à deux pas du centre-ville. C'est une ancienne friche industrielle transformée en « jardin scientifique » : surprenante fontaine Galilée (sphère de 1,5 t mue par de minuscules jets d'eau), vaisseau d'Archipel (avec ses mâts de 35 m de haut, le plus grand cadran solaire du monde), labyrinthe végétal...
– À chaque extrémité du parc, et lui donnant tt son sens, les espaces d'exposition du ***pavillon des Sciences*** *: l'espace Chenevière (le plus petit, ouv pour sa part slt en période de vac scol 14h-18h), situé à l'entrée principale, et l'espace Galilée, tt au fond. ☎ 03-81-91-46-83. • pavillon-sciences.com • Ouv en été, lun-ven 10h-19h, w-e 14h-19h. Hors saison, lun-ven 9h (10h mer)-12h, 14h-17h (18h mer) ; w-e et j. fériés 14h-18h. Entrée (valable également pour l'espace Chenevière lorsqu'il est ouv) : 4,50 € ; réduc ; gratuit moins de 6 ans ; gratuit avec le pass. Nombreuses animations.*
Ces deux espaces accueillent des expos temporaires de vulgarisation autour de la science, qui ne manquent pas de transporter le visiteur, jeune ou moins jeune, au cœur même du sujet abordé (et quelle que soit sa difficulté apparente !), avec une facilité déconcertante.
Deux expos permanentes : « L'île de la découverte ». Les 5-9 ans explorent une île dans un décor exotique bien fichu et interactif où il faut jouer des cinq sens pour faire des découvertes (muséographie moderne : diaporama, vidéos, livres sonores...). La faune, la flore et peut-être la découverte d'un trésor n'auront plus de secrets pour eux. L'exposition « La forêt mystérieuse » s'adresse particulièrement aux enfants de 3 à 12 ans, mais aussi aux adultes (!), pour découvrir les différents milieux naturels comtois et rappeler quelques notions fondamentales d'écologie. L'*espace Galilée* donne aussi accès à l'actualité scientifique sur borne multimédia. Et pour se déplacer, en été uniquement *(mer-dim 13h30-18h),* le parc met à disposition des *Véloconférences,* des cycles à... sept places ! Des explications sont apportées sur les sculptures d'insectes géants ou sur le pendule de Foucault.
– Prolonger votre plaisir avec « l'Île en mouvement », parc magnifique, dans le prolongement du Près-la-Rose. Cet espace de 7 ha, grand lieu de découverte et de vulgarisation scientifique, a été créé d'après des travaux d'Alain Berthoz, professeur au Collège de France et membre de l'Académie des sciences. C'est aussi un parc paysager d'aspect naturel destiné à la promenade et à la biodiversité, en bordure du port de plaisance et de l'Eurovélo 6 Nantes-Budapest.

À faire

Randonnées

➢ Plusieurs circuits pédestres ou à VTT (GR 5, GR du Pays de Montbéliard, sentiers de la vallée du Rupt...). Notamment la ***coulée verte*** (25 km), balade sympa sur le chemin de halage entre Belfort et Montbéliard, ou de Montbéliard à la base de loisirs du Pays de Montbéliard. Également l'***Eurovélo 6 Nantes-Budapest*** qui permet de relier Montbéliard à Mulhouse et à Besançon ou encore le ***circuit des bornes-frontières de l'ancienne principauté,*** 300 bornes où l'on découvre, à pied, un véritable musée lapidaire en plein air. Sans oublier la ***GTJ*** *(Grande Traversée du Jura : ☎ 03-84-51-51-51 ; • gtj.asso.fr •)* à VTT et à pied, dont le départ se situe à Mandeure. Plus tranquille, le ***sentier urbain*** « Heinrich Schickhardt et son temps », de 3 km de long à travers le cœur historique de la ville et au départ de l'office de tourisme. Topoguides en vente à l'office de tourisme.

Fêtes et manifestations

– ***Carnaval de Montbéliard :*** *début avr.* Troupes suisses de musiques de rue (« Guggenmusik »), défilé de chars, musiciens, maquillage pour les enfants...
– ***Festival du Nez rouge :*** *début mai, ts les 2 ans (années impaires). ☎ 03-81-91-36-50. • clownsdelachiffogne.com •* Autour du... clown, oui, bravo les petits z'enfants !
– ***Festival des Mômes :*** *pdt 4 j. fin août. ☎ 03-81-91-86-26. • festivaldesmomes.fr •* Un festival éducatif et culturel pour les 18 mois-13 ans, en plein cœur de la ville.
– ***Festival des 4 saisons :*** *sur 4 j. à... chaque saison. Infos auprès de l'office de tourisme.* Humour et arts de la scène pour... les 4 générations !
– ***Lumières de Noël :*** *4 sem de l'Avent (tlj fin nov-24 déc). • lumieres-de-noel.fr •* Marché de Noël, expos, spectacles de rues, défilé de la Lumière, randonnée des Lumières de Noël (marche populaire de nuit)...

DANS LES ENVIRONS DE MONTBÉLIARD

À Sochaux (25600)

Le musée de l'Aventure Peugeot : *carrefour de l'Europe (sortie n° 9 B-Sochaux par l'autoroute). ☎ 03-81-99-42-03. • musee-peugeot.com • ♿ Tlj 10h-18h (sf 1er janv et 25 déc). Entrée : 8,50 € ; 7-18 ans 4,50 € ; réduc ; gratuit moins de 7 ans et avec le pass tourisme. Billet commun avec le centre de production PSA (attention aux périodes de confidentialité) : 18 €. Audioguide : 2,50 €. Compter 1h30 de visite libre. Poussette à disposition gratuitement sur demande. Boutique, brasserie, restaurant.*
En 2010, la célèbre marque au lion, véritable mythe de l'aventure industrielle française, a fêté le bicentenaire de son histoire passionnante. C'est l'objet de cet immense musée installé dans l'ancienne brasserie de Sochaux, à l'architecture Art nouveau : retracer en détail l'évolution de cette entreprise familiale fondée en 1810. Spécialisée à l'origine dans la fabrique de scies, elle s'est vite développée pour produire toute une gamme d'outillage et d'objets du quotidien. Regardez dans les vitrines, c'est un surprenant inventaire (à la Prévert) de machines à coudre, de tondeuses de coiffeur, de crocs à arracher les légumes, d'entrées de boîtes aux lettres, de couronnes dentaires, et même de cages en acier pour les robes à crinoline de ces dames ! Peugeot n'est effectivement pas né avec l'automobile. Quand elle s'affirme au XIXe s, la firme fabrique des moulins à café (450 sont exposés ici), des tricycles et des bicyclettes (comme le grand bi, ou le vélo pliant de 1910).
La production d'automobiles débute en 1890 avec la *Vis-à-vis,* première *Peugeot* équipée d'un moteur à explosion, et se poursuivra avec le succès que l'on connaît. Une centaine de modèles somptueux évoquent ici cette aventure mécanique. À voir, en suivant un parcours chronologique plein d'anecdotes réjouissantes, des quadricycles de la fin du XIXe s, des *Torpedos* (de *torpille* en anglais – les premières ne dépassaient pourtant pas les 30 km/h), des curiosités et des raretés. Avec la Première Guerre mondiale, la production s'intensifie, on passe à la standardisation. Les modèles se font plus luxueux (*Landaulet* de 1928 avec un bar !), plus puissants. Arrive la célèbre *201,* voiture de crise sortie en 1929 qui inaugure les noms à trois chiffres. Petit clin d'œil à l'inspecteur Colombo, indissociable de sa fameuse *403* cabriolet, avant de découvrir tous les modèles plus récents jusqu'aux derniers prototypes.

Peugeot, c'est aussi des vélos, des motos (curieux cyclomoteur de 1931 pour ecclésiastique, équipé d'un garde-soutane !), et des scooters pour les nostalgiques des *Fifties*... Enfin, ne pas rater la section *Peugeot-Sport* avec tous les bolides du Paris-Dakar, de la Formule 1, et des Vingt-quatre Heures du Mans. Un musée haut en couleur d'une telle richesse qu'il plaira forcément à tous !

Le centre de production Peugeot-Citroën de Sochaux : *☎ 03-81-99-42-03. Lun-ven, sf périodes de confidentialité, mais résa indispensable (env 10 j. avt). Entrée : 18 € avec la visite du musée. Compter env 2h30. Interdit aux enfants de moins de 12 ans.* Découverte des différentes étapes de la production automobile dans le plus grand centre industriel de France, et visite des lignes d'assemblage d'où sortent *308, 3008* et *5008*.

LA MARQUE DES GRIFFÉS

La société des frères Peugeot fut créée en 1810 et choisit le célèbre lion comme emblème en 1848. Rien à voir avec son illustre congénère de Belfort : il fut apposé au départ sur des... lames de scie, car il symbolisait la dureté des dents, la souplesse de la lame et la rapidité de la coupe. En 1896, il devient naturellement l'emblème de la nouvelle société des automobiles Peugeot et est représenté debout sur les voitures, en hommage aux armoiries de la Franche-Comté.

Le stade Bonal de Sochaux-Montbéliard : *impasse de la Forge. À 10 mn à pied de la gare. Rens pour les visites guidées individuelles auprès de l'office de tourisme (gratuites, selon programme).* Ce stade porte le nom de l'ancien directeur de *Peugeot* de la fin des années 1930, déporté durant la Seconde Guerre mondiale. Il a été créé en 1931 avant d'être complètement reconstruit en 2000. Ultramoderne, il a une capacité de 20 000 places et possède une pelouse chauffée contre le gel, comme dans les grands stades allemands. Une visite pour les passionnés du ballon rond qui savent certainement que le FC Sochaux (vainqueur de la Coupe de France en 2007) est à l'origine d'une lignée de grands joueurs internationaux comme Bernard Genghini, Albert Rust, Jacques Santini ou, plus récemment, Camel Meriem. Le FC Sochaux, pionnier du professionnalisme, fut d'ailleurs le premier club en France à payer des joueurs. C'est lui qui détient aussi le record du plus grand nombre de saisons jouées en Ligue 1.

À Audincourt *(25400)*

L'église du Sacré-Cœur : *rue du Pauvrement. Ouverture sur demande. Infos : ☎ 03-81-30-50-21 (cure).* C'est dans les églises (on pense à Notre-Dame-du-Haut à Ronchamp) qu'en Franche-Comté l'art contemporain s'est le plus librement exprimé. Celle-ci a été élevée de 1949 à 1951 par l'abbé Prenel, un curé bâtisseur aidé de ses fidèles, sur des plans de l'architecte Novarina. Vu de l'extérieur, l'édifice n'a rien d'emballant hormis la mosaïque. Première impression oubliée dès le porche franchi. À gauche, dans une petite chapelle, les vitraux abstraits (et très novateurs pour l'époque) de Bazaine, subtil jeu de formes et de couleurs, incendient de lumière le baptistère. Au centre, cuve baptismale taillée par Étienne Martin dans un bloc de pierre volcanique. Retour à la nef et au chœur, avec ses 17 vitraux signés Fernand Léger. On trouve l'explication pour chacun au fond de l'église, à l'entrée. De Léger encore, l'austère tapisserie figurant l'Eucharistie.

À Vandoncourt *(25230)*

La Damassine : *23, rue des Aiges. ☎ 03-81-37-78-30. • vergers-vivants.fr • Pdt les vac scol (zone A) 14h-17h mar-dim. Sinon, slt mer, sam, dim et j. fériés 14h-17h (ou 19h mai-sept). Congés : de fin déc à mi-fév. GRATUIT.* La Damassine, c'est

LE DOUBS

avant tout un projet à vocation environnementale et écologique. Abrité dans un beau bâtiment répondant aux normes HQE, il invite les visiteurs à s'interroger sur les vergers (eh oui, la damassine est une variété de prune !), leurs spécificités, leur richesse, et les dangers qui les menacent. La petite exposition ludique et interactive est renforcée par d'autres sections temporaires, mais aussi des rencontres, des débats... et un bar où l'on peut goûter les jus provenant du pressoir de la maison !

À Valentigney (25700)

Le musée de la Paysannerie et des Vieux Métiers : *25, rue Villedieu. ☎ 03-81-34-53-38 et 03-81-36-25-36. Avr-oct, dim et j. fériés 14h-17h. Entrée : 3 € ; réduc et sur présentation du pass. Compter env 1h de visite. Programme de fêtes au long de l'année.*

Ancienne ferme de 1766 avec encore tout le matériel agricole d'époque. Reconstitution d'une ancienne forge de village et présentation d'anciens métiers comme le rémouleur, le sabotier, l'étameur, etc. Tout ça provient de Robert Boudard, maître sellier-maroquinier et créateur d'une école travaillant pour la maison Hermès dans le Pays de Montbéliard, qui a fait don de ses outils et de très belles selles et colliers de chevaux au musée. À voir également : une salle de classe du début du XXe s ainsi qu'une salle sur Étienne Oehmichen, inventeur de l'hélicoptère moderne qui a vécu et travaillé à Valentigney jusqu'en 1955.

– On notera que dans le cimetière de cette commune se trouve le caveau de la famille Peugeot.

À Mandeure (25350)

Le théâtre gallo-romain : *rue du Théâtre. ☎ 03-81-31-87-80. Accès libre. Visites guidées gratuites : en juil-août, tlj sf lun 14h-18h ; en juin et sept, sam-dim. Ateliers pédagogiques pour les enfants avec initiation à la fouille, sur résa.*

Difficile à croire aujourd'hui, mais ce gros bourg tout en longueur fut Epomanduodurum, deuxième ville de Séquanie (mentionnée dans *Astérix* !). Seuls vestiges : ces imposantes ruines d'un immense théâtre construit pour accueillir environ 20 000 personnes (le deuxième plus grand de la Gaule après celui d'Autun) à la fin du Ier s. Aujourd'hui, il a conservé sa forme parfaite en demi-cercle et ses différents niveaux. Ne manquent plus que les gradins !

C'est aussi le point de départ de la Grande Traversée du Jura (la célèbre GTJ !) que l'on peut faire à pied ou à VTT.

UNE RÉPUBLIQUE INDÉPENDANTE

Mandeure était une principauté ecclésiastique appartenant à l'archevêque de Besançon. Effrayé par la Révolution française, le prélat se réfugia en Suisse puis mourut sans avoir désigné de successeur. Les habitants de Mandeure en profitèrent pour proclamer leur indépendance, en avril 1792, 5 mois avant la création de la République française.

Sur les hauteurs de Bavans (25550)

Le fort du Mont Bart : *sommet du mont Bart, à* ***Bavans.*** *☎ 03-81-31-87-80 et 03-81-94-45-00. À 6 km au sud-ouest de Montbéliard par la route de Besançon ; à la sortie de Bart (direction Bavans), prendre à droite une petite route forestière (fléchée) qui monte qui monte sur 2 km. Avr-juin et sept-oct, ouv le w-e 14h-18h (dernière entrée 17h, slt dim en oct) ; juil-août, tlj sf lun 14h-18h. Entrée : 3 € ; réduc* *avec le* Pass Tourisme. *Programme d'animations avr-oct.* Du sommet, panorama sur les Vosges et le Jura. Construit entre 1873 et 1877, le fort est un élément de la ceinture fortifiée de Belfort, semi-enterré : dans ses profondeurs, casemate blindée (100 t de fonte pure) et impressionnante rue souterraine bordée de chaque côté par les façades des casernements. Ambiance froide, un peu hors du temps. Pas étonnant que le lieu ait régulièrement attiré des cinéastes comme Jean-Pierre Mocky.

À faire

– ***La base de loisirs du Pays de Montbéliard :*** *à* **Brognard.** *Accès à vélo par la piste cyclable au départ de Montbéliard (6 km) ou en voiture, par l'autoroute, sortie nº 10 « Grand-Charmont ». L'été, navette « L'Estivale » depuis le centre-ville de Montbéliard en 20 mn. Beau plan d'eau de 120 ha. Baignade surveillée de mi-juin à fin août, tlj 11h-19h.* Nombreuses activités sportives et de détente en saison pour petits et grands. Pêche, kayak, beach-volley, voile (location de matériel possible) et location de VTT. Plage de sable fin. Beaucoup de monde l'été.

– Dans le coin également, plusieurs parcours acrobatiques forestiers *(infos à l'office de tourisme).*

– ***Magasin d'usine Cristel – Côté Cuisine :*** *à* **Fesches-le-Châtel** *(10 km à l'est).* ☎ *03-81-96-17-52.* Espace d'exposition-vente de la *Société Cristel,* 1er fabricant français d'articles culinaires en inox haut de gamme. L'entreprise est labellisée « Entreprise du Patrimoine Vivant ». On y fait de bonnes affaires.

Fêtes et manifestations

Toutes les infos auprès de l'office de tourisme du Pays de Montbéliard. ● *paysdemontbeliard-tourisme.com* ●
– ***Festival « Rencontres et Racines » :*** *1 soirée et 1 w-e fin juin, à Audincourt.* Village associatif et musiques de toutes les cultures du monde, expatriés dans le Pays de Montbéliard.
– ***Fête de la B.D. :*** *nov.* Un petit festival qui n'a pas peur des grands. Et ça fait plus de 25 ans que ça dure.
– ***Balade gourmande :*** *mi-oct, à Vandoncourt.* Balade pédestre agrémentée de pauses gourmandes aux alentours de cette « Cité de caractère de Bourgogne – Franche-Comté ».

LA VALLÉE DU DOUBS, DE MONTBÉLIARD À BAUME-LES-DAMES

- **L'Isle-sur-le-Doubs** 137
  - Le musée de la Mémoire et de la Paix à Clerval
  - Le parc de loisirs des Campaines à Accolans
- **Baume-les-Dames** 139
  - Rougemont

L'ISLE-SUR-LE-DOUBS

(25250) 3 370 hab. *Carte Doubs, C1*

Comme pour éviter les querelles de voisinage, la rivière divise cette petite bourgade en trois quartiers : le Magny rive gauche, la Rue rive droite et l'île au milieu. Une agréable petite balade est à faire le long du chemin de halage.

Où dormir ? Où manger dans le coin ?

Les Lumes : *10, rue des Lumes. ☎ 03-81-92-73-05. 06-85-42-97-81. • contact@les-lumes.com • les-lumes.com • Avr-sept. Forfait pour 2 env 14 €. Mobile homes 343-480 €/sem. 76 empl.* Du confort (emplacements de 100 m²), de l'ombre et des prix raisonnables. Le tout au bord du Doubs, dans un site parsemé de beaux arbres. Quelques animations organisées l'été.

Chambres d'hôtes Les Charmettes : *10, Grande-Rue, 25250* ***Rang.*** *☎ 03-81-92-51-68. • lescharmettes@orange.fr • chambre-hote-lescharmettes.com • À 3 km au sud de L'Isle. Compter 75-100 € pour 2 selon confort. Repas 28 € (réduc enfant) sur résa lun, mer, ven-sam.* Cet ancien relais de diligence du XVIIIe s en a vu passer des voyageurs ! Les chambres, très confortables, et la magnifique suite familiale (superbe salle de bains, balcon...) évoquent d'ailleurs des cultures lointaines, avec leur belle déco personnalisée. Ambiance conviviale, on fait table commune pour les petits déj. Piscine extérieure (chauffée avec des panneaux solaires), bar, billard, piano, barbecue. Une belle adresse où l'on pose volontiers ses valises, d'autant que l'accueil est très sympathique.

Chambres d'hôtes la Ferme du Hérisson Rose : *2, rue du Fauley, 25340* ***Saint-Georges-Armont.*** *☎ 03-81-93-86-15. • gite-chambre-doubs.com • À 10 km au sud-ouest. Compter 60 € pour 2. Table d'hôtes 28 €.* Au cœur d'un aussi joli que tranquille village, dans une ancienne ferme du XVIIIe s, 2 chambres mignonnes avec leurs meubles anciens et leurs tissus choisis. Mais c'est la cuisine de Nelly qui remporte tous les suffrages (certains viennent même suivre ses cours). Une cuisine aussi savoureuse qu'originale, et 90 % bio.

La Bonne Auberge : *2, route de Besançon, 25340* ***Clerval.*** *☎ 03-81-97-81-01. • info@hotellabonneauberge.com • hotellabonneauberge.com • À 11 km au sud. Tlj sf ven, sam midi et dim soir. Doubles 75-85 €. Formule 12 € le midi en sem. Menus 17,50-19 €. Café offert sur présentation de ce guide.* L'enseigne, les murs de pierre et les volets bleus de cette maison posée au bord du Doubs n'annoncent pas vraiment cette adresse au goût d'aujourd'hui, à la déco très design et à la cuisine de saison, bien amenée. Excellent accueil. 6 chambres dans l'esprit de la maison.

DANS LES ENVIRONS DE L'ISLE-SUR-LE-DOUBS

Le musée de la Mémoire et de la Paix : *château de Clerval (à côté de la mairie), 25340* ***Clerval.*** *☎ 03-81-93-84-29. • jlbrugger.musee@9online.fr • À 11 km au sud de L'Isle-sur-le-Doubs par la D 683. Avr-nov, w-e et j. fériés 14h-18h ; en juil-août, tlj sf mar 14h-18h. Entrée : 4 € ; gratuit moins de 18 ans ; réduc. Env 1h30 de visite.* Avec le char garé devant la porte, impossible de rater cet étonnant musée des armes et du souvenir né de la volonté d'un ouvrier de Peugeot, passionné du sujet. Il n'a pas hésité à plonger dans le Doubs pour récupérer des armes abandonnées par les Allemands. Mises en scène évocatrices pour mieux comprendre ce que furent réellement les conflits du XXe s.

Le parc de loisirs des Campaines : *à* ***Accolans,*** *à 6 km au nord de L'Isle-sur-le-Doubs. ☎ 03-81-96-39-08. • lescampaines.com • Entrée : 14 € ; réduc.* Une multitude de jeux sur 4 ha de verdure et de sous-bois. Pour les familles avec enfants de 3 à 12 ans.

BAUME-LES-DAMES

(25110) 5 610 hab. *Carte Doubs, B1*

Jadis petite capitale de la cancoillotte, Baume-les-Nonnes (évidemment rebaptisée par la Révolution) tire son origine de l'abbaye des dames chanoinesses fondée au Ve s. L'abbaye de luxe, qui n'acceptait que des religieuses issues de la plus haute aristocratie (16 quartiers de noblesse minimum au XVIIIe s), disposait, bien sûr, de quelques moyens financiers dont Baume a profité. Ce qui explique un joli capital pour cette « Cité de caractère de Bourgogne-Franche-Comté», bien charmante, en plein cœur de la verte vallée du Doubs et située sur la ligne SNCF Besançon-Montbéliard. Baume-les-Dames est également attachée à Jouffroy d'Abbans, illustre personnage qui réalisa les premiers essais de navigation à vapeur sur le Doubs en 1778. Le nom « Baume » viendrait du celte *balma,* signifiant « grotte », les grottes étant nombreuses dans les alentours, notamment dans la vallée du Cusancin.

Adresses utiles

Office de tourisme : *8, rue de Provence. ☎ 03-81-84-27-98. • ot-paysbaumois.fr • Tte l'année lun-sam, plus dim mat juil-août.* Topoguide payant sur les 7 sites d'escalade ; documentation sur les sentiers de randonnée, VTT, itinéraires de cyclotourisme, etc. Visites guidées l'été ; vente des cartes de pêche.

Gare SNCF : *rue de la Gare. ☎ 36-35 (0,34 €/mn).* Sur la ligne Besançon-Montbéliard.

Location de vélos : ***Cycles Brun,*** *rue E.-Nicolas. ☎ 03-81-84-40-43.* VTT et vélos de route.

– ***Marchés d'été :*** *le jeu soir en juil-août.*

Où dormir ? Où manger ?

Campings

Camping Le Domaine d'Aucroix : *quai du Canal. ☎ 03-81-84-38-89 et 04-77-56-66-09 (infos). 06-42-46-80-89. • reservation@vacances-ulvf.com • (locatifs seulement) ; • vacances-ulvf.com • Sur la route d'Esnans, le long du Doubs (rive sud). Ouv avr-début oct (tte l'année pour les loc et les camping-cars). Forfait pour 2 : 12-16 €. Chalets 4-6 pers 220-579 €/sem. 49 empl.* Un camping simple, mais impeccable, dans un très bel environnement de montagnes. Blocs sanitaires en structure légère, bien tenus et fonctionnels. Les arbres sont encore jeunes et ne demandent qu'à pousser, mais le tout est plaisant, notamment en raison de la présence du Doubs où l'on trouve un petit port fluvial et le resto du complexe. Location de vélos.

Camping de l'Île : *1, route de Pontarlier, 25110* ***Pont-les-Moulins.*** *☎ 03-81-84-15-23. • info@campindelile.fr • campingdelile.fr • Début mai-début sept. Forfait 2 pers, tente et voiture env 15 €. Mobile homes 270 €/sem en hte saison. 25 empl.* À 3 km de Baume-les-Dames, en pleine nature, au bord de la rivière Cusansin. Simple et sans chichis. Pour les amateurs de tranquillité, d'environnement bucolique et d'intimité, l'endroit est idéal. Sympathique camp de base pour d'agréables randonnées et balades à vélo dans une campagne sereine. Les enfants apprécieront la petite rivière à côté et ses possibilités de canotage et baignade.

LE DOUBS

Prix moyens

Ferme-auberge et chambres d'hôtes de Saint-Ligier : *chez Véronique et Patrice Ramel. ☎ 03-81-84-09-13. • vero.ramel@wanadoo.fr • chambre-doubs-saintligier.com • À la sortie de Baume-les-Dames en direction de l'A 36. Congés : Noël-31 janv. Double 62 €. Repas sur résa 21,50-27 €. Apéritif maison offert sur présentation de ce guide.* Chambres agréables et fonctionnelles avec vue sur la montagne. Cuisine et salon commun à disposition. Plutôt sympathique. Côté ferme-auberge, ça dépote, avec des menus copieux à base de produits de la ferme et régionaux qui attirent les foules. Bon accueil et vente de miel et de comté.

Restaurant Le Charleston : *10, rue des Armuriers. ☎ 03-81-84-24-07. Dans une petite rue du centre. Fermé dim soir, lun, mer soir. Congés : fin août-début sept. Menus 12,10 € le midi en sem, puis 20-27 €. Apéritif maison offert sur présentation de ce guide.* Cadre agréable, dans le genre Belle Époque, pour cette élégante salle appréciée des locaux. Cuisine régionale, revue de manière assez inventive, sur le thème du sucré-salé. Accueil agréable et service sans reproche. Une belle adresse.

Chic

Hostellerie du Château d'As : *24, rue du Château-Gaillard. ☎ 03-81-84-00-66. • courriel@chateau-das.com • chateau-das.com • Fermé dim soir-mar midi. Double 94 €. Menus 22 € (le midi sf dim et j. fériés), puis 32-78 €.* Cet établissement intimiste perché sur les hauteurs de la ville présente un vrai cachet, entre maison à la Hitchcock et villa balnéaire de la côte normande. Une poignée de chambres très cosy (certaines avec un balcon, d'autres avec des fenêtres en arrondi) et calmes, impeccables pour se ressourcer... Les deux frères Cachot, chefs pleins de talent, s'y sont installés. La grande salle en rotonde offre un cadre élégant pour goûter une cuisine adroite qui revisite le terroir avec panache. Belle carte des vins de pays.

Où dormir ? Où manger dans les environs ?

Prix moyens

Auberge Chez Soi : *rue du Rechandet, 25640* ***Ougney-La-Roche.*** *☎ 03-81-55-57-05. • info@chez-soi-france.com • chez-soi-france.com • À 12 km au sud-ouest de Baume, par la D 683 jusqu'à Séchin ; à l'entrée du village, à gauche vers Ougney-les-Champs, puis à droite après le pont sur le Doubs. Pâques-sept. Double 72 €, familiale. Table d'hôtes sur résa 23 €. Café offert sur présentation de ce guide.* Au pied d'une verdoyante colline se cache un hameau bien paisible posé au bord de la rivière, et à son extrémité une délicieuse ferme du XVIIe s tenue par un sympathique couple de Belges. Chambres gaies et charmantes, joliment décorées de façon thématique. Adorable terrasse les pieds dans l'eau, avec transats. Une adresse très plaisante, dans un site romantique !

Chambres d'hôtes – Relais équestre de la Montnoirotte : *route de Vellevans, 25340* ***Crosey-le-Petit.*** *☎ 03-81-86-83-98. • bouchona@wanadoo.fr • montnoirotte.com • À 15 km à l'est. Du centre de Baume, D 50 vers le sud et, après 3 km, D 19 jusqu'à Lomont-sur-Crête et Crosey-le-Petit, puis à droite vers Vellevans (indiqué). Double 55 € ; familiale jusqu'à 6 pers. Table d'hôtes (sur résa) 20 €, boisson comprise ; réduc enfant. W-e équitation (repas compris) 130-222 € (suivant expérience).* En pleine campagne, à l'étage du bâtiment principal, une poignée de chambres sans prétentions mais fonctionnelles, claires et agréables. Terrasse, piscine, pièce d'accueil et bar en bois, coin salon-kitchenette, location de VTT (en prévenant la veille).

À voir

➢ ***Visites guidées de la ville :*** *l'été, au départ de l'office de tourisme.*

L'église Saint-Martin : *pl. Saint-Martin.* De style néogothique, elle date en fait du XVIIe s. Haut clocher-porche en terrasse. À l'intérieur, ne ratez pas les grandes orgues construites en 1839. Dans les chapelles, *pietà* en pierre (1549) et statuette de sainte Barbe en bois polychrome du XVIe s. Également une chaire en bois sculpté Louis XIV, des retables du XVIIe s, un lutrin en marbre et fer forgé (XVIIIe s)...

L'abbaye : *pl. de l'Abbaye. Accès possible depuis la pl. du Général-de-Gaulle, par un passage voûté. Visite guidée possible (voir l'office de tourisme).* Sa construction a commencé en 1738. Ses dimensions, son ornementation étaient censées éclipser toutes les autres abbayes du coin. Péché d'orgueil ? Les fonds ont manqué et les travaux se sont arrêtés en 1760. Elle abrite désormais un centre culturel.

La maison à tourelle : *pl. du Général-de-Gaulle.* Construite en 1574. Élégante tourelle d'angle en encorbellement. Inscription latine au cul-de-lampe. On vous la traduit au cas où : « Que cette maison soit debout jusqu'à ce que la fourmi achève de boire les flots de la mer et la tortue de parcourir la terre. » On ne sait pas où en sont la fourmi et la tortue, mais cette maison est toujours debout !

L'hôtel particulier des Sires de Neufchâtel-Urtière : *accès par la Grande-Rue. Ouv en juil-août, tlj sf mar à 15h, 16h, et 17h pour les particuliers. Entrée : env 2,50 €.* Demeure Renaissance. Tour hexagonale qui cache un escalier à vis, appelé ici la viorbe. À l'intérieur, reconstitution de scènes paysannes et bourgeoises, et belles caves voûtées des XIIe-XVe s.

Le site carrier : *à la sortie de Baume, direction Rougemont. 1re route à gauche, après la ferme-auberge. Visite libre sous la responsabilité de chacun. Signalétique récente.* Petit ensemble artisanal des XVIe-XVIIe s avec cabanes de carriers, plates-formes de travail, couloir de schlittage. Unique en son genre en zone pentue, noyé dans la végétation mais entretenu. Un peu plus haut, un arboretum avec des panneaux pour s'amuser à identifier feuillus et conifères. Tables de pique-nique.

À faire

➢ ***Sentier de découverte :*** *au départ de l'office de tourisme. Livret d'accompagnement disponible à l'office de tourisme.* Sentier balisé de 7 km à travers la « forêt magique », l'arboretum et le site carrier. Possibilité d'accéder directement à chacun des sites en voiture.

Manifestations

- ***Baume au Cœur :*** *mai.* Animations solidaires.
- ***Vendredis baumois :*** *ts les ven en juil-août.* Concerts gratuits.
- ***Au Bonheur des Dames :*** *début mars.* Spectacles culturels au féminin, 5 jours durant.

DANS LES ENVIRONS DE BAUME-LES-DAMES

Rougemont *(25680) : à 18 km au nord de Baume-les-Dames par la D 50.* « Cité de caractère de Bourgogne-Franche-Comté » d'origine féodale, dominée par un « château » (en fait, un ancien couvent). Quelques séculaires gentilhommières, un vieux lavoir et une intéressante petite église : autel du XIe s, statue en bois de saint Antoine

(XVIe s) et une Vierge à l'Enfant en pierre du XVe s. Le dernier dimanche de juillet, ne manquez pas « la Grande Fouille », la plus grande brocante de l'est de la France !

Office de tourisme du pays de Rougemont : *5, pl. du Marché. ☎ 03-81-86-99-52. • cc-paysrougemont.fr •* Organise des visites de la « Maison d'Autrefois », quartier de la Citadelle.

LA VALLÉE DU CUSANCIN

Au sud de Baume-les-Dames s'étire la vallée du Cusancin, à partir de Pont-les-Moulins. Longue de quelques kilomètres, la petite rivière aux reflets émeraude louvoie gentiment dans une belle harmonie campagnarde, traversant trois villages aussi mignons que paisibles. Une belle balade en pleine nature.

Où dormir ? Où manger ?

Prix moyens

Auberge des Moulins : *route de Pontarlier, 25110* ***Pont-les-Moulins.*** *☎ 03-81-84-09-99. • aubergedesmoulins@orange.fr • auberge-des-moulins.fr • Fermé ven midi et sam midi. Congés : de Noël à mi-janv. Doubles à partir de 65 €. Menus 18-44 €. À la carte, compter 45 €.* Une auberge de campagne où l'on propose des spécialités traditionnelles réalisées avec finesse, à base de produits de saison. Chambres dans un style contemporain plutôt plaisant. À un carrefour, mais les nuits restent paisibles. Accueil très sympa.

La Source Bleue : *17, route du Val, Val-de-Cusance, 25110* ***Cusance.*** *☎ 03-81-84-12-82. • contact@sourcebleue.fr • Fermé lun-mar hors saison. Congés : 20 déc-fin janv. Menus 13 € (midi en sem), puis 24-28 €. Apéritif maison offert sur présentation de ce guide.* Une grosse maison recouverte de plantes grimpantes, isolée dans un hameau situé au fond de la vallée. Une adresse pleine de charme, dans un cadre verdoyant. Bonne cuisine locale et traditionnelle, à base de truites du vivier, à déguster en terrasse face à la rivière aux beaux jours.

À voir

La chapelle Saint-Erminfoi : *à* ***Val-de-Cusance.*** Sur son petit promontoire, le château (XIVe s) est en ruine depuis longtemps, et une partie des restes a d'ailleurs servi à la construction de la petite chapelle voisine au XVIIIe s. Rien d'extraordinaire, sinon le but d'une agréable grimpette.

La source Bleue : *à* ***Val-de-Cusance.*** En contrebas de la chapelle. Une illusion d'optique donne sa couleur bleue à cette source, qui rejoint la source Noire voisine pour former le Cusancin.

DE BAUME-LES-DAMES À VALDAHON

Partant de Baume-les-Dames, après le joli crochet par la vallée du Cusancin, la D 50 continue vers le sud jusqu'à Valdahon, croisement avec la route Besançon-Morteau. Sur cet itinéraire, outre la campagne toujours aussi aimable, quelques visites agréables.

Où dormir ? Où manger ?

Auberge du Château de Vaîte : 17, Grande-Rue, 25360 ***Champlive.*** *☎ 03-81-55-20-66. • bienvenue@auberge-chateau-vaite.com • auberge-chateau-vaite.com • Double 62 €. Menus 26-39,50 €. Apéritif maison offert sur présentation de ce guide.* Si la façade annonce le classique hôtel de campagne qui fait « menu ouvrier » le midi, les chambres, toutes différentes, toutes surprenantes, sont celles d'un hôtel design qu'on s'attendrait plus à trouver à Londres, Paris ou Berlin. Si la salle du resto est dans le même esprit, la table est plus classiquement régionale. Accueil impeccable. Adorable jardin avec kiosque et petit pont de bois qui enjambe un ruisseau.

À voir

À Chaux-lès-Passavant (25530)

La grotte de la Glacière : *☎ 03-81-60-44-26. • franchecomte-evasion/grotte-de-la-glaciere • À 18 km au sud de Baume-les-Dames par la D 50, puis la D 19 au niveau d'Orsans. Bien indiqué. Tlj : mars-mai 11h-12h, 13h30-17h30 ; juin-août, 9h-19h ; sept-oct, 11h-12h, 14h-17h ; nov, 14h-16h. Entrée : 6 € ; réduc. Compter 40 mn de visite commentée.* Connue dès l'âge du bronze, elle se visite depuis 1869 et servit de stockage de la nourriture. C'est en effet l'une des rares grottes à phénomène glaciaire de basse altitude (525 m) au monde. Les eaux d'infiltration, le caractère géomorphologique et climatique et des phénomènes d'évaporation expliquent la formation de glace au fond de la cavité. Mais depuis quelques années, peut-être victime du réchauffement climatique, la glace se fait rare et disparaît complètement certains étés. À voir aussi : l'une des plus grosses stalactites de France. N'oubliez pas une grosse laine, il fait plutôt frisquet (0 °C !) en bas, et un conseil : venez bien chaussé ! Avant de partir, jetez donc un coup d'œil à la collection de minéraux à l'accueil, ainsi qu'à un film sur la préhistoire.

À Belmont (25530)

La maison Louis-Pergaud : *à env 3 km au sud d'Orsans et à 15 km de Valdahon ; au niveau d'Épenouse, prendre la D 30 à droite, c'est indiqué. ☎ 03-81-58-36-40. • maison-pergaud.com • Mai-juin et de sept à mi-oct, dim et j. fériés 14h-19h ; juil-août, tlj 14h-19h. Entrée : env 3,50 €.*
Un petit musée en hommage à Louis Pergaud (1882-1915), l'auteur de *La Guerre des boutons,* natif de Belmont et décédé sur le front près de Verdun. La mairie occupe aujourd'hui les murs de sa maison natale. Reconstitution d'une salle de classe ancienne (il fut instituteur à Landresse), photos de Louis Pergaud, objets personnels et animaux naturalisés (les « personnages » de ses livres étaient bien souvent des animaux)... Une courte visite amusante, si vous êtes dans les parages. Film d'environ 1h.
En restant sur les traces de Pergaud, on passera par ***Courtetain-et-Salans*** et ***Landresse,*** qui seraient les deux villages qui inspirèrent Pergaud pour situer *La Guerre des boutons.* Un beau clocher franc-comtois à Landresse, une plaque en souvenir de l'écrivain sur la mairie, ancienne école où il enseigna... Au café *Chez Fricot* (mentionné dans le livre), on peut même se procurer un plan pour refaire le parcours emprunté par les « belligérants ». Et on vous rassure : aujourd'hui, les enfants des deux villages s'entendent bien !

À Épenouse (25530)

La fromagerie artisanale Liechti : *sur la D 50, à 11 km au nord de Valdahon. ☎ 03-81-58-32-43. • fromagerie-liechti.fr • Possibilité de visite guidée* *(gratuite, tlj ; env 45 mn avec la vidéo) : atelier de fabrication, documentaire, cave d'affinage, cuve en cuivre, puis dégustation.* Fromagerie familiale et artisanale. On y va, on déguste, et l'on est sûr de ne pas repartir les mains vides tellement c'est bon. Goûtez notamment au spinosien (du nom des habitants d'Épenouse), fromage créé par l'accueillant et sympathique Gilles Liechti et parfumé de différentes herbes et épices (menthe sauvage, noix, cumin, cacao, fèves, genévrier...). Fabrication de 25 fromages, qui changent avec les saisons, comme cette surprenante cancoillotte (ou caillotte, comme on dit ici) à l'absinthe ! Également vente de divers produits régionaux et restauration sur réservation. Le tout en agriculture biologique.

LES VALLÉES DE LA LOUE ET DU LISON

- **La source de la Loue...144**
  - Les belvédères du Moine et de Renédale
- **Mouthier-Haute-Pierre 146**
- **Lods.............................147**
- **Vuillafans.......................148**
- **Ornans..........................149**
  - Au nord : la vallée de la Brême ; le Musée rural à Foucherans ; la fromagerie-musée à Trépot ; le Dino-Zoo à Charbonnières-les-Sapins • Au sud : la Ferme de Flagey
- **Cléron..........................155**

La vallée de la Loue est, sans conteste, une des plus impressionnantes du massif du Jura. Il ne faut donc pas imiter la rivière qui semble très pressée de quitter le profond canyon de sa haute vallée (elle dégringole de 229 m d'altitude en quelque 20 km), mais plutôt s'y attarder pour découvrir les villages de charme serrés au pied d'abruptes falaises, les vergers en fleurs du printemps. Avant de retrouver la Loue, faussement alanguie, à Ornans où l'on a rendez-vous avec l'un de ses grands thuriféraires, un certain Gustave Courbet.

Sa voisine, la vallée du Lison, est plus modeste, moins spectaculaire, mais plus « nature ». Et elle abrite l'un des plus fantastiques ensembles souterrains de la région.

LA SOURCE DE LA LOUE

Carte Doubs, B3

Juste avant le village d'Ouhans, une petite route (la D 443) conduit à la célèbre source. Au XIXe s, la rivière actionnait encore plusieurs moulins et scieries ; ils ont disparu, et le lieu a retrouvé ses airs de bout du monde. Courbet a peint 13 fois la source de la Loue. C'est dire la beauté du site ! L'eau jaillit d'une profonde cavité au pied d'une sorte de gigantesque entonnoir de roches. La nature a superbement mis en scène la naissance de la rivière. Dans la maison de la Source, possibilité de visionner un film décrivant le site.

DANS LE DOUBS, ABSINTHE-TOI !

En 1901, un incendie se déclara chez Pernod, à Pontarlier. Pour éviter qu'elles n'explosent, les immenses cuves d'absinthe furent vidangées dans le Doubs. Surprise, 2 jours plus tard, les eaux de la Loue prirent de drôles de reflets verts, et la vallée tout entière s'emplit du parfum de l'absinthe. La preuve irréfutable que la Loue est en fait une résurgence du Doubs. Les truites, quant à elles, n'ont, paraît-il, jamais sauté aussi haut !

Où dormir ?
Où manger autour de la source de la Loue ?

Prix moyens

Chambres d'hôtes La Ferme d'Arc : *chez Marie-Claude Pourcelot, 3, rue des Frères-Vuillemin, 25520* ***Arc-sous-Cicon.*** *☎ 03-81-69-90-76. • lafermedarc@laposte.net • lafermedarc.free.fr • À 17 km au nord de Pontarlier (4e maison à gauche en arrivant). Congés : en déc. Compter 58 € pour 2. Table d'hôtes 20 €, boissons comprises.* Située sur le plateau, juste à l'écart de la vallée de la Loue, cette surprenante ferme ne paie pas de mine de l'extérieur mais offre un cadre original. Des vaches en déco rappellent l'ancienne activité de la maison ! Les chambres, confortables et boisées, sont agréablement décorées sur le thème des saisons. Madame concocte avec le sourire une franche cuisine de saison. Et pour bouquiner au soleil, direction le joli jardin fleuri.

Chambres d'hôtes La Ferme du Château : *2, rue du Château, 25520* ***Aubonne.*** *☎ 03-81-69-90-56. Congés : de mi-oct au 1er avr. Double 57 €. Table d'hôtes sur résa (sf dim) 17 €, tt compris.* Dans un petit village au clocher franc-comtois magnifique, une imposante maison bourgeoise du début du XVIIIe s, précédée d'un engageant jardin. Le « château » a vraiment du caractère avec ses colonnes sur le perron et la salle à manger comme autrefois. Cuisine de région, viande et charcuterie fumées maison (c'est une exploitation agricole). Quant aux chambres, très convenables, elles donnent toutes sur le jardin. Accueil gentil et ambiance familiale. Bel environnement, suspendu au temps.

Auberge du Moine : *au lieu-dit Grange-Carrée, 25520* ***Renédale.*** *☎ 03-81-69-91-22. • aubergedumoine@orange.fr • À 2 km du village de Renédale (passer par Ouhans, puis direction Levier-Évillers), à 400 m du belvédère du Moine. Fermé le soir lun-mer, plus lun midi et dim soir hors saison. Congés : 15 déc-1er mars. Menus 18-25 €, carte env 30 €. Café offert sur présentation de ce guide.* Une ancienne ferme isolée au cœur d'une belle nature. L'écurie a été transformée en une chaleureuse salle à manger couverte de lambris de sapin, prise d'assaut le dimanche par les gens du pays (il est donc prudent de réserver...). Bonne cuisine familiale, élaborée à partir de produits locaux au maximum bio. Terrasse très fleurie et calme. Accueil très sympathique. Et, en sortant, ne surtout pas manquer le détour jusqu'à l'impressionnant belvédère.

LE DOUBS

À voir. À faire dans le coin

Les belvédères du Moine et de Renédale : *accès fléché depuis Ouhans ; c'est à 6 km, en passant par Renédale.*
Perché sur une falaise qui plonge dans un vide de plus de 300 m, le belvédère du Moine présente un panorama époustouflant : la vallée, son chapelet de villages et la Loue couleur émeraude ! À découvrir le soir, quand la lumière tombe (ou le matin, c'est selon). Au fait, le moine n'a rien à voir avec ceux qui ont défriché une grande partie de la région : c'est le rocher sur lequel s'appuie ce belvédère qui évoque la silhouette d'un moine encapuchonné.
Il existe un autre belvédère en contrebas du village de Renédale (accès fléché) tout aussi impressionnant.

➢ ***Randonnée pédestre :*** deux sentiers partent de la source de la Loue. Rive droite, l'un suit le tracé du GR 595 (balisage rouge et blanc) et mène à la source du Pontet, puis à la grotte des Faux-Monnayeurs, qui aurait servi d'abri à des fabricants de fausses pièces d'argent au XVIIIe s. Quelques passages délicats si vous avez des enfants. Rive gauche, un deuxième sentier se glisse dans les profondes et sauvages gorges de Noailles jusqu'à une usine électrique alimentée par la rivière. Superbe paysage. Les deux sentiers peuvent se combiner en circuit.

MOUTHIER-HAUTE-PIERRE

(25920) 350 hab. *Carte Doubs, B3*

D'Ouhans à Mouthier, D 41 puis superbe route (la D 67) en lacet, comme accrochée à la paroi rocheuse. Le site du village est plutôt pittoresque : les maisons dégringolent du pied de hautes falaises jusqu'à la rivière. Aux alentours, des vergers de cerisiers qui se couvrent de fleurs en avril-mai, quand le Haut-Doubs voisin peine à sortir de l'hiver. Le charmant village s'est construit autour d'un prieuré bénédictin créé vers l'an 800. Baladez-vous dans les rues étroites autour de l'église : maisons du XVIe s et quelques intéressantes statues anciennes nichées dans les façades. Jolie petite route de crête sur 2 km, qui va rejoindre Lods. Mouthier est également la capitale du kirsch franc-comtois, à base de marsotte, une petite cerise noire au goût amer.

Adresse utile

Mairie : *1, pl. Césaire-Phisalix. ☎ 03-81-60-91-10. Face à l'église. Mar-ven 9h-12h (plus 14h-17h ven).* Brochures de randonnée et une bonne documentation sur le village, avec des propositions de circuits le long de la Loue.

Où dormir ?

Gîte du Miaboulet : *8, chemin des Carrés, chez Christophe Philippe. ☎ 03-81-60-98-99. • miaboulet@giteloue.com • giteloue.com • Du centre du village, prendre la route de Haute-Pierre. Après l'église, à gauche, puis tt droit. Après le vieux lavoir, à la croix, à droite tte. Nuitée env 25 €/pers, petit déj inclus. ½ pens 42 €/pers.* Le gîte occupe une maison moderne en lisière du village. C'est fonctionnel, propre et confortable avec 5 chambres. Sentier de randonnée à partir de la maison à travers de beaux vergers.

À voir. À faire

L'église Saint-Laurent : construite au XIVe s, elle fut dotée au XVIe s d'un clocher-porche. Flèche en pierre de tuf haute de 43 m. Décor assez rare de lambris en chêne courant tout le long du pourtour de l'église, intégrant au passage des confessionnaux joliment ciselés et même le baptistère (avec un dais sculpté du baptême du Christ). Plusieurs statues en bois des XVe et XVIe s. Autel baroque en bois doré et superbe chaire en chêne massif.

Le musée d'Histoire naturelle Césaire-Phisalix : *dans la mairie (mêmes horaires), en face de l'église. GRATUIT.* En fait de musée, quelques vastes vitrines dans la salle du conseil municipal, où est regroupée la collection privée d'animaux naturalisés de M. Césaire Phisalix, médecin militaire à l'origine de la découverte du vaccin contre le venin de reptiles.

La brasserie Entre Deux Mondes : *12, rue Ernest-Reyer. ☎ 03-81-60-07-15. • artisan-comtois.com/brasserieentre2mondes • Visite guidée sur résa (6 pers min) : 3 €. Compter 1h30.* La brasserie artisanale *Entre Deux Mondes* a les deux pieds dans la vallée de la Loue... et le cœur au Canada, patrie d'origine de l'adorable maître des lieux. Ses bières brassées à la québécoise lui ressemblent, pleines de caractère et généreuses.

La roche de Haute-Pierre : *on peut y grimper à pied (compter une bonne heure, par un sentier qui part de Mouthier) ; sinon, prendre la D 244 jusqu'à Haute-Pierre-le-Châtelet, se garer vers le cimetière et poursuivre à pied (15 mn).* Également appelée roche du Soleil (elle resplendit à la lumière solaire), c'est, à 882 m d'altitude, le point culminant de la vallée. Par temps clair, la vue s'étend jusqu'au mont Blanc !

➢ Nombreuses autres ***balades ou randonnées*** possibles dans les parages : gorges de Nouailles, source du Pontet (avec grotte et cascade), source de la Loue, grottes des Faux-Monnayeurs et de Baume-Archée, belvédères du Moine et de Renédale... Topoguide en vente au point tourisme de la mairie.

Fête

– ***Fête des Failles :*** *à l'Épiphanie.* Les failles sont des torches constituées de branches de tilleul fendues à leur extrémité et bourrées de sarments de vigne hier, de copeaux de bois aujourd'hui. À la tombée de la nuit, les jeunes du village montent avec ces flambeaux jusque sur la colline de Sainte-Foy. Ils font ensuite tourner à bout de bras ces failles en chantant avant de les jeter dans un énorme feu central (le chevanne). Des chevannes sont allumés simultanément sur la roche de Haute-Pierre et au belvédère du Moine. Un étonnant spectacle et une cérémonie dont les racines plongent jusque dans l'Antiquité : les Romains, déjà, organisaient des saturnales au solstice d'hiver pour fêter la victoire du jour sur la nuit.

LODS

(25930) 280 hab. *Carte Doubs, B3*

Lods compte parmi les « Plus beaux villages de France ». On s'en rend vraiment compte après avoir passé la rivière et pris un peu de recul (comme à Mouthier d'ailleurs). On découvre alors Lods dans son ensemble. Ou bien on part s'engouffrer dans les petites ruelles... Autour de l'église, perchée sur une colline, des maisons vigneronnes des XVIe et XVIIe s. En contrebas, la Loue s'offre trois jolies chutes d'eau (illuminées en été) sur d'anciens barrages.

Où dormir ? Où manger ?

Camping

Camping municipal Le Champaloux : *dans le village, joliment situé, en bord de rivière au pied de la falaise. ☎ 03-81-60-90-11. • mairie.lods@wanadoo.fr • De mai à mi-sept. Forfait pour 2 : 9 €.* Une soixantaine d'emplacements. Bon ombrage et herbu à souhait. Bien entretenu, sanitaires corrects. Salle de lavage avec eau chaude.

De bon marché à prix moyens

Hôtel de France : *1, pl. Pézard (au bout du pont). ☎ 03-81-60-95-29. • hoteldefrancelods.com • Tlj 1er juil-15 sept. Ouv slt le midi lun-ven*

LE DOUBS

en basse saison. Doubles 53-61 € selon confort. Plat du jour 8 €. Menus 12 € le midi en sem, puis 20-28 €. En plein centre du bourg, Paule et ses comparses accueillent les habitués et les pêcheurs. Ça rigole, ça discute et, surtout, on déguste des plats de pays copieux et de bonne tenue. Chambres simples, sans prétention. Une adresse comme il faut savoir les préserver dans les petits villages.

Hôtel-restaurant La Truite d'Or : *40, route de Besançon, à la sortie du village, côté Ornans. ☎ 03-81-60-95-48. • la-truite-dor@wanadoo.fr • la-truite-dor.fr • Doubles 56-70 €. Formules 17-19,50 € le midi en sem ; menus 24,50-36 €. Apéritif maison offert sur présentation de ce guide.* Un ancien moulin de tailleur de pierre qui ne dort que d'un œil et cache une très bonne table régionale, aux desserts, entre autres, délicieux. Pour goûter une truite à la mode du pays (« belle lodoise » par exemple), n'allez pas plus loin ! 2 salles : le *Bistrot à Micka* et *l'Alexandrin*. Agréable terrasse extérieure surplombant la Loue... et la route. Tenu par un jeune couple dynamique et chaleureux. Chambres à l'ancienne mais bien tenues.

À voir

Le musée de la Vigne : *☎ 03-81-60-94-93. 06-87-35-02-17. De mi-juin à mi-sept, mer, jeu, et w-e (juin et sept slt le w-e) 14h30-18h. Sinon sur résa (min 5 pers). Entrée : env 4 € ; réduc.* Ancienne maison vigneronne de 1570, restée dans son jus. Évocation du passé viticole de la vallée à travers divers outils et objets.

VUILLAFANS (25840) 680 hab. *Carte Doubs, B3*

Et encore une « Cité de caractère de Bourgogne-Franche-Comté » des bords de Loue ! Moins de charme que Lods ou Mouthier, mais quelques intéressants vestiges. Ruines de deux forteresses médiévales (pas de jaloux, il y en a une sur chaque rive), église du XVIe s, maison dite « de Balthazar Gérard » (beau porche du XVIe s), qui, sous Philippe II, assassina le prince d'Orange, et moulin à aubes pendantes.

Où dormir ?

Camping et gîte du Pré Bailly : *2, rue de la Gare. ☎ 03-81-60-92-36. 06-08-11-01-44. • mairie.vuillafans@wanadoo.fr • camping-vuillafans.com • De mi-mars à fin sept. Prix tente en hte saison : env 10 €. Hébergement locatif en hte saison : 10,60 €/pers et par nuit. CB refusées. 37 empl. Gîte d'étape fermé janv-fév.* Camping à caractère familial, vaste et agréable et surtout à prix fort modéré. Bien inséré au sein du village, au calme et ombragé. Le glouglou de la rivière Loue berce les campeurs.

Gîte d'étape La Tuffière : *chez Patrick et Angèle Morel, chemin de Montgesoye. ☎ 03-81-60-96-76. • angelelatuffiere@gmail.com • latuffiere.com • Suivre la direction « Zone artisanale », puis à droite ; c'est à 800 m. Double env 72 € petit déj inclus. ½ pens env 49-54 €/pers et paniers-repas à 10 € possibles.* Cette grande maison neuve abrite une quarantaine de llts. Chambres pour 2 à 6 personnes modernes et fonctionnelles, agrémentées d'une agréable petite touche de déco florale. Petit salon à l'étage, salle commune au rez-de-chaussée, et une terrasse ombragée donnant sur un grand jardin. Terrains de volley et de pétanque. Organise des stages de botanique ou de cuisine sauvage, des randos raquettes, etc. C'est que les charmants propriétaires sont accompagnateurs de randonnées. Idéal pour des séjours très bio.

Chambres d'hôtes Villa sans Façon : *31, rue de Besançon. ☎ 09-60-17-81-01. Au bourg. Double env 47 €.* Une adresse pour amateurs d'hébergement un poil suranné et romantique (et pas seulement pour budgets serrés !). Grosse villa au milieu d'un très beau parc qui court jusqu'à la rivière. Cadre certes assez vieillot, mais c'est fort bien tenu et ça possède son charme. 5 chambres dont seulement deux avec douche privée. Accueil discret et courtois.

Où dormir ? Où manger ? Où acheter de bons produits dans les environs ?

Ferme du Rondeau : *Le Rondeau, 25580* ***Lavans-Vuillafans.*** *☎ 03-81-59-25-84. • contact@ferme-rondeau.fr • ferme-rondeau.fr • De Vuillafans, par la D 25, puis fléchage. Tlj en hte saison sf dim soir-mar hors vac scol. Congés : de déc à mi-janv. Slt sur résa. Compter 75-85 € pour 2, petit déj inclus. À la carte, compter 35 €. Possibilité de goûters à la ferme. CB refusées.* En pleine nature, une grande ferme où l'on élève (en bio) des chèvres, des vaches et des sangliers, qui permettent d'élaborer différents fromages et des charcuteries fumées dans le *tuyé*. Autant dire que l'auberge avec sa grande cheminée de pierre vaut le coup ! Quelques chambres d'hôtes à l'étage, dans un chalet indépendant et dans la maison principale, toutes de bonne tenue et très confortables. Visite de l'exploitation et vente de produits de la ferme. Aire de jeu pour les enfants.

ORNANS

(25290) 4 130 hab. *Carte Doubs, B2*

On aime Ornans un peu, beaucoup, passionnément, selon l'heure, la saison et l'humeur du temps, avec ses ponts jetés sur la rivière (faites la balade le soir, lorsqu'ils sont illuminés), ses maisons suspendues, ses hôtels particuliers... Ceux-ci ont été construits à partir du XVe s, quand la ville se peupla de bourgeois. Pourtant, la force motrice de la Loue a aussi transformé cette « Cité de caractère de Bourgogne-Franche-Comté » en une dynamique petite cité industrielle : beaucoup d'entreprises ont aujourd'hui plié bagage, mais on peut encore y voir les bâtiments de la cité Oerlikon, où une communauté ouvrière travaillait et vivait selon les principes du fouriérisme.

Mais en guise d'introduction à cette ville à part, on ne saurait mieux en parler que Julien Gracq, dans *Carnets du Grand Chemin* : « Toutes les maisons se serrent pour venir boire ensemble à la rivière, si pure avec ses longues chevelures d'herbes lissées par le courant. C'est la Loue qui est la rue centrale de cette Venise torrentueuse, toutes ces maisons en vis-à-vis. L'eau de la Loue, rapide encore mais non bruyante, garde le friselis rêche des torrents de montagne, sans avoir leur clameur. »

VOUS AVEZ DIT COURBET ?

Ornans, qui avait un peu oublié ce turbulent citoyen, s'est souvenue qu'elle était la ville natale de Gustave Courbet, celui qui peignit le tant décrié tableau *L'Origine du monde,* un temps propriété du psychanalyste Lacan... Elle en a même fait un héros en lui consacrant un programme d'envergure, « Pays de Courbet, pays d'artiste », visant à développer des itinéraires thématiques autour de son œuvre et de sites symboliques : un musée de premier plan dans l'hôtel Hébert, lieu possible de sa naissance, un espace de rencontre dans l'ancienne ferme familiale de Flagey, mais aussi son atelier de peinture et la source de la Loue, qui l'a tellement inspiré. Courbet n'est donc plus l'artiste sulfureux condamné pour avoir participé à la Commune de Paris en 1871, mais bel et bien le meilleur ambassadeur d'Ornans !

Adresses utiles

Office de tourisme : *7, rue Pierre-Vernier. ☎ 03-81-62-21-50. • ornans-loue-lison.com • Juil-août, tlj sf dim ap-m ; le reste de l'année, lun-sam.* Bien documenté. Organise des visites estivales de la ville. Accueil compétent et souriant.

Activités de plein air : Base Evolution 2, *route de Montgesoye. ☎ 03-81-57-10-82. • evolution2-gorgesdelaloue.com • À la sortie d'Ornans, direction Pontarlier. Congés : nov-fév.* Canoë-kayak sur la Loue (randonnées accompagnées de 9 à 18 km). Propose également du canyoning (dans le val Sainte-Marie ou la cascade de Syratu), de la via ferrata, de l'escalade, de la spéléologie et un parcours acrobatique en hauteur (voir « À faire »). Nombreuses formules de quelques heures à la journée. Équipe pro et sympa. Bon resto *(le Canoë-Café).*

– Également **Nautiloue,** un centre aqua-ludique, à la sortie de la ville. *☎ 03-81-57-58-59.*

Où dormir ? Où manger ? Où écouter de la musique ?

Campings et gîte

Domaine Le Chanet : *9, chemin du Chanet. ☎ 03-81-62-23-44. • contact@lechanet.com • lechanet.com • Ouv avr-début oct. Forfait pour 2 16-23 €. Chalets et mobile homes env 180-680 €/sem (2-6 pers). Réduc de 10 % sur présentation de ce guide. 95 empl.* Camping très agréable, occupant un terrain tranquille et verdoyant de 2,2 ha. Emplacements bien tenus, ainsi que des chalets (les plus simples, sans eau ni commodités, sont accessibles à la nuitée) et mobile homes, dont certains fabriqués selon une démarche environnementale (certifiés ISO 14001). Épicerie et petite restauration. Et, pour continuer dans la même veine, on peut barboter dans une belle piscine biologique. Sauna en rondins de bois et fitness. Animations, soirées thématiques et club pour les enfants en haute saison. Vente sur place des cartes journalières de pêche. Un endroit résolument à taille humaine.

La Roche d'Ully : *allée de la Tour-de-Peiltz. ☎ 03-81-57-17-79. • contact@larochedully.com • camping-ornans.com • Un peu sur les hauteurs, juste à côté de* Nautiloue *(c'est bien fléché). Ouv début avr-début oct. Emplacement pour 2 : 21-31 €. Bungalows toilés, mobile homes et chalets 220-990 €/sem. 106 empl. Réduc de 10 % sur présentation de ce guide.* Même propriétaire que le *Domaine Le Chanet* et même esprit : un bon équipement (tout est quasiment neuf), de grands emplacements, du locatif de qualité. Cottages *Key West* avec emplacement de 250 m²... Accès – gratuit pour les locations et les forfaits familles – au centre aquatique *Nautiloue,* qui touche le camping. Bar-resto. Location de vélos, aire de jeu et animations pour les enfants *(début juil-21 août).*

Bon marché

Canoë Café : *route de Montgesoye. ☎ 03-81-57-95-33. Mars-nov. Fermé les soirs lun-mer hors saison. Formule déj en sem env 12 € ; carte env 15-20 €. Apéritif maison offert sur* *présentation de ce guide.* Salle lumineuse largement ouverte sur la nature environnante et vaste terrasse au bord de la rivière, bondée dès que le soleil est de la partie. Cadre très agréable donc, pour une sympathique cuisine : spécialités traditionnelles, salades, burgers... Soirées concert en été. Service décontract'.

L'Oriental : *11, rue Saint-Laurent. ☎ 03-81-62-19-06. Fermé dim soir, lun, jeu soir. Congés : 1re quinzaine de sept, fêtes de fin d'année. Couscous 16-18 €. Café offert sur présentation de ce guide.* De la place Courbet, prendre juste la passerelle. Jolie maison tout en pierre à l'intérieur un peu sombre mais soigné. Grillades et excellent couscous maison pour oublier truites ou croûte forestière aux morilles...

Prix moyens

Hôtel de la Vallée : *39, av. du Président-Wilson (dir. Besançon). ☎ 03-81-62-40-43. • hotel-ornans.com • À l'entrée d'Ornans en venant de l'ouest. Réception 7h-11h, 17h-20h. Double 59 €. Café offert sur présentation de ce guide.* Hôtel impeccable pour une étape, dans une maison ancienne rénovée de façon efficace et fonctionnelle. Chambres utilisant largement le bois blanc, claires, confortables et assez spacieuses. Les plus calmes donnent sur le parking (très pratique, car se garer en ville est un véritable casse-tête !) ; celles côté rue sont équipées d'un double vitrage. Accueil dynamique et souriant.

La Table de Gustave : *11, rue Jacques-Gervais. ☎ 03-81-62-16-79. • reservation@latabledegustave.fr • latabledegustave.fr • Face à la poste. Doubles 62-76 €. Formule 14 € le midi en sem ; menus 22,50-26,50 €.* Une adresse dans l'air du temps, avec une déco très design, depuis les chambres (tout confort) jusqu'à la salle à manger où est servie une cuisine de terroir revue et corrigée à prix doux. Grande terrasse. Accueil et service très pro et chaleureux.

Chic

Hôtel de France : *51-53, rue Pierre-Vernier. ☎ 03-81-62-24-44. • contact@hoteldefrance-ornans.com • hoteldefrance-ornans.com • Face au Grand-Pont. Resto fermé lun midi tte l'année ainsi que le w-e Toussaint-Pâques. Congés : 15 j. après la Toussaint et 1 mois avt Noël. Doubles 78-89 € ; ½ pens obligatoire le w-e en saison. Menus 17,50-39 €. Vins à partir de 20 €. Parking. Café offert sur présentation de ce guide.* Une hôtellerie familiale au cœur du bourg. Chambres traditionnelles confortables, dont quelques suites. Certaines donnent sur le célèbre Grand-Pont, mais la rue est un peu bruyante ; d'autres sur la cour, donc plus tranquilles. Formules simples en brasserie. Côté resto (à la déco d'un classicisme bon teint), bel effort pour revisiter le terroir avec des plats plutôt orientés vers des poissons de rivière. Reçoit de nombreux pêcheurs et propose un parcours de pêche privé. Accueil diligent.

Chambres d'hôtes Le Jardin de Gustave : *28, rue Édouard-Bastide. ☎ 03-81-62-21-47. • info@lejardindegustave.fr • lejardindegustave.fr • Direction Pontarlier, pas loin de la gendarmerie. Doubles 80-105 €. Repas 30 €.* Voici une demeure bourgeoise qui aurait certainement inspiré le peintre trublion. Déco soignée et pleine de personnalité, où le moderne s'accommode d'objets chinés dans une belle harmonie. Plancher en bois à l'ancienne. Marylène patine et donne de la gaieté à cette maison à taille humaine, de la cuisine au grenier. Toutes les chambres sont disposées autour d'une cage d'escalier aérée et présentent un vrai charme confortable. Vue et jardin donnant sur la Loue.

Restaurant Le Courbet : *34, rue Pierre-Vernier. ☎ 03-81-62-10-15. • restaurantlecourbet@wanadoo.fr • Fermé dim soir-lun, plus mar soir. Résa conseillée. Menus 29-42 €.* Difficile d'imaginer Courbet venant lever le coude dans ces lieux élégants. Fort jolie vue sur la Loue depuis les 2 terrasses couvertes. Salle du rez-de-chaussée un peu froide quand celle à l'étage fait plutôt bourgeoise et cosy. La cuisine du marché reste soignée et fera le bonheur des gastronomes. Belle sélection de desserts.

Où dormir ? Où manger dans les environs ?

La Griotte : *3, rue des Cerisiers, 25580* ***Saules.*** *☎ 03-81-57-17-71. À 7 km au nord-est d'Ornans par la D 492. Fermé dim soir, lun, mer soir (plus mar sept-mai). Menus midi en sem 16 €, puis 25-37 €.* Un petit restaurant de campagne très discret... qui ne désemplit pas ! Car tous les gourmands connaissent le rapport qualité-prix évident de cette belle table, où le chef mitonne des spécialités régionales savoureuses en fonction des saisons. Velouté de chou-fleur au saumon fumé, truite au vin jaune, ou magrets au parfum de truffe sont cuisinés avec précision, et servis avec le sourire dans une véranda donnant sur le jardin. En guise de dessert, la soupe de griottes, évidemment !

Au Nid de la Grange Forest : *Montgesoye, 25580* ***Durnes.*** *06-48-20-02-41. • christelle.girard@grange-forest.com • grange-forest.com • À env 1 km de Durnes vers Montgesoye, à gauche après un bois. Double 70 €. Table d'hôtes sur résa 26 € tt compris.* À l'écart d'une ferme en pleine nature (les enfants seront ravis d'aller voir les moutons ou ramasser les œufs !), ce gros chalet pimpant a comme 1er atout une vue géniale depuis la terrasse, d'où l'on domine la vallée. Son 2e atout, c'est la qualité des prestations : des chambres tout confort à la déco montagnarde soignée, un salon douillet, et un coin salle à manger où l'adorable propriétaire sert de bons plats régionaux. Impeccable !

Ferme-auberge de La Faye : *25620* ***Foucherans.*** *☎ 03-81-59-27-34. • auberge.lafaye@gmail.com • fermeauberge-lafaye.com • À 12 km d'Ornans. Route de Foucherans (ne pas y aller), puis à droite la D 280 pour Bonnevaux-le-Prieuré et suivre les panneaux. Ouv tlj juil-août ; slt ven soir, sam et dim midi hors saison. Résa conseillée les w-e. Repas env 23 €. Chalet à louer (15 pers) 150 €/j. (quel que soit le nombre de pers). Apéritif maison offert sur présentation de ce guide.* Principe de la ferme-auberge, peu de choix mais que de la qualité et des produits provenant au maximum de l'exploitation, proposés sous forme de menus régionaux dans une belle salle rustique.

À voir

La place Courbet : pour « courbetophiles » avertis ! Une fontaine (Courbet y prenait, paraît-il, des bains de siège pour soigner ses hémorroïdes !) surmontée d'une sculpture du maître *(Le Pêcheur de chavots)* ainsi que le *Café des Pêcheurs,* que le peintre fréquentait plus souvent qu'à son tour.

Le Grand Pont : pas si grand que ça en fait, mais c'est le site le plus marquant de la ville. La rivière dans laquelle se mirent les vieilles maisons construites en encorbellement paraît ici bien paisible. On y observe aussi les pêcheurs à la mouche.

Les hôtels particuliers : *groupés entre l'église Saint-Laurent et le musée Courbet.* *Hôtel de Grospain* avec son cul-de-lampe (élégamment surnommé « la Pisseuse ») sculpté sous une tourelle, *Hôtel Sanderet-de-Valonne,* etc.

Le musée Gustave-Courbet : *pl. Robert-Fernier. ☎ 03-81-86-22-88. • musee-courbet.com • Tlj sf mar : oct-mars 9h-12h, 14h-17h ;*

UN TABLEAU VRAIMENT ORIGINAL

La fascinante et troublante Origine du Monde *fut peinte par Courbet en 1866 et redécouverte par le grand public seulement en 1995 (au musée d'Orsay). Son dernier proprio, le psychanalyste Jacques Lacan, la cachait chez lui derrière une autre œuvre et ne la dévoilait qu'à de rares visiteurs. Les plus coquins ?*

avr-juin et sept 10h-12h, 14h-18h ; juil-août 10h-18h. Fermé 1er janv, 1er mai, 1er nov et 25 déc. Entrée : 8 € ; réduc ; gratuit le 1er dim du mois. « Pour peindre un pays, il faut le connaître. Ces sous-bois, c'est chez moi, cette rivière, c'est la Loue, celle-ci c'est le Lison, ces rochers sont ceux d'Ornans... » La ville se devait d'offrir un musée à la hauteur de la passion de celui qui l'a rendue célèbre aux quatre coins du globe. C'est chose faite depuis la réhabilitation de trois bâtiments réunis pour créer un espace muséographique d'envergure. Si l'hôtel Hébert a été restauré avec soin pour préserver l'atmosphère des années pendant lesquelles les Courbet y ont vécu, la maison Borel et l'hôtel Champereux ont, à l'inverse, été réaménagés de façon moderne, afin d'accueillir des expositions temporaires de qualité et de s'ouvrir sur l'extérieur, à l'image de la belle galerie vitrée surplombant la Loue. Quant à la collection permanente, elle s'organise de façon classique selon un parcours chronologique et biographique. La scénographie moderne est efficace et les supports audiovisuels pertinents, permettant de mettre en valeur les 41 peintures et quatre sculptures de Courbet. On suit l'artiste depuis ses premiers pas sous la houlette du père Beau, sa carrière à Paris, l'émergence d'une approche esthétique nouvelle (« Il faut encanailler l'art »), ses engagements politiques et la rupture, jusqu'à son exil. La collection, très riche, rassemble d'intéressantes compositions de jeunesse, des paysages émouvants (les deux premiers connus, style déjà maîtrisé), trois rares tableaux religieux et de vrais chefs-d'œuvre. À cela s'ajoutent des objets personnels (sa palette...), une rare affiche de la Commune de Paris autorisant Courbet à rouvrir les musées de la ville et les peintures de ses suiveurs, qui font de ce musée un incontournable dans le Doubs.

L'église Saint-Laurent : *juil-août, tlj 10h-12h, 15h-18h ; puis jusqu'aux Journées du patrimoine, mar, jeu et dim 14h30-17h30.* Reconstruite au XVIe s grâce aux libéralités des Granvelle (encore eux !), puis considérablement modifiée par la suite. D'un édifice roman (XIIe s) subsiste le bas de la tour. Intéressant porche. À l'intérieur, déco du XVIIe s : lutrin, retable, statue dorée de saint Vernier, patron des vignerons.

Le musée du Costume et des Traditions comtoises : *chapelle de la Visitation, 7, rue Édouard-Bastide. ☎ 03-81-62-40-33. ♿ Vers la sortie de la ville, direction Pontarlier, près de la gendarmerie. En principe, juil-août, tlj 14h-18h ; mai, juin et sept, groupes sur résa. Entrée : 3 € ; réduc ; gratuit moins de 12 ans.* La chapelle a été entièrement aménagée pour accueillir cette étonnante collection : pas de vitrines, tous les costumes retrouvent leur forme sur plus de 200 mannequins qui « jouent » des scènes de la vie courante, parfois inspirées de tableaux de peintres comtois, dont l'incontournable *Un enterrement à Ornans* de Courbet... Très réussi d'ailleurs. On y trouve également un joli lot de bonnets et de coiffes. Ombrelle de 1853, dentelles à profusion (remarquable exemple de Luxeuil) et costumes des différentes régions de Franche-Comté de 1850 à 1930, des bourgeois comme des paysans.

À faire

Canoë-kayak

Navigable sur 170 km, la Loue se prête bien à la pratique du kayak. Haute vallée très technique (superbe descente des gorges de Noailles, mais il faut déjà avoir touché une pagaie) ; en revanche, une balade dans Ornans ou de Vuillafans à Ornans ne présente guère de difficultés. Pourtant, la Loue n'est ni l'Ardèche ni la dolente Dordogne : pas de location pure mais des sorties accompagnées (voir la rubrique « Adresses utiles »).

Parcours en hauteur et *spider jump*

– **Base Evolution 2 :** *propose différentes activités sportives (voir « Adresses utiles »). Ouv mai-sept (tlj juil-août). Compter 2h.* Circuit de parcours acrobatique dans les arbres grâce auquel on passe d'une rive à l'autre de la Loue à coups de tyroliennes, murs de cordes, passerelles, ponts suspendus et d'ateliers plus ou moins physiques où l'on évolue en toute sécurité, de 1,5 à 16 m de haut. Encore plus de sensations, le parcours intègre un saut dans le vide sécurisé depuis une tour métallique de 25 m de haut. Accueille tous les niveaux, et même les tout-petits avec un parcours « Ouistiti » (à partir de 4 ans) !

– ***La roche du Mont :*** *c'est une via ferrata. Compter env 2h-2h30 selon niveau de difficulté.* On emprunte la falaise qui domine la ville, offrant un joli point de vue sur la rivière, et on progresse par petites traversées successives entrecoupées de murs assez raides, de ponts de singe, et quelques « obstacles » du même genre. Impressionnant. La deuxième partie du parcours est encore plus athlétique (prévoir du matériel supplémentaire).

Pêche

– *Rens à la Maison nationale de l'eau et de la pêche : 36, rue Saint-Laurent. ☎ 03-81-57-14-49.*
La Loue est aussi le paradis des pêcheurs à la mouche. Fournit les différents permis de pêche et peut vous aider si vous cherchez un guide de pêche. Permis également disponible au *Domaine Le Chanet* (voir plus haut « Où dormir ? Où manger ? Camping et gîte »).

Randonnée pédestre

➢ ***Les « Sentiers de Courbet » :*** huit parcours thématiques (topo-guide en vente à l'office de tourisme ou au musée) sur les traces de Gustave Courbet (1819-1877), dans les différents sites qui ont marqué sa vie et à la recherche des paysages qu'il a peints. Lui, il les fréquentait sur une carriole tirée par un âne qu'il avait appelé Gérome, du nom d'un peintre académique que Courbet détestait. Fraternelles pensées ! À la roche Lahier, notamment, les reliefs de calcaire gris-blanc tourmentés, les perspectives sur la vallée de la Loue, les à-plats sombres des épicéas contrastant avec les feuillus clairs évoquent bien les tableaux du peintre franc-comtois, exilé en Suisse.

PERSONA NON GRATA

Criblé de dettes et exilé en Suisse après avoir incité à la destruction de la colonne dédiée à Napoléon place Vendôme, Courbet ne revit jamais sa cité d'Ornans. Mais une fois mort et donc fréquentable, son corps fut rapatrié au cimetière d'Ornans où l'on peut voir sa tombe. Après tout, juste retour des choses pour celui qui avait peint Un enterrement à Ornans.

AU NORD D'ORNANS

La vallée de la Brême : *à 8 km au nord d'Ornans. Prendre la D 67 (direction Besançon) puis à droite, à 5 km, vers Bonnevaux (D 280).* Pittoresque vallée d'un affluent de la Loue. Plusieurs possibilités de balades dans la vallée : le puits de la Brême, le célèbre ravin du Puits-Noir – surnommé le salon des Peintres, Courbet et ses élèves y ont souvent planté leurs chevalets –, la gouille aux Chèvres, autre site célébré par l'artiste, la grotte de Plaisir-Fontaine. La D 280 continue jusqu'au joli petit village de Bonnevaux-le-Prieuré.

Le Musée rural : *16, rue de l'Église, 25620* ***Foucherans.*** *☎ 03-81-86-73-20. À 11 km au nord d'Ornans par la D 67 puis, à droite, par la D 112. Visites guidées juil-sept, se renseigner. Entrée : 3 € ; réduc.* Au centre du village. Ferme du XVIIe s, restée et montrée quasiment telle qu'elle était au XIXe s avec son *tuyé* en pierre. Pour ceux qui n'en démordent pas, gîte d'étape à côté du musée.

La fromagerie-musée : *25620* ***Trépot.*** *☎ 03-81-86-71-06. À 13 km au nord d'Ornans par la D 67 puis, à droite, la D 112. Visite guidée : juil-août, tlj 14h-18h ; juin, dim et j. fériés 14h-18h. Entrée : 3,50 € ; réduc.* Construite en 1818, cette fruitière a fonctionné jusqu'en 1977. Vidéo qui retrace une journée de travail à la fromagerie et la fabrication du comté. De la salle des chaudières à la cave où étaient affinés les comtés, tout a été conservé en l'état. Fête de la Fromagerie en principe fin juin ou début juillet. Boutique.

Le Dino-Zoo : *25620* ***Charbonnières-les-Sapins.*** *☎ 03-81-59-27-05 ou 31-31 (en été). • dino-zoo.com • À 15 km au nord-est d'Ornans par la D 67 (direction Pontarlier), entre Besançon et Pontarlier, à proximité de la N 57. Bien indiqué. Ouv vac de fév-vac de la Toussaint ; juil-août, tlj 10h-19h ; juin, tlj 10h-18h ; 1re sem de sept, 11h-18h ; sinon, tlj pdt les vac scol (ttes zones) et certains j. hors saison (se renseigner). Compter 2h30 à ½ journée en visite libre. Entrée : adulte 10,80 € ; enfant 8,50 € ; réduc, notamment sur présentation du billet du gouffre de Poudrey (voir plus haut « Dans les environs de Besançon »).* Savez-vous que le platéosaure, l'un des plus vieux dinosaures qu'on connaisse, a été découvert en Franche-Comté (il aurait entre 210 et 220 millions d'années... ça fait quelques bougies sur son gâteau d'anniversaire). Au total, ce sont près de 100 tyrannosaures, brontosaures et autres diplodocus en résine qui peuplent ce parc de 15 ha, en pleine nature. On a beau s'y attendre un peu, ça fait parfois un choc ! Sont aussi reconstituées l'évolution de l'espèce humaine, dans une petite vallée, et des scènes de la vie quotidienne de l'homme préhistorique. Dinos galopants (un manège), cinéma 4D, animations préhistoriques, etc. Le parc ne manquera pas de vous étonner !

AU SUD D'ORNANS

La Ferme de Flagey : *28, Grande-Rue, 25330* ***Flagey.*** *☎ 03-81-53-03-60. • musee-courbet.fr • À 12 km au sud d'Ornans par la D 492. Mai-sept, tlj 11h-19h ; le reste de l'année mer-dim 14h-18h. GRATUIT.* Le pèlerinage à Ornans sur les traces de Courbet serait incomplet sans une visite à cette ferme du XVIIe s, acquise par la famille après la Révolution. La rénovation contemporaine n'a préservé que la chambre de Gustave et quelques éléments, mais on prend beaucoup de plaisir à découvrir les expos temporaires dans l'ancienne étable, à humer les fragrances provenant du beau jardin aromatique, à assister à un concert ou à participer à une conférence au *Café de Juliette.* Un bel endroit.

CLÉRON (25330) 300 hab. *Carte Doubs, B2-3*

De la Loue au Lison, suivre la D 101, puis la D 103. Une jolie promenade pour prendre le temps de vivre et se poser un instant loin du monde, le long de la Loue.
Arrêt conseillé à Cléron, où l'on est surpris par le dynamisme et la richesse de ce bourg, ne serait-ce que pour contempler son église Saint-Siméon et

son château, indéniablement l'un des plus beaux du département. À côté de ça, on pourra faire une petite descente en canoë depuis Ornans, s'offrir une tranche d'édel de Cléron au hameau du fromage ou profiter d'une belle journée pour s'aventurer dans la campagne avoisinante.

Où dormir ?
Où manger à Cléron et dans les environs ?

Gîte Cléron Accueil : *4, pl. de la Mairie. ☎ 03-81-62-18-38 ou 03-81-86-50-79. • contact@cleron-accueil.fr • Tte l'année. Nuitées 14-22 €/pers selon chambre ; ½ pens possible.* Dans l'ancienne école-presbytère (belle bâtisse du XVIIe s), ce gîte plein de cachet profite d'un environnement paisible et agréable (terrasse sympa face au chevet de l'église). D'une capacité d'une trentaine de couchages, il comprend des chambres pour 2, 3 personnes (avec vue sur le viaduc), ou 6 ou 8 (avec lits superposés), toutes de bon confort et joliment personnalisées en fonction de thèmes floraux. Salon commun chaleureux, une cuisine équipée et, pour ne rien gâcher, un accueil tout sourire.

L'Autre Auberge, Amondans Nature : *2, pl. du Village, 25330* ***Amondans.*** *☎ 03-81-86-53-53. • info@amondans.com • amondans.com • À 5 km au sud de Cléron, par la D 103 qui passe devant le château. Mai-oct. Double 116 € ; 47 €/pers en minidortoir ; tarif dégressif. CB refusées. Apéritif maison offert sur présentation de ce guide.* Un gîte-auberge pas comme les autres, dans un joli et paisible petit village classé. L'immense grange a été aménagée façon loft, avec sous le même toit le râtelier à vélos, une table de ping-pong, un salon autour de la cheminée et un piano ! Intérieur très clair et mobilier plutôt moderne, artistique et rigolo, déniché dans les brocantes de la région. Chambres spacieuses, fonctionnelles, belles salles de bains et matériaux zen et de qualité. Notez ce superbe escalier où chaque marche correspond à une essence de bois ! Quelques chambres pour 4 ou 5 personnes. C'est un sympathique couple de Suisses francophones qui tient la baraque, met la vie dans le bourg et, le soir venu, régale tout le monde autour d'une grande tablée. Cuisine familiale sans frontières. Jardin à l'arrière, grande terrasse. Location de vélos, petit bar-café et un terrain de volley.

À voir

Le château de Cléron : *visite des jardins slt. Juil-août, tlj sf lun 14h30-18h. Entrée : 3 € ; gratuit moins de 14 ans.* C'est le seul château féodal du pays qui ait échappé à la fureur destructrice de Louis XIV. Il est magnifique, mais il est toujours habité et on n'en découvrira que le jardin, conçu pour s'intégrer parfaitement dans ce paysage, tout comme les pierres du château qui sont en harmonie avec les roches si caractéristiques de la vallée. Superbe point de vue à la sortie de la ville, direction Ornans, juste après le pont (on vous conseille d'y aller à pied).

Le hameau du Fromage : *zone artisanale (à 800 m, sur la route d'Amancey). ☎ 03-81-62-41-51. • hameaudufromage.com • Musée tlj sf 1er janv et 25 déc 9h-19h (dernière entrée 18h). Compter 1h de visite libre. Entrée : 5,50 € ; réduc ; gratuit moins de 10 ans.* Un lieu parfait pour découvrir un millénaire de tradition fromagère, dans l'entreprise Perrin. D'emblée, les odeurs de lait mettent dans le bain ! Film historique sur le comté, collection d'objets bien mis en valeur à l'aide de petites reconstitutions, joli diaporama sur la région, histoire du métier de fromager, film sur les mystères du morbier.

Dégustation des fromages de la maison : morbier, raclette (18 sortes !) et surtout édel de Cléron, une sorte de vacherin inventé dans les années 1980. Boutique et beau restaurant sur place où sont organisées des fondues géantes spéciales repas de noces ! Grande terrasse ombragée. Espace jeux pour enfants. Un site touristique qui connaît un franc succès en saison.

➢ ***La combe d'Enfer :*** en aval de Cléron, la Loue entaille à nouveau de costauds calcaires. Gorges si étroites que la route ne peut s'y glisser. Plusieurs belvédères : la Piquette, le Moulin-Sapin.

LE JURA

- **Lons-le-Saunier...........159**
  - Le château du Pin
  - Le Jardin fantastique – Labyrinthe végétal à Saint-Maur

LA BRESSE JURASSIENNE ET LE PAYS DOLOIS.........................168

LE VIGNOBLE DU JURA ET LE REVERMONT.....179

LE PAYS DES LACS ET LA PETITE MONTAGNE 199

LE HAUT-JURA................212

• Carte *p. 160-161*

ABC du Jura

- ❑ ***Superficie :*** 4 999 km².
- ❑ ***Population :*** 260 500 hab.
- ❑ ***Préfecture :*** Lons-le-Saunier.
- ❑ ***Sous-préfectures :*** Dole et Saint-Claude.
- ❑ ***Altitude :*** de 200 m (plaine doloise) à 1 495 m (Haut Jura).
- ❑ ***Point culminant :*** le crêt Pela, 1 495 m.

Le Jura doit bien évidemment son nom à la chaîne de montagnes qui le traverse du nord-est au sud-est. Formée de sept chaînons calcaires, celle-ci est décrite par Adolphe Joanne dans son guide du département de 1876 comme « un escalier colossal dont les degrés seraient des monts escarpés portant des plateaux, et qui monterait, des plaines de la Saône, du Doubs, de la Loue et de la Bresse, jusqu'aux plus hautes cimes séparant la France de la Suisse ».

Comme partout ou presque en France, le découpage administratif a fait du Jura une mosaïque de « petits pays » : la Bresse jurassienne, le Revermont, la Petite Montagne, la région des Lacs et le Haut-Jura. Des microrégions qui, outre leurs nombreux sites bénis par la nature, possèdent un certain nombre d'atouts : un passé historique très riche, dont Dole et Baume-les-Messieurs sont les plus beaux exemples architecturaux, de nombreux savoir-faire solidement ancrés (horlogerie, lunetterie, jouets, artisans tourneurs...), un véritable poumon vert dû à d'immenses forêts où il fait bon randonner (forêt de Chaux, forêt de La Joux, etc.), des lacs en abondance, des vallées lumineuses, un vignoble au particularisme intéressant (Arbois), dont la vedette est un vin puissant et rare – le vin jaune –, des fromages remarquables – le comté, le morbier, le bleu de Gex – et un parti pris définitivement vert qui devrait plaire à tous les amoureux de la nature. Entre nous, le Jura, c'est extra !

UN NOM SUR GRAND ÉCRAN

Rares sont les départements français connus dans le monde entier. C'est en 1829 que le scientifique français Alexandre Brongniart attribue à une période géologique, le Jurassique, le nom du Jura, en référence à des calcaires qu'on y a retrouvés. Mais pas n'importe quelle période ! Celle qui vit naître les dinosaures. C'était sans compter sur Spielberg qui ajoutera plus tard son nom à la carte de visite...

Adresses et infos utiles

Comité départemental du tourisme du Jura (plan Lons-le-Saunier, B2, **1**) **:** 8, rue Louis-Rousseau, CS 80458, 39006 Lons-le-Saunier Cedex. ☎ 03-84-87-08-88. • jura-tourism.com • Lun-ven 8h30-12h, 13h30-17h. Sur demande, beaucoup de brochures touristiques et thématiques fort bien faites. Propose un intéressant *Pass malin* (15 € pour 15 j.) qui donne accès à des réductions chez des prestataires variés (activités, restaurants, etc.) Disponible auprès du CDT, dans les offices de tourisme et certains prestataires.

– ***Passeport Juramusées :*** • juramusees.fr • Valable pour 2 personnes, il permet d'accéder à plusieurs dizaines de sites et musées du département... avec une réduction dès la 2e entrée. *Pass* à retirer dans les offices de tourisme.

■ ***Gîtes de France :*** 8, rue Louis-Rousseau, 39000 Lons-le-Saunier. ☎ 03-84-87-08-85. • gites-de-france-jura.com •

Taxis : TACO 39, ☎ 03-39-39-96-39. La coopérative des taxis du Jura. Malin ! Où que l'on soit, il y en a toujours un pour répondre à l'appel.

LE JURA

Transports insolites

Original pour découvrir un Jura insolite : l'unique ligne ferroviaire de Dole à Saint-Claude, longue de 123 km, appelée « ***ligne des Hirondelles*** ». Une quarantaine de tunnels, plus de 25 viaducs aux élégantes formes curvilignes et, par la baie vitrée, des paysages somptueux, marqués par les méandres de la Bienne. Les Haut-Jurassiens autofinancèrent les premiers kilomètres de voie dans les années 1860 et, à une poignée d'hommes seulement, commencèrent les travaux. La construction de la ligne prit, au final, près d'un demi-siècle et coûta une fortune. En saison touristique, plusieurs formules-découvertes sont proposées : avec visites (de la saline d'Arc-et-Senans, par exemple), balades à raquettes, etc. Possibilité d'embarquer son vélo. *Rens : offices de tourisme de Saint-Claude (☎ 03-84-45-34-24) et de Dole (☎ 03-84-72-11-22).* • lignedeshirondelles.fr •

Fêtes et manifestations

– ***Percée du Vin Jaune :*** *un w-e en fév, ts les 2 ans (années paires).* ☎ 03-84-66-26-14. • percee-du-vin-jaune.com • Méga-manifestation vigneronne régionale qui tourne chaque année sur une commune du vignoble du Jura.

– ***Le trail des Reculées :*** *un w-e début avr, départ de Lons.* • traildesreculees.fr • Plusieurs parcours pour découvrir de jolis coins du Jura, avec spécialités locales à l'arrivée !

LONS-LE-SAUNIER

(39000) 20 000 hab. *Carte Jura, B3*

• Plan *p. 163*

Capitale du Jura et ville administrative, Lons, au premier abord, hormis en son centre-ville, ne paraît pas aussi riante que sa célèbre *Vache qui rit* dont l'image heureuse s'affiche sur les murs de la prospère fromagerie *Bel.* Il faut pourtant se méfier de cette première impression. La patrie de Rouget

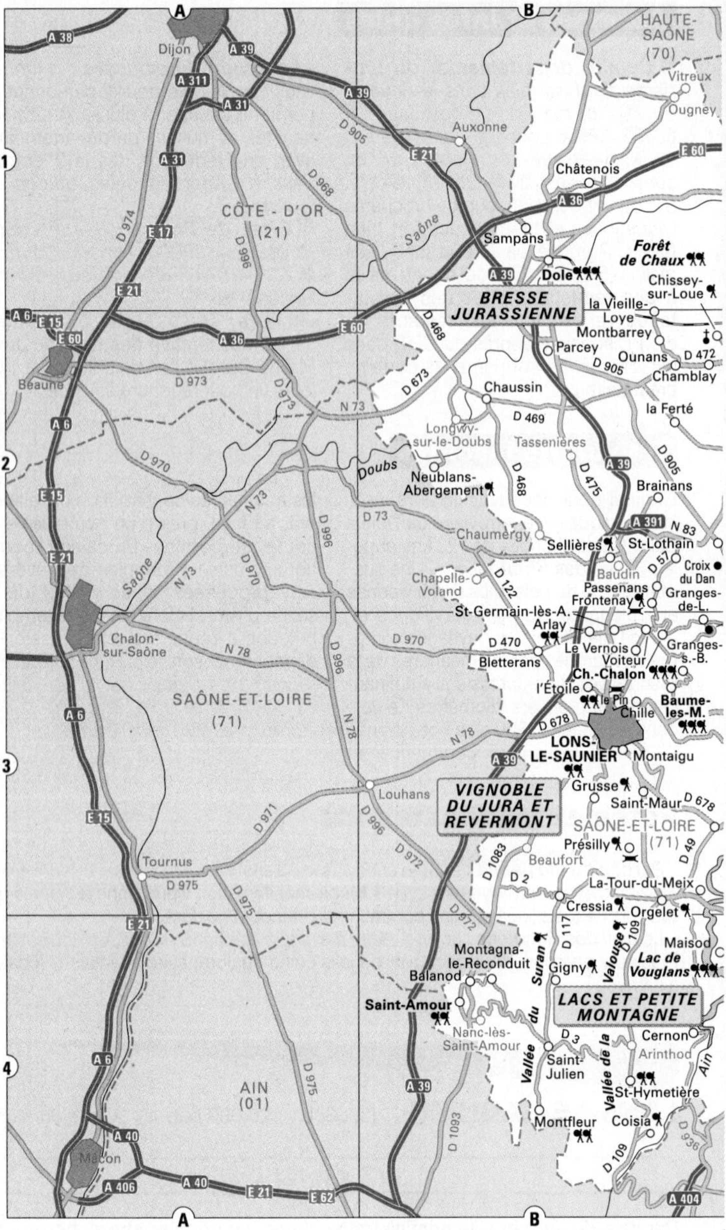

A
B
1
2
3
4
Dijon
A 38
A 39
A 311
A 31
D 905
Auxonne
E 21
HAUTE-SAÔNE
(70)
Vitreux
Ougney
E 60
Châtenois
A 36
D 968
CÔTE - D'OR
(21)
Saône
D 974
E 17
D 996
Sampans
Forêt de Chaux
Dole
Chissey-sur-Loue
A 39
BRESSE JURASSIENNE
la Vieille-Loye
A 6
E 15
E 60
Montbarrey
A 36
D 468
Parcey
Ounans
D 472
Beaune
D 973
D 905
Chamblay
D 673
Chaussin
N 73
la Ferté
D 469
Longwy-sur-le-Doubs
Tassenières
D 970
Doubs
Neublans-Abergement
D 475
Brainans
D 905
E 15
N 73
D 73
A 391
N 83
Chaumergy
Sellières
St-Lothain
E 21
Saône
D 970
D 122
Baudin
D 57
Croix du Dan
Chapelle-Voland
Passenans
Granges-de-L.
N 73
Frontenay
St-Germain-lès-A.
Arlay
Chalon-sur-Saône
N 78
D 970
D 470
Le Vernois
Granges-s.-B.
Bletterans
Voiteur
Ch.-Chalon
l'Étoile
le Pin
A 6
SAÔNE-ET-LOIRE
(71)
N 78
Chille
Baume-les-M.
D 678
N 78
LONS-LE-SAUNIER
Montaigu
A 39
Grusse
Louhans
VIGNOBLE DU JURA ET REVERMONT
Saint-Maur
D 678
E 15
D 971
D 996
SAÔNE-ET-LOIRE
(71)
Présilly
D 49
D 972
D 1083
Beaufort
Tournus
D 975
D 2
La-Tour-du-Meix
D 975
Cressia
Orgelet
E 21
D 972
D 117
D 109
Maisod
Montagna-le-Reconduit
Suran
Valouse
Lac de Vouglans
Balanod
Gigny
Saint-Amour
LACS ET PETITE MONTAGNE
Nanc-lès-Saint-Amour
D 3
Cernon
Vallée du
Vallée de la
Arinthod
Ain
A 6
Saint-Julien
St-Hymetière
D 975
AIN
(01)
A 39
D 1093
Montfleur
Coisia
D 936
A 40
Mâcon
D 109
A 406
A 40
E 21
E 62
A 404
A
B

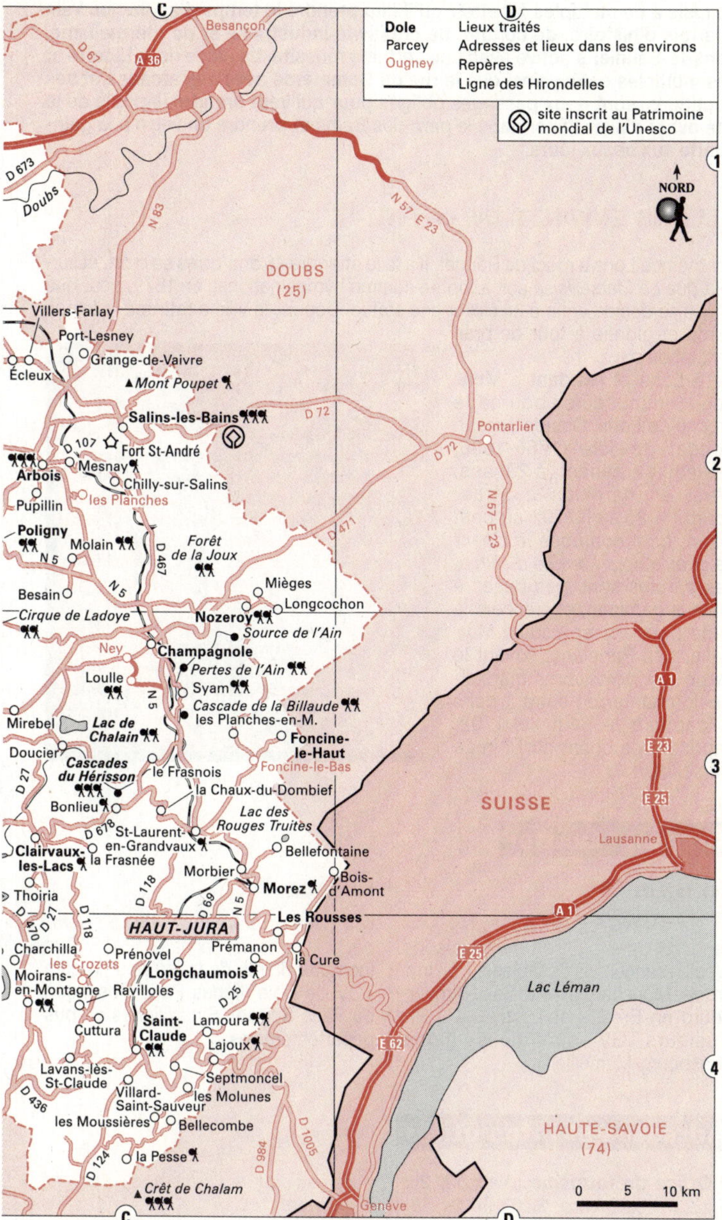
Dole Lieux traités
Parcey Adresses et lieux dans les environs
Ougney Repères
Ligne des Hirondelles
site inscrit au Patrimoine mondial de l'Unesco
NORD
Besançon
A 36
D 67
D 673
Doubs
N 83
N 57 E 23
DOUBS (25)
Villers-Farlay
Port-Lesney
Écleux
Grange-de-Vaivre
Mont Poupet
Salins-les-Bains
D 72
Pontarlier
D 107
Fort St-André
Arbois
Mesnay
Chilly-sur-Salins
Pupillin
les Planches
Poligny
Molain
D 467
Forêt de la Joux
D 471
N 5
Besain
Mièges
Longcochon
Cirque de Ladoye
Nozeroy
Source de l'Ain
Ney
Champagnole
Loulle
Pertes de l'Ain
Syam
Cascade de la Billaude
les Planches-en-M.
Mirebel
Lac de Chalain
Foncine-le-Haut
Doucier
Foncine-le-Bas
Cascades du Hérisson
le Frasnois
D 27
la Chaux-du-Dombief
Bonlieu
Lac des Rouges Truites
D 678
St-Laurent-en-Grandvaux
Clairvaux-les-Lacs
la Frasnée
Bellefontaine
Morbier
Bois-d'Amont
Thoiria
D 118
D 69
Morez
D 470
Les Rousses
HAUT-JURA
Charchilla
Prémanon
Prénovel
la Cure
les Crozets
Longchaumois
Moirans-en-Montagne
Ravilloles
D 25
Cuttura
Saint-Claude
Lamoura
Lajoux
Lavans-lès-St-Claude
Septmoncel
Villard-Saint-Sauveur
les Molunes
D 436
les Moussières
Bellecombe
D 984
D 1005
D 124
la Pesse
Crêt de Chalam
Genève
SUISSE
A 1
E 23
E 25
Lausanne
E 62
Lac Léman
HAUTE-SAVOIE (74)
0 5 10 km
C
D
1
2
3
4

LE JURA

de Lisle a de multiples facettes, qu'il faut prendre le temps d'apprécier. Ville à la fois d'histoire, de culture, de créativité industrielle et de thermalisme, Lons-le-Saunier s'active avec une certaine réussite. La place de la Liberté et ses multiples cafés, ainsi que la rue du Commerce avec ses arcades et ses boutiques, sont deux passages obligés pour qui veut prendre le pouls de la cité avant d'aller flâner dans le parc des Bains et prendre un verre à la guinguette aux beaux jours.

ALLONS ENFANTS DE LA PATRIE

Longtemps Lons a rougi de Rouget. Il a fallu attendre 46 ans après sa mort, et surtout que *La Marseillaise* soit adoptée comme hymne national, en 1879, pour que la ville se décide enfin à lui élever une statue. Depuis, la ville a rattrapé le temps perdu et glorifie à tour de bras l'enfant du pays.

Né à Lons et résidant à Montaigu, minuscule bourgade proche de Lons, Claude Joseph Rouget de Lisle (1760-1836) devient lieutenant à 29 ans. C'est en garnison à Strasbourg, le 25 avril 1792 au petit matin, qu'il compose le *Chant de guerre pour l'armée du Rhin*. Les paroles sont distribuées à toute la garnison, et prennent la route pour arriver jusqu'à Marseille. Les Parisiens, voyant le corps des volontaires marseillais le chanter en entrant dans la capitale le 31 juillet 1792, baptisent ce chant du Rhin *La Marseillaise.*

UN JOUR DE GLOIRE BIEN ÉPHÉMÈRE

Après le succès de La Marseillaise *et avec un tel brevet de citoyen révolutionnaire en poche, Rouget de Lisle commit l'imprudence de dédier un nouvel hymne au roi... Henri IV ! Cela lui valut d'être immédiatement emprisonné pendant 1 an. Il ne sortit jamais vraiment de la galère et vivota un temps à Paris avant de regagner le Jura. Il ne connut finalement de son vivant qu'une gloire bien éphémère avec* La Marseillaise. *Ses restes furent déposés solennellement aux Invalides le 14 juillet 1915.*

Arriver – Quitter

En train

Gare SNCF *(plan A3)* **:** *bd Gambetta. ☎ 36-35 (0,34 €/mn).* Liaisons avec Besançon via Domblans, Poligny, Arbois, Mouchard et avec Saint-Amour, Bourg-en-Bresse et Lyon (3-4 A/R). plusieurs TGV quotidiens (ligne Strasbourg-Marseille).

En bus

Gare routière *(plan A3)* **:** *bd Gambetta. À côté de la gare SNCF.* Bus (compter 55 mn de trajet) pour la gare TGV de Dole (lignes Paris-Besançon ou Paris-Suisse). Sinon lignes de bus départementales.

Adresses et infos utiles

Office de tourisme *(plan B2,* **2***)* **:** *pl. du 11-Novembre. ☎ 03-84-24-65-01. • tourisme-coteaux-jura.com • Tlj sf dim ap-m en saison 9h-12h30, 13h30-18h30. Horaires restreints et fermé dim en basse saison. Visites guidées et excursions sur la ½ journée.*

■ **Location de voitures : Ada,** *58 bis, rue Lecourbe. ☎ 03-84-43-19-89.* **Europcar,** *55, rue de la Marseillaise. ☎ 03-84-24-39-26.*

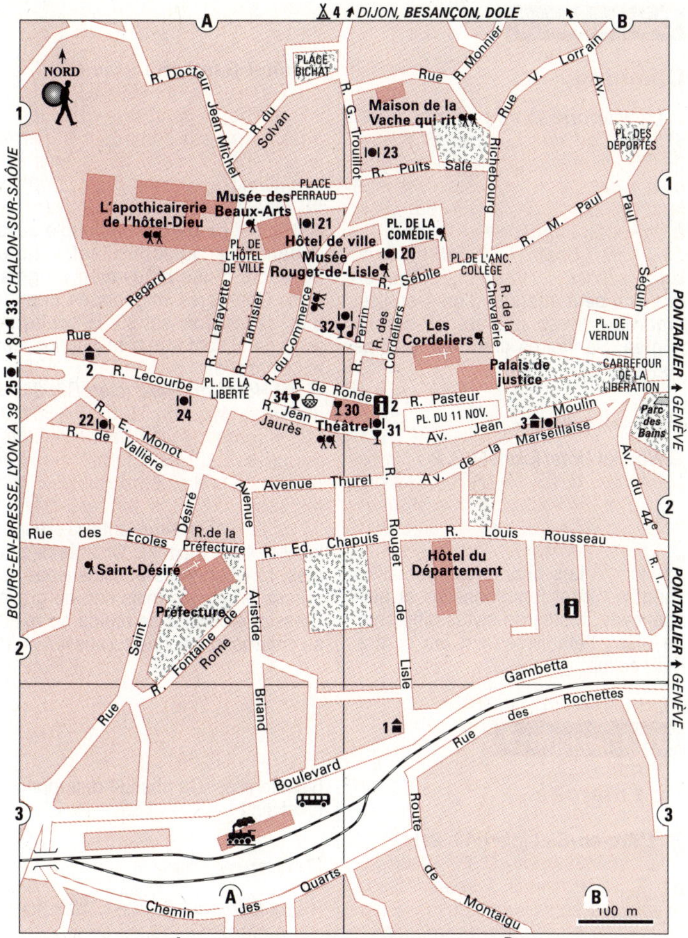

LONS-LE-SAUNIER

Adresses utiles

- 1 Comité départemental du tourisme du Jura
- 2 Office de tourisme

Où dormir ?

1 Hôtel Gambetta
2 Nouvel Hôtel
3 Hôtel du Parc
4 La Marjorie

Où manger ?

20 La Comédie
21 L'Arc-en-Ciel
22 Bistrot des Marronniers
23 Le Grain de Sel
24 Le Comptoir du Mirabilis
25 La Cicrane

Où boire un verre ? Où assister à un spectacle ?

30 Grand Café du Théâtre
31 Grand Café de Strasbourg
32 Léonz Café
33 L'Amuserie
34 Caveau Rouget de Lisle

Où dormir ?

Camping

⛺ **La Marjorie** *(hors plan par A-B1, **4**) : 640, bd de l'Europe. ☎ 03-84-24-26-94. • info@camping-marjorie.com • camping-marjorie.com • ♿ À la sortie nord, sur la D 1 083. D'avr à mi-oct. Emplacements pour 2 : 13-24 €. Locatif 270-1 040 €/sem selon capacité. 192 empl.* Tout ce que l'on peut attendre d'un 4-étoiles, ombragé, avec chalets et mobile homes. Sanitaires chauffés, piscine couverte à proximité.

Prix moyens

🏠 ***Nouvel Hôtel*** *(plan A1-2, **2**) : 50, rue Lecourbe. ☎ 03-84-47-20-67. • nouvel.hotel39@wanadoo.fr • nouvel-hotel-lons.fr • Doubles 62-80 € pour 2-4 pers. Fermé dim ap-m. Parking payant.* Les chambres, de tailles variables, sont fonctionnelles et bien agencées, toutes de styles différents. Le plus : l'établissement est central mais calme.

🏠 ***Hôtel Gambetta*** *(plan B3, **1**) : 4, bd Gambetta. ☎ 03-84-24-41-18. • info@hotel-gambetta-lons.com • hotel-gambetta-lons.com • Fermé le soir des dim et j. fériés hors saison. Congés : 20 déc-6 janv. Doubles 58-68 €. Parking fermé payant en saison.* Dirigé par un couple aussi dynamique qu'accueillant, l'hôtel bénéficie d'une rénovation progressive. Chambres mignonnes comme tout, celles donnant sur le boulevard (et la gare) sont très bien insonorisées et climatisées.

🏠 🍴 ***Hôtel du Parc*** *(plan B2, **3**) : 9, av. Jean-Moulin. ☎ 03-84-86-10-20. • contact@hotel-parc.fr • hotel-parc.fr • ♿. Resto fermé dim soir. Doubles 74-84 €. Formules 12 € (midi en sem)-15 € (soir et w-e). Menus 23-32 €.* Bien situé, entre le cœur de la ville et les thermes. Chambres simples, fonctionnelles et climatisées, un chouia bruyantes mais rien de grave. Classique cuisine de région au resto, au charme fonctionnel lui aussi.

Où manger ?

Bon marché

🍴 ***L'Arc-en-Ciel*** *(plan A1, **21**) : 1, pl. Philibert-de-Chalon. ☎ 03-84-86-06-64. ♿ Tlj sf dim-lun. Formule 12,50 € le midi en sem ; carte et menu env 16 €. Café offert sur présentation de ce guide.* Coller à ce sympathique petit endroit l'étiquette de fast-food serait réducteur. Même s'il y a des hamburgers (maison, bien sûr). Salades, plats du jour... L'idée est d'y manger vite mais bien et sain, tendance bio.

🍴 ***La Cicrane*** *(hors plan par A1, **25**) : 31, rue des Salines. ☎ 03-84-86-89-37. Mer-dim. Formules à midi 11,50-15 €. Pizzas 6,50-15 €.* Envie d'exotisme ? À 5 mn à pied du centre, voici une pizzeria qui détone avec sa devanture vert pomme et son esprit disons... très nature. En plus de la carte classique, goûtez donc la *Koh Lanta* aux insectes ou la brochette de 6 sauterelles. Ça change des morilles, c'est sûr !

Prix moyens

🍴 ***La Comédie*** *(plan B1, **20**) : 65, pl. de la Comédie. ☎ 03-84-24-20-66. • resto.lacomedie@orange.fr • Mar midi-sam soir. Congés : 2 sem en avr, 3 sem en août. Menus 22-36 €.* L'une des plus talentueuses scènes gastronomiques de la ville proposant des plats joliment mis en scène. À la carte de *la Comédie*, des classiques revisités avec une prédilection pour les poissons, selon arrivage, et les volailles. Le tout dans un décor contemporain et dépouillé, avec un *Molière* assuré pour la cour verdoyante aux beaux jours. Vu les tarifs, on prend volontiers l'abonnement !

🍴 ***Le Comptoir du Mirabilis*** *(plan A2, **24**) : 9, galerie Lecourbe.*

☎ 03-84-25-96-37. • contact@lecomptoirdumirabilis.com • Accès par la rue Lecourbe (nº 9). ♿ Tlj sf dim et j. fériés. Congés : août. Formule buffet 13,50 € le midi en sem. Plats 14-22 €. Café offert sur présentation de ce guide. Jolies salles dans l'air du temps et petite cuisine à l'ardoise créative sans en faire des tonnes, avec les risottos comme spécialité maison. Bien agréable terrasse et desserts réussis.

|●| ***Le Grain de Sel*** *(plan B1, **23**) : 32, rue Georges-Trouillot. ☎ 03-84-24-80-66. • contact@restaurant-legraindesel39.com • Fermé mar soir, mer et sam midi. Congés : fêtes de fin d'année et 3 sem en juil. Menus 16,50 € en sem, puis 25-52 €. Apéritif offert sur présentation de ce guide.* Derrière de faux colombages, une petite salle sans charme mais une cuisine régionale, généreuse et avec de bonnes idées. Service dans la grande tradition.

|●| ***Bistrot des Marronniers*** *(plan A2, **22**) : 22, rue de Vallière. ☎ 03-84-43-06-04. ♿ Tlj sf sam midi, dim et j. fériés. Menus 24-45 €. Apéritif local offert sur présentation de ce guide.* Appelé aussi « le Bouchon » par les Lédoniens, ce bistrot propose, à l'ardoise, une cuisine fraîche et habile en parfaite adéquation avec son enseigne : ravioles au foie gras, os à moelle, tête de veau... Service efficace dans un cadre classique, à moins d'opter pour la terrasse posée sur un carrefour.

Où dormir ? Où manger dans les environs ?

🏠 |●| ***Hôtel Parenthèse – Restaurant Au Verbe Aimer :*** *186, chemin du Pin, 39570 **Chille.** ☎ 03-84-47-55-44. • reservation@hotel-jura.com • hotelparenthese.com • ♿ À 3 km au nord-est de Lons-le-Saunier par la D 70, puis à droite la D 157. Doubles 99-165 €.* 📶 À l'écart d'un joli village, une grosse maison bourgeoise d'autrefois (XVIIᵉ s), vraiment tranquille au cœur de son parc. Chambres confortables, baptisées de noms de peintres (la déco s'inspire de leurs œuvres, mais il faut le savoir !). Piscine extérieure (chauffée) et espace bien-être. Restaurant à visée gastronomique avec terrasse ombragée. Accueil comme il faut.

Où boire un verre ? Où assister à un spectacle ?

🍷 |●| ***Grand Café de Strasbourg*** *(plan B2, **31**) : 4, rue Jean-Jaurès. ☎ 03-84-24-36-92. • brasserie@lestrasbourg.fr • Tlj, tte l'année. Formules 14,80-32 €.* Une vénérable institution. Installé sous le théâtre depuis 1850 et classé Monument historique, le « *Stras'* », comme on dit ici, a vu défiler dans son cadre baroque aussi bien la belle société de la ville qu'un grand nombre d'artistes de passage.

🍷 ***Grand Café du Théâtre*** *(plan A-B2, **30**) : 2, rue Jean-Jaurès. ☎ 03-84-24-49-30. Fermé dim (plus lun soir hors saison).* L'autre café historique (mais avec un cadre moins monumental) installé au rez-de-chaussée du théâtre. Tout Lons passe à un moment ou un autre par son agréable et vaste terrasse qui permet de voir et d'être vu.

🍷 ♪ |●| ***Léonz Café*** *(plan A-B1, **32**) : 6, rue Traversière. ☎ 03-84-86-00-31. • leonz-cafe.com • Fermé sam midi, dim et lun.* Resto-bar à concert (un par semaine, en moyenne) éminemment sympathique comme l'accueil, le choix de bières artisanales, les journaux et les bouquins à disposition, les expos, la terrasse dans le seul quartier piéton de la ville, la petite cuisine fraîche et maligne du resto...

🍷 🧺 ***Caveau Rouget de Lisle*** *(plan A2, **34**) : 2, pl. de la Liberté. ☎ 03-84-47-63-10. Mar-sam 10h30-12h30, 14h-20h (non-stop jeu) ; dim 9h-13h. Assiettes de fromages et charcuterie 7-12 €. Boutique.* Décor de choix face au théâtre pour lever le rideau sur les vins du Jura, le whisky et les bières maison fabriqués pas loin et d'autres produits régionaux. Billots dehors pour déguster tout cela debout en papotant.

🍷 👓 ***L'Amuserie*** *(hors plan par A2, **33**) : pl. du Maréchal-Juin, Le*

Bœuf-sur-le-Toit. ☎ 03-84-24-55-61. • theatre-group@wanadoo.fr • lamuserie.com • Env 2 spectacles/mois, oct-juin. Un café-théâtre installé dans les anciens abattoirs de la ville. L'équipe de *L'Amuserie* se produit çà et là dans toute la France et permet aussi à de petites compagnies de monter sur les planches : humour, spectacles de rue, musique... le tout pour un public d'adultes ou d'enfants.

Où acheter de bons vins dans le coin ?

Domaine de Montbourgeau – Nicole Deriaux : *53, rue de Montbourgeau, 39570* ***L'Étoile.*** *☎ 03-84-47-32-96. • montbourgeau.com • ♿ À 6 km au nord de Lons par la D 1083 (N 83). Tlj sf dim.* Ce domaine est l'une des valeurs sûres de l'AOC l'Étoile. Cuvées spéciales tout particulièrement recommandées. Ces blancs secs au goût de pierre à fusil et de noisette doivent être chambrés avant dégustation.

Domaine Pignier : *Cellier des Chartreux, 11, pl. Rouget-de-Lisle, 39570* ***Montaigu.*** *☎ 03-84-24-24-30. • domaine-pignier.com • À 3 km au sud par la (très pentue) D 52. Lun-sam 10h-12h, 14h-19h. Visite possible des caves voûtées (5 €/pers).* Domaine familial (7e génération) en biodynamie, dans un joli village perché. Rouget de Lisle a vécu à Montaigu quand, fauché, il tentait une reconversion dans la viticulture. Ici, on produit depuis le... XIIIe s, aujourd'hui en AOC côtes-du-jura. Voir les tonneaux en argile pour faire mieux vieillir le vin.

Caveau Rouget de Lisle *(plan A2,* ***34****) : 2, pl. de la Liberté. Voir plus haut, « Où boire un verre ? ».*

À voir

Le théâtre *(plan A-B2)* **:** niché dans un joli bâtiment rococo, c'est un chef-d'œuvre d'architecture du XXe s, classé Monument historique. Ce lieu central de la vie lédonienne abrite une salle style Garnier mâtinée d'Art nouveau de toute beauté. Le plafond est orné d'un Pégase, le cheval ailé de la mythologie, symbole de l'imagination créatrice. Pour la couleur locale, l'horloge du théâtre carillonne quelques mesures de *La Marseillaise* avant de sonner les heures !

L'église des Cordeliers *(plan B1-2)* **:** *rue des Cordeliers, près de la médiathèque archimoderne.* De cette église à l'extérieur restauré récemment, il ne reste que la partie du XVIIIe s. À l'intérieur (qui surprend par son ampleur), chaire de 1728, grandes orgues dues aux facteurs Callinet et stalles dans le chœur (style Louis XV tardif).

La rue du Commerce ou rue des Arcades *(plan A1-2)* **:** la rue la plus connue de Lons. Initialement élevées en bois, les arcades (dont vous remarquerez qu'aucune ne ressemble à sa voisine) ont été entièrement reconstruites en pierre et couvertes de tuiles après l'incendie de 1637. Mais, de ses origines médiévales, la rue a conservé une élégante courbe, et de sa reconstruction quelques typiques étals de pierre. À l'extrémité sud de la rue se dresse le beffroi, communément appelé « tour de l'Horloge ». Au no 24 se trouve la maison natale de Rouget de Lisle.

Le musée Rouget-de-Lisle *(donation André-Lançon ; plan A1)* **:** *24, rue du Commerce. ☎ 03-84-47-29-16. Ouv juil-août slt, tlj 10h-12h, 14h-18h (14h-17h w-e et j. fériés). Entrée : 1 € ; gratuit moins de 18 ans.* Reconstruite en 1723, cette maison possède une belle cour intérieure avec des ferronneries Louis XV. Il faut grimper au 1er étage pour accéder aux pièces : objets personnels, lettres, armes, histoire de *La Marseillaise,* etc.

Le musée des Beaux-Arts (plan A1) : pl. Philibert-de-Chalon. ☎ 03-84-47-64-30. ♿ (partiel). Il occupe la 4e aile de la mairie. Tlj sf lun 14h-17h, w-e et j. fériés 14h-18h. Fermé 1er janv, 1er mai et 25 déc. Entrée : 2,20 € ; réduc. Gratuit moins de 18 ans et pour ts mer et 1er dim du mois. Un petit musée pas peu fier d'accueillir deux œuvres célèbres de Bruegel le Jeune, ainsi que cinq toiles de Courbet. Sinon, des sculptures du XIXe s et une collection de peintures du XVIIe au XIXe s.

L'apothicairerie de l'hôtel-Dieu (plan A1) : pl. de l'Hôtel-de-Ville. Visite guidée slt (rens à l'office de tourisme). L'une des plus belles de la région. Parquet qui grince, effluves d'une pharmacopée d'un autre temps, plus de 200 faïences... Et surtout, un remarquable herbier du début du XVIIIe s, dont certaines essences proviennent du continent américain. Tout cela dans trois pièces lambrissées des XVIIe et XVIIIe s.

La maison de La Vache qui rit (plan B1) : 25, rue Richebourg. ☎ 03-84-43-54-10. • lamaisondelavachequirit.com • ♿ Mai-juin et sept-oct, tlj sf lun 14h-18h. Juil-août, tlj 10h-19h. Vac scol Toussaint, tlj 10h-18h. Déc-fin avr, w-e, j. fériés et vac 14h-18h. Entrée : 7,50 € ; réduc ; tarif famille. Gratuit moins de 7 ans. Les producteurs de *La Vache qui rit* ne pouvaient répondre aux nombreuses demandes de visite, inenvisageable pour des questions d'hygiène. Du coup, ils ont ouvert une maison-musée à la gloire de la star des prairies, dans un joli bâtiment respectueux de l'environnement qui englobe le premier site de production des fameuses portions, ouvert en 1919. Un lieu à la fois instructif et ludique avec animations, ateliers, expos, programme multimédia et jardin thématique qui révèlent l'univers de cette vache sympathique, à laquelle le dessinateur Benjamin Rabier a offert en 1922 un rire et des boucles d'oreilles.

– En sortant, en profiter pour jeter un œil au puits salé attenant à qui la ville doit son nom.

> **TOUT UN FROMAGE !**
>
> *Chaque jour, plus de 10 millions de portions de* Vache qui rit *sont englouties dans le monde, dans plus de 120 pays ! À prononcer la bouche pleine :* The Laughing Cow *aux États-Unis,* Krowka Smieszka *en Pologne,* A Vaca que Ri *au Portugal,* Con Bo Cuoi *au Vietnam,* Vessiolaia Bourionka *en Russie... Son secret ? Elle se conserve sans réfrigérateur, même dans les pays chauds. Noter que leur vache est la seule au monde à montrer ses dents du haut !*

La place de la Comédie (plan B1) : ravissante avec ses maisons vigneronnes colorées devenues des HLM. On remarque encore les outils de travail de la vigne sculptés sur le linteau de certaines de ces maisons (aux nos 20 et 22).

La statue de Rouget de Lisle (plan B1-2) : pl. de la Chevalerie. Érigée en 1882, elle est l'œuvre du sculpteur Bartholdi, à qui l'on doit aussi la *statue de la Liberté* à New York et le *Lion de Belfort*. Sur cette même place, Ney a prononcé en 1815 sa célèbre phrase : « La cause des Bourbons est à jamais perdue ! »

L'église Saint-Désiré (plan A2) : malgré son aspect extérieur austère, c'est l'un des fleurons de l'art roman du département (hélas, guère arrangé par les restaurations menées au XIXe s). *Pietà* du XVIe s et crypte de 1060 abritant un sarcophage vide de saint Désiré, patron de Lons (les reliques sont conservées dans l'église des Cordeliers).

À faire

– **Les thermes et le spa Lédonia** : parc des Bains. ☎ 03-84-24-38-18. • valvital.fr • Vue spectaculaire sur le parc thermal classé et de quoi profiter des bienfaits des eaux salées de la région.

– **Centre nautique Aqua'Rel :** *755, bd de l'Europe. ☎ 03-84-86-83-70. • lonslesaunier.fr/aquarel/ • Entrée : env 5,50 € ; réduc.* Parcours ludique et aquatique avec toutes sortes de bassins.

DANS LES ENVIRONS DE LONS-LE-SAUNIER

Le château du Pin : *à 3 km au nord-est de Lons par la D 70 puis la D 208. ☎ 03-84-25-32-95. Ouv 13h-19h tlj juil-août, et 3e w-e de sept. Entrée : 6 € ; réduc. Visite libre ou commentée mer et dim à 14h.* Superbe château édifié au XIIIe s (pour la puissante famille de Chalon) et réaménagé au XVe s. Classé Monument historique, il est doucement restauré. On visite le massif donjon (deux salles seigneuriales meublées) flanqué d'échauguettes (jolie vue), la cour intérieure, la chapelle et les remparts.

Le Jardin fantastique – Labyrinthe végétal : *Les Carrières, 39570 **Saint-Maur.** ☎ 03-84-44-26-35. • jardinfantastique.net • À 10 km au sud. Ouv mars-nov. Juil-août, tlj 10h-19h ; juin, tlj 14h-18h ; puis consulter. Tarif : 7 € ; réduc.* Miroirs déformants, illusions d'optique, pièges et farces... Le cocktail idéal pour les enfants (à partir de 3 ans).

– **Voie PLM :** *ancienne voie ferrée convertie en voie verte dite « PLM » sur 19 km, entre Perrigny (à l'est de Lons) et Chatillon. Dépliant à l'office de tourisme.* On est en pleins vignobles avec tunnels (celui de la Diane est long de 800 m), ponts et superbes points de vue sur la vallée de la Vallière. Revêtement en sable, interdit aux vélos de route et rollers.

LA BRESSE JURASSIENNE ET LE PAYS DOLOIS

• Arlay et son château • La brasserie La Rouget de l'Isle à Bletterans • Sellières • Neublans-Abergement

• **Dole** 171
• **Le val d'Amour et la forêt de Chaux** 177
• Les baraques du 14 de La Vieille-Loye

• L'église Saint-Christophe à Chissey-sur-Loue • Le four de tuilier à Villers-Farlay • Che' Val d'Amour à Écleux

On a appris à connaître cette région grâce à ses poulets fermiers ! Elle se partage entre trois départements : la Saône-et-Loire, l'Ain et le Jura. Côté Comté, la Bresse s'étend entre Lons-le-Saunier et Dole. C'est une région humide et assez fertile, un réservoir exceptionnel de flore et de faune.
Bien sûr, la Bresse n'a pas le charme naturel du Haut-Jura ou de la région des Lacs, mais avec le pays dolois, le tout devient un ensemble parfaitement cohérent, que l'on sillonne avec plaisir entre vallées, forêts et étangs. Osez la Bresse, les châteaux d'Arlay et de Neublans, les bourgs qui se réveillent les jours de marché, une flopée de petits villages qui cachent d'antiques maisons à colombages. Sans compter les eaux de ces étangs d'où l'on ne s'étonnerait pas de voir sortir la Vouivre, chère à Marcel Aymé, qui a passé son enfance dans le coin.

Où dormir ? Où manger ?

De prix moyens à chic

Hostellerie Saint-Germain : *635, Grande-Rue, 39210 **Saint-Germain-lès-Arlay.** ☎ 03-84-44-60-91. • reservation@hostelleriesaintgermain.com • hostelleriesaintgermain.com • Tlj sf lun-mar midi (plus dim soir* *hors saison). Doubles 78-145 €. Menus 29-75 €.* Derrière ses murs de pierre, cet ancien relais de poste du XVIIe s a adopté un style résolument contemporain et lumineux. Côté cuisine, le chef propose une carte qui mérite, sans discuter, son étiquette de « gastronomique » avec plein de goûteuses surprises entre produits du terroir et classiques nationaux. Cave vitrée en guise de déco et terrasse verdoyante. Chambres très joliment rénovées dans le même esprit.

Hôtel-restaurant Chez Bach : *4, pl. de l'Ancienne-Gare, 39120* ***Chaussin.*** *☎ 03-84-81-80-38. • hotelbach@wanadoo.fr • hotelbach.com • Resto fermé dim soir, lun midi, ven soir et soir des j. fériés. Doubles 78-96 €. Menus 19,50 € (lun soir-ven midi), puis 29-70 €.* Grande bâtisse moderne sans vraiment de charme. C'est toutefois une étape gastronomique réputée dans le département, depuis ses débuts dans les années 1930. Le gourmand de passage trouvera à sa table la plupart des spécialités régionales et de très bons desserts. Les chambres offrent un confort 3 étoiles, avec la clim pour certaines.

Où écouter de la musique ?

Le moulin de Brainans : *lieu-dit Le Moulin, 39800* ***Brainans,*** *12 km au nord de Sellières. ☎ 03-84-37-50-40. • moulindebrainans.com •* Ancien moulin habillé d'une gigantesque fresque façon jungle, un peu perdu. Et pourtant, cette salle associative accueille des concerts depuis plus de 15 ans. Programmation sans œillères, groupes locaux et « célébrités ». Un endroit qu'on aime bien pour l'ambiance et le pari de diffuser des musiques nouvelles en zone rurale.

Où acheter de bons produits ?

Moulin Taron : *2 rue du moulin, 39120* ***Chaussin.*** *☎ 03-84-81-81-06. • gaudes-de-chaussin.com • À 23 km au sud-ouest de Dole. Lun-ven 8h-12h, 14h-16h30. Boutique.* Ce moulin du XIIIe s était en bois avant d'être reconstruit en 1843. Gérard et Joël perpétuent la tradition familiale entamée en 1937. C'est un des rares moulins où l'on fait de la farine de gaudes (farine de maïs grillé), traditionnellement utilisée pour les potages (sucrés ou salés), les gâteaux et en boulangerie. Aujourd'hui encore, le torréfacteur marche au bois ! Maïs garanti sans OGM...

À voir

Arlay *(39140)* **:** petit village à 12 km au nord de Lons-le-Saunier, baigné par la Seille, calme et ravissant avec son église au toit typique et ses 25 bâtiments classés ou inscrits aux Monuments historiques. Au centre d'Arlay, pas moins de deux châteaux, dont un qui se visite. Pour la pause viticole, jolies caves du XVIe s et musée familial que l'on peut visiter chez Jean Bourdy, dont le vignoble sert aussi de conservatoire de vieux cépages *(☎ 03-84-85-03-70 ; • cavesjeanbourdy.com •).* Les passionnés peuvent réserver un dimanche de janvier (se renseigner sur la date) pour participer à la « Pressée du vin de paille ».

Le château d'Arlay : *☎ 03-84-85-04-22. • arlay.com • (château de plain-pied, parc pentu). Ouv 1er w-e de juin (« Rendez-vous aux jardins »)-3e w-e de sept, tlj 14h-19h (dernière entrée 17h). Compter 1h pour la visite guidée de l'intérieur (départ au quart de chaque heure) et 1h pour la visite des extérieurs avec plan documenté. Entrée : 8 €, 6 € en basse saison (extérieur slt, le mat slt ou après 17h15) ; réduc ; gratuit jusqu'à 6 ans.*

La propriété est dans la même famille depuis 1730 en ligne directe et depuis l'an mille en ligne indirecte ! En entrant, on passe tout d'abord entre ***deux petits pavillons*** dont les façades sont légèrement incurvées : le projet initial prévoyait huit pavillons identiques, organisés en cercle à la façon des salines royales d'Arc-et-Senans... Jetez également un œil à la ***glacière conique*** de 1773 où l'on conservait les aliments au frais.
Le ***parc romantique*** en sous-bois (avec tous les éléments du genre : grotte artificielle, théâtre de verdure...) a été aménagé dans l'enceinte médiévale de la forteresse des princes d'Orange, dont on aperçoit les nombreuses ruines, et s'inspire des philosophes des Lumières. Un avant-goût du paradis, paraît-il ! Le chemin monte à travers ce « Jardin remarquable » jusqu'à un panorama exceptionnel à 325 m d'altitude avec le vignoble qui s'étale en pente douce à vos pieds. Bonne grimpette au départ !
Le château en lui-même a été bâti au XVIIIe s. Sa visite permet de découvrir un mobilier franc-comtois d'époque Charles X, œuvre d'un artisan de Poligny, qui a consacré quelque 10 années de sa vie à réaliser l'ensemble ! Régulièrement, la propriétaire, collectionneuse invétérée, présente des porcelaines miniatures... En sortant, belles armures (voyez l'impact sur l'une d'elles, qui résulterait d'un « crash test » pour éprouver la résistance de l'alliage !). Et autour de vous, sur les murs de l'entrée-cage d'escalier, observez les effets des levures du vin jaune, lequel vieillit juste en dessous...
Pour finir, le caveau de dégustation avec la présentation des vins jaunes du domaine viticole d'Arlay, peut-être le plus ancien château-vignoble de France, dont certains vins sont connus et reconnus.

La brasserie La Rouget de l'Isle : *rue des Vernes. 39140* ***Bletterans.*** *☎ 03-84-85-09-18. • brasserie-rouget-lisle.com • À 7 km au sud-ouest d'Arlay par la D 120. Magasin mer-ven 14h-18h, sam 9h-12h30, 14h-17h30. Visite guidée sur rdv aux mêmes horaires.* La preuve qu'il n'y a pas que du vin dans le Jura avec la brasserie la plus connue de Franche-Comté. Magasin d'usine (où on trouvera même du cola made in Jura !).

Sellières *(39230) : à 12 km au nord d'Arlay.* Ancien bourg fortifié, classé « Cité de caractère de Bourgogne – Franche-Comté », Sellières a conservé de nombreux vestiges de son passé, à commencer par ceux de ses remparts. Insolite église sans clocher auquel répond un clocher sans église... Inattendu, Sellières est jumelée avec Narusawa, localité japonaise proche du mont Fuji.

➢ ***Sentiers nature :*** dans les environs des Sellières, plusieurs parcours nature aménagés autour de l'étang Jacquot *(3,5-4,5 km, soit 1h30-2h30 ; infos : • cpie-bresse-jura.org •)* ainsi que des étangs Vaillant, du Crêt et du Fort sentier *(4,2 km, soit 1h30 ; départ de Chapelle Volland, les Miconnets ; infos : • tourisme-jura-bresse.fr •).*

➢ Plusieurs ***sentiers de découverte des étangs*** au départ de l'ancienne gare des ***Deux-Fays*** *(à une dizaine de kilomètres au nord-ouest de Sellières par la D 475, puis les D 85 et D 311),* où un train s'est arrêté pour l'éternité.

Neublans-Abergement *(39120) : à env 10 km au sud-ouest de Chaussin.* À l'écart du village de Neublans-Haut, superbe ensemble de bâtiments tous construits en brique rose : un monumental château du XVIIIe s *(ne se visite pas),* ses dépendances (imposant pigeonnier) et l'église.

Fêtes

– ***Fête de la Pomme et des Terroirs de France :*** *2e w-e d'oct, à* ***Arlay.*** L'occasion de goûter au cidre ou au jus de pomme produit dans le coin.
– ***Fête de la Mi-Stembre :*** *à* ***Bletterans,*** *à la mi-sept pardi !* Fête de village.

DOLE

(39100) 26 000 hab. *Carte Jura, B1*

• Plan *p. 173*

Qu'un révolutionnaire ait réussi, en 1790, à imposer Lons-le-Saunier comme chef-lieu du département ne change rien à l'affaire, Dole est et restera définitivement aux yeux de tous la capitale du Jura. Elle fut même capitale de la Franche-Comté jusqu'en 1678. Cette « Ville d'art et d'histoire » qui a vu naître Louis Pasteur possède un patrimoine historique exceptionnel, ce dont sa rivale ne peut se targuer. Au détour de chaque rue apparaissent les réminiscences des fastes du passé : portails blasonnés, portes sculptées, montées d'escalier à double volée, cours intérieures, etc. Tout cela dans une ville marquée par les cours d'eau, entre Doubs, canal du Rhône au Rhin et canal des Tanneurs, dans lequel se reflètent la majestueuse collégiale et les vénérables façades.

OPÉRATION MAINS PROPRES

Louis Pasteur popularisa une pratique naissante à son époque : l'emballage du pain par le boulanger lui-même, tandis que la vendeuse ne touchait qu'à l'argent, tout cela par souci d'hygiène. Aujourd'hui, les vendeuses manipulent à la fois le pain et les pièces ! Pasteur s'en retourne dans sa tombe.

UN PEU D'HISTOIRE

Bâtie au XIe s au bord du Doubs, Dole, ville appréciée des comtes de Bourgogne devient le siège de leur Parlement au XVe s, et une université renommée est créée. La réussite de Dole en fait une ville prospère qui attise la convoitise de Louis XI. Quand Charles d'Amboise, lieutenant du roi de France, s'introduit par ruse dans la ville, les habitants préfèrent se faire massacrer plutôt que de se rendre. Leur héroïsme fait l'admiration du féroce soldat qui, selon la légende, laisse la vie sauve aux rescapés avec ces mots : « Qu'on les laisse pour graine. » Dole est de nouveau pillée et brûlée sous Henri IV, bombardée sous Louis XIII, et finalement rattachée avec la Franche-Comté au royaume de France sous Louis XIV. Le Parlement et l'université sont transférés à Besançon, promue capitale de la Comté, et Dole redevient une cité anonyme. À la Révolution, Théodore Vernier, natif de Lons-le-Saunier et président de l'Assemblée constituante, manœuvre si bien que c'est Lons qui devient la préfecture du département du Jura. La roue de l'histoire tourne. En 1997, Dole, à travers sa députée, la bientôt ministre écolo Dominique Voynet, chef de file des Verts et forte personnalité, revient sous les feux de l'actualité. Aujourd'hui, posé juste à mi-chemin entre deux capitales régionales (Dijon et Besançon), Dole continue à chercher un peu sa place mais reste, vu le patrimoine que lui a légué l'histoire, une destination de choix en Franche-Comté.

Arriver – Quitter

En train

Gare SNCF *(plan A1) : av. Aristide-Briand. ☎ 36-35 (0,34 €/mn).* Sur les lignes TGV Paris-Besançon (via Dijon) et Paris-Berne ou Lausanne. La ligne internationale Paris-Venise passe également par Dole. Trains régionaux pour Besançon, Montbéliard, Dijon et Belfort. Et départ de la fameuse « ligne des Hirondelles » (voir le chapitre d'introduction sur le Jura).

En bus

Gare routière *(plan A1) : av. Aristide-Briand. À côté de la gare SNCF.* Correspondance en autocar pour Lons-le-Saunier (direct ou via Sellières devant la gare).

Adresses utiles

Office de tourisme du pays de Dole (plan B1) : *6, pl. Grévy. ☎ 03-84-72-11-22. • tourisme-paysdedole.fr • Juil-août, lun-ven 9h45-18h30, w-e et j. fériés 9h45-12h et 14h-18h. Sinon, fermé dim, plus sam ap-m oct-mars.* Organise des visites thématiques en été. Sinon, circuit balisé « Le Circuit du Chat Perché ». Délivre des badges pour monter au clocher de la basilique. Infos sur les locations de bateaux électriques. Différents *Points I* en ville.

Location de bateaux *(plan B2) :* ***Nicol's,*** *au port de plaisance, 2, rue du Prélot. ☎ 03-84-82-65-57. • nicols.com •* Location de navettes fluviales sans permis et de *house-boats.* Fait aussi capitainerie.

Aéroport Dole-Jura : *BP 26, 39502 Tavaux Cedex. ☎ 03-84-72-04-26. • aeroportdolejura.com •* Liaisons avec Fès, Marrakech et Porto avec Ryan Air, plus des charters en saison.

LE JURA

Où dormir ? Où manger ?

Camping

Camping du Pasquier *(hors plan par B2, **10**) : 18, chemin Thévenot. ☎ 03-84-72-02-61. • camping-pasquier@wanadoo.fr • camping-le-pasquier.com • Ouv de mi-mars à fin oct. Autour de 15 € pour 2 pers et une tente. Locatif 200-680 €/sem. Loc de vélos. 120 empl.* Pratique, car situé à 5 mn du centre-ville, en bordure du Doubs. Accueillant et confortable. Emplacements délimités et location de mobile homes, « coco sweets » et roulottes. Boutique, snack (en juillet-août). Activités sportives à proximité et piscine.

Bon marché

Hôtel du Voyageur *(hors plan par A1, **12**) : 34, av. Aristide-Briand. ☎ 03-84-72-18-73. • hoteldesvoyageurs39@orange.fr • hotel-duvoyageur.com • Face à la gare. Resto fermé sam soir, dim et j. fériés. Double 50 €. Formule 13 € et menu 14,50 €.* Malgré la présence de la gare à 200 m, on ne dort pas avec un train de marchandises dans son lit. Chambres tout à fait correctes et à prix doux. On apprécie, d'autant plus qu'on peut y manger pour pas cher.

Prix moyens

Aux 5 Sens *(plan A2, **14**) : 34, rue des Vieilles Boucheries. ☎ 03-84-72-34-59. • restaurant.5sens@orange.fr • Menus 15-17,50 € le midi slt, lun-sam ; 21 € le soir slt lun-ven ; puis 27,50-43,50 €.* Spécialités jurassiennes au menu, mais pas seulement... Le tout servi dans une salle voûtée ne manquant pas de cachet ou bien en terrasse. Les produits sont travaillés avec délicatesse pour un résultat, dans l'assiette, plein de saveurs et de couleurs.

Grain de Sel *(plan B2, **17**) : 67, rue Pasteur. ☎ 03-84-71-97-36. Mar-dim midi, plus dim soir en juil-août. Formules midi lun-ven 17-21 €, menus 27-41 €.* Une table appréciée pour sa cuisine traditionnelle. La carte est volontairement limitée pour suivre au mieux les saisons. Maison originale imbriquée dans les autres avec terrasse en surplomb du canal des tanneurs. Du caractère indéniable, dans le cadre tout comme dans l'assiette.

De chic à plus chic

Moulin des Écorces *(plan B3, **16**) : allée du Pont-Roman. ☎ 03-84-72-72-00. • aumoulindesecorces@*

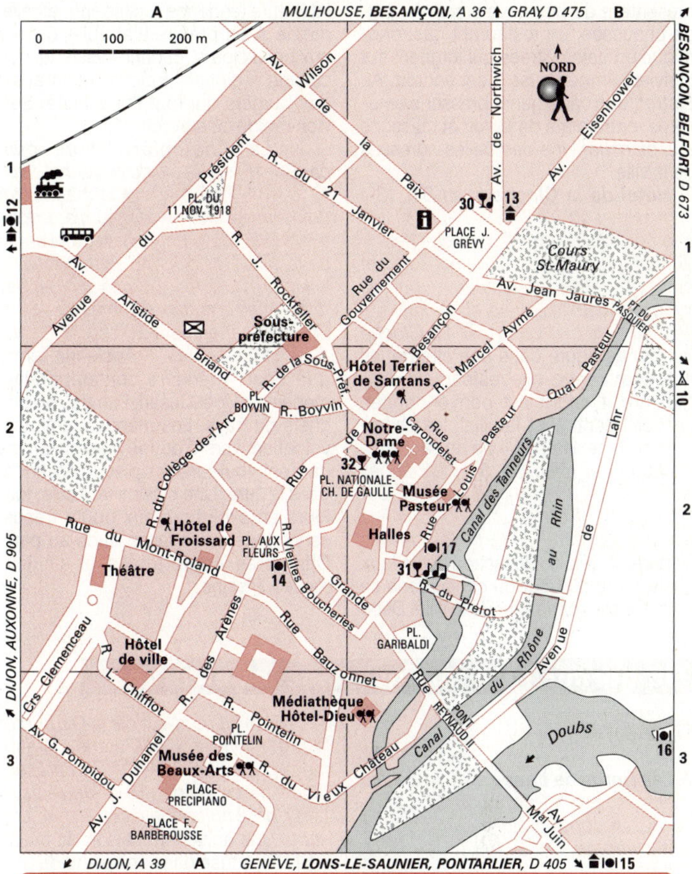

DOLE

■ **Adresse utile**

- Office de tourisme du pays de Dole

Où dormir ? Où manger ?

10 Camping du Pasquier
12 Hôtel du Voyageur
13 Hôtel de la Cloche
14 Aux 5 Sens
15 La Chaumière
16 Moulin des Écorces
17 Grain de Sel
31 Le Local

Où boire un verre ? Où sortir ?

30 2d Northwich
31 Café Charles
32 Le Sommelier créateur

orange.fr • hotel-restaurant-dole-jura.com/restaurant-le-bistrot/ • ♿ Doubles 90-130 €. Au resto, menus 38-65 €. Au Bistrot, plats 12-21 €, menu du w-e 23 €. L'établissement a fière allure, posé sur le Doubs que l'on traverse par une passerelle. Les chambres sont modernes, fonctionnelles, et présentent de beaux volumes. Au rez-de-chaussée, un restaurant gastronomique en baies vitrées qui lorgnent sur la rivière, impétueuse à cet endroit. Au *Bistrot,* une carte genre brasserie améliorée, entre plats de terroir et cuissons *a la plancha*. Une des belles adresses de la ville.

Hôtel de la Cloche *(plan B1,* ***13****) : 1, pl. Grévy. ☎ 03-84-82-06-06. • laclo che.hotel@wanadoo.fr • la-cloche.fr • Congés : 25 déc-1er janv. Souvent complet, résa conseillée. Doubles avec douche ou bains et TV satellite 80-140 € selon confort.* *La Cloche* fait bonne figure dans une cité où les hôtels en centre-ville restent une denrée rare. L'esprit est conventionnel, l'accueil gentiment familial, les chambres comme il faut et il y a un sauna.

Le Local *(plan B2,* ***31****) : canal des Tanneurs – 3, rue du Prélot. ☎ 03-84-72-17-49. Fermé dim-lun. Résa conseillée. Menu 25 €, plats 30-40 €.* Repérez le vélo sur la façade de ce faux chalet, tout au bout du canal, dans ce coin – le plus charmant de la ville. Déco intérieure tendance rustico-industrielle, même si on préfère s'attabler dehors aux beaux jours. Et dans l'assiette, une cuisine régionale fraîche, mais aussi des burgers qui font l'unanimité. Service rapide de surcroît.

La Chaumière *(hors plan par B3,* ***15****) : 346, av. du Maréchal-Juin. ☎ 03-84-70-72-40. • lachaumiere.dole@wanadoo.fr • lachaumiere-dole.fr • Sur la route de Genève, à la sortie de la ville. Resto fermé sam midi, dim, lun midi et j. fériés. Congés : autour des fêtes de fin d'année. Doubles 97-130 €. Formule déj en sem 26 €, puis menus 40 € (sf w-e)-90 €.* Ancienne ferme à la déco intérieure contemporaine, menée par Joël Césari, l'un des grands chefs du pays. Les menus emmènent volontiers vers d'autres horizons, mais gardent toujours un pied bien ancré dans le Jura. Une cuisine réfléchie, toujours en évolution, aux goûts francs, servie l'été en terrasse, face au parc. Chambres confortables et chaleureuses. Piscine.

Où dormir ? Où manger dans les environs ?

Camping

Les Bords de Loue : *chemin du Val-d'Amour, 39100* ***Parcey.*** *☎ 03-84-71-03-82. • contact@jura-camping.fr • jura-camping.fr • À 9 km de Dole. Début avr-début oct. Emplacements pour 2 : 18-28 €. Loc de chalets et mobile homes. 240 empl.* Un superbe camping au bord de la Loue, avec plage privée sur la rivière et 2 piscines chauffées. Les 17 ha de terrain assurent de l'espace pour chacun (100 m² par emplacement). Belle panoplie de loisirs sur place ou à proximité immédiate.

Prix moyens

Chambres d'hôtes à La Thuilerie des Fontaines : *2, rue des Fontaines, 39700* ***Châtenois.*** *☎ 03-84-70-51-79. 06-0739-62-82. • michel.meunier2@wanadoo.fr • hotes-michel.meunier.pagesperso-orange.fr/michel.htm • À 5 km au nord-est par la D 973 puis la D 673 (ou par l'A 36 sortie « Authumes »). Double 70 €. Sur présentation de ce guide, 10 % de réduc à partir de 2 nuits consécutives (sf juin-sept).* Une ancienne maison de maître de 1756, située dans un splendide parc arboré. Elle abrite 4 chambres confortables, meublées à l'ancienne. Salon et bibliothèque. Belle piscine à débordement. Petit déj assez exceptionnel avec produits du terroir.

Chambres d'hôtes Aux Champs du Bois : *49, route de Dole, 39100* ***Sampans.*** *☎ 03-84-82-25-10. • resa@champsdubois.fr • champsdubois.fr • À 4 km au nord-ouest de Dole par la D 905. Double 58 € (moins cher pour les randonneurs avec leurs draps).* Belle et vaste maison de maître de la fin du XIXe s, qu'un rideau d'arbres et un grand jardin séparent de la route. 3 chambres mignonnes comme tout, très maison de campagne avec papiers peints à l'ancienne et meubles de famille. Excellent accueil.

De chic à plus chic

Chalet du Mont-Roland : *51, rue du Mont-Roland, 39100* ***Sampans.*** *☎ 03-84-72-04-55. • reservation@chalet-montroland.com • chalet-montroland.com • À 4 km de Dole par la D 905. Suivre direction Sampans, puis le mont Roland sur la droite. Double autour de 90 €. Plat du jour 15 €. Menus env 27-50 €.* Maison façon chalet effectivement, plantée au sommet d'une grosse colline et tout à côté d'une église de pèlerinage dont le clocher domine Dole et la forêt de Chaux. Vue sympathique donc de la plupart des chambres au goût du jour (avec clim). Cuisine agréable mais un poil chère. Personnel aux petits soins.

Le château du Mont-Joly : *6, rue du Mont-Joly, 39100* ***Sampans.*** *☎ 03-84-82-43-43. • reservation@chateaumontjoly.com • chateaumontjoly.com • Fermé mar-mer. Doubles 100-200 €. Menus 38-45 € le midi sf dim, puis 68-98 €.* Élégante demeure du XVIIIe s qui abrite une table raffinée : turbot, homard, foie gras... ce qui explique les prix qui s'envolent... Romuald Fassenet a été sacré Meilleur Ouvrier de France en 2004 et a ensuite décroché une étoile. Chapeau bas ! Chambres d'un confort haut de gamme, distillant savamment le charme d'un luxe discret. Piscine.

Les Jardins fleuris : *35, route Nationale, 39100* ***Parcey.*** *☎ 03-84-71-04-84. À 8 km au sud par la D 905. Tlj sf lun soir, mar et dim soir. Menus 19,50 € en sem et sam midi, puis 30-49,50 €.* Dans une vieille maison de pierre le long de la nationale, un gastro un peu conventionnel question décor mais emballant question cuisine, surtout avec ces prix qui savent rester sages. Pour le « jardin fleuri », voir la terrasse sur l'arrière.

Où boire un verre ? Où sortir ?

2d Northwich (plan B1, **30**) **:** *2, pl. Grévy. ☎ 03-84-82-24-29. Tlj 10h-1h.* Un vrai pub anglo-saxon qui redonne un peu de couleur aux nuits doloises. Organise parfois des concerts en été.

Café Charles (plan B2, **31**) **:** *canal des Tanneurs. ☎ 03-84-69-22-48. Ouv tlj, musique 18h30-21h30 mer et dim.* Mimi comme tout avec ses tables posées au bout du canal. Mercredi c'est guinguette, dimanche c'est jazz. Une expérience à vivre au moins une fois !

Le Sommelier créateur (plan B2, **32**) **:** *2, rue d'Enfer. Mar-sam.* Ce caviste caché dans une ruelle étroite face à la collégiale propose, entre autres, un vin... bleu, qui rencontre un vrai succès chez les fêtards parisiens.

À voir

La collégiale Notre-Dame (plan B2) **:** monument majeur de la cité et construite au XVIe s, elle s'impose au paysage urbain grâce à son clocher-porche haut de 73 m. Elle est le témoignage vivant de la puissance de l'ancienne capitale du comté de Bourgogne. Construite dans un style gothique tardif, sa sobriété accentue l'ampleur des volumes. Elle a été retouchée par le génie de la Renaissance, et le mobilier, sorti des ateliers dolois, lui donne sa couleur : la tribune de l'orgue, la chaire, le bénitier en marbre polychrome, le portail de la sainte chapelle.

Celle-ci a été construite à partir de 1609 pour accueillir une hostie miraculeuse de Faverney, près de Vesoul.

L'orgue, comportant 3 500 tuyaux, est célèbre pour ses qualités, son ancienneté, ses décorations : construit en 1754 par un facteur d'orgues allemand, K. J. Riepp, c'est un des rares instruments de cette époque à avoir aussi bien traversé les siècles.

La maison natale de Pasteur *(plan B2)* : *43, rue Louis-Pasteur. ☎ 03-84-72-20-61. • amisdepasteur.fr • Début fév-début nov, tlj 14h-18h (mai-sept, tlj 9h30-12h30, 14h-18h). Entrée : 5 € ; réduc ; gratuit jusqu'à 10 ans. Réduc pour nos lecteurs, accordée sur présentation de ce guide. Ticket combiné avec la maison de Pasteur à Arbois : 9 €. Expos temporaires et ateliers de science aux vac scol.*

La vie et les œuvres de Pasteur racontés dans la maison où il est né en 1822. Il n'y a vécu que 3 ans, la famille s'étant établie ultérieurement à Arbois. Deux pièces concernent la vie familiale du savant, ses dessins, ses pastels, son bureau, la chambre natale avec une belle horloge comtoise, etc. Surprise : il était mauvais élève et rata une fois son bac de chimie ! Une autre pièce est consacrée à son travail scientifique, de la cristallographie aux vaccins en passant par les fermentations, les maladies du ver à soie et le choléra des poules... On apprend que le virus de la rage ne fut observé la première fois qu'en 1962, Pasteur avait donc cultivé et dompté un ennemi encore invisible ! Toute sa vie, ce petit homme (il chaussait du 37) chercha les honneurs et les obtint, jusqu'à sa sépulture dans une crypte de l'institut Pasteur. Un coin amusant, « Pasteur la légende », empli d'un bric-à-brac qui va de la boîte de camembert *Le Bon Pasteur* à la bouteille d'ale de la brasserie Whitebread, à l'effigie du savant. Coup de cœur pour le *vérascope* avec des vieilles photos de Dole, en relief ! Au sous-sol, enfin, intéressante tannerie paternelle.

PASTEUR, STAR MONDIALE

Ce n'est pas la guérison après vaccination du jeune Meister, en 1885, qui donna sa notoriété à Pasteur. En effet, peu après, il soigna quatre enfants américains eux aussi mordus par un chien enragé. Pour cela, on organisa une souscription nationale qui fut soutenue par les plus grands journaux. Grâce à ces guérisons, Pasteur devint le médecin le plus célèbre au monde alors qu'en fait, il était chimiste !

➢ **Le canal des Tanneurs** *(plan B2)* : agréable petite balade le long d'anciens ateliers de tanneurs (le dernier a fermé en 1931), maisons tout en hauteur dont on remarque les caves largement ouvertes pour laisser s'engouffrer l'eau et les terrasses sur lesquelles séchaient les peaux. À l'extrémité du canal, un drôle d'endroit planqué dans un passage compliqué entre les maisons : la « ***grande fontaine*** », une *fontaine-lavoir* du XVIIIe s, alimentée par une source. En ressortant du passage Reynaud-III, rue Pasteur, jetez un coup d'œil à l'hôtel de Champagney avec ses deux escaliers très différents : l'un à vis dans une tourelle, l'autre à rampes droites du XVIIIe s.

Le pont Reynaud-II et le port *(plan B3)* : vue sur le monumental bâtiment de l'ancien hôpital général de la Charité (XVIIIe s) et sur le port, tout mignon avec son alignée de péniches de plaisance. Une vraie carte postale !

L'hôtel-Dieu *(plan A-B3)* : *2, rue Bauzonnet.*

Le plus grand balcon du XVIIe s que l'on ait trouvé en France. Les artistes ont sculpté toutes sortes de motifs : fruits, fleurs, lions, sangliers, monstres mi-animaux mi-humains... Certaines sculptures, réalistes, seraient des portraits de contemporains... L'intérieur s'organise autour d'une cour carrée.

– Le bureau de la mère supérieure, l'apothicairerie et la chapelle du XVIIIe s se visitent en été avec l'office de tourisme. Le reste du bâtiment abrite désormais la médiathèque.

Le musée des Beaux-Arts *(plan A3)* : *85, rue des Arènes. ☎ 03-84-79-25-85. ♿ Tlj sf lun et dim mat 10h-12h, 14h-18h (20h mer). Congés : 1er mai, 1er nov et 24 déc-2 janv. GRATUIT.* Créé en 1821, le musée des Beaux-Arts est installé dans le pavillon des Officiers, d'architecture comtoise du XVIIIe s. Sculptures bourguignonnes et franc-comtoises du Moyen Âge au XVIIIe s, peintures françaises des XVIIe et XVIIIe s, écoles italienne et nordique. À cela s'ajoutent une collection du XIXe s (Jongkind, Courbet) et des œuvres régionales (Machard, Pointelin, Brun).

Voir notamment l'énigmatique « Judith et sa servante » du XVIIIe s et d'origine incertaine, ainsi que le tableau géant « Paris vu du Sacré-Cœur » de Jules Adler (1936) où le paysage urbain impressionniste tranche avec les personnages réalistes qui l'admirent. Le sous-sol abrite deux salles consacrées aux découvertes archéologiques du département du Jura – du Néolithique à l'époque mérovingienne – et à l'art égyptien. Enfin, le musée abrite des œuvres d'artistes ayant travaillé en France à partir des années 1970, centrées sur la figuration narrative et les nouveaux réalistes.

L'hôtel de Froissard *(plan A2)* **:** *7, rue du Mont-Roland.* C'est un hôtel du XVIe-XVIIe s, extrêmement théâtral avec son allée cochère, son escalier en fer à cheval et sa galerie sur cour. Quasiment en face, voir la ***chapelle des Carmélites,*** construite en 1614.

Une curiosité, le ***salon de coiffure*** *(plan A2)* **:** *12, rue Boyvin.* Sa particularité est d'être logé dans l'ancien couvent des Tiercelines (des religieuses qui vivaient sous la règle de saint François), dont il reste quelques belles salles voûtées ainsi qu'un puits dans un jardin attenant.

L'hôtel Terrier de Santans *(plan B2)* **:** *44, rue de Besançon.* Dans la cour, trois remarquables escaliers, dont deux représentatifs de la période bourguignonne franc-comtoise, quand Dijon influençait Dole (du XVIe s à la fin du XVIIe s).
– Voir aussi, au n° 7 de la même rue, l'escalier intérieur d'un autre hôtel particulier : à vis en noyau creux, une véritable prouesse architecturale.

➢ 🚲 Petite balade bucolique, au départ de *La Commanderie* (la salle de spectacle), le long du chemin de halage, du Doubs et du canal du Rhône au Rhin. On peut l'emprunter à vélo puisque ce chemin fait partie intégrante de la *Véloroute* qui relie Nantes à Budapest.

Manifestations

– ***Festival du Film de jeunesse :*** *de fin juin à mi-juil.* ☎ *03-84-82-50-42.* Des séances en plein air, des ateliers pour les enfants, etc.
– ***Animations d'été :*** *juil-août, pour la plupart gratuites, demander le programme.* Concerts, BBQ paysan, cinéma de plein-air, etc.
– ***La Louis Pasteur :*** *en août.* Course cycliste internationale à travers le Jura.

LE VAL D'AMOUR ET LA FORÊT DE CHAUX

Carte Jura, B1-B2

Entre Dole et Port-Lesney, la vallée de la Loue prend le doux nom de val d'Amour. Pour ses derniers kilomètres avant de se jeter dans le Doubs au sud de Dole, la rivière décrit d'amples courbes dans de bucoliques paysages. Mais c'est une fausse calme, aux crues fréquentes. C'est d'ailleurs ce débit qui faisait vivre la région jusqu'au début du XXe s. Les bois de la forêt de Chaux, qui borde la rivière, étaient transportés à même celle-ci sous forme de radeaux. Forêt de légende, dont *La Vouivre* et *Le Cheval Gauvin* sont les figures les plus marquantes, cette immense forêt compte parmi les plus grandes de France (28 km de longueur, 15 km de largeur). Elle est traversée par d'interminables et rectilignes routes forestières aux carrefours marqués de hautes colonnes de pierre érigées en 1826. Une faune très riche y a trouvé refuge. C'est aujourd'hui un lieu de balades pédestres. Il y a encore 100 ans, 600 personnes y séjournaient : bûcherons, charbonniers, laveurs d'écorce... ainsi que leurs familles.

LE JURA

Où dormir ? Où manger ?

Campings

Les Trois Ours : *28, rue du Pont, 39380* ***Montbarrey.*** *☎ 03-84-81-50-45. • contact@camping-les3ours-jura.com • camping-les3ours-jura.com • Ouv Pâques-fin sept. Emplacement pour 2 : 20-30 €. Loc de mobile homes et de sympathiques lodges 195-567 €/sem.* Agréable camping 3 étoiles situé au bord de la Loue. Emplacements délimités par des haies. Piscine et plage au bord de la rivière. Également un resto *(tlj 1er avr-30 sept).*

La Plage Blanche : *3, rue de la Plage, 39380* ***Ounans.*** *☎ 03-84-37-69-63. • plageblanche@camping-indigo.com • la-plage-blanche.com • À 1 km du centre d'Ounans, direction Mouchard-Pontarlier. Mai-sept. 218 empl. Emplacement pour 2 : 15-26,50 €. Loc de bungalows toilés et de mobile homes.* En pleine campagne, au bord de la Loue, camping familial 3 étoiles parfaitement équipé : 2 piscines, restauration et une base de loisirs. Plage avec location de canoës-kayaks, VTT, étang de pêche, accrobranche.

De bon marché à prix moyens

Chambres d'hôtes Les Traversins du Val d'Amour : *29, route de Salins, 39380* ***Ounans.*** *☎ 03-84-37-62-28. • lestraversinsduvaldamour@orange.fr • Au centre du village. Double 50 €. Repas 25 € sur résa tt compris.* Dans une ancienne ferme (mais il faut le savoir), 4 chambres toutes simples mais dans le genre douillettes. Le petit déj se prend, aux beaux jours, sur l'arrière, en terrasse avec vue sur la campagne. Table d'hôtes aux couleurs du pays. Et accueil vraiment attentif.

Chambres d'hôtes Che'Val d'Amour : *39600* ***Écleux.*** *☎ 03-84-37-66-16. Lire aussi « À voir. À faire ». Double 55 €.* Chambres d'hôtes simplement sympathiques dans une ancienne ferme jurassienne. Pour 3 à 6 personnes, idéales donc pour les familles. Copieux petit déj d'humeur campagnarde. Ambiance très décontractée.

Les Radeliers : *17, Grande-Rue, 39380* ***Chamblay.*** *☎ 03-84-37-67-83. Au centre du village, sur la D 472. Tlj sf mar soir et mer, plus lun soir hors saison. Menus 13,50 € midi en sem, puis 23-29,90 €.* Lambris aux murs et chaises de bois : la petite salle est celle d'un resto de village, la cuisine un cran au-dessus. Tarifs aussi gentils que le service.

Où acheter de bons produits ?

Brasserie La Franche : *28, rue Principale, 39600* ***La Ferté.*** *☎ 03-84-37-65-33. • biere@lafranche.net • Juin-sept et vac scol, tlj 10h-12h, 16h-19h ; hors saison, mer, ven et sam aux mêmes horaires. Réduc de 5 % sur les achats, sur présentation de ce guide.* « Bière artisanale biologique brassée au fond de la grange », disent-ils ! Et c'est vrai ! Un accueil à la cool, des étiquettes qui ne manquent pas d'humour et de vraies surprises comme cette fausse blonde au vin jaune !

À voir. À faire

Les baraques du 14 de La Vieille-Loye : *au cœur de la forêt de Chaux, à 2 km de la Vieille-Loye (indiqué).* Habitat permanent des bûcherons et charbonniers, ces maisons groupées en hameaux étaient construites en bois et terre crue. Celles de la 14e série forestière à La Vieille-Loye sont les seules encore visibles. L'une remonte au XVIe s. Son toit en bardeaux de chêne est unique en France. Sentier d'œuvres d'art dans la forêt au départ du hameau. Le village de La Vieille-Loye et les villages de la forêt ont tous des histoires à raconter. Si elles vous intéressent, contactez l'*Association des villages de la forêt de Chaux,* basée à la mairie d'Étrepigney *(☎ 03-84-71-72-07).*

L'église Saint-Christophe : *39380* ***Chissey-sur-Loue.*** *Tlj.* Construite aux XIIe et XIIIe s, c'est l'un des plus beaux témoignages du gothique primitif bourguignon. Sur la corniche extérieure, des moulures de feuillages et des têtes humaines aux faciès pathologiques, appelés babouins, évoquent des malades mentaux en pèlerinage à Saint-Christophe. À l'intérieur, la petite statue de Notre-Dame-des-Avents portant l'Enfant en son sein est une rareté. À ne pas manquer non plus, l'autel Saint-Christophe et son retable (son tabernacle tournant et sa relique constituent son originalité) et le *Retable des rosaires,* de 1856.

Le four de tuilier : *39600* ***Villers-Farlay.*** *Visite libre.* Daté du Ier s mais dans un état de conservation remarquable, ce four gallo-romain est véritablement impressionnant par sa taille : plusieurs milliers de tuiles pouvaient y cuire en une seule fournée.

– ***Che' Val d'amour :*** *8, rue du Château-d'Eau, route de Villeneuve, 39600* ***Écleux.*** *☎ 03-84-37-66-16. • domprevi@aol.com • cheval-damour.fr • À la sem slt, 970-1 070 €. Min de 3 j. hors saison, 450 €.* Séjours à bord de roulottes *(pour 4-5 pers)* tractées par de placides chevaux comtois sur les chemins de halage de la Loue ou les tranquilles routes de la forêt de Chaux. Circuits bien organisés et super accueil.

LE VIGNOBLE DU JURA ET LE REVERMONT

- **Salins-les-Bains** 179
  - La « Tille de Bracon »
  - Le mont Poupet
- **Arbois** 184
  - La reculée
  - L'écomusée du Carton et la maison de l'Abeille à Mesnay
  - Les grottes des Moidons à Molain
- **Poligny** 190
- **Château-Chalon** 193
  - Le château de Frontenay
  - Le cirque de Ladoye et son belvédère
- **Baume-les-Messieurs** 195
  - Jurafaune à Granges-sur-Baume
- **Saint-Amour** 198

Le vignoble jurassien couvre à peu près 2 000 ha répartis sur un axe nord-sud qui s'étend de Salins-les-Bains à Saint-Amour. Au nord se trouve le « Triangle d'or » : Arbois pour le vin, Salins (et la Saline d'Arc-et-Senans) pour le sel et Poligny pour le comté, auquel s'attachent trois foyers de viticulture d'élite qui figurent parmi les plus renommés et les plus anciens : Arbois, Château-Chalon et L'Étoile. Rabelais encense l'arbois dans son *Pantagruel.* Il est vrai qu'il fut présent sur la table des rois de France dès... 1298 !

SALINS-LES-BAINS

(39110) 2 870 hab. *Carte Jura, C2*

Grâce au sel extrait de ses salines, cette « Cité de caractère de Bourgogne – Franche-Comté » possède aujourd'hui un riche patrimoine bâti que l'on peut observer en s'éloignant un peu de la rue principale, en grimpant, par exemple, vers la collégiale Saint-Anatoile par la rue des Clarisses : volées d'escaliers, hôtels particuliers, jardins en terrasses... Ville d'eau douce, qui ne compte pas moins de 16 fontaines, tout autant que ville d'eau salée, Salins joue ainsi la carte du thermalisme. Unique vallée ouverte du département du Jura, c'est aussi la seule ville de France qui possède un lieu de culte

en activité dans sa mairie (une chapelle du XVIIe s, Notre-Dame-Libératrice, au magnifique dôme). La faïencerie a aussi tenu une place importante dans la cité : quelques artisans et potiers perpétuent cette tradition.

HISTOIRE DES SALINES

Il y a plus de 200 millions d'années, la mer arrive jusque-là et un banc de sel se forme par évaporation. Les eaux souterraines qui lessivent ce banc remontent en surface sous forme de sources salées. Exploitées d'abord par les Romains puis par les moines au VIIIe s, les salines connaissent leur véritable développement sous la férule du seigneur Jean de Chalon. En 1241, un traité l'instaure seul et unique propriétaire. À sa mort, les salines passent entre différentes mains royales, jusqu'en 1806, où Napoléon ordonne que toutes les salines de France soient placées sous bail emphytéotique. Au XIXe s, la petite saline est remplacée par un établissement de bains minéraux, lui-même détruit en 1930 pour édifier l'établissement thermal actuel. En 1962, la saline cesse définitivement toute activité, mais la ville rachète en 1966 l'ensemble des bâtiments encore existants pour en faire un lieu de mémoire, classé au Patrimoine de l'humanité par l'Unesco en 2009.

Adresse utile

Office de tourisme : *pl. des Salines. ☎ 03-84-73-01-34. • salins-les-bains.com • Lun-sam 9h-12h30, 14h-17h, plus dim Pâques-3e w-e de sept.* Propose 2 circuits de visite de la ville *(plans gratuits)*, des visites guidées payantes ainsi qu'un carto-guide *(payant)* avec 200 km de chemins balisés pour la rando et 150 km pour le VTT.

Où dormir ? Où manger ?

Camping

Le Domaine des Gabelous : *rue de la Gare. 06-77-34-65-15. • domainesdesgabelous@gmail.com • salins-camping.com • À la sortie de la ville, direction Ornans. Avr-oct. Emplacement pour 2 : 17-20 €. Lodges 35-90 €/nuitée. 46 empl.* Convivial et en pleine ville avec des arbres et des haies. Aire de jeux et piscine. Lodges de tous niveaux de confort, originaux avec leur structure de bois et de toile.

De prix moyens à chic

Hôtel des Deux-Forts-Restaurant L'Or Blanc : *pl. du Vigneron. ☎ 03-84-73-70-40. • hoteldesdeuxforts@wanadoo.fr • hoteldesdeuxforts.com • Face aux anciennes salines et au casino. Resto fermé dim soir hors saison. Doubles 78-94 €. Formules déj sem env 14-17 €. Menus 17 € (midi en sem)-52 €.* Imposant édifice dont les origines remontent au XVe s, installé sur une sympathique petite place au cœur du bourg. Si, dans le hall, la vieille grotte artificielle et sa petite fontaine sont toujours là, les chambres plaisantes se sont projetées dans le XXIe s. Au restaurant, une cuisine de qualité et quelques tables très agréables sur le balcon, sous la treille.

Le Petit Blanc : *1, pl. des Alliés (parc des Thermes). ☎ 03-84-73-01-57. Tlj sf dim soir-lun. Résa conseillée. Formule 14 € le midi en sem, puis menus 25-34 €.* Une ambiance typiquement bistrot, avec grandes ardoises et nappes à carreaux, sous les solides voûtes de pierre d'un ancien grenier à sel. Les plats, généreux et cuisinés avec entrain, oscillent entre terroir et tradition. Grande terrasse. Une adresse courue dans le coin.

Grand Hôtel des Bains : *2, pl. des Alliés. ☎ 03-84-73-07-54. • hotel.bains@gmail.fr • hotel-des-bains.fr • On ne peut plus central, à côté de la* *mairie. Tlj sf dim soir-lun hors saison, slt lun soir en saison. Congés : 2 sem début janv. Doubles 90-145 €. Menus env 14,60 € (midi en sem) à la brasserie, puis 25-41 €.* C'est le grand complexe hôtelier de Salins-les-Bains, qui fut l'adresse des élégantes venant prendre les eaux. Beaucoup de bois et de beaux matériaux pour une complète rénovation. Une trentaine de chambres spacieuses et confortables. Accès direct aux thermes et à la piscine.

Hôtel Charles-Sander : *26, rue de la République. ☎ 03-84-73-36-40. • hoteldesdeuxforts@wanadoo.fr • hoteldesdeuxforts.com • Une douzaine de chambres et studios (2-4 pers) 78-146 €.* Les chambres sont lumineuses, joliment décorées, et dotées d'un superbe parquet blond. Clim et kitchenette pour certaines. Boutique de produits régionaux, solarium... Un cocktail réussi de bon goût, sobriété et modernité.

Où dormir ? Où manger dans les environs ?

Chambres d'hôtes Le P'tit Bonheur des Champs : *12, rue des Tilleuls, 39110* ***Chilly-sur-Salins.*** *☎ 03-84-73-12-93. • contact@leptitbonheur.fr • gite-jura-le-ptit-bonheur-des-champs.fr • Au sud. Doubles 90-100 €. Dîner 20 €.* Une ferme où l'on produit du lait (pour le comté, bien sûr). Énorme bâtisse familiale qui, il fut un temps, a abrité jusqu'à 40 personnes ! 5 chambres toutes fraîches, chaleureuses et boisées. L'ensemble peut être loué en gîte.

Fort Saint-André – Village Vauban : *à 4 km au sud de Salins. ☎ 03-84-73-16-61. • info@fort-st-andre.com • fort-st-andre.com • À 4 km de Salins. Congés : 1er nov-31 mars. 182 € pour 2 pers, pour 2 nuits (min) en gîte 2-9 pers ; 380-850 €/sem (5 nuits max, lun-sam).* Un véritable fort Vauban qui abrite une quarantaine de gîtes au confort simple mais suffisant, dans ce lieu hautement historique dominant Salins. Original !

À Port-Lesney *(39600)*

À 7 km au nord-est, un gentil bourg des bords de Loue, ayant eu Edgar Faure pour maire.

Les Radeliers : *rue Edgar-Faure. ☎ 03-84-73-81-44. • lesradeliers@woka.fr • camping-les-radeliers.com • Ouv mai-sept. Emplacement pour 2 : 13-24 € (plus cher au bord de la Loue). Loc de mobile homes (4 pers) 450-630 €/sem.* Posé juste au bord de la Loue. Simple mais plaisant avec son terrain planté de vénérables chênes et de hêtres. Base de loisirs à Quingey : canoë-kayak, VTT, etc.

L'Edgar : *10, rue Edgar-Faure. ☎ 03-84-73-82-97. • contact@ledgar.fr • ledgar.fr • Doubles 60-95 €. Nuitée en gîte (chambres de 2-5 pers) 20 €/pers. Menus 15,50-36 €.* Une adresse clairement hors normes, installée dans une bien vieille auberge. Joli décor qui, du resto aux chambres d'hôtel, mixe objets d'hier et d'aujourd'hui. Les chambres, pas compliquées mais plaisantes, sont pour « lève-tard ». Parce que *L'Edgar* est souvent d'humeur à faire la fête. Cuisine toute simple, toute bonne, au resto.

Bistrot Le Pontarlier : *rives de la Loue. ☎ 03-84-37-83-27. • reservation@chateaudegermigney.com • Tlj sf mer-jeu oct-mars. Menu et carte env 30 €.* Un bistrot qui a toujours été là avec sa craquante terrasse ombragée et sa déco sympa. C'est l'annexe décontractée du très chic *Château de Germigney* situé également dans le bourg. Jolie cuisine régionale.

Où acheter de bons produits à Salins et dans les environs ?

Coopérative fromagère : *route de Champagnole. Ouv mar-sam et dim mat, plus lun en juil-août.* Toute moderne, où l'on trouve un magasin de produits régionaux. Conception du fromage visible le matin, à travers des vitres, sinon projection d'un film.

Fromagerie biologique du v

de Loue : *39600* ***Grange-de-Vaivre.*** *☎ 03-84-37-85-28. • comte.com/grangedevaivre • ♿ À 13 km au nord de Salins, par la D 472 et la D 1083 (ex-N 83). Ouv tlj 9h30-12h30, 14h-19h.* La 1re coopérative laitière bio du département du Jura. Une pionnière donc avec sa propre station d'épuration et une chaufferie au bois ! Outre des produits laitiers, d'autres produits bio sont en vente.

Poterie Benoît Dangon : *lieu-dit* ***Le Martinet-du-Bas,*** *route de Mouchard, à 1,5 km de Salins. ☎ 03-84-37-70-89. Tlj, sf mer et dim mat hors saison, 9h-19h.* Ici, Benoît Dangon, comme son père Claude, tourne le grès et l'émail : bols, plats, assiettes...

À voir

La Grande Saline : *pl. des Salines. ☎ 03-84-73-10-92. • salinesdesalins.com • Visite guidée slt (env 1h). Juil-août, env 1 visite ttes les 30 mn 9h30-17h30. Le reste de l'année, se renseigner. Arriver 15 mn avt pour prendre les billets. Possibilité également de télécharger un commentaire. Fermé 1re sem de janv et 25 déc. Entrée : env 8 € ; réduc, y compris pour le site d'Arc-et-Senans. Gratuit moins de 6 ans.*

En 2009, les salines ont rejoint la saline royale d'Arc-et-Senans sur la liste du Patrimoine mondial de l'Unesco formant un exceptionnel ensemble historique et patrimonial (Arc-et-Senans n'est qu'à quelques kilomètres). Il est recommandé de visiter les deux sites, indissociables.

La partie souterraine (XIIIe au XIXe s) des salines transporte dans l'univers de ce qui fut l'or blanc pendant des siècles, quand il était utilisé comme conservateur pour les aliments. Le sel avait une valeur telle que la ville était protégée par des fortifications – dont il subsiste aujourd'hui les forts Saint-André et Belin – contre les pillards. Une véritable ville dans la ville : forgeron, prison... À leur apogée (1860-1870), les salines produisaient 12 000 t de sel par an.

Un escalier de 53 marches permet dans un premier temps d'accéder à la ***salle du Puits à Grey.*** Il faut ensuite parcourir 160 m pour atteindre la ***salle du puits d'amont*** où l'on découvre une pompe hydraulique du XIXe s, en parfait état de fonctionnement. L'évolution des techniques de captage de l'eau salée a permis d'aller la chercher toujours plus en profondeur où elle est encore plus salée. Dans le ***bâtiment d'évaporation,*** on admire la reconstitution des gueules de charge d'un four, le poste de travail d'un chauffeur et la dernière poêle à sel conservée en France. Les anciens le comparaient à un établissement de bains de vapeur, tellement celle-ci était dense. Les conditions de travail, dans la chaleur et l'humidité (70 %) y étaient d'ailleurs épouvantables. À la fermeture, en 1962, une dizaine d'ouvriers y travaillaient encore. La vétusté du matériel et la concurrence du sel marin et minéral, moins cher à produire, eurent raison des salines.

À l'issue de la visite guidée, les visiteurs accèdent librement aux espaces rénovés du ***musée du Sel,*** installé dans un bâtiment résolument contemporain, gros cube d'acier patiné (à ne pas confondre avec le casino attenant !). Témoignages audio d'anciens sauniers et quelques pièces anciennes étonnantes, comme ces canalisations de sapin qui permettaient de transporter l'eau sur 21 km depuis Arc-et-Senans (135 000 l/j. avec 30 % de pertes). Le musée permet également de découvrir le gigantesque magasin des sels.

➢ ***Petite balade urbaine :*** départ des Salines (1h15). Se procurer les plans explicatifs à l'office de tourisme. Vous passerez par l'hôtel de ville et le Présidial (XVIIe s) qui englobe la ***chapelle Notre-Dame Libératrice*** (tout autant du XVIIe s), à l'intérieur bizarrement en forme d'œuf. La grimpette dans la vieille ville, de la fontaine d'Arion aux hôtels particuliers permet d'admirer, rue Charles-Magnin, un bel alignement de maisons vigneronnes, avec caves du côté des numéros pairs. De l'église Saint-Maurice, du XIIIe s, très représentative du style gothique bour- ... gagner la tour médiévale d'Andelot. En la contournant, on grimpe le déjà ...ard chemin des Coteaux, jusqu'à la tour de Chambenoz, autre souvenir ...ennes fortifications.

La collégiale Saint-Anatoile : selon la légende, saint Anatoile serait le fils d'un roi d'Écosse. Parti pour l'Orient, il y devint évêque d'Adana (Turquie). Obligé de fuir cette région à cause des persécutions antichrétiennes, il vint à Salins au Ve s établir son ermitage. Au VIe s, on construisit une chapelle sur son tombeau, et ensuite cette collégiale, au XIIIe s, caractéristique du style gothique cistercien. Jolie grimpette pour y arriver et point de vue en guise de récompense. À l'intérieur, merveilleux équilibre architectural agrémenté de stalles décorées et d'une tribune d'orgue de 1735.

L'apothicairerie de l'hôpital : *visite guidée payante 2 fois/sem en hte saison, sur résa ; rens à l'office de tourisme.* C'est la pièce la plus remarquable de cet hôpital construit aux XVIIe et XVIIIe s. Admirez la qualité de ses boiseries réalisées par Étienne Duprel et Léonard Brunet à la fin du XVIIe s. Très belles faïences de Nevers, nombreux ustensiles d'époque et pots au contenu mystérieux.

LE JURA

À faire

– ***Les thermes :*** *pl. Barbarine, au-dessus du camping.* ☎ *03-84-73-04-63.* • *thermes-salins.com* • Ville de cure depuis le XIXe s, Salins est dotée d'un centre thermal moderne. Pour vous donner une idée de la teneur de l'eau en sel : la mer contient entre 30 et 40 g par litre d'eau, contre une concentration, ici, de 180 g/l (utilisée pour soulager les rhumatismes, par exemple).

➢ ***Le sentier des Gabelous :*** *entre Salins et Arc-et-Senans. 25-30 km env, compter 5h30.* • *sentier-des-gabelous.fr* • Il suit au plus près le tracé de l'ancien saumoduc, canalisation de bois qui transportait la saumure entre les deux salines. 15 panneaux explicatifs jalonnent la balade.

Manifestations

– ***La montée du Poupet :*** *le dim de Pentecôte.* • *montee-poupet.eu* • Course de 18 km, 1 000 participants. Du départ, on voit l'arrivée, mais il faut d'abord faire le tour du mont !

– ***Musicales du Revermont :*** *début juil sur la région.* • *ars-mobilis.fr* • Festival de musique de chambre, dans des lieux emblématiques de Poligny, Arbois, Salins...

DANS LES ENVIRONS DE SALINS-LES-BAINS

La « Tille de Bracon » : *à 8 km au sud, direction Bracon-Ivory.* Arbre remarquable de France, un tilleul planté en 1477, à Bracon, au lieu-dit Grange-Sauvaget, pour célébrer le mariage de Marie de Bourgogne, fille de Charles le Téméraire, avec l'empereur Maximilien d'Autriche. On peut y aller en rando, carto-guide en vente à l'office de tourisme.

Le mont Poupet : *vers le nord. Prendre la direction d'Ornans et, au village de Saizenay, tourner à gauche direction Myon.* Un mont d'une grande valeur historique, car c'est notamment en son

LA GÉNÉRATION SPONTANÉE

Depuis quelque 9 000 ans av. J.-C., on avait compris que pour faire un veau il fallait une vache et un taureau. Mais pour les plus petites bestioles, on était persuadé qu'elles pouvaient naître d'elles-mêmes. Une souris, par exemple, était censée apparaître « spontanément » dans un seau plein de blé recouvert d'une chemise mouillée de sueur ! Cette théorie de la génération spontanée à laquelle tout le monde a adhéré, d'Aristote à Descartes, ne fut réfutée qu'au XIXe s après les expériences menées par Pasteur.

sommet que Louis Pasteur combattit la théorie de la génération spontanée avec une expérience utilisant des ballons remplis de bouillon de culture. Par temps clair, très belle vue sur le mont Blanc. Le mont Poupet est un site apprécié des passionnés de parapente et de deltaplane. Sans parler des coureurs à la Pentecôte (voir plus haut « La montée du Poupet »).

ARBOIS (39600) 3 600 hab. *Carte Jura, C2*

• Plan *p. 185*

« Cité de caractère de Bourgogne – Franche-Comté » réputée pour son vignoble auquel elle doit en grande partie son opulence. Il suffit d'ailleurs d'arpenter le cœur de la cité, dominé par l'église Saint-Just et son clocher de 56 m, pour s'en rendre compte. Partout s'étalent les magasins de trousseau, de ploussard ou de vin jaune. À Arbois, le vin impose sa loi, mais pas au point de faire oublier l'autre grande vedette de la cité, Louis Pasteur, dont la demeure fait face à la maison Vercel, devant laquelle les vignerons se retrouvent chaque premier dimanche de septembre pour fêter le *biou* (grappe de raisin géante, prémices des vendanges offertes à Dieu par les vignerons). Pasteur fut lui-même propriétaire d'une vigne, où il procéda, en 1878, à ses expériences sur la fermentation du raisin. Ce qui finalement nous ramène au vin. Ça finit par donner soif, tout ça !

Adresse utile

Office de tourisme *(plan A2)* **:** *rue de l'Hôtel-de-Ville. ☎ 03-84-66-55-50. • arbois.com • Lun-sam ; également dim et j. fériés Pâques-3ᵉ w-e de sept.*

Où dormir ?

Prix moyens

Hôtel des Messageries *(plan A1,* ***1****)* **:** *2, rue de Courcelles. ☎ 03-84-66-15-45. • hotel.lesmessageries@wanadoo.fr • hotel-arbois.com • Fermé déc-janv. Doubles 41-77 €.* L'ancien relais de poste comme on se l'imagine, avec sa façade de pierre derrière la vigne vierge. Chambres confortables et communicantes pour certaines, d'autres plus rudimentaires (mais au prix tellement doux !) se partagent les sanitaires ! Bar tranquille avec une terrasse sous une allée de tilleuls.

Chic

Les Caudalies *(hors plan par A1,* ***2****)* **:** *20, av. Pasteur. ☎ 03-84-73-06-54. • lescaudalies.fr • Voir « Où manger ? ». Doubles 90-120 €. Parking privé gratuit.* Grosse maison bourgeoise du XVIIIᵉ s qu'on peut appeler manoir, flanquée d'un grand jardin qu'on peut appeler parc. Dans la maison, les chambres les plus chères offrent pas mal de charme et d'espace. Quelques autres, en annexe, bien meilleur marché, plus petites mais tout aussi confortables.

Le Prieuré Notre-Dame *(plan A1,* ***3****)* **:** *10, rue du Vieux-Château. ☎ 03-84-66-05-67. • jpjeunet@wanadoo.fr • jeanpauljeunet.com • Congés : déc-janv. Doubles 95-160 €.* 7 chambres installées dans la maison de famille de l'ex-grand chef cuistot franc-comtois. Des chambres à l'ancienne (mobilier de famille), confortables et bien tenues, assez chargées dans l'ensemble, donnant pour la plupart sur un jardin de ville, où les fleurs sont amoureusement entretenues.

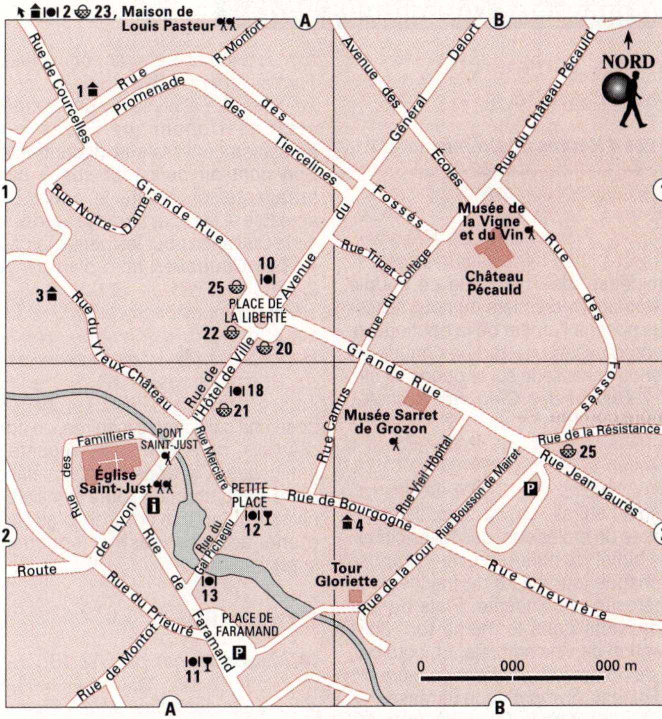

ARBOIS

Adresse utile Office de tourisme **Où dormir ?** **1** Hôtel des Messageries **2** Les Caudalies **3** Le Prieuré Notre-Dame **4** Chambres d'hôtes La Closerie des Capucines **Où manger ? Où boire un verre ?** **2** Les Caudalies	**10** Les 4 Heures du Crémier **11** Bistrot des Claquets **12** Bistrot de la Tournelle **13** Le Bistronome **18** Maison Jeunet **Où acheter de bons produits ?** **20** Chocolats Hirsinger et Domaine Henri-Maire **21** Domaine Rolet Père & Fils **22** André et Mireille Tissot **23** Domaine Jacques-Tissot **24** Domaine Henri-Maire **25** Fruitière vinicole d'Arbois

Plus chic

Chambres d'hôtes La Closerie des* Capucines** *(plan B2,* ***4*)* **:** *7, rue de Bourgogne. ☎ 03-84-66-17-38. • accueil@closerielescapucines.com • closerielescapucines.com • Compter 125-140 € pour 2.* Aménagée dans un ancien couvent du XVIIe s, au cœur d'Arbois, cette maison d'hôtes a délibérément opté pour un positionnement haut de gamme. Jardin avec piscine, patio avec verrière, salon avec bibliothèque... Cette closerie s'avère un joli nid d'amour qu'on rêve tous d'offrir à notre dulcinée ou à notre Roméo.

Où manger ? Où boire un verre ?

De très bon marché à bon marché

Les 4 Heures du Crémier *(plan A1, **10**) : 44, Grande-Rue. ☎ 03-84-66-09-53. • lacavedecomte@yahoo.fr • Ouv slt le midi ; fermé sam, dim et j. fériés. Congés : 2 sem début juil. Réserver : 20 places slt ! Formules autour de 8 €.* Lumineuse idée qu'a eue ce couple de fromagers-crémiers de nous laisser nous poser à l'arrière de la boutique, le temps d'avaler une tartine chaude en hiver ou une salade sur le pouce en été.

Bistrot des Claquets *(plan A2, **11**) : 33, pl. Faramand. ☎ 03-84-66-04-19. • bistrot.claquets@orange.fr • ♿ Resto midi slt, sf dim et lun 7h30-21h. Formules déj 13-16 €.* Du bistrot, il a tout l'attirail : un vrai zinc, des banquettes de moleskine, des toiles cirées. Le « buffet de hors-d'œuvre » proposé ici chaque jour éclate de fraîcheur, de générosité, de sincérité. Plats du jour et desserts dans le même ton. Jolie sélection de vins naturels. Et, côté bar, jus de pomme de Sellières ou bière bio *La Franche*. Sympathique terrasse.

Bistrot de la Tournelle *(plan A2, **12**) : 5, Petite-Place. ☎ 03-84-66-25-76. • domainedelatournelle@wanadoo.fr • Ouv en été slt. Carte env 15 €.* Ici, le vin du domaine de la Tournelle (bio !) et celui des copains sont proposés au verre ou à la bouteille. Et l'on accompagne le tout de tapas. Une formule éminemment simple, gourmande et conviviale. Charmante aussi, puisque l'on grignote au bord de l'eau...

De prix moyens à chic

Le Bistronome *(plan A2, **13**) : 62, pl. Faramand. ☎ 03-84-53-08-51. • le-bistronome6@orange.fr • Fermé dim soir, lun soir et mar hors juil-août. Formules déj en sem 16,50 € ; menus 24-32 €.* Sur 2 niveaux, une adresse semi-gastronomique dans une ambiance conviviale et décontractée. Son nom dit déjà tout sur la carte attrayante, on ajoute le cadre bien agréable et la super terrasse au-dessus de la Cuisance pour les beaux jours.

Les Caudalies *(hors plan par A1, **2**) : 20, av. Pasteur. ☎ 03-84-73-06-54. • contact@lescaudalies.fr • Tlj sf lun et mar (ouv mar soir en juil-août). Congés : fin fév-10 mars et mi-oct à début nov. Formules 19-26 € le midi en sem ; menus 41-55 €.* La chef propose une cuisine très inspirée, au cœur d'Arbois, dans une salle élégante et lumineuse. On apprécie ce mélange entre décontraction toute familiale et niveau qu'on est en droit d'attendre d'une adresse gastro (sommelier impeccable).

Extra-chic

Maison Jeunet *(plan A2, **18**) : 9, rue de l'Hôtel-de-Ville. ☎ 03-84-66-05-67. • info@jeanpauljeunet.com • Tlj sf mar et mer (ouv mer soir juil à mi-sept). Congés : 22 déc-janv. Menus 65 € (midi en sem), puis 121-151 €.* Il est des chefs dont le sourire et le nom resteront à tout jamais attachés à un terroir. Jean-Paul Jeunet est de ceux-là. Il a passé la main à son second, mais l'esprit a été maintenu, les étoiles aussi ! La table reste l'ambassadeur de la gastronomie et de la culture jurassienne, sachant capter l'air du temps tout en gardant les pieds bien ancrés dans la tradition. Cadre évidemment raffiné et élégant, à l'éclairage très étudié... Les prix sont ce qu'ils sont, mais, pour un moment d'exception, autant s'offrir un endroit d'exception...

Où manger ? Où boire un verre ? Où écouter de la musique dans les environs ?

Le Grapiot : *rue Bagier, 39600* ***Pupillin.*** *☎ 03-84-37-49-44. • julietsamuel@legrapiot.com • À 3 km au sud d'Arbois. Fermé mar et mer (slt mar en saison). Congés : 10 j. en juil et 1 mois à partir de Noël. Menus 20 € le midi* *en sem, puis 32-65 €. Café offert sur présentation de ce guide.* Aménagées dans un charmant village vigneron, capitale du ploussard, d'agréables salles résolument contemporaines dans ce qui fut un grenier à grain. La cuisine est dans le même ton, s'amusant avec une créativité maîtrisée de superbes produits du terroir. Carte des vins du Jura judicieusement conçue. Service aussi souriant que discret.

Sono Vino : *6, rue des Chenevières, 39600* ***Pupillin.*** *☎ 09-52-97-65-68. À 3 km au sud d'Arbois. Mar-sam et dim soir. Assiettes 4-6 €, pain d'épices 2,50 €.* La salle se cache derrière une anonyme porte de garage dans une rue discrète de ce village. On y vient pour de sympathiques apéros-concerts, de la « musique à boire », autrement dit où jazz manouche et vins du Jura font bon ménage !

Où acheter de bons produits ?

De bons chocolats

Chocolats Hirsinger *(plan A1,* ***20****) : pl. de la Liberté, sous les arcades. ☎ 03-84-66-06-97. • chocolat-hirsinger.com • Tlj sf mer et jeu 8h-19h30 ; de mi-juil à fin août et à Noël, tlj. Visite de l'atelier et du musée familial possible, via l'office de tourisme.* C'est ici qu'est né le péché de gourmandise, il y a 4 générations, en 1900 exactement. Palets à la gentiane, ganache au pain d'épice, à la cannelle ou à la réglisse, pralinés à l'anis, des associations les plus insolites aux traditions les plus sûres. Édouard Hirsinger, Meilleur Ouvrier de France « chocolatier-confiseur », fait aussi de délicieuses pâtisseries, pâtes de fruits, glaces, et l'on peut y prendre son petit déj. Petite terrasse en saison.

Du bon vin

Domaine Rolet Père & Fils *(plan A2,* ***21****) : 11, rue de l'Hôtel-de-Ville. ☎ 03-84-66-08-89. • rolet-arbois.com • Tlj sf 1er janv et 25 déc.* Vous trouverez ses vins en bonne place sur la plupart des cartes et menus car c'est l'un des meilleurs... Il propose l'ensemble de la gamme, mais c'est d'abord pour l'arbois Tradition (chardonnay-savagnin) que l'on craque. À la boutique (un ancien couvent), Rolet fils et fille vous accueillent avec passion et sourire.

André et Mireille Tissot *(plan A1,* ***22****) : caveau 35, rue de la Liberté à Arbois, mais vignoble à Montigny-lès-Arsures. ☎ 03-84-66-08-27. • stephane-tissot.com • Tlj.* Stéphane Tissot a repris le domaine familial et travaille en biodynamie. Avec sa démarche originale et personnelle, il a élaboré une collection de 6 chardonnays de terroir ; un véritable exercice de style ! Plusieurs vins et liqueurs, comme l'Opportun (un trousseau liquoreux), l'Audace (un poulsard passerillé), complètent la gamme.

Domaine Jacques-Tissot *(hors plan plan A1,* ***23****) : 39, rue de Courcelles. ☎ 03-84-66-14-27. • domaine-jacques-tissot.fr • ♿* ***Annexe*** *au 32, Grande-Rue. Congés : 2de quinzaine de janv.* Les vins de Jacques Tissot lui ressemblent, il faut donc prendre le temps d'une dégustation sérieuse pour faire son choix.

Domaine Henri-Maire *(plan A1,* ***20****) : pl. de la Liberté. ☎ 03-84-66-15-27. • henri-maire.fr • ♿ Juil-août, tlj 9h-19h ; horaires plus restreints hors saison (oct-mars). Fermé 1er janv et 25 déc.* Henri Maire fut celui grâce à qui les vins du Jura sont sortis d'un quasi-anonymat. Ce formidable battant, haut en couleur, s'est fait connaître dans les années 1950 avec son « Vin Fou » grâce à une véritable campagne de marketing, ce qui était rare à l'époque. On peut critiquer ses méthodes et son esprit industriel, mais l'entreprise Henri-Maire fait travailler des centaines de personnes. Visite des domaines sur rendez-vous.

Fruitière vinicole d'Arbois *(plan A1 et B2,* ***25****) : 40, rue Jean-Jaurès. ☎ 03-84-66-21-78. Et aussi : 43, pl. de la Liberté. ☎ 03-84-66-21-84. • chateau-bethanie.com • Tlj.* Caveaux de dégustation et de vente des vins de la 1re coopérative vinicole de France.

Elle fut créée en 1906 pour contrer la concurrence des vins du Midi. Visite guidée des caves du château Béthanie avec dégustation de mi-juillet à mi-août.

Pierre Overnoy et Emmanuel Houillon : *rue du Ploussard, 39600* ***Pupillin.*** *☎ 03-84-66-14-60 ou 24-27. • emmanuel.houillon@wanadoo.fr • Visite tlj sur rdv.* Vigneron d'une grande rigueur, Pierre Overnoy reste – même s'il est aujourd'hui retraité – l'un des grands conteurs du vignoble jurassien (son bouquin *La Parole de Pierre* est passionnant). Sur ces 5 ha de vigne, nul désherbant, car le jeune vigneron à qui il a passé la main laisse la nature faire son œuvre. Des vins non filtrés et sans soufre qui sortent de l'ordinaire.

À voir. À faire

La maison de Louis Pasteur *(hors plan par A1)* ***:*** *83, rue de Courcelles. ☎ 03-84-66-11-72. • terredelouispasteur.fr • Début fév-début nov, tlj 14h-18h, plus 9h30-12h30 mai-sept. Mais-sept, visites guidées à heures fixes. Sinon visites autonomes avec tablettes numériques. Fermé en janv. Entrée : 6,50 € ; réduc. Gratuit moins de 10 ans. Réduc pour nos lecteurs sur présentation de ce guide. Ticket combiné avec la maison natale de Pasteur à Dole : 9 €. Ateliers et animations enfants/familles pdt les vac scol.* Dans ce décor intérieur fin XIXe s admirablement préservé, on a la sensation étrange de pénétrer dans l'intimité de Louis Pasteur et de le suivre pas à pas dans ce qu'il appelait « son château de Cuisance ». Le rez-de-chaussée était réservé à la représentation sociale du maître : vestibule-réception où il accueillait les visiteurs, grand salon billard et salle à manger pour les familiers (avec remonte-plat depuis le sous-sol)... Le 1er étage était destiné à la vie intime et familiale. On y trouve son laboratoire d'origine où même l'écriture sur les étiquettes des ballons est de sa main, et sa chambre avec un petit lit (le grand homme mesurait... 1,61 m). Remarquez les bouteilles de désinfectant Roger-Gallet dans le cabinet de toilettes. C'est que le grand homme craignait les microbes ! Il ne serrait d'ailleurs pas les mains. La restauration de cette maison a été faite avec intelligence pour lui rendre tout son éclat (les papiers peints ont été restaurés exactement comme à l'origine, une prouesse technique en soi). Une visite guidée instructive.

L'église Saint-Just *(plan A2)* ***:*** *visites guidées tlj en juil-août, avec montée au clocher. Rens à l'office de tourisme.* Immanquable clocher de pierre rousse, qui domine la ville de ses cinq étages (56 m et 209 marches). Très beau panorama. C'était le plus haut du Jura, mais un incendie déclenché par un feu d'artifice l'a ratiboisé en 1651. À l'intérieur, nef plantée de solides piliers du XIIe s et voûte gothique du XIIIe s. Vierge à l'Enfant du XIVe s et mobilier en bois sculpté du XVIIIe s, magnifique de finesse : chaire, buffet d'orgue, confessionnaux...

La tour Gloriette *(plan A1)* ***:*** grosse tour carrée du XVIe s, avec le pont des Capucins qui enjambe la Cuisance. Un lithographe s'y est installé.

Le pont Saint-Just *(plan A2)* et un bel alignement de maisons en encorbellement au-dessus de la rivière, la « carte postale » d'Arbois.

Le musée Sarret-de-Grozon *(plan B2)* ***:*** *9, Grande-Rue. ☎ 03-84-37-47-90 ou 66-55-50. Juil-août, tlj 10h30-12h, 15h-18h30 ; sept, jeu-dim 15h-18h30. Entrée : 3 € ; gratuit sur présentation du ticket d'un des 5 autres sites touristiques du pays d'Arbois (musées, grottes). Visites guidées à 15h30 et 17h.* Hôtel particulier du XVIIe s, restauré au XIXe s : meubles et boiseries, collections de toiles régionales du XVIIe au XIXe s (dont un Courbet et des pastels de Pasteur), de porcelaines et d'autres faïences, légués par la famille du même nom en 1902.

Le musée de la Vigne et du Vin du Jura *(plan B1)* ***:*** *château Pécauld, en plein centre d'Arbois. ☎ 03-84-66-40-45. ♿ (pour ttes les salles et vitrines* *du rdc, et pour les extérieurs). Nov-fév, 14h-18h ; mars-oct, 10h-12h, 14h-18h. Fermé mar (sf juil-août), 1er janv, 1er mai et 25 déc. Entrée : 3,50 € ; réduc.* Toute l'histoire des vignerons et des techniques vinicoles et parcours initiatique dans les vignes autour du château pour s'imprégner totalement du sujet. Magnifique expo photos, véritable trombinoscope du monde viticole jurassien, aussi beau que touchant. On descend, bien évidemment, dans les caves où repose le vin jaune.

Fêtes

– ***Fête du Biou :*** *en sept, 1er dim à Arbois, 3e dim à Pupillin, et 4e dim à Vadans.* Grande fête traditionnelle avec cérémonie d'offrande à Dieu des prémices de la récolte sous la forme d'un *biou,* immense grappe de raisins.

DANS LES ENVIRONS D'ARBOIS

La reculée : *à 4 km d'Arbois.* L'arrivée dans ce paysage sauvage, presque dantesque, fait forte impression. Normal, la reculée des Planches est la plus haute du Jura (245 m). La grotte sur place ne se visite pas. En revanche, on profite de la cascade des tufs.

L'écomusée du Carton : *1, rue Vermot, 39600* ***Mesnay.*** *☎ 03-84-66-27-61. • ecomusee-carton.org • ♿ À 3 km à l'est d'Arbois, sur la route de la grotte des Planches. Juil-août, tlj sf dim mat et lun 10h-12h, 14h-18h ; avr-juin et sept, mar-sam 14h-18h. Visite guidée ttes les heures. Entrée : 4 € (7 € avec la maison de l'Abeille) ; réduc. Gratuit moins de 6 ans.*
Un des derniers vestiges d'une industrie papetière plutôt prospère par le passé en Franche-Comté (l'édition de *L'Encyclopédie* de 1779 a, par exemple, été imprimée sur du papier comtois), installée à proximité de l'eau, laquelle servait à la fois de matière première et d'énergie. Cette papeterie fondée vers 1710 et devenue cartonnerie, a été florissante : 250 personnes y travaillaient entre les deux guerres mondiales. D'ailleurs, savez-vous ce qui différencie le papier du carton ? Le carton Hétier servait à fabriquer divers objets usuels, ce qu'on ne soupçonne pas forcément : chaussures, chapeaux, valises, voire équipements automobiles. Elle a cessé sa production en 2001.
Depuis 1998, une association s'échine à sauvegarder ce patrimoine industriel. On vous conseille d'ailleurs la visite guidée pour bien comprendre le fonctionnement de cet immense atelier. Vraiment intéressant. Ne manquez pas « La rue des métiers » : en décors reconstitués, le sabotier, la dentellière, ou encore le ferblantier œuvrent en cette période de plein essor industriel. Petite boutique ouverte toute l'année.

La maison de l'Abeille : *à* ***Mesnay,*** *même bâtiment et mêmes conditions d'accès que l'écomusée.* 600 m² consacrés à la vie toujours fascinante des abeilles, notamment grâce à une ruche panoramique automatisée, unique en son genre en France.

Les grottes des Moidons : *route d'Arbois, 39800* ***Molain.*** *☎ 03-84-51-74-94. • grottesdesmoidons.com • ♿ À 10 km d'Arbois par la D 469 en direction de Champagnole vers le sud. Juil-août, départ ttes les 30 mn 10h-17h30 ; avr-juin et sept, fermé mer, départ à 14h15, 15h15 et 16h15, plus 10h15 et 11h15 de juin à mi-sept. Visite guidée et commentée d'env 50 mn. Entrée : env 9 € ; réduc. Gratuit moins de 4 ans. Restauration simple sur place. Accès aux poussettes !* Au cœur de la forêt du même nom, ces grottes découvertes tardivement (en 1966) sont un véritable chef-d'œuvre de la nature. Elles renferment les plus belles stalactites de la région qu'un petit son et lumière met en valeur à la fin de la visite. Le tour comprend également un film de 5 mn et un espace sur les chauve-souris qui peuplent les grottes l'hiver. Attention, il y fait frisquet (environ 10 °C). Sur le site, également un sentier nature dans la forêt et un agréable espace restauration tout en bois.

Randonnées

➢ ***Le chemin des Vignes :*** sentier de randonnée familiale du vignoble. Boucle de 2,5 km (1h30) le long des coteaux des corvées et de Curon. Départ du *musée de la Vigne et du Vin,* au château Pécauld d'Arbois. Petit livret gratuit au musée ou à l'office de tourisme.

➢ ***Le circuit des Fontaines :*** une carte sur laquelle figurent les 14 villages du secteur est disponible à l'office de tourisme. Ce circuit permet de découvrir Arbois et le val de la Cuisance à travers ses fontaines. Fiche-circuit pour chaque village.

POLIGNY

(39800) 5 090 hab. *Carte Jura, B-C2*

Ancienne ville fortifiée et capitale du comté, successivement sous la domination du Saint Empire germanique, du duché de Bourgogne, de l'Espagne et, enfin, de la France. Cette « Cité de caractère de Bourgogne – Franche-Comté » a intégré de façon assez disparate l'influence des différents courants qui ont marqué son histoire. Cela lui donne un côté singulier et de nombreux trésors architecturaux, à découvrir à petits pas tranquilles.

Adresse utile

Office de tourisme : *20, pl. des Déportés. ☎ 03-84-37-24-21. • poligny-tourisme.com • Lun-sam 10h-12h30, 13h30-18h (plus dim mat en juil-août).* Propose des randos accompagnées l'été, des concerts gratuits sur la place samedi soir en été et un pot d'accueil dimanche matin (ou samedi soir aux vacances d'hiver). Infos sur les visites guidées de Vaux-sur-Poligny. Location de VTT.

Où dormir ? Où manger ?

Camping

La Tulipe de Vigne : *route de Lons-le-Saunier. ☎ 03-84-37-35-90. • contact@camping-poligny.com • camping-poligny.com • À la sortie ouest de la ville. Mai-sept. Emplacement pour 2 : 13-17 €. 90 empl.* Aux portes de la ville, un camping ombragé et familial. Propose des hébergements originaux comme des lodges en bois sur pilotis pour 5, des tipis en bois pour 2 en plus de chalets et tentes. Accueil gentil comme tout.

Prix moyens

Chambres d'hôtes l'École : *12, rue du Théâtre. ☎ 03-84-37-60-98. 06-95-29-79-77. • vagne.doriane@orange.fr • chambres-hotes-ecole-poligny.simplesite.com • Double 50 €.* Doriane a racheté l'école de son enfance pour transformer 2 classes en chambres toutes simples avec encore le lino d'origine au sol. Original avec, en prime, une jolie vue sur la collégiale ! Cour avec préau, porte-manteaux, dessins sur les murs... rien ne manque mis à part peut-être le rire des enfants à la récré, autour de la marelle.

La Sergenterie : *31, pl. des Déportés. ☎ 03-84-37-37-11. • info@lasergenterie.com • Sur la place centrale. Tlj. Menus 16 € le midi en sem, puis 23-32 €.* Dans une cave voûtée du XVIIe s et autour de solides tables de bois, une cuisine de montagne tout aussi solide du genre saucisse de Morteau, *röstis* ou fondues.

Le Casta : *69, Grande-Rue. ☎ 03-84-37-02-76. Tlj. Menus 13 € le midi en sem, puis 19-35 €.* Pizzas, galettes, spécialités franc-comtoises... Il y en a pour tous les palais et tous les budgets. Une adresse pratique avant tout où la vache est à l'honneur dans la déco.

Plus chic

Chambres d'hôtes Les Jardins sur Glantine : *30, Grande-Rue. ☎ 03-63-86-50-78. 06-07-12-43-88. • l.bindernagel@gmail.com • jardinsurglantine.natidees.com • Double 120 €. Table d'hôtes sur résa. Réduc de 10 % sur le prix de la chambre à partir de la 4e nuit, sur présentation de ce guide.* Dans un hôtel particulier du XVIIIe s, chez Ludwig, un ancien architecte devenu viticulteur. Vins du domaine, donc, à la table d'hôtes où Nathalie propose une cuisine digne d'un chef. 2 très jolies suites où chaque détail a été pensé (jusqu'aux savons, faits maison). Et, bien sûr, un jardin, en terrasse, au-dessus de la Glantine.

Où dormir ? Où manger dans les environs ?

La Maison du Haut : *Les Bordes, 39230* ***Saint-Lothain.*** *☎ 03-84-37-35-19. 06-81-79-15-27. • maisonduhaut@free.fr • maisonduhaut.com • À 8 km à l'ouest de Poligny par la D 1083 puis la D 57, ou par la D 259 puis la D 194. Ouv tte l'année. Nuitée 13 € en dortoir de 6 pers, 30-36 € en double. Chalet 2-4 pers 200-300 €/sem. Compter 6 €/pers en camping. Menus 18-25 €, sur résa là aussi. Café offert sur présentation de ce guide. L'établissement est en vente, téléphoner avt de passer.* Mignonne petite ferme du XVIIIe s, à peine à l'écart d'un hameau, dans un joli coin de nature sur le GR 59. Chambres et dortoirs simples et nets. Excellente et généreuse cuisine de terroir. Les soirs d'été, en terrasse, barbecue et viandes à la broche. Accueil très cool. Un endroit qu'on aime bien.

Domaine du Revermont : *600, route du Revermont, 39230* ***Passenans.*** *☎ 03-84-44-61-02. • contact@domaine-du-revermont.fr • domaine-du-revermont.fr • À env 15 km au sud-ouest de Poligny par la D 259, la D 194, puis la D 57. Congés : 20 déc-1er mars. Doubles 79-129 €. Formule déj en sem 17 € ; menu 26 €. Café offert sur présentation de ce guide.* En plein vignoble, une grande structure récente et banale mais calme et reposante. L'ambiance, un peu bourgeoise et guindée, semble enthousiasmer une clientèle étrangère venue goûter à l'« art de vivre à la française ». Chambres claires et spacieuses, dans un style contemporain, les plus chères donnant sur la piscine et les vignes. Au restaurant, avec terrasse, cuisine sérieuse et moderne.

À voir

La maison du Comté : *av. de la Résistance. ☎ 03-84-37-78-40. • maison-du-comte.com • Visites guidées (avec dégustation) slt. Avr-juin, sept-oct et vac scol, tlj sf lun à 14h, 15h15 et 16h30 ; juil-août, tlj à 10h, 11h30, 14h15, 15h15 et 17h15. Entrée : 4 € ; réduc : gratuit moins de 6 ans.* La muséographie retrace, de manière ludique et très pédagogique, les différentes étapes de l'élaboration du comté dans les quelque 170 fruitières qui produisent 50 000 t de cette AOC

LE JURA

chaque année. La visite se termine, bien sûr, par une petite dégustation de ce fromage dont l'origine remonte – au moins – au Moyen Âge. Pour le comté, le temps ne compte plus.

L'église de Mouthiers-le-Vieillard : *rue Notre-Dame (un peu à l'écart du centre). Plusieurs visites/sem, en juil-août slt. Entrée : 2 € : gratuit moins de 12 ans. S'adresser à l'office de tourisme.* Adorable église romane du XIe s, située au cœur de la cité primitive de Poligny. Elle possédait à l'origine trois nefs dont ne subsistent que le clocher du XIIIe s et quelques alvéoles des XIe et XIVe s. À l'intérieur, un retable en albâtre de 1534, un calvaire monumental en bois polychrome du XIVe s et des statues des XIIIe et XVe s.

L'hôtel-Dieu : *rue Pasteur. Plusieurs visites par sem, en juil-août slt. Entrée : 2 €. Gratuit moins de 12 ans. S'adresser à l'office de tourisme.* Construit à partir de 1680. Il possède une pharmacie du XVIIIe s qui renferme de très belles faïences de style Nevers et de Poligny.

L'église des Jacobins : *rue du Collège. Lun-sam 10h-12h, 14h-18h30.* Un authentique joyau du XIIIe s. Pillée à la Révolution, l'église a servi de halle aux grains avant de devenir une cave vinicole depuis 1907. Ce lieu, aujourd'hui rempli, jusqu'à la gueule, de grands fûts, a énormément de charme, même si d'importants travaux de sauvegarde semblent s'imposer...

La collégiale Saint-Hippolyte : *rue du Collège, peu après la chapelle des Jacobins. Guide de visite suspendu à un clou sur la dernière rangée de bancs. Tlj. Montée gratuite au clocher l'été, lun et sam à 11h.* Construite au XVe s, elle est restée très homogène. Elle abrite une superbe collection de statues de l'école bourguignonne du XVe s, la plus importante après celle de Dijon.

L'hôtel Fauquier-Bauffremont : *8, rue du Collège (après la collégiale).* L'un des plus beaux hôtels particuliers de la ville (qui n'en manque pas) avec fenêtres à meneaux, tour carrée et vestiges d'un ancien cloître. Rue du Collège toujours, jetez un coup d'œil à l'*hôtel de Vaulchier*.

En bas de la ville, le ***quartier de Charcigny,*** réservé aux vignerons, avec ses maisons anciennes et la tour de la Sergenterie (l'une des tours qui subsistent de l'ancienne enceinte fortifiée du XVe s), restaurée avec soin.

Le Triangle de Verre – Atelier du vitrail : *20, av. Wladimir-Gagneur. ☎ 03-84-37-28-77. 06-72-68-79-95. Galerie (accès libre) 9h-12h, 15h-19h, fermée mer et dim mat. Visite payante (4 € ; réduc) sur l'histoire du vitrail, et démonstration, sur rdv.* Bruno Tosi, maître verrier expose ici quelques créations (et celles de collègues), de vitraux bien sûr, mais aussi de fusing et de verre soufflé. Cadre d'exception : les anciens abattoirs, datant de 1864 et classés Monuments historiques.

Grande-Rue, encore quelques hôtels particuliers et l'imposant ***hôtel de ville*** (dans la cour intérieure, la partie inférieure de l'édifice date de 1584).

Le cloître des Ursulines : *entre les rues Voltaire et Victor-Hugo.* Seul vestige d'un couvent du début du XVIIe s détruit lors de l'incendie de la ville en 1673. Mais imposant, comme vestige : quatre corps de bâtiment entourent ce cloître.

Randonnées

➢ **La croix du Dan :** *à 3 km au sud de Poligny par la D 68, qu'il faut quitter à 2 km sur la gauche en direction de Barretaine.* Du belvédère aménagé au pied de la croix, vue grandiose sur Poligny et les environs.

➢ ***Poligny vu d'en haut :*** *rando accompagnée par l'office de tourisme, 2 fois/sem.* Compter 2h et une sérieuse grimpette, mais quelle récompense, entre la vue sur les jardins secrets de Poligny et... la dégustation à la fin.

➢ ***Le sentier karstique :*** *39800* ***Besain,*** *à env 12 km par la D 905, puis la D 4 à 500 m.* Circuit de 4,8 km qui fait découvrir sept sites exceptionnels : gouffres, grottes, labyrinthe, lapiaz (sorte de champ de roches)... tous dus aux caprices de la nature et au caractère calcaire (ou karstique) du terrain. Se munir de bonnes chaussures et déconseillé en cas de fortes pluies.

Manifestation

– ***Faites du Comté :*** *1er ven d'août.* Fabrication du comté à l'ancienne, produits régionaux et fondue géante.

CHÂTEAU-CHALON (39210) 160 hab. *Carte Jura, B3*

Cette remarquable « Cité de caractère de Bourgogne - Franche-Comté » (également classée « Plus beau village de France »), au bord d'un escarpement à 450 m d'altitude, offre, de ses quatre belvédères, un panorama grandiose sur la région. Tout incite à la flânerie dans ce vieux village au patrimoine médiéval plus que séduisant : restes d'un château fort, église, vieilles demeures, école d'autrefois (qui se visite) et solides maisons de vignerons. On y vient aussi déguster un peu de ce prestigieux château-chalon dans des caves où la température ambiante fait ressortir tous les arômes délicats de ce vin couleur or.

APPELLATION SOUS CONTRÔLE

Le vin jaune ne peut porter l'appellation noble de château-chalon qu'après accord d'une commission mixte draconienne (viticulteurs et représentants des pouvoirs publics). Celle-ci décide chaque année de l'éventuel vieillissement de 6 ans et 3 mois en fûts de chêne. Certaines années (les mauvaises) n'ont ainsi pas le droit à l'appellation.

UN VIGNOBLE EN OR MASSIF

Le vin jaune de Château-Chalon est un vin fameux, rare et... cher. L'aire de production de l'AOC château-chalon (qui bénéficie au départ de l'appellation côtes-du-jura) compte seulement 50 ha, sur les communes de Château-Chalon, Domblans, Menetru-le-Vignoble et Nevy-sur-Seille.
Vin de caractère, le vin de Château-Chalon est logé dans un « clavelin » d'un volume de 62 cl, bouteille réservée au vin jaune (à boire dans 25 ans minimum !).

Adresse utile

ℹ ***Point information :*** *en face de l'église, dans la* ***Maison de la Haute Seille.*** *☎ 03-84-24-76-05. • tourisme-hauteseille.fr • Avr-oct : slt ven-dim en avr et oct, fermé lun en mai-juin et sept, ouv tlj en juil-août.* Dans une belle demeure réaménagée en pôle de découverte du territoire. Présentation des vins, de la géologie et des traditions. Dégustation payante de vin jaune.

Où dormir ? Où manger dans le coin ?

Auberge du Cirque de Ladoye : *91, rue du Chalet, 39210 **Granges-de-Ladoye.** ☎ 03-84-85-31-33. À 7 km à l'est de Château-Chalon par la D 5. Ouv le midi slt, lun-ven. Congés : 1 sem en avr, 2 sem fin août. Menus 21-30 €. Café offert sur présentation de ce guide.* Ici, foin de chichis gastronomiques, rien que le naturel d'une bonne cuisine de ménage dans ses habits de campagne avec l'incontournable escalope aux morilles et le plateau de fromages pour conclure. Terrasse en été et gibier en hiver.

Chambres d'hôtes Le Relais de la Perle : *184, route de Voiteur, 39210 **Le Vernois.** ☎ 03-84-25-95-52. • contact@lerelaisdelaperle.fr • lerelaisdelaperle.fr • À 7,5 km au sud-ouest de Château-Chalon par la D 70. Compter 93-98 € pour 2. Dîner 23 €. Réduc de 5 % sur le prix de la nuitée, sur présentation de ce guide.* Une ancienne maison de vigneron impossible à rater avec son clocheton ! Les chambres, paisibles, spacieuses et charmantes (parquet, meubles anciens...), ont été aménagées dans l'ancien chai. Accueil impeccable.

Chambres d'hôtes Le Relais des Abesses : *36, rue de la Roche, à Château-Chalon. ☎ 03-84-44-98-56. • contact@relais-des-abbesses.fr • relais-des-abbesses.fr • Compter 80-105 € pour 2.* Tout à côté de celle qu'habitait l'écrivain Bernard Clavel, une jolie maison de village. Elle offre une vue superbe sur la plaine depuis trois de ses chambres, plaisamment décorées.

Le P'tit Castel : *rue de la Roche, à Château-Chalon. ☎ 03-84-44-20-50. Tlj. Menus 15,90 € (midi en sem)-29,90 €.* Intérieur rustique, mais on y vient surtout aux beaux jours pour bénéficier de la vue imprenable depuis la terrasse panoramique (pensez à réserver avant la balade dans le village !). Ici, on travaille en famille pour régaler les convives de spécialités franc-comtoises concoctées avec savoir-faire.

Où acheter de bons produits à Château-Chalon et dans les environs ?

Jean Macle : *rue de la Roche, à Château-Chalon. ☎ 03-84-85-21-85. Tlj, sur rdv.* C'est le fils Laurent qui cultive désormais les 12 ha de vignes de château-chalon et de côtes-du-jura (il produit aussi un excellent macvin). Très respectueux des sols, du végétal et des techniques (égrappage à l'ancienne) : tout est mis en œuvre pour que le vin garde sa longévité.

Fruitière vinicole de Voiteur : *60, route de Nevy-sur-Seille, 39210 **Voiteur.** ☎ 03-84-85-21-29. • fruitiere-vinicole-voiteur.fr • Fermé 1er janv et 25 déc.* Vins d'excellente qualité et à des prix abordables. On trouve pratiquement toute la gamme des vins du Jura (mention spéciale pour le savagnin). Également caveau de dégustation dans le centre de Château-Chalon.

Fromageries Vagne : *rue Saint-Jean, à Château-Chalon. ☎ 03-84-44-92-25. • comte-vagne.com • Juil-août tlj ; sept-juin, mer-sam. Visites guidées sur rdv.* Installés dans un ancien chalet : site de fabrication, cave de préaffinage et dégustation de comté et de côtes-du-jura.

DANS LES ENVIRONS DE CHÂTEAU-CHALON

Le château de Frontenay *(39210) : ☎ 03-84-85-23-36. • chateaudefrontenay.com • À 6 km au nord de Château-Chalon. Visite des extérieurs*

gratuite, tte la journée. Visites guidées de l'intérieur, jeu 16h en juil-août. Entrée : 8 € (avec rafraîchissement) ; gratuit moins de 18 ans.
Accroché au flanc de la montagne, le château domine la plaine du haut de ses 424 m d'altitude. Du château du XIVe s, construit pour protéger la route du Sel, subsiste le donjon. Au XVIIIe s, un corps de logis (remanié au XIXe s) fut ajouté. Ce château a réussi à rester dans la même famille depuis 1446 : une gageure ! La route pour y accéder est très agréable. Un peu avant l'entrée, vous verrez un sanctuaire religieux dédié à Marie, objet de pèlerinage le dernier mardi du mois d'août.
– De juillet à septembre, concerts, conférences et pièces de théâtre dans les salons du château.

Le cirque de Ladoye et son belvédère : *à env 10 km à l'est de Château-Chalon par la D 5.* L'un des plus beaux coups d'œil de la région, l'un des plus impressionnants aussi sur l'une de ces « reculées » (imposantes falaises calcaires qui plongent vers une verdoyante vallée) dont le Jura a le secret.

BAUME-LES-MESSIEURS

(39210) 200 hab. *Carte Jura, B3*

Depuis la D 471, entre Lons et Champagnole, la plongée sur cette « Cité de caractère de Bourgogne – Franche-Comté » (figurant également parmi les « Plus beaux villages de France ») donne vraiment l'impression de descendre vers une vallée perdue dont l'existence aurait été jusqu'ici tenue secrète. Les yeux écarquillés, on regarde, fasciné, cette « végétation du vertige » jaillissant devant soi et si justement décrite dans l'un de ses livres par l'écrivain et habitant de Baume, Pierre Gascar. Il ne reste plus qu'à avancer tant que faire se peut dans cette reculée de Baume, l'une des plus belles du massif du Jura (ce petit paradis est aussi l'un des sites les plus visités du coin) qui se termine par des grottes et une remarquable cascade, dans une nature verdoyante. Une vallée qu'ont chantée Édith Piaf et les Compagnons de la Chanson dans *Les Trois Cloches*.

Adresse utile

Bureau des guides de l'abbaye : *☎ 03-84-44-99-28. • abbaye.baumelesmessieurs@orange.fr • Avr-sept, tlj.* Dans la librairie-boutique.

Où dormir ? Où manger ?

Camping

La Toupe : *pl. de Latoupe. ☎ 03-84-44-63-16. 06-30-19-83-29. • baumelesmessieurs@wanadoo.fr • Avr-sept. Env 11-15 € pour 2. CB refusées. 52 empl.* Petit camping dans un très joli coin, arboré et bucolique à souhait, au bord de la rivière. 2 blocs sanitaires simples et bien tenus.

Prix moyens

Le Grand Jardin : *6, pl. Guillaume de Poupet. ☎ 03-84-44-68-37. • contact@legrandjardin.fr • legrandjardin.fr • (resto slt). À 50 m de l'entrée de l'abbaye. Tlj sf mar-mer hors saison, plus lun soir nov-mars. Congés : déc-janv. Double 68 €, petit déj compris. Formules 18-20 € le midi* *en sem et menus 26-46 €. Café offert sur présentation de ce guide.* 3 chambres d'un honnête confort et avec un certain cachet, dont 1 suite pour 2-7 personnes. La petite salle du resto présente pas mal de charme dans sa simplicité campagnarde et une cuisine de région franchement bien tournée. Accueil d'une grande gentillesse et ambiance décontractée.

Restaurant des Grottes et des Roches : *lieu-dit Les Grottes. ☎ 03-84-48-23-15. • restaurantdesgrottes@wanadoo.fr • À 2,5 km du village. Fermé le soir hors juil-août. Congés : nov-avr. Menus 19 € (midi en sem)-42 €. Café offert sur présentation de ce guide.* Villa de style Belle Époque, face à la merveilleuse cascade des Reculées. Une adresse pratique dans cet endroit aussi touristique, même si la cuisine est assez loin du terroir et si le service débordé peut être victime de son succès...

Chic

Chambres d'hôtes Le Dortoir des Moines : *dans l'abbaye. ☎ 03-84-44-97-31. • alexandra.metroz@hotmail.fr • dortoir-des-moines.info • Compter 90 € pour 2 pers, 150 € pour 4 pers.* En fait de chambres d'hôtes, il s'agit plutôt d'un appartement : 2 chambres et un grand salon, le tout chaleureusement rénové. Adeptes de style épuré, passez votre chemin ! Ici, les bibelots, les napperons, les bougies abondent, les cloches à fromage aussi. Une décoiffante reconversion pour cet ancien dortoir monacal, et une hôtesse-fée qui ne ménage pas ses efforts pour qu'on se sente bien chez elle.

LE JURA

Où manger dans les environs ?

Le Mirabilis : *41, Grande-Rue, 39570* ***Mirebel.*** *☎ 03-84-48-24-36. • lemirabilis@wanadoo.fr • ♿ À 10 km à l'est par la D 70 puis la D 471. Tlj sf lun-mar (plus mer hors juil-août). Congés : janv. Résa conseillée. Formule 14 € en sem, menus 21-36 €. Apéritif maison ou café offert sur présentation de ce guide.* Alors là, allez-y les yeux fermés et la bouche grande ouverte ! Étonnant d'ailleurs de tomber sur un resto comme celui-là dans un aussi petit village, complètement hors circuits touristiques. Il y a de l'idée dans la déco. Il y en a encore plus dans la cuisine, créative et surprenante juste ce qu'il faut, et à des prix qui savent rester très sages.

Où acheter de bons produits dans les environs proches ?

Fromagerie artisanale Josiane et Hervé Poulet : *39210* ***Granges-sur-Baume.*** *☎ 03-84-48-28-32. ♿ Ouv 9h-12h, 15h-19h. Fermé dim ap-m. Visite possible sur rdv.* Le comté est une petite merveille, mais le morbier, la raclette, le bleu de Gex, le beurre, la crème ou le lait se révèlent aussi de qualité. À côté de la fromagerie, belvédère offrant une vision panoramique de la reculée de Baume.

À voir

L'abbaye impériale : *☎ 03-84-44-99-28. Visite libre et gratuite. Audioguide 4 € et plan-guide payant. Sinon, possibilité d'une passionnante visite guidée de 45 mn (accès au retable flamand et à la chapelle des tombeaux) d'avr à mi-sept, 10h-12h, 14h-18h ; en saison, départs à heures fixes (affichées au bureau des guides) ; hors saison, résas au ☎ 03-84-44-95-45 ou 61-41. Tarif : 6 € ; réduc. Billet jumelé avec les grottes : 10 € ; réduc.*

Histoire

Bâtie au Ve s, l'abbaye prospère sous la direction de l'abbé Bernon qui la quittera, en compagnie de 12 moines, en 909, pour aller fonder l'abbaye de Cluny. En 1078, l'abbaye compte une soixantaine de chapelles, églises et prieurés.

Quand les abbayes ont commencé à devenir très riches, et donc puissantes, l'État décida que leurs abbés seraient désormais nommés par le roi, et pas forcément parmi les religieux. L'abbaye de Baume, elle, fut propriétaire de près de 40 villages alentour.

C'est ce qui explique qu'un aventurier et spécialiste de la trahison, ***Jean de Watteville,*** ait pu en devenir abbé, au XVe s. Curieux personnage que ce Watteville qui avait fui l'Italie après un meurtre et qui découvrit, en assistant à un sermon sur l'enfer, une vocation religieuse. Le voilà chartreux. Mais surpris par le prieur de l'abbaye alors qu'il faisait le mur pour aller bambocher, il le tua. Le voilà de nouveau obligé de fuir, en Espagne, puis à Constantinople. Là, il se convertit à l'islam et mit son talent militaire à la disposition du Grand Turc... qu'il trahit au profit des Vénitiens en échange de l'absolution de ses crimes par le pape, ainsi que de la charge d'abbé de Baume. Ce qu'il obtint. Il mourra paisiblement dans son abbaye en 1702. Qui a dit que le crime ne payait pas ?

Finalement, les religieux seront chassés en 1793, et l'abbaye sera vendue.

L'ABBAYE NE FAIT PAS LE MOINE

Au XIVe s, on exigea des moines avec 16 quartiers de noblesse, ce qui revenait presque à appartenir à la famille royale ! Ils ne ressemblaient évidemment plus guère à ceux du début qui vivaient leur foi dans la pauvreté. C'est de là que l'abbaye tient son nom « des Messieurs ». Il n'était plus question de dormir dans un dortoir (certains n'habitaient même pas l'abbaye !), ni de travailler. Le travail, imposé par la règle bénédictine, était même accompli par de la main-d'œuvre extérieure : les familiers.

Visite

Les bâtiments appartiennent désormais à différents propriétaires privés ; on ne visite donc pas l'intérieur.

- ***Le quartier abbatial :*** après avoir franchi le passage voûté sous le bâtiment de l'hôtellerie, on arrive dans le quartier abbatial, vaste espace fortement dénivelé, auquel fait face la maison abbatiale avec ses fenêtres à meneaux et croisillons du XVIe s. Sur la gauche de la maison, ***l'église*** avec un portail du XVe s dont l'unique élément restant de la façade romane est le pilier d'Albéric, qui date du début du XIIe s.
- ***Le retable :*** la pièce mobilière maîtresse de l'église, considérée par la qualité de son exécution comme l'un des plus fabuleux retables anversois, un triptyque flamand du XVIe s. Plein d'infos intéressantes sur le triptyque et l'église elle-même au cours de la visite guidée ; sinon on se contente de l'apercevoir de loin derrière des grilles.
- ***La cour du cloître :*** en son centre, une antique fontaine. Elle est bordée de ***la cour des chanoines.***

Les grottes : *chalet du guide. ☎ 03-84-48-23-02. Hors saison, contacter la mairie : ☎ 03-84-44-61-41. À 2,5 km du village (indiqué). Avr-sept, tlj 10h30-12h30, 13h30-17h (10h30-19h en juil-août). Visite guidée de 55 mn. Entrée : 8 € ; réduc. Gratuit moins de 6 ans. Billet jumelé avec l'abbaye : 10 € ; réduc.*

Découvertes en 1610, ce sont des grottes dont la formation a duré 200 millions d'années, où l'eau coule dans une galerie et tombe en chute les lendemains de pluie. On descend jusqu'à 120 m de profondeur, sur les 600 m du circuit. La température à l'intérieur des grottes est de 11 °C, pensez à la petite laine. En tout, cinq salles. Celle dite *salle des Fêtes,* haute de 70 m (la plus haute), possède une structure gothique sublime et une remarquable acoustique. La dernière, celle du Catafalque, haute de 40 m, est très spectaculaire. Une importante microfaune peuple la grotte (crevettes aveugles notamment), ainsi que des milliers de chauves-souris en hiver.

DANS LES ENVIRONS DE BAUME-LES-MESSIEURS

Jurafaune : *route de Crancot, lieu-dit En Chênois,* ***Granges-sur-Baume*** *(39210). À 3 km de l'abbaye. ☎ 03-84-24-42-61. • jurafaune.com • À 3 km. D'avr à mi-sept, tlj 14h-18h. Entrée : 5 €, 9 € avec le spectacle ; réduc. Compter 1h30 min. Aires de pique-nique et de jeux.*
Ce centre de préservation des faucons-pélerins est devenu au fil des années un parc consacré aux rapaces du monde entier, des nocturnes – les plus petits – aux vocifères, comme les condors. Parcours didactique avec bornes interactives et volières, expo photos et démonstrations de vols.

SAINT-AMOUR (39160) 2 300 hab. *Carte Jura, B4*

Souvent confondu avec Saint-Amour-Bellevue dans le Beaujolais, village avec lequel ce Saint-Amour jurassien partage effectivement un passé viticole mais aussi la particularité de se retrouver sous le feu des médias à chaque Saint-Valentin ! Fondé autour de son église au VIe s, bourg frontière au croisement de trois régions – Franche-Comté, Bourgogne, Rhône-Alpes –, Saint-Amour abrite un patrimoine historique digne d'intérêt : vestiges des remparts avec la solide tour Guillaume, anciennes prisons royales, superbe apothicairerie... qui lui vaut le label de « Cité de caractère de Bourgogne – Franche-Comté ».

Adresses utiles

Office de tourisme : *17, pl. d'Armes. ☎ 03-84-48-76-69 ; hors saison : ☎ 03-84-44-02-00 (mairie). • paysdesaintamour.fr • De mi-juil à mi-août, lun-ven 9h-12h, 14h-18h et w-e 8h30-12h30 ; le reste de l'année, lun-ven 9h-12h, 14h-17h et sam 8h30-12h30.*

Gare SNCF : *3, pl. de la Gare. ☎ 36-35 (0,34 €/mn).* Liaisons avec Bourg-en-Bresse, Lyon, Lons-le-Saunier, Mouchard, Besançon.

Où dormir ?
Où manger à Saint-Amour et dans les environs ?

Prix moyens

Chambres d'hôtes Le Refuge de Montagna : *25, rue Perrière, 39160* ***Montagna-le-Reconduit.*** *☎ 03-84-48-58-02. 06-27-27-37-76. À 6 km au nord-est de Saint-Amour. Env 70 € pour 2. Table d'hôtes sur résa.* Un tranquille hameau escarpé qui a presque déjà des airs de montagne. Et, tout en haut, un ensemble de 4 jolies petites maisons de pierre et de bois sauvées de la ruine par Francis, le maître des lieux, ancien compagnon du Tour de France. Meubles anciens (ou fabriqués maison !), matériaux naturels : les 2 chambres sont vraiment très sympas, tout comme la cave voûtée où se prend le copieux petit déj. Accueil charmant (avec une pointe d'accent, Lise étant norvégienne).

Hôtel du Commerce : *7, pl. de la Chevalerie. ☎ 03-84-48-73-05. • hotel-commerce.raffin@wanadoo.fr • hotelducommerce-stamourjura.fr • (resto). Tlj sf dim soir et lun. Double 78 €. Menus 19,80-48 €. Café offert sur présentation de ce guide.* Cette salle à manger au charme désuet et au cadre délicieusement « vieille France » accueille depuis 1850 les voyageurs égarés, ravis de trouver cette halte providentielle (les adresses ne sont pas légion dans le secteur !). Service discret et stylé, et bonne cuisine de tradition, entre Dombes et Jura : coq au vin jaune, morilles farcies... Chambres dans le même ton, plutôt spacieuses et, au final, non dénuées de charme. Accueil obligé.

Restaurant Philippe Bouvard : *111, Grande-Rue, 39160* ***Balanod.*** *☎ 03-84-48-73-65. • contact@bouvardphilippe.fr • À 3 km au nord-est de Saint-Amour. Fermé le soir dim-mer et lun midi hors saison, slt lun en saison. Menus 13 € le midi en sem, puis 29-65 €.* Une institution locale où l'on mange une cuisine très bien amenée, sans tricherie ni chichis : accueil chaleureux, service décontracté, vaisselle comme à la maison. Si le chef garde les deux pieds dans son terroir entre Jura (truite fumée maison) et Bresse, il n'est pas imperméable à la nouveauté. Cadre sympathique dans cette ancienne maison vigneronne.

À voir

L'église : du XVIIe s, comme son immense (48 m de haut) clocher comtois. Beaux vitraux éclatants de couleur dans le chœur, partie la plus ancienne (XVe s). Et dans la nef latérale de droite, un tableau de l'école italienne du XVIIIe s ; du XVIIIe s aussi la statue de marbre du dieu de la Pitié.

L'apothicairerie : *située dans l'ancien hôtel-Dieu occupant les bâtiments d'un ancien couvent des capucins, derrière l'hôpital Guichard (nord de la ville). Infos à l'office de tourisme.* L'apothicairerie renferme environ 450 pots, pichets, flacons des XVIe, XVIIIe et XIXe s...

L'auditoire et les prisons royales : *18, rue du Commerce. Infos à l'office de tourisme.* Dans des bâtiments achevés en 1741, un de ces « tribunaux d'exception » créés par Louis XIV pour juger (auditoire et ses salles d'audience à l'étage) et punir (cellules et cachots en sous-sol, fermés de lourdes portes de bois) les contrebandiers de sel, tabac, étoffe, nombreux au XVIIe s quand la Franche-Comté, malgré la conquête française, conservait quelques intéressants avantages fiscaux. Unique en son genre dans le Jura.

LE PAYS DES LACS ET DE LA PETITE MONTAGNE

- **Les vallées du Suran et de la Valouse............200** • L'église abbatiale Saint-Taurin à Gigny • L'atelier-jardin à Cressia • Grusse • Le moulin de Pont-des-Vents à Montfleur • Saint-Hymetière • Les gorges de la Valouse • Coisia • L'église Notre-Dame à Orgelet • Le château de Présilly • L'église de Saint-Christophe près de La Tour-du-Meix
- **Le lac de Vouglans......202** • Sur la rive est : le musée du Jouet à Moirans-en-Montagne • Sur la rive ouest : le barrage de Vouglans à Cernon, le lac de Coiselet et le château d'Oliferne à Vescles
- **Clairvaux-les-Lacs......206** • La reculée de La Frasnée
- **Les cascades du Hérisson..................207** • Parc Héria, parc animalier du Hérisson à Doucier • L'espace botanique au Frasnois • Le lac de Bonlieu • Le lac du Vernois
- **Le lac de Chalain.........211**

Voilà 10 000 ans, la fonte des glaciers a dégagé dans le Massif jurassien de nombreuses cuvettes que les eaux de fonte et les sources ont ensuite remplies pour donner naissance à une multitude de lacs. Des lacs couleur d'encre ou bleu turquoise, dont le plus petit, le lac de Vernois, mesure 500 m de long, 200 m de large et 10 m de profondeur ; le plus spectaculaire – mais artificiel –, celui de Vouglans, 35 km de long. Ils sont entourés de magnifiques

forêts et de prairies créant un paysage qui n'est pas sans rappeler le Canada. Il y a aussi des cascades, dont celles, superbes, du Hérisson et des petits hameaux resserrés autour de leur clocher.
Quant à la Petite Montagne, qui déroule ses combes et vallées entre le Sud-Revermont et la région des Lacs, elle est sûrement la moins connue des régions jurassiennes. À tort puisque, outre de très jolis petits bourgs (aux noms parfois en « a », signe d'une romanisation précoce du coin), cette petite montagne (entre 350 et 700 m d'altitude) cache quelques-unes des plus belles églises du Jura.

LES VALLÉES DU SURAN ET DE LA VALOUSE

Carte Jura, B3-4

Au fil du cours tranquille du Suran ou de celui, un peu plus tourmenté, de la Valouse, une échappée dans la Petite Montagne, micro-région enserrée entre Revermont et Jura des Lacs. De belles églises comme à Arinthod ou Saint-Julien-sur-Seran (cette dernière abrite les plus anciens vitraux de Franche-Comté), des moulins, de spectaculaires reculées, quelques grottes presque secrètes, des cascades... Celle de Quinquenouille notamment, à côté du village de Chatonay, dévale de 30 m et est surmontée d'un pont médiéval (sentier de balade). Des châteaux aussi (joli belvédère sur la vallée de l'Ain au château d'Oliferne, à Vescles).

Adresse et infos utiles

🛈 *Maison de la Petite Montagne :* *39320* ***Saint-Julien-sur-Suran.*** *☎ 03-84-85-47-91. • adapemont.fr •*

– ***Points info*** à Arinthod, Orgelet et Thoirette.

Festival

– ***De bouche à oreille :*** *2de quinzaine de juil, dans les villages de la Petite-Montagne. ☎ 03-84-85-47-91. • festival-jura.com •* Musiques, expos, contes, marchés artisans...

À voir

🚶🚶 *L'église abbatiale Saint-Taurin :* *à* ***Gigny*** *(39320), à 15 km à l'est de Saint-Amour.* Dans un village calme et pittoresque (visite avec 2 circuits de 20 et respectivement 45 mn), c'est l'église de l'abbaye Saint-Pierre, fondée en 880 par Bernon, qui partit ensuite fonder celle de Cluny. Parmi les plus intéressants monuments de l'architecture romane (ici mâtinée de gothique) du massif du Jura. Chœur du XIe s, ample nef des XIe et XVe s plantée de piliers massifs, et clocher à arcatures lombardes du XVe s.

🚶 *L'atelier-jardin :* *route de Cousance, 39270* ***Cressia.*** *☎ 03-84-44-50-72. À 8,5 km au nord de Gigny par la rectiligne D 117. Mai et oct, ouv sam ; w-e en juin ; ven-sam en juil-août. Ouv 15h-19h. Entrée : 4 € ; réduc.* Un jardin, certes, pas bien grand mais d'une surprenante et réjouissante diversité : topiaires ici, jardin arabo-andalou là (avec de jolie mosaïques de galets), roseraie... Une œuvre entreprise en famille depuis 1992, du papa qui a semé ses sculptures un peu partout au fils qui a conçu le jardin japonais (franchement superbe !).

Maison d'hôtes Les Serans : *Les Serans, 39270* ***Cressia*** *(GPS : la Rippe des Bellat). ☎ 03-84-44-52-47. Fléché à la Perrière. • accueil@lesserans.com • lesserans.com • (1 chambre). Congés : déc-janv. Compter 80 € pour 2. Dîner sur résa 15 €.* Perché sur une colline isolée, à 600 m d'altitude (chouette vue donc), un « gîte culturel » qui, de chapiteau de cirque en salle de répétition, ouvre grandes ses portes aux artistes de tous horizons. Entre l'ancienne ferme relevée de ses ruines et la petite maison de bois, 9 chambres, simplement décorées mais avec du caractère. Produits du terroir et/ou bio à table. Grand bassin de baignade naturelle. Stages de Qi Gong, de danse, de yoga... Et accueil, évidemment, très cool.

Grusse *(39190) : à 12 km au sud de Lons-le-Saunier, entre Saint-Laurent-la-Roche (s'arrêter en passant au belvédère donnant sur la Bresse, le nord de l'Ain et Grusse) et Sainte-Agnès.* Un petit village préservé et fier avec ses six lavoirs et ses six fontaines d'eau de source ! Il est surtout le cœur d'un petit pays de vignobles, plein de jolies routes vertes, de sentiers de randonnées et de hameaux pittoresques.

Le moulin de Pont-des-Vents : *à* ***Montfleur*** *(39320). ☎ 03-84-44-33-51. • moulin.ecomusee.jura.free.fr • À quelques km au sud de Saint-Julien-sur-Suran. Juil-août, mar-sam et 2e dim du mois 15h-19h ; avr-juin et sept-oct, mer-ven et 2e w-e du mois 15h (10h 3e dim de juin et sept)-19h ; mars et nov-Noël, mer et ven 15h-18h. Fermé Noël-25 fév. Visite guidée à 15h. Entrée : 4,50 €. Gratuit moins de 12 ans.* Un écomusée vraiment vivant, puisque ce Monument historique fonctionne à nouveau. Outre la visite, on peut aussi assister à la fabrication de farines (de gaudes, de blé bio, d'épeautre et de kamut) et du pain au levain cuit dans un four à bois. Vente sur place évidemment de pains, mais aussi de sablés aux gaudes et, selon les saisons, de fondants aux noix et autres tartes bourdaloues.

Saint-Hymetière *(39240) : à 12 km au nord-est de Montfleur par la D 56.* Très belle ***église romane*** du XIe s. C'est même l'une de nos préférées en Franche-Comté. Une merveille dans un écrin de verdure avec, pour seuls voisins, un cimetière et un troupeau de vaches. Parfait exemple du premier art roman méditerranéen (on la verrait d'ailleurs plus en Provence que dans le Jura) avec un chœur à voûte « en cul-de-four ».

➢ ***Les gorges de la Valouse :*** une belle balade, plutôt facile (2h30 aller-retour). Départ de l'église de Saint-Hymetière. Près de 2 km de descente en suivant le balisage jaune et bleu permettent d'atteindre les gorges de la Valouse, rivière ici encore sauvage, enfouie dans les buis, les bruyères et les sapins. Un sentier qui serpente entre des arbres moussus conduit à la *caborne du Bœuf,* impressionnant porche (20 m de haut quand même !) qui donne accès à la première salle d'une grotte (éclairée). Après la grotte, le sentier remonte en passant au pied de falaises surplombantes, puis devant deux cascades.

MAIS QUI ETAIT LOUIS VUITTON ?

Né en 1821 à Anchay, dans la vallée de la Valouse, il devint « emballeur-malletier ». Ce métier consistait à emballer les affaires des riches qui partaient en voyage, notamment celles de l'impératrice Eugénie. Très vite, il imagina des malles adaptées aux nouveaux transports : chemins de fer et paquebots. En 1896, on imagina le monogramme LV pour lutter contre les contrefaçons (déjà !).

Coisia *(39240) : à quelques km au sud de Saint-Hymetière par la D 109.* Un site majeur pour les férus de paléontologie ou de préhistoire mais aussi pour le commun des curieux : environ 200 empreintes de dinosaures, découvertes en 2004, lors des travaux d'agrandissement de la route. La paroi (les pliss[…] géologiques ont fini par mettre le sol à la verticale !) montre de façon très n[…] empreintes de dinosaures. Des sauropodes exactement, des herbivores […] cou et de taille respectable, jusqu'à 50 m de long tout de même !

L'église Notre-Dame : *à* ***Orgelet*** *(39270). Direction le nord, sur la route de Lons, par la D 109. Tlj 8h-19h.* Cette tranquille et agréable bourgade fortifiée, classée « Cité de caractère de Bourgogne – Franche-Comté » fut celle de Cadet Roussel, dont on peut encore voir la maison natale, et abrite cette magnifique église fortifiée du XVe s qui, autrefois, servait de rempart à la ville. À l'intérieur de l'église, noter le lutrin du XVIIe s, formé d'un aigle couronné à deux têtes surmontant le globe, emblème du Saint Empire germanique, et les stalles du chœur (XVIIIe s). Mais le clou de la visite, c'est ce rarissime carrelage médiéval (fin du XIIIe s), seul vestige du château d'Orgelet, aujourd'hui exposé sur l'un des murs du transept. Orgue remarquable construit en 1630. C'est l'un des plus vieux du genre en France. Des concerts ont lieu en période estivale.

La Valouse : *12, rue des Fossés. ☎ 03-84-25-54-80. • lavalouse@restaurants-jura.fr • lavalouse.restaurants-jura.fr • Menus 12-20 € midi en sem, puis 29-38 €.* En plein centre et à peine repris en main, cet établissement est vite devenu le centre névralgique d'Orgelet. Le restaurant a fier allure avec ses 2 salles confortables et sa terrasse. Cuisine aussi classique et maîtrisée que la déco et un service à la hauteur des lieux. Gentilles formules à midi avec des spécialités jurassiennes, des poissons, des pieds de cochon. Fait également hôtel.

Chambres d'hôtes Aux Trois Glycines : *rue du Chanoine-Clément. ☎ 03-84-35-54-76. • monnierdeniseatg@free.fr • Compter 65 € pour 2. Dîner sur résa 20 €.* 2 chambres dans une petite maison ancienne avec un certain charme. Accueil d'une vraie gentillesse, papiers peints discrètement fleuris, meubles anciens : l'agréable impression de s'installer chez une cousine de campagne. Le petit déj ou le dîner se prennent, par beau temps, sous la glycine (évidemment !).

Le château de Présilly : *à 7 km au nord-ouest d'Orgelet. ☎ 03-84-25-49-44. Visite libre.* Élevée sur les premiers contreforts du Jura, cette imposante forteresse du début du XIIIe s conserve de jolis vestiges : pont-levis précédé d'une barbacane remarquable (200 m²), vaste donjon carré.

L'église de Saint-Christophe : *à 5 km à l'est d'Orgelet, dans un hameau au-dessus de* ***La Tour-du-Meix.*** Petite église (XIIe-XVe s) de pèlerinage dédiée au patron des voyageurs, flanquée d'un cimetière et visible de loin avec ses tuiles vernissées.
– Panorama paisible sur les alentours vallonnés et rando de 1,1 km jusqu'aux ruines du château de La Tour-du-Meix.

LE LAC DE VOUGLANS

Carte Jura, B3-4

Avec ses 1 600 ha, c'est le troisième lac artificiel de France. Des belvédères permettent de profiter de ce site assez exceptionnel, aux faux airs de fjord avec ses rives pentues et boisées qui plongent dans une eau vert émeraude. Et de méditer sur le village et la vieille chartreuse qui dorment sous les flots... Les berges offrent tout ce qu'il faut pour passer de bonnes vacances : ports, plages, campings, activités

BIENVENUE À BIBIVILLE

Le sifflet est un des premiers objets fabriqués dès le Moyen Âge par les tourneurs du Jura. À partir de 1850, Moirans-en-Montagne se spécialisa dans la fabrication du « bibi » : un petit sifflet de bois qui sonne quand le ballon placé à son extrémité se dégonfle. Un retentissant succès dans toute l'Europe qui valut à la ville le surnom de Bibiville jusqu'aux années 1930, avec l'arrivée du yoyo, made in USA.

nautiques, plongée, pêche... On trouve trois ports sur les berges : Pont-de-Poitte pour la pêche, le pont de la Pyle pour les bateaux à moteur et la Mercantine pour la voile. Plusieurs villages pittoresques aussi, Onoz, Menouille et Lect. À Moirans, petite capitale du jouet jurassien, ne pas manquer le musée du... Jouet.

Adresses utiles

Office de tourisme : *3 bis, rue du Murgin, 39260* ***Moirans-en-Montagne.*** *☎ 03-84-42-31-57. • jurasud.net • Juste à côté du musée du Jouet. Juil-août et ttes vac scol, tlj sf dim ap-m (dim hors juil-août) 9h-12h, 14h-18h.* Infos sur les activités sportives dans le coin. Également « 7 contes en balade », 7 sentiers contés et accessibles à tous (1,5-3,5 km), sur les pas de sirènes, sorcières, lézards et autres lutins...

Location de vélos électriques : *avec l'****Échappée moirantine*** *– 8, rue Pasteur, 39260 Moirans-en-Montagne. ☎ 03-84-41-13-64. 06-77-71-38-30. • lechappeemoirantine.com • Compter 20 € la ½ journée, 30 € la journée.*

Où dormir ? Où manger autour du lac ?

Campings

Camping Trélachaume : *50, route du Mont-du-Cerf, la Mercantine, 39260* ***Maisod.*** *☎ 03-84-42-03-26. • info@trelachaume.fr • trelachaume.fr • Ouv de mi-avr à début sept. Emplacement pour 2 en hte saison : 17,50 €. Loc de bungalows toilés, mobile homes, chalets et roulottes (4-6 pers) : 210-695 €/sem. (payant).* Dominant le lac mais sans vue et à 800 m à pied de la plage de la Mercantine, un 3-étoiles offrant ombre et intimité. Pataugeoire, ping-pong. Snack-bar et petite épicerie. Animations en saison. Nombreuses activités sportives.

Le Surchauffant : *Surchauffant, 39270* ***La Tour-du-Meix.*** *☎ 03-84-25-41-08. • info@camping-surchauffant.fr • camping-surchauffant.fr • Accès : à côté du pont de la Pyle, au bord du lac. Ouv de fin avr à mi-sept. Emplacement pour 2 : 13-24 €. Loc de mobile homes et chalets (à partir de 2 nuits min hors saison et slt à la sem en hte saison) 41-101 €/nuit. (payant).* Un 3-étoiles superbe avec accès direct à la plage. Dans le camping ou à proximité immédiate, accès à une multitude de sports (location de VTT)... Piscine. Restos, guinguette, épicerie. Rien ne manque sinon de l'ombre et un peu d'intimité.

De bon marché à prix moyens

Hôtel Le Lacuzon : *2, rue du Jura, 39260* ***Moirans-en-Montagne.*** *☎ 03-84-34-14-50. • hotellelacuzon@gmail.com • hotel-le-lacuzon.com • Double 66 €.* En plein centre, cette solide demeure de bourg adopte un look intérieur moderne dans les tons gris et zen avec de chantantes touches de couleurs vives. L'ensemble est simple, confortable et accueillant. Bien situé en tout cas pour rayonner. Local pour vélos, skis et motos.

Le Regardoir : *Le Belvédère, 45, av. de Franche-Comté, 39260* ***Moirans-en-Montagne.*** *☎ 03-84-42-01-15. • infos@leregardoir.com • Sur la D 470 au nord-ouest de Moirans ; très bien fléché depuis le rond-point à la sortie de la ville. Ouv tlj en saison ; fermé lun de mi-sept à mi-juin ; 20 déc-10 fév, ouv slt les midis mar-dim et les soirs ven-sam. Menus 13,50 € le midi en sem (sf juil-août), puis 23-33 €. 2 apéritifs maison (blanc cassis) offerts sur présentation de ce guide.* Le panorama exceptionnel (depuis la terrasse couverte) sur le lac de Vouglans justifie à lui seul l'arrêt dans cette guinguette franc-comtoise où on se sustente d'une cuisine de tradition et de région bien tournée. Essayez d'y dîner (ou d'y boire l'apéro) au coucher du soleil, quand la lumière est tout à fait spéciale.

L'Auberge Crenantine : *3, rue de la Forêt, 39260* ***Crenans.*** *☎ 09-67-74-09-47. • bergerie.crenantine@gmail.com • À 2,5 km de Charchilla. Tlj. Menu autour de 15 €.* Une ferme-auberge pur jus, en plein village, qui propose une cuisine traditionnelle à base des produits de la ferme. Un seul menu donc, en fonction de ce qu'il y a. Mais c'est toujours bon.

L'Oustau : *23, rue Roussin, 39260* ***Moirans-en-Montagne.*** *☎ 03-84-42-60-78. Lun-ven, plus sam soir. Menus 16,50 € midi en sem, puis 25-32 €.* Dans la rue principale, une petite salle pimpante en bois brut pour des spécialités franc-comtoises, mais pas seulement. Un brin d'originalité et des saveurs de saison au menu.

Chic

Chambres d'hôtes Le Clos d'Estelle : *1, La Marcantine, 39260* ***Charchilla.*** *☎ 03-84-42-01-29. • contact@leclosdestelle.com • leclosdestelle.com • À la sortie du village, suivre le fléchage. Compter 90 € pour 2 (tarif dégressif dès la 2e nuit). Sur présentation de ce guide, réduc de 10 % sur le prix de la chambre à partir de 3 nuits consécutives (hors vac scol et j. fériés).* Cette chaleureuse ferme du milieu du XIXe s abrite 4 chambres de charme, tout de bois vêtues, avec un peu de place pour des couleurs douces. Salon cosy comme tout. Délicieux petit déj sucré-salé au coin de la cheminée avec son four à pain. Accueil charmant. Cuisine-salle à manger à disposition.

Les Louvières : *Les Louvières, 39170* ***Pratz.*** *☎ 03-84-42-09-24. • info@leslouvieres.com • À 2 km de la D 470 entre Moirans et Saint-Claude. Fermé dim soir-mar. Formules 41-49 €.* Une adresse chic et gastronomique assez improbable au bout d'une route étroite et sinueuse à travers bois et pâturages. Toutes les saveurs du monde s'y croisent pourtant dans cette ancienne ferme isolée. À la carte comme dans la déco, une ambiance créative contemporaine, du raffinement et de la fraîcheur qui ravissent les habitués. Jolie vue sur les monts du Jura en prime.

– Voir aussi nos adresses dans les environs de Saint-Claude, plus loin.

À voir. À faire

Sur la rive est du lac de Vouglans

Le musée du Jouet : *5, rue Murgin, 39260* ***Moirans-en-Montagne.*** *☎ 03-84-42-38-64. • musee-du-jouet.com • Juil-août, tlj 10h-19h ; sept-juin, tlj sf mar (hors vac scol) 10h-12h30, 14h-18h30 et le mat le w-e. Fermé 1er janv, 1er nov et 25 déc. Entrée : 7,50 € ; 5,50 € à partir de 7 ans. Réduc et forfaits famille. Audioguide et appli téléchargeable, visites guidées gratuites lun-ven aux vac scol. Compter 1h30 de visite. Expos temporaires et programme d'activités.* Ce musée moderne est une invitation au voyage à travers le temps et les cultures du monde : sur 2 000 m² et deux étages (on peut descendre en toboggan !), guidé par l'ours Nours (contemporain cousin de l'Eddie en peluche de 1905), on parcourt, au travers de 5 vastes espaces thématiques, une collection unique de près de 3 000 jouets du monde entier sur les 20 000

> **AU FIL DU TEMPS**
>
> *Le prénom Marie, à travers les temps, est à l'origine de pas mal de mots de la langue française. Ainsi les statuettes de la Vierge autrefois installées dans les églises et dans la rue pour être vénérées étaient surnommées « Marionnettes ». Suite à la Réforme au XVIe s, ces objets à l'origine religieuse devinrent profanes et le terme se transforma en nom commun.*

en stock, témoins de 5 000 ans d'histoire de l'humanité. On passe d'un char en terre cuite mésopotamien du IIe millénaire av. J.-C. (l'un des plus anciens jouets à traîner du monde) au « Chomageopoly », inventé par les ouvriers de Lip en grève. À travers les temps et les lieux, il est intéressant de retrouver des jouets universels comme les toupies, les poupées (ne pas manquer la poupée égyptienne articulée du XVIe s av. J.-C.), les osselets, les jouets traînés... On découvre que, même si le monde de l'enfance est innocent, les jouets ne le sont pas toujours : ainsi, André Citroën commanda des modèles réduits de ses automobiles, histoire d'orienter les achats des parents, sans parler des jouets au service de la propagande guerrière... Impressionnante collection de jouets jurassiens et un espace consacré aux techniques de fabrication, du Moyen Âge à nos jours avec les imprimantes 3D. Boutique complète de jeux jurassiens ou non à la sortie (il y en a d'autres dans le centre de Moirans).

Sur la rive ouest du lac de Vouglans

Le barrage de Vouglans : *39420* ***Cernon,*** *tt au sud du lac.* Construit de 1963 à 1968 après 8 ans d'études préliminaires, c'est le troisième barrage de France et le premier conçu avec une voûte à arcs horizontaux en forme de spirale. Il est haut de 130 m et d'une capacité totale de 600 000 millions de mètres cubes. Il fait face à une retenue artificielle de 35 km de long occupant 1 600 ha. Le barrage n'est pas ouvert à la visite et ne se traverse pas, mais on trouve un belvédère à Lect.

Le lac de Coiselet : *à 14 km au sud du barrage de Cernon.* Approvisionné par la Bienne et l'Ain (à cheval d'ailleurs sur les départements de l'Ain et du Jura), sa mise en eau, en 1970, soit après celle du lac de Vouglans, a donné naissance à d'étonnants paysages de falaises. Plage, mais non surveillée.

Le château d'Oliferne : *accès par un chemin carrossable qui part du hameau de Boutavant, au-dessus du lac de Coiselet à* ***Vescles*** *(39240).* Posé à 807 m d'altitude sur le pic d'Oliferne, le genre d'endroit pour lequel l'expression « nid d'aigle » semble avoir été inventée. Il reste encore quelques solides vestiges de ce château, construit vers 1230 par la famille de Chalon, incendié au XIVe s par les troupes d'Henri IV. Site assez étonnant, sinon inquiétant, qui a évidemment donné naissance à de sombres légendes. Rando possible de 8 km (220 m de dénivelé), « le Pic d'Oliferne ».

Sports et loisirs

Toutes les infos et contacts des structures sportives à l'office de tourisme de Moirans-en-Montagne.

Les plages : trois autour du lac (la Mercantine, Bellecin et Surchauffant). Du monde l'été.

– ***Voile, canoë-kayak, spéléologie et plein d'autres sports :*** *base de plein air de Bellecin. ☎ 03-84-25-41-37. • bellecin.com • Avr-oct.* Également location de canoës-kayaks en juillet-août plage de la Mercantine.

– ***Croisières :*** *avec Le Louisiane, port du Meix (Pont-de-la-Pyle). ☎ 03-84-25-46-78. • bateaux-croisieres.com • Mai-juin, dim et j. fériés ; juil-août, tlj ; sept, dim. Tarif croisière simple : à partir de 11,90 € ; réduc.* Croisières simples ou gourmandes sur le lac de Vouglans.

– ***Via ferrata :*** *site du Regardoir, av. de Franche-Comté, 39260* ***Moirans-en-Montagne.*** *Infos à l'office de tourisme de Moirans : ☎ 03-84-42-31-57. • jurasud.net • Sur la D 470 au nord-ouest de Moirans. De mi-juin à mi-nov.* À 570 m au-dessus du lac, 350 m de parcours (différents niveaux), dont une passerelle de 90 m. Ouah !

– ***Centre équestre :*** *39260* ***Crenans.*** *06-67-95-33-44. • jura.equestre@gmail.com • À 2,5 km de Charchilla.* Dans un environnement bucolique, à l'heure ou à la journée, pour tous niveaux. Location possible d'ânes et de poneys.

Manifestations

– ***Festival international pour l'enfant Idéklic :*** *à* ***Moirans.*** *Mi-juil.* Ateliers, spectacles... La fête pour les petits comme pour les grands... enfants, évidemment.
– ***Noël au pays du Jouet :*** *à* ***Moirans.*** *Pdt 3 j. le w-e avt Noël.* Atelier du Père Noël, spectacles artistiques de rue, contes de Noël, balades en calèche, marché de Noël...

CLAIRVAUX-LES-LACS

(39130) 1 500 hab. *Carte Jura, B-C3*

Appelée à l'origine *Clara Vallis* (la vallée claire) par les Romains, c'est aujourd'hui la capitale de la région des Lacs. Clairvaux qui, depuis le Moyen Âge, était une ville de commerce et d'industrie (expo sur son histoire à la salle des Fêtes), a bénéficié de sa situation géographique privilégiée quand la ville a décidé de miser – au début des années 1960 – sur le tourisme pour endiguer un déclin inéluctable. Clairvaux-les-Lacs est au bord de... lacs. Deux, un grand et un petit, qui, s'ils ne sont pas les plus beaux du coin, offrent tout de même l'occasion d'une halte sympa grâce à leurs infrastructures.
Plage : *à Clairvaux (parking gratuit).* N'espérez pas vous y retrouver seul ! Notez que c'est la seule plage des environs à être dotée d'un tir à l'eau permettant aux personnes handicapées de se baigner.

Adresse utile

Office de tourisme du Pays Lacs et Petite Montagne : *36, Grande-Rue. ☎ 03-84-25-27-47. • juralacs.com • Juil-août, lun-sam 9h30-18h30, dim et j. fériés 9h-13h ; mai-juin, lun-sam 9h-12h, 14h-18h, j. fériés 9h-13h. Le reste de l'année, lun-sam mat, mêmes horaires.* C'est, avec celui de Moirans, le seul office de tourisme du coin. Infos sur les cascades du Hérisson, le lac de Chalain ou de Vouglans,etc.

Où dormir ?
Où manger à Clairvaux et dans le coin ?

Prix moyens

La Chaumière du Lac : *21, rue du Sauveur. ☎ 03-84-25-81-52. • lachaumieredulac@gmail.com • lachaumieredulac.fr • Au bord du lac. Fermé le midi lun-sam hors saison. Congés : fêtes de fin d'année et 2 sem en fév. Résa indispensable. Doubles 50-62 € selon confort. Menus 15 € le midi en sem, puis 20-25 €. Café offert sur présentation de ce guide.* Bâtiment sans grâce, bien loin de l'idée, en tout cas, que l'on se fait d'une chaumière, mais c'est le seul hôtel du Jura des Lacs avec vue sur un... lac. On choisira donc une chambre de ce côté-là. Elles sont plutôt petites et pas super insonorisées, mais fonctionnelles et bien tenues. Classique cuisine de région au resto avec terrasse, naturellement face au lac. La plage est à deux pas.

Hôtel Les Deux Lacs – Restaurant La Poêlée : *9, pl. du Commerce. ☎ 03-84-25-80-76. • contact@hotel-clairvaux.com • hotel-clairvaux.com • Dans le centre. Doubles 67-124 €. Menus 14,80-22 €, repas 25-45 €.* Les chambres ont été complètement rénovées, dans un style sobrement contemporain et plutôt plaisant. Joli cadre tout bois au resto pour une cuisine très classique et, comme son enseigne l'indique, des poêlées régionales. Accueil serviable.

Où acheter de bons produits dans les environs ?

Fruitière 1900 : *39130* ***Thoiria.*** *☎ 03-84-25-85-43. 06-14-22-68-29. • saveursdalpages@cegetel.net • À 6 km au sud par la D 27 puis la D 149. Juil-août, tlj ; sinon appeler. Fermé dim et j. fériés. GRATUIT.* Ce musée vivant de la fabrication du comté est à visiter le matin quand, renouant avec une antique coutume (c'est le dernier à le faire !), on y confectionne le comté dans une cuve chauffée au feu de bois. L'après-midi, activité au ralenti et mais séance vidéo. Comté, bleu de Gex et morbier en vente.

LE JURA

À voir dans le coin

L'église Saint-Nithier : *à* ***Clairvaux-les-Lacs.*** À l'origine romane. On y trouve de très belles stalles du XVe s provenant de l'abbaye de Baume-les-Messieurs et une Vierge dorée du XIIe s. L'autel, la chaire et les cinq tableaux de maître proviennent du château de Versailles.

Les machines à nourrir et à courir le monde : *ZI En Béria, route de Lons-le-Saunier, à* ***Clairvaux-les-Lacs.*** *☎ 03-84-25-81-77. • museemaquettebois.fr • À la sortie de Clairvaux direction Lons. Ouv mai-sept, dim et j. fériés 14h-18h, consulter pour les autres j. ; juin-août, tlj 10h (14h30 en juin)-18h. Entrée : 7 € ; réduc. Gratuit moins de 6 ans.* Étonnant musée consacré à l'œuvre d'une vie, celle de Marcel Yerly. Ce paysan a passé, de 1945 à 1995, toutes ses soirées d'hiver à la construction de modèles réduits de machines agricoles et autres automobiles, trains ou paquebots (des machines à nourrir et à courir le monde, donc !). Des maquettes en bois (une petite centaine) réalisées au 1/5 et au 1/6 à partir de plans industriels ou d'encyclopédies. Un travail d'une incroyable minutie, on s'en doute. Il n'est plus là pour en parler, mais la collection s'enrichit d'année en année.

La reculée de La Frasnée : *à 6 km au sud-est de Clairvaux par la D 28.* Un hameau pittoresque qui condense toutes les caractéristiques du relief jurassien : reculée, cascade, rivière, forêt et prairie. Voir aussi le lavoir, la fontaine, une chapelle du XIXe s et un potier. Resto.

LES CASCADES DU HÉRISSON

Carte Jura, C3

• Carte *p. 209*

Mariage de deux ruisseaux prenant leur source dans les lacs d'Ilay et de Bonlieu, pour se réunir en une série de cascades plus belles les unes que les autres, le Hérisson s'étend sur 15 km. Il traverse les lacs de Val et de Chambly

avant de se jeter dans l'Ain à 2 km au sud de Doucier. Ses cascades (31 sauts) sont les plus connues du Jura. Résultat : on fait la queue sur les sentiers, dès les beaux jours ! Leur nom vient de Yrisson, qui signifie « eaux sacrées ». Seuls les marcheurs pourront approcher les cascades, jalonnées d'usines qui fonctionnèrent jusqu'au XIXe s. Balade vivifiante de 3,7 km (aller) sur 250 m de dénivelé, en sous-bois, à l'écoute d'une symphonie des eaux où chaque cascade joue sa partition avec grâce ou fureur selon son tempérament. Rien de commun en effet entre l'*Éventail* (65 m de chute par escalier), le *Grand Saut* (une cascade en queue de cheval de 60 m de hauteur), ou encore le *Gour Bleu* (cristallin et romantique). On aperçoit aussi une grotte au pied du Grand Saut. Attention, après une journée pluvieuse, les rochers sont parfois glissants, et les pentes un peu raides. Donc, soyez prudent, n'oubliez ni le bâton et les chaussures adéquates, ni un pique-nique, pourquoi pas !

– Procurez-vous la carte *(payante)* « Les cascades du Hérisson » qui décrit précisément une boucle à effectuer à pied.

Comment y aller ?

➢ ***Par le bas :*** depuis Doucier, une route de 9 km en cul-de-sac (la D 326, dite route des Cascades) mène à un grand parking *(payant de mi-juin à fin sept ; env 5 € pour la voiture)* où l'on trouve un *point info,* puis la *maison des Cascades* et les ruines d'un moulin. La balade à pied démarre ici avec la cascade de l'Éventail. Camping sur place *(● relais-de-leventail.com ●).*

➢ ***Par le haut :*** le long de la D 39, à 13 km de Doucier, parkings gratuits au hameau de La Fromagerie ou à Ilay. Accès facile au parcours par le saut Girard. Belvédère génial aménagé pour les personnes à mobilité réduite.

➢ ***Par Bonlieu :*** aux trois-quarts de la rando, en passant par Ilay et le belvédère du saut Girard (D 678). Prendre la petite route forestière (fléchée) au centre de Bonlieu pour accéder, là encore gratuitement, au site par le saut de la Forge. De là, soit on monte, soit on descend !

Adresses utiles

■ ***Point info et Maison des Cascades :*** *au lieu-dit Val-Dessus, 39130* **Menétrux-en-Joux.** *☎ 03-84-25-77-36. ● cascades-du-herisson.fr ● ♿ Accès depuis le parking (payant) du Bas, via Doucier (voir ci-dessus). Avr-juin et vac Toussaint, tlj sf jeu 11h-18h (tlj juin). Juil-sept, tlj 10h-19h.* Après avoir passé le *Point info* (dépliant indiquant les temps de marche, prêt de porte-bébés), la modeste *Maison des Cascades* propose une scénographie moderne avec film de 20 mn. Idéal pour compléter la visite de ce site naturel classé.

Où dormir ? Où manger dans le coin ?

Voir aussi un peu plus loin nos adresses sur Doucier ou Clairvaux.

Camping

⛺ ***Sur Narlay :*** *1, Coin-d'en-Haut, lac de Narlay, 39120* **Le Frasnois.** *☎ 03-84-25-59-05. ● camping.narlay39@gmail.com ● À 500 m d'Irlay, direction Bonlieu. Avr-oct. Emplacement pour 2 : 14 €. Chalet 35-50 €/nuit.* Camping très nature dans un joli coin : à 791 m d'altitude, le terrain descend doucement vers le charmant petit lac. Très prisé par les campeurs du nord de l'Europe et les pêcheurs (et on les comprend !).

Prix moyens

🏠 🍽 ***L'Éolienne :*** *La Fromagerie, 39130* **Le Frasnois.** *☎ 03-84-25-50-60. ● vedier@wanadoo.fr ● eolienne.net ● ♿ (resto). Congés : de mi-nov à mi-déc. Doubles 57-64 €, petit déj compris ; env 42 €/pers en*

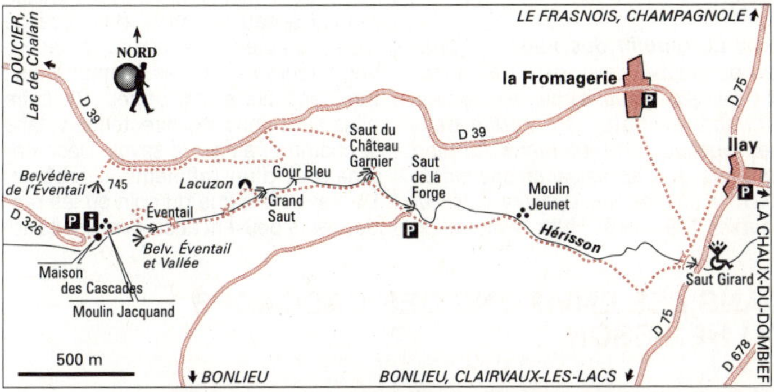

LES CASCADES DU HÉRISSON

½ pens pour le gîte d'étape. Menu 22 €. Petit « complexe touristique » façon chalet, au pied (évidemment) d'une éolienne : *Gîte Panda*, chambres, resto et jardin botanique ! Déco toute simple (lits en bois naturel), mais chambres claires et agréables. Au resto, crêpes, pizzas, plats régionaux et des grillades de bœuf de race montbéliarde. Les cavaliers sont les bienvenus.

Chambres d'hôtes L'Auberge des 5 Lacs : *66, route des Lacs, 39130* **Le Frasnois.** *☎ 03-84-25-51-32. • auberge@5lacs.fr • 5lacs.fr • Sur la D 75, au centre du village. Compter 69 € pour 2.* Dans une ancienne ferme, grande maison en bord de route (mais peu passante la nuit) et 5 chambres à la déco toute simple, mais spacieuses. Également des chalets pour 4 ou 6 personnes.

Auberge du Hérisson : *5, route des Lacs, Ilay, 39150* **La Chaux-du-Dombief.** *☎ 03-84-25-58-18. • auberge@herisson.com • herisson.com • Au croisement des D 39 et D 75, juste à côté du parking d'Ilay. Double 68 €. Menus 15,50 (sf dim), puis 20-48 €.* Une adresse familiale, aux chambres toutes simples mais plutôt coquettes (certaines avec balcon) et à la généreuse cuisine régionale servie, aux beaux jours, sur une terrasse ombragée. Plateau de fromages d'une qualité rare. Ambiance familiale. Un bon point de chute.

Auberge de la Poutre : *25, Grande-Rue, 39130* **Bonlieu.** *☎ 03-84-25-57-77. • contact@aubergedelapoutre.com • aubergedelapoutre.com • Au centre du village. Fermé mar et mer (slt lun midi en juil-août). Congés : nov-début mai. Doubles à partir de 57 €. Menus 30-85 €. Café offert sur présentation de ce guide (en mai, juin et oct).* Salle aussi rustique que cossue. Service en noir et blanc, et tablées souvent endimanchées. Cette bonne maison familiale ouverte depuis 1740 ne bouleverse pas ses habitudes. En revanche, les plats signés d'un chef formé chez les plus grands ont clairement le goût de l'époque. Les chambres sont toutes simples, et leur déco date un peu, mais elles sont bien tenues ; certaines avec balcon donnent sur le jardin.

Restaurant du Chalet : *2, route du Lac, 39130* **Bonlieu.** *☎ 03-84-25-57-04. • contact@restaurant-au-chalet.com • restaurant-au-chalet.com • À 500 m avt le lac de Bonlieu. Tlj midi et soir en saison, sinon slt le midi. Menus 13,50 € (midi en sem), puis 19,90-39 €.* Sous la neige ou sous le soleil d'été, un chalet toujours aussi chaleureux avec ses boiseries et ses belles vues dégagées sur la montagne. Cuisine de montagne concoctée par un Maître restaurateur, fraîche et convaincante. Service pro de surcroît, dans une ambiance familiale.

Chic

Le moulin des Fées : *1, chemin du Saut-Girard, 39130* ***Bonlieu.*** *☎ 03-84-25-56-09. • chambres-hotes.fr/chambres-hotes_au-moulin-des-fees_bonlieu_h611503.htm • Au pied de la cascade, accès par un chemin de 200 m, à 600 m d'Ilay, direction Bonlieu. Doubles 119-149 €. Petite restauration et boissons moins de 10 €.* Cet ancien moulin à eau bénéficie d'un site de rêve, les hôtes aussi quand ils découvrent leurs chambres thématiques : eau, vent, pierre, forge, forêt... 2 d'entre elles avec toilettes directement dans la chambre, autant le savoir. Déco originale et d'un raffinement extrême. L'adresse féerique du coin où les randonneurs peuvent aussi faire une halte.

DANS LES ENVIRONS DES CASCADES DU HÉRISSON

Parc Héria, parc animalier du Hérisson : *lieu-dit Val-Dessous, 39130* ***Doucier.*** *☎ 03-84-25-72-95. • parc-animalier-jura.com • Accès via Doucier, par la D 326. Tlj pdt les vac scol de 10h à la tombée de la nuit ; le reste de l'année, dim et j. fériés, mêmes horaires. Fermé pdt les fêtes de fin d'année. Entrée : env 8 € ; 2-12 ans, 6,50 € et forfait famille. Tables de pique-nique.* La ferme regroupe, sur un site de 55 ha, plusieurs espèces primitives de bovidés, comme l'aurochs, le *highland cattle* ou encore le bison américain. Également une miniferme ainsi qu'un élevage de dalmatiens, un chalet de reptiles ou une fauconnerie. Nourrissage des bisons et des chiens-loups tchèques (en juillet et août) et promenades à poney. Outre sa vocation touristique, le parc sert de laboratoire d'observation des bovidés de souche ancienne et permet un entretien écologique de la vallée.

Ferme-auberge et boutique de produits de la ferme. Également des chambres sur place.

L'Espace botanique : *39130* ***Le Frasnois.*** *Mai-sept. Départ de L'Éolienne (voir « Où dormir ? Où manger dans le coin ? »), au hameau de La Fromagerie. Visite gratuite. Pour des visites commentées gratuites, contacter M. Monneret au ☎ 03-84-25-57-27.* Espace botanique, jardin de plantes médicinales... Très bien agencé ; les plantes restent à l'état sauvage, et on découvre les pancartes explicatives un peu au hasard. Petit local pour apprendre à mieux identifier et comparer les fleurs (d'avril à septembre).

Le lac de Bonlieu : *à 4 km de Bonlieu par la D 678 puis la D 75.* Situé dans une forêt très dense, un joli spot pour un pique-nique. Pour en faire le tour, balade agréable de 1h à l'ombre des hêtres et des sapins. Si vous êtes courageux, montez jusqu'au belvédère de La Ronde (sinon, accès possible en voiture) : la vue sur le lac est superbe.

Le lac du Vernois : *au bord de la D 74, entre Le Frasnois et Chevrotaine.* Pas loin des Quatre Lacs (lire ci-dessous), le plus sauvage du coin.

Randonnée pédestre

➢ **Les Quatre Lacs et le prieuré Saint Vincent d'Ilay :** *14 km, 3h30 aller-retour. Départ du parking d'Ilay.* Facile, mais ne quittez pas le sentier, au bord des lacs, qui traverse un terrain marécageux. Le plateau des 7 lacs vaut au secteur le surnom de Petite Écosse. Eaux presque turquoise bordées de falaises pour le lac d'Ilay. Celui de Narlay, né d'un effondrement, est, avec ses 48 m, le plus profond du massif du Jura. Et les deux lacs du Maclu cachent une flore exceptionnelle. Baignade, en conséquence, déconseillée.

LE LAC DE CHALAIN

Carte Jura, C3

Plus de 200 ha, 2,9 km de long, 1 km de large. Si on sait bien compter, ça en fait le deuxième plus grand lac naturel du massif du Jura côté français ! D'une (encore) sauvage beauté, cette ancienne cuvette glaciaire avait – bien avant les touristes néerlandais qui font le bonheur des campings du coin – séduit les hommes du Néolithique. Les vestiges d'un village lacustre (remarquablement conservés dans l'eau) ont été retrouvés sur l'une des rives au début du XXe s. Deux de ces maisons sur pilotis ont été reconstituées, mais dans un coin difficilement accessible, les archéologues les laissant presque à l'abandon, histoire de vérifier in situ quelques-unes de leurs hypothèses. Le hic : les parkings sont payants autour du lac en saison et il y a malgré tout beaucoup de monde. Dans les environs, pourquoi ne pas plutôt pousser jusqu'aux *lacs de Chambly et du Val,* au sud-ouest, le long de la D 326 ? Une douce vallée et deux lacs en enfilade, encore très nature.

Où dormir ? Où manger autour du lac ?

Camping

Le Domaine de Chalain : *39130* ***Doucier.*** *☎ 03-84-25-78-78. • chalain@chalain.com • chalain.com • Au bord du lac de Chalain, à 3 km au nord de Doucier. Ouv de début mai à mi-sept. Résa obligatoire en saison, y compris pour une simple tente. Emplacement pour 2 : 23-43 € selon saison. Loc de bungalows, de mobile homes et de chalets (à partir de 2 nuits min en basse saison et de 7 nuits min en hte saison) 343-1 106 €/sem.* Grand camping, super équipé, à deux pas de la plage. Bar, resto, espace aquatique (couvert/non couvert), sauna, hammam, animations. Idéal pour des familles avec enfants.

De bon marché à prix moyens

Le Pic Vert : *route du lac de Chalain, 39130* ***Doucier.*** *☎ 03-84-25-44-49. • contact@restaurant-chalain.fr • De fin avr à mi-sept, tlj. Menus 14,50-26,80 €.* La formule idéale en famille dans cette grange rustique toute en bois avec ses carrioles en guise de déco. Salades, crêpes, spécialités franc-comtoises... Tout le monde y trouve son compte dans une ambiance animée, et les enfants adorent les espaces-jeux, à l'ombre dehors ou à l'intérieur.

Au Sartot : *route des Cascades-du-Hérisson, Chambly, 39130* ***Doucier.*** *06-83-29-41-53. • leromain.frederic@orange.fr • À 2 km à l'est de Doucier par la D 326, direction les cascades du Hérisson. Tlj Pâques-sept. Repas env 20 €. Café offert sur présentation de ce guide.* Une idée simple mais qui amuse beaucoup les enfants : chacun pêche sa truite dans les bassins de la pisciculture et la remet à Frédéric, qui, après l'avoir nettoyée, la fait cuire en papillote au feu de bois. Sitôt cuite, il l'apporte à votre table (sous les arbres et au bord de l'eau) accompagnée de frites ou d'une salade.

Le Comtois : *806, rue des Trois-Lacs, 39130* ***Doucier.*** *☎ 03-84-25-71-21. • restaurant.comtois@wanadoo.fr • lecomtoisdoucier.com • Au centre du village, face à la poste. Fermé le midi lun et ven en saison, sinon fermé dim soir-mar. Double autour de 72 €. Formule déj 18 €, menu 26 €. Parking clos privé pour motos et vélos.* Chambres toutes simples (pas de double vitrage) et confortables. Mais dans le décor très campagnard du resto, c'est la cuisine qui tient la vedette, avec un chef qui réveille en douceur le terroir franc-comtois. Accueil très courtois et service à la hauteur.

Sports et loisirs

Les plages : de sable ! Même s'il y a ici ou là quelques galets... À Doucier et à côté des campings de *La Pergola* et du *Domaine de Chalain*. *Attention : ts les parkings sont payants en saison.*

– ***Canoë-kayak :*** ***Nautic-Club La Pergola,*** ☎ *03-84-25-70-03.* Propose également des locations d'embarcations à pédales.

LE HAUT-JURA

- **Champagnole** 213
  - Les pertes de l'Ain • Le château Villain à Bourg-de-Sirod • Les forges et le château de Syam • La cascade de la Billaude • Les pistes de dinosaures à Loulle • La forêt domaniale de La Joux
- **Nozeroy** 216
  - L'église et l'ermitage de Mièges • La source de l'Ain
- **Foncine-le-Haut** 218
  - Les cascades et les gorges de la Langouette aux Planches-en-Montagne
- **Le Grandvaux** 219
  - Le pic de l'Aigle • La tourbière du Nanchez à Prénovel-Nanchez • Le lac de l'Abbaye
- **Longchaumois** 221
- **Morez** 222
  - Morbier • Bellefontaine
- **Les Rousses** 226
  - Bois-d'Amont • Prémanon • Lamoura
- **Les Hautes-Combes** ...233
  - La Maison du Parc à Lajoux • La Maison des fromages du Haut-Jura aux Moussières • Le Musée rural « Vie et Métiers d'autrefois » à La Pesse • Les Bouchoux • Les gorges du Flumen, le Chapeau de Gendarme et le Saut du Chien
- **Saint-Claude** 237
  - Le musée de la Tournerie à Lavans-lès-Saint-Claude • L'Atelier des savoir-faire à Ravilloles • Le sentier des Diots à Septmoncel

Pays rude mais chaleureux, où la montagne est restée vivante, le Haut-Jura (qui s'étend aussi vers l'Ain et le Doubs) exerce une fascination immédiate. Dans les villes de plus basse altitude (Saint-Claude, Morez, Morbier...), le savoir-faire industriel du Haut-Jura tâche de s'adapter aux nouvelles donnes de la mondialisation, tandis que partout, mais particulièrement dans les Hauts, les splendides œuvres de la nature s'emboîtent pour former un univers de plein air où l'on respire à pleins poumons pour de « vraies vacances ». L'été, on se balade à pied sur les plateaux calmes et sauvages jusqu'à de fabuleux points de vue sur les Alpes (les plus hauts sommets de ce Haut-Jura sont même classés en réserve naturelle). L'hiver, chacun vit la neige à sa manière, entre ski, raquettes et traîneaux à chiens sur le vaste domaine d'or blanc qui entoure les villages des Rousses, de Lamoura ou de Prémanon.

Crêtes rocheuses, vertigineux à-pics, vallonnements douillets, aussi vastes que sombres forêts de résineux, combes majestueuses où s'éparpillent de solides maisons de montagnards à l'épreuve des saisons, mystérieuses tourbières... C'est tout ce patrimoine à la fois naturel et économique que le PNR du Haut-Jura (122 communes, 82 000 habitants), créé en 1986, a pour but de préserver.

Adresse et infos utiles

■ ***Maison du Parc du Haut-Jura :*** *39310* ***Lajoux.*** ☎ *03-84-34-12-30.* • *parc-haut-jura.fr* • *Juil-août, mar-ven 10h-13h, 14h-18h30 ; le w-e 10h-18h30. Le reste de l'année, mar-ven 10h-12h30, 14h-18h ; le w-e 14h-18h (fermé le w-e et lun oct-déc, sf pdt les vac de Noël).* Vitrine du Parc proposant une exposition permanente « Haut-Jura, terre vivante » (voir le chapitre « Les Hautes-Combes »).

– ***Randonnées :*** se procurer dans les offices de tourisme la carte *(payante)* de randonnées au 1/50 000e et le topoguide *(également payant)* de randonnée sur le PNR du Haut-Jura. Descriptifs de rando souvent téléchargeables gratuitement sur les sites des offices de tourisme.

– ***Grandes Traversées du Jura :*** des centaines de kilomètres d'itinéraires à pied, à vélo, à VTT, à cheval ou à ski pour traverser le Haut-Jura et, tout le long, plus de 150 professionnels (hébergement, restauration, activités...) pour accueillir les sportifs, aux 4 saisons. • *gtj.asso.fr* •

CHAMPAGNOLE (39300) 7 900 hab. *Carte Jura, C3*

Carrefour entre Haut-Jura et Haut-Doubs, Champagnole – victime d'une série d'incendies – n'a conservé qu'un patrimoine des plus réduits : une église dotée d'un superbe retable baroque du XVIIIe s, un étonnant château d'eau installé dans une ancienne tour de guet... Bref, on ne fait qu'y passer, sauf si l'on est en relation d'affaires avec l'une de ses nombreuses entreprises autour des activités traditionnelles du massif du Jura : bois, plastique, optique. En revanche, les environs recèlent leur lot de petits trésors.

LA FRANCE QUI GAGNE !

Elixia est la plus ancienne limonade de France, fabriquée artisanalement dans le Jura depuis 1856. Pour affronter les marques internationales, il suffit d'avoir une bonne idée ! On a donc imaginé une limonade avec des paillettes d'or qui se vend (comme des petits pains ?) en Asie. Résultat : un chiffre d'affaires multiplié par... 200.

Adresse et info utiles

Office de tourisme : *28, rue Baronne-Delort. ☎ 03-84-52-43-67. • juramontsrivieres.fr • Juil-août, vac de fév et Noël, tlj 9h-18h30 (dim et j. fériés 9h-13h30). Vac de Pâques, tlj sf dim et j. fériés 9h-12h, 14h-18h (17h sam). Hors vac scol, fermé sam ap-m, dim et lun mat.*

Gare SNCF : *pl. de la Gare. ☎ 36-35 (0,34 €/mn).* Liaisons avec Morez, Mouchard, Dole, Saint-Claude (sur la ligne des Hirondelles). Correspondance en autocar avec Lons-le-Saunier.

Où dormir ? Où manger dans le coin ?

De prix moyens à chic

Hôtel-restaurant du Bois Dormant : *443, route de Pontarlier, à Champagnole. ☎ 03-84-52-66-66. • hotel@bois-dormant.com • bois-dormant.com • À la sortie de la ville, à droite sur la D 471, direction Pontarlier. Congés : sem de Noël. Double 89 €. Menus 26,90-51,90 €.* Au milieu d'un parc tranquille, grande construction moderne et chaleureuse, où le bois domine largement. Chambres très confortables et fonctionnelles. Cuisine classique au resto, dégustée derrière de vastes baies vitrées donnant sur les arbres. Agréables piscine, jacuzzi, sauna et hammam pour clore le tout.

Le Repère : *25, av. de la République, à Champagnole. ☎ 03-84-52-62-17. • lereperechampa@gmail.com • Dans la rue commerçante. Tlj sf dim-lun. Formules midi en sem autour de 15 €, menus 32-39 €.* Un endroit guilleret avec son ambiance enthousiaste et rafraîchissante qui réveille cette artère centrale de Champagnole. On ne se perd pas dans une carte à rallonge, les plats sont de saison, colorés, aux saveurs d'ici et d'ailleurs, et ne se limitent pas au terroir. Le vrai sens de l'accueil devrait finir de vous convaincre.

Le Domaine de Syam : *240, rue Rengourd, 39300* ***Syam.*** *☎ 03-84-37-15-62. • domainedesyam@gmail.com • domainedesyam.com • À 7 km au sud-est de Champagnole par la D 279, en face des anciennes forges. Doubles 100-120 €. Cabanes (min 2 nuits) 250-300 € selon saison pour 2 ; gîtes 550-650 €/sem pour 2. Table d'hôtes (sur résa) 25 €.* Un domaine, donc. Avec une opulente maison de maître, ses dépendances et un vaste parc. Des chambres d'hôtes aux gîtes, les proprios proposent un confort douillet et un séjour au calme, dans une ambiance raffinée. Il y a même des cabanes de luxe perchées dans les arbres, dont une à 18 m !

Où acheter de bons produits ?

Fromagerie Janin : *21, av. de la République (l'artère commerçante). ☎ 03-84-52-00-97. • infos@fromagerie-janin.com • Tlj sf dim ap-m et lun hors saison 7h-12h15, 14h30-19h et sam 9h-12h.* On trouve chez ce *Meilleur ouvrier de France 2015*, un comté vieux, du morbier hors d'âge et de la tête-de-moine, ce divin fromage suisse qui se déguste en fins copeaux.

Elixia : *139, rue Sœur-Hélène. ☎ 03-84-52-49-92. • elixia.fr • À la sortie de Champagnole direction Pontarlier, derrière le magasin Aldi. Vente directe ven slt 14h-18h (15h-17h hors saison).* Créée en 1856 (ce qui en fait la plus ancienne limonaderie de France). De bonnes limonades artisanales (bio pour certaines) aux bouteilles à l'ancienne et aux parfums étonnants : myrtille, sapin, chocolat... voire aux paillettes d'or ! On peut aussi découvrir le *Fairmin*, à base de vin et de limonade.

À voir

Le Musée archéologique : *26, rue Baronne-Delort. ☎ 03-84-53-01-44. Ouv slt en juil-août, 14h-18h. Fermé mar, ainsi que 14 juil et 15 août. Le reste de l'année sur rdv. Entrée : 2,50 € ; réduc. Gratuit moins de 18 ans.* La collection présente les fouilles du sanctuaire gallo-romain du mont Rivel qui domine Champagnole, de celles de Saint-Germain-en-Montagne (Ier-IVe s), ainsi que des nécropoles de Monnet-la-Ville (Ve-VIIe s).

DANS LES ENVIRONS DE CHAMPAGNOLE

➢ **Les pertes de l'Ain :** *à une dizaine de km env, dir. Sirod (D 84) ou Syam (D 127), puis emprunter la D 277, vers Bourg-de-Sirod ; le sentier d'interprétation démarre au hameau des Forges.* Les eaux vives de l'Ain s'engouffrent ici dans une étroite (2 m) et profonde (15 m) gorge pour rejaillir en torrent impétueux une centaine de mètres plus loin. L'Ain descend ainsi les 100 m de dénivelée qui séparent le plateau de Nozeroy de celui de Champagnole.

➢ **Le château Villain :** *au-dessus de* ***Bourg-de-Sirod*** *(39300). À 9 km à l'est.* Prendre d'abord le chemin empierré qui passe sous une ancienne porte de péage. Un sentier grimpe ensuite, à gauche, à travers une pelouse sèche (où il n'est pas rare de croiser des chamois) jusqu'à quelques vestiges de cette importante forteresse médiévale de 1186. Jolie vue sur le val, bordé de falaises. En redescendant, vestiges du village fortifié de Richebourg et chapelle du XIIe s parmi des tilleuls.

Les forges de Syam : *à quelques km au sud, par la D 127.* Construites en 1813, ces forges étaient jusqu'en 2009 l'un des derniers petits laminoirs de l'époque

simplement mais joliment décorées et d'un plus qu'honorable confort (salles de bains balnéo). Table d'hôtes aux accents du terroir, comme au resto, sous des voûtes du XVe s.

Le Relais Médiéval : *33, Grande-Rue. ☎ 03-84-51-16-81. • dournel.stephane@wanadoo.fr • Congés : 1re quinzaine de janv. Menu 15 €, repas env 20 €. Café offert sur présentation de ce guide.* Le menu du jour se prend au bar. Dans l'assiette, rien de vraiment surprenant, mais on mange tout avec appétit. Au resto, quelques spécialités un peu plus élaborées et, dans un coin, une solide armure pour ne pas faire mentir l'enseigne. Soirées médiévales en costumes (fournis !) de temps à autre, avec recettes d'époque, musiciens, conteurs et jongleurs.

Plus chic

Chambres d'hôtes Maison AtHOME : *ch. du Grand Clos, 39250 Mournans. ☎ 03-84-51-18-34. 06-81-98-20-48. • accueil@maison-athome.com • maison-athome.com • À 7 km à l'ouest de Nozeroy. Compter 130-150 € pour 2 (tarifs dégressifs à partir de la 2e nuit) ; possibilité de louer la maison entière. Dîners 20-27 €.* Un lieu étonnant que cette maison contemporaine où le design et la technologie règnent en maîtres entre chromothérapie dans les salles de bains et écrans LCD, piscine intérieure chauffée, sauna... Résultat très chaleureux (comme l'accueil). Jolis plats à la table d'hôtes. Terrasse extérieure qui ouvre sur un jardin de 25 ha.

À voir

La porte de l'Horloge : entrée principale de Nozeroy (1450). Elle mesure 32 m de haut et est l'un des rares spécimens d'architecture militaire de Franche-Comté parfaitement conservés.

L'église Saint-Antoine : édifiée aux XIIIe et XVe s, elle ne présente, de l'extérieur, qu'un visage assez classique mais l'intérieur, en revanche, vaut la visite. Remarquez les magnifiques broderies en paille de froment sur soie du XVIIe s, œuvre des religieuses annonciades, extraordinaires de délicatesse ainsi que la pietà en pierre du XVe s, le beau saint Sébastien (saint patron de la confrérie des archers), du XVIe s, fait d'un seul bloc de bois et les nombreux tableaux.

Fête et manifestation

- **L'Assaut des Remparts :** *4e dim de juil.* Fête médiévale.
- **Grande brocante :** *le sam avt le 15 août.*

DANS LES ENVIRONS DE NOZEROY

L'église et l'ermitage de Mièges : *à 2 km de Nozeroy.* Édifice des XVe et XVIe s, avec un portail Renaissance aux nombreuses sculptures en pierre jaune, l'église abrite des stalles du XVIIe s et des statues bourguignonnes des XVe et XVIe s. Non loin, la chapelle de l'ermitage abrite une Vierge miraculeuse.

> **La source de l'Ain :** *à 4 km au sud par la D 17 puis la D 283.* Au

UNE LEÇON DE PHILOSOPHIE

Les habitants de Bief-du-Fourg, tout petit village à 7 km de Nozeroy, s'appellent les... Philosophes. Depuis que Louis XIV, bloqué ici par un accident de carrosse, a qualifié de « fin philosophe » le meunier du village qui avait répondu avec autant de malice que de sagesse à des questions très, très embarrassantes.

départ du parking, randonnée sympa (9,5 km, compter 3h30, balisage jaune et rouge) pour découvrir les paysages façonnés par la rivière (plusieurs cascades dont le *saut des Maillys*) et par l'homme (plusieurs anciens moulins et une usine hydroélectrique).

Ski et neige

Ski de fond : *domaine de la Haute-Joux (950-1 250 m). 85 km de pistes.* – ***Raquettes :*** 8 itinéraires balisés au départ des chalets de la Bourre, de la Haute-Joux et des Arches. Dans la forêt de la Haute-Joux (où se cachent quelques grands tétras).

FONCINE-LE-HAUT (39460) 1 000 hab. *Carte Jura, C3*

Les Fonciniers ont été parmi les premiers à se lancer dans l'horlogerie quand cette industrie nouvelle a franchi nos frontières en 1660. De nos jours, c'est un bourg-rue, typique du coin, un peu hors des circuits touristiques.

Adresse utile

Office de tourisme : *60, Grande-Rue. ☎ 03-84-51-93-11. • juramontsrivieres.fr • Du lun ap-m au sam mat 9h-12h, 14h-18h, plus dim mat et horaires élargis en juil-août et vac scol d'hiver.*

Où dormir ? Où manger ?

Hôtel-club Le Grand Chalet : *Val-Foncine. ☎ 03-84-51-95-51. • grandchalet@wanadoo.fr • grandchalet-valfoncine.com • À 2,5 km du village, sur le circuit de la Grande Traversée du Jura. Plusieurs formules : ½ pens env 63-77 €/pers. Menus env 17-25 €.* En pleine nature, ce grand chalet moderne dispose de chambres fonctionnelles et confortables ainsi que d'un duplex pour 4 personnes avec balcon. Lieu de villégiature très familial avec club enfants et animations. Nombreuses activités : piscines, espace bien-être, VTT, équitation, sports d'hiver et rando.

À voir

L'église : la chapelle primitive de Foncine-le-Haut, qui occupe une éminence dominant le village, s'élevait à peu de distance de la place de l'actuel oratoire Saint-Roch. Elle fut incendiée par les Suédois en 1639. L'édifice que l'on voit aujourd'hui date de 1750. À l'intérieur, une belle chaire de noyer sculpté, classée aux Monuments historiques, un orgue de 1854 très apprécié pour sa sonorité et un autel de la Vierge de cachet original.

SACRÉE RIVIÈRE

Comme la Seine, la Saine tire son nom de la déesse celtique Sequana. La Saône s'appelait également Sequana à l'époque gauloise. Les sources de la Saine servaient à des cérémonies druidiques. Le nom de Foncine vient d'ailleurs, lui aussi, du caractère sacré de la rivière : « Fons Sene », source sainte.

Les sources de la Saine : *sur les flancs du mont Bayard.* Sentier de découverte (avec panneaux explicatifs) autour des sources (il y en a en effet plusieurs, calcaire oblige) de cette petite rivière qui creuse des gorges pittoresques en aval de Foncine (lire plus bas).

Ski et neige

Ski de fond : *domaine (900-1 275 m). 80 km de pistes.* De belles pistes dont une noire évidemment baptisée la Sylvain-Guillaume, l'enfant du pays, médaille d'argent aux Jeux d'Albertville en combiné nordique. Liaison avec les domaines de Chapelle-des-Bois et Val-de-Mouthe.

Ski alpin : *domaine les Grandes Côtes (900-1 033 m).* Toute petite station (1 fil-neige et 2 téléskis) idéale pour les enfants.

– ***Raquettes :*** 12 pistes balisées (2 à 8 km).

– ***Traîneaux à chiens :*** ***Too Mush,*** *☎ 09-75-17-57-80. 06-18-39-13-80.* Du baptême à l'initiation à la conduite d'attelage. Également du ski-joëring.

DANS LES ENVIRONS DE FONCINE-LE-HAUT

➢ ***Les cascades et les gorges de la Langouette :*** *aux* ***Planches-en-Montagne.*** *À 7 km à l'ouest de Foncine.* L'étroitesse des gorges, profondes de 40 m et larges de 4 m, est impressionnante, tout comme le tumulte des eaux qui se faufilent à travers. Photographes, à vos appareils ! Du parking, au km 0, on profite déjà d'une très belle vue sur ce long boyau de rivière encastrée. Sinon, un sentier longe les gorges sur 3 km avec trois belvédères. Compter 1h de promenade facile (aller-retour). Ceux qui ont moins de temps ou moins de courage se contenteront du belvédère au niveau de la première cascade (à 3 mn). Un sentier ludique et six énigmes à résoudre en famille, en compagnie de la *fée Langouette,* réjouiront les plus jeunes de nos lecteurs, tout au long de la rivière.

LE GRANDVAUX

Carte Jura, C3

Cet ample val entre les massifs de Trémontagne et de la Joux Devant s'étend sur une vingtaine de kilomètres depuis Saint-Laurent-en-Grandvaux et regroupe pas moins de 11 communes. C'est l'un des secrets les mieux gardés du Haut-Jura ! Rude pays qui, par le passé, a conduit les hommes à partir sur les routes vendre les produits du savoir-faire jurassien. Ces « rouliers » ont façonné pour partie la mythologie du Grandvaux. Comme ces hivers d'anthologie, avec d'occasionnels - 40 °C, qui lui ont valu le surnom de Petite Sibérie. Au cœur de ce territoire, le lac de l'Abbaye, très photogénique avec son clocher qui pointe au-dessus des eaux.

Adresse utile

Office de tourisme : *7, pl. Thévenin, 39150* ***Saint-Laurent-en-Grandvaux.*** *☎ 03-84-60-15-25.* *• haut-jura-grandvaux.com • Tlj pdt les vac de fév et juil-août ; hors saison, tlj sf mer ap-m, sam ap-m et* *dim.* *(payant).* Infos sur les balades accompagnées dans le coin (ânes, traîneaux...), parcours d'orientation, les activités en été ou en hiver, etc.

Où dormir ? Où manger dans le coin ?

Campings

Camping municipal Le Champ de Mars : *8, rue du Camping (bien sûr !), 39150* ***Saint-Laurent-en-Grandvaux.*** *03-84-60-19-30. 06-03-61-06-61. • champmars.camping@wanadoo.fr • camping-saint-laurent-jura.fr • Fermé d'oct à mi-déc. Emplacement pour 2 : env 14 € en hte saison. Chalets 2-5 pers 315-357 €/sem, nuitée possible. 133 empl. et 91 empl. caravaneige.* Sympathique petit camping, à peine à l'écart du centre. Bon point de départ pour des balades et randos (à VTT et à pied l'été, à raquettes et skis de fond l'hiver). Barbecues.

Chalet du Bugnon : voir ci-dessous.

De bon marché à prix moyens

Chalet du Bugnon : *164, Les Thévenins, 39150* ***Lac-des-Rouges-Truites.*** *03-84-60-20-21. • chaletbugnon@gmail.com • chalet-bugnon.fr • Mai à mi-sept. Env 23 €/adulte, 13 €/enfant moins de 10 ans. Emplacement camping pour 2 : 12 €. Menu du jour 15 €. 26 empl. Apéritif maison offert pour 2 adultes, ainsi que réduc de 10 % sur les doubles et triples, 5 % sur les cabanes, sur présentation de ce guide.* En pleine nature, au départ des pistes de ski de fond l'hiver. L'adresse pour des vacances sportives en famille ou en groupe. Dans un grand chalet, chambres de 2 à 5 lits, simples et nettes. Salles de bains privées ou non. Bonne et généreuse cuisine familiale. Juste à côté, un petit camping et 2 yourtes sous les sapins. Animations sportives. Location de skis de fond et de raquettes. Accueil lui aussi très nature.

Chambres d'hôtes O'tseza : *22, route de Genève, 39150* ***Saint-Laurent-en-Grandvaux.*** *03-84-42-14-80. • chambreshotesotseza@orange.fr • Compter 68 € pour 2.* Au bord de la route (mais on n'y prête guère attention), une maison traditionnelle protégée par des tôles d'un climat pas toujours clément. 3 chambres, dont une familiale en duplex, dans un style très montagne de toujours. La propriétaire a apporté autant de soin à la déco qu'elle en met à la préparation de généreux petits déj ou de dîners très terroir. Accueil épatant !

Le Prélait : *2, pl. de la Mairie, 39150* ***La Chaux-du-Dombief.*** *03-84-60-26-55. • laure.remy39@wanadoo.fr • Tlj sf le soir dim-mer. Tlj sf lun soir en juil-août. Menus 13 € (le midi en sem), puis 16-26,50 €. Apéritif offert sur présentation de ce guide.* Une salle sans prétention, une terrasse au pied du clocher comtois de l'église, un excellent accueil et une généreuse cuisine de région : morbiflette comme croûte aux morilles.

Les chalets de Trémontagne : *2, Les Pessettes, 39150* ***Prénovel-Nanchez.*** *03-84-60-41-26. • centre-duchet@wanadoo.fr • 400-920 €/sem selon saison, nuitée possible hors saison.* À 2 km du village vacances Le Duchet, en pleine nature, 5 chalets fonctionnels et bien équipés avec poêle à bois pouvant accueillir jusqu'à 6 personnes. Terrasse pour admirer la nature environnante, en été, et local à skis pour l'hiver.

Où acheter du morbier ?

Coopérative fromagère : *lieu-dit Les Chauvins, Grande-Rivière. 03-84-33-59-39. Avt d'arriver au lac de l'Abbaye, venant de Saint-Laurent (6 km au sud-ouest). Tlj sf dim ap-m 9h-12h, 17h-19h.* Derrière de grandes baies vitrées, fabrication et meules sont visibles. Vidéo et boutique (morbier et comté). Distributeur extérieur automatique si c'est fermé !

LE JURA

À voir. À faire

➢ ***Le pic de l'Aigle :*** *accès depuis le parking à la sortie de la Chaux-du-Dombief, direction Bonlieu. Balade familiale (compter 1h A/R).* Du sommet de ce pic (à 993 m d'altitude, ça grimpe un petit peu à l'aller), joli panorama à 360° : des lacs de la vallée du Hérisson jusqu'aux Alpes et le mont Blanc par beau temps. La balade peut se prolonger, en suivant la ligne de crête, jusqu'au belvédère des Quatre Lacs *(compter 2h30 de plus A/R). L'extension plus sportive fait env 10 km, compter 4h (330 m de dénivelé). Fiche circuit en vente à l'office de tourisme.*

➢ ***La tourbière du Nanchez :*** *à* ***Prénovel-Nanchez,*** *en contrebas du village.* Un sentier de découverte de 3,5 km (dont une partie sur platelage) pour découvrir le monde aussi discret que fascinant des tourbières.

➢ ***Le lac de l'Abbaye :*** *à 6 km au sud-ouest de Saint-Laurent. Livret gratuit « Les secrets du lac et de l'abbaye » à l'office de tourisme. Balade familiale (6,5 km).* Parcours autour du lac avec boucle possible jusqu'au belvédère du Moulin (6 km, 1h30-2h). Départ du parking de l'abbaye où vous attendent des tables de pique-nique et un restaurant sympa comme tout *(**Le Tour du Lac,** ☎ 03-84-33-58-08).*

Ski et neige

Ski de fond : *domaine du Grandvaux (880-1 170 m). 189 km de pistes.* 5 secteurs dont le plus important est celui de Prénovel-Les Piards, avec 65 km. Une piste à la Chaux-du-Dombief.

– ***Raquettes :*** une quinzaine d'itinéraires balisés dans le Grandvaux, répartis comme pour le ski de fond sur 5 secteurs.

– ***Traîneaux à chiens :*** ***Terre et Neige,*** *14, les Pessettes. 39150* ***Prénovel-Nanchez.*** *06-71-49-02-86.* • *terreetneige@orange.fr* • De la balade de 1h (enfants à partir de 3 ans) à la demi-journée. Initiation à la conduite d'attelage.

Sports et loisirs

➢ ***Randonnées pédestres et à VTT :*** plus de 200 km d'itinéraires pédestres de petites randonnées et 6 itinéraires à VTT au sein de paysages magnifiques (dont un long de 24 km qui permet de découvrir toute la combe autour du lac de l'Abbaye).

Fête

– ***Fête des Bûcherons :*** *15 août, à Saint-Laurent-en-Grandvaux.* L'une des plus populaires de la région. Concours d'habileté à la tronçonneuse, à la hache, épreuves de vitesse, etc.

LONGCHAUMOIS (39400) 1 120 hab. *Carte Jura, C4*

La commune la plus étendue du Jura est logée sur un plateau entre Saint-Claude et Morez, propice aux balades à pied, à VTT, à skis de fond ou à

raquettes l'hiver. C'est le bourg natal du célèbre héros franc-comtois Claude Prost, dit « Lacuzon » qui, au XVIIe s, lutta contre l'invasion de la Franche-Comté par les troupes suédoises, alliées de la France.

Adresse et infos utiles

Point information : *Grande-Rue. ☎ 03-84-60-66-08. Ouv pdt les vac de Noël, celles de fév et en juil-août.*

– **Fête des Bûcherons :** *avant-dernier w-e de juil.*

Où manger ?

Le Cassiton : *auberge du Rosset. ☎ 03-84-34-66-82. Sur les hauteurs. Tlj midi et soir pdt les vac de fév et mi-juil à mi-août. Sinon ts les midis et le soir mer-dim. Congés : avr et nov. Menus à partir de 13,50 €.* Un vent d'optimisme flotte sur ce chalet tenu par 3 copines énergiques. Au menu, des spécialités régionales faites maison, du circuit-court et des grandes tablées où l'on se presse gaiement. Ambiance du tonnerre, surtout les soirs de musique, de ciné-club, de contes...

À voir

La Maison de la Flore : *☎ 03-84-60-66-94. De mi-juin à fin août, lun-ven 14h-18h. Visite guidée mar à 14h30. Entrée : 4 € ; réduc. Gratuit moins de 8 ans.* Un petit musée tenu par une poignée de passionnés bénévoles. Collection de papillons, petit jeu pour tester ses connaissances sur les différentes essences de bois, expo sur la flore du Haut-Jura, sentier botanique, bornes aux oiseaux. Expo sur la vie paysanne de 1850 à 1950 et une autre des amis des anciens monteurs de lunettes.

La Maison du Mètre linéaire : *1, rue de la Reisse, en plein centre ou sur rdv. 06-19-71-30-37 et 06-12-38-81-61. • maisondumetre.fr • En hte saison, mer-jeu 17h-19h. GRATUIT.* Un insolite atelier de fabrication artisanale de mètres – la spécialité locale –, resté dans son jus depuis le XIXe s.

Sports et loisirs

– ***VTT :*** *bike park* aux Combes, entre Longchaumois et Cinquétral. Pour tous niveaux avec une zone d'initiation et 6 km de descente. Casque obligatoire et protections conseillées.

– ***Ski et neige :*** 20 km de pistes pour le ski de fond (liaisons avec Lamoura et Prémanon), 5 itinéraires balisés pour les ***raquettes,*** une ***piste de luge,*** un ***espace ludique Nordic Park*** et ***ski alpin*** pour les grands débutants (1 remontée et 1 piste verte... !).

MOREZ

(39400) 5 800 hab. *Carte Jura, C3*

Appelée « Frame Valley » (la « vallée de la Monture ») par les Américains, Morez ne vit que par les hommes et les femmes à la vue contrariée.

Gloire soit rendue, donc, aux myopes, astigmates et autres presbytes, sans qui nous ne regarderions pas avec les mêmes yeux cette ville industrielle presque coincée au fond d'une cluse encaissée, cernée de sombres falaises et surplombée des viaducs de la ligne de train des Hirondelles. La lunette emploie ici 2 200 personnes. Autre gloire locale : les horloges comtoises. Avouons quand même que Morez vaut surtout pour ses environs.

Adresses utiles

Office de tourisme : *pl. Jean-Jaurès. ☎ 03-84-33-08-73. • haut-jura.com • Juil-août et vac scol d'hiver, tlj sf dim 9h-18h. Hors saison, lun-ven 9h30-12h, 14h-17h.* En ville, parcours patrimonial (carte-guide disponible) composé de 21 plaques émaillées relatant les trois savoir-faire de Morez : l'horlogerie, l'émaillerie et la lunetterie. Également des infos sur un autre circuit urbain pour découvrir la Bienne avec passerelles, sentier botanique, etc.

Gare routière : *17, av. du Général-de-Gaulle. ☎ 03-84-33-06-04.* Lons-le-Saunier, Lamoura via Les Rousses, Saint-Claude...

Où dormir ? Où manger dans le coin ?

Camping

Camping de la Bucle : *15, rue Germain-Paget, 39400* ***Morbier.*** *☎ 07-82-97-29-89. • camping-labucle@sfr.fr • camping-labucle.com • Ouv de mi-nov à sept. Env 13 € pour 2 avec tente et voiture. 70 empl.* De taille familiale sur différents niveaux (mais surfaces gazonnées et plates), simple et convivial. À proximité, piscine municipale et départ de randonnées.

Prix moyens

Hôtel de la Poste : *1, rue du Dr-Regad, à* ***Morez.*** *☎ 03-84-33-11-03. • hoteldelapostemorez@orange.fr • hotelpostemorez.com • Congés : 2 sem fin juil-début août. Doubles 58-100 €. Menus 11-13,50 € midi en sem, puis 21-26 €.* Une vieille adresse de la ville présentant un charme désuet, en attendant une vraie rénovation. Bar et resto. Accueil très gentil.

Auberge des Forgerons : *142, rue du Faubourg, 39400* ***La Mouille.*** *☎ 03-84-60-62-76. À 6 km de Morez, route de Longchaumois. Ouv ts les midis, plus les soirs jeu-sam. Formule midi en sem 14,50 €, menus 32-44 €.* Un accueillant bar-resto de bourg, mais pas seulement avec ses 2 salles, dont une lumineuse à l'arrière. Dès le menu ouvrier (avec pichet sur la table !), on apprécie la cuisine franc-comtoise de belle tenue ainsi que le service extra et tout sourire. Réservez, c'est la cantine préférée des locaux.

À voir

Le musée de la Lunette : *pl. Jean-Jaurès. ☎ 03-84-33-39-30. • musee-lunette.fr • Ouv tte l'année, 10h-12h, 14h-18h (10h-18h en juil-août). Fermé mar et j. fériés. Congés : 1er-25 déc. Visites guidées mer-ven en période de vac scol. Entrée : 5 € ; réduc. Gratuit moins de 6 ans. Circuit enfant avec livret sur les pas de Clouvis. Compter au moins 1h30. Expos temporaires gratuites.*

Centre d'importance de la lunetterie française (10 millions de paires de lunettes, en particulier des montures métalliques, sortent chaque année des entreprises moréziennes), la ville se devait d'avoir un musée à la hauteur de son industrie. Pas moins de 8 000 objets du patrimoine lunetier sont conservés dans ce bâtiment récent aux lignes contemporaines, en plein centre. Le fonctionnement de l'œil (et ses défauts !) est expliqué, au ***1er niveau*** avec un clin d'œil aux illusions d'optique. S'ensuivent une histoire de l'optique et de son impact sur la ville de Morez (film de 17 mn) et une présentation des machines utilisées à chaque phase de fabrication. Sur la ***mezzanine*** se dévoile la prestigieuse collection Essilor-Pierre Marly : lunettes de toutes origines et de toutes formes (pince-nez, monocles, bésicles, clouants, lorgnettes, faces-à-main des mondains...), rien ne manque ! Derrière l'aspect fonctionnel de ces indispensables prothèses, on étudie leur rôle social, politique, voire militaire. Une belle muséographie, qui nous promène en France et ailleurs, d'hier à aujourd'hui.

Enfin, l'***espace numérique*** et sa lunothèque évoquent, à l'aide de bornes interactives et de cartes, les différents aspects de la filière. On peut même faire des essais virtuels de montures ! En sortant de ce musée ludique et fouillé, c'est sûr, on y voit plus clair.

UNE TECHNOLOGIE À LA POINTE

Les moines copistes furent les premiers à utiliser des « pierres de lecture » en cristal de roche pour grossir les lettres. Dès le XIIIe s, les Vénitiens créèrent des bésicles avec deux verres convexes en cristal de Murano. La myopie fut corrigée à partir de la Renaissance. On fabriqua les premières montures en métal dans le Jura, bénéficiant pour cela du savoir-faire dans la fabrication... des clous !

La maison de l'Émail : *199 bis, rue de la République. ☎ 03-84-33-31-29. • maison-email.com • Mar-ven (slt jeu-ven hors vac scol) 14h-18h, sam 9h-13h. Visite libre et gratuite, guidée à certaines heures (2,50 €).* Une poignée de passionnés de l'émail sur métaux s'efforce d'en faire connaître toutes les utilisations, des premiers mécanismes d'horlogerie (qui firent la fortune de la région) à l'usage domestique, en passant par les plaques de rue. Les vertus premières de l'émail : sa haute résistance à la chaleur et à la casse, et sa facilité d'entretien. Un lieu d'expo, de vente (bijoux notamment), de stages...

Sports et loisirs

– ***La via ferrata de la Roche-au-Dade :*** *infos auprès de l'office de tourisme.* La seule du Haut-Jura. Ouverte à tous : 218 m de dénivelé sur 400 m de longueur et 3 parcours. Location de matériel possible et encadrement proposé pour les débutants. Parcours ludique au pied avec tyrolienne, passerelle de 62 m, etc.

DANS LES ENVIRONS DE MOREZ

MORBIER *(39400)*

Petite bourgade à 6 km, posée au-dessus de la cluse où se niche Morez. De grosses maisons jurassiennes et une église à double clocher dominée par un des viaducs de la ligne des Hirondelles. Capitale de l'horloge comtoise au XIXe s, Morbier est aujourd'hui connue pour le fromage auquel elle a donné son nom, mais que l'on n'y produit plus.

Achats

Fromagerie de Morbier : *80, route Royale. ☎ 03-84-33-59-39. • troutet.jf@club-internet.fr • Sortir de Morbier par la N 5, direction Lons, puis à 3 km prendre à droite la D 18A. Tlj sf dim ap-m 9h-12h, 16h-19h.* La fabrication n'a plus lieu sur place, mais on y vend toujours morbier et comté.

Lampes Gaudard : *138, route Blanche. ☎ 03-84-33-09-73. • gaudard.com • Sur la N 5, pas loin du camping. Lun-ven mat.* Magasin d'usine de la dernière fabrique en Europe de lampes à pétrole. Du laiton patiné, nickelé, poli... dans un atelier d'un autre âge.

Sports et loisirs

– ***Ski et neige :*** 90 km de pistes (dont 1 piste éclairée) pour le ***ski de fond*** (domaine 940-1 160 m), 6 itinéraires balisés pour les ***raquettes*** (2-8 km), une ***piste piétons,*** un espace pour enfants **Nordic Park** et petit *domaine des Gentianes* pour le ***ski alpin*** (4 remontées pour 3 pistes).

– ***VTT :*** *Ludy Park* pour s'initier ou se perfectionner, accessible à partir de 6 ans. Également d'autres activités sportives sur place. Location de vélos avec *Clarines Sport (☎ 03-84-33-08-96).*

LE JURA

BELLEFONTAINE *(39400)*

Entre village traditionnel et (toute) petite station de sports d'hiver. Étonnant, ce petit village abrite l'un des plus gros fabricants mondiaux de panneaux de signalisation routière.

Adresse utile

Chalet Infos Tourisme : *☎ 03-84-33-40-21. • bellefontaine-hautjura.fr •*

Où dormir ? Où manger ?

La Chaumière : *dans le centre. ☎ 03-84-33-00-16. • lachaumiere2@wanadoo.fr • (resto). Tlj sf dim soir et mer hors saison. Double env 54 €. Menus 13 € (le midi en sem)-25 €.* Une bonne auberge de village au cadre rustique. Agréable cuisine de tradition et de région. Assiettes à la présentation soignée et jolis desserts (le chef a été pâtissier chez *Troisgros* !). Chambres confortables, petit à petit rénovées.

Voir aussi nos adresses à Chapelle-des-Bois dans la partie « Le Jura nord-vaudois et le haut Doubs ».

À voir. À faire

La forêt du Risoux : à la sortie de Bellefontaine, à droite (discret fléchage « Bois-d'Amont ») démarre une toute petite route forestière qui permet de gagner la forêt. Ample forêt de résineux enveloppant un massif qui court sur une cinquantaine de kilomètres, de Morez aux rives du lac de Joux en Suisse. Pendant la Seconde Guerre mondiale, cette proximité avec la frontière et la superficie de cette sombre forêt ont d'ailleurs permis à de nombreux Juifs fuyant la barbarie nazie de passer en Suisse. Motorisé, on peut s'aventurer dans le réseau un peu labyrinthique de petites routes qui sillonnent la forêt (et redescendent vers la station des Rousses). Pas mal de possibilités de randonnées évidemment aussi. L'hiver, cette profonde forêt est réservée aux skieurs de fond. Un refuge (**Le Chalet Gaillard,** ☎ *03-84-60-94-13*), où dormir en dortoir et manger *rösti* et bonnes tartes maison cuites au feu de bois.

La Taillerie : *parking des Téléskis. ☎ 03-84-33-18-33. • lataillerie.com • Ouv vac scol, hiver et été tlj 10h-12h, 14h-19h ; hors saison, mar-sam 14h-19h. GRATUIT.* Un des derniers ateliers de taille de pierres précieuses d'un massif qui en comptait 8 000 au XIXe s. Si, sur place, une vidéo vous explique son travail, Monique et Valérie Durrafourg ne se feront la plupart du temps pas prier pour vous donner de plus amples explications. Expos temporaires.

Les lacs de Bellefontaine et des Mortes : *à 3,5 km au nord-est par la D 18.* Juste séparés par une mince bande herbeuse, deux typiques petits lacs de montagne. Un sentier en fait le tour (prévoir une petite heure et des bottes en caoutchouc), idéal pour observer la végétation « boréo-arctique » caractéristique des lieux. Les abords des lacs accueillent des tourbières parmi les plus intéressantes du massif jurassien (d'ailleurs classées en zone Natura 2000). On y a recensé 18 espèces de plantes protégées dont les droseras carnivores et nombre d'orchidées...

Ski et neige

90 km de pistes (dont une éclairée) et un **Nordic Park** pour le ***ski de fond*** (domaine 1 030-1 260 m) avec des liaisons vers Morbier, Chapelle-des-Bois et Bois-d'Amont-Les Rousses. 8 itinéraires balisés pour les ***raquettes*** et une ***piste multiactivités,*** c'est le réseau le plus dense sur le massif du Jura. Toute petite station familiale pour le ***ski alpin*** (3 pistes dont une éclairée).

LES ROUSSES

(39220) 3 110 hab. *Carte Jura, C4*

La station de ski (1 120-1 680 m) que forme Les Rousses (avec Bois-d'Amont, Lamoura et Prémanon) est la plus connue du massif du Jura. Son nom viendrait de la chasse aux bêtes rousses (renards, faisans...) pratiquée autrefois par les habitants de la vallée qui « allaient aux rousses ». Une station qui vit encore comme un village, mais qui accueille le Pôle France de ski nordique à Prémanon. Voyez les athlètes s'entraîner à l'impressionnant stade des Tuffes ou sur les routes l'été. L'hiver, ski sur les massifs des Tuffes, de la Serra, du Noirmont et de la Dole (Suisse) avec un système de navettes gratuites qui évite de prendre sa voiture. Les Rousses vit tout autant l'été et propose tout un panel d'activités de plein air en centre-ville ou autour du lac avec zone de baignade aménagée et de sports nautiques.

Adresses utiles

Maison du tourisme : *en plein centre. ☎ 03-84-60-02-55. • lesrousses.com • Tlj été et vac scol d'hiver 9h-12h, 14h-18h. Horaires restreints hors saison.*

■ ***La Boîte à Montagne :*** *411, rue Pasteur, à côté de la Maison du tourisme. ☎ 09-61-35-01-64. • la-boite-a-montagne-jura.fr •* Ski, VTT, canyoning, biathlon... Été comme hiver, une équipe jeune qui a de l'énergie à revendre.

■ ***Les Rousses Espace Loisirs :*** *à la Maison du tourisme. ☎ 03-84-60-31-73. Tlj sf dim hors saison.* Prestataire d'activités hivernales ou estivales, sportives et familiales.

■ ***École du ski français :*** *à la Maison du tourisme. ☎ 03-84-60-01-61.*

Où dormir ? Où manger ?

Bon marché

🏠 |●| ***Gîte d'étape et de séjour Le Grand Tétras :*** *705, route des Rousses-d'Amont. ☎ 03-84-60-51-13. 📱 06-20-96-15-41. • grandtetras39@aol.com • grandtetras.çom • Entre le centre-ville et le lac. Congés : avr et d'oct à mi-déc. Compter 26 € la nuitée avec petit déj ; 40-42 € en ½ pens (demandée en saison) ; réduc enfants. Garage pour les vélos.* 📶 Une histoire de famille depuis 1934, ce gîte pionnier, aujourd'hui repris par la 4e génération de Tinguely. Une quinzaine de chambres (2-5 personnes, avec ou sans salle d'eau privée), simples et confortables. Départ de ski de fond au pied du gîte, location de skis et raquettes. Côté dîner, on n'est pas très inquiet : Stéphane est cuisinier de profession ! Vous remarquerez en façade le couple de grands tétras réalisé avec des paires de skis ! Et ne manquez surtout pas la visite de l'étonnant *musée du Ski* en sous-sol.

Prix moyens

🏠 ***Hôtel du Village :*** *344, rue Pasteur. ☎ 03-84-34-12-75. • herve.girod397@orange.fr • hotelvillage.fr • Congés : 10 j. mi-juil. Doubles 56-81 €.* 📶 Au cœur du village, ce sympathique hôtel familial ne compte que 10 chambres. Couleurs très toniques, des parties communes aux chambres toutes différentes, dans un style contemporain fonctionnel.

|●| ***Le Chalet du Lac :*** *1580, route du Lac. ☎ 03-84-41-06-69. • contact@restaurant-chaletdulac.com • ♿ Au bord du lac, sur la D 29 E 2 direction Bois-d'Amont. Tlj sf dim soir-lun hors juil-août. Congés : Noël-janv. Menus autour de 14 € le midi en sem, puis 23,80-39 €.* Un volumineux chalet de rondins de bois pour faire montagne, des baies vitrées et une belle terrasse en surplomb pour profiter du lac. La cuisine, pas mal tournée est orientée terroir, mais propose aussi recettes plus ensoleillées. Vu sa situation, une table qui marche bien, pensez à réserver.

Chic

🏠 ***Le Lodge :*** *309, rue Pasteur. ☎ 03-84-60-50-64. • info@hotellelodge.com • hotellelodge.com • Au centre du village. Double 96 €.* 📶 *Café offert sur présentation de ce guide.* Dans une maison vieille de plus d'un siècle, au centre du village : du bois brut et de la pierre. Comme on est dans le Jura, la dizaine de chambres ont un vrai charme montagnard. Un côté british dans tout cela avec les fauteuils club du salon et un confort irréprochable.

🏠 ***Chambres d'Hôtes les Bellui's :*** *16, rue Traversière. ☎ 03-63-68-13-79. • lesbelluis.chambres.hotes@gmail.com • lesbelluis.com • Au centre du village, à côté d'une librairie. Doubles 75-95 €.* 📶 Le Jura Nouveau est arrivé ! Déco design et raffinée dans un subtil mélange bois et pierre. Les 4 chambres s'inspirent de thèmes régionaux : « Marguerite », « Au fil de l'eau », « Le bois dans tous ses états » (avec tavaillons) et « Morézienne » (pour les lunettes). C'est un peu plus cher que la moyenne, mais quelle originalité !

🏠 |●| ***Hôtel Arbez Franco-Suisse :*** *La Cure, 39220. ☎ 03-84-60-02-20 (022-360-13-96 depuis la Suisse). • arbezie@orange.fr • arbezie-hotel.com • À 2 km au sud-est des Rousses par la D 5. Fermé dim soir hors saison (résa conseillée en hiver). Double 89 €. ½ pens 75-85 €/pers, demandée en hiver. Formule déj 13 € ; menus 18-49 €.* 📶 *10 % de réduc sur le prix de la chambre, sur présentation de ce guide.* Hormis le fait que l'hôtel soit construit à cheval sur la frontière, les chambres sont coquettes et confortables. Le restaurant (côté suisse) comme la brasserie (côté français !) servent une bonne et roborative cuisine locale.

À voir

Le musée du Ski : *gîte d'étape et de séjour, Le Grand-Tétras, 705, rue des Rousses-d'Amont, entre le centre-ville et le lac. ☎ 03-84-60-51-13. Mar et jeu 17h-19h, et sur rdv pour les groupes. Entrée laissée à votre grande générosité. Participation (3 €) si la visite est guidée (que l'on conseille fortement).* Unique et passionnant musée qu'on doit à Roger Tinguely. Patiemment, il a réuni une à une, au sous-sol du gîte, les pièces d'une collection dont certaines vraiment étonnantes : plusieurs bobsleighs de 1900 (le moyen de déplacement sur neige avant le ski) ou celui de l'équipe d'Italie championne olympique à Grenoble en 1968 ! En rang d'oignons, 80 paires de vieux skis, dont la plus ancienne de 1850. Remarquez les skis dits « de contrebandiers », dont les fixations servaient à dissimuler les pièces d'or (ambiance James Bond et course-poursuite !). La différenciation entre alpin, de fond ou de saut ne viendra que dans les années 1930. Également une collection de snowboards. Enfin, outre les skis et autres raquettes, une foule d'objets ayant trait à la vie du Haut-Jura : couteau à tourbe, pic à gentiane, table de lapidaire, etc.

COULOIR HUMANITAIRE

L'Hôtel Arbez de la Cure présente une originalité : il a une façade en France et l'autre en Suisse. Selon le numéro de votre chambre, vous dormirez soit en France, soit en Suisse, soit les deux (!). Encore plus fort : en 1940, l'hôtel se retrouvait au point d'intersection de la Suisse neutre, de la zone libre et de la zone occupée ! Des aviateurs britanniques auraient été évacués par ce couloir humanitaire... Les deux pays reconnaissent en souriant l'extraterritorialité de l'Hôtel Arbez.

Les caves d'affinage Juraflore – Fort des Rousses : *visite tte l'année, sur résa auprès de l'office de tourisme. Tarif : 6 € ; réduc. Gratuit jusqu'à 9 ans. Compter 1h30. Prévoir un bon pull et des chaussures fermées, il ne fait pas plus de 7,5 °C, et c'est très humide.* Ce fort date du milieu du XIXe s et s'étend sur près de 21 ha. Les fromages Juraflore (l'un des comtés les plus réputés, élaboré depuis trois générations par la famille Arnaud) ont investi les lieux, après le départ de l'armée. Y sont affinées quelque 45 000 meules, ce qui représente tout de même 2 000 t de fromage ! L'architecture particulière du bâtiment garantit une température constante (à peine 3 °C d'amplitude) et une excellente aération. Maquette fort intéressante du site, petite expo de matériel de fabrication retraçant 1 000 ans d'histoire du comté, impressionnant couloir d'affinage long de 214 m (avec 6 000 meules qui sont frottées et retournées régulièrement), projection d'un film de 27 mn, puis, bien sûr, dégustation et vente à la sortie.

La ligne La Cure-Nyon : *rens à l'office de tourisme des Rousses. Train seul (tte l'année) : 21 € A/R (11 € avec le* Chéquier Rusé, *infos à l'office de tourisme) ; fin juin-début sept, forfait train + bateau env 40 €.* Balade à bord d'un de ces petits trains rouge et jaune qui, depuis 1916, font le trajet entre le hameau de La Cure, juste à la frontière, et Nyon, sur la rive suisse du lac Léman. En une petite heure, on s'offre quelques jolis panoramas sur les Alpes, en passant des

LE SECRET DU YÉTI

C'est vers La Cure, dans le Chalet du Yéti, un bien moche bâtiment, mi-garage à chasse-neige, mi-centre de vacances, qu'en février 1962 se sont rencontrées les délégations algériennes et françaises chargées de négocier les accords mettant fin à la guerre d'Algérie, signés un mois plus tard à Évian. Des entretiens tenus secrets : les voitures des représentants algériens circulaient avec luges et skis sur le toit. Il n'y eut que l'épicier de Morez chargé du ravitaillement qui s'étonna de la quantité de vin rouge nécessaire à cette prétendue « colonie de vacances » !

crêtes du Jura aux eaux du plus grand lac d'Europe occidentale. De la charmante petite ville de Nyon (voir le *Routard Suisse*), on peut prendre le bateau jusqu'au très joli village médiéval d'Yvoire (voir le *Routard Savoie Mont Blanc*). N'oubliez pas vos papiers d'identité.

Ski et neige

Ski alpin : *4 domaines (de 1 120 à 1 680 m) – Les Tuffes, La Serra, Le Noirmont et La Dôle. Une trentaine de remontées mécaniques, 50 km de pistes. Forfait adulte : 25,50 €/j. pour le domaine français, 36 €/j. pour le domaine franco-suisse (avec la Dôle).* Les enfants (plusieurs téléskis « baby ») et les débutants skient sur les Tuffes (canons à neige). La Dôle (au sommet immanquable, vu les énormes radars de l'aéroport de Genève-Cointrin qui y sont posés) attire les bons skieurs, comme le Noirmont (qui offre une très belle noire). Bon niveau également pour La Serra.

Ski de fond : *domaine (1 050-1 680 m).* 200 km de pistes répartis en vallées et forêts sur les différents villages des Rousses, Prémanon, Lamoura (notamment dans la forêt du Massacre, qui bénéficie, vu son altitude, de l'un des meilleurs enneigements du coin) et Bois-d'Amont. Original : *Baladaski* (● baladaski.com ●), un jeu de piste à skis nordiques, à la journée, pour découvrir en famille l'histoire, la nature et l'environnement locaux.

– **Autres sports :** raquettes (22 km de pistes damées et 52 km d'itinéraires balisés au départ des villages de la station), patinoire *(dans l'*Espace des Mondes Polaires *à* **Prémanon**), traîneaux à chiens, ski-joëring (alliant ski et attelage animal)...

Sports et loisirs

Commando Games : *dans le fort des Rousses (rens auprès des* ***Rousses Espace Loisirs,*** *☎ 03-84-60-02-55). Se renseigner pour les horaires et tarifs.* Un parcours aventure aménagé dans l'ancien lieu d'entraînement des commandos de l'armée française.

➢ **Sports d'été :** randonnée (180 km de sentiers balisés) ; VTT (203 km de circuits balisés) ; voile, paddle, embarcations à pédales et baignade surveillée sur le lac des Rousses – peu profond, idéal pour les enfants.

LES AUTRES VILLAGES DE LA STATION

BOIS-D'AMONT *(39220)*

À 9 km des Rousses par la D 415, à l'extrémité du lac des Rousses et à deux pas de la vallée de Joux en Suisse. Patrie de Jason Lamy-Chappuis, champion olympique de combiné nordique aux J.O. de Vancouver en 2010. Bourg-rue un peu gris, presque interminable avec ses 4 km de long. L'unique clocher comtois entièrement rond du massif du Jura et plusieurs activités traditionnelles : la fabrication de boîtes à fromage ainsi que l'usine Vandel, dernier fabricant de skis de fond français.

Adresse utile

Point Info : *salle polyvalente. ☎ 03-84-60-91-57. En saison d'hiver, tlj 9h-12h, 14h-18h. En été, ½ journée slt.*

Où manger ?

L'Atelier : *1867, rue de Franche-Comté (rue principale). ☎ 03-84-60-94-15. • patrick.brocart@neuf.fr • Fermé dim soir-lun. Menus-carte 19-35 €, plat 20 €.* Quelques reproductions de toiles emblématiques de l'art moderne pour la déco. Le chef revisite le terroir avec une certaine maestria mais sans faire le malin, et a su s'imposer comme l'une des meilleures tables du secteur.

À voir

Le musée de la Boissellerie : *Le Village. ☎ 03-84-60-98-79. • museedelaboissellerie.com • (partiel). Pdt les vac de fév et juil-août, tlj 10h-12h, 14h-19h ; autres vac scol, tlj 14h-18h ; hors saison, mer-dim 14h30-18h. Fermé oct-déc (sf vac scol). Entrée : 6,50 € ; réduc. Gratuit moins de 7 ans. Visites à 14h30 et 16h30, plus d'autres selon affluence (attente 45 mn max). Durée de la visite commentée : 1h15.* Installé au bord de l'Orbe, dans une ancienne scierie qui a été superbement reconstruite et a conservé sa machinerie hydraulique d'origine. Le musée de la Boissellerie (ou fabrication des boîtes en bois) est la mémoire vivante d'une activité qui tend à disparaître dans la vallée, et un vibrant hommage à l'ingéniosité des artisans qui ont su exploiter toutes les qualités des épicéas de leur région : tavaillons (pour protéger les murs des maisons exposés aux intempéries), coffrets, boîtes à fromage, cabinets d'horloge... Notez la machine à vapeur Sulzer (en fonctionnement), qui permet d'actionner la scie alternative et de produire de l'électricité. On visite également le moulin doté d'une roue à aubes (à la structure tout en bois). Comme autrefois, elle actionne le battoir à chanvre et la meule à orge.

LE JURA

PRÉMANON *(39220)*

Une des capitales du ski de fond en France où Jason Lamy-Chappuis, champion du monde de combiné nordique en 2011, a chaussé les skis pour la première fois. C'est la patrie de Vincent Gauthier-Manuel, triple médaillé aux Jeux Paralympiques de Vancouver en 2010.

Le centre fait un peu station, et l'on préfère ne rien vous dire des quelques immeubles qui ont poussé vers les Jouvencelles. Mais la commune se disperse en de multiples hameaux qui, pour beaucoup, ont conservé leur authenticité.

Adresse utile

Point Info : *Espace des Mondes Polaires. ☎ 03-84-60-78-99 et 03-84-60-02-55.*

Où dormir ? Où manger ?

Gîte d'étape La Grenotte : *476, chemin de Bacon, Le Bief-de-la-Chaille. ☎ 03-84-60-54-82. • lagrenotte@aol.com • lagrenotte.com • À 4 km de Prémanon vers Les Rousses, puis petite route fléchée sur la gauche, qui n'est pas déneigée l'hiver : accès à pied ou à ski (400 m). Congés : avr et de mi-oct à mi-déc. Nuitées 18-23 €. ½ pens 48 €/pers. Restauration de passage selon disponibilités. Réduc de 10 % sur le séjour plus de 2 nuits, hors fév-mars et juil-août, sur présentation de ce guide.* Ancienne ferme dans un coin encore très nature, à 1 100 m d'altitude et sur plusieurs GR. 8 chambres pour 2 à 5 personnes (avec sanitaires communs), un dortoir d'une dizaine de lits et 1 tente trappeur 3-4 places. Couettes fournies, et une petite touche de déco par l'artiste de la famille. Coin cheminée avec disques, B.D., cartes pour les randos. Omelettes, salades et quelques spécialités à base de fromage. Bonne ambiance.

À voir

L'Espace des Mondes Polaires : *☎ 09-77-51-25-45. • museepolaire.com •* Après une complète réhabilitation, l'ancien centre polaire dédié à Paul-Émile Victor dévoile les secrets des pôles, ces mondes inaccessibles pour la plupart d'entre nous. À la rencontre des grands explorateurs qui n'ont pas froid aux yeux, des ours polaires, de la banquise et des peuples du froid. De l'aventure au programme, bigrement bien mise en scène et surtout une vraie réflexion sur la fragilité de ces milieux extrêmes d'Arctique et d'Antarctique, eux aussi victimes des grands bouleversements climatiques.

LAMOURA *(39310)*

À l'orée de la profonde forêt du Massacre, le plus typique des villages de la station, présentant un enneigement assez exceptionnel. En été, on vient faire le tour du lac sur la promenade aménagée pour découvrir un superbe paysage de tourbières et ensuite piquer une tête. Les randonneurs se lancent, quant à eux, à l'assaut du Crêt Pela (le plus haut sommet du département, compter 4h aller-retour) depuis la Frasse, ou de la Vigoureuse, au départ du village même, un remarquable point de vue (compter 2h aller-retour), accessible assez facilement pour apercevoir le mont Blanc. Bref, un village bien attachant pour les amoureux de nature.

DANS LE PAS DES SÉNATEURS

C'est à Lamoura qu'est donné chaque année le départ de la Transjurassienne, une course de ski de fond de 76 km jusqu'à Mouthe, dans le Haut-Doubs (appréciez le jeu de mots qui ravit les compétiteurs : « J'ai fait Lamoura-Mouthe... »). En 2009, cette course mythique a fêté ses 30 ans avec plus de 7 000 participants. Parmi eux, les « sénateurs », une douzaine de fondeurs ayant participé à toutes les Transju', depuis la création. Bonnet bas !

Adresse utile

Point info : *Grande-Rue. ☎ 03-84-41-27-01. • lesrousses.com • En saison slt : l'hiver, tlj 9h-12h, 14h-18h, l'été ouv en demi-journée slt.* Fiches rando en vente ou téléchargeables gratuitement sur le site.

École du ski français : *La Serra. ☎ 03-84-41-20-41.*

Où dormir ? Où manger dans le coin ?

Prix moyens

Le Chalet de la Frasse : **La Frasse.** *☎ 03-84-41-24-81. • laure.escalier@orange.fr • chalet-de-la-frasse.e-monsite.com • Entre Lamoura et Les Rousses à env 6 km, sur la GTJ et le GR 9. Chalet à 1,5 km (piste de ski en hiver, route forestière en été). Fermé de mi-avr à mi-juin et de mi-oct à mi-déc. ½ pens en dortoir 45 €/pers. Repas 15-20 €. CB refusées.* Chalet d'alpage posé dans une clairière à 1 293 m d'altitude. Très nature : une vingtaine de lits en dortoir, des lavabos et pas de douche (l'eau vient d'une citerne). Ambiance rustique à souhait ! Pour une halte d'une nuit ou d'un repas autour de la cheminée : fondue, raclette, tartine jurassienne ou tarte aux myrtilles.

La Spatule : *612, Grande-Rue. ☎ 03-84-41-20-23. • spatule@hotellaspatule.com • hotellaspatule.com • À l'entrée du village quand on arrive des Rousses, sur la gauche. Fermé dim soir et lun hors saison. Congés : de mi-oct à mi-déc. Doubles 58-82 €. Menus 12,30 € (midi en sem)-30 €. 10 % de réduc sur le prix de la chambre en basse saison sur présentation de ce guide.* Le classique hôtel de station, genre grand chalet, à la déco coquette, boisée et chaleureuse. Chambres d'un honorable confort, lumineuses et très agréables pour celles avec balcon. Au resto, large éventail de spécialités locales traitées avec un certain raffinement. Accueil attentionné.

Les Arobiers : *430, Grande-Rue. ☎ 03-84-41-27-26. • info@lesarobiers.fr • lesarobiers.fr • (resto). Dans le village. Resto fermé soir dim et lun. Doubles 67-85 €. Menus 13,50 € (midi en sem)-30,50 €.* Une gentille adresse familiale qui évolue doucement avec son temps. Les chambres ne sont pas immenses, mais agréables dans un esprit montagne avec du bois à profusion. Cuisine de tradition et de région au resto.

L'Anversis (table de montagne) : *239, chemin de l'Anversis, La Combe-du-Lac, 39130 **Lamoura.** ☎ 03-84-41-20-91. • bienvenue@lanversis.com • Entre Lamoura et Les Rousses à 2 km, après le lac, c'est fléché. Ouv tlj sf lun soir en saison, slt le soir jeu-dim hors saison. Congés : dernière sem d'août. Résa plus que conseillée. Menus 25-39 €.* Le bâtiment est celui, banal, d'un resto de pied des pistes de la fin des années 1960. L'intérieur est tout autre : des planches de sapin aux murs, des bouteilles de vin en guise de suspensions, un soupçon de jazz en fond sonore. La cuisine est raccord : de région mais à base de produits d'exception et avec un vrai truc en plus ! Carte des vins (forcément riche en Jura) aussi enthousiasmante que celle des tisanes ! Et le patron a, presque forcément, lui aussi, beaucoup de personnalité...

À voir. À faire

Le musée du Lapidaire : *173, route de Longchaumois. ☎ 03-84-41-22-17. • museedulapidaire@orange.fr • 20 déc-30 mars et mai-sept, dim-ven 14h-18h. Vac scol d'hiver (fév-mars) et juil-août, dim-ven 10h-12h et 14h-18h. Fermé en avr. Entrée : 4 € ; réduc. Gratuit moins de 7 ans. Compter 1h.* Dans un très beau bâtiment moderne se trouve rassemblé tout ce qui a trait à la taille de pierres précieuses, pratiquée par les habitants du Haut-Jura. Un guide explique cet artisanat, petite démonstration à l'appui sur un ancien établi. Intéressante vidéo de 20 mn avec témoignages d'anciens artisans de la région.

Le lac de Lamoura : *à proximité du village (accès possible à pied en 15 mn).* Couvrant une superficie de 4,5 ha, il est surtout remarquable pour ses tourbières que l'on découvre en faisant le tour (1,6 km, compter 30 mn), juchés sur de judicieux platelages. Jeux pour les enfants, tables de pique-nique et baignade surveillée en été. Un arrêt incontournable pour les familles !

Fête et manifestations

– ***La Transjurassienne :*** *le 2e dim de fév, entre Lamoura et Mouthe.* L'une des plus célèbres compétitions de ski de fond au monde avec la mythique Vasaloppet. Chaude ambiance le long du parcours, avec les passages de coureurs salués par des concerts de cloches de vaches.

– ***Fête de l'Abonde :*** *le 15 août, à Lamoura.* Spectacles de rue dans une atmosphère musicale.

– ***La Forestière :*** *3e w-e de sept.* Courses de VTT, y compris pour les enfants.
– ***La Transju'Trail :*** *début juin.* Plusieurs épreuves de course nature, dont la plus longue emprunte le parcours de la Transjurassienne et la plus folle s'appelle la Transju'verticale !

LES HAUTES-COMBES

Carte Jura, C4

Un haut plateau (1 000 m d'altitude moyenne) où moutonnent d'amples combes, ici ou là curieusement bosselées. En toile de fond, certains des plus hauts sommets du massif du Jura : le Colomby de Gex et le crêt de Chalam. Des paysages finalement d'une grande douceur, une nature presque jardinée. Pourtant, les fermes isolées, les mairies sans village témoignent de la rudesse de cette minirégion rattachée administrativement à Saint-Claude, où, pour améliorer l'ordinaire d'une agriculture de subsistance, les paysans ont longtemps taillé, l'hiver, des pierres précieuses. C'est aujourd'hui ce côté « monde perdu », conjugué à l'extrême dynamisme de ses habitants, qui fait tout l'attrait des Hautes-Combes. Méfiance en hiver pour accéder à certains gîtes, équipement nécessaire quand on ne vient pas en traîneaux à chiens !

Adresses et infos utiles

Point info : *27, Le Village, 39310* ***Lajoux.*** *☎ 03-84-41-28-52. • saint-claude-haut-jura.com • Juste à côté de la Maison du parc. Juil-août et vac scol hiver. Horaires restreints hors saison.*

Point info : *10, rue de l'Épicéa, 39370* ***La Pesse.*** *☎ 03-84-42-72-85. Juil-août et vac scol hiver, tlj sf jeu ap-m et dim ap-m l'été ; horaires restreints en intersaison. • saint-claude-haut-jura.com •*

– ***Distributeurs automatiques*** à Lamoura et Mijoux ; ***stations essence*** les plus proches aux Rousses, Longchaumois et Lélex ; ***supérettes*** à Lamoura, Septmoncel, Les Moussières et Longchaumois.
– ***Marché d'artisans :*** *aux Bouchoux, dim mat en été.*

Où dormir ? Où manger ?

À Bellecombe (39130)

La Guienette : *lieu-dit Les Trois-Cheminées. ☎ 03-84-41-65-82. • laguienette@orange.fr • laguienette.fr • Des Moussières, direction La Pesse sur 2 km, tourner au carrefour des Mouilles et faire 3 km. L'hiver, accès slt en raquettes ou à skis. Résa impérative, surtout le w-e. En ½ pens slt : 48-60 €/pers en dortoir ou en chambre, avec sanitaires communs ou privés, 130 € pour 2 pers dans la yourte. Menu 26 € avec suppléments.* Grosse ferme bien traditionnelle, isolée, en pleine nature, à 1 250 m. Hébergements tout simples. Roborative cuisine jurassienne et pain maison. Belle terrasse l'été.

Chambres d'hôtes et gîte d'étape La Dalue : *☎ 03-84-41-69-03. • perrier.ladalue@wanadoo.fr • gite-la-dalue.com • À 3 km des Moussières, direction La Pesse, à gauche 100 m après le carrefour des Mouilles (c'est fléché). Tte l'année (camping slt en saison). Double env 55 € ; en gîte, 16 €/pers la nuitée. Camping env 10 € pour 2. Repas 15 €. 6 empl. Café offert sur présentation de ce guide.* Quasi une institution ! C'est l'un des tout premiers gîtes d'étape du massif du Jura, une ancienne ferme perdue en pleine nature, pour environ 20 personnes (en 2 dortoirs). Ambiance bonne franquette et confort rudimentaire. Quelques chambres d'hôtes. Coin cuisine pour tout le monde. Mais il serait dommage de ne pas goûter l'excellente soupe maison, cuite sur un impressionnant fourneau !

À Lajoux (39130)

Chambres d'hôtes La Trace : *Le Manon. ☎ 03-84-41-25-70. • info@latracejura.com • latracejura.com • À 1,5 km de Lajoux sur la route des Moussières. Compter 82 € pour 2. Table d'hôtes 20 €.* Ancienne ferme du XIXᵉ s, typique avec sa façade de tavaillons. Chaleureux intérieur, tout de bois vêtu, jusqu'aux chambres évidemment. À la table d'hôtes, cuisine familiale à base de bons produits d'ici.

Aux Molunes (39310)

Bon marché

Gîte d'étape La Vie Neuve : *dans le village. ☎ 03-84-41-61-97. • reservation@lavieneuve.fr • lavieneuve.fr • Congés : nov. Compter 46 €/pers en ½ pens (tarif dégressif).* Un peu moins paumé dans la nature que les autres gîtes d'étape des Hautes-Combes. Installé dans l'ancienne mairie-école des Molunes. Chambres (de 2 à 6 lits avec lavabo) propres et nettes. Également un dortoir de 8 lits. L'accueillant proprio est un vrai spécialiste des activités de pleine nature.

Prix moyens

Hôtel-restaurant Le Pré Fillet : *route des Moussières. ☎ 03-84-41-62-89. • accueil@hotel-leprefillet.com • hotel-leprefillet.com • Accès bien fléché depuis la D 292 entre Les Moussières et Lajoux. Congés : de mi-oct à début déc. Fermé dim soir et lun hors saison. Double 68 €. Formule 12 € midi en sem, menus 24-42 €.* Une ancienne ferme, dont la physionomie a bien changé depuis ses débuts comme hôtel en 1968. Chambres à la déco un peu intemporelle mais d'un honorable confort et surtout d'une vraie tranquillité. Tennis, sauna, jacuzzi. Superbe accueil de Madame. Monsieur, en cuisine, travaille adroitement des plats de région.

Le Collège : *☎ 03-84-41-61-09. Fermé lun soir et mar soir ; plus mar midi, mer soir, jeu soir et dim soir hors saison. Congés : fin juin-début juil, 1 mois à partir de fin nov. Menus 14 € le midi en sem, puis 19-32 €. Café offert sur présentation de ce guide.* La vraie de vraie adresse de campagne, presque perdue au milieu de nulle part, connue pour sa cuisine de région et de tradition, sans esbroufe mais pleine de saveurs. Bistrot sans façons pour le menu du jour ou salle au gentillet décor campagnard avec vue sur la nature environnante.

Aux Moussières (39310)

Chambres d'hôtes La Pourvoirie : *Sous-la-Joux. ☎ 03-84-41-64-91. • lapourvoirie39@gmail.com • gite-lapourvoirie.com • À 2 km, indiqué. En ½ pens slt, 60-80 €/pers selon confort. Attention aux conditions d'accès en hiver.* Cette belle ferme, isolée sur son plateau en pleine nature, offre à ses hôtes le gîte, dans de jolies chambres à la déco très montagne et le couvert, mais propose aussi quantité d'activités, comme des balades en traîneau à chiens. Pour les plus petits, ferme nordique avec des ânes et une aire de jeux. Également un spa et un sauna. Possibilité de passer la nuit sous un *kota* finlandais.

À La Pesse (39370)

Prix moyens

Refuge du Berbois : *route de la Borne-au-Lion, à 3 km de La Pesse (indiqué). ☎ 03-84-42-72-41. • nomade-attitude@orange.fr • leberbois.com • L'hiver, accès slt à skis ou à raquettes (portage des bagages possible). Congés : avr et vac Toussaint-vac de Noël. ½ pens slt et sur résa (tarifs sur le site).* Dès la yourte et les tipis, plantés autour de la maison, on sait qu'on tient là une adresse à part. C'est aussi lié à la personnalité des hôtes : lui est journaliste et...

chanteur, elle modiste (quelques chapeaux de sa création en vente), et la maison accueille parfois des artistes en résidence. Tout autant qu'un refuge (il y a bien un dortoir), un vrai lieu de vie donc qu'on imaginerait plus au cœur d'une métropole que dans cet ancien chalet d'alpage, un peu perdu à 1 278 m d'altitude.

Chambres d'hôtes La Maison de Teiss : *Sous-les-Bois. ☎ 03-84-42-28-80. • anne.lozneanu@wanadoo.fr • la-maison-de-teiss.fr • Sur la route de la Borne-au-Lion (fléchée depuis le centre de La Pesse). Congés : 10 j. en avr et 10 j. en nov. Compter 67 € pour 2. Table d'hôtes 21,50 € le soir.* 4 chambres plaisantes dans une ancienne ferme d'alpage, joliment rénovée. 2 sont communicantes, la 3e peut accueillir 4 personnes : idéal pour les familles, donc. Accueil souriant et d'une infinie disponibilité.

Ferme-auberge de la Combe aux Bisons : *☎ 03-84-42-71-60. • lacombeauxbisons@orange.fr • Au bout d'une petite route (bien fléchée) qui prend à droite entre La Pesse et L'Embossieux. Repas slt sur résa. Fermé lun-mar soir, plus mer et jeu soirs hors vac de fév et juil-août. Congés : déc. Menus 26-38 €, plats copieux env 15 €. Apéritif maison offert sur présentation de ce guide.* Dépaysant, ce troupeau de bisons ! Là où, ailleurs, cela pourrait sentir l'exotisme frelaté, ici, cette appropriation de la culture amérindienne est sincère. Accueil chaleureux et ambiance à l'avenant. Gentille cuisine familiale, à base de viande de bison évidemment, et tarte au sirop d'érable pour rester dans le ton. Terrasse très nature aux beaux jours, nez à nez avec les bovidés.

Chic

Les Loges du Coinchet : *lieu-dit Le Coinchet, sur le Crêt. ☎ 03-84-42-78-93. • martine.chazotte@wanadoo.fr • la-loge.info • De La Pesse, prendre la direction des Bouchoux par la D 25 E 1, c'est fléché sur la droite. Roulotte 85 € pour 2, petit déj compris ; cabanes 115-125 € pour 2, petit déj compris. Panier-repas 20 €.* Autour d'une de ces fermes perdues dans la nature comme il y en beaucoup dans les Hautes-Combes, 2 authentiques roulottes dans un champ, une petite maison de rondins façon trappeur à l'orée de la forêt et 2 agréables cabanes (dont 1 familiale) perchées dans les arbres. Élevage de lamas. Excellent accueil.

Eco-gîtes de la Haute Molune : *lieu-dit sur la Semine, sur le Crêt. ☎ 03-67-10-04-86. • contact@location-haut-jura.com • location-haut-jura.com • À la sortie sud du bourg, dans un lotissement de standing. Compter 595-1 050 €/sem (5 ou 6 pers).* Gros succès pour ces 2 gîtes contemporains (5 et 6 personnes) et mitoyens, dans un bâtiment couvert de tavaillons et offrant de larges baies vitrées ouvertes sur la nature. Cadre superbe, donc, avec un bâtiment à haute performance environnementale. Un séjour vert et durable pour ceux qui en ont les moyens.

À Septmoncel (39310)

Auberge Chantemerle : *La Vie-Neuve. ☎ 03-84-41-60-09. • auberge-chantemerle@orange.fr • auberge-chantemerle.fr • Doubles 58-66 € selon confort. Menus 14-19 €.* Le patron, Jurassien en diable, s'active en cuisine et régale tous les midis gars du pays et gens de passage. Bonne cuisine de ménage et spécialités jurassiennes. Chambres modestes avec lavabo ou douche et w-c, rénovées pour certaines. Sauna et... grill dans de petits chalets finlandais.

À voir. À faire. Achats

La Maison du parc : *39310* **Lajoux.** *☎ 03-84-34-12-27. Tlj sf lun, plus mat sam-dim hors saison, 9h-12h30, 13h30-18h. Fermé le w-e oct-déc et* *le mat aux vac de Noël. Entrée : 5 € ; réduc. Gratuit moins de 6 ans.* Intéressante expo qui permet de faire le tour du PNR grâce à des installations aussi colorées que ludiques ou à une « balade sonore » de 25 mn. Focus sur les tourbières et les forêts, aussi riches que fragiles et sur l'activité humaine, en constante adaptation, entre tradition et mondialisation. Demandez les 2 grosses clés pour visiter l'étonnant grenier-fort installé à proximité.

UN TRÉSOR AU GRENIER

Au XVIIe s, vu le fort risque d'incendie dans les fermes tout en bois du Haut-Jura, on construisit de petites bâtisses sans fenêtres, à distance respectable des habitations pour stocker aliments et argent. Elles étaient soigneusement fermées par deux solides portes. Ouvrez l'œil, on peut encore apercevoir dans la campagne ces touchants « greniers-forts », couverts de tavaillons, des lamelles de bois. Ils sont devenus à leur tour des petits trésors... d'architecture.

La fromagerie de la Joux : *39310* ***Lajoux.*** *Tlj en saison 8h30-12h, 16h-19h.* Vente de produits locaux, de beurre et de fromages bio : bleu de Gex, morbier, raclette... On y passe forcément à un moment ou à un autre.

La maison des fromages du Haut-Jura : *39310* ***Les Moussières.*** *☎ 03-84-41-60-96. Tlj, tte l'année, 9h-12h15, 14h30-18h30. Fermé 1er janv et 25 déc. GRATUIT. Possibilité de visite guidée avec dégustation de fromages et/ ou de vin du Jura : 3,50-6 € selon formule.* Derrière de grandes vitres, les fromagers travaillent le lait (le matin) pour le transformer en fromage onctueux. Deux vidéos (15 mn) sur l'agriculture en montagne et sur la fabrication du bleu de Gex. Boutique.

Le musée rural « Vie et Métiers d'autrefois » : *La Fruitière, 39370* ***La Pesse.*** *☎ 03-84-42-70-47. • fruitiere-lapesse.com • ♿ Tlj sf lun mat hors saison 9h-12h15, 14h30-19h. Fermé 1er janv et 25 déc. Entrée : 3 € ; gratuit moins de 12 ans.* Un musée modeste (deux salles seulement), mais intéressant pour son évocation de quelques-unes des activités propres au Haut-Jura : le ramassage de la tourbe, la fabrication de tavaillons (ces lamelles de bois qui protègent les façades des intempéries), les lapidaires, les fabricants de fromages... Petite boutique de produits régionaux.

Le village des Bouchoux : *à 4,5 km de La Pesse, route de Saint-Claude/Oyonnax (D 25/E 1).* Le dernier village authentique des Hautes-Combes avec son église entourée d'un touchant cimetière panoramique, sa fontaine et un site bucolique idéal pour le pique-nique, les *cascades du moulin* (accès à pied en 30 mn avec grimpette au retour).

Les gorges du Flumen : la sinueuse D 436 qui descend de Septmoncel vers Saint-Claude longe en corniche ces profondes et encore sauvages gorges. Un parking permet de découvrir la curiosité géologique du coin, le ***Chapeau de Gendarme*** : des strates rocheuses bizarrement plissées, d'où jaillit une jolie cascade. À peine plus loin, le belvédère du ***Saut du Chien*** offre un panorama sur les cascades qui ricochent au fond des gorges.

Randonnées

➢ ***Le crêt de Chalam :*** accès en voiture (au départ de La Pesse, à 3,5 km) par la route de la Borne-au-Lion (au XVIIe s, elle marquait la frontière entre le royaume de France, l'Espagne et la Savoie). Ensuite, c'est à pied (compter 1h30 aller-retour, rando assez sportive, surtout à la descente si l'on fait la boucle, bonnes chaussures conseillées). Un sentier (balisage jaune) monte dans la forêt vers le sommet. Les derniers mètres sont raides, mais quelle récompense ! De là-haut (1 545 m), superbe vue (pour peu qu'il fasse beau, évidemment...) sur les monts Jura, les Alpes et le mont Blanc en *guest star*.

➢ De nombreuses autres possibilités, bien sûr, dans le secteur : le tour des gorges de Flumen, la combe d'Enfer, le crêt de la Vigoureuse au départ de Lamoura... Procurez-vous la carte « Promenades et randonnées Haut-Jura-Saint-Claude » au 1/25 000e *(payante)*.

– ***VTT :*** un circuit (un peu physique) au départ de la Borne au Lion permet de découvrir le secteur des Hautes-Combes. Trois boucles également autour de Giron.

Ski et neige

Ski de fond : *domaine (900-1 545 m). 200 km de pistes.* Un très beau domaine tracé sur l'ensemble des Hautes-Combes, de Lajoux à Belleydoux, avec plusieurs pistes thématiques : autour des tourbières au Manon, par exemple, ou de l'architecture aux Molunes. Original aussi, le *Baladaski (• baladaski.com •),* sorte de jeu de piste à ski.

– ***Raquettes :*** une vingtaine d'itinéraires balisés (mais non damés). *Petit guide détaillé vendu dans les points d'info touristiques.* C'est dans les Hautes-Combes que se déroule (en février) la *Juraquette,* seule compétition de raquettes du massif du Jura.

– ***Traîneaux à chiens :*** *plusieurs prestataires (rens dans les points d'infos touristiques). Compter 15 €/pers.* Il y a même une piste d'entraînement pour les *mushers* à La Pesse, où les chiens de traîneau, ajoutés aux maisons de rondins, aux tipis et aux bisons, donnent vraiment l'impression d'être ailleurs...

Ski alpin : les toutes petites stations de Lajoux-Le Manon, Septmoncel, La Pesse et les Moussières sont idéales pour les grands débutants.

Manifestations

– ***La Rubatée :*** *2e dim d'août à Lajoux.* Fête du village avec un déconcertant Loto-bouse !
– ***Azimut Festival :*** *sous chapiteau (chauffé !), pdt 1er w-e d'oct, à La Pesse. ☎ 03-84-42-72-85.* Un festival musical en milieu rural. Toujours une soirée consacrée au blues, une autre plus éclectique, et un... marché de producteurs locaux.

SAINT-CLAUDE (39200) 12 800 hab. *Carte Jura, C4*

• Plan *p. 239*

Au confluent de la Bienne et du Tacon et au centre d'une étroite vallée dominée par deux hautes montagnes, le mont Bayard et le mont Chabot, Saint-Claude est sûrement la ville la plus connue du Jura grâce à ses fabriques de pipes. Il est pourtant difficile d'appréhender cette ville austère, à la configuration singulière, comme cachée derrière ses volets. Saint-Claude a gardé un

côté « peuple » et une certaine pudeur. Cela est sans aucun doute dû aux Sanclaudiens eux-mêmes, hommes de labeur au méticuleux savoir-faire, qui ne se paient pas de mots. À vous de trouver ceux qui iront droit au cœur des habitants : votre compréhension de Saint-Claude en sera grandement facilitée. Allez-y en empruntant la fabuleuse ligne de train des Hirondelles depuis Dole, vous serez tout de suite plongés dans le bain (voir le chapitre d'introduction sur le Jura).

LES BASQUES DE L'EST

Saint-Claude peut s'enorgueillir d'une autre gloire, beaucoup moins connue que les pipes : son équipe de rugby ! Contre toute attente sous ces latitudes, dans les années 1960, le F.C. Saint-Claude Rugby figurait au Top 15 des meilleures équipes en France. Les clubs du Sud-Ouest devaient se déplacer jusque dans les hauteurs du Jura pour disputer d'âpres parties, parfois dans la neige, contre ceux qu'on surnommait les « Basques de l'Est ».

Adresse et infos utiles

Office de tourisme (plan A2) : *1, av. de Belfort. ☎ 03-84-45-34-24. • saint-claude-haut-jura.com • Lun-sam 9h-12h, 14h-18h, plus dim 9h30-12h30 en juil-août.*

Gare SNCF (plan A2) : *av. de la Gare. ☎ 36-35 (0,34 €/mn).* Sur la ligne des Hirondelles (lire « À voir. À faire »). Liaisons avec Lyon et Bourg-en-Bresse également.

Bus : liaisons avec Lons et le Haut-Jura (**Jura Bus :** *☎ 03-84-24-33-07. • jurabus.fr •*).

Où dormir ? Où manger ?

De bon marché à prix moyens

Hôtel de La Poste (plan A2, **10**) : *1, rue Reybert. ☎ 03-84-45-52-34. • hotel-saint-claude.fr • Doubles 34-50 €.* Grande maison assez banale et sans vraiment de réception. Un 1-étoile aux chambres forcément modestes avec ou sans salle d'eau individuelle. Oublier celles qui n'ont pas été rénovées, préférer celles équipées de double-vitrage, plus lumineuses quand elles donnent sur la place.

Jura Hôtel-Restaurant Le Panoramic (plan A2, **11**) : *40, av. de la Gare. ☎ 03-84-45-24-04. • info@jurahotel.com • jurahotel.com • En face de la gare. Fermé dim. Résa conseillée. Doubles à partir de 58 €. Menus 13-15,90 € (en sem), puis 24,90-34,90 € ; carte env 35 €. Garage payant. Café offert sur présentation de ce guide.* Bâtiment des années 1970 planté le rocher, mais les chambres, très confortables, sont plus récentes, dans le genre contemporain fonctionnel. Depuis les grandes baies vitrées de celles « avec vue », le spectacle de cette drôle de ville est tout à fait saisissant. Cuisine de tradition correcte au resto panoramique.

Hôtel Saint-Hubert (plan B3, **12**) : *3, pl. Saint-Hubert. ☎ 03-84-45-10-70. • info@hotel-saint-hubert.fr • hotel-saint-hubert.fr • À 500 m du centre en direction de Genève. Resto fermé sam, dim et j. fériés. Doubles 54-67,50 € ; familiales. Menus 12,60 € (midi en sem), puis 15,50-37,50 €.* Bâtiment pas très emballant (c'était autrefois une station-service...), abritant des chambres certes plus toutes jeunes mais confortables et fonctionnelles. Un resto également et un bar-brasserie.

Le Média (plan A2, **20**) : *24-26, rue du Collège. ☎ 03-84-33-66-08. • lemedia@orange.fr • Dans une petite rue parallèle à la rue principale. Ouv ts les midis, plus les soirs dim-lun. Formule*

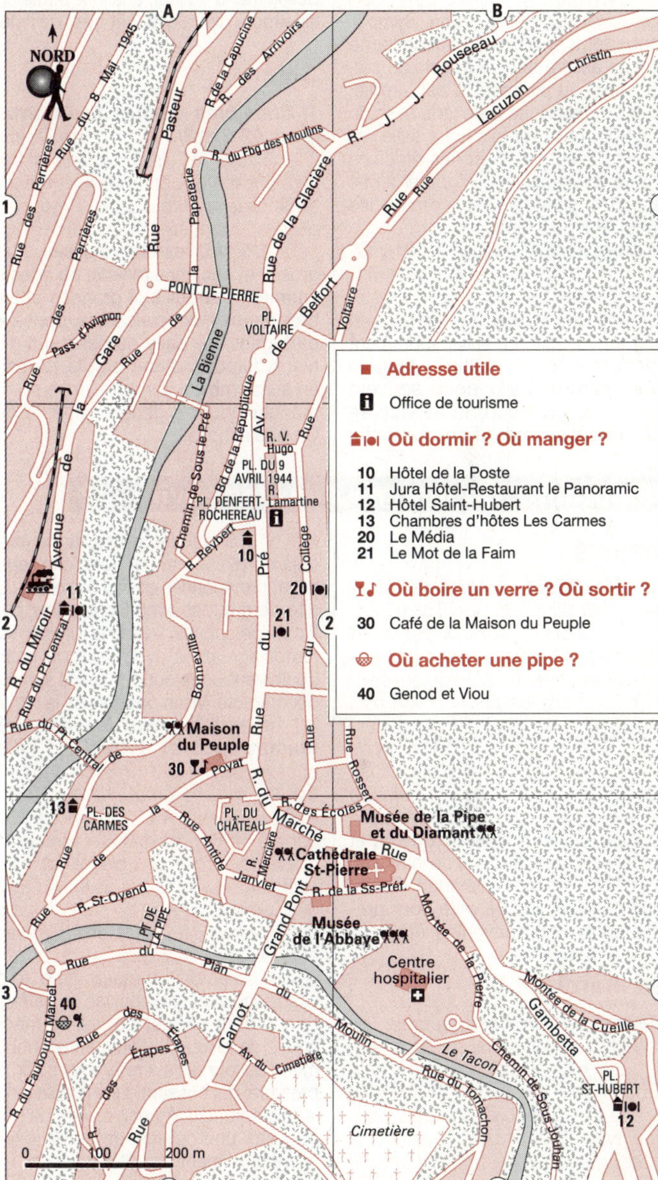

SAINT-CLAUDE

10,50 € et menus 13,50-18 €. Café offert sur présentation de ce guide. Sympathique petit resto, où l'accueillante patronne assure tout, des plats au service, seule ou presque. C'est simple, bon, fait maison (une vraie tarte avec du vrai citron, par exemple !). La salle est plaisante avec ses masques africains (on peut d'ailleurs, le soir, goûter à des spécialités sénégalaises comme les *fatayas*), et il y a 2 terrasses.

Le Mot de la Faim *(plan A2,* ***21****) : 12, rue du Pré. ☎ 03-84-45-52-32. Dans la rue principale. Tlj sf dim-lun. Congés : 31 déc-10 janv. Menus 14 € le midi en sem, puis 21-35 €.* La salle, sobrement contemporaine, ne multiplie pas les mètres carrés. C'est donc souvent complet, et, du coup, le service se laisse parfois déborder. Dans l'assiette, dès le menu du jour, une jolie petite cuisine toute de fraîcheur et avec de l'idée.

Chic

Chambres d'hôtes Les Carmes *(plan A2-3,* ***13****) : 16, rue de Bonneville. 06-09-50-49-27. • lescarme-s@yahoo.fr • jura-carmes.fr • Au centre, dans une petite rue qui descend derrière la poste. Compter 75-85 € pour 2.* Au rez-de-chaussée d'une grosse et ancienne maison bourgeoise vraiment tranquille. 3 grandes chambres simplement plaisantes, dont 2 se partagent une salle de bains. La dernière dispose d'une ample terrasse en surplomb de la rivière. Jolie salle à manger pour de généreux petits déj. Garage à motos.

Où dormir ? Où manger dans les environs ?

Camping

Le Martinet** : à* ***Villard-Saint-Sauveur. *☎ 03-84-45-00-40 ou 03-84-41-29-00 (hors saison). • contact@camping-saint-claude.fr • camping-saint-claude.fr • À 3 km au sud-est de Saint-Claude par la D 436 puis la D 290. Ouv avr-sept. Emplacement pour 2 : 12-17 €. Loc de tipis, de pods et de chalets 40-100 €/nuit (2 nuits min). 7 nuits au prix de 6 en camping et 7 nuits au prix de 5 en loc en basse saison.* Dans un coin verdoyant et pas mal ombragé, au bord de la rivière. Épicerie et resto (de juin à août). Centre sportif (piscine) juste à côté pour pratiquer tennis, golf, canyoning, etc.

Bon marché

Ferme de Diesles** : chemin de Diesles, 39200* ***Saint-Claude. *☎ 03-84-33-30-60. • lemilpat@orange.fr • gite degroupejura.fr • À 2,5 km au nord-est par la D 69 (direction Longchaumois) puis chemin de la Crozate fléché sur la gauche. Nuitée 13-25 €/pers. Petit déj 6 €.* À 5 mn de Saint-Claude mais déjà en pleine nature, dans une ferme bio approvisionnée en eau de source. Un gîte de groupes avec 6 chambres pour 2 ou 4 personnes, vastes et lumineuses, plutôt agréables avec salle de bains. Également une yourte. Accueil jeune et décontracté. Visite possible de la ferme.

Auberge du Vieux Moulin – Restaurant du Lac** : 8, route de Saint-Lupicin, 39170* ***Cuttura. *☎ 03-84-42-84-28. • auberge.du.vieux.moulin@wanadoo.fr • À 12 km au nord-ouest par la D 436, puis la D 233. En saison, ouv les midis mer-dim, plus les soirs jeu-sam ; hors saison, ouv slt le midi mer-dim. Congés : 2 sem en sept et vac de Noël. Menus 16-20 € le midi mer-sam, puis 26-35 €. Café offert sur présentation de ce guide.* Un moulin au bord de l'eau, face à un tout petit lac de barrage. Le sol vitré permet de voir le mécanisme de la roue toujours en action. Le menu du jour fait s'arrêter tous ceux, ou presque, qui bossent dans le coin (et on les comprend !). Agréable véranda pour déguster une cuisine, de terroir, généreuse et joliment travaillée.

Où boire un verre ? Où sortir ?

Café de la Maison du Peuple *(plan A2,* ***30****) : 12, rue de la Poyat. ☎ 03-84-45-42-26. • la.fraternelle@maisondupeuple.fr • Ouv les soirs* *mar-sam.* Même si la grande époque du militantisme social est révolue, la maison du Peuple est toujours ouverte et gérée par l'association La Fraternelle (« *La Frat'* », comme on dit ici). Et le bon vieux bistrot des années 1920 (regardez les faïences !), dominant la rivière, accueille de nombreuses soirées. Dans la cour, un ciné art et essai. Belle initiative. Lire aussi plus loin « La maison du Peuple » dans la rubrique « À voir ».

Où acheter une pipe ?

Genod Viou *(plan A3,* ***40****) : 13, faubourg Marcel. ☎ 03-84-45-00-47. • genodviou@orange.fr • En contrebas du Grand-Pont. Lun-ven (sam en juil-août) 9h-11h30 et 14h-18h. Visite env 2,50 €/pers.* Un des derniers maîtres pipiers de Saint-Claude que cette maison fondée en 1865. S'il y a une petite boutique au centre de Saint-Claude, on vous conseille plutôt de passer à cet atelier qui peut se visiter : on découvre en une vingtaine de minutes quelques-unes des opérations, parmi une cinquantaine, nécessaires à la fabrication d'une pipe artisanale.

À voir

Le musée de la Pipe et du Diamant *(plan B3) : 1, pl. Jacques-Faizant. ☎ 03-84-45-17-00. • musee-pipe-diamant.com • Mai-sept, tlj 9h30-12h, 14h-18h30 ; en oct et w-e avt Noël-30 avr, 14h-18h, fermé dim et j. fériés. Entrée : 6 € ; réduc. Gratuit moins de 6 ans. Billet commun avec le musée de l'Abbaye.* Deux musées un peu à l'ancienne mais très intéressants. Le premier, celui du Diamant, est un véritable petit bijou (on n'a pas pu s'empêcher !). Outillage des diamantaires et des lapidaires (qui travaillent les pierres synthétiques), ainsi que les différentes phases du travail de la pierre, en particulier dans un atelier avec six automates en mouvement. On y trouve aussi des diamants bruts ou taillés, des pierres précieuses ou synthétiques ainsi qu'une reproduction des joyaux de la couronne d'Angleterre (kitsch !).
Le *musée de la Pipe* est à côté. Collection de pipes fantaisie de la fin du XIXe s au début du XXe s, dont certaines sont réellement amusantes : la plus longue pipe du monde (1,60 m !), pipes pistolet, train, avion, etc., la pipe en maïs des Indiens micmac popularisée par le général McArthur ou celle de la confrérie des maîtres pipiers. On y apprend l'origine de l'enseigne des bureaux de tabac en forme de carotte, ce qu'est l'écume de mer... Enfin, définitivement « people » : les pipes des Blier père et fils, Nicolas Stoufflet et bien d'autres encore. La machine à reproduire les sculptures (elle pouvait reproduire 14 pièces différentes), qui amorce le début de la production en série, vaut aussi le coup d'œil. Superbe collection de plus de 500 tabatières, ainsi que des pipes asiatiques et africaines. Vidéos.

Le musée de l'Abbaye *(plan A-B3) : 3, pl. de l'Abbaye. ☎ 03-84-38-12-60. (partiel). Sept-juin, mer-dim (plus lun-mar aux vac scol), 14h-18h ; juil-août, tlj 10h-12h, 14h-18h. Tarif : 6 € ; réduc. Gratuit moins de 6 ans.* Construit sur des fondations du XIe s, ce palais abbatial du XVIIIe s refaçonné par l'architecte Adelfo Scaranello (sa façade en tavaillons de laiton et d'aluminium a fait grincer quelques dents...) est devenu un superbe musée. À l'intérieur, des peintures et dessins de l'art figuratif du XXe s offerts à la Ville en 2002 par les peintres Guy Bardone et René Genis. Dans le cadre très lumineux du 1er étage sont présentées des œuvres de Bonnard, Chagall, Dufy, Vuillard, Braque, Buffet et des deux donateurs... En tout, 80 artistes tout de même ! Au sous-sol de l'ancien palais abbatial, vestiges archéologiques découverts en 1993. Le long d'une grande galerie du XIIe s, deux chapelles et des fresques datées du XVe s. Sculptures (Rodin, Germaine Richier) dans le petit jardin. Intéressantes expositions temporaires au rez-de-chaussée.

La cathédrale Saint-Pierre *(plan B3)* **:** *juil-août, visites régulières des stalles ; le reste de l'année, slt sur rdv (s'adresser à l'office de tourisme).* Construite aux XIVe et XVe s, sa façade restaurée impose sa présence au cœur de la cité. Sa tour massive de 40 m formant clocher, ses échauguettes et l'épaisseur de ses murs attestent qu'elle était destinée à servir aussi de citadelle et de refuge. Le chœur est orné de 74 magnifiques stalles en bois sculpté, parmi les plus belles de France. Superbes vitraux et magnifique retable de 1553, chef-d'œuvre de l'école de la Renaissance italienne, situé à gauche de la porte principale. Autre pièce d'importance vénérée par les Sanclaudiens, le grand orgue de style Louis XVI, œuvre de Collinot.

La maison du Peuple *(plan A2)* **:** *12, rue de la Poyat. ☎ 03-84-45-42-26. • maisondupeuple.fr • ♿ Visite guidée mar-jeu à 15h en période de vac scol ; sur demande le reste du temps. Visite : 6 € ; réduc.*
Coopérative de production et de consommation, La Fraternelle fut créée par le cercle ouvrier de Saint-Claude en 1881. Sa maison du Peuple est une des premières de France, inaugurée en 1910. Quelque 4 000 m² de locaux qui abritaient entrepôts de produits commerciaux (alimentaires ou pas), cave à vins, bibliothèque, syndicat, imprimerie, gymnase... des fonctions économiques et sociales donc. L'association est aujourd'hui un espace culturel pluridisciplinaire. Et une bonne manière d'accéder à la grande salle de ciné 1910, restaurée en 2001, reste quand même de se faire une toile ! *(Programme au ☎ 03-84-41-04-15.)* Dans la cour, levez les yeux en direction de la cabine de projection, soutenue par des consoles métalliques : des portées de musique, *Le Temps des cerises, L'Internationale...*
À l'intérieur, notez le large espace qui sépare le premier rang de la scène : les films étant muets à l'époque, c'est l'orchestre qui occupait cette place.

Le Grand Pont *(plan A3)* **:** pour la vue sur l'étonnante morphologie de la ville, une débauche de ponts et de viaducs, d'escaliers et de rues très pentues, des hauts immeubles, des maisons qui présentent trois ou quatre étages côté rue, le double côté vallée de la Bienne...

Fête

– ***Les Soufflaculs :*** *1 sam fin mars-début avr. Infos auprès de l'office de tourisme.*
Drôle de rituel aujourd'hui un peu paillard, initié pourtant par les moines qui, autrefois, s'armaient de soufflets pour chasser le démon de tous les endroits où il pouvait se cacher, à commencer (bien sûr...) par les jupes des femmes. La tradition s'est perpétuée et donne lieu aujourd'hui à une fête populaire. Mais les dames sont souvent en pantalon !

DANS LES ENVIRONS DE SAINT-CLAUDE

Le musée de la Tournerie : *11, quai Lizon, 39170* ***Lavans-lès-Saint-Claude.*** *☎ 03-84-42-11-68. ♿ À 5 km à l'ouest par la D 436 direction Moirans, puis Lizon sur la gauche. Lun-ven 8h30-11h30, 13h30-17h. Prix d'entrée modique.*
Cet artisanat est né au Moyen Âge dans la région avec la foule des pèlerins venant faire leur dévotion au grand thaumaturge de l'abbaye. La tournerie d'objets pieux en bois occupa des centaines d'artisans. Cette activité s'étendit rapidement à d'autres objets de bois, la bimbeloterie, le jouet, la pipe, et l'on utilisa successivement l'os, la galalithe (ou pierre de lait, si, si !), le corozo, l'ivoire et, plus récemment, la corne.
René Michaud, un tourneur sur corne haut en couleur accueille les visiteurs dans son atelier aménagé en musée – très pédagogique – organisé avec une extraordinaire minutie (c'est peu de le dire !). Des explications données avec enthousiasme

et un savoureux accent, d'autant plus intéressantes que la corne de vache risque de disparaître (demandez pourquoi, c'est consternant)... Petite boutique à la sortie. Un endroit qui vaut le détour !

L'Atelier des savoir-faire : *1, Grande-Rue, 39170* ***Ravilloles.*** *☎ 03-84-42-65-06. • ateliersdessavoirfaire.fr • À env 20 km à l'ouest par la D 436, puis la D 118. Mai-sept, tlj sf lun hors juil-août 10h-12h, 14h-18h. Hors saison, mer-sam 14h-18h. Fermé en janv, nov, 1er janv, 1er mai et 25 déc. Entrée : 5 € ; réduc. Gratuit moins de 7 ans. Nombreux stages créatifs pour adultes, et ateliers enfants. Expos temporaires.* Dans une ancienne tournerie, un vaste espace (2 400 m²) consacré à la découverte de l'artisanat d'art jurassien d'hier et d'aujourd'hui. Dans les anciens ateliers, espace muséographique dédié à la tournerie avec outils, démonstrations et foule d'objets autrefois fabriqués sur ces tours, entre autres ces boutons, si chers à Louis Pergaud, dont Ravilloles fut longtemps la capitale française (jusqu'à 80 % de la production nationale). En fin de visite, des créations contemporaines parfois surprenantes à la boutique.

➢ **Le sentier des Diots :** *à* ***Septmoncel,*** *à 10 km à l'est de Saint-Claude.* Sentier de 11 km (compter 2h30-3h30) émaillé de 12 bornes pédagogiques pour apprendre à lire le paysage. À faire en famille, nul besoin de carte. Et les Diots, c'est quoi au juste ? Un indice : ça se mange !

Manifestation

– **Festival de musique du Haut-Jura :** *rens au ☎ 03-84-45-48-04. • festivalmusiquehautjura.com •* En juin, concerts classiques dans les mairies, églises... de Saint-Claude et d'autres communes du Haut-Jura.

LA HAUTE-SAÔNE

- **Vesoul** 245
  - Parc à l'anglaise La Cude à Mailleroncourt-Charette

LA VALLÉE DE L'OGNON 252

LE VAL DE SAÔNE 262

LES VOSGES DU SUD EN HAUTE-SAÔNE 276

• Carte *p. 246-247*

ABC de la Haute-Saône

- ***Superficie :*** 5 390 km².
- ***Population :*** 248 200 hab.
- ***Point culminant :*** ballon de Servance, 1 216 m.
- ***Préfecture :*** Vesoul.
- ***Villes principales :*** Lure, Gray, Luxeuil-les-Bains.
- ***Signes particuliers :*** 15 villes classées « Cités de caractère Bourgogne – Franche-Comté », un « Plus Beau Village de France » (Pesmes) et deux Stations vertes de vacances (Melisey et Pesmes).

La Haute-Saône, accolée au Doubs et au nord du Jura, a la tête dans les Vosges et les pieds en Bourgogne. Au-delà de la chapelle Notre-Dame-du-Haut, construite par Le Corbusier en 1955 (à Ronchamp), qui attire chaque année plus de 65 000 visiteurs et est inscrite au Patrimoine mondial de l'humanité par l'Unesco en 2016, la Haute-Saône n'a pas à rougir de son patrimoine architectural.

Dans ce département riche d'une longue histoire, connu et apprécié par les Romains, c'est surtout le XVIe s de Charles Quint qui a laissé des témoignages de faste et d'opulence, comme à Pesmes et dans la station thermale de Luxeuil-les-Bains. Le XVIIIe s a, quant à lui, légué les maisons tripartites, témoignages de la richesse des paysans de l'époque, mais aussi les retables baroques et les églises classiques que chaque village faisait édifier pour concurrencer son voisin. Le département peut également être fier d'une nature omniprésente avec de vastes espaces de verdure, des forêts plutôt feuillues du côté de Gray, totalement résineuses sur les hauteurs des Vosges du sud, et la vallée de la Saône, qui s'étend à l'ouest sur 130 km. La Petite Saône, une rivière très calme, est d'ailleurs idéale pour naviguer.

La symphonie de verts explose en automne dans une flamboyance qui ne peut laisser personne indifférent. Et ces arbres qui couvrent plus de la moitié du département ne seraient pas là sans un réseau de rivières, de lacs, d'étangs pratiquement sans égal en France. La Scandinavie a sa région des Mille-Lacs, la Haute-Saône possède sa région des Mille Étangs. Et, à son échelle, elle tient largement la comparaison. Ce réseau hydrographique a d'ailleurs contribué à la fortune du département, attirant les scieries, les forges et les moulins. À tel point qu'il fut le pays le plus riche et le plus peuplé de la Franche-Comté du XVIe au XIXe s. Aujourd'hui, c'est un pôle d'attraction pour les amoureux des sports nautiques, du tourisme fluvial et des loisirs actifs (comme la pêche sportive). En somme, la Haute-Saône fait figure de

havre de paix pour tous ceux qui veulent se plonger dans un monde de verdure, de prairies, de forêts. C'est un peu l'image rêvée du tourisme familial, tranquille, du pays de l'antistress.

Adresse et infos utiles

Destination 70 Agence Touristique : *CS 20057, 70001 Vesoul Cedex. ☎ 03-84-97-10-70. • destination70.com • Pas d'accueil du public.* Pour réserver votre hébergement en Haute-Saône : hôtels, chambres d'hôtes, locations de meublés, mobile homes... Et des séjours clés en main : randonnées pédestres, balades en roulotte, circuits à vélo, etc.
– Pour toute information sur le ***tourisme fluvial*** et pour réserver votre bateau aux meilleures conditions, contacter également *Destination 70 (☎ 03-84-97-10-70). • destination70.com •*

VESOUL (70000) 19 000 hab. *Carte Haute-Saône, C2-3*

« T'as voulu voir Vesoul et on a vu Vesoul. » Par la grâce d'un seul refrain et d'un titre de chanson, la préfecture de Haute-Saône s'est fait un nom chez les amateurs de chanson francophone (et les autres !). Un nom et une drôle de réputation : parce que Brel, d'Amsterdam à Ostende en passant par Knokke-le-Zoute, a surtout chanté des villes d'atmosphère, noyées de pluie, de brume et de mélancolie. Ce qui n'est pas franchement le cas de Vesoul... où il serait dommage de se limiter au cliché, d'ignorer cette ville qui cache de vieux quartiers pleins de cachet derrière des faubourgs modernes et des usines Peugeot tentaculaires, témoignage d'un dynamisme qui remonte au XIIe s. Revers de la médaille, la cité attise les convoitises et se fait détruire et piller par les Anglais, par les troupes du duc d'Amboise et toute une kyrielle de soudards et de brigands. Mais, après une rénovation réussie, la ville dévoile aujourd'hui ses charmes endormis, à l'image de son jardin anglais, au cœur de la ville, un « jardin remarquable » comportant 850 espèces végétales sur 3 ha.

Arriver – Quitter

– ***Pôle multimodal :*** *dans le hall de la gare SNCF, av. de la Gare.* Regroupe les guichets de la SNCF et de la gare routière.
Gare SNCF : *av. de la Gare. ☎ 0892-35-35-35.*
Liaisons directes avec Paris (gare de l'Est), Belfort et Mulhouse.
Gare routière : *av. de la Gare. ☎ 0800-09-99-39.* Liaisons avec Besançon (et la gare TGV avec Livéo), Gray, Luxeuil, Belfort, Lure, Gy...

Adresses et infos utiles

Maison du Tourisme : *15, rue Roger-Salengro. ☎ 03-84-76-07-82. • service.tourisme@vesoul.fr • vesoul.fr • Dans la vieille ville. Mar-sam 9h-12h, 14h-18h.*
Location de voitures : ***Hertz,*** *6 bis, rue de la Mairie, 70000 Frotey-lès-Vesoul. ☎ 03-84-68-97-99.* ***Avis,*** *rue des Faines, ☎ 03-84-76-18-48.* ***Europcar,*** *100, bd des Alliés, ☎ 03-84-75-64-22.*
Taxi : ***David Comparon,*** *☎ 09-64-48-87-43.* ***Taxi Cousin,*** *☎ 03-84-20-58-10.*

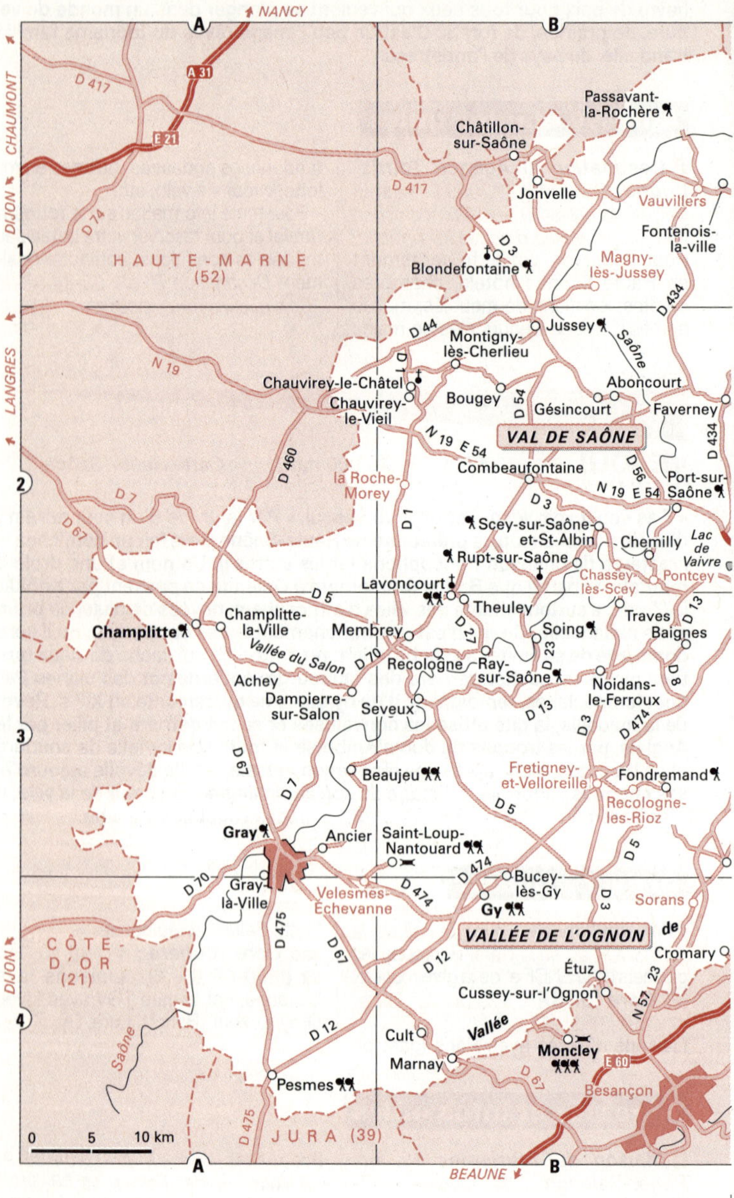
NANCY
CHAUMONT
DIJON
LANGRES
DIJON
BEAUNE
A
B
1
2
3
4
A 31
E 21
D 417
D 74
HAUTE-MARNE
(52)
N 19
D 7
D 67
D 460
Passavant-
la-Rochère
Châtillon-
sur-Saône
Jonvelle
Vauvillers
Fontenois-
la-ville
Magny-
lès-Jussey
Blondefontaine
D 3
D 434
Jussey
Saône
D 44
Montigny-
lès-Cherlieu
Chauvirey-le-Châtel
Chauvirey-
le-Vieil
Bougey
D 54
Aboncourt
Gésincourt
Faverney
VAL DE SAÔNE
N 19 E 54
Combeaufontaine
D 56
Port-sur-
Saône
la Roche-
Morey
D 1
Scey-sur-Saône-
et-St-Albin
Chemilly
Lac
de
Vaivre
Rupt-sur-Saône
Chassey-
lès-Scey
Pontcey
Lavoncourt
D 5
Theuley
Traves
D 13
Champlitte
Champlitte-
la-Ville
Membrey
D 27
Soing
Baignes
Vallée du Salon
D 70
Recologne
Ray-
sur-Saône
D 23
Noidans-
le-Ferroux
D 8
Achey
Dampierre-
sur-Salon
Seveux
D 13
D 474
Beaujeu
Fretigney-
et-Velloreille
Fondremand
Recologne-
les-Rioz
Gray
Ancier
Saint-Loup-
Nantouard
D 474
Bucey-
lès-Gy
D 70
Gray-
la-Ville
Velesmes-
Échevanne
Gy
Sorans
D 475
VALLÉE DE L'OGNON
de
Cromary
CÔTE-
D'OR
(21)
D 12
Étuz
Cussey-sur-l'Ognon
N 57
Vallée
Cult
Moncley
Marnay
E 60
D 67
Besançon
Saône
Pesmes
0
5
10 km
D 475
JURA (39)

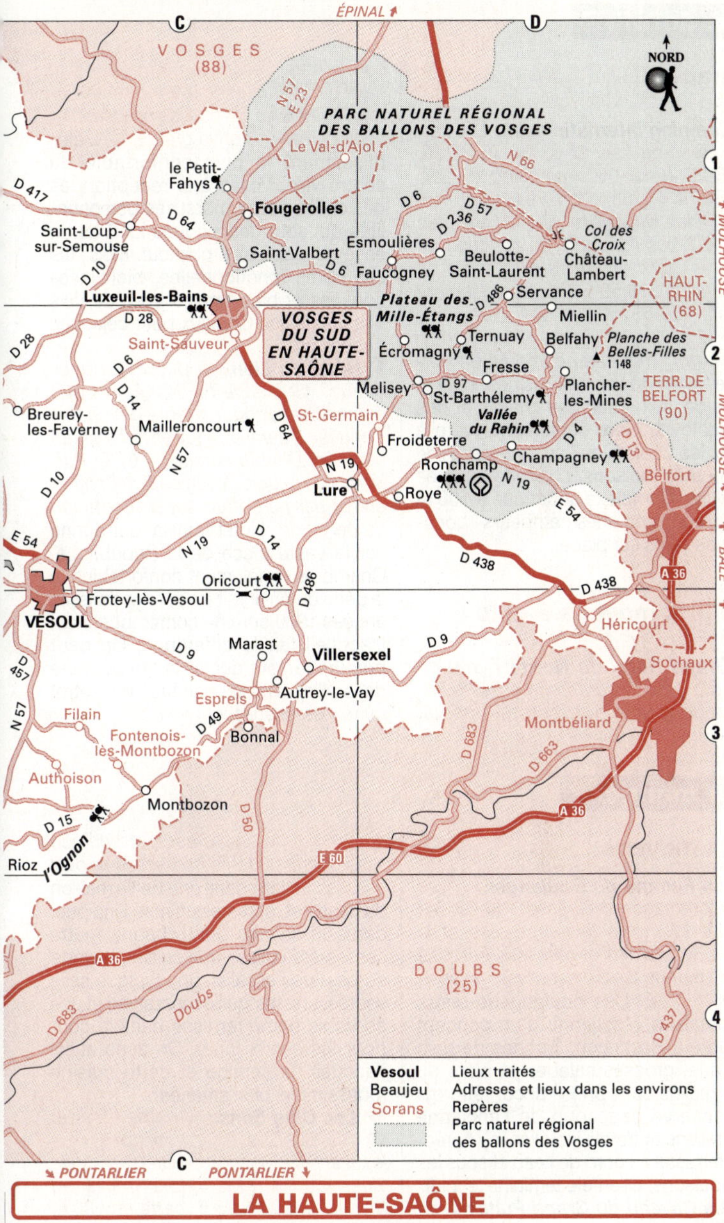

LA HAUTE-SAÔNE

Où dormir ?

Camping

Camping international du Lac : *av. des Rives-du-Lac. ☎ 03-84-76-22-86. 06-26-49-98-06. • camping_dulac@yahoo.fr • camping-vesoul.com • À 2 km du centre-ville. Accessible par le V-bus ligne nº 1 en direction de Vaivre. Ouv tte l'année. Prix tente en hte saison : 16,50 €. Prix hébergement locatif 156-559 €/sem. Prix caravane : env 130 €/sem (avec électricité). 160 empl.* Très beau camping en bordure du lac de Vaivre. Cuisines, salle et aires de jeux. Loue des chalets et des bungalows. Gère également, juste à côté, les *Chalets du Lac*, une vingtaine de petites maisons, chacune équipée de 4 lits. Complexe aquatique à 100 m (prix réduits pour les campeurs). Location de vélos sur place.

De prix moyens à chic

Grand Hôtel du Nord : *7, rue de l'Aigle-Noir. ☎ 03-84-75-02-56. • grandhoteldunord@hotel-vesoul.com • hotel-vesoul.com • À deux pas de la préfecture et de la zone semi-piétonne. Doubles 62-86 € selon saison et confort. Parking privé gratuit.* L'établissement le plus confortable du centre-ville. Voyez à la réception les dédicaces des nombreuses personnalités qui sont descendues ici. Pas un ensemble des plus glamour, mais des chambres fonctionnelles, bien insonorisées et bien tenues avec de jolis dessus de lits. Copieux petit déjeuner. Accueil pro.

Hôtel du Lion : *4, pl. de la République. ☎ 03-84-76-54-44. • hoteldulion@wanadoo.fr • hoteldulion.fr • Congés : 2 sem en août et fêtes de fin d'année. Double autour de 67 €. Parking privé gratuit. Un petit déj/chambre et par nuit offert sur présentation de ce guide.* Hôtel familial qui donne sur la vaste place de la République. Chambres simplement confortables, à la déco qu'on aurait pu décrire dans les années 1980 comme contemporaine... L'accueil fait la différence. On peut prendre le petit déj (et la température de la ville) avec les habitués du bistrot du rez-de-chaussée.

Où manger ?

Prix moyens

La Femme du Boulanger : *1, rue du Commandant-Girardot. ☎ 03-84-76-38-11. Entre le centre-ville et la gare. Fermé dim et mar soir. Formule 13 €, menus 22-37 €, tartines et salades 10-12 €.* Une boulangerie-resto, déclinaison vésulienne d'un concept inventé à Besançon. Tartines de pain Poilâne, grosses salades et plats du jour malins dans un joli décor rétro qui a conservé beaucoup de l'ancienne coutellerie autrefois installée ici. Agréable terrasse au bord de l'eau et sous les frondaisons. Clientèle féminine le midi.

Le Caveau du Grand Puits : *3, pl. du Grand-Puits (entrée par la rue de Mailly). ☎ 03-84-76-66-12. Dans la vieille ville. Fermé mer soir, sam midi, dim et j. fériés. Congés : 1 sem en mai, 2de quinzaine d'août et sem de Noël. Menus 20 € le midi en sem, puis 25-38 €.* Installé dans une vieille maison du centre et, comme son nom l'indique, dans un caveau dont chaque mètre carré a été utilisé : une cuisine ouverte au pied de l'escalier, une typique salle voûtée, une tranquille mezzanine et une adorable petite terrasse dans la cour pour les beaux jours. On aime aussi l'accueil, le service et cette cuisine toute simple, bien amenée.

Les Cinq Sens : *9, pl. de l'Église. ☎ 03-84-75-61-91. • contact@les5sens-vesoul.com • Dans la vieille ville. Ouv slt les midis mar-sam. Menus 12,30-15,30 €, carte env 30 €.* L'adresse gastronomique et branchée de Vesoul, discrètement située sur la place du musée. Intérieur chic de cave à vins et à bières. Cuisine raffinée, présentée avec soin pour une carte volontairement courte avec un nouveau plat chaque jour. Les amateurs de vin ont tout intérêt à suivre les conseils du patron, fin connaisseur, voire à suivre les stages œnologiques thématiques !

Où dormir ? Où manger dans les environs ?

Eurotel Le Saint-Jacques : *2, impasse Bel-Air, 70000* ***Frotey-lès-Vesoul.*** *☎ 03-84-75-49-49. • contact@eurotel.fr • eurotel.fr • À la sortie de Vesoul en direction de Luxeuil, sur la N 57. Fermé dim. Double 75 €. Menus env 19 € midi sem, puis env 29-53 €. Parking privé gratuit.* Certes, l'extérieur n'inspire pas l'extase (architecture d'hôtel de chaîne, à proximité d'une 4-voies) mais, une fois la porte franchie, changement de registre : les chambres sont assez plaisantes dans le genre contemporain. Et la cuisine, une heureuse surprise : jolis produits, au gré des saisons, travaillés avec juste ce qu'il faut de modernité. Accueil pro et chaleureux.

Où boire un verre ?

Le Privilège : *12, pl. de l'Église. Dans la vieille ville. Ts les soirs sf dim, à partir de 17h.* 2 petites salles sous les voûtes de la cave d'une vieille maison du centre. Des barriques servent de tables, le comptoir est du même tonneau. Le patron sait recevoir, aime le rock classique et les bières belges.

Où acheter de bons produits ?

Chocolaterie-pâtisserie Michael Azouz : *22, rue d'Alsace-Lorraine. ☎ 03-84-75-05-93. Au centre-ville. Mar-sam 9h-19h, dim 9h-12h30.* Dans une boutique qui fait également galerie d'art, le fondu local du chocolat, spécialiste de la ganache. Les palais avertis goûteront, par exemple, les chocolats grand cru.

À voir. À faire

Le musée Georges-Garret : *1, rue des Ursulines. ☎ 03-84-76-51-54. Tlj sf mar et certains j. fériés 14h-18h. GRATUIT.*
Installé dans l'ancien couvent des Ursulines, du XVIIe s, c'est un musée d'Archéologie au rez-de-chaussée et des Beaux-Arts au 1er étage.
– *Rez-de-chaussée :* collections préhistoriques provenant de fouilles locales. Bel ensemble de stèles funéraires gallo-romaines. Quelques éléments médiévaux comme la pierre tombale d'Héloïse de Joinville ou un beau Christ aux liens du XVe s.
– *1er étage :* la section Beaux-arts est essentiellement consacrée à une école régionale de la seconde moitié du XIXe s formée autour du peintre et sculpteur Jean-Léon Gérôme (1824-1904). Une belle occasion de découvrir cet artiste dans sa ville natale (même s'il est également exposé au musée d'Orsay). Si Gérôme a manifesté une certaine hostilité à l'égard des impressionnistes, ses œuvres ne sont pas la représentation froide et désincarnée de l'hyperréalisme inspiré par les pompes d'un Second Empire orgueilleux. Le *Mirmillon casqué,* un plâtre patiné noir, pourrait refléter une observation quasi ethnographique des gladiateurs. Cette virtuosité n'exclut pas non plus les patines de l'âme. Il exprime des souffrances d'une vérité touchante (*La Douleur,* bronze) ou des expressions chargées d'un profond humanisme (*Vieille Mendiante à la pipe,* huile sur toile), laissant planer parfois un certain mystère. Peut-être l'empreinte de ses nombreux voyages en Orient.

L'église Saint-Georges : *pl. de l'Église. Pas souvent ouv.* Bel édifice classique du XVIIIe s, reconstruit sur le site de l'ancienne église, rasée par les troupes d'Henri IV en 1595. Récemment rénovée, elle a retrouvé ses couleurs : blanc et or pour les boiseries du chœur, rouge profond pour l'élégante chaire... À droite de l'entrée, dans la chapelle du Saint-Sépulcre, jolie mise au tombeau du XVe s en pierre et sous influence bourguignonne. Dans la tribune nord, immanquable (il fait bien ses 8 m de hauteur pour 6 m de largeur) groupe sculpté : une Assomption du XVIIIe s qui vient d'un couvent de Besançon.

➢ **Balade dans la vieille ville :** *possibilité de suivre d'intéressantes visites guidées. Visites nocturnes en été. Infos à la Maison du tourisme.*
La *place de l'Église* est entourée de belles maisons des XIIIe et XVe s, comme la *maison Parat* (au n° 18) aux fenêtres groupées par trois, ou la *maison Baressols,* dont le curieux pignon est orné d'une fenêtre à lancette (au n° 2).
Dans la *rue Roger-Salengro,* au n° 11, l'*hôtel Thomassin* (1480-1483), de style flamboyant, est sans doute le plus beau bâtiment vésulien avec ses fenêtres et portes en accolade et ses colonnettes torsadées. On peut, quelques mètres plus loin, pénétrer par un portail du XVIIIe s dans sa mignonne cour-jardin (communs du XVIe s coiffés de tuiles bourguignonnes vernissées). Juste en face de l'hôtel, remarquez une fenêtre en trompe l'œil, petit clin d'œil du propriétaire à l'impôt sur le percement des ouvertures, que l'on bouchait pour éviter de payer.
Après avoir retraversé la place de l'Église, emprunter la rue Gevrey pour aboutir sur la *place du Palais-de-Justice* où trône le caricatural *Avocat allant plaider,* sculpture contemporaine inspirée par Daumier et Molière. Le palais en lui-même est un bâtiment du XVIIIe s plutôt austère ; la balance de la Justice sculptée sur le fronton est déséquilibrée, le sculpteur ayant jugé que son salaire ne « faisait pas le poids »... Juste à côté, la *place du Grand-Puits* possède quelques beaux restes des riches immeubles de familles nobles, comme l'*hôtel Lyautey de Colombe* (au n° 4), construit en 1712 et où dormit Louis XV lors d'un passage en 1744. À voir aussi, au n° 3, l'*hôtel Raillard de Grandvelle,* qui accueillit l'empereur de Prusse. À chacun son monarque ! La pierre, calcaire, est due à l'abondance de karst que l'on trouve dans la région.
Au nord, on peut faire quelques pas dans la *rue Baron-Bouvier,* où se trouvait une porte délimitant la ville haute. Au n° 1, la *maison Cariage* de la fin du XVe s, à colombages et encorbellement, bizarrement ventrue, et, au n° 2, une belle maison à accolades torsadées du XVIe s, l'*hôtel Mongenet.* Notez la perspective des arcs et ouvertures en ogives des hôtels particuliers qui jalonnent la rue. Redescendre vers la place du Grand-Puits et prendre la *rue de Mailly,* scandée elle aussi d'anciens hôtels particuliers. *Rue des Annonciades,* prendre à gauche, face à l'ancien couvent (à hauteur du n° 14), un petit passage (un « trage », comme on dit par ici) : entre des maisons des XVIe et XVIIe s qui appartenaient à des vignerons (notez les caves à triple voussure où l'on gardait le vin !), escaliers et passages voûtés descendent vers la place de l'Église.

La Motte : *accès depuis la pl. du Palais, par la rue Petitclerc puis la rue Vendémiaire jusqu'au parking puis grimpette au long du chemin de croix (et ça grimpe vraiment !) jusqu'au sommet (un petit quart d'heure).* La colline symbole de Vesoul. C'est autour du château qui trônait au sommet des 380 m de cette colline que la ville primitive se développa avant de descendre dans la vallée. Le château démantelé par Louis XI en 1469, la Motte est aujourd'hui couronnée d'un monument à la Vierge construit en 1857 sur une sorte de crypte d'apparence archaïque. La vue, des plus belle, s'étend jusqu'aux Vosges et, par temps clair, jusqu'au Jura (table d'orientation). La Motte reste la balade idéale du dimanche après-midi pour de nombreux promeneurs qui vont se poser volontiers un instant à la buvette.

Le lac de Vaivre : *à 2 km à l'ouest du centre-ville.* Très beau plan d'eau de 90 ha, joliment réaménagé, qui permet aujourd'hui de pratiquer la pêche, la voile, le canoë, la natation... Il a été creusé dans des prairies marécageuses pour régler des problèmes d'hygiène, et tout a été fait pour préserver la faune et la flore. Du coup, l'endroit est agréable et très fréquenté à la belle saison par de nombreux touristes et Vésuliens.

– *Club nautique Haut-Saônois Vesoul : ☎ 03-84-76-50-80.* Location de stand-up paddle, planches à voile et toutes sortes d'embarcations *(tlj en juil-août)* ainsi que des stages. Accueille les enfants à partir de 7 ans.

– *Parc aquatique Ludolac : ☎ 03-84-97-50-50. Ouv slt en été.* Toboggan (10 m de haut, 50 m de long), bassin de 50 m, rivière artificielle, pataugeoire pour les plus petits.

– *Vélo-rail : passage à niveau sur la D 13 à 500 m après la sortie de Vaivre et Montoille (à 4 km de Vesoul et 1 km du lac de Vaivre). ☎ 03-81-58-03-09. 06-67-50-07-23. • velorailvesoul.com • Avr-oct. Résa indispensable, arriver à l'heure. Compter env 20 € par vélo-rail ; réduc.* Un drôle d'engin pour une petite balade (8 km, compter 1h30 aller-retour) le long d'une ancienne voie ferrée à travers la tranquille campagne haute-saônoise. Chaque vélo-rail peut accueillir cinq personnes (mais il n'y en a que deux qui pédalent !). Il y a des parasols pour les jours de soleil, et on peut emporter son pique-nique.

Le musée de la Moto tout-terrain : *Trail 70 ; espace de la Motte. ☎ 03-84-75-83-34. À la sortie de Vesoul par la N 19 direction Épinal. Tlj sf dim et lun 9h-12h, 14h-19h (13h45-18h sam). GRATUIT.* Collection personnelle de Joël Corroy, ex-pilote professionnel, au 1er étage de son magasin de motos. Un musée unique en son genre en Europe avec plus de 80 engins, plus ou moins anciens. C'est au guidon d'une des motos construites par Joël Corroy que le champion français Charles Coutard a grimpé en 1983 les deux premiers étages de la tour Eiffel. Un musée qui fera faire un détour aux motards et à tous les amateurs de mécanique.

LA HAUTE-SAÔNE

Randonnée pédestre

➢ ***La réserve naturelle du Sabot de Frotey :*** *rens auprès de la Gestion de la réserve de Frotey, mairie de Frotey-lès-Vesoul, 70000 Vesoul. ☎ 03-84-75-07-45. GRATUIT. 8 km, 2h45 A/R, sans les arrêts.*

À 3 km à l'est de Vesoul, arrêtez-vous au parking de la réserve naturelle de Frotey, sur la N 19 (en direction de Lure). Balisage : points jaunes. Carte IGN au 1/25 000, nº 3421. Trois panneaux d'information dans la réserve. Intéressant pour ses orchidées et ses pelouses sèches.

La flore exceptionnelle du site s'explique par le terrain karstique (plateau calcaire érodé), sec et ensoleillé, de cette butte qui domine Vesoul. L'itinéraire peut être raccourci en traversant directement le bois de Frotey vers le nord, en lisière du motocross. Les Vésuliens apprécient particulièrement cette promenade le week-end, occasion de découvrir un écosystème savamment préservé par des naturalistes attentifs : une centaine de variétés de papillons, des euphorbes et des sceaux-de-Salomon dans la pénombre des sous-bois de chênes et de buis, etc. Proche de l'aérodrome, la pelouse sèche (milieu semi-naturel qui se développe sur des sols calcaires, issu de modes de gestions agricoles extensifs) et ses rares orchidées (une vingtaine d'espèces dans la réserve). En bordure de la falaise, la vue se dégage sur Vesoul et les reliefs ondulés du Sabot de Frotey. La nuit, la réserve est le royaume de l'engoulevent d'Europe, oiseau insectivore menacé de disparition.

➢ En dehors de cet itinéraire, un court sentier monte directement du lotissement du Sabot de Frotey à la roche elle-même.

Manifestations

– ***Festival international des Cinémas d'Asie :*** *1 sem en janv-fév. ☎ 03-84-76-55-82. • cinemas-asie.com •* Le plus important festival du genre en France (sélection de 90 œuvres). Des films rares de ce continent très novateur en la matière.
– ***Festival Jacques-Brel :*** *mi-oct. ☎ 03-84-93-67-58.* Un intéressant festival, qui laisse aujourd'hui une large place à la « nouvelle chanson francophone ».
– ***Foire de la Sainte-Catherine :*** *25 nov, depuis... 1295 !* Les vendanges et les travaux des champs terminés, les paysans venaient autrefois y acheter le cochon pour l'hiver. S'il y a encore un marché aux bestiaux, les petits cochons sont aujourd'hui plus souvent en pain d'épice ! Les « catherinettes », jeunes femmes de 25 ans toujours célibataires s'y baladent coiffées de chapeaux délirants, concours à la clé !

À voir au nord de Vesoul

Parc à l'anglaise La Cude : *70240* ***Mailleroncourt-Charette.*** *☎ 03-84-95-83-93. • larboretumlacude.fr • À mi-chemin entre Vesoul et Luxeuil sur la D 140, à 500 m du village (indiqué). Visite slt sur rdv (compter 2-3h). Entrée : 6 € ; réduc. Pique-nique possible.* Dans une adorable vallée arborée à la source du Durgeon se cache un étonnant arboretum, bichonné de père en fils sur trois générations. À flanc de coteau, un chemin de 2 km serpente à travers des centaines d'espèces de tous les continents, étiquetées consciencieusement. Orme de Sibérie, arbres aux quarante écus... Des arbres centenaires et un « jardin remarquable » à tout point de vue.

LA VALLÉE DE L'OGNON

• Fondremand • Rioz : le château de Bellevaux et le château de Roche
• **Villersexel......................254**
• Le prieuré de Marast
• Le château d'Oricourt
• **Le long de l'Ognon 256**
• Le val de Bonnal
• Montbozon
• Cussey-sur-l'Ognon
• Le château de Moncley
• Marnay • Pesmes
• **Gy..................................261**
• Bucey-lès-Gy
• Les monts de Gy

FONDREMAND (70190)

À une trentaine de kilomètres au sud-ouest de Vesoul direction Besançon, puis à droite par la D 192. Détour obligatoire jusqu'à ce tout petit village, un peu perdu au milieu de nulle part ! S'il était dans le Périgord ou le Lubéron, Fondremand attirerait les foules. Ici, personne ou presque dans la grande rue ou les ruelles adjacentes bordées de maisons des XVe et XVIIe s : demeures bourgeoises aux jardins suspendus, maisons de vignerons, hôtels particuliers, belle église romane avec un chœur ogival primitif, etc. Au cœur du village, la superbe source de la Romaine et son lavoir, aménagé au XVIe s, reconstruit au XIXe s dans le style néoclassique : vaste bassin circulaire, escaliers, passerelles. La fontaine prend sa source au milieu du village, au pied d'un rocher de 50 m de haut. En mai, elle est envahie par des maquettistes qui se régalent en faisant voguer des modèles réduits de bateaux. Très beau coin, encore plus attachant quand on recule de quelques pas pour découvrir ce lavoir surplombé par un impressionnant donjon, ancienne forteresse romane.

Où manger ?

L'Amphitryon : *5, impasse de l'Église. ☎ 03-84-78-99-10. Ouv les midis mer-dim et les soirs slt ven-sam. Menus env 13 € (midi sem) et 28 € (soir* *et w-e).* Il faut un peu aller le chercher, ce discret resto-là. Mais quel bonheur quand on l'a trouvé, joliment installé dans plusieurs pièces de l'ancien presbytère du village ! Produits des fermes alentour, jolie cuisine au goût d'aujourd'hui, à l'ardoise, donc au gré du marché, service d'une vraie gentillesse, agréables terrasses aux beaux jours, prix doux : *L'Amphytrion* a tout bon.

À voir

Le donjon : *☎ 03-84-78-20-03. • chateau.fondremand.pagesperso-orange.fr • Visites guidées payantes tte l'année, sur résa slt ou programmées en juil et sept.* Rectangulaire, haut de cinq étages (soit 20 m) et coiffé d'une vaste toiture. Le donjon est quasiment tel qu'il se présentait lors de sa construction par les ducs de Bourgogne, aux XIe et XIIe s. À l'intérieur, un escalier taillé dans la muraille qui mène à la salle des gardes et à des cachots (vaguement légendaires) ; un autre escalier, à vis, qui permet de découvrir la solide charpente de chêne. Parmi le sympathique bric-à-brac (plus que musée...), on remarquera le jeu de grenouilles et un pied-de-chèvre (échelle à cerises) de 18 m.

L'huilerie-moulin : *3, rue du Moulin. ☎ 03-84-78-92-26. 06-74-35-98-50. En période scol, mar, jeu et ven 10h-12h, 14h-18h, dim 14h30-18h30 ; aux vac scol, mer-dim 14h30-19h. Appeler avt de venir. Entrée : 4 € ; gratuit jusqu'à 6 ans. Gâteau de la meunière chaque dim ap-m.* Ce moulin, dont les origines remontent au XIIIe s, tourne à nouveau depuis quelques années. On y fabrique diverses farines tamisées à la main, des poudres et de l'huile de noix ou de noisette... Visite du moulin, des aménagements extérieurs (canal, vanne, barrage, pont) et de la salle des mécanismes. Boutique dans laquelle, outre la production du moulin, on trouve confitures maison, sirops, tisanes, etc.

LA HAUTE-SAÔNE

Manifestation

– ***Journées artistiques et artisanales de Fondremand :*** *mi-juil, ts les 2 ans.* Les habitants ouvrent leurs maisons à des artisans d'art. Concerts (jazz, musique folklorique) et animations de rue. Un vrai succès populaire.

RIOZ *(70190)*

À mi-chemin entre Vesoul et Besançon, le bourg-rue de Rioz ne présente guère de charme, mais ses habitants ne manquent pas pour autant d'humour : le village possède évidemment son propre carnaval, l'un des plus grands de Franche-Comté ! Et comme ici on sait aussi être sérieux, on vous signale que Rioz est la commune d'origine de la famille Jeanneney, qui a fourni un ministre à la République à chaque génération : Jules, Jean-Marcel et Jean-Noël (né en 1942 pour ce dernier) !

À 5 km au sud-est de Rioz, on trouve le ***château de Bellevaux,*** bâtiment abbatial en fait, seul reste d'une abbaye cistercienne du XIIe s, et, un peu plus loin, le ***château de Roche,*** construit sur les bords de l'Ognon. Sur la D 15 vers Sorans, une ***maison forte*** du XVIe s, qui servait à la fois de logis seigneurial et d'exploitation agricole. Les bâtiments utilitaires (étables, moulin, grange) sont organisés autour d'une cour intérieure. La chapelle privée avec des fresques murales est toujours là. Demandez s'il est possible de la visiter.

Où camper ?

Camping municipal du Lac : *rue de la Faïencerie. ☎ 03-84-91-91-59. • camping@rioz.fr • camping.rioz.fr • Ouv avr-sept. Compter 16 € en hte *saison. Hébergement locatif 320-475 €/sem.* Camping 3 étoiles, à deux pas d'un plan d'eau de 90 ha. Aires de jeux et piscine.

VILLERSEXEL (70110) 1 590 hab. *Carte Haute-Saône, C3*

Ancienne cité fortifiée, construite de part et d'autre du confluent de l'Ognon et du Scey, sur le sommet d'une colline, Villersexel a souffert lors de la guerre de 1870, même si le général français Bourbaki y a vaincu les Prussiens. La petite cité conserve des traces du passé, comme la porte voûtée de la Palud, l'une des trois portes qui protégeaient la ville et la cour du Parlement avec ses maisons des XVe et XVIe s. Agréable promenade autour de l'église à triple nef coiffée du classique clocher franc-comtois. Empruntez, ensuite, les rues du Presbytère et François-de-Grammont, ponctuées de maisons anciennes, avant de redescendre vers la rue de la Doue qui débouche sur la place de la Fontaine. Noter que l'ancien hôpital, le premier privé de France (ne se visite pas), abrite une superbe apothicairerie du XVIIIe s et… la première morgue du pays !

Adresse utile

Office de tourisme : *33, rue des Cités. ☎ 03-84-20-59-59. • ot-villersexel.fr • En saison, mar-sam ; hors saison, lun-ven midi.* Propose des visites guidées et différentes animations en saison.

Où dormir ? Où manger dans le coin ?

Campings

Le Chapeau Chinois : *à* ***Villersexel.*** *☎ 03-84-92-36-55. • pan.sarl@hotmail.fr • camping-villersexel.eu • Dans la ville basse, en bordure de l'Ognon. Après le pont, par la D 486. Prix tente : env 14 €. 80 empl.* Agréable camping, avec gîtes. À côté, location de mobile homes et de bungalows. Base de loisirs à 300 m et jeux pour enfants.

Camping municipal : *6, Grande-Rue, 70110* ***Autrey-le-Vay.*** *06-45-40-38-33. • autreylevay@wanadoo.fr • À 3 km au sud-ouest par la D 486, puis la D 9. Ouv de mi-avr à mi-oct. Prix tente en hte saison : env 11 €. Prix hébergement locatif 175-200 €/sem. CB refusées. 20 empl.* Tout petit camping posé juste au bord de l'Ognon, vastes emplacements bien ombragés. Des chalets à louer (pour 4 personnes, sans eau). C'est une étape sympathique pour les canoéistes, les randonneurs, les pêcheurs et les campeurs. Buvette en été.

Prix moyens

Hôtel-restaurant de la Terrasse : *1, rue du Quai-Militaire, au bord de la rivière. ☎ 03-84-20-52-11. • laterrassevillersexel@wanadoo.fr • laterrasse-villersexel.com • Au niveau du pont, direction Lure. Tlj sf 1er janv et 25 déc. Doubles 70-72 €. Menus 15,50 € le midi en sem, puis 26,50-36,50 €. Apéritif maison offert sur présentation de ce guide.* Une affaire familiale depuis 1921. Grosse maison toute pimpante, à deux pas de la rivière, tenue par la nouvelle génération, qui traite les habitués comme des membres de la famille. Chambres mignonnes comme tout et chaleureuses avec tissus à fleurs et meubles anciens. Salle de resto plaisante, réchauffée par une cheminée en hiver.

Belle terrasse ombragée par un tilleul centenaire l'été.

Chambre d'hôtes Le Manoir Saint Pierre : *23, rue François-de-Grammont. ☎ 03-84-63-41-62. 06-63-38-50-66. • contact@manoirsaintpierre2.fr • manoirsaintpierre.fr • À côté du château. Doubles 75-80 € avec ou sans sdb.* Pascal et Philippe ont restauré avec un vrai sens de l'esthétique cette superbe demeure des XVe et XVIe s, dans laquelle on déambule en chaussons (on vous en prête !). Depuis les salons avec pianos et beau mobilier, on passe aux 5 chambres de charme, chacune avec son style : en mansarde, traversées par de vénérables poutres, accessibles par une tourelle... Et l'on prend le petit déjeuner dans une véranda ou dans la cuisine du Moyen Âge. De jolies vues dégagées sur la campagne franc-comtoise et une piscine couverte pour les beaux jours. Une adresse pour amoureux de musique, du beau en général et amoureux tout court.

L'Arlequin : *48, rue du Presbytère, derrière l'église. ☎ 03-84-30-16-82. Les midis mar-ven et dim, plus sam soir. Congés : 2 sem en août-sept. Menus 25-36 €. Café offert sur présentation de ce guide.* La façade orange pimpante de ce resto de bourg donne d'emblée le ton : un accueil sympa comme tout, une cuisine maison sans prise de tête aux accents alsaciens et italiens et un cadre de bistrot convivial.

Le Relais des Moines Hôtel-Spa-Restaurant : *1, rue du 13-Septembre-1944. ☎ 03-84-20-50-50. • relaisdesmoines-spa@orange.fr • lerelaisdesmoines.fr • Au centre du bourg. Resto le soir slt, lun-sam. Double env 70 €. Repas à partir de 35 €.* Hôtel classique avec des chambres simples et confortables, refaites peu à peu, plus tranquilles sur l'arrière. Au resto, cuisine traditionnelle de région. Espace bien-être.

À voir. À faire

Le château de Villersexel : *pl. de l'Hôtel-de-Ville. ☎ 03-84-20-51-53. Visite guidée slt, mer, sam et dim en saison à 15h30 (soyez ponctuel !). Tarif : env 8 €.* Cet imposant bâtiment est le quatrième de la série de châteaux construits sur ce site. Le troisième était un joyau de l'architecture du XVIIe s, acquis par la famille de Grammont, avec un toit de tuiles vernissées qui faisait l'admiration du pays. On dénombrait alors 365 fenêtres ! Ravagé par la guerre de 1870, il a été reconstruit dans le plus pur style Louis XIII, en pierre blanche et brique rouge. On peut y dormir en chambres d'hôtes et découvrir les tapisseries des Gobelins et quelques pièces richement décorées, dont une magnifique bibliothèque.

– **La base nautique Plein Air et Nautisme :** *47, rue de la Forge. ☎ 03-84-20-52-26. • pan-sarl.eu •* Descente de rivière à partir de 5 ans, en canoë-kayak. Et « Mini accro-cime », parcours aventure pour les enfants à partir de 3 ans, en journée et en soirée.

DANS LES ENVIRONS DE VILLERSEXEL

Le prieuré de Marast : *à 6 km à l'ouest de Villersexel par la D 9, direction Vesoul ; à Esprels, à droite, direction Marast (D 242). Ouv en saison. GRATUIT.* Fondé en 1123. Un ensemble de bâtiments conventuels du XVIe s (ils ne se visitent pas). Étonnante église, restaurée, une très haute charpente en bois du XVIe s en forme de coque de navire renversée, et de vieilles pierres tombales gravées (rare !). Chaque année, le prieuré accueille des concerts de musique classique.

Le château d'Oricourt : *1, rue Nicolas-Rolin, 70110* ***Oricourt.*** *☎ 03-84-78-74-35. • oricourt.com • À 9 km au nord-ouest de Villersexel par la D 486, direction Aillevans (que l'on traverse) et Oricourt. Ouv de mars à mi-nov, tlj sf mar 14h-18h ; sinon, sur résa. Entrée : 5 € ; réduc ; gratuit jusqu'à 6 ans. Compter 1h30*

pour la visite guidée. Édifié au milieu du XIIe s, un château fort, un vrai de vrai (on a failli y tourner la suite des *Visiteurs,* c'est dire...). C'est même l'ensemble médiéval le mieux conservé de la région : deux hautes tours carrées (dont une bien en ruine), profond fossé, courtine, énorme puits (système bourguignon à double seau), boulangerie, caves et colombier (avec échelle tournante). Dans la double enceinte fortifiée, une ferme, et le corps de logis transformé à partir du XVe s par Nicolas Rolin, riche chancelier du duc de Bourgogne. Visionnaire, le chancelier était amateur de belles choses et a fait travailler les plus grands artistes de l'époque. Fenêtres à meneaux, percées ici bien avant que la Renaissance n'en lance la mode, galerie à l'italienne. Notez aussi, à côté des logis, une tour octogonale renfermant un superbe escalier à vis (viorbe).
Depuis 1969, Jean-Pierre Cornevaux et son épouse consacrent toute leur énergie à la restauration d'Oricourt. Le lieu se veut à présent un espace ouvert à la culture.
– Le château accueille ts les ans des concerts et des spectacles.

LE LONG DE L'OGNON

L'Ognon, presque torrent dans les Vosges saônoises, s'alanguit à partir de Villersexel et, grossi de plusieurs autres petites rivières, développe ses méandres à travers une bucolique vallée. La D 49 jusqu'à Montbozon, la D 31, puis la D 15 suivent peu ou prou le cours de la rivière. Notre itinéraire zigzague aussi entre Doubs et Haute-Saône (la rivière fait « frontière » entre les deux départements) pour approcher le château de Moncley.

L'Ognon en canoë-kayak

Rivière tranquille (les rapides s'y font discrets), accessible à tous. Pour une petite balade : 13 km de Villersexel à Bonnal. On peut poursuivre au-delà (185 km navigables). Néerlandais, Anglais ou Allemands ont déjà été conquis par ses berges boisées et, ici ou là, encore sauvages, mais on est loin des embouteillages de l'Ardèche !

■ ***Location de canoës-kayaks : Plein Air et Nautisme,*** *47, rue de la Forge, 70110* ***Villersexel.*** *☎ 03-84-20-52-26. • pan-sarl.eu • D'autres infos à l'office de tourisme de Villersexel : ☎ 03-84-20-59-59.*

LE VAL DE BONNAL (25680)

Plusieurs plans d'eau aménagés dans d'anciennes carrières de sable au cœur d'une jolie forêt. On peut, aux beaux jours, y pratiquer toutes les activités nautiques : baignade, voile... Noir de monde certains jours d'été. *Base de loisirs : ☎ 03-81-86-90-87.*

Où dormir ?

⛺ ***Camping Les Castels du Val de Bonnal :*** *1, chemin du Moulin, 25680* ***Bonnal.*** *☎ 03-81-86-90-87. • val-de-bonnal@wanadoo.fr • camping-valdebonnal.com • ♿ Ouv mai-début sept. Emplacement pour 2 : env 19-43 € selon type et saison. Loc de mobile homes et chalets env 385-1 379 €/sem selon taille et saison.* Superbe camping au cœur du parc naturel et touristique du val de Bonnal. Piscine, jeux aquatiques, lac avec plage aménagée, resto, etc. Location de vélos sur place. À proximité, golf, tennis, équitation.

🏠 ***Les Cabanes des Grands Lacs :*** *La Forge-de-Bonnal, 70230* ***Chassey-les-Montbozon.*** *☎ 03-84-77-06-72. • info@cabanesdesgrandslacs.com • cabanesdesgrandslacs.com • Ouv de mi-mars à mi-nov. Nuit en* *cabane perchée 145 € pour 2, petit déj compris ; en cabane flottante 160 €.* En pleine nature, une petite vingtaine de cabanes (pour 2 à 6 personnes) perchées (et, pour certaines, vraiment hautes !) dans des arbres largement centenaires ou flottant tranquillement sur un de ces grands étangs qu'on peut effectivement qualifier de lac. Accès en barque pour ces dernières. Une expérience...

MONTBOZON (70230)

Joli bourg, jadis place forte comtale et siège d'une prévôté. Autour de la place centrale, bel ensemble de solides maisons des XVIe, XVIIe et XVIIIe s.
– À 3 km au nord-ouest par la D 26, au centre du village de Fontenoy-lès-Montbozon, l'une des plus curieuses fontaines-lavoirs du coin, au toit qui évoque quelque ovni.

Où acheter le fameux biscuit de Montbozon ?

Biscuiterie artisanale Lanternier : *40, rue des Chenevières. ☎ 03-84-92-32-02. • biscuits-montbozon.fr • À la sortie du bourg, direction Vesoul. Lun-ven 9h-12h, 14h-16h.* Petite usine moderne où l'on trouve le « véritable biscuit de Montbozon ». Cousin éloigné du biscuit de Reims au délicat parfum de fleur d'oranger, il fut inventé par le pâtissier particulier de Louis XVI, réfugié à Montbozon après la chute de la royauté. Il confia, sur son lit de mort, le secret à une habitante du bourg. Depuis 1857, la recette du « dessert des rois, roi des desserts », évidemment secrète, appartient à la famille Lanternier.

CUSSEY-SUR-L'OGNON (25870)

Village paisible, typique du coin, avec son petit pont sur l'Ognon et sa mairie-lavoir du XIXe s. Les amateurs de fontaines traverseront d'ailleurs l'Ognon jusqu'à ***Étuz,*** autre petit village qui abrite un exemple intéressant de fontaine-lavoir (1845). Les bassins sont flanqués de deux galeries à colonnades formant un ensemble architectural de facture néoclassique. L'ensemble est magnifiquement illuminé la nuit.

Où dormir ?

Où manger à Cussey et dans les environs ?

L'Esplanade : *rue du Pont, 70190* ***Cromary.*** *☎ 03-84-91-82-00. • lesplanade@gmail.com • campinglesplanade.com • À 15 km au nord-est de Cussey par la D 66 et la D 31. Ouv avr-fin sept. Prix tente : 16-19,50 €. Prix hébergement locatif 300-375 €/sem. CB refusées. 44 empl.* Un petit camping très agréable, en contrebas d'un charmant village, sur les rives de l'Ognon. Activités nautiques à proximité. Location de tentes pour 4 ou 6 personnes.

La Vieille Auberge : *1, Grande-Rue, pl. de l'Église. ☎ 03-81-48-51-70. • lavieilleauberge@wanadoo.fr • la-vieille-auberge.fr • Resto fermé dim soir et lun. Double 73 €. Menus 22-37 € ; env 40 € à la carte.* Une auberge de bourg pur jus avec murs de pierre et vigne vierge. Chambres spacieuses et confortables. Au resto, grande salle rustique avec ce qu'il faut d'objets ruraux cloués aux murs et bouquets de fleurs en plastique. Le décor est planté pour une cuisine de tradition (du type tête de veau) d'un honorable rapport qualité-prix.

LE CHÂTEAU DE MONCLEY (25170)

Nouvelle petite incursion dans le Doubs, pour découvrir ce château posé au-dessus de la D 14, entre Moncley et Émagny. Ouv printemps-automne ; visite guidée

LA HAUTE-SAÔNE

(1h30 env) 2 dim/mois, sur résa à l'office de tourisme de Besançon (☎ 03-81-80-92-55 ; • besancon-tourisme.com • moncley.jimdo.com •). Compter 7 €.
Construit au XVIIIe s à l'emplacement d'une ancienne forteresse féodale, un exemple rare d'architecture néoclassique. On n'en verra malheureusement rien, car il est protégé par les arbres de son parc. Il faut passer par les visites guidées pour découvrir l'architecture typique du bâtiment (belle façade en arc de cercle) et les merveilles de l'intérieur : l'opulent vestibule doté d'un majestueux escalier, les meubles Louis XVI...

MARNAY *(70150)*

Florissant (comme le reste de la Franche-Comté) sous le règne des Habsbourg, ce bourg, un peu perché au-dessus de la rivière, a gardé quelques vestiges de ce prospère passé, comme l'hôtel de Santans (aujourd'hui hôtel de ville) du XVIe s, percé de fenêtres à meneaux de style flamand. Juste en face, l'église Notre-Dame-Saint-Symphorien, du XIIe s, abrite, sous de jolies voûtes peintes, une intéressante statuaire. De l'ancien château, seuls subsistent la porte du pont-levis, reconstruite en 1622, et quelques pans des fortifications. Les petites rues du centre, quant à elles, comme la rue Gambetta, cachent quelques beaux ensembles de maisons vigneronnes ou de fermes anciennes. Un bourg qui ne manque pas d'idées pour valoriser son patrimoine.

Adresse et info utile

Office de tourisme du Val Marnaysien : *21, pl. de l'Hôtel-de-Ville. ☎ 03-84-31-90-91. • ot-valmarnaysien.com • Lun-ven 9h30-12h30, 14h-16h30 (18h hte saison).*

– **Base de loisirs Woka Marnay :** *☎ 03-84-65-00-45.* Location de canoës, accrobranche, stand-up paddle...

Où dormir ? Où déguster de bons produits à Marnay et dans les environs ?

Camping

Le Vert Lagon : *route de Besançon, à Marnay. ☎ 03-84-31-73-16. 06-40-78-58-13. • contact@camping-vertlagon.com • camping-vertlagon.com • Mai-fin sept. Prix tente : 9,40-12,40 €. Prix hébergement locatif 300-640 €/sem. 100 empl.* Agréable camping au pied du bourg avec mobile homes à louer. Baignade possible (mais non surveillée) et pêche dans la rivière, location de kayaks et piscine. Snack, jeux pour les enfants, mini-accrobranche, VTT... Un camping qui innove en permanence !

De bon marché à prix moyens

La Grange : *13 bis, rue Gambetta, à Marnay. ☎ 03-84-31-92-25. • lagrangedirect.com • Dans l'une des jolies rues du bourg. Mar-sam 9h-12h, 14h30-18h (petit déj 9h-11h30). Petit déj avec comté 8,50 € (sur résa slt).* Salon de thé, épicerie fine de produits régionaux, boutique de déco, snack... tout cela à la fois dans cette grange rénovée dans un style bois clair chic et choc, reconnaissable à sa vache devant. Produits triés sur le volet, des plus classiques (griottines, absinthe...) aux plus originaux (guimauves traditionnelles, terrines au vin jaune...). Une belle adresse. Chambres d'hôtes de charme juste à côté *(☎ 03-84-67-28-40 ; • latour-philibert.com •).*

La Cave se rebiffe : *11, route de Gray, à Marnay. ☎ 03-84-31-90-10. À la sortie du bourg. Mer-sam et dim mat 10h-12h30, 15h-19h30.* Un caviste pointilleux sur sa sélection de vins français, notamment franc-comtois, des vins du jura à un bio de champlitte de dessous les fagots.

Chic

Chambres d'hôtes Les Égrignes : *Le Château, 2, route d'Hugier, 70150 Cult. ☎ 03-84-31-92-06. • les-egrignes.com • À 5 km au nord-ouest de Marnay par la D 67. 3 suites, dont 2 avec salon particulier (transformable en chambre), 100-130 € pour 2.* Au cœur d'un très beau parc de 5 ha, élégante maison bourgeoise de 1854 (que les gens du pays ont eu vite fait d'appeler « château »), classée Monument historique. Des suites spacieuses, décorées et meublées avec goût et souci du détail. Superbes salles de bains. Barbecue et cuisine d'été à disposition (servez-vous dans le potager !). Excellent accueil.

PESMES (70140)

L'un des « Plus beaux villages de France ». Débrouillez-vous pour y arriver depuis Dole par la D 475 pour tomber nez à nez avec cette muraille haute de plus de 50 m qui domine l'Ognon, symbole d'opulence, témoignage d'un passé que l'on imagine glorieux.
L'histoire n'a pourtant pas toujours été tendre avec Pesmes. Descendants indirects d'Hugues Capet, les seigneurs de Pesmes qui étaient respectés, craints et admirés pouvaient s'enorgueillir d'être de sang royal. En 1327, cette famille n'a plus d'héritier mâle. Les problèmes commencent alors : 3 siècles durant, la cité est l'objet constant des convoitises entre Bourguignons, Habsbourg, Anglais et Français. Les destructions, les pillages, les incendies firent des ravages considérables, sans compter la Révolution qui, elle aussi, a enlevé sa pierre à l'édifice.
Pourtant, Pesmes, dont le nom celte signifie « roc élevé », est un livre d'histoire dans lequel on entre avec bonheur : maisons Renaissance richement décorées, hôtels particuliers, église au riche mobilier...

Adresses utiles

Office de tourisme du Val de Pesmes : *6, pl. des Promenades. ☎ 09-50-17-09-00. 📱 06-87-73-13-05. • ot-pesmes.fr • Fermé dim, plus sam en basse saison.* De la documentation sur la ville est également à disposition chez certains commerçants.

– **Base nautique :** *chemin du Pasquier. • pesmes@woka.fr • 📱 06-95-25-66-03. Tlj en juil-août ; slt mer, w-e et j. fériés en mai-juin et sept. Canoë-kayak à partir de 8 €/pers ; réduc ; gratuit moins de 6 ans.* 3 parcours (7, 12 et 30 km).

Où dormir ? Où manger ?

Camping

La Colombière : *route de Dole. ☎ 03-84-31-20-15. • lacolombiere@woka.fr • campingfrance.com • ♿ Ouv de mai à mi-oct. Emplacement pour 2 : env 9,30-11,30 € selon saison. Loc de mobile homes 240-450 €/sem. 70 empl.* Au bord de l'Ognon, au pied de la ville, un petit camping confortable qui pâtit malheureusement un peu du bruit de la route mais bénéficie de jolis emplacements. Jeux pour enfants. Base de loisirs voisine : location de canoës-kayaks, VTT...

De bon marché à prix moyens

Hôtel de France : *9, rue Vanoise. ☎ 03-84-31-20-05. ♿ Au pied de la vieille ville. Resto fermé dim soir et vac scol de Toussaint. Doubles 43-50 €. Menus 15 € en sem, puis 22-30 € ;*

carte env 25 €. La bonne affaire familiale depuis les années 1950. Les chambres, bien modestes mais gentiment rénovées, sont installées dans une annexe, genre pavillon de banlieue, entourée d'un jardin. Au resto, salle d'un rustique achevé donnant sur l'Ognon. Délicieuse terrine maison et immense plateau de fromages qui laisse pantois.

Les Jardins Gourmands : *route de Dole, à l'entrée du camping. ☎ 03-84-31-20-20. • gourmandine70@free.fr • À la sortie de Pesmes, direction Dole. Fermé dim soir, plus lun soir hors saison. Menus 16,80-36,20 €. Apéritif maison offert sur présentation de ce guide.* Entre ombrelles roses accrochées au plafond et papier peint imitation pierres apparentes, la déco frôle le kitsch absolu. L'accueil est souriant, le service d'une réelle efficacité, et la cuisine de région aussi copieuse que bien tournée.

À voir

– Possibilité de ***visite guidée*** payante (pour les groupes de 10 personnes) des ***anciennes forges*** à la riche actualité culturelle, du **bourg** et de l'***église*** par des bénévoles passionnés *(sur rdv à l'office de tourisme).* Au gré des ruelles et des places, on découvre une cité active et créative où il n'est (presque !) pas un jour sans animation : vide-greniers, rendez-vous musicaux, foires, kermesses, etc.

L'église Saint-Hilaire : *visite libre tlj, entrée par la petite porte sur le côté.* Édifiée à l'origine en 1151 par Guillaume Ier de Pesmes et son fils, terminée en 1280 pour le chœur et la nef. Il ne reste de cette église romane que la base du clocher et quelques vestiges du chœur. Elle a été agrandie par des chapelles. À l'intérieur, baignée d'une lumière ocre, magnifique chaire en porphyre avec des niches en marbre noir. Dans la grande chapelle a été regroupée une riche statuaire. Dans le chœur, triptyque du Saint-Sépulcre peint en 1560 par le Pesmois Jacques Prévost, élève de Raphaël, qui a introduit la Renaissance en Franche-Comté. Ne pas manquer la somptueuse chapelle d'Andelot du XVIe s : chef-d'œuvre du style Renaissance de la Haute-Saône. C'est la chapelle funéraire de Pierre d'Andelot, abbé de Bellevaux, et de son frère Jean. Ce dernier, premier écuyer de l'empereur Charles Quint, se distingua lors de la bataille de Pavie (1525), en faisant François Ier prisonnier à l'issue d'un combat singulier. Il en sera récompensé par un poste de gouverneur de la province quand la Franche-Comté sera cédée à Charles Quint par le traité de Madrid, en 1526. Décorée à l'antique, la chapelle alterne le fameux marbre rouge de Sampans (près de Dole), pour le balustre, avec le marbre noir des médaillons et l'albâtre des mascarons. On peut admirer les remarquables statues en marbre de Philippote de Houes et de Quiette d'Igny, femmes des frères d'Andelot.

Autour de l'église, au fil des rues, on trouve des maisons vigneronnes (rue des Granges, rue Sainte-Catherine), de très belles façades Renaissance (Grande-Rue), avec des portails, des bandeaux moulurés, des escaliers à vis, des tourelles... Dans la rue des Châteaux, on pourra s'attarder sur trois magnifiques hôtels particuliers : l'***hôtel Mairot*** où vécut le général Malet (1754-1812). Conspirateur, il avait annoncé la mort de Napoléon devant Moscou et demandé la constitution d'un gouvernement provisoire en utilisant de faux documents. Cette tentative de coup d'État lui valut d'être fusillé. Suivent l'***hôtel Grignet*** et l'***hôtel Mouchet de château Rouillaud.*** Voir également le ***château*** (privé). Il ne reste que la partie est de cet ouvrage construit au XIe s.

La maison royale : *☎ 03-84-31-23-23. • maisonroyalepesmes.com • Visite guidée slt, mai-sept, dim et j. fériés 14h-18h, groupes tlj sur résa. Entrée payante ; gratuit jusqu'à 12 ans.* Énorme maison de 50 m de long, assez austère, datant du XVe s. Ce fut d'abord une maison à vocation militaire : les meurtrières et l'épaisseur des murs ne laissent aucun doute. Résidence du gouverneur de Gray, elle devint réserve de vivres pour les habitants de la région en cas de disette. Alors, pourquoi « royale » ? Sans doute parce qu'Henri IV et Louis XIV passèrent par là... Chambres d'hôtes pour qui aurait succombé à l'ambiance du lieu.

GY

(70700) 1 100 hab. *Carte Haute-Saône, B4*

Cette « Cité de caractère de Bourgogne – Franche-Comté » a été, dès le XIe s, sous l'influence des archevêques de Besançon qui résidaient au château de Gy. Reconstruit au XVIe s puis au XVIIIe s, ce magnifique édifice a été vendu comme bien national à la Révolution. Mais il n'a pas été saccagé, et ses nouveaux propriétaires se sont employés à lui redonner de sa superbe. Au pied du château, le bourg castral a un certain charme avec son église à l'éclatante luminosité et ses vieilles maisons aux façades remaniées au XVIIIe s avec oriels et fenêtres à meneaux. On trouve aussi, dans la partie basse du bourg, une imposante mairie de style néoclassique et quelques maisons vigneronnes aux caves à demi enterrées, souvenir du temps où Gy comptait parmi les cités viticoles de la Franche-Comté. Son vin était réputé, et certains tentent aujourd'hui de le faire renaître, mais on est loin des 1 500 ha recensés à la fin du XIXe s.

Adresse utile

Office de tourisme des Monts de Gy : *Grande-Rue. ☎ 03-84-32-93-93. • ot-montsdegy.com • Mar-sam mat, plus lun ap-m en juil-août.* Une mine d'infos sur le coin. Excellent accueil. Organise d'intéressantes randonnées pédestres à thème et des visites payantes du bourg et du château. Brochure de découverte du patrimoine pour les plus jeunes. Boutique.

Où dormir ? Où manger ?

Hôtel Pinocchio : *3, rue Beauregard. ☎ 03-84-32-95-95. • joellegallochat@gmail.com • hotelpinocchio.fr • Au centre du bourg. Doubles 70-85 €.* Entre les vieux murs d'une maison de maître, de jolies chambres qui jouent habilement le mariage des styles. Salles de bains d'une taille plus qu'honorable. Piscine agréable dans le parc.

Au Coin du Feu : *2, pl. de la Mairie. ☎ 03-84-32-84-32. À côté de l'hôtel Pinocchio. Menu 16,50 € le midi en sem, pizzas le soir 9-12 €.* Troquet du centre avec à côté une salle de restaurant au cadre chaleureux, dominée par une grande cheminée. Cuisine traditionnelle qui remplit bien son contrat. Accueil gentil.

Le Charlemagne : *Grande-Rue. ☎ 03-84-32-82-92. Au centre du bourg. Fermé dim soir et lun. Menus env 14 € le midi en sem, puis 15-25 €.* Une petite salle d'auberge de campagne, toute mignonne dans son genre. Bonne cuisine de tradition à prix très serrés. Accueil et service de la patronne souriants.

À voir

Le château : *☎ 03-84-32-93-93. Juil-août, tlj sf mar 14h-18h ; le mat sur rdv. Pâques-Toussaint, w-e et j. fériés slt, aux mêmes heures. Payant.* Cette ancienne maison forte du XIIIe s, résidence traditionnelle des archevêques, a été reconstruite au XVe s, puis transformée en une résidence carrément princière à la demande du

cardinal de Choiseul-Beaupré au XVIIIe s. On retrouve ces trois époques dans le château tel qu'il se présente actuellement. Après la Révolution, c'est la République qui occupa les lieux, puisque de 1850 à 1972, le bâtiment abrita l'école communale puis le collège. Grâce à l'inventaire établi après la mort de chaque archevêque, ses actuels propriétaires ont pu meubler le château tel qu'il l'était au XVIIIe s, au temps du cardinal de Choiseul-Beaupré. Et, de l'antichambre à la salle des gardes, la visite incite à penser que ce cardinal-là n'avait pas fait vœu de pauvreté.
On commence la visite sous la galerie (ancienne chapelle) pour admirer un superbe tour (machine-outil) du XVIIIe s. Après la salle des chasses (et ses 150 trophées) et la salle d'armes, la salle du trésor abrite une impressionnante collection de coffres-forts, dont le plus fascinant est un coffre d'apothicaire au système d'ouverture digne des meilleurs jeux de rôle. Impressionnante aussi, la grande salle à manger. On finit la visite par la salle des vêtements religieux d'avant Vatican II, de l'église de Gy. Dans la cour d'honneur, admirez la tour octogonale (gothique flamboyant) contenant un superbe escalier à vis du XVe s. Dans les caves, musée du Vin.

DANS LES ENVIRONS DE GY

Bucey-lès-Gy *(70700)* **:** mignon village classé « Cité de caractère de Bourgogne – Franche-Comté », niché dans une petite vallée. Mairie-lavoir du XIXe s, maisons vigneronnes. On produisait ici le chierenard, un vin blanc de pays auquel Henri IV sacrifiait, paraît-il, de temps en temps. En 2001, un viticulteur a redonné naissance à ce vin (en vente notamment à l'office de tourisme).

Les monts de Gy : derniers soubresauts du Jura. Modeste montagne, mais des randonnées sympas (à pied ou à VTT) à travers les pelouses où poussent genévriers, chênes rouvres et, pour ceux qui ont de bons yeux, quelques rares orchidées sauvages. Descriptif des circuits VTT (7 au total, de 4 à 45 km ; le site est labellisé par la Fédération française de cyclisme) disponible à l'office de tourisme de Gy.

LE VAL DE SAÔNE

- **Gray** 262
  - Le château de Saint-Loup à Saint-Loup-Nantouard • Beaujeu
- **Champlitte** 266
  - La vallée du Salon : Champlitte-la-Ville, Achey, Dampierre-sur-Salon et Autet
- **La moyenne vallée de la Saône** 269
  - Seveux • Ray-sur-Saône : l'église Saint-Valentin à Lavoncourt, le mémorial Jules-Rimet à Theuley et Soing • Rupt-sur-Saône • Scey-sur-Saône-et-Saint-Albin : le canal Tunnel de Saint-Albin, Traves, Chemilly, Noidans-le-Ferroux et les forges de Baignes • Port-sur-Saône
- **Les hauts du val de Saône** 274
  - Jussey : le château de Bougey, les vestiges de l'abbaye cistercienne de Cherlieu à Montigny-lès-Cherlieu, la chapelle Saint-Hubert à Chauvirey-le-Châtel, le musée des Outils d'hier, la miellerie du père Gaillot et son atelier de saboterie à Chauvirey-le-Vieil et l'église de Blondefontaine • Jonvelle : Châtillon-sur-Saône • Faverney

GRAY

(70100) 5 550 hab. *Carte Haute-Saône, A3-4*

En bord de Saône, l'importance des quais de pierre raconte bien l'intense activité qu'a connue ce port fluvial. Au Moyen Âge, les barriques de

harengs saurs, qui remontaient de la mer du Nord via la Moselle, croisaient à Gray les tonneaux de vin de la vallée du Rhône. La fonte des hauts fourneaux locaux embarquait pour Lyon et le bois des forêts voisines, dont la construction navale était friande, pour les rives de la Méditerranée. La Saône draine aujourd'hui de nombreux plaisanciers venus du monde entier s'embarquer sur l'un des bateaux en location à la halte nautique ou en bateaux privés. Des plaisanciers tout contents de découvrir le joli patrimoine que l'histoire a laissé à cette ville. Gray est également située sur le linéaire de la véloroute Charles-le-Téméraire, reliant les Flandres à la Bourgogne via le chemin de halage. Il rejoint au nord Port-sur-Saône, en amont, et la Voie bleue, en aval. Un must pour les randonneurs et les ornithologues.

Adresses et infos utiles

Office de tourisme : *3, quai Mavia. ☎ 03-84-65-18-15. • tourisme@cc-valdegray.fr • À côté du Cinémavia. Lun-ven, plus sam en été. Également accueil à l'écluse tlj juin-sept.* Bonne documentation sur le secteur. Visites guidées *(payantes)* de la ville le mardi à 10h en juillet et août (l'occasion de rentrer dans des bâtiments normalement fermés), suivies d'une dégustation de produits régionaux.

Location de bateaux : ***Le Boat,*** *île Sauzay. ☎ 03-84-64-95-25 ou 04-68-94-42-80. • leboat.fr • Loc de bateaux de 2-12 pers au w-e, à la minisem ou à la sem.* Aucun permis nécessaire.

Promenades en bateau : *avec le* ***Coche d'eau,*** *route de la plage. Balade de 1h à la journée, mai-sept. Infos à l'office de tourisme.*

Location de VTT : ***Gray 2 Roues,*** *17, av. Carnot. ☎ 03-84-65-22-02.* Également au camping. Balades sur la V50 Charles-le-Téméraire. Boucles de rando à pied et boucle des plages à vélo.

– Marché : *sam mat, Halle Sauzay. Brocante 4e dim du mois et foire 2e mer du mois.*

Où dormir ?
Où manger à Gray et dans les environs ?

L'hôtellerie de bon standing fait défaut à Gray même. Pour se loger, mieux vaut sortir de la ville et s'adresser aux chambres d'hôtes tout autour.

Camping et auberge de jeunesse

Camping Longue Rive : *route de la Plage, à Gray. ☎ 03-84-64-90-44 ou 03-84-65-14-24 (office de tourisme, hors saison). • campinggray@orange.fr • cc-valdegray.fr • ♿ Proche de la ville. Ouv mai-fin sept. Prix tente : 10,80-12 €. CB refusées. 120 empl.* Emplacements bien ombragés, délimités par des haies. La plage en bord de Saône est à deux pas, mais la baignade est interdite. Pour faire trempette, la piscine municipale est toute proche. À proximité immédiate, canoë-kayak et équitation (à 2 km), bassin nautique, minigolf, etc.

Auberge de jeunesse Le Foyer AFSAME : *2, rue André-Maginot, à Gray. ☎ 03-84-64-99-20. • le-foyer@wanadoo.fr • le-foyer.fr • À 150 m de la gare routière. Du centre-ville, direction Vesoul (rue perpendiculaire à l'av. de Verdun). Nuitée en chambre simple, dortoir ou double avec douche et w-c env 19 €/pers ; petit déj 3,50 €. Menu au self env 8,90 €.* Ce foyer réserve un certain nombre de chambres aux adhérents de la FUAJ. Bâtiment moderne où l'on trouve de nombreux services dont une laverie. Barbecue dans le jardin. Pour les familles, studios entièrement équipés avec cuisine, douche et w-c. Sorties à la journée et point *Accueil vélos.*

Prix moyens

Chambres d'hôtes Le Clos de la Chenille : *1, rue de la Chenille, 70100*

Gray-la-Ville. ☎ *03-84-64-95-44.* • *despratbeatrice@orange.fr* • *leclosdelachenille.fr/welcome/* • *À 2 km au sud. Double 65 €.* Dans un petit village aux portes de Gray, une grande demeure de caractère ne manquant pas d'allure. 3 chambres de plain-pied, agréables et donnant accès à une terrasse. Jardin tout autour. De l'espace et du calme au programme.

Chambres d'hôtes Ô Bon Bec : *rue des Veffond, 70100* ***Ancier.*** ☎ *03-84-65-28-12.* • *obonbec@orange.fr* • *obonbec.fr* • *Juste à l'extérieur de Gray, vers l'est par la D 13. Doubles 50-60 €.* Grande maison de style chalet de montagne à ossature bois, doté de balcons vitrés. Bel effort de déco pour les 3 chambres thématiques : « Mont-Blanc », « Océane » et « Savane ». Accueil adorable.

Restaurant Le Crâto : *65, Grande-Rue, à Gray.* ☎ *03-84-65-11-75.* • *pascal.raget@wanadoo.fr* • *Dans la vieille ville. Fermé lun soir, mar soir, mer et dim soir. Congés : 2 sem début août. Résa conseillée. Menus 16,50 € (déj en sem), puis 28,50-37 €. Café offert sur présentation de ce guide.* Adresse devenue un classique de la ville, avec une décoration très contemporaine et un chef ayant du métier. Il réalise une cuisine au gré du marché pour le menu du jour. Dans les suivants, classiques régionaux joliment repensés. Accueil souriant, salle plaisante, prise d'assaut par les locaux pour le déjeuner. Terrasse.

Au Mastroquet : *1, av. Carnot, à Gray.* ☎ *03-84-64-53-50.* • *aumastroquet70@orange.fr* • *hotel-restaurant-mastroquet.com* • *Sur les quais de Saône. Resto fermé jeu et dim soir hors saison. Doubles 58-80 €. Menus 24-42 €.* Vieille adresse de la ville. Les chambres restent d'un confort très modeste mais certaines donnent côté Saône. Brasserie façon « bouchon » d'un côté, élégante salle à manger, en rotonde de l'autre pour le resto. Honnête cuisine de tradition.

À voir. À faire

L'hôtel de ville : *pl. Charles-de-Gaulle.* Bâti entre 1567 et 1572, un chef-d'œuvre de l'architecture franc-comtoise Renaissance (les toits de tuiles vernissées rappellent ceux des hospices de Beaune...). Très belle façade rythmée par des colonnes et bandeaux, sur deux niveaux, en marbre rouge de Sampans. Au centre de la façade se trouve le blason de la ville, constitué de la couronne des comtes de Bourgogne, du demi-lion symbole de la Franche-Comté et de trois flammes auxquelles fait écho la devise : *Triplex Victoria Flammis* (*Par trois fois victorieuse des flammes*). Elles rappellent que la ville a survécu à trois grands incendies, en 1324, 1447 et 1479. Au XVIe s, le bâtiment servait aussi de marché, d'où la présence de grandes arcades. De chaque côté, statues de deux personnalités grayloises : François Devosge, peintre et fondateur de l'école de dessin de Dijon, et Romé de L'Isle, minéralogiste et père de la cristallographie.

La grande bibliothèque : *à côté de l'hôtel de ville. Expo en juil-août. Visite guidée slt, sur résa au musée Baron-Martin et dans le cadre des visites commentées ; sinon fermé au public.* Fonds patrimonial (manuscrits et incunables) qui a pour origine la confiscation des biens du clergé, déclarés biens nationaux en 1789. Salle assez grandiose avec ses boiseries et sa galerie supérieure, à laquelle on accède par un escalier en colimaçon.

Le musée Baron-Martin : *6, rue Pigalle.* ☎ *03-84-65-69-10.* • *museebaronmartin.fr* • ♿ *(rdc). Mai-sept, tlj sf mar 10h-12h, 14h-18h ; le reste de l'année, tlj sf mar 14h-17h. Fermé 1er janv, 1er mai, 1er nov et 25 déc. Entrée : 6 € (moins cher hors expo estivale) ; réduc ; gratuit jusqu'à 12 ans.* Le musée est installé dans le château de Gray, qui fut la propriété des ducs de Bourgogne puis de la famille royale française. À l'entrée des jardins, on passe sous la ***tour du Paravis*** du XIVe s, vestige d'une forteresse médiévale édifiée avant que les lieux ne deviennent une demeure de plaisance. Dans les ***caveaux voûtés*** (XIVe s), archéologie locale et collection de vases grecs. Au ***rez-de-chaussée,*** enfilade de salons où sont exposées des collections de la fin du Moyen Âge au début du XXe s, dont de remarquables collections flamandes et hollandaises des XVIe-XVIIe s et française des XVIIIe et XIXe s. Notons ces petites scènes animalières de Jan Van Kessel (1626-1679), *L'Enfant au chien* de Van Loo et *La Dame à l'ombrelle* de James Tissot, égérie du musée, pour son élégance et son style Belle Époque, empreint de japonisme. Très bel ensemble de dessins, pastels et gravures de Prud'hon (1758-1823), l'un des plus riches de France. Au 1er étage, le musée présente plusieurs expos temporaires par an, dont une estivale autour de grands noms.

La basilique Notre-Dame : construite et remaniée successivement aux XVe, XVIe et XIXe s. Un parvis couvert double le portail occidental, ce qui rappelle le parti architectural adopté en Bourgogne (Dijon, Auxonne, Beaune, Semur-en-Auxois...). Intérieur toutefois typique du dernier gothique comtois. La chaire (1612) est en pierre de Sampans et adopte une forme de verre. Le chœur possède un harmonieux vitrail représentant l'Arbre de Jessé (arbre généalogique du Christ). Christ en bois du XVIe s. *Concerts dans le cadre de la saison culturelle.*

MIRACLES EN CHÊNE

La chapelle de Marmier, à l'intérieur de la basilique Notre-Dame-de-Gray, détient une statuette très vénérée. Taillée en 1613 dans un morceau de chêne, elle fut rapportée par une femme originaire de Salins, dans le Jura. Les miracles qui, depuis 1620, émaillèrent l'histoire de cet objet remplissent pas moins de sept registres manuscrits !

Expositions : *au muséum (☎ 03-84-65-69-10), pl. de la Sous-Préfecture (GRATUIT) ; à la chapelle des Carmélites, expos des Métiers d'art (en juil-août). Infos à l'office de tourisme.*

➢ ***Balade dans la vieille ville :*** de la basilique, descendre les escaliers de la Malcouverte au tracé encore très médiéval ; sur la gauche, la maison du Trépot (début du XVIe s), qui abritait autrefois un... tripot. Au débouché de la rue, place Edmond-Bour, se font face les deux dernières maisons de la ville à posséder des oriels. Remonter ensuite la Grande-Rue, principal axe commerçant de Gray depuis le XIVe s. S'y dévoilent une foule de bâtiments anciens, malheureusement pas toujours à leur avantage sous leurs crépis grisâtres... Au n° 89, l'ancien hôtel-Dieu. Au n° 71, juste après la chapelle des Jésuites (1678), s'ouvre la courette tout à fait charmante de l'hôtel de Conflans (XVIe s). Tourelle Renaissance (de celles qu'on appelle ici « viorbes »), joliment rénovée, qui cache un escalier à vis aux marches étonnamment larges. Au n° 54 s'ouvre une porte Louis XIV ; la façade de la maison d'en face est du XVIe s. Au n° 42, ce sont des mascarons qui ornent la façade, au-dessus d'une vieille boutique à l'abandon – on peut encore lire « fruiterie-comestibles » sur l'enseigne craquelée. Toujours Grande-Rue, le n° 36 est une maison à colombages du XVIIe s. On peut ensuite soit tourner à gauche dans la rue du Marché jusqu'au bel hôtel Gauthiot-d'Ancier (lire plus bas). Ou poursuivre jusqu'à l'extrémité de la Grande-Rue, pour, via l'avenue Revon, gagner l'étonnante place des Tilleuls. Superbes éclairages de nuit. Ne pas manquer non plus le théâtre à l'italienne (visites avec l'office de tourisme, machinerie d'origine). Et si vous en voulez encore, procurez-vous à l'office de tourisme le dépliant « Flânerie au cœur de la ville ancienne ».

Le tour Saint-Pierre-Fourier : *8, rue du Marché. Visite slt sur rdv (auprès de l'office de tourisme).* Un tour (et non une tour...) qui vaut vraiment le détour. L'ancien hôtel Gauthiot-d'Ancier conserve une installation unique en France : au sommet d'une tourelle d'escalier (appelée viorbe en Franche-Comté) subsiste l'unique tour (au masculin donc) conservé en France. Imaginez un cylindre de bois pivotant sur un axe métallique, dissimulant un escalier et percé d'une ouverture seulement par étage. Il suffit de faire tourner l'escalier pour condamner et cacher l'accès à la chambre haute depuis l'étage de dessous. L'ingénieux système de verrouillage aurait permis à Pierre Fourier, un réformateur du début du XVIIe s, de trouver ici refuge pendant quelques années (de 1636 à 1640). Après sa mort, son cœur a été conservé dans une châsse, elle aussi fermée à triple tour. Quand, un siècle plus tard, on l'a redécouvert pour sa béatification, cet organe était, paraît-il, aussi coloré qu'en 1640...

Le musée Espéranto : *19, rue Victor-Hugo. 06-21-51-38-69. Fév-nov, mer et sam 14h-17h. Visite guidée sur rdv slt.* Il fallait quand même venir ici pour, dans ce musée unique en son genre en France, tout apprendre sur l'espéranto, cette fameuse langue universelle, depuis sa création jusqu'à son utilisation aujourd'hui. C'est aussi sans doute l'une des plus importantes bibliothèques sur l'espéranto, avec près de 6 000 titres.

■ ***Base de canoë-kayak et d'aviron :*** *route d'Essertey. ☎ 03-84-65-23-46 (canoë) et 06-75-51-85-42 (aviron). • canoekayak-gray.com •* Découverte du kayak enfant et adulte ; location de l'heure à la journée.

DANS LES ENVIRONS DE GRAY

Le château de Saint-Loup : *70100* ***Saint-Loup-Nantouard.*** *☎ 03-84-32-75-69. • chateau-saintloup.com • À 15 km à l'est de Gray par la D 474 ; à la sortie de Velesmes, tourner à gauche direction Saint-Loup, puis suivre le fléchage. Ouv de mi-mai à fin sept, tlj sf mer et sam 14h-18h ; le reste de l'année, sur rdv. Entrée (château et parc) : 5 € ; réduc. Parc seul : 2 €.* Maison forte au XIIIe s (on voit encore les douves et l'ancienne tour, posée sur la pelouse devant le château), maintes fois remaniée. Dans cette tour, ne pas manquer la maquette de l'édifice pour mieux comprendre. C'est le XIXe s et son propriétaire de l'époque, le baron de Klinglin, qui ont donné au château son aspect actuel. L'intérieur vaut la visite (parfois avec le comte lui-même) pour ses superbes boiseries et ses parquets différents d'une pièce à l'autre. Collection de crèches. Superbe parc (60 ha) aux allées forestières disposées en étoile depuis le milieu du bois, comme il se doit.
Gîte pour 10 personnes au fond du parc (piscine et tennis !).

Beaujeu *(70100) : à 11 km au nord-est de Gray par la D 2.* Au cœur du village, une mairie-lavoir comme un peu partout en Haute-Saône. Mais celle-là est des plus curieuse : elle ressemble à une villa italienne de la Renaissance, et un monumental escalier de style Empire occupe la façade !

CHAMPLITTE (70600) 1 865 hab. *Carte Haute-Saône, A3*

Bourg important, depuis le XIe s, du fait de sa position frontalière, assiégé 4 fois, pillé 11 fois, notamment par l'armée de Louis XI au XVe s, Champlitte a longtemps été un centre spirituel et politique important dans la région. On a compté jusqu'à six couvents au XVIIe s ; quant au château, la magnificence de sa façade Renaissance montre la puissance de son propriétaire. Champlitte a également abrité un vignoble de renom ; les maisons vigneronnes que l'on trouve dans les ruelles du bourg le démontrent. Mais de ce vignoble de 600 ha, il ne restait rien au début du XXe s.
Cela ne pouvait durer. La ville doit beaucoup à Albert Demard, un homme profondément attaché au patrimoine de sa région ce qui l'a conduit à fonder le musée des Arts et Traditions populaires. Il était tout naturel qu'Albert Demard se préoccupât aussi du vin. En octobre 1960, il réussit à convaincre un petit nombre de Chanitois de replanter une trentaine d'acres pour faire renaître la

tradition. Aujourd'hui, c'est près de 30 ha qui donnent tous les ans un petit vin de soif gouleyant, avec du caractère, issu de cépages pinot noir ou gris de chardonnay ou de gamay.

DE CHAMPLITTE AU MEXIQUE

Plus de 300 Chanitois (soit près d'un dixième de la population) ont émigré au Mexique de 1833 à 1880. Des familles entières, qui avaient tout perdu avec leurs vignes, ruinées par 7 années de gels successifs et partirent pour une autre vie qui, à Jicatelpec, s'avéra tout aussi rude qu'en Haute-Saône. Elles suivirent Stéphane Guénot, un idéaliste généreux qui leur vendit des terres à bas prix. Ces émigrés s'attacheront à leur terre d'adoption et choisiront même le parti de la révolution mexicaine en 1910. Les liens de ces « Mexicains » qui ont prospéré grâce à la vanille avec leur village d'origine se sont distendus avec la Première Guerre mondiale. Ils ont, depuis 1945 et surtout dans les années 1970, été resserrés, et des échanges ont lieu.

CHAMPLITTE ET DAVY CROCKETT

6 mars 1836 : le célèbre Davy Crockett n'a plus que quelques heures à vivre. Retranché derrière les palissades de Fort Alamo, près de San Antonio, il s'apprêtait, avec les Texans, à repousser l'assaut des troupes mexicaines. Si l'épisode, immortalisé par Hollywood, est connu, seuls quelques historiens savent que parmi les soldats du général mexicain Santa Anna, cinq étaient chanitois, c'est-à-dire nés à Champlitte !

LA HAUTE-SAÔNE

Adresse utile

Office de tourisme : *2, allée du Sainfoin. ☎ 03-84-67-67-19. • ot.champlitte@orange.fr • entresaoneetsalon.fr • Tlj sf lun mat, plus dim hors saison. Topos sur les balades dans le coin. Boutique.*

Où dormir ? Où manger ?

Camping municipal : *route de Leffond. 06-82-25-31-61. • camping-champlitte@hotmail.fr • À 1 km env au nord-ouest par la D 16. Ouv de mi-avr à mi-oct. Empl. pour 2 : env 12 €.* Petit camping discret en pleine nature, plutôt ombragé avec accès direct à la rivière. Tennis, snack, vente de confitures maison.

Hôtel-restaurant du Donjon : *46, rue de la République. ☎ 03-84-67-66-95. • donjonchamplitte.com • Face à la mairie, sur l'axe principal. Resto fermé ven soir et sam midi d'oct à mi-juin ; lun de mi-juin à sept. Congés : pdt les fêtes de fin d'année. Doubles 42-52 €. Menus 13 € en sem, puis 24-28 €.* Une bonne petite adresse avec des chambres colorées et bien tenues, mais sans charme particulier. Repas servis dans l'ancienne cave vigneronne voûtée ou, aux beaux jours, en terrasse. Cuisine de tradition et de région, qui sent l'amour du travail bien fait. Garage pour vélos et motos.

Où acheter du vin de Champlitte ?

Pascal Henriot : *89, rue de la République. 06-38-61-24-01. • pascalhenriot.com •* Visite-dégustation *(sur résa pour les groupes).* Du vin biologique uniquement. Et au **Groupement viticole de Champlitte** : *route de Champlitte-la-Ville. ☎ 03-84-67-65-09. Tlj sf dim 9h-12h, 14h-18h.*

À voir. À faire

Les musées départementaux Albert et Félicie-Demard : *château de Champlitte. ☎ 03-84-95-76-50. Avr-sept, 9h30-12h, 14h-18h ; le reste de l'année, slt 14h-17h. Fermé mar (sf juil-août), sam mat et dim mat. Fermé aussi 1er mai, 1er et 11 nov et de mi-nov à mi-fév. Audioguides.*

– *Le musée des Arts et Traditions populaires : château de Champlitte. Entrée : 6 € ; réduc ; gratuit jusqu'à 16 ans. Billet valable pour la visite du musée des Arts et Techniques.* Musée fondé en 1957, retraçant la vie quotidienne, les arts et le mode de vie des habitants de Champlitte, que l'on doit à Albert Demard, passionné par sa ville. Toute une collection d'objets d'époque évoquant les métiers de la ferme, mais aussi le contrebandier d'allumettes, le rémouleur, le facteur rural... avant d'arriver dans l'épicerie du village. On y apprend aussi que les jeteurs de sorts ont eu, pendant longtemps, beaucoup plus de travail que les médecins. Un peu plus loin, très beau vaisselier du XVIIIe s avec toute une collection de faïences de Haute-Saône. La salle des réjouissances populaires vous apprendra qui était le « guignol lorrain » et que le passé italien de la Franche-Comté s'est aussi traduit dans une tradition de marionnettes de... 25 kg ! Une visite passionnante et une vraie plongée dans la vie de la région, de manière ludique et didactique.

Le musée des Arts et Techniques : *rue des Lavières. ☎ 03-84-67-62-90. ♿ Entrée : 6 € ; réduc ; gratuit jusqu'à 16 ans. Mêmes horaires et billet valable pour la visite du musée des Arts et Traditions populaires.* Les musées à Champlitte, c'est une affaire de famille : celui-ci a été conçu par le fils d'Albert Demard. Deux rues des Années folles ont été reconstituées à l'identique. L'une évoque les commerces, les artisans et les moyens de transport de 1880-1900. L'autre présente la saboterie, la laiterie, la briqueterie, l'atelier du maître verrier et un garage façon 1920. Une sorte de décor de cinéma à la portée de tout le monde. Des vidéos permettent de comprendre les savoir-faire utilisés autrefois.

L'église : de style néoclassique (XIXe s), mais flanquée d'un impressionnant beffroi de 1437 (et encore, il paraît qu'il était, au XVIIIe s, haut de 80 m !). À l'intérieur, riche statuaire : remarquez notamment la *Vierge au manteau* (qui abrite une foule de petits personnages) du XVIe s (sur le deuxième pilier à gauche de l'entrée). Une magnifique fresque, réalisée en 1947, représente le martyre de saint Christophe, saint patron de l'église.

➢ **Balade dans le vieux bourg :** Champlitte cache, pour peu qu'on s'éloigne de la départementale qui le coupe en deux, un joli patrimoine. Dans le haut du bourg, la *tour des Annonciades,* ancienne tour de défense et sa salle de garde XVIe s, la mignonne *place des Halles* et sa fontaine à obélisque, les rues de la Perrière et du Chirurgien-Boy, qui alignent de cossues maisons vigneronnes. Rejoindre le bas du bourg en passant par la rue du Marché, où vous découvrirez l'*hôtel Grillot* (XVIe s). L'autre partie de la ville abrite quelques maisons Renaissance dotées de tours et d'escaliers à vis, et surtout le *couvent des Augustins,* fondé en 1399.

Fête

– **Fête de la Saint-Vincent :** *janv.* Depuis 1612, le bourg fête le patron des vignerons. Après le couronnement des « épousés de la fête », une procession va chercher la statue du saint dans la maison qui l'a recueillie pour une année. Après la messe, somptueuse, la statue prend le chemin de sa nouvelle maison. L'après-midi, tout le monde banquette : au menu, tarte à la courge, andouille aux « petits ris » (haricots blancs) et vin de Champlitte. La journée se termine autour d'un grand feu de sarments.

DANS LES ENVIRONS DE CHAMPLITTE

– ***Randonnées :*** une vingtaine de circuits dans les alentours (300 km de sentiers balisés). Infos à l'office de tourisme de Champlitte. L'occasion de découvrir coteaux, pelouses sèches, site des Lavières, petits villages jalonnés de fontaines, de lavoirs et de nombreux calvaires. Mais aussi de traverser des bois paisibles, profiter de points de vue...

La vallée du Salon : *au sud-est de Champlitte.* La D 36 suit le cours d'une de ces petites rivières sans lesquelles la Haute-Saône ne serait pas la Haute-Saône. Jolie campagne ponctuée de petits villages tranquilles. À ***Champlitte-la-Ville*** (à 1 km de Champlitte), du XIe s, une des plus vieilles églises romanes de Haute-Saône, au joli portail du XIVe s qui abrite une remarquable cuve baptismale sculptée. Belle église (fresques du XVe s) aussi à ***Achey...*** On rejoint la moyenne vallée de la Saône (dans laquelle se jette le Salon) au-delà de ***Dampierre-sur-Salon.*** Mais qui a osé construire un quartier style La Défense modèle réduit au milieu de ce gros bourg agricole ? On préfère jeter un œil à la jolie mairie-lavoir et visiter le château Couyba et son musée des fossiles et minéraux. À proximité du bourg, les enfants aimeront certainement voir l'élevage de bisons à la ferme de la Marquise *(☎ 03-84-67-13-06 ; • planet-bison.fr •)* On peut aussi se baigner dans la Saône, à ***Autet*** (plage surveillée en juillet-août).

Office de tourisme : *2 bis, rue Jean-Mourey, 70180* ***Dampierre-sur-Salon*** *(près de la mairie). ☎ 03-84-67-16-94. • ot.dampierre@orange.fr • entresaoneetsalon.fr • Mar-sam mat (pause le midi), plus lun ap-m de mi-juin à mi-sept.* Plein d'infos sur cette micro-région qui englobe de fait une partie de la moyenne vallée de la Saône. Accueil chaleureux.

LA MOYENNE VALLÉE DE LA SAÔNE

Autour de la Saône, qui dessine dans sa moyenne vallée des méandres aussi amples que jolis, une région à croquignolettes églises, châteaux forts et jolis villages qui cachent quelques curieux monuments. Les marcheurs et cyclistes emprunteront les « Rives de Saône », un itinéraire qui suit l'ancien chemin de halage, réhabilité sur plus de 80 km de Gray à Port-sur-Saône en passant par les villages d'Autet, Savoyeux, Ray-sur-Saône, Soing, Scey-sur-Saône...

SEVEUX *(70130)*

Avec son petit port de plaisance, Seveux est l'un des points de départ parfaits pour descendre ou remonter la Saône, d'avril à fin octobre (écluses fermées le reste de l'année). On peut y louer au week-end ou à la semaine différents types d'embarcations.

Adresses utiles

■ ***Saône-Plaisance :*** *port de Savoyeux, BP 5. ☎ 03-84-67-00-88. • saone-plaisance.com • Sur résa.* Loue des bateaux de différentes tailles. Propose des formules week-end, mini-semaine ou semaine jusqu'à Louhans ou Fontenoy-le-Château.

■ ***Le Veau d'Or :*** *1, Grande-Rue. ☎ 03-84-67-13-99. Au niveau du pont. Avr-sept, tlj 14h-20h. Oct-mars, tlj sf mer et dim 14h-19h.* Un fabricant de sabots qui propose aussi... des fromages de chèvre.

RAY-SUR-SAÔNE *(70130)*

Le plus photogénique des villages de la vallée de la Saône. Il faut arriver par la rive gauche de la rivière, depuis Vellexon ou Charentenay, pour en prendre toute la mesure : un imposant château qui semble flotter sur la cime des arbres, un clocher comtois qui pointe et un mignon village qui descend vers la Saône.

Visite du château et du parc : *☎ 03-84-78-02-91. Visite du château de mi-mars à début oct, slt dim à 15h (tél avt). Entrée : 6 €. Sinon, visite (gratuite) du parc tte l'année (emprunter le chemin à gauche du portail, qui passe par la ferme).* Le château abrite notamment plusieurs collections d'armes, et le parc de superbes arbres plusieurs fois centenaires ; un tilleul y a été planté en 1609 !

Où dormir ? Où manger dans le coin ?

Chambres d'hôtes Le Tilleul de Ray : *14, rue Sainte-Anne, à Ray. ☎ 03-84-78-97-55. • letilleulderay@orange.fr • letilleulderay.eu • Dans le village, c'est fléché. Double 70 €.* Une grande maison de village, joyeusement actualisée. 5 grandes chambres à la déco sobre mais charmantes, dont 2 familiales avec mezzanine. Stages de sophrologie organisés par l'accueillante proprio.

Chambres d'hôtes Les Gourmandises Bio : *3, rue des Varennes, 70130* ***Recologne-les-Ray.*** *06-33-52-75-28. • christine@les-gourmandises-bio.fr • les-gourmandises-bio.fr • À 5 km à l'ouest de Ray, par la D 261. Doubles 79-83 €. Table d'hôtes 29 €.* Une adresse bio et zen, membre du réseau « Accueil paysan », dans une maison à ossature bois, passive et écologique, à l'orée de la forêt. En contrebas coule la Saône. 2 chambres simples et confortables. Christine propose des stages de cuisine bio le week-end.

Le Cactus : *10, pl. de la Fontaine, à* ***Membrey*** *(70180). ☎ 03-84-67-27-16. • contact@lecactus-restaurant.fr • À 8 km à l'ouest par la D 261. Tlj sf lun et mar midi. Congés : 1 mois en janv-fév. Menus 22,50 € (franc-comtois), puis 23,80-28,50 € (mexicains). Digestif maison offert sur présentation de ce guide.* Un couple franco-mexicain a redonné vie à cette auberge de village. Les nappes et la déco colorées réveillent un peu les boiseries de la grande salle rustique. Et dans l'assiette, on trouve aussi bien de délicieuses moules-frites, des pizzas que des *quesadillas* et autres *enchiladas* de chez l'adorable hôtesse au sourire rayonnant. Tout est fait maison, y compris les desserts.

À voir dans les environs

L'église Saint-Valentin : *70130* ***Lavoncourt.*** *À 8 km au nord-ouest par la D 27.* Abrite l'un des plus beaux retables baroques de Franche-Comté, en bois polychrome du XVIIIe s. Sur le tableau central, saint Valentin rend la vue à la fille du juge qui s'apprêtait à le condamner.

Le mémorial Jules-Rimet : *70120* ***Theuley.*** *À 8 km au nord-ouest par la D 27.* Un drôle de bâtiment contemporain dont on renonce à vous écrire quoi que ce soit sinon qu'il évoque vaguement un but de football. Érigé en 1998 en hommage à Jules Rimet, enfant du pays et fondateur de la Coupe du monde de football.

À ***Soing*** (sur la D 23, en remontant vers Rupt-sur-Saône), autre curiosité des bords de Saône : une reproduction de la tour Eiffel. Au 1/20e, 18 m de haut quand même...

LA HAUTE-SAÔNE

RUPT-SUR-SAÔNE (70360)

On ne voit que lui en arrivant : ce donjon tout rond, haut de 33 m, dernier vestige d'un château du XIIe s. On peut accéder à son sommet par un escalier taillé dans l'épaisseur du mur.
Dans un parc de 8 ha se cache un (petit) ***château*** *(visite possible, ☎ 03-84-68-89-04)* du début du XVIe s, ainsi que d'autres bâtiments : ferme, pavillon de chasse néogothique, chenil, gentilhommière, serre-orangerie *(☎ 03-84-92-70-41 ; visite avr-oct, sam-lun et j. fériés 10h-12h, 14h-18h ; tlj 2de quinzaine de juil ; GRATUIT)*... Sillonnez le village en suivant l'itinéraire de découverte (panneaux). L'église du XVIIIe s offre un joli point de vue sur le château et la vallée de la Saône. À proximité, tombeau du comte d'Orsay.

Où dormir ?

Chambres d'hôtes Dorlotines : *5, chemin du Petit-Breuil. ☎ 03-84-92-72-77. • dorlotines@yahoo.fr • dorlotines.com • ♿ (1 chambre). Congés : de mi-déc à fin janv. Double 60 €.* Dans une petite maison indépendante, 3 chambres simplement mignonnes, consacrées à d'autres régions de France : Lorraine, Bretagne ou Savoie. Pas de table d'hôtes, mais une kitchenette à disposition.

SCEY-SUR-SAÔNE-ET-SAINT-ALBIN (70360)

La Saône, ici suffisamment large pour qu'on y pratique le ski nautique et la navigation de plaisance, traverse évidemment cette « Cité de caractère Bourgogne – Franche-Comté ». La rivière se double d'un canal qui se glisse quelques kilomètres en aval sous le tunnel de Saint-Albin (681 m), impressionnant ouvrage d'art du XIXe s qui constitue l'un des joyaux du val de Saône. Les rues du centre alignent quelques singulières maisons à tourelles, dont la spectaculaire maison Durget, où travaillait autrefois un maréchal-ferrant. Henri IV y aurait (sans blague ?) fait ferrer son célébrissime cheval blanc. Le quartier de la Prouse, qui abrite une église classée du XVIIIe s, surplombe la cité. La famille des princes de Bauffremont a laissé son empreinte dans la cité : grilles, chapelle, écuries monumentales... Un circuit pédestre balisé au départ de l'imposante mairie permet de découvrir ce patrimoine.

Adresses et infos utiles

Office de tourisme des Combes à la Saône : *32, rue Armand-Paulmard. ☎ 03-84-68-89-04. • otc3.fr • Tte l'année.* Boutique et vente de cartes de pêche.

Locaboat Holidays : *au port de plaisance. ☎ 03-86-91-72-72 et 03-84-68-88-80. • locaboat.com •* Location de sympathiques pénichettes, inspirées des péniches d'antan pour 2 à 12 personnes, à la journée, le week-end ou la semaine.

Balade en bateau : location de bateaux sans permis (capacité de 5 personnes) à Traves, à 5 km de Scey, au parc résidentiel de loisirs *Saône Valley* (voir la rubrique suivante « Où dormir à Scey-sur-Saône et dans les environs ? »). Plusieurs itinéraires possibles, dont 1 à la découverte du tunnel de Saint-Albin.

Où dormir à Scey-sur-Saône et dans les environs ?

Camping

La Saône Jolie : *rue d'Enfer. ☎ 03-84-68-85-07 ou 86-99 (mairie). • camping.saonejolie@orange.fr • ♿ En centre-ville ; fléché. Ouv de mi-juin à début sept. Prix tente en hte saison : env 10 €. Hébergement locatif*

100-225 €/sem. CB refusées. 40 empl. Plus près du paradis que de l'enfer : un petit camping municipal tout simple mais idéalement situé juste en bord de Saône. Piscine municipale, tennis, vélo, kayak et ski nautique juste à côté.

Prix moyens

Saône Valley : *parc résidentiel de loisirs, 70360* ***Traves.*** *☎ 03-84-92-72-70. 06-81-85-65-85. • contact@saonevalley.com • saonevalley.com • À 7 km au sud de Scey-sur-Saône par la D 3. Pour 4-6 pers (bateau compris), 455-756 € le w-e (2 nuits), 640-1 280 €/sem. Possibilité de louer les chalets seuls 180-200 € le w-e (1 nuit), 395-785 €/sem.* Face à un petit lac rejoignant la Saône. Pour le même prix : un chalet (4 à 6 personnes), un bateau (sans permis) pour aller découvrir les rives de la Saône ainsi qu'une barque et un canoë-kayak ! Chalets tout équipés, propres et espacés, avec barbecue et vue sur la campagne. Chacun vaque selon ses envies, et les activités nature ne manquent pas : pêche, randonnées à pied ou à vélo (location sur place), etc. Les enfants sont ravis avec les aires de jeux et le minigolf. Idéal en famille donc. Espace bien-être avec sauna, jacuzzi... Restaurant-bar. Accueil charmant.

À voir. À faire

Le canal Tunnel de Saint-Albin : *direction Rupt-sur-Saône (D 23) puis à gauche à la pancarte « Rives de Saône ».* Une petite route de campagne mène jusqu'à l'entrée du canal-souterrain de Saint-Albin. Beaucoup y viennent pour observer le ballet des bateaux qui le franchissent pour couper un méandre de la Saône. Long de 681 m, ce tunnel a été construit sous Napoléon III. Un lieu de promenade insolite avec un circuit de découverte, « La Saône et l'homme », entre l'entrée amont du tunnel et l'écluse de Rupt-sur-Saône.

Bar-restaurant le Barnayout : *rue de la Prairie, à l'entrée amont du canal-tunnel, côté Saint-Albin. Pas souvent ouv (les ven soir, w-e et vac scol essentiellement). Appeler avt : ☎ 09-54-79-85-60. Repas 25-30 €. Café offert sur présentation de ce guide.* Installé dans la maison du barragiste et tenu par des bénévoles. Un spot privilégié pour boire un verre ou manger.

À voir dans les environs

On peut prolonger sa visite du coin par une découverte des villages alentour, comme ***Traves*** (à 5 km par la D 3) avec son église de la Décollation-de-Saint-Jean-Baptiste et un curieux circuit des pierres percées (mégalithes), au départ de *Saône Valley.* Également ***Chemilly*** (à 10 km par la D 56), site bucolique au pied d'un château, ***Noidans-le-Ferroux*** (à 10 km par la D 3) ou encore les ***forges de Baignes*** (à 15 km par la D 56 puis la D 13), du XVIIIe s. Visite possible *(☎ 03-84-68-40-82).*

Manifestations

- ***Grande brocante annuelle :*** *lun de Pentecôte.* L'une des plus importantes du département.
- ***Scey sur Scène :*** *pdt la sem de l'Ascension.* Festival de théâtre.
- ***Estivales de Saône :*** *de mi-juil à mi-août.* Festival de musique itinérant en milieu rural.

PORT-SUR-SAÔNE (70170)

L'agglomération existait apparemment déjà à l'époque gallo-romaine et son nom latin de *Portus Abunicus* ne laisse aucun doute sur ce qui justifiait son existence.

Port-sur-Saône vit donc depuis toujours ou presque de son port fluvial, même si les plaisanciers d'aujourd'hui ont remplacé les bateliers d'hier. L'eau a joué un vrai rôle dans le développement de cette petite cité (qui, pour mémoire, était plus importante que Vesoul jusqu'au XIIe s) puisque Port-sur-Saône a été, au début du XXe s, le deuxième centre minotier de France, avec d'imposants moulins qui tournaient sur la rivière. L'un des plus majestueux ponts de la région jette ses 13 arches depuis 1766 en travers de la Saône. Dommage que l'insupportable circulation de la nationale ne permette pas vraiment d'en profiter... On attend, avec la même impatience que les habitants de Port-sur-Saône, la déviation qui permettrait de découvrir beaucoup plus tranquillement les quais, les vieux quartiers et l'église, bel exemple d'architecture classique de la fin du XVIIIe s. À l'intérieur, quelques jolies boiseries, mais aussi des fonts baptismaux hexagonaux du XVe s, décorés de bas-reliefs. Crucifixion sur bois du XVIe s.

Adresses utiles

Office de tourisme Terres de Saône : *sur la N 19. ☎ 03-84-78-10-66. • cc-terresdesaone.fr •*

Franche-Comté Nautic : *La Maladière. ☎ 03-84-91-76-36. • fcnautic.com •* Location de bateaux au week-end ou à la semaine (en naviguant jusqu'à Épinal ou Dole) pour 2 à 12 personnes.

Où dormir ? Où manger dans le coin ?

Camping

Camping municipal de la Maladière : *au port de plaisance de* ***Port-sur-Saône.*** *☎ 03-84-91-51-32. Prix empl : env 10 €.* Belle situation, en bord de Saône avec des emplacements ombragés, délimités par de hautes haies. Tout un panel d'équipements sportifs à proximité : tennis, plateau multisports, piscine, location de bateaux. Et une promenade sympa le long de la rivière pour aller chercher le pain au bourg.

Prix moyens

Le Balcon : *1, Grande-Rue, 70120* ***Combeaufontaine.*** *☎ 03-84-92-11-13. • lebalcon@orange.fr • le-balcon-70.fr • À 8 km au nord-ouest de Port-sur-Saône par la N 19. Au centre du village. Resto fermé dim soir, lun et mar midi. Doubles 52-82 €. Menus 29-64 €.* Dans ce village posé sur la nationale, voici un hôtel d'étape classique. Derrière le jardinet fleuri et la façade mangée par le lierre, les chambres sont simples mais bien tenues et, vu la situation, plus calmes sur l'arrière. Location de vélos. Fait également restaurant, tenu par le talentueux fils de la maison. Très belle sélection de vins.

Ferme-auberge La Ludore : *5, rue des Nouveaux, 70500* ***Aboncourt-Gésincourt.*** *☎ 03-84-68-71-28. • laludore@wanadoo.fr • À env 12 km au nord-ouest de Port-sur-Saône par la D 56, à la sortie du village. Fermé mer et vac de Noël. Slt sur résa. Menus 17-26 €. Possibilité de louer une chambre d'hôtes dans la ferme voisine (☎ 03-84-68-71-63). Café offert sur présentation de ce guide.* 2 petites salles rustiques, d'une belle hauteur sous plafond, installées dans l'ancienne écurie et la grange d'un joli corps de ferme. Parmi les spécialités d'Anne-Françoise et de Laurence : jambon au foin et canard au cassis (en saison). Accueil chaleureux. Régalade assurée !

Bar-Restaurant Le Chalet de la Plage : *île de la Maladière, au port de plaisance de* ***Port-sur-Saône.*** *☎ 03-84-92-06-09. • christophegay@hotmail.fr • Juin-sept, fermé le soir dim-mar ; plus le soir mer-jeu hors saison. Menus 21-35 €. Carte 30-40 €. Apéritif maison offert sur présentation de ce guide.* Un environnement de bateaux pour ce bâtiment moderne mais à la salle lumineuse et volumineuse. Sinon une terrasse aux beaux jours. Des nappes en papier, mais une cuisine traditionnelle soignée avec un vrai plus pour les plats de poisson. Du fait maison avec doigté, de l'entrée au dessert. Une adresse appréciée des familles pour son avantageux rapport qualité-prix.

La Pomme d'Or : *1, rue Saint-Valère, à* ***Port-sur-Saône.*** *☎ 03-84-91-52-66. • lapomme.dor@wanadoo.fr • Aux feux tricolores sur la N 19. Fermé lun, plus jeu et dim hors saison. Congés : 2 sem en août- sept. Menus 13 € en sem, puis 22-28 €. Café offert sur présentation de ce guide.* Ambiance de resto de bord de nationale (c'en est un !) pour la plus qu'honorable formule du jour côté brasserie. Petite salle toute simple, au rythme de la Saône, qui coule à deux pas. La cuisine, dans la tradition régionale, vaut le coup de fourchette.

Manifestations

– ***Festival de cinéma en plein air Cinétoiles :*** *1 sem mi-juil.* 7 films dans 7 lieux insolites du secteur.
– ***Festival international de Folklore :*** *1 sem mi-août.* Une dizaine de nations du monde présentes.

LES HAUTS DU VAL DE SAÔNE

JUSSEY (70500)

On habite dans cette « Cité de caractère Bourgogne – Franche-Comté » depuis le VIIe s, et, même si le bourg a périodiquement été ravagé par les guerres, il conserve de fort belles maisons des XVIe, XVIIe et XVIIIe s. L'église mérite un coup d'œil pour les stalles du chœur, le maître-autel en bois doré de 1759 et le buffet d'orgue. On trouve également 17 fontaines et lavoirs (tous en fonctionnement) et les vestiges d'un couvent de 1622 sur les ruines de l'ancien château. Du monticule, beau panorama sur la vallée de la Saône.

Pendant la Révolution et tout au long du XIXe s, Jussey fut un centre d'opinions avancées. Fief républicain jusqu'au début du XXe s, Jussey possède la première Marianne de France érigée en place publique (1849).

Office de tourisme : *☎ 03-84-92-21-42. • ot-jussey@orange.fr •*

À voir dans les environs

Le château de Bougey : *70500* ***Bougey.*** *☎ 03-84-68-04-01. • chateau-de-bougey.com • À 6,5 km au sud par la D 46 puis la D 157. Ouv tlj sf mar 10h-12h, 14h-18h. Entrée payante.* Très bel édifice (XIVe-XIXe s), juxtaposition d'époques et de genres architecturaux. Expo présentant l'histoire du château.

Les vestiges de l'abbaye cistercienne de Cherlieu : *70500* ***Montigny-lès-Cherlieu.*** *☎ 03-84-68-06-02. Au cœur de la forêt domaniale, à 3 km du village (accès fléché). Ouv tte l'année en accès libre.* Calvaires, chapiteaux, pierres tombales, digues, granges et bien d'autres vestiges témoignent de la puissance de cette abbaye des XIIe-XIIIe s qui fut l'une des plus riches de Franche-Comté.

La chapelle Saint-Hubert : *70500* ***Chauvirey-le-Châtel.*** *Village situé à 12 km à l'ouest de Jussey par la D 46.* Le village cache une jolie chapelle gothique flamboyante que les Rockefeller auraient bien voulu, en 1934, voir compléter le superbe ensemble new-yorkais des *Cloisters.* La population s'y est opposée, la chapelle est toujours dans ce petit village haut-saônois, un peu solitaire, avec son retable baroque offert par une infante d'Espagne. Ultime vestige des deux châteaux construits ici par la puissante famille des Chauvirey, cette chapelle a été édifiée au XVe s pour accueillir le célèbre olifant (une corne utilisée comme instrument de musique) de saint Hubert.

Le musée des Outils d'hier, la miellerie du père Gaillot et son atelier de saboterie : *ébénisterie Gaillot, route de Preigney, 70500* ***Chauvirey-le-Vieil.*** *☎ 03-84-68-50-97. • museedesoutilsdhier.com • À 15 km de Jussey par la D 46. Ouv tte l'année, tlj sf lun, 1er janv et 25 déc, 13h30-19h. GRATUIT. Démonstration de fabrication de sabots mai-sept, sam à 15h30.* Le musée rend hommage à quatre générations d'artisans du bois, avec une collection de plus de 2 500 outils à bois exposés dans les dépendances de l'ancienne cure du village. Visite gratuite de la miellerie attenante (avec levée du miel, 4 fois/an). Boutique, jeux pour enfants, possibilité de pique-nique, etc.

L'église de Blondefontaine *(70500) : à 6,5 km au nord-ouest de Jussey par la D 6.* De la fin du XVIIIe s, l'une des plus curieuses églises qu'on ait vues dans le coin. Dédiée à saint Martin, elle est, dans ses formes, inspirée de la basilique du Saint-Sépulcre à Jérusalem : octogonale à l'extérieur alors que l'intérieur, d'une grande sobriété, forme un cercle parfait.

Fête

– ***Festival Music'en Brousse :*** *à* ***Jussey,*** *dernier w-e de juil.* Marché nocturne, animations de rue, artisans et concerts festifs.

JONVELLE *(70500)*

À la frontière avec les Vosges, Jonvelle fut une tête de pont du comté de Bourgogne face au roi de France, à cause de sa position stratégique. Ce tout petit village conserve pas mal de charme avec ses nombreux bâtiments anciens (murailles du château, prieuré, maisons anciennes...) et, surtout, son église (XIIe-XVIIIe s).

À voir

Site des vestiges gallo-romains et Musée de la vie d'autrefois : *route de Villars-le-Pautel. ☎ 03-84-92-52-72. • sites.google.com/site/museejonvelle • À 1,6 km du village (accès fléché). Ouv 14h-18h : juil-août, tlj sf mar ; avr-juin et sept, slt dim et j. fériés. Entrée : 4 € ; réduc.* Vestiges d'une villa gallo-romaine découverte en 1968, dont les salles du balneum et leur système de chauffage par hypocauste sont en excellent état. Belle mosaïque richement décorée : poissons, motifs floraux, dauphins, sandales... Objets provenant des fouilles, comme des éléments de constructions, des poteries, des outils, ou encore des bijoux. Le musée attenant retrace certains éléments de la vie rurale du début du XIXe s jusqu'après la Seconde Guerre mondiale. Important espace réservé à la transformation du lait : reconstitution d'un atelier de fabrication de l'emmental, présentation du beurre et de la cancoillotte de Haute-Saône.

À quelques kilomètres, dans le département des Vosges, le très beau village perché de ***Châtillon-sur-Saône*** (voir le *Routard Lorraine*).

FAVERNEY *(70160)*

Petite bourgade avec du cachet, au cœur d'une belle campagne. Faverney s'est constituée autour d'une abbaye, fondée au VIIe s. Pour couronner le tout, une autre fierté locale : la fève. Amis fabophiles, vous êtes dans la capitale mondiale des fèves : 150 nouvelles collections par an et 20 à 25 millions de fèves sortent des ateliers de la société *Prime* !

Le bourg de Faverney devint un lieu de pèlerinage après qu'en 1608, dans l'église abbatiale, un ostensoir contenant deux hosties aurait flotté dans l'air 33 heures durant, alors que les flammes d'un incendie avaient détruit son support... L'église abbatiale conserve toujours les deux hosties du miracle !

C'EST LAID !

Savez-vous pourquoi les « roberts » désignent aujourd'hui les attributs féminins ? On doit ce terme peu élégant à un certain Édouard Robert, enterré dans le cimetière du petit village de Presle, près de Faverney. Celui-ci mit au point une invention géniale dans les années 1860 : le biberon en verre à embout en caoutchouc. La célèbre marque ROBERT révolutionna la vie des mères... et le langage.

Où dormir dans les environs ?

À Breurey-les-Faverney (70160)

Chambres d'hôtes du Château de la Presle : *3, rue Louis-Pergaud. ☎ 03-84-91-41-70. • resa@chateaudelapresle.com • chateaudelapresle.com • Au centre du village, tourner à droite, passer l'église, puis prendre la 1re à droite. Doubles 125-145 €. Dîner (sur résa) 50 €, boissons comprises. Réduc de 10 % sur le prix de la chambre sur présentation de ce guide.* Petit et luxueux château style Louis XIII, bordé d'un parc. L'œuvre de Louis Pergaud a inspiré les proprios pour baptiser des chambres vraiment séduisantes. Table d'hôtes digne d'un gastro (les prix aussi d'ailleurs). Billard, salle de gym, tennis sur gazon, comme à Wimbledon. Et accueil très décontracté pour ce genre d'adresse.

LES VOSGES DU SUD EN HAUTE-SAÔNE

• Passavant-la-Rochère • Saint-Loup-sur-Semouse

• **Luxeuil-les-Bains 278**

Le parc naturel régional des ballons des Vosges........284

• **Fougerolles 285**

• L'écomusée du Pays de la cerise au Petit-Fahys • Le parc animalier et l'ermitage de Saint-Valbert • La route des Chalots

• **Le plateau des Mille Étangs 287**

• Faucogney : l'église Saint-Martin • Esmoulières • Beulotte-Saint-Laurent • Le col des Croix • Château-Lambert • Servance

• **De Servance à Melisey par la montagne........291**

• Miellin et Fresse • Belfahy • Melisey : le saut de l'Ognon, Saint-Barthélemy, la tourbière de la Grande-Pile, Écromagny et le sentier des Époissets

• **La vallée du Rahin 293**

• Ronchamp • Champagney • Plancher-les-Mines • La Planche des Belles Filles

• **Lure 297**

Eh oui ! le massif des Vosges se joue des frontières administratives et plante quelques-uns de ses sommets en Haute-Saône. Voilà même la région la plus originale du département, sinon de Franche-Comté. Notamment grâce aux sublimes paysages (franchement méconnus pourtant) du plateau des Mille-Étangs. Une foultitude d'étangs cachés dans la forêt, reflétant, dans le miroir de leurs eaux noires, tapis de fougères et troncs de bouleaux. Une micro-région véritablement enchanteresse sous un soleil printanier. Mais lorsque s'installent les brumes de l'automne, on est prêt à croire les gens du pays quand ils assurent que des nymphes dansent au son d'une lyre magique

LA HAUTE-SAÔNE

autour des étangs. Pour le reste, on est bien dans la montagne vosgienne : étroites vallées peuplées de bourgs au passé industriel, tourbières à la flore assez exceptionnelle (le drosera carnivore en est l'exemple le plus connu), profondes forêts et sommets arrondis, rabotés par des millénaires d'érosion (mais qui se révèlent plutôt ardus à grimper, quoi qu'en disent les Savoyards). Point culminant : le ballon de Servance, surplombant ce petit coin d'éden où l'homme est de moins en moins présent. Une désertification humaine qui n'est pas sans poser de problèmes. On en arrive presque à parler de « surforestation », barbarisme pour expliquer que la nature n'est plus entretenue et qu'elle reprend ses droits, tous ses droits, même celui d'exclure totalement l'homme. Aujourd'hui, la forêt occupe les deux tiers du massif, alors qu'au début du XIXe s elle était deux fois moins présente. Et au sommet des ballons, les hautes chaumes, ces pelouses qui servaient aux bêtes en été, se dégradent.

PASSAVANT-LA-ROCHÈRE (70210)

À l'extrême nord du département, quasiment dans les Vosges. On trouve ici la plus ancienne verrerie de France encore en activité. On y travaille le verre depuis 1475 de manière pratiquement ininterrompue. Fondée par des aristocrates, la verrerie fut reprise par François-Xavier Fouillot au milieu du XIXe s. Aujourd'hui, ce sont ses descendants qui gèrent cette maison.

Où dormir ?

Les Chalets du Lac : *La Rochère, à 1 km du village, direction La Verrerie. ☎ 03-84-78-88-57. Chalets à partir de 320 €/sem, nuitée possible. Menus 13 € (le midi)-18 € (le soir).* Le site idéal pour les pêcheurs : un lac de 10 ha où l'on trouve plusieurs pontons et 6 chalets (6 personnes) ainsi que 2 cabanes dans les arbres (2 et 6 personnes). Chalets un peu à touche-touche, mais tous dotés de 3 chambres et d'une terrasse tournée vers le plan d'eau. Bar-restaurant proposant une cuisine traditionnelle.

À voir. À faire

La verrerie-cristallerie La Rochère : *☎ 03-84-78-61-00. • larochere.com • Possibilité de voir les souffleurs de verre au travail avr-oct, tlj sf dim et j. fériés (et lun en juil-août) 10h-12h, 14h-16h30 (jusqu'à 17h30 mai-fin sept et fermé le mat en oct). Magasin d'expo-vente avr-sept tlj sf mat des dim et j. fériés 10h-12h, 14h30-18h. Ouv l'ap-m slt et jusqu'à 17h30 en oct et déc. GRATUIT.* Fondée en 1475, *La Rochère* est la plus ancienne verrerie d'art de France encore en activité. Plus de 60 000 personnes viennent chaque année assister au travail des maîtres verriers. Visite sans guide mais avec film. Magasin d'exposition-vente dans un bâtiment du XVIIe s à la superbe charpente : des œuvres inspirées par l'Art nouveau de l'école de Nancy, des rééditions de verres à absinthe ou d'un service « romantique » offert, paraît-il, par Chopin à George Sand. Galerie d'art contemporain et jardin japonais.

Centre touristique : *70210* ***Fontenois-la-Ville.*** *☎ 03-84-92-95-80. • commune.fontenoislaville@orange.fr • roulottesfontenois.fr • Dans le bourg. Compter 400 € la roulotte 4-5 pers pour 3 j.* Original pour découvrir la campagne, des roulottes tractées par des chevaux comtois. Quelques explications et hop, c'est parti pour la journée, quelques jours ou la semaine, à travers chemins en pleine nature. Chaque soir, des gîtes-relais accueillent l'équipée, soignent et nourrissent les chevaux et c'est reparti. Les moins aventuriers peuvent loger en roulotte fixe aux ***Roulottes des Vergers*** : *route de Bétoncourt, 70210* ***Fontenois-la-Ville.*** *☎ 03-84-97-10-80.* • *sejourenroulotte.fr* • Site tout confort : espaces bien-être, piscine...

SAINT-LOUP-SUR-SEMOUSE *(70800)*

La capitale du meuble, qui possède, avec les établissements *Parisot* (une famille qui a donné au Medef une ex-présidente...), la plus grosse usine européenne de la spécialité.
– Voir, dans l'église, une Vierge à l'Enfant du XIVe s, pleine de grâce.

Où manger ?

Restaurant Rémy : *110, av. Albert-Thomas. ☎ 03-84-94-24-03. Direction Luxeuil, à droite après la gendarmerie. Congés : 2 premières sem d'août. Ouv les midis dim-ven, plus les soirs ven-sam. Menus 13 (midi en sem)-34 € ; carte 35-50 €.* Le lieu n'est pas banal, une grandiose maison de maître du début XXe s à la déco sobre et chic, mais qui convient tellement bien à la carte travaillée et parfois impertinente du couple Rémy, labellisé Maître restaurateur. Tout est fait maison, sauf les glaces et les salaisons. Le menu change toutes les 3 semaines.

Chez Gérôme et Vincent : *28, rue Henri-Guy. ☎ 03-84-94-19-23.* • *chez-geromeetvincent@orange.fr* • *♿ Face à la mairie. Fermé dim soir, lun et mer soir. Formule midi en sem env 13 €. Menus 19-41 €. Apéritif maison offert sur présentation de ce guide.* La devanture un peu tape-à-l'œil cache bien son jeu : intérieur résolument moderne et une jolie terrasse à l'arrière. Délicieuse cuisine de saison et du raffinement dans la présentation. L'adresse qui fait bouger Saint-Loup avec ses soirées thématiques régulières.

LUXEUIL-LES-BAINS

(70300) 7 500 hab. *Carte Haute-Saône, C1-2*

• Plan *p. 280-281*

Dès les premiers pas dans sa longue grande rue, on est surpris par la richesse du patrimoine de cette petite ville d'eaux du piémont vosgien, station thermale et de remise en forme. Opulence évidemment liée à la présence de sources connues depuis l'Antiquité, mais aussi et surtout à l'installation à Luxeuil, au VIe s, d'une abbaye qui affirmera sa puissance jusqu'à la Révolution.

UN PEU D'HISTOIRE

Ville d'eaux depuis plus de deux millénaires, la légende veut que les divinités gauloises (notamment Lussoius, qui donna son nom à la ville) aient veillé sur la qualité et la régulation des eaux chaudes. Les Romains fortifièrent le bourg et construisirent des thermes luxueux. La prospérité de Luxeuil fut anéantie par les invasions barbares, spécialement celle des Huns, qui dévastèrent la ville en 451. En 585, le célèbre moine irlandais Colomban, résolu à convertir au christianisme l'Europe mérovingienne, vint avec quelques disciples s'installer à Luxeuil, cité alors abandonnée.

C'est sur les ruines de la cité romaine que fut posée la première pierre de l'une des plus grandes fondations monastiques de l'Occident. L'abbaye devint une puissante et riche seigneurie ecclésiastique qui relevait directement de l'empereur, les abbés ayant le titre de princes du Saint-Empire avec la possibilité d'exercer des droits régaliens.
Mais, à la fin du XVe s, la mise en commende de l'abbaye entraîna sa décadence. Charles Quint, en 1534, incorpora la seigneurie de Luxeuil à la Franche-Comté. Et le tout revint à la couronne de France par le traité de Nimègue en 1678. En tout, ce sont 85 abbés qui se sont succédé sans interruption jusqu'en 1790 à la tête de l'abbaye. Les thermes seront reconstruits et connaîtront un grand succès sous le Second Empire. Prospérité sans faille pendant un demi-siècle, qui verra la construction d'hôtels de luxe, d'un parc thermal, d'un casino... Aujourd'hui, les thermes accueillent 4 000 curistes par an, on y traite surtout les problèmes de rhumatologie, phlébologie et gynécologie.
Autre grand bouleversement vécu dans la région dans les années 1950-1960 : l'installation par l'OTAN d'une base aérienne (BA) importante, développée grâce à la figure charismatique du maire de Luxeuil, André Maroselli... qui fut ministre de l'Air en 1952. Aujourd'hui, la BA 116 est toujours opérationnelle jusqu'en 2018.

LE JAMBON DE LUXEUIL

Toute une tradition. Le jambon, de pur porc franc-comtois (abattu à Luxeuil), est frotté à la main au sel sec à l'ancienne, aromatisé de vin régional, de baies de genièvre et d'épices, puis séché pendant 9 mois. Cette maturation lente lui donne son goût spécifique (notamment de noisette). Il est ensuite légèrement fumé au bois de hêtre additionné de genévrier. Il n'y a plus qu'à déguster !

Adresses utiles

Office de tourisme (plan B2) : *maison du Cardinal-Jouffroy, rue Victor-Genoux. ☎ 03-84-40-06-41. • luxeuil.fr • jaimeluxeuil.fr • (recense ce qui est ouv et à faire le j. même sur la ville). Borne-info tlj. Avr-oct, lun-sam (plus dim ap-m en juil-août) avec pause le midi. Le reste de l'année, fermé sam ap-m et dim.* Organise des visites guidées de la ville (groupes et individuels), sur demande. Balade audio dans la ville avec 12 bornes (à télécharger sur son smartphone ou location d'audioguide : 2 €). Livret-jeux découverte pour les enfants. Location de vélos à assistance électrique ou non. Boutique.

■ **Chaîne thermale du Soleil** (plan B1) : *3, av. des Thermes. ☎ 03-84-40-44-22. Mars-nov.* Piscine, cure (rhumatologie, gynécologie et phlébologie), espace détente. Catalogue disponible à l'office de tourisme.

■ **Joacasino** (plan B1) : *16, av. des Thermes. ☎ 03-84-93-90-90. Tlj à partir de 10h.* Le casino de la ville, restauration possible.

Où dormir ? Où manger ?

De bon marché à prix moyens

Le Rallye Gourmand (hors plan par C3, **11**) : *49, rue Édouard-Herriot. ☎ 03-84-40-04-92. • restaurant@rallye70.fr • rallye70.fr • À peine à l'écart, en prenant la direction Lure-Vesoul. Fermé jeu soir, ven soir, sam midi et dim soir. Congés : 2e et 3e sem d'août et fêtes de fin d'année. Résa conseillée. Double avec lavabo slt env 25 €, familiale 35 €. Menus 12 € le midi en sem, puis 15-32 €. Café offert sur présentation de ce guide.* Il y a l'enseigne, les noms de coûteux bolides donnés aux menus... Mais, derrière ses fourneaux,

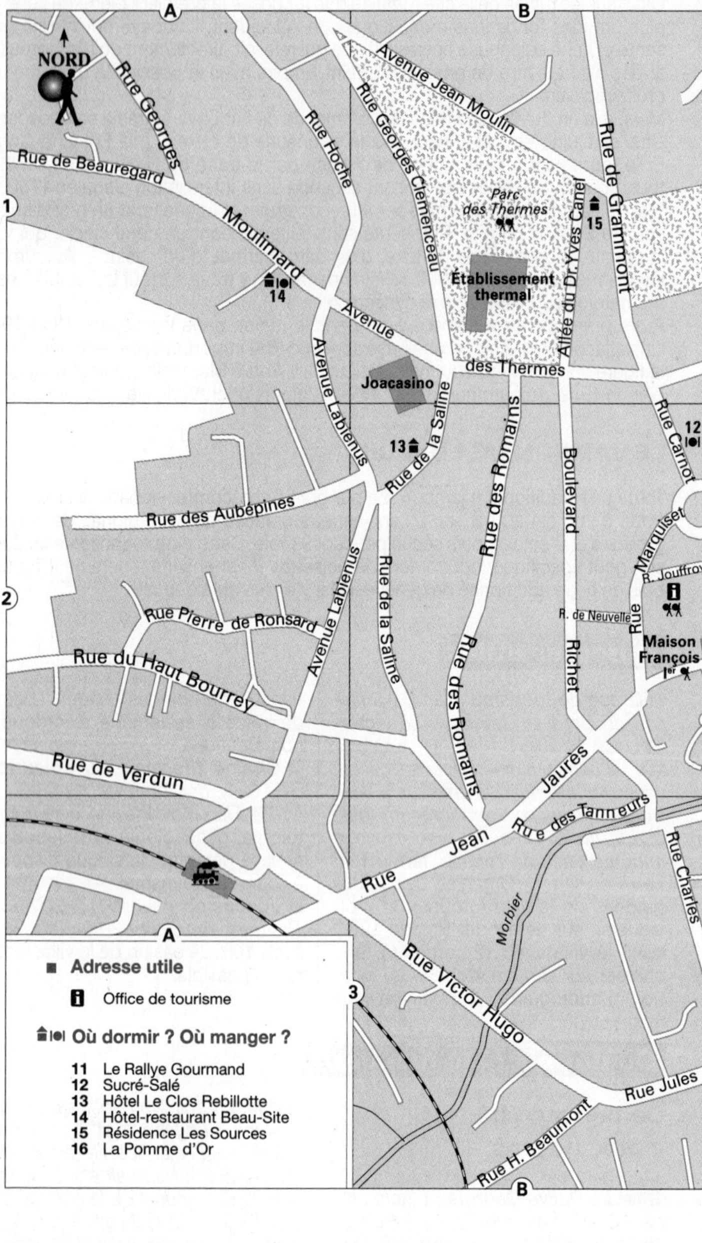

■ **Adresse utile**

Office de tourisme

Où dormir ? Où manger ?

11 Le Rallye Gourmand
12 Sucré-Salé
13 Hôtel Le Clos Rebillotte
14 Hôtel-restaurant Beau-Site
15 Résidence Les Sources
16 La Pomme d'Or

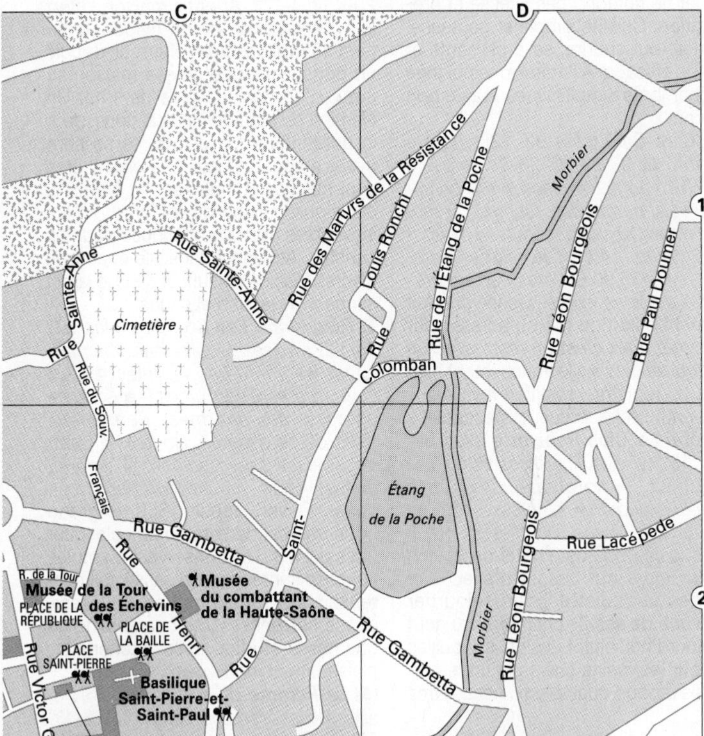

LUXEUIL-LES-BAINS

le chef ne confond pas vitesse et précipitation. Cuisine simple et goûteuse. Accueil tout sourire, salle plaisante et service efficace. À l'étage, une poignée de chambres simplissimes et très bon marché.

Sucré-Salé (plan B2, **12**) **:** *12, rue Carnot. ☎ 03-84-93-30-84. • sucre sale70@orange.fr • Dans la rue principale. Tlj sf mer et dim. Congés : 2 sem en avr-mai, 10 j. début août, 10 j. début janv. Menus 14,50 € le midi en sem, puis 19,50-35,90 €. Café offert sur présentation de ce guide.* L'enseigne fait vraiment salon de thé ou adresse sur le pouce, mais c'est un resto avec un chef qui se débrouille franchement bien dans un registre « tradition revisitée ». Jolie petite salle, accueil impeccable.

Hôtel Le Clos Rebillotte (plan B2, **13**) **:** *16, av. des Thermes. ☎ 03-84-93-90-90. • hotel.luxeuil@joa.fr • hotel-luxeuil.com • Juste à côté du casino. Tte l'année. Doubles 62-107 € selon taille.* C'est l'hôtel du casino voisin, mais nul besoin d'aller faire tourner la roulette pour séjourner dans une de ses 21 chambres au goût d'aujourd'hui, plutôt design, tranquilles et, pour les moins chères, d'un remarquable rapport qualité-prix. Accueil très pro.

De prix moyens à chic

Hôtel-restaurant Beau-Site (plan A1, **14**) **:** *18, rue Georges-Moulimard. ☎ 03-84-40-14-67. • beau-site@cegetel.net • beau-site-luxeuil.com • Sur les hauteurs, vers les thermes, à deux pas du casino. Congés : fin déc. Doubles 75-95 €. Menus 16 € (en sem), puis 20-45 €. Apéritif maison offert sur présentation de ce guide.* Dominant l'établissement thermal depuis un bon siècle, une grosse maison au cœur d'un parc de plus de 1 ha. Un élément du patrimoine local donc, dont la quarantaine de chambres se sont mises au goût du jour. Les plus chères sont fraîches et charmantes. Au resto, classique cuisine de région avec les inévitables menus diététiques pour les curistes. Ambiance familiale et accueil discret. Piscine (chauffée) dans le jardin et spa avec jacuzzi et sauna.

Résidence Les Sources (plan B1, **15**) **:** *2, av. Jean-Moulin (parc thermal). ☎ 03-84-93-70-04. • contact@70les sources.fr • 70lessources.fr • Juste en face des thermes. Fermé aux fêtes de fin d'année. Doubles à partir de 60-70 € selon saison. Apéritif maison offert sur présentation de ce guide.* Ouvert depuis 1860, le grand hôtel thermal dans toute sa splendeur mais qui a su, en conservant d'amples volumes hérités de son passé, joliment réussir sa transformation en « résidence hôtelière ». Une quarantaine de chambres-studios avec kitchenette, plaisamment modernes.

La Pomme d'Or (plan C3, **16**) **:** *8, allée André-Maroselli. ☎ 03-84-93-43-59. Dans la prolongation de la rue principale, côté sud. Fermé dim-lun. Formule 14,90 € midi en sem, carte 25-40 €. Café offert sur présentation de ce guide.* Intérieur de brasserie chic et chaleureux avec une vaste terrasse couverte posée sur le trottoir. Bœuf angus, rillettes maison, charcuterie italienne... Le chef ne choisit pas ses produits au hasard et propose un seul menu à la fois !

À voir

Le musée de la Tour des Échevins (plan C2) **:** *36, rue Victor-Genoux. ☎ 03-84-40-00-07. Juil-août, tlj sf mar 14h-18h. Entrée : 2,50 € ; réduc ; gratuit jusqu'à 12 ans. Visite guidée avec l'office de tourisme sur résa.*
Cet édifice a été construit au XVe s par Henri Jouffroy, et c'est aujourd'hui le plus beau bâtiment de la ville. Sur la façade, on peut voir une ornementation remarquable et des fenêtres à meneaux décorées de motifs floraux.
Au ***rez-de-chaussée,*** importante collection de stèles funéraires du Ier au IIIe s et quelques ex-voto d'époque gauloise. Ils ont été trouvés en 1865 près des sources thermales. Au ***1er étage,*** une maquette de four de potier, ainsi qu'une belle collection de céramiques sigillées gallo-romaines ou encore de magnifiques petits

bronzes étrusques (IVe et IIe s av. J.-C.). Au ***2e étage,*** des expos temporaires. Le ***3e étage*** est consacré aux peintures de Jules Adler, peintre né à Luxeuil en 1865 et mort à Paris en 1952. Enfin, on vient surtout au musée pour la ***vue panoramique*** avec table d'orientation tout en haut de la tour (146 marches !).

👍👍 ***La maison du Cardinal Jouffroy*** *(plan B2)* **:** *abrite l'office de tourisme.* Construite vers 1400, mais l'oriel (fenêtre en baie) sur la façade a été rajouté en 1545. Il tranche avec le style plus austère du reste de la maison. Le rez-de-chaussée est percé de petites fenêtres en accolade et d'une porte en plein cintre. Au 1er étage, le balcon de pierre est sculpté d'animaux et de feuillages adroitement stylisés. Il faut noter la hardiesse de la construction, car les balcons n'étaient pas chose courante à cette époque, hormis en Italie, d'où était originaire la famille Jouffroy. Toujours sous le balcon, à la voûte, discrète clé ou triquètre aux trois lièvres qui ont deux oreilles chacun, bien qu'il n'y ait que trois oreilles en tout ! Il s'agirait d'une tradition primitive répandue dans l'Est : les trois lièvres symboliseraient les trois états de la course effrénée du soleil (lever, zénith et coucher).

👍 ***La maison François-Ier*** *(plan B2)* **:** *en redescendant la rue Victor-Genoux (au no 35).* Elle ne tient pas son nom du roi de France, mais de l'abbé François... Ier de La Palud. Parfaite construction Renaissance à deux étages, avec des fenêtres à meneaux élevées sur un rez-de-chaussée d'arcades.

👍👍 Juste en face s'ouvre la ***place Saint-Pierre,*** bordée à droite par la façade de l'ancien palais abbatial, qui sert aujourd'hui de presbytère et d'hôtel de ville. Sur la place s'élève la statue de saint Colomban. Elle se prolonge par la ***place de la Baille,*** que borde au fond la maison Pusel, de style Renaissance, avec les trois ordres (dorique, ionique et corinthien) superposés. À gauche, l'hôtel Thiadot, qui abrite désormais la bibliothèque. à deux pas, place de la République, plusieurs ***chantiers de fouilles*** (qu'on découvre derrière des grilles) ont exhumé de vastes pans du passé de Luxeuil : les vestiges d'un *domus* (maison gallo-romaine) occupé entre les IIe et IVe s, les ***fondations de l'église Saint-Martin*** (fin du VIIe s) et surtout une nécropole du Ve s, véritablement impressionnante avec ses 125 sarcophages. Un musée archéologique est prévu en 2018 pour exposer toutes ces inestimables trouvailles.

👍👍 ***La basilique Saint-Pierre-et-Saint-Paul*** *(plan C2)* **:** *tlj 9h-18h30, office dim à 10h30.* L'édifice actuel fut construit entre 1328 et 1340, bien que, par un archaïsme fréquent en Franche-Comté, son style soit celui du XIIIe s. L'abside fut reconstruite fidèlement en 1860. Le clocher date de 1527. Mais il faut bien admettre qu'il ne reste pas beaucoup d'éléments de qualité à l'extérieur depuis que les restaurateurs du XIXe s sont passés par là.
À l'intérieur, on est frappé par l'imposante perspective et la simplicité de l'ensemble. Dans le transept, belle statue de saint Pierre assis, datée du XIVe s, flanquée de deux colonnes sculptées du XVIe s. Dans le bas-côté gauche, on trouve un christ gisant du XVIe s et, juste au-dessus, une très jolie Vierge de la même époque. Chaire du XVIIIe s provenant de Notre-Dame de Paris. Et lorsqu'on se retourne, on se retrouve écrasé par l'énorme buffet d'orgue porté par un Atlas (1617). Dans les trois médaillons, on reconnaît saint Pierre recevant les clés de Rome, le roi David jouant de la harpe et sainte Cécile au clavier d'un orgue.
À l'entrée du bas-côté sud, une porte, puis un escalier permettent d'accéder au ***cloître*** des XIVe et XVe s. Construit en grès rose, il produit un bel effet, malgré l'amputation de la galerie occidentale en 1794, lorsqu'on l'a transformé en marché couvert. L'une des baies, à trois arcades en plein cintre, remonte au XIIIe s.

👍 ***Le conservatoire de la Dentelle*** *(plan C2)* **:** *pl. de l'Abbaye. ☎ 03-84-93-61-11. • dentelledeluxeuil.com • Mar et ven 14h-17h30. GRATUIT. Stages et cours du soir.* Autre spécialité locale (avec le jambon !), la dentelle a eu à Luxeuil un poids économique non négligeable grâce à l'afflux des curistes pendant la belle époque du thermalisme. 25 000 dentellières travaillaient à domicile pour 140 entreprises au XIXe s. Cette activité traditionnelle, appelée aussi « thiavaux », patois franc-comtois désignant les réunions des dentellières l'après-midi, a périclité après la Première Guerre mondiale. Un groupe de passionnés sauvegarde depuis 1978 patrimoine et techniques. Particularité de la dentelle de Luxeuil, on compte une cinquantaine de points différents, surnommés joliment le point de moustique, le vous-et-moi, etc. Quant au fil de lin qui cerne habituellement le motif (dentelle de Venise), il est remplacé par un lacet mécanique. Dans l'ancienne cuisine du palais abbatial, sous les voûtes Renaissance de la salle des moines, on peut voir des dentellières au travail et découvrir quelques belles pièces de « Luxeuil ».

Le musée du Combattant de La Haute-Saône *(plan C2)* **:** *pl. de la Baille. ☎ 03-84-40-45-75. 06-85-16-73-84. 1er avr-11 nov, sam 14h-18h. Entrée payante. Visite guidée sur rdv.* Deux salles consacrées au souvenir pour un musée tenu par d'anciens combattants qui se feront un plaisir de vous raconter les hauts faits régionaux.

Le parc des Thermes *(plan B1)* **:** le parc de 5 ha est couvert d'arbres magnifiques qui entourent l'établissement thermal de 1768, agrandi en 1853 et réaménagé en 1938. L'avenue des Thermes est bordée d'anciens grands hôtels transformés en résidences. Tout le charme désuet des villes d'eaux.

Fêtes et manifestations

- ***Marchés de nuit :*** *les mar d'été à partir de 17h, pl. Saint-Pierre et pl. de la Baille.* Découverte de la gastronomie et de l'artisanat local.
- ***Les Pluralies :*** *juil.* Festival des arts en scène, de nombreux spectacles en soirée dans le cœur historique de la ville.
- ***L'Art dans la rue :*** *1er w-e de sept.* Exposition de 150 artistes et animations dans le centre-ville.
- ***Festivités historiques :*** *lors des Journées du patrimoine (3e w-e de sept).* Musique, visites guidées, artisans d'art, défilé costumé, etc.
- ***À Noël, Fête La Table ! :*** *3 premiers w-e de déc.* Ateliers culinaires, *cooking show,* espace enfant, marché de producteurs...

LE PARC NATUREL RÉGIONAL DES BALLONS DES VOSGES

Créé en 1989, le parc naturel régional des ballons des Vosges s'étend sur trois régions (l'Alsace, la Franche-Comté et la Lorraine) et couvre quatre départements (le Haut-Rhin, la Haute-Saône, les Vosges et le Territoire de Belfort). C'est l'un des parcs naturels régionaux français les plus grands et les plus peuplés. Il englobe des espaces diversifiés, comme les Hautes-Vosges et leurs versants boisés, les vallées vosgiennes, haut-rhinoises et comtoises, le plateau des Mille-Étangs, le pays sous-vosgien et le piémont vinicole alsacien.

Le parc recèle de milieux naturels rares (hautes chaumes, tourbières, hêtraies et sapinières, forêts de chênes et de hêtres, cours d'eau, lacs et étangs), qui abritent une faune et une flore exceptionnelles. Fortement marqué par une présence humaine ancienne, le parc des ballons des Vosges est un territoire vivant dont l'homme a su très tôt exploiter l'eau, le bois, la pierre et le sous-sol, en développant l'industrie et l'artisanat.

■ ***Maison du parc naturel régional des ballons des Vosges :*** *1, cour de l'Abbaye, 68140* ***Munster.*** *☎ 03-89-77-90-34. • parc-ballons-vosges.fr • De mi-juin à mi-sept, tlj sf lun 10h-12h, 13h30-17h30 ; le reste de l'année, mar-ven et dim 13h30-17h. Fermé en janv.* Pour toute info sur le parc. Espace documentation avec de nombreuses références et exposition permanente sur les milieux naturels, le patrimoine culturel, les paysages, la géologie et les activités économiques du territoire. Également diverses expos temporaires au cours de l'année.

FOUGEROLLES (70220) 3 950 hab. *Carte Haute-Saône, C1*

Commune du parc naturel des ballons des Vosges et du pays des Vosges saônoises, nichée au pied des premiers contreforts vosgiens, cette petite ville est surtout réputée comme la « capitale du kirsch et de la cerise » et classée « Site remarquable du goût ». C'est au XVIIe s qu'on trouve les premières traces écrites de la présence de cerisiers cultivés dans la région. La fabrication de kirsch se développe au cours du XVIIIe s, où l'on compte à Fougerolles et dans ses proches environs plus de 60 000 cerisiers et une cinquantaine de distilleries. Aujourd'hui, il reste 35 000 arbres et 4 distilleries. Mais les eaux-de-vie sont toujours aussi bonnes, grâce à la terre argileuse et sont, depuis 2010, les premières en France à bénéficier d'une AOC. Autres spécialités de Fougerolles : les « griottines », petites cerises sauvages macérées dans un sirop léger au kirsch, l'absinthe et le gandeuillot, une saucisse constituée de tripes et de chair de cochon. Chaque artisan a son propre secret de fabrication.

Adresse utile

ℹ ***Office de tourisme :*** *1, rue de la Gare. ☎ 03-84-49-12-91. • otsi-fougerolles.net • Juin-oct : mar-ven, sam mat et lun ap-m, 9h30-12h30 et 14h-18h. Nov-mai : mar-ven et sam mat 10h-12h, 14h-17h.*

Où déguster et acheter du kirsch et autres spécialités locales ?

Distillerie Paul-Devoille : *7-9, rue des Moines-Haut (entrée par la rue de la Gare). ☎ 03-84-49-10-66. • contact@devoille.com • devoille.com • ♿ Mai-sept et déc, tlj 8h (10h w-e et j. fériés)-12h, 14h-18h ; le reste de l'année, lun-ven. Visites guidées en sem à 10h30 et 15h30 en juil-août ; slt mar à 15h30 le reste de l'année. Visite et dégustation gratuites. Réduc de 10 % accordée à nos lecteurs sur les achats au magasin, sur présentation de ce guide.* Fondée en 1859, cette distillerie propose, outre le traditionnel kirsch, une quarantaine d'eaux-de-vie, de crèmes, d'apéritifs et la *Libertine,* aux plantes d'absinthe. À voir : la cuverie de fruits, les alambics, 3 beaux greniers où reposent 1 200 bonbonnes cerclées d'osier et la salle de mise en bouteille. Ne pas manquer non plus le *Jardin Secret de la Fée Verte (avr-oct, GRATUIT)* qui permet de découvrir les plantes à partir desquelles est confectionnée l'absinthe.

Distillerie Lemercier Frères : *32, rue de la Gare. ☎ 03-84-49-13-66. • lemercier.com • ♿ Fermé le w-e. Visite guidée et dégustation gratuites.* La plus ancienne distillerie locale encore en activité (1811). La visite guidée, de la salle des alambics à l'embouteillage, permet de découvrir tous les métiers de la distillerie. Dans le jardin des saveurs, plusieurs milliers de pieds d'absinthe et une cinquantaine de plantes aromatiques ou médicinales : ail des ours, thym, réglisse, aneth... Dégustation d'eaux-de-vie, crèmes et liqueurs de fruits, pastis à l'ancienne, absinthe. Il y a même du chocolat au pastis.

Institut Griottines : *43, av. Claude-Peureux. ☎ 03-84-49-11-33. Pas de visite. Magasin fermé dim.* La boutique de la plus grande distillerie de Fougerolles (c'est d'ailleurs l'une des plus grandes d'Europe !) comprenant 3 laboratoires et une salle de cours de cuisine haute gastronomie. Une vaste gamme de produits dont, bien sûr, les fameuses griottines – la marque est déposée – de Fougerolles, « invention » finalement récente puisqu'elle date de 1980.

Distillerie Émile-Coulin : *12, rue de la Gare. ☎ 03-84-49-13-80. • distillerie-coulin.fr •* Une petite distillerie artisanale qui assure la vente directe de ses produits.

Pour ceux qui voudraient dégoter quelques producteurs de kirsch et eaux-de-vie de la ferme : la ferme *Jechoux, « la Marandine » (☎ 03-84-49-50-26).* La ferme *Chassard (☎ 03-84-49-12-76)* produit un sympathique kirsch et *Lo cul dra haut,* un apéritif très local à base de kirsch, de cerise et de vin d'Arbois. Également *Jean-Claude Grillot (☎ 03-84-49-10-54), Olivier Cholley (☎ 03-84-49-53-84)* et *Nadine Vaulot (☎ 03-84-49-10-95),* réputée pour ses jus de fruits. Ou encore *Jacques Daval (☎ 03-84-49-52-12),* récoltant producteur d'eaux-de-vie.

Fête et manifestations

– ***Fête de la Cerise :*** *1er w-e de juil.*
– ***Chapitre ordinaire de la confrérie des Gousteurs d'eau de cerise*** *(tout un programme !)* ***et la foire aux beignets de cerise :*** *3e dim de sept.*
– ***Semaine du Goût :*** *3e sem d'oct.*

DANS LES ENVIRONS DE FOUGEROLLES

L'écomusée du Pays de la cerise : ***Le Petit-Fahys.*** *☎ 03-84-49-52-50. • contact.ecomuseedupaysdelacerise@orange.fr • À 3 km au nord de Fougerolles par la D 149 ou par la N 57 (Nancy-Besançon). De mi-fév à mi-nov, tlj sf mar 14h-18h (juil-août, tlj 11h-19h). Entrée : 5 € ; réduc ; gratuit jusqu'à 6 ans. Audioguide.* Installé dans l'une des premières distilleries industrielles de la région, ensemble de bâtiments du XIXe s. La visite, avec une muséographie résolument contemporaine, démarre dans la « maison de maître » de ces paysans devenus, par la grâce des eaux-de-vie, de vrais bourgeois d'affaires. Du bureau à la salle à manger, historique du kirsch à Fougerolles, bouteilles typiques, évocation – qui évite l'aspect moralisateur – de la dimension sociale de l'alcool dans ce XIXe s où on consommait, en France, 35 l d'alcool à 50° par an et par habitant ! On grimpe ensuite vers le grenier d'affinage où l'alcool se bonifiait grâce au changement de température dans des bonbonnes de verre. Bref, on découvre toute la filière telle que l'avait pensée le propriétaire du lieu. On peut également découvrir les métiers dérivés – celui de tonnelier, par exemple.

Spectaculaire, la collection d'impressionnants alambics à bain-marie et à vapeur (ils pouvaient contenir de 800 à 1 200 l). On apprend ensuite tout sur la cerise depuis l'Antiquité, avant de se balader, à l'extérieur, dans le verger conservatoire des variétés locales de cerisiers. À Fougerolles, c'est la guigne qui est à l'honneur : une petite cerise très chargée en sucre, dont il existe plus de 40 variétés.

Le Parc animalier de Saint-Valbert : *accès fléché (suivre « Parc animalier ») depuis Fougerolles. Ouv juin-août, tlj 14h-19h (derniers tickets à 17h15). Groupes slt, sur résa hors saison. Entrée : 1 € ; gratuit jusqu'à 12 ans.* Profitez d'un après-midi en pleine nature pour découvrir les animaux de nos forêts : cerfs Sika, chamois, mouflons, daims, cerfs élaphes, bouquetins, lamas... Sentier de 5,2 km aller-retour, circuits pédestres et VTT, arboretum, parcours de santé.

L'ermitage de Saint-Valbert : *visite libre.* Au cœur de la forêt, un ensemble de petits bâtiments construits (pour accueillir les pèlerins) autour de la grotte où saint Valbert vécut en ermite au VIIe s.

– ***La route des Chalots :*** entre cascades et vergers, un itinéraire routier de 120 km (au départ de l'Écomusée du Pays de la Cerise de Fougerolles), jalonné de chalots (ces greniers sur pilotis pour stocker récoltes et argent), sites patrimoniaux, etc. Tout le long, artisans et producteurs à découvrir. À parcourir en voiture ou à vélo électrique ! Infos et plan dans les offices de tourisme.

LE PLATEAU DES MILLE ÉTANGS

Carte Haute-Saône, D1-2

On ne les a évidemment pas comptés, mais on en croise à chaque coin de départementale, de chemin vicinal ou de sentier. Et tous privés ! Au Quaternaire, trois générations de glaciers ont créé ici un paysage tout de creux et de bosses. Pourtant, ces étangs n'ont rien de naturel : ils ont été aménagés par l'homme (les moines, au Moyen Âge, ont été les premiers à s'atteler à la tâche), transformant tourbières et marais pour pouvoir y élever carpes ou tanches. Un moyen d'améliorer l'ordinaire dans cette région plutôt pauvre. Mais l'abandon de la pisciculture marque souvent aussi la fin de l'entretien des étangs : leurs berges s'envasent, les eaux deviennent acides sous l'action des résineux. Un exemple qui montre que si l'homme a besoin de la nature, la nature a parfois aussi besoin de l'homme...

Notre itinéraire sur le plateau et dans la haute vallée de l'Ognon part de Fougerolles et recoupe ici et là la route des Mille Étangs (61 km balisés par le parc naturel). Nous vous conseillons également quelques-uns des sentiers thématiques qui ont été tracés sur le plateau : un bon moyen de découvrir vraiment ce surprenant petit pays. Enfin, un conseil : si vous prévoyez de dormir ou manger dans le coin, appelez toujours avant pour ne pas vous casser le nez !

FAUCOGNEY *(70310)*

Cette ancienne place forte fut, en 1674, la dernière à résister aux troupes de Louis XIV pendant la conquête de la Franche-Comté. Irritées par cette résistance, les troupes françaises mirent la petite ville à sac, détruisirent son château et ses fortifications. Toutefois, on peut encore découvrir dans les rues de ce bourg, aujourd'hui un peu somnolent, plusieurs imposantes maisons des XVIe et XVIIe s ainsi qu'une tour médiévale.

Adresse utile

Office de tourisme des Mille Étangs : *maison de pays, rue Jeannot-Lamboley.* ☎ *03-84-49-32-97.* • *les1000etangs.com* • Pour tout renseignement sur le plateau des Mille Étangs : possibilités d'hébergement, sentiers de randonnée (petites fiches gratuites très bien rédigées), etc.

À voir dans les environs

👥 ***L'église Saint-Martin :*** *à 5 km de Faucogney par une belle petite route en sous-bois qui sinue entre les étangs (fléchée depuis Faucogney). On peut aussi y grimper à pied (circuit de la montagne de Saint-Martin – 7 km, soit 2h30 –, disponible à l'office de tourisme).* Un très joli coin et l'une des plus anciennes églises de Franche-Comté. Construite sur un sanctuaire romain au sommet du mont Saint-Martin, cette toute petite chapelle existe depuis au moins le IVe s. Bien sûr, elle a subi de nombreuses modifications : le chœur est gothique, la nef classique, mais il subsiste quelques vestiges préromans. Le lieu vaut le détour pour l'émouvant cimetière ancien (pour partie) et pour la vue superbe sur Faucogney et la vallée du Breuchin.

Manifestations

– ***1 000 Pas aux Mille Étangs :*** *avr-juin (les dates changent chaque année).* Festival de la Randonnée avec des balades nombreuses et inédites.
– ***Festival « Musique et Mémoire » :*** *2de quinzaine de juil et 1er w-e d'août.* Programmation ambitieuse pour ce festival de musique baroque. Concerts donnés dans les églises du plateau des Mille Étangs.

ESMOULIÈRES *(70310)*

Sur la D 236. Le premier village du circuit vraiment sur le plateau : typique du coin, d'ailleurs, avec son habitat dispersé, ses calvaires de grès ou de granit.

Où dormir ?

🏠 🍽 ***Chambres d'hôtes le Brodequin :*** *6, Grand-Rue. ☎ 03-84-93-56-15. 📱 06-76-32-27-79. • lebrodequin.fr • À la sortie du hameau. Double 54 € ; familiale. Repas 22 €, pique-nique 8 €.* Une adresse pour les amoureux de nature et de marche : 3 chambres simples et confortables dans une maison moderne, face à l'exploitation et posée dans le paysage. Tout autour c'est « télévache » (pas de télé, quoi !). L'affable proprio dispense toutes les infos pour randonner et fait partie d'un réseau de chambres d'hôtes qui proposent un package nuitée, portage de bagages et pique-nique, topoguide maison en main. Une super initiative !

Randonnée pédestre

➢ ***Le paysage du plateau d'Esmoulières :*** *descriptif gratuit disponible à l'office de tourisme de Faucogney.* 9 km, compter 3 h sans les arrêts. En boucle depuis Esmoulières. Balisage : dessin d'une petite maison. Départ du parking au centre d'Esmoulières. Remonter sur 100 m en direction d'Es-Vouhey, passer la mairie. À droite après la dernière ferme, un petit chemin balisé vous indique le début de l'itinéraire. Très beau parcours au milieu des fermes, des champs et bien sûr des étangs. Des panneaux explicatifs jalonnent le chemin. Le meilleur endroit pour pique-niquer se trouve après le panneau n° 10, au bord d'un petit étang très poissonneux. Si vous avez de la chance, vous y apercevrez de superbes grues cendrées.

BEULOTTE-SAINT-LAURENT *(70310)*

Minuscule village niché dans un creux du plateau. Notre chouchou du circuit ! 700 personnes y vivaient autrefois : l'été, de l'élevage et de la fabrication de fromages ; l'hiver, les familles confectionnaient, autour du feu de tourbe (le bois était rare), balais et paniers. Aujourd'hui, il n'y a pas plus de 70 habitants autour de l'église et son cimetière. Les deux écoles ont fermé, mais le boulanger fait chaque jour son (excellent !) pain et il y a encore un bistrot où casser la croûte (lire plus bas).

Où manger ?

Chez Gaby : *☎ 03-84-94-40-11. ♿ Ts les midis (fermé le soir) en saison. Menu unique 13,50 €. CB refusées. Café offert sur présentation de ce guide.* Chez Gaby, la patronne s'appelle Sylvie et, l'estomac creusé par une balade autour des étangs, on est tout content qu'elle continue à faire vivre ce bistrot de village. On entre par le petit coin épicerie où son frère vend le bon pain cuit au feu de bois et on s'assied à l'une des 3-4 tables en formica. Assiette de charcuterie et fromage, omelette, saucisse-salade, tarte aux fruits maison, café de la cafetière... et le tour est joué. Belles photos du plateau sur les murs de la salle.

Randonnée pédestre

➢ **Le circuit de l'Eau et des Étangs :** *descriptif gratuit à l'office de tourisme de Faucogney et Melisey.* 11 km, compter 3h sans les arrêts. En boucle depuis Beulotte. Balisage : repères (fer à cheval barré orange et poisson). Départ du centre de Beulotte. Une des plus belles balades du coin avec une variante familiale pour le retour en forêt (mais la grande boucle se termine sur la route), qui permet de passer au plus près de plusieurs étangs. Très instructive, en outre, avec ses panneaux d'information jalonnant le parcours qui détaillent le rôle de l'eau sur le plateau.

LE COL DES CROIX

Rejoindre la D 236 puis, par la D 57, gagner, à travers une superbe nature d'eau et d'arbres, le col des Croix. Vous êtes à 678 m d'altitude, sur la ligne de partage des eaux entre la mer du Nord et la Méditerranée. Joli point de vue sur les vallées environnantes à 500 m sur la gauche en prenant la route de Château-Lambert (100 m à gravir avant d'atteindre une table d'orientation dominée par une Vierge protectrice).

CHÂTEAU-LAMBERT (70440)

À 1 km du col des Croix par la D 16. Pittoresque petit hameau de montagne avec son auberge *(des Sources)*, niché sur une des pentes du ballon de Servance. L'Ognon prend sa source quelques kilomètres en amont, sur les pentes du ballon de Servance. On a donc logiquement ici quitté le plateau des Mille Étangs pour la haute vallée de l'Ognon !

À voir

Le musée départemental de la Montagne : *☎ 03-84-20-43-09. Avr-sept, 9h30-12h, 14h-18h ; oct-mars, slt 14h-17h. Fermé mar (sf juil-août), mat le w-e, certains j. fériés et pdt les vac scol de Noël. Entrée : 4 € ; réduc ; gratuit jusqu'à 16 ans.* Un bel écomusée qui montre la vie dans la montagne vosgienne au travers d'une ferme aménagée. Au rez-de-chaussée, cuisine, salle à manger et étable. Au 1er étage, chambres et grenier dans lequel on trouve du matériel agricole et une salle de classe. Autour de la ferme, des huttes où sont présentés tous les métiers de la forêt : bûcheron, schlitteur, sabotier, leveur d'écorces, scieur de long... ainsi que la reconstitution d'une scierie de montagne, une expo sur les mines (l'industrie locale) et de beaux traîneaux à neige.

L'espace Nature Culture : *☎ 03-84-20-49-84. De mi-avr à sept, tlj 10h-13h, 14h-18h30 ; d'oct à mi-avr, tlj sf lun, mar et sam 14h-17h30. Congés : déc-janv. GRATUIT.* Dans un bâtiment très contemporain et écoresponsable, expo permanente et très didactique sur les richesses naturelles des Vosges saônoises. Coin lecture pour les enfants et boutique. Et toutes les infos sur le parc naturel régional des ballons des Vosges.

SERVANCE *(70440)*

Sur la D 486, au creux de la haute vallée de l'Ognon, bourg industriel (petites usines, cité ouvrière...) qui surprend quand on débarque de ces bouts du monde du plateau. À l'écart du bourg, si le soleil est de la partie, la cascade du saut de l'Ognon mérite le détour (un petit quart d'heure à pied depuis la route) : chute d'eau de 13 m plutôt bucolique avec parcours aménagé.

Où dormir ? Où manger dans les environs ?

De prix moyens à chic

Chambres d'hôtes La Maison d'en Haut : *9, rue des Sources, Melay, 70270* ***Ternuay-Melay.*** *☎ 03-84-20-48-46. • lamaisondenhaut@orange.fr • À 5 km à l'ouest de Servance par la D 315 ; suivre « la Mer » vers la droite, puis « Melay » vers la gauche, jolis points de vue ! Doubles 59-64 €. Dîner sur résa 26 €.* Dans un hameau tranquille, une belle ferme traditionnelle qui regarde vers les ballons des Vosges. Sobres mais jolies chambres (dont 2 familiales), avec poutres apparentes. On y est reçu par un accueillant couple italo-parigot venu mettre au vert ses talents d'artiste : lui peint, elle fabrique des céramiques. Cuisine familiale et parfums méditerranéens à la table d'hôtes. Un endroit qu'on aime bien...

Auberge des Mille Étangs : *La Goutte-Géhant, 70440* ***Servance.*** *☎ 03-84-20-48-55. • aubergedesmilleetangs@orange.fr • • aubergedesmilleetangs.fr • De Servance, prendre la D 263 vers Beulotte et suivre le fléchage « Auberge » sur env 7 km. Fermé 20 déc-1er fév, plus dim soir tte l'année. Très conseillé d'appeler avt ! Double 82 €, petit déj inclus. Assiette du randonneur 18 € ; menus 30 € (pensionnaires slt)-38 €.* Superbe ferme ancienne (joliment rénovée) au bord d'un vaste étang. Sous l'aérienne charpente, bonne cuisine de tradition, mais avec un ton assez moderne. Terrasse en été. On dort à quelques kilomètres au *Lodge du Monthury (☎ 03-84-63-82-26),* adresse prisée des pêcheurs. Belle maison ancienne là encore (c'était une ferme au XVIIe s), elle aussi joliment rénovée et totalement perdue dans une nature de rêve. 5 chambres à la déco très sobre mais agréables.

Chez Martine : *route de Faucogney, 70270* ***Ternuay-Melay.*** *☎ 03-84-20-42-98. • restaurant.chezmartine@wanadoo.fr • Dans le bourg. Tlj sf mar soir et mer (ouv slt sur résa le soir hors saison). Menus 11,50 € midi en sem, puis 16-29 €.* Le bistrot de pays pur jus avec son comptoir, ses coupes de foot et son mobilier en plastique en terrasse. Une bonne occasion en tout cas de goûter la cuisine franc-comtoise à petits prix : truites (pêchées à la demande !), carpes frites, brochet sauce orties... Très Martine à la montagne tout ça !

DE SERVANCE À MELISEY PAR LA MONTAGNE

Plutôt que de filer tout droit par la D 486, on vous conseille de prendre la D 133. Vous allez plonger dans la vraie nature et profiter de points de vue superbes, de tourbières, de forêts encore sauvages, comme celle de Saint-Antoine où s'ébattent les grands tétras (enfin, il paraît, parce que le volatile est franchement discret...).

Premier village traversé, ***Miellin,*** où une bien vieille scierie avec murs de planches et roue à aubes se visite *(rens à la maison de la Nature des Vosges saônoises, ☎ 03-84-63-89-41).* De Miellin, prendre la route forestière sinueuse et souvent pentue (qui a dit que les Vosges étaient une « montagne à vaches » ?) qui grimpe vers ***Belfahy*** en passant par le col des Chevrères, devenu incontournable pour les cyclistes depuis le passage du Tour de France. En redescendant sur Melisey, arrêt à ***Fresse*** pour son église-halle : belle chaire sculptée du XVIIIe s provenant de l'abbaye de Lucelle (dans le Sundgau), Vierge à l'Enfant du XIIe s, etc.

BELFAHY *(70270)*

Situé à plus de 900 m d'altitude, Belfahy est le village le plus élevé de la Haute-Saône. Vous pourrez y déguster les « brimbelles » sous toutes les formes lors de la fête annuelle de la myrtille sauvage (de son vrai nom) fin juillet : tartes, beignets, confitures, sirops, bonbons... *Infos : ☎ 03-84-23-60-17.* Un plaisir à prolonger toute l'année dans les deux auberges locales : *la Chevauchée,* un bistrot de Pays *(☎ 03-84-23-60-17, tlj 10h-19h, le soir sur résa slt)* et *L'Auberge de La Belle Hêtraie (☎ 03-84-27-33-49 ; • la-belle-hetraie.com •).*

MELISEY *(70270)*

Joli bourg, sur la rive droite de l'Ognon. Église évidemment construite en grès, dont le chevet roman (XIIe s) est classé Monument historique. Zone de loisirs familiale avec une piscine d'été.

Adresse utile

ℹ *Office de tourisme de la haute vallée de l'Ognon :* *pl. de la Gare. ☎ 03-84-63-22-80. • melisey.com •* Installé dans l'ancienne gare du tacot qui reliait Lure au Thillot.

Où dormir ? Où manger ?

Camping

Camping La Pierre : *route de Melay. 📱 06-32-24-54-72. • mairie.melisey@orange.fr • melisey.cchvo.org • Accès : fléché depuis le centre de Melisey (2,5 km). Ouv mai-sept. Prix tente en hte saison : env 10 €. Prix hébergement locatif 230-380 €/sem selon saison. Réduc de 5 % carte FFCC en juil-août. CB refusées. 54 empl.* Un tout petit camping, tranquillement posé en pleine campagne, tout fleuri et bien ombragé. Bon camp de base pour partir à la découverte de cette superbe microrégion qu'est le plateau des Mille Étangs. Location de chalets.

De bon marché à prix moyens

Les Chalets de la Patte d'Oie : *Les Guidons. ☎ 03-84-20-39-16. • sejour-gite-peche.fr • Dans un hameau sur la D 97 entre Melisey et Écromagny. Compter 300-670 €/sem,* *séjours courts possibles.* Trois gîtes éco-conçus (2, 4 et 6 personnes) tout en bois au bord de l'eau, avec terrasse sur pilotis, dans un lieu idéal pour les pêcheurs... Il n'y a qu'à tendre le bras. Rien à redire pour le cadre et le confort ! Pour le reste non plus d'ailleurs. Les mordus de l'hameçon se laissent volontiers guider par Nicolas vers les autres plans d'eau de la propriété ou les rivières du coin. Ceux qui préfèrent garder la ligne et lâcher du lest peuvent bénéficier de massages à l'espace détente. Jeux pour les enfants et tout plein d'activités alentour.

Chambres d'hôtes La Ferme des Guidons : *Les Guidons. ☎ 03-84-63-20-43. • courrier@ferme-des-guidons.fr • ferme-des-guidons.fr • ♿ (1 chambre). Dans un hameau sur la D 97 entre Melisey et Écromagny. Double 60 €.* De très agréables chambres, gentiment décorées, dans une petite maison qui fait idéalement face à 2 étangs. Grande terrasse et piscine à deux pas. Salle de jeux pour les enfants (qui pourront également découvrir les activités de la ferme des propriétaires), salon, grande cuisine : les très accueillants proprios ont vraiment pensé à tout. Ce qui en fait une de nos meilleures adresses sur le plateau.

La Bergeraine : *27, route des Vosges, BP 20. ☎ 03-84-20-82-52. ♿ Ouv les midis sf lun et sam, les soirs jeu-sam slt. Menus 18 € en sem, puis 28-32 €.* Cette petite maison de bord de route abrite 2 salles bien dans le ton d'aujourd'hui et un chef à la cuisine dans la grande tradition mais avec, souvent, un petit truc en plus.

À voir. À faire dans les environs

Le saut de l'Ognon : *à l'entrée de Servance, venant de Melisey, sur la D 486.* Parcours de 400 m menant à cette chute d'eau de 13 m le long d'une paroi rocheuse.

➢ **Circuits de randonnée :** une vingtaine de circuits pédestres ou VTT balisés qui vous permettront de découvrir aussi bien le plateau des Mille Étangs que les premiers contreforts des Vosges et le massif du ballon de Servance. Fiches descriptives détaillées disponibles gratuitement auprès de l'office de tourisme de la haute vallée de l'Ognon, à Melisey, ou à télécharger sur leur site internet.

Saint-Barthélemy : *commune limitrophe de Melisey.* Observez le curieux clocher qui est l'unique des clochers à l'impériale en Franche-Comté à posséder une croix de Lorraine (en souvenir des combats de la Résistance).

➢ **La tourbière de la Grande-Pile :** *sentier découverte de 6 km, compter 2h A/R sans les arrêts. Balisage : repères (lavoir).* Départ de la mairie de Saint-Germain (à 5,5 km au sud-ouest de Melisey par la D 486). Une courte balade à la découverte de l'une des plus importantes tourbières d'Europe (37 ha). Un étonnant monde végétal dont les origines remontent à la nuit des temps. Les strates de débris végétaux ont d'ailleurs permis aux scientifiques de mener des recherches sur le climat terrestre depuis 140 000 ans... Petite précision, le sol des tourbières n'est pas stable du tout. On vous conseille donc sérieusement (on tient à nos lecteurs !) de ne pas quitter le sentier.

Écromagny *(70270)* **:** retour sur le plateau des Mille Étangs (par la D 73) jusqu'à ce petit village, dominé par son église en grès rouge au clocher typiquement comtois. Tout autour s'étendent, devinez quoi ? Des étangs ! Joli site.

➢ **Le sentier des Époissets :** *descriptif gratuit disponible à l'office de tourisme de Melisey. Randonnée pédestre de 7 km, 2h30 A/R.* Boucle facile, ombragée, avec peu de dénivelé et une signalétique représentée par une petite fougère. Départ du parking près de la mairie d'Écromagny (toilettes et point d'eau). Plusieurs étangs se dévoilent le long de la promenade, chacun ayant son petit charme (surtout celui où trône une jolie maison sur une petite île !). Beaux passages en forêt également. Jolie flore sauvage.

LA VALLÉE DU RAHIN

RONCHAMP *(70250)*

Si elle est désormais mondialement connue pour sa chapelle Notre-Dame du Haut, construite par Le Corbusier et inscrite au patrimoine mondial de l'Unesco depuis 2016, cette petite ville a surtout vécu de l'exploitation de la houille, du XVIIIe s jusqu'en 1958. Un passé qui n'a pas laissé énormément de traces dans le paysage, hormis le chevalement du puits Sainte-Marie (sur la route de Notre-Dame du Haut).

Adresse utile

Office de tourisme Rahin et Chérimont : *25, rue Le Corbusier. ☎ 03-84-63-50-82. • ot-ronchamp.fr • Lun-sam mat (lun-ven hors saison).* Doc gratuite sur les sentiers de randonnée.

Où dormir ? Où manger ?

De prix moyens à chic

Hôtel-restaurant Le Rhien Carrer : *14, rue d'Orière, Le Rhien. ☎ 03-84-20-62-32. • carrer@ronchamp.com • ronchamp.com • ♿ À l'entrée du hameau du Rhien, à 3 km de Ronchamp, accès fléché depuis la N 19, direction Belfort. Resto fermé dim soir. Doubles 77-85 €. Menus env 15 € en sem, puis 28-45 €.* Petit ensemble de bâtiments récents, presque à la campagne, tranquilles en tout cas. Chambres rénovées, fonctionnelles et plutôt déco. Honnête cuisine de terroir, servie l'été sur une agréable terrasse. De l'hôtel, 15 mn de grimpette par le GR jusqu'à Notre-Dame du Haut.

Hôtel Le Ronchamp : *1, rue Neuve. ☎ 03-63-75-16-41. • contact@hotel-ronchamp.fr • ♿ À l'entrée de Ronchamp, côté Champagney, face au supermarché Carrefour. Double 66 €.* Un couple a tout lâché pour reprendre cet hôtel de bord de route peu attirant au premier abord. À l'intérieur, on découvre pourtant une vingtaine de chambres fringantes, de bonne taille et au confort moderne. C'est déjà beaucoup à ce prix-là. Et l'accueil enthousiaste dériderait les plus ronchons.

Restaurant Marchal : *26, rue des Mineurs. ☎ 03-84-63-18-15. • restaurantmarchal@orange.fr • Tlj sf lun et mer soir. Menus 14 € (midi en sem), puis 29-36 €.* Bâtiment ouvertement contemporain qui déploie, sur 3 demi-niveaux, sa grande salle lumineuse. Cuisine simplement généreuse où la friture de carpe tient le 1er rang des spécialités maison.

Plus chic

Maison d'hôtes du Parc : *12-14, rue du Tram. ☎ 03-84-63-93-43. • leparc-egeorges@wanadoo.fr • hotesduparc.com • ♿ Doubles 110-130 €. Dîner (sur résa) 29 €. Réduc de 10 % sur le prix de la chambre à partir de la 2e nuit, sur présentation de ce guide.* Le proprio s'est clairement fait plaisir en aménageant cette adorable maison bourgeoise du milieu du XIXe s entourée d'un jardin à l'anglaise. Et il fait aujourd'hui le nôtre avec des chambres pas loin d'être sublimes, décorées avec un souci presque maniaque du détail. Accueil tout aussi parfait.

À voir

*** ***La Colline Notre-Dame du Haut :*** *☎ 03-84-20-65-13. • collinenotredameduhaut.com • ♿ Après env 1,5 km de montée depuis le bourg, accueil dans la porterie, œuvre de l'architecte Renzo Piano qui a également signé, sur le site, le monastère des Clarisses. Ouv tte l'année, tlj (sf 1er janv) : avr-oct 9h-19h ; nov-mars 10h-17h. Messes à 11h dim (Pâques-Toussaint). Entrée : 8 € ; réduc ; gratuit jusqu'à 8 ans. Possibilité de passeport incluant les visites de la chapelle, du musée de la Mine et de la maison de la Négritude à Champagney. Visites guidées, de j. comme de nuit (programme sur le site internet). Tenue correcte exigée.*

Au sommet de la colline de Bourlémont qui domine Ronchamp, lieu sacré depuis l'Antiquité et site de pèlerinage depuis le XIIIe s, ce site voit la réunion de trois grands noms de l'architecture : Le Corbusier, Renzo Piano et Jean Prouvé.

– ***La chapelle Notre-Dame-du-Haut :*** d'une modernité toujours aussi fulgurante qu'à l'heure de sa construction, en 1955, elle est l'œuvre de Charles-Édouard Jeanneret, plus connu sous le nom de Le Corbusier. Quand, en 1950, l'architecte la dessine d'un trait, il souhaite que « la forme du sanctuaire réponde au site dans lequel il se trouve, aux bombements, aux creusements des monticules et de la forêt... ». Des paysages qu'il connaît bien pour les avoir souvent contemplés, enfant, lors des balades sur les monts du Jura, avec son père, président du Club alpin suisse de La Chaux-de-Fonds. Seul le campanile est signé Jean Prouvé et date de 1975, après la mort de Le Corbusier donc.

Quand on arrive devant la chapelle, l'essoufflement n'est pas seulement lié à la petite grimpette qu'on vient de s'offrir. Le souffle manque, comme les mots pour décrire la blanche silhouette de cette « sculpture de nature acoustique »... Chaque mur a son rythme, sa courbure, son modelé. Il n'y a aucune symétrie mais des harmonies de courbes. La grande porte en tôle d'acier, biface, peinte d'émaux par l'architecte, pivote sur 360°. Si l'extérieur interpelle, l'intérieur est un manifeste d'humilité. Nef sans transept dont le sol glisse en pente douce vers la table de communion. La Vierge Marie (une statue du XVIIIe s) pirouette devant les autels intérieur et extérieur. En guise de vitraux, des plaques de verre enchâssées dans des meurtrières de château fort. Couleurs primaires, dessins aux traits presque naïfs, ces vitrages criblent la chapelle de halos lumineux quand le soleil pointe, dans un merveilleux compromis entre ombre et lumière. En janvier 2014, des vandales ont détérioré l'un de ces vitrages, le seul de Le Corbusier lui-même !

CRISE DE FOI

Le jour de l'inauguration de la chapelle de Ronchamp qu'il avait construite, à la question d'un journaliste du Chicago Tribune *: « Pour bâtir cette chapelle, faut-il être catholique ? », Le Corbusier piqua sa crise et répondit : « Foutez-moi le camp ! » L'architecte, qui se plaisait à se définir comme agnostique, a quand même signé, avec Notre-Dame-du-Haut, une œuvre d'une incontestable spiritualité...*

– ***Le monastère Sainte-Claire :*** l'œuvre de l'architecte Renzo Piano, inaugurée en 2011 ne se voit pas de prime abord. Les différents bâtiments ont été intégrés au paysage, couverts de toitures végétales et privilégiant largement la lumière. Une construction qui aura donné lieu à de vives polémiques sur son opportunité et... sur son coût. Visite possible de l'oratoire.

** ***Le musée de la Mine Marcel-Maulini :*** *33, pl. de la Mairie. ☎ 03-84-20-70-50. • mineronchamp.fr • Avr-oct, tlj sf lun et les mat sam-dim 10h-12h, 13h30-17h30. Nov-mars (sf déc, congés) : mar-sam 13h30-17h30. Entrée : 3,50 € ; réduc ;*

gratuit jusqu'à 10 ans. Possibilité de pass incluant les visites de la chapelle de Ronchamp, du musée de la Mine et de la maison de la Négritude à Champagney. Visites guidées sur rdv. L'exploitation du charbon a débuté dans le bassin de Ronchamp au XVIIIe s. Un siècle plus tard, près de 1 500 personnes extraient 100 000 t de houille par an. En 1904, le puits Arthur De Buyer est ouvert. Il est équipé pour sortir 1 000 t de charbon par jour et se trouve être le plus profond de France de l'époque (1 010 m). C'est toute cette histoire industrielle et ouvrière que dévoile cette expo encore bien à l'ancienne, sans muséographie particulière. À quand une valorisation à la juste hauteur du patrimoine réuni ici ?
Section consacrée à la silicose, avec une angoissante coupe anatomique d'un poumon : un mineur travaillant 20 ans dans la mine absorbait 6 kg de poussière, en rejetait 5,9 kg, les 100 g restants étant malheureusement souvent fatals... C'est d'ailleurs le docteur Maulini, médecin des houillères à Ronchamp qui créa ce musée.

CHAMPAGNEY (70290)

Petite cité autrefois industrielle, ravagée par les bombardements de la Seconde Guerre mondiale, qui possède toutefois une jolie église baroque, célèbre dans la région pour son carillon de 35 cloches. Dans le chœur de l'église de Champagney, une peinture sur bois du XVIe s représente l'Adoration des mages. Cette œuvre y était déjà lors de la convocation des états généraux en 1789. Et Balthazar était le seul Noir qu'avaient jamais vu les habitants de Champagney, quand ils rédigèrent leur cahier de doléances. C'est sous l'influence probable d'un garde du corps de Louis XVI en congés dans son village natal et imprégné des idées abolitionnistes que les paysans, mineurs et bûcherons de Champagney furent les premiers à ajouter à ce cahier un article demandant l'abolition de l'esclavage. Un article 29 malheureusement toujours d'actualité : « Les habitants de Champagney ne peuvent se persuader qu'on puisse faire usage des productions desdites colonies si l'on faisait réflexion qu'elles ont été arrosées du sang de leurs semblables... »
La maison de la Négritude constitue l'un des cinq sites de « la route des Abolitions » qui, en Franche-Comté, passe notamment par le château de Joux (Doubs), dernière demeure du héros de l'indépendance haïtienne, Toussaint-Louverture.

Où dormir ? Où manger ?

Camping

⛺ ***Camping des Ballastières :*** *20, rue du Pâquis. ☎ 03-84-23-11-22. • campingdesballastieres@orange.fr • campinglesballastieres.com • ♿ Au plan d'eau Les Ballastières, juste avt d'arriver à Champagney depuis Ronchamp. Ouv avr-fin oct. Prix tente 13,90-18,40 €. Prix hébergement locatif 300-610 €/sem. 100 empl.* Joli camping avec de tout récents équipements au bord d'un des grands plans d'eau où, l'été, le Tout-Champagney vient se baigner. Piscine chauffée. Location de mobile homes, possible à la nuitée et de tentes (sur pilotis, canadiennes ou de trappeurs). Plage aménagée, activité de pêche, accrobranche, pétanque, etc.

Chic

🏠 🍽 ***Le Pré Serroux :*** *4, av. du Général-Brosset. ☎ 03-84-23-13-24. • lepreserroux@wanadoo.fr • lepreserroux.com • ♿ Resto fermé sam midi et dim. Doubles à partir de 72-87 €. Formule déj en sem 15 € ; menus 20-55 €.* L'équipement est presque haut de gamme : belle piscine chauffée sous une charpente de bois, spa, sauna, hammam et salle de gym. Mais la déco récente de cette grosse maison ancienne se la joue plutôt nostalgique : les chambres, charmantes, pourraient pour beaucoup être celles de la maison d'une grand-tante de campagne, le généreux petit déj-buffet se prend dans ce qui ressemble à la cuisine d'une ferme d'antan. Et l'ample et élégante salle à manger se croit, elle, dans les Années folles. Accueil impeccable, bonne table de tradition, joli parc avec rivière sur l'arrière : une belle adresse.

À voir

*** La maison de la Négritude et des Droits de l'homme :** *24, Grande-Rue. ☎ 03-84-23-25-45. • maisondelanegritude.fr • ♿ Face à la mairie. Avr-juin et sept-oct, mar-ven 10h-12h, 13h30-17h30, w-e, 14h-18h ; juil-août, mar-ven 9h30-12h, 13h30-18h, w-e, 14h-18h ; nov-mars, mar-sam 13h30-17h30. Entrée : 3,50 € ; gratuit jusqu'à 10 ans. Possibilité de pass incluant les visites de la chapelle de Ronchamp, du musée de la Mine et de la maison de la Négritude.* Dans la fière continuité de l'article 29 du cahier de doléances de Champagney (qui réclamait l'abolition de l'esclavage), René Simonin a décidé en 1971 de créer un musée sous le patronage de Léopold Sédar Senghor (à l'époque président de la république du Sénégal) qui explique l'histoire de l'esclavage des Noirs et de la traite négrière, au travers de documents et de la reconstitution de la cale d'un navire. La négritude, valeur de civilisation du monde noir, y est évoquée sous forme d'objets. On trouve aussi des sections consacrées à l'esclavage moderne, au racisme, à l'apartheid en Afrique du Sud... C'est d'ailleurs plus qu'un musée, une maison où se maintient l'esprit qui avait, à l'époque, conduit à la rédaction de cet article du cahier de doléances. Un lieu de réflexion, de pédagogie active et de tolérance qu'on salue d'un grand bravo !

PLANCHER-LES-MINES *(70290)*

Petite bourgade qui a longtemps vécu... des mines. Quelques maisons bourgeoises cossues témoignent de cette prospérité passée.

➢ ***La haute vallée du Rahin :*** *au-delà de Plancher-les-Mines, la D 16 suit le fond de la vallée.* La nature vosgienne dans toute sa splendeur : vaste forêt de Saint-Antoine, cascades... Quelques belles randonnées dans le coin : le sentier de ronde de la Forêt (5 km, 2h), par exemple, ou la montée vers le ballon de Servance, via le cirque glaciaire et la tourbière du Rosely. Point culminant du département, ce ballon offre (bien que le sommet soit réservé aux militaires) de jolis panoramas : la trouée de Belfort, les Alpes suisses par temps clair...

LA PLANCHE DES BELLES FILLES *(70290)*

La seule et unique station de ski de Haute-Saône. Non, son nom n'est pas celui d'un club de belles surfeuses ! L'histoire est plus tragique. Selon la légende, cette montagne (1 148 m) a été ainsi baptisée en souvenir de jeunes filles qui, en 1636, lors de la guerre de Dix Ans, se noyèrent dans un étang pour échapper aux Suédois. Dans un registre plus sympa, le lieu est désormais connu des passionnés du Tour de France, puisqu'il a accueilli deux arrivées d'étapes, en 2012 et 2014 et pourrait bien devenir l'un des sommets incontournables du Tour à l'avenir.

Infos utiles

– ***Renseignements :*** *☎ 03-84-95-71-74 (billetterie station de ski) ou 23-62-11 (répondeur sur l'enneigement). Loc : 📱 06-89-48-13-08.*

À faire

– ***Petite station de ski :*** de 970 à 1 148 m. 3 téléskis et 1 télécâble pour les enfants, 6 pistes (tous niveaux), 50 km de pistes de ski de fond, dont le circuit des Crêtes, qui permet de rejoindre le domaine du ballon d'Alsace, 3 parcours raquettes, 1 piste de luge et tubbing (descente en bouée). L'été, en plus du tubbing, possibilité de « trottinherber » : dévaler les pentes herbeuses sur de grosses trottinettes.

– ***La 21e boucle cyclable de Haute-Saône :*** en tout, 62 km avec 3 ascensions (col des Chevrères, Ballon de Servance et montée de la Planche) et près de 1 800 m de dénivelé positif cumulés (moyenne à 8,5 % de dénivelé et des passages à 13 %, voire... 28 % dans les 200 derniers mètres !) Pour les sportifs avertis donc.

LURE (70200) 9 140 hab. *Carte Haute-Saône, C-D2*

Petite ville du piémont vosgien dont les habitants sont des... Lurons, Lure doit son origine à une abbaye fondée au VIIe s par le moine irlandais saint Desle, disciple de saint Colomban. La ville est bâtie tout en longueur au bord de la N 19 (qui devient rue de la République dans la ville). Si elle ne constitue pas une étape majeure de votre périple, Lure présente quelques belles architectures et un tribunal du XIXe s. Noter qu'en plus de l'église, la ville abrite aussi une mosquée et une église évangélique luthérienne.
C'est ici qu'est né Georges Colomb, plus connu sous le pseudonyme de Christophe, le père de *La Famille Fenouillard* et du *Sapeur Camember,* le récit des tribulations d'un campagnard qui essaie de s'en sortir en suivant les troupes de Napoléon.

Où dormir ? Où manger dans le coin ?

IOI ***Le Saisonnier :*** *56, rue de la Verrerie, 70200* ***Roye.*** *☎ 03-84-30-46-00. ♿ À 2 km à l'est de Lure. Fermé lun, mer soir et dim soir. Résa conseillée. Formule déj en sem 20 €, menus 32-78 €.* Une adresse qui vaut largement mieux que sa façade côté route. C'était une ferme, et cela se voit encore : épais murs de pierre qui gardent la fraîcheur même au cœur de l'été, plafonds bas. Déco toute de sobriété mais plaisante. Et surtout, une très bonne cuisine de marché, inventive juste ce qu'il faut.

⌂ ***Hostellerie des Sources :*** *4, rue du Grand-Bois, 70200* ***Froideterre.*** *☎ 03-84-30-34-72. • hostelleriedessources@wanadoo.fr • hostellerie-des-sources.com • Prendre la D 486 puis la D 99. Doubles 81-145 €.* Installées dans une ancienne ferme joliment modernisée, 5 chambres seulement, à thème, dans des bungalows posés au bord d'un étang. Confortables (le balcon des plus chères accueille sauna et jacuzzi) et charmantes. Restauration pour les clients de l'hôtel.

À voir

Promenade dans la ville : une fois passés la voie ferrée et le rond-point principal, repérer le ***bronze du sapeur Camember*** (fondu en 1975) rappelant que Lure est la ville natale de Georges Colomb. Vous êtes avenue de la République. En empruntant la première à droite, ***rue Pasteur,*** au n° 7, une surprenante fresque médiévale du XVe s représente la Sainte Trinité soutenue par Dieu et un tableau de chasse de saint Hubert. Tourner à gauche. Au no 26, intéressante demeure du XVIIIe s en pierre de taille, véritable mosaïque de grès rose.

L'église Saint-Martin : reconstruite en 1745 (façade néoclassique à double colonnade, nef centrale sans transept), elle a pour particularité de posséder deux clochers dont un en grès rose du XVIe s.

La sous-préfecture : celle-ci occupe une partie des bâtiments de l'ancienne abbaye de Saint-Desle et fait face au tout petit lac de la Font. L'endroit est charmant, malgré la maison d'arrêt de l'autre côté de la rue !

LE TERRITOIRE DE BELFORT

- **Belfort.........................300**
  - La tour de la Miotte
  - Les Hauts-de-Belfort
  - La colline du Salbert
  - L'étang des Forges
  - Le Musée agricole à Botans
- **Le lac du Malsaucy......319**

LES VOSGES DU SUD 320

LE PLATEAU DU JURA 330

• Carte *p. 301*

ABC du Territoire de Belfort

- ❑ ***Superficie :*** 609 km².
- ❑ ***Population :*** 145 880 hab.
- ❑ ***Nombre de communes :*** 102.
- ❑ ***Densité :*** 230 hab./km².
- ❑ ***Préfecture :*** Belfort.
- ❑ ***Altitude moyenne :*** 350 m.
- ❑ ***Signe particulier :*** le plus petit département de France (hors Île-de-France).

Chaque département cherchant à se distinguer des autres sur le plan touristique, le Territoire de Belfort n'ira pas chercher le rabâché « terre de contrastes » ou le sempiternel « terre oubliée gorgée d'histoire ». Non, il lui suffira de tirer d'abord profit de son titre de plus petit département de France hors Île-de-France et, surtout, avec son *Lion* de Bartholdi, de l'admirable image de Belfort, symbole de ville héroïque et de résistance opiniâtre. Autre atout, découlant de son nom, bien sûr, l'intimité du Territoire. S'il n'y avait pas ce doux relief, on pourrait presque dire qu'en montant sur une caisse à outils, on en apercevrait tous les contours... En tout cas, on se rendrait compte immédiatement qu'on se situe dans un cadre naturel privilégié, mosaïque de forêts, d'étangs, de lacs, rivières, rus et ruisseaux. La preuve : où aurait-on trouvé la matière pour créer plus de 1000 km de chemins de randonnée balisés et tant de circuits bucoliques pour cyclistes sur une si petite superficie ?

Randonnées et cyclotourisme

Nombreuses fiches en téléchargement sur • *belfort-tourisme.com* •

➢ Outre les nombreux ***circuits en boucle*** de 3h en moyenne, « Découvrons le territoire », plusieurs ***sentiers de Grande Randonnée*** traversent le Territoire de Belfort, à commencer par le plus connu, le GR 5 qui permet de relier le massif des Vosges à celui du Jura du nord au sud. Un ***chemin de Saint-Jacques-de-Compostelle*** sillonne également le Territoire d'est en ouest. Le GR 59 et le GR 7 partent, par ailleurs, du sommet du Ballon d'Alsace, véritable carrefour de la grande randonnée. Enfin, signalons la ***randonnée des Forts*** (balisage rouge et jaune), une marche de 75 km sur les traces du glorieux passé du Territoire.

➢ ***Des circuits de cyclotourisme :*** on trouve de nombreuses pistes cyclables dans le Territoire de Belfort, il y en a pour tous les niveaux. Signalons la coulée Verte (de Belfort à Montbéliard), la Promenade François-Mitterrand (de Belfort au lac de Malsaucy), et surtout la piste cyclable franco-vélosuisse (40 km de Belfort à Porrentruy en Suisse et 7 boucles pour un total de 300 km). Très sympa, en quelques coups de pédale on est vite à la campagne, entre rivières et bois.

Livres et documentation

– ***Circuit minier et forestier de Giromagny :*** édité par le parc naturel régional des ballons des Vosges.
– Livres, documents et cartes IGN disponibles à l'office de tourisme :

Belfort Tourisme *(zoom, B2) : 2 bis, rue Georges-Clemenceau.* *☎ 03-84-55-90-90. • belfort-tourisme.com •*

BELFORT (90000) 50 200 hab. *Carte Territoire de Belfort, A2*

• Plan d'ensemble *p. 304-305* • Plan La Vieille Ville (zoom) *p. 307*

Lieu de passage de tant d'invasions au cours des siècles, au centre de la célèbre trouée de Belfort, la ville eut longtemps, à juste titre, l'image d'une ville de garnison doublée d'une importante cité industrielle. On est aussi arrivés ici avec de vieux clichés plein la tête, du genre ville terne, grise, probablement ennuyeuse... Et vlan ! quelle ne fut pas notre surprise de découvrir une ville toute pimpante, avec des façades pastel de toutes les couleurs (un souhait de la ville), un rythme serein, un adorable vieux centre remarquablement rénové. En prime, une population ouverte et une jeunesse relativement bien dans ses baskets ! Sans compter que la campagne se révèle toute proche, que le VTT y est roi et qu'il existe la belle base de loisirs du lac de Malsaucy à deux pas. Et puis, il faut avouer que la mairie se démène et que le programme de rénovation urbaine est un véritable succès ; il faut voir l'allure des remparts éclairés le soir venu, l'effervescence lors des Eurockéennes ou des autres manifestations culturelles. Voilà une ville rugissante là où on se l'imaginait endormie.

UN PEU D'HISTOIRE

Du Moyen Âge au XVIIIe s

Il y eut peut-être un premier château construit sur le rocher à Belfort au XIe ou XIIe s avant que la région n'éclate en deux comtés rivaux. Ayant besoin d'argent pour continuer à guerroyer, le comte Renaud de Bourgogne accorde aux bourgeois de Belfort, pour 1 000 livres, leur charte des libertés. En **1307,** c'est **l'acte de naissance de la ville.** Son 700e anniversaire a été fêté en 2007. Un conseil de neuf membres gère la cité, qui connaît par la suite un fort développement. La petite-fille de Renaud de Bourgogne s'étant mariée avec un Habsbourg, Belfort passe au milieu du XIVe s dans l'Empire autrichien. Elle y restera jusqu'en 1648 (traité de Westphalie).
Durant la guerre de Trente Ans, Belfort se retrouve coincé entre les Habsbourg catholiques et les princes allemands protestants, soutenus par la France et la

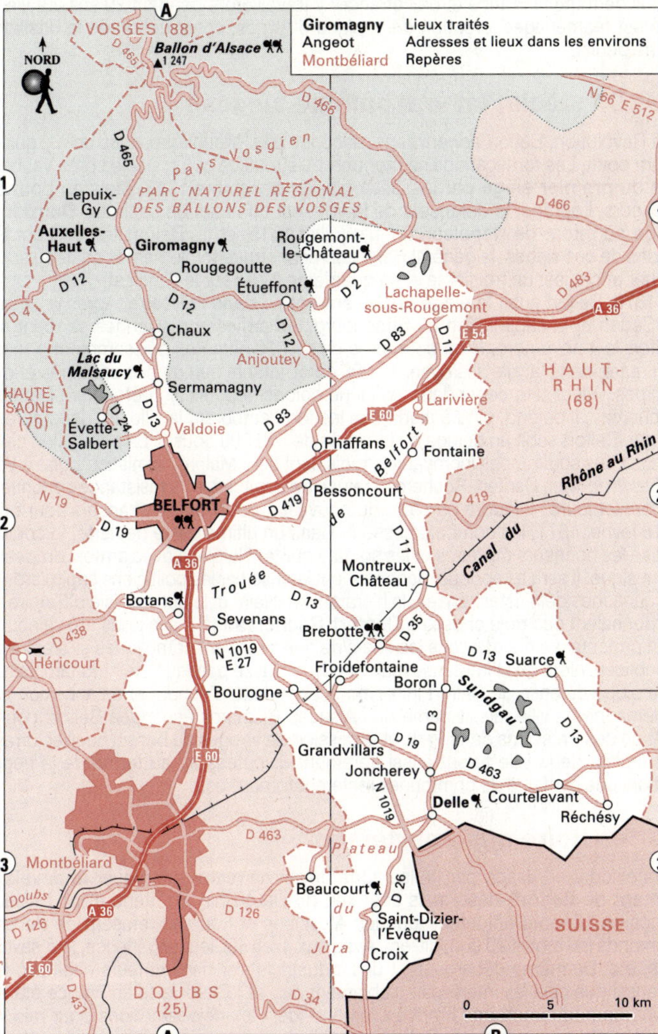

LE TERRITOIRE DE BELFORT

Suède. En 1636, après un long siège, Belfort tombe entre les mains du **comte de la Suze** (agissant au nom du roi de France, Louis XIII, et de Richelieu) qui construit à l'est la première fortification et le fossé du Grand-Couronné. La conquête de Belfort sera entérinée par le **traité de Westphalie en 1648.** Mais c'est dans un Belfort menaçant de tomber en ruine après tous ces conflits qu'arrive **Vauban,** chargé par Louis XIV de la fortifier. À partir de 1687, 8 000 tailleurs de pierre venus de toute la France et de l'étranger y travailleront pendant 20 ans. La vieille ville est réaménagée (création de la place d'Armes, construction de la basilique Saint-Denis).

Le XIXe siècle, un vrai bain de sièges !

À la Révolution, Belfort adhère sans réticence à la République, mais on n'y guillotinera point. Les fortifications ne montreront leur utilité qu'un siècle après Vauban, lors du **premier siège** par les Bavarois, en décembre **1813.** Mais au bout de 113 jours, Legrand, le défenseur de la ville, est contraint de capituler. **Deuxième siège** au retour de Napoléon en juin-juillet **1815,** et là, Belfort tient. Tirant les leçons de ces sièges, le général Haxo fait reconstruire totalement le château sur le rocher et creuser un troisième et un quatrième fossé sur le flanc est.
En **1870,** Belfort subit **le siège qui la fera entrer dans l'histoire.** Après la défaite de Sedan et la capitulation de Strasbourg, les armées prussiennes se ruent sur Belfort le 4 novembre. D'un côté, près de 40 000 hommes puissamment armés ; de l'autre, dans la ville assiégée, 16 000 combattants peu ou pas entraînés et mal équipés. À leur tête cependant, un jeune colonel républicain déterminé, Denfert-Rochereau. Il défend, pied à pied, tous les forts entourant la ville. En décembre et janvier, Belfort subit un déluge de feu (près de 500 000 obus !). La population civile connaît des souffrances incroyables, mais tient bon. Malgré l'armistice signé à Versailles fin janvier, Denfert-Rochereau refuse de capituler, et la résistance continuera encore 21 jours ! Il faudra un ordre du nouveau gouvernement français pour que, le 18 février 1871, les combats cessent. Dans un ultime geste de fierté, le colonel refuse les honneurs militaires et les soldats quittent la place avec armes, drapeaux et musique. Il sera à l'époque méchamment jalousé par les politiciens capitulards et les ganaches défaitistes. En fait, la hiérarchie militaire et la bourgeoisie d'Empire ne pardonnaient pas trois choses à **Denfert-Rochereau** : il n'avait pas été vaincu ; il était protestant alors que tous les chefs de guerre étaient catholiques ; il s'affirmait républicain alors que l'immense majorité de la classe politique était monarchiste.
L'héroïque défense de Belfort lui permit, cependant, d'échapper à l'annexion par l'Allemagne (la ville faisait partie de l'Alsace). Bismarck échangea Belfort contre l'entrée des Prussiens dans Paris et la cession de villages du bassin houiller lorrain. Les limites de la ville furent aussi âprement discutées et, au terme de la négociation, une centaine de communes restèrent françaises.

Du Territoire au département

L'annexion de l'Alsace par l'Allemagne devait en retour provoquer **le développement de Belfort,** désormais chef-lieu du Haut-Rhin maintenu et de l'Alsace française. D'abord affluèrent tous les Alsaciens et Lorrains refusant de devenir allemands (au moins 20 000, dit-on). Avec eux, bien sûr, leur expérience, leur savoir-faire, etc. De même débarquèrent des industriels alsaciens et leurs capitaux. On dit aussi que cela les intéressait diablement car les lois sociales en France étaient moins bonnes que dans l'Empire allemand (déjà les délocalisations pour raisons sociales et économiques !). Belfort connaît alors une **expansion rapide,** débordant largement le cadre des remparts. Premières à s'implanter, la SACM (Société alsacienne de constructions mécaniques), qui deviendra plus tard Alsthom, et la célèbre DMC (Dollfus-Mieg et Cie) de Mulhouse, spécialisée dans le fil et le textile. De 8 000 habitants en 1871, la ville passe à 40 000 à la veille de 1914. Entre-temps, afin de protéger sa nouvelle frontière orientale, le gouvernement français fait construire **plus d'une vingtaine de forts** autour de la ville par Séré de Rivières (surnommé « le Vauban méconnu »), interdisant ainsi l'accès à la Bourgogne. Mais, ouf, le front de la Première Guerre mondiale s'arrête à une vingtaine de kilomètres de Belfort (pas de nouveau siège !).
Après la guerre et le retour de l'Alsace au bercail se pose le problème du statut (toujours provisoire) de Belfort et de son Territoire. Normalement, ils auraient dû

être rattachés à nouveau à l'ancien département du Haut-Rhin. Mais une majorité de Belfortains et de la classe politique y est opposée. Les édiles sont conscients de la puissance économique atteinte par la ville, de l'autonomie acquise en 40 ans de séparation. En **1922,** après quelques années de débats, **le département du Territoire de Belfort** est créé, et l'ancien administrateur du Haut-Rhin maintenu nommé préfet. Bienvenue au plus petit département français !

La période contemporaine

Dès lors, le Territoire va connaître une **expansion économique grandissante.** En 1928, la SACM fusionne avec Thomson-Houston et cela donne « l'Als.Thom »... Alsthom. Dans les années 1920-1930, le maire Édouard Lévy-Grunwald se lance dans une politique sociale hardie. Puis la guerre de 1939-1945 fait rage à Belfort, comme ailleurs en France : la ville est prise le 18 juin 1940. L'été 1944, usines et voies ferrées sont violemment bombardées par les Alliés. Fin août, le régime de Vichy est en déroute ; Pétain, Laval et plusieurs ministres font halte à Belfort quelques jours, avant de partir pour l'Allemagne. La résistance de l'armée allemande dans la trouée de Belfort est opiniâtre et stoppe la première armée française pendant 2 mois. **La ville sera libérée le 25 novembre 1944.** Le conducteur du premier char qui a libéré la ville avec les commandos d'Afrique est mort brûlé vif et s'appelait... Ali Zmaïli.

L'ÉNIGME DU « FUSILLÉ SOURIANT »

La photo était devenue l'icône de la Résistance au sortir de la Seconde Guerre mondiale : un homme « souriant » face au peloton d'exécution. L'énigme de l'identité de la victime et du lieu ne fut résolue que 50 ans plus tard par un Américain, et détaillée dans le bouquin Le Fusillé souriant *de Christophe Grudler (éd. Alan Sutton). C'est bien à Belfort que fut pris le cliché. Il s'agissait de Georges Blind, fusillé en 1944.*

Après la dernière guerre, la ville poursuit son expansion. Malgré la crise du textile, l'industrie repart de plus belle. Dans les années 1980, **création de l'institut polytechnique de Sevenans** (par l'architecte Roland Castro), montrant la volonté de Belfort de posséder également son pôle universitaire. Chez **Alsthom-Atlantique** (nouveau nom après la fusion avec les Chantiers de l'Atlantique), un nouveau prototype de rame tout électrique fait son apparition sur la ligne Paris-Lyon en 1978. Le TGV vient de prendre son envol ! Mais malgré un savoir-faire reconnu dans le monde entier et faute de contrats à terme, Alstom (son nouveau nom) annoncera quelques décennies plus tard, en 2016, la fin programmée de ses activités sur Belfort. 5 000 employés sur le carreau ?

Sur le plan culturel, la ville a également démontré son ancrage dans le nouveau siècle, avec une politique dynamique envers la jeunesse. Ainsi les **Eurockéennes** se sont imposées comme l'un des plus grands rassemblements européens musicaux à ce jour, et nombre d'activités culturelles gratuites permettent de ne pas exclure les plus démunis. La **donation Maurice-Jardot** a également permis à la ville de se faire un nom dans le monde de l'art moderne avec un musée de tout premier plan.

Adresse utile

- Belfort Information Jeunesse (BIJ)

Où dormir ?

- **10** Camping de l'Étang des Forges
- **11** Habitat Jeunes – Résidence Madrid
- **15** Best Western Hôtel Belfort
- **16** Hôtel Boréal

Où manger ?

- **22** Le Pochon Magique

Où acheter de bonnes gourmandises ?

- **41** Stéphane Klein

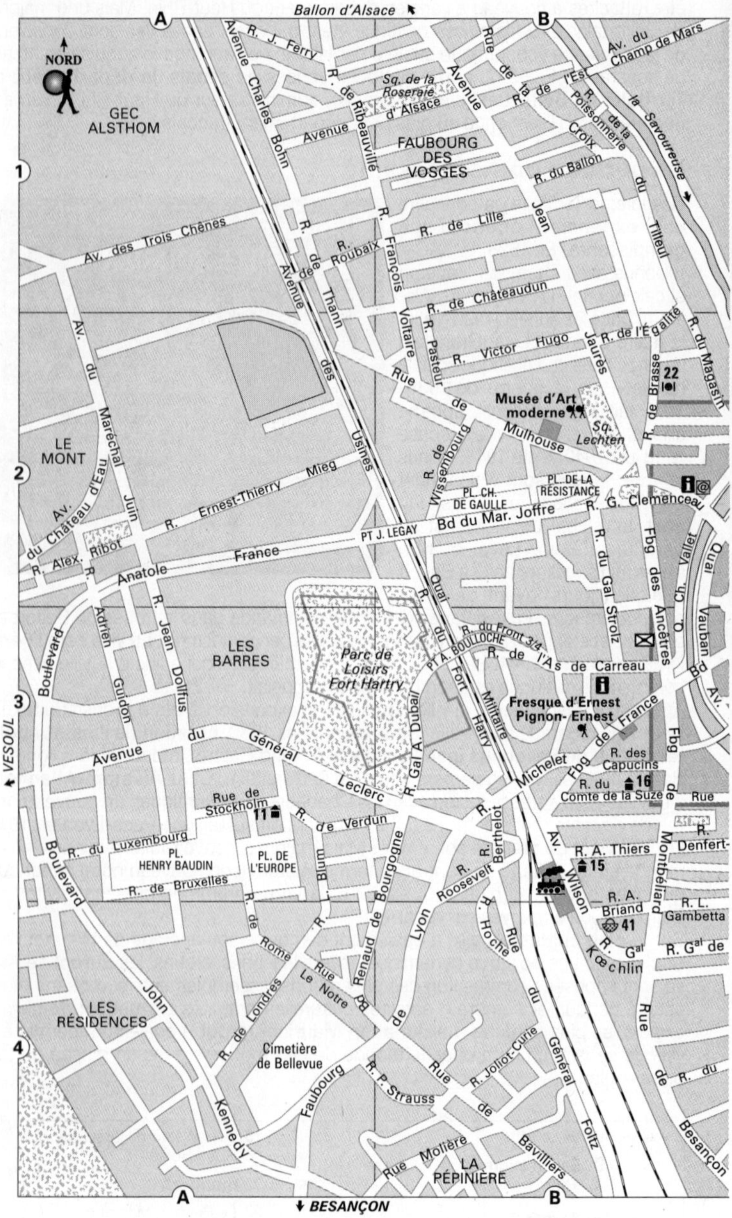
Ballon d'Alsace
NORD
GEC ALSTHOM
Avenue Charles Bohn
R. J. Ferry
R. de Ribeauvillé
Sq. de la Roseraie
Avenue d'Alsace
FAUBOURG DES VOSGES
Avenue Jean Jaurès
Rue de la Croix
R. de l'Est
Av. du Champ de Mars
R. de la Poissonnerie
la Savoureuse
R. du Ballon
R. du Tilleul
Av. des Trois Chênes
R. de Lille
R. de Roubaix
R. François Voltaire
Avenue des Usines
R. de Thann
R. de Châteaudun
R. Pasteur
R. Victor Hugo
R. de l'Égalité
R. du Magasin
R. de Brasse
22
Rue de Mulhouse
Musée d'Art moderne
Sq. Lechten
Av. du Maréchal Juin
LE MONT
Av. du Château d'Eau
R. de Wissembourg
PL. CH. DE GAULLE
PL. DE LA RÉSISTANCE
R. G. Clemenceau
R. Ernest-Thierry Mieg
PT J. LEGAY
Bd du Mar. Joffre
R. Alex. Ribot
Anatole France
R. du Gal Strolz
Fbg des Ancêtres
Q. Ch. Vallet
Quai Vauban
R. Adrien Guidon
R. Jean Dollfus
LES BARRES
Parc de Loisirs Fort Hartry
R. du Quai du Fort Hartry
R. Militaire
PT A. BOULLOCHE
R. du Front 3/4
R. de l'As de Carreau
Boulevard
Fresque d'Ernest Pignon-Ernest
Fbg de France
Av. Bd
Fbg de Montbéliard
R. des Capucins
R. du Comte de la Suze
16
Rue Denfert-
VESOUL
Avenue du Général Leclerc
R. Gal A. Dubail
R. Michelet
Rue de Stockholm
11
R. de Verdun
R. du Luxembourg
PL. HENRY BAUDIN
PL. DE L'EUROPE
R. de Bruxelles
R. Blum
R. Berthelot
R. A. Thiers
15
Av. Wilson
R. Roosevelt
R. A. Briand
R. L. Gambetta
41
R. Gal Kœchlin
R. Gal de
Bd Renaud de Bourgogne
Rue de Lyon
R. Hoche
R. de Rome
Rue Le Notre
Rue du Général Foltz
Boulevard John Kennedy
LES RÉSIDENCES
R. de Londres
Cimetière de Bellevue
Faubourg de
R. P. Strauss
Rue de Bavilliers
R. Joliot-Curie
Rue de Besançon
R. du
Rue Molière
LA PÉPINIÈRE
BESANÇON

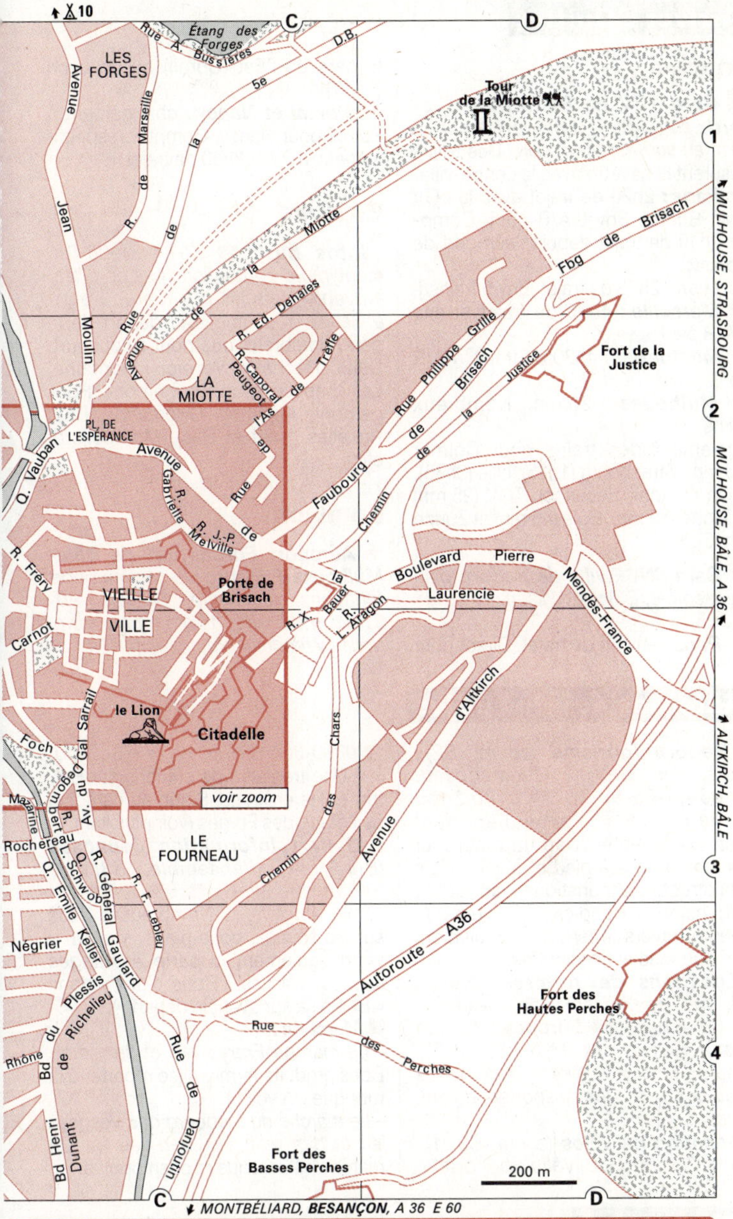

BELFORT - Plan d'ensemble

Arriver – Quitter

En train

Gare TGV de Belfort-Montbéliard : *sur la commune de Meroux, à 8 km au sud-est de Belfort.* Des trains assurent la navette avec le centre-ville.
➢ **Paris :** 2h20 de trajet avec la LGV Rhin-Rhône. Env 8 A/R par j. Compter 2h40 de trajet depuis l'aéroport de **Roissy.**
➢ **Lyon :** 2h25 de trajet. Env 5 trains/j.
➢ **Marseille :** 4h15 de trajet et env 3 A/R par j.
➢ **Montpellier :** 4h20 de trajet. 1 A/R par j.
➢ **Mulhouse :** 25 mn. Nombreux trains.
Également des trains pour Colmar (55 mn), Strasbourg (1h15), Lille (3h35), Dijon (50 mn), Besançon TGV (25 mn) et Viotte (35 mn), Bâle (45 mn) et Zurich (1h45).

Gare SNCF ville de Belfort *(plan d'ensemble, B3) : av. Wilson. ☎ 36-35 (0,34 €/mn).*
➢ **Paris :** env 4h de trajet. Direct pour la gare de l'Est (Corail) ou de Lyon (TGV).
➢ **Épinal et Nancy :** changement à Épinal pour Nancy. Compter respectivement 1h20 et 2h30 de trajet.

En bus

– ***Infos bus :*** *☎ 03-84-21-08-08. • optymo.fr • Attention : pas de billets en vente dans les bus (on en trouve à Belfort Tourisme).* Au départ de la gare, nombreux bus pour Beaucourt, Delle, Réchésy, Vézelois, Fontaine, La Chapelle-sous-Rougemont, Rougemont, Anjoutey, Giromagny, Buc, Auxelles (Haut et Bas), Montbéliard, etc.

En avion

✈ **Aéroport Euroairport de Bâle-Mulhouse-Fribourg :** *le seul aéroport trinational du monde ! ☎ 03-89-90-31-11. • euroairport.com • En voiture, pour s'y rendre, compter 45 mn.*

Adresses et infos utiles

Belfort Tourisme *(zoom, B2) : 2 bis, rue Georges-Clemenceau. ☎ 03-84-55-90-90. • belfort-tourisme.com •* Particulièrement bien documenté, avec un plus pour les randonnées à pied et à vélo. Liste des structures touristiques labellisées « Tourisme et Handicap ». Visites guidées à travers le territoire. Également une boutique et une librairie.
– ***Locations de voitures :*** ***Hertz,*** *18, rue de Soisson. ☎ 03-84-55-36-68. • hertz.fr •* ***Europcar,*** *15, rue Albert-Camus. ☎ 03-84-28-52-07. • europcar.fr • Voiture à la demande avec le réseau de transports Optymo. • optymo.fr •*
– **Location de vélos** *(zoom, B3,* **1**) : *avec* ***Optymo,*** *le vélib' belfortain. ☎ 0800-304-863 (nº Vert). • optymo.fr •* Une trentaine de stations sur Belfort et les environs. Sinon au camping de l'étang des Forges (voir plus loin).

Belfort Information Jeunesse *(BIJ ; plan d'ensemble, B3) : 3, rue Jules-Vallès. ☎ 03-84-90-11-11. (payant).* Nombreuses infos sur les soirées, bons plans, etc. On y vend également la carte *Avantages Jeunes* (voir les « Bons plans » dans « Bon à savoir avant le départ »).

■ ***Marchés :***
– *Le marché Fréry : ven et sam mat.* Bons produits fermiers (se reporter à la rubrique « À voir »).
– *Le marché du faubourg des Vosges : jeu et dim mat, av. Jean-Jaurès.* Un marché pittoresque et cosmopolite.

Où dormir ?

Bon à savoir, clientèle d'affaires oblige, la plupart des hôtels baissent franchement les prix de leurs chambres le week-end. Enfin, réservation très,

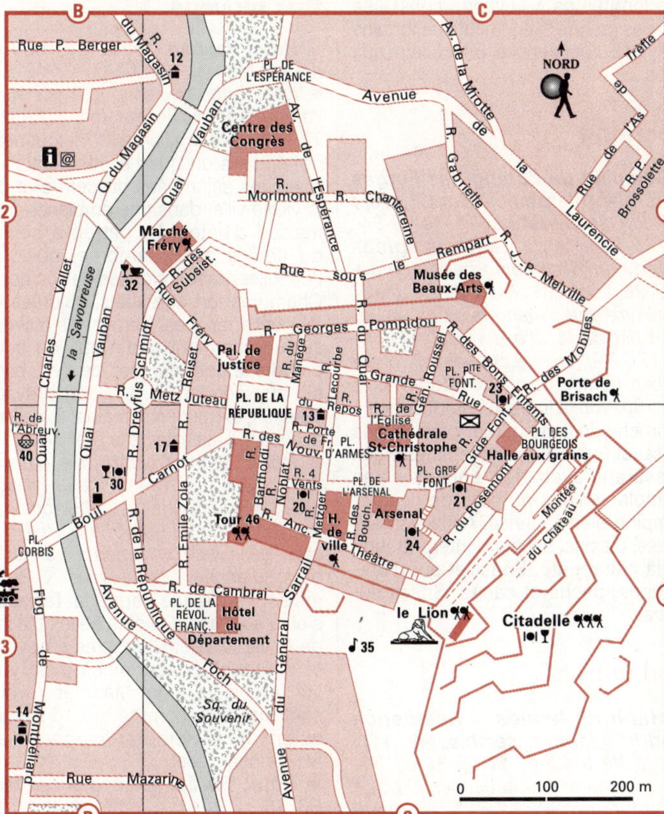

BELFORT - La vieille ville (zoom)

■ **Adresses utiles**

- **i** Belfort Tourisme
- **1** Optymo

Où dormir ?

- **12** Hôtel Vauban
- **13** Hôtel Saint-Christophe
- **14** Hôtel des Capucins
- **17** Grand Hôtel du Tonneau d'Or

Où manger ?

- **14** Les Capucins
- **20** La Gazelle d'Or
- **21** Le Rond de Serviette
- **23** Le Pot au Feu
- **24** Aux Deux Coqs

Où boire un verre ? Où sortir ?

- **30** Bistrot des Moines
- **32** La Voile Sucrée

Où écouter de la musique ?

- **35** La Poudrière

Où acheter de bonnes gourmandises ?

- **40** Pâtisserie Vergne

très longtemps à l'avance conseillée lors des grands événements belfortains du type Eurockéennes, FIMU, foire aux livres...

Camping

Camping de l'Étang des Forges *(hors plan d'ensemble par C1, **10**) : rue du Général-Béthouart. ☎ 03-84-22-54-92. • contact@camping-belfort.com • camping-belfort.com • ♿ A 36, sortie 13 Glacis du Château ; à proximité de l'étang des Forges, au nord-est de la ville. Avr-oct. Compter 17-22 €. Loc de bungalows toilés, mobile homes et chalets 280-588 €/sem. 90 empl.* Un beau camping boisé et proche de l'étang, tout confort, pris d'assaut lors des nombreux festivals. Rassurant avec des enfants : pas d'emplacements au bord de l'eau et camping bien sécurisé. Activités nautiques, piscine, sentier d'interprétation de la nature, etc. En juillet-août, animations, pêche et canoë. Snack sur place.

Bon marché

Habitat Jeunes – Résidence Madrid *(plan d'ensemble, A3, **11**) : 6, rue de Madrid. ☎ 03-84-21-39-16. • contact@habitatjeunes90.org • habitatjeunes90.org • ♿ À l'ouest de la ville (env 10 mn à pied), suivre la direction du foyer des jeunes travailleurs. Bus n° 1 depuis la gare. Ouv tte l'année. Resto fermé sam-dim. Nuitée 20 € en dortoir, en studio, en chambre double ou individuelle, petit déj inclus. Un peu plus cher sans la carte des AJ. Repas env 8 €.* Il s'agit en fait d'un foyer pour jeunes travailleurs, situé dans un quartier populaire. Voilà pourquoi, pour le même prix qu'une nuit en dortoir, on peut se retrouver dans un studio tout équipé, avec coin cuisine en bonus. Les chambres, avec ou sans salle de bains, sont elles aussi nickel, comme le reste de l'auberge, entièrement rénovée. Certaines ont vue sur la ville et le château. Garage à vélos, cuisine commune, lingerie, ping-pong, baby-foot.

Prix moyens

Hôtel Vauban *(zoom, C2, **12**) : 4, rue du Magasin. ☎ 03-84-21-59-37. • hotel.vauban@wanadoo.fr • hotel-vauban.com • Fermé dim. Double 77 € ; familiale également.* Tout petit hôtel, dans un quartier résidentiel, à quelques enjambées du centre et de la vieille ville, dans une ambiance très maison d'hôtes. Le patron a semé, du couloir aux chambres, quelque 200 toiles, parfois signées de son nom. Chambres fort agréables, colorées et joliment arrangées. Certaines s'ouvrent sur un charmant jardin où l'on peut prendre le petit déj près du petit bassin aux nénuphars. Un peu bruyant côté rue, surtout en semaine. Excellent accueil, s'il est utile de le préciser...

Hôtel Saint-Christophe *(zoom, C2-3, **13**) : pl. d'Armes. ☎ 03-84-55-88-88. • hotelsaintchristophe@orange.fr • hotelsaintchristophe.com • Au cœur de la vieille ville. Fermé aux fêtes de fin d'année. Double 75 €.* Belle maison ancienne, dont la terrasse s'étire sur l'une des plus belles places de la vieille ville. Chambres rénovées et confortables, certaines avec vue sur le célèbre *Lion*. Mais les réveils sont matinaux compte tenu du bruit, autant le savoir. Bar moderne au rez-de-chaussée.

Hôtel Boréal *(plan d'ensemble, B3, **16**) : 2, rue du Comte-de-la-Suze. ☎ 03-84-22-32-32. • belfort-centre@brithotel.fr • hotelboreal.com • ♿ Pas loin du centre et de la gare. Congés : fêtes de fin d'année. Doubles 69-99 €. Parking public. Réduc de 10 % sur le prix de la chambre, sur présentation de ce guide.* Un hôtel qui se distingue par le confort de ses chambres rénovées plus que par le bâtiment, vraiment quelconque. Les chambres du 3e étage sont agréables et lumineuses ; celles du 4e, sous les toits, sont mansardées.

Chic

Hôtel des Capucins *(zoom, B3, **14**) : 20, faubourg de Montbéliard. ☎ 03-84-28-04-60. • contact@hotellescapucins.com • hotellescapucins.com • Entre la gare et le centre-ville. Doubles à partir de 89 € ; tarifs w-e.* L'hôtel, installé dans d'anciennes brasseries, ne manque pas d'allure, et les chambres ont gagné en confort et en charme. Il va de soi que celles donnant sur l'arrière sont plus calmes. Également un appartement design et top confort à deux pas. Mention spéciale pour le resto (voir plus loin la rubrique « Où manger ? »).

Best Western Hôtel Belfort *(plan d'ensemble, B3,* ***15****) : 9, av. Wilson. ☎ 03-84-21-59-45. • contact@bestwestern-hotel-belfort.fr • bestwestern-hotel-belfort.fr • Doubles 92-102 € ; familiale également. Bien moins cher le w-e (59-69 €).* Face à la gare, l'emplacement, fonctionnel avant tout, prédestine cet hôtel aux escales professionnelles. Pas seulement, car les chambres modernes, sobres et très confortables, en font une bonne étape. Les chambres se terminant par un chiffre pair donnent sur l'arrière et sont plus calmes, mais le double vitrage est efficace et, le soir, le quartier redevient paisible.

Grand Hôtel du Tonneau d'Or *(zoom, C3,* ***17****) : 1, rue du Général-Reiset. ☎ 03-84-58-57-56. • tonneaudor@tonneaudor.fr • tonneaudor.fr • Double 105 €. Parking privé gratuit. Réduc de 10 % sur le prix de la chambre hors promo, sur présentation de ce guide.* Le « Grand Hôtel » fin XIXe-début XXe s dans toute sa splendeur. Dans les parties communes, toute l'atmosphère et le charme de cette (belle) époque : hall digne d'un palace, superbe rotonde à vitrail de style Art nouveau et salon à coupole. Les chambres sont spacieuses et très confortables (avec clim pour certaines).

Où manger ?

Bon marché

Le Pochon Magique *(plan d'ensemble, B2,* ***22****) : 18, rue de Brasse. ☎ 03-84-28-28-06. • laconviviale90@gmail.com • Lun-sam à midi (jusqu'à 13h30). Menu ou carte env 14 €. Café offert sur présentation de ce guide.* Ce resto bio fut initié par un prof de philo il y a déjà un bout de temps. On y mange bien, sain et pas cher. Cette petite maison verte coincée entre des immeubles abrite un jardin à l'arrière bien agréable l'été et cache surtout une histoire d'écologistes en avance sur leur temps qui n'ont jamais trahi leur idéal de vie. Cuisine faite maison genre crumbles, plats du jour, tartes, tiramisù... servis sur des tables en bois. Une adresse vraiment originale, fréquentée par les médecins de l'hôpital voisin mais aussi par des profs à petit budget.

Prix moyens

Le Pot au Feu *(zoom, C2-3,* ***23****) : 27 bis, Grand'rue. ☎ 03-84-28-57-84. Fermé sam midi, dim et lun midi. Menus midi en sem 14-19,50 €, puis 24-32,50 €.* L'une des valeurs sûres de Belfort. Cadre charmant et convivial que ce caveau en contrebas de la rue dont les murs ont vu défiler pas mal de monde depuis le XVIIe s. On y déguste une cuisine traditionnelle raffinée et goûteuse : pot-au-feu, cela va de soi, mais aussi coq au vin jaune et autres spécialités franc-comtoises, le tout accompagné d'une sélection de vins particulièrement judicieuse. Le menu « retour de marché » à midi fait toujours des heureux !

La Gazelle d'Or *(zoom, C3,* ***20****) : 4, rue des Quatre-Vents. ☎ 03-84-58-02-87. Dans la vieille ville. Tlj sf dim, lun midi et j. fériés, plus lun soir hors saison. Compter 20-25 €.* Devenu un classique de la ville, ce resto marocain sert les incontournables spécialités du pays dans une grande salle à la déco orientale : couscous, tajines, pastilla, laitue à l'orange... Un voyage dans la tradition marocaine.

De prix moyens à chic

Les Capucins *(zoom, B3,* ***14****) : 20, fg de Montbéliard. ☎ 03-84-28-04-60. • contact@hotellescapucins.com • Ouv lun-ven. Fermé 3 sem en août et 2 sem à Noël. Menu le midi en sem env 18 € ; menus 31-41 €.* Voilà une table de gourmets qui secoue adroitement le terroir, sans le mettre sens dessus dessous pour autant. La carte de saison propose une sélection succincte complétée par une ardoise bien balancée. Le chef sait être créatif sur un pied de cochon par exemple, en transformant des produits traditionnels en plats originaux, cuisinés avec talent. Cadre moderne et élégant.

|●| ***Le Rond de Serviette*** *(zoom, C3,* ***21****) : 2, rue de la Grande-Fontaine. ☎ 03-84-54-04-62. • leronddeserviette90@gmail.com • Fermé dim-lun sf 1er dim du mois à midi. Congés : 3 sem en juil-août. Formules déj 15,50-23 € ; puis 34,50 €.* Au diable l'argenterie, ce rond de serviette est en papier, ce qui n'enlève rien au cachet de cette petite adresse située au pied de la citadelle. Des plats classiques bien tournés, du gibier, des poissons régionaux... Le soir, dans l'intimité d'un dîner les yeux dans les yeux, on apprécierait juste un peu plus d'espace entre les tables.

|●| ***Aux Deux Coqs*** *(zoom, C3,* ***24****) : 6, pl. de l'Étuve. ☎ 03-84-22-33-05. • aux2coqs@orange.fr • Fermé mar soir et sam midi. Menus midi en sem 13-15 €, puis 29,50-45 €.* Ne vous arrêtez pas à la déco de la salle plus trop à jour. Venir plus volontiers les jours de soleil pour bénéficier de la verdoyante terrasse sur cette place intimiste. Si la carte semble un peu chercher son créneau, entre cuisine de marché à midi et plats franchement gastro (et franchement plus chers), cela laisse un vaste choix aux becs fins. Dans tous les cas, le chef s'applique avec doigté, déployant un sens de l'esthétique – et des saveurs qui ne trompent pas.

Où dormir ? Où manger dans les environs ?

De prix moyens à chic

⌂ ***Chambres d'hôtes Au bout du Champ*** *: 2, impasse des Combes-Salins, 90800* ***Bavilliers.*** *☎ 03-84-28-45-49. • jean-p.beyer@orange.fr • auboutduchamp.fr • À 3 km env au sud-ouest de Belfort. Double 75 €, dégressif dès la 2e nuit.* On est déjà à la campagne, face à un champ de maïs. Le lotissement de maisons neuves n'a certes pas le charme de l'ancien, mais l'accueil avenant et le confort des 3 chambres nous font passer outre. 2 d'entre elles ont été aménagées et décorées avec soin dans l'ancien grenier. Agréable jardin avec piscine et jacuzzi.

|●| ***Auberge de Phaffans*** *: 10, rue de la Mairie, 90150* ***Phaffans.*** *☎ 03-84-29-80-97. À env 7 km au nord-est (D 83, puis à droite la D 46, direction Denney). Fermé dim soir, lun et sam midi. Formule midi en sem 14,50 € ; menus 24,50-68 €. Apéritif maison offert sur présentation de ce guide.* Le batracien accroché à la façade de cette auberge de campagne annonce la couleur. Spécialité de la maison (et ce depuis 1952 !) : les grenouilles, garanties fraîches toute l'année. Avec audace et diplomatie, dans la droite lignée de son père, Pierre Guichard fait évoluer la carte à chaque saison, spécialisée également dans le délicieux bœuf « angus ». Pour le reste, une salle rustique encore restée dans son jus. À signaler : une fabuleuse collection d'armagnacs en vitrine dans l'entrée.

Plus chic

|●| ***Auberge de la Tour Penchée*** *: 2, rue de Delle, 90400* ***Sevenans.*** *☎ 03-84-56-06-52. • latourpenchee@wanadoo.fr • À quelques km au sud de Belfort (par la D 19 ou autoroute, sortie « Sevenans »). Fermé sam midi, dim soir et lun. Congés : 2 sem en août. Résa plus que conseillée (il n'y a que 6 tables...). Menus 25 € le midi en sem, puis 55-85 €. Digestif maison offert sur présentation de ce guide.* C'est une maison bleue... posée au bord de la route. Celui qui vit là est un cuisinier gentilhomme, esthète et collectionneur. La salle est à son image : un décor de théâtre pour une cuisine, elle aussi, très théâtrale. François Duthey s'est frotté à quelques maîtres et en a gardé une prédilection pour le foie gras et les crustacés, ce qui fait vite grimper

l'addition (mais le menu du jour ressemble à une affaire). Pour les vins : une cave proprement hallucinante (et les prix qui vont avec) avec une savante sélection servie au verre.

Où boire un verre ? Où sortir ?

Bistrot des Moines *(zoom, B3, **30**) : 22, rue Dreyfus-Schmidt. ☎ 03-84-21-86-40. Fermé dim. Formule déj en sem env 13 €. Repas à la carte 20-30 €. Café offert pour un repas sur présentation de ce guide.* Une ambiance chaleureuse, à la flamande, avec comptoir en rond, cuve à bière, petites salles dans le fond... Accueil souriant et clientèle hétéroclite qui font les bons endroits. Les Belfortains aiment à y grignoter : plat du jour, petite carte de brasserie sans prétention aucune et une douzaine de sortes de moules à déguster avec des frites, bien sûr.

La Voile Sucrée *(zoom, B2, **32**) : 1, quai Vauban. ☎ 03-84-36-74-86. • lavoilesucree.fr • Mar-ven 11h-minuit, sam 10h-2h, dim 14h-19h.* De beaux volumes et un certain style avec moulures au plafond pour ce salon de thé et bar à cocktails branché mais pas branchouille. Des expos en permanence et des concerts ou soirées diverses de temps en temps. Programme sur le site. Une certaine dose d'humour dans tout cela pour un moment convivial, installés dans des vrais salons en faux cuir.

Où écouter de la musique ?

La Poudrière *(zoom, C3, **35**) : 7, av. du Général-Sarrail. ☎ 03-84-58-11-77. • pmabelfort.com • Sur le parking de l'Arsenal, au pied du Lion. Congés : en août.* Une sorte de grande longère isolée sur un parking en bordure du centre. La « scène des musiques actuelles de Belfort » offre une programmation variée (world, jazz, pop, rock, chanson, reggae, électronique...), de quoi chatouiller 2 ou 3 fois par semaine les grandes oreilles du *Lion*, juste au-dessus.

Où acheter de bonnes gourmandises ?

Belfort compte de nombreux chocolatiers qui ont tous leur spécialité locale à proposer : lion en chocolat, facettes (des chocolats portant des symboles belfortains)... Quant au pâtissier *La Roseraie (128, av. Jean-Jaurès)*, il vend le gâteau typique de Belfort, le belflore.

Pâtisserie Vergne *(zoom, B3, **40**) : 14, faubourg des Ancêtres. ☎ 03-84-57-03-71.* Spécialités : la craqueline, un praliné noisette avec une couche de glace royale vanille, et le petit comte, une pâte d'amandes au Grand Marnier, craquelin nougatine et chocolat blanc.

Stéphane Klein *(plan d'ensemble, B4, **41**) : 19, av. Wilson. ☎ 03-84-28-06-91. Tlj sf dim ap-m et lun.* Outre les chocolats maison, dont les *facettes* de Belfort, on vient ici pour admirer les sculptures démentes sur sucre. Stéphane Klein est l'un des rares souffleurs... de sucre de France. Insolite !

À voir

– Le *pass multisite* donne accès aux sept sites et musées de la ville : le *Lion*, la Tour 46, le musée d'Histoire (dont l'espace Bartholdi), le musée des Beaux-Arts (Tour 41), le Grand Souterrain ainsi que le musée d'Art moderne. *Prix : 7 € (réduc ; sites gratuits pour les moins de 18 ans et pour ts le 1er dim du mois).* Il est également possible de visiter la Terrasse du Lion de Bartholdi au tarif unique de 1 €.

– ***Visites guidées payantes :*** animations variées à partir de 4 €, visite aux flambeaux, visite de la Citadelle, fort de la Miotte, grotte de Cravanche, etc. Programme à Belfort Tourisme et sur • *belfort-tourisme.com* •

La Citadelle de Vauban (zoom, C3)

Votre visite connaîtra trois temps forts : le pèlerinage au *Lion,* la visite de la Citadelle proprement dite et celle du musée d'Histoire.

Le Lion de Belfort (zoom, C3) : *accès à la plate-forme du* Lion, *juil-août, tlj 10h-18h, sinon tlj 10h-12h30, 14h-18h. En dehors du* pass *(voir plus haut), accès pour 1 €.*

C'est après une petite grimpette qu'on approche vraiment le *Lion,* qui nous domine de toute sa superbe, depuis l'esplanade. Avec ses 22 m de long et 11 m de hauteur, en beau grès rose, il en impose sacrément, l'animal ! Il représente à lui seul tout un symbole : la résistance d'une ville assiégée par les Prussiens durant la guerre de 1870-1871, conflit durant lequel Bartholdi prend part comme aide de camp de Garibaldi dans l'Armée des Vosges. Sa construction a été décidée dès septembre 1871 par la municipalité pour honorer l'héroïsme des défenseurs de la cité et en hommage aux nombreuses victimes civiles et militaires. Il faut bien avouer que les Belfortains se sont battus comme des lions. On demande alors à Frédéric-Auguste Bartholdi, déjà célèbre à l'époque, de réaliser le monument. C'est lui qui a l'idée du *Lion* et qui choisit son emplacement. Une souscription nationale est lancée, qui rapportera presque le double de la somme escomptée. Cependant, tout ne se passe pas de façon aussi idyllique ! Les problèmes techniques (sinon politiques...) seront nombreux. Après plusieurs esquisses, le projet définitif est enfin retenu en 1875. Les travaux durent plus de 4 ans, et, aux yeux des édiles et d'une partie de la population, c'est trop long. Pourtant, Bartholdi a mis dans cette œuvre le meilleur de lui-même. Inspiré par le Sphinx égyptien découvert lors d'un voyage sur le Nil, il réalise une œuvre très influencée par les monuments qu'il a pu admirer cette année-là (1855) et par l'observation des lions du Jardin des plantes, à Paris. Son *Lion,* aux lignes d'une grande sobriété, exprime une formidable puissance. Sa posture n'est ni agressive ni revancharde : d'ailleurs, le fauve tourne le dos à l'Est d'où vient l'envahisseur.

Achevé en 1880 mais victime des querelles politiques qui agitaient la ville, il ne fut jamais inauguré ! C'est Bartholdi lui-même, aidé de quelques ouvriers, qui assura l'inauguration de nuit, le 28 août 1880, avec des feux de Bengale.

La municipalité, consciente qu'il fallait quand même honorer le grand sculpteur, décida de lui offrir une médaille d'or aux armes de la ville frappée à la Monnaie à Paris. Malheureusement, un nouveau conseil municipal refusa de remplir cet engagement, et la médaille ne fut jamais frappée. Ses démêlés avec la municipalité donneront lieu à trois procès.

Devant tant d'ingratitude, Bartholdi se dit que, sous d'autres cieux, on reconnaîtrait bien plus son talent. Et ce sera la prodigieuse aventure de la *statue de la Liberté.* Pourtant, il ne sera pas rancunier, puisqu'il acceptera la réalisation d'une nouvelle statue en 1901. Il revient à Belfort, travaille au plan du monument des Trois-Sièges, mais la mort interrompt en 1904 sa longue et orageuse collaboration avec la ville. Justice lui a depuis été rendue puisque le *Lion* a été officiellement inauguré le 18 septembre 2011, lors des festivités marquant le 130e anniversaire de sa création. Ouf !

La Citadelle : *on y arrive par la porte de Brisach, puis la pl. des Bourgeois, ou, depuis le centre-ville, par la rue du Rosemont. Laissez la voiture au parking, et hardi petit ! Montez à la Citadelle en longeant le rempart, ça sera une excellente intro à la visite. La visite de la Citadelle est gratuite, hormis l'accès à* la Terrasse du Lion, *et au Grand Souterrain.* Vauban et Haxo ont signé là l'une de leurs œuvres les plus magistrales. On franchit d'abord une poterne, avant de passer par l'ancien pont-levis enjambant le fossé du Grand-Couronné. Passage sous d'autres voûtes avant de parvenir à la cour d'honneur. L'édifice sur la droite (abritant aujourd'hui le musée d'Histoire) fut construit en 1826 par le général Haxo, en remplacement de la caserne de Vauban.

– Depuis ***la terrasse panoramique,*** on embrasse la ville et la vallée de la Savoureuse jusqu'au Jura par très beau temps.

– ***Le Grand Souterrain et le parcours de découverte :*** ☎ *03-84-54-25-51. Juil-août, tlj 10h-12h30 et 14h-18h ; avr-juin et sept-oct, tlj sf mar 10h-12h30, 14h-18h. Fermé le reste de l'année. Entrée : incluse dans le prix du pass (7 €). Audioguide fourni, avec parcours spécial enfants.*

De fossés en bastions, on suit une intéressante balade, menée par un audioguide qui évoque, à travers la voix de plusieurs personnages, l'histoire de Belfort et de sa Citadelle. Les voûtes surbaissées des *batteries Haxo basses* abritent l'accueil. Leur architecture spéciale mettait à l'abri les quatre grosses pièces d'artillerie chargées de la défense d'un vaste secteur. Lors du siège de 1870-1871, il n'y eut aucun dégât, malgré le déluge de feu. C'est le point de départ de la promenade, qui mène devant un magasin à poudre, protégé des obus par une double paroi et une double toiture.

C'est par un escalier creusé dans la roche qu'on atteint le ***fossé du Grand-Couronné.*** Le fossé et son enceinte furent édifiés par le comte de la Suze et son fils au XVIIe s. Vauban en améliora considérablement le système défensif. Il ne fallut pas moins de 11 ans pour creuser le fossé. On est surpris par sa largeur : de 15 à 30 m. En face de la poterne d'arrivée, vous trouvez la demi-lune construite par Vauban dans la contrescarpe. C'est là qu'on mesure qu'une fortification n'est pas seulement un ouvrage très solide destiné à résister, mais qu'il répond aussi à des critères d'organisation de l'espace très rigoureux, à des considérations balistiques particulièrement précises. Les tirs « en flanquement » couvraient en enfilade les 600 m du fossé. La demi-lune (un bastion, donc, indépendant) et la contre-garde sont détachées en avant pour que l'assaillant, si jamais il parvenait à s'en emparer, soit de nouveau obligé de se battre pour enlever l'élément suivant. Cela explique qu'aucun ennemi dans l'histoire de la Citadelle ne soit parvenu à franchir le fossé du Grand-Couronné. De-ci, de-là, les signatures dans les blocs des tailleurs de pierre. Parfois des traces verticales témoignent de l'utilisation de barres à mines. Les pierres en bossage protégeaient les angles des bastions et faisaient rebondir les boulets.

À noter aussi, les « pas-de-souris » sur le chemin de ronde, qu'on faisait sauter après son passage pour en rendre l'accès difficile.

– ***Le Grand Souterrain :*** point d'orgue du parcours, le Grand Souterrain a des volumes impressionnants (300 m de longueur, 6 m de large, 10 m de haut). Un jeu de lumières et une scénographie mènent d'une vidéo à l'autre, avec cinq films historiques sur la ville projetés à même la pierre. Le souterrain fut couvert sous Louis XV. Notez en hauteur les corbeaux de pierre qui soutenaient un plancher. Les hommes vivaient au-dessus et les chevaux en dessous. L'espace pouvait abriter 250 bêtes qui servaient, bien entendu, de chauffage aux soldats. L'acoustique y est superbe.

« DE LA POUDRE, PAS DU SANG »

Cette phrase qu'aimait prononcer Vauban n'est pas restée lettre morte à Belfort. En effet, à l'intérieur de la citadelle, notez l'utilisation massive de la brique. Souhaitant éviter au maximum de faire des victimes, il employait le plus possible la brique comme matériau de remplissage. Cet élément de construction friable et tendre permettait d'amortir le choc des boulets et s'effritait au lieu d'éclater comme la pierre (qui devient alors un dangereux projectile).

– En sortant par la cafétéria, à gauche, un puits a été creusé dans la roche sur 2,20 m de diamètre et d'une profondeur de 67 m. Il fut en partie comblé par les Allemands lorsqu'ils quittèrent la Citadelle en 1944.

Café-restaurant de la Citadelle : *☎ 03-84-22-84-22. 06-15-46-51-74. De mi-mars à début-nov, tlj sf mar 9h-18h (tlj juil-août, 9h-18h). Plat du jour env 10 €, menus à partir de 18 €.* Situé dans un cadre insolite (dans la cour d'honneur en face du musée d'histoire), avec terrasse extérieure. Un bel endroit au cœur des vieilles pierres pour méditer sur le génie militaire. Cuisine traditionnelle franc-comtoise. Bar et salon de thé l'après-midi.

Le musée d'Histoire : *dans la caserne, reconstruite par Haxo. ☎ 03-84-54-25-51. Juil-août, tlj 10h-12h30, 14h-18h, sinon tlj sf mar 10h-12h30, 14h-18h (14-18h oct-mars). Inclus dans le pass multisite : 7 € ; réduc.*
– ***L'espace Bartholdi :*** un hommage à l'artiste, probablement plus célèbre outre-Atlantique qu'en France, où le *Lion* de Belfort s'impose bel et bien comme la vedette locale, au même titre que la *statue de la Liberté* à New York. L'inauguration de cette aile a été l'occasion de revenir sur le sculpteur et son œuvre, souvent monumentale, et à travers laquelle s'exprime la force de ses idées patriotiques et républicaines. Formé par le peintre romantique Ary Scheffer puis par le sculpteur Antoine Etex, Bartholdi est l'héritier d'une époque portée par l'académisme. Allégories, figures historiques et sculptures monumentales caractérisent l'œuvre du sculpteur. Sont ici exposés des personnages historiques comme Christophe Colomb. L'attachement de Bartholdi à ses racines alsaciennes s'exprime aussi à travers le double buste des écrivains alsaciens Erckmann-Chatrian. Bien évidemment une salle est consacrée au *Lion,* dont les maquettes en plâtre donnent plusieurs déclinaisons. Également une maquette de l'autre commande de la ville, le *monument des Trois-Sièges*, qui rend hommage à la résistance de Denfert-Rochereau, de Lecourbe et Legrand. On termine la visite par un film de présentation de Bartholdi.
– ***Au sous-sol :*** l'histoire de Belfort avec maquettes et vestiges archéologiques. Expos temporaires.
– ***Au 1er étage :*** l'histoire de la ville de garnison, une maquette du château féodal (1570) de Belfort où l'on reconnaît la tour des Bourgeois et une autre de la ville en 1705. Le lion n'est pas encore là !

Dans la Vieille Ville *(zoom)*

Un important programme d'aménagement du centre-ville et de la Vieille Ville a été réalisé ces dernières années, rendant notamment la place d'Armes semi-piétonne, avec ajouts de sympathiques terrasses pour boire un verre ! Demander à Belfort Tourisme (l'office de tourisme) le guide de circuits découverte au fil des ruelles, entre grands monuments, petites anecdotes et trace de lions. Car le lion de Bartholdi a fait de nombreux petits (150 à travers la ville) !

***La porte de Brisach** (zoom, C2) :* l'idéal pour commencer la visite de la vieille ville. C'est la dernière porte subsistant en l'état de l'époque Vauban (1687). Ornée d'un grand frontispice en relief avec fleurs de lys surmonté d'une couronne. Au-dessus, dans le fronton triangulaire, toute la simplicité de Louis XIV avec son symbole (le soleil) et sa devise *Nec pluribus impar* (*Au-dessus du reste des hommes*).

La place des Bourgeois et la halle aux grains** (zoom, C3) :* une place ainsi nommée en référence aux neuf notables locaux à qui Renaud de Bourgogne octroya le pouvoir municipal en 1307 (voir la rubrique « Un peu d'histoire »). On y trouve l'ancienne halle aux grains au nº 4, datant du Moyen Âge, reconstruite en 1567. C'était le centre de la vie économique et sociale de l'époque. Au 1er étage se trouvait le bailli chargé des litiges commerciaux et de rendre la justice. Deux cachots pour les condamnés, sinon direct au pilori. C'est ici que résidaient aussi les archiducs d'Autriche de passage. Le bâtiment porte aujourd'hui le nom de Jules Heidet, son directeur, résistant mort en déportation. La ***rue du Rosemont, qui longe l'école, était la plus ancienne de la ville. Au n° 12 bis, une demeure possède encore belle allure avec sa tourelle. Au bout de la rue à gauche, accès au *Lion* et à la Citadelle par un escalier métallique.

La Grande-Rue *(zoom, C2)* exhale encore un discret parfum médiéval avec ses nobles demeures et ses arches en anse de panier. Au coin de la rue Christophe-Keller, l'une des plus jolies maisons de la vieille ville avec ses fenêtres à meneaux ou en accolade. Place de la Petite-Fontaine, sur la colonne de grès sculpté datant de 1617, on trouve l'aigle à deux têtes, symbole de la domination autrichienne. Au n° 18, s'élève la maison Antonin (aujourd'hui La Poste) où, le 22 octobre 1815, le général Lecourbe décéda.

De la place de la Grande-Fontaine à la place d'Armes *(zoom, C3)* **:** ladite grande fontaine a abreuvé hommes et chevaux depuis le XVe s. Mais celle-ci date de 1860. Les arcades évoquent les devantures des artisans de jadis. ***La rue et la place de l'Étuve*** prolongent le plaisir de façon fleurie. Fontaine en grès à trois têtes de chiens, œuvre de Paul Rebeyrolle.
À deux pas, au début de la ***place de l'Arsenal,*** à l'emplacement d'une vieille porte de la ville médiévale, rappel de l'entrée des troupes françaises en 1636, date à laquelle Belfort fut définitivement rattachée à la France. L'imposant bâtiment blanc et saumon est l'***arsenal*** de 1726, qui devint palais du gouverneur militaire et résidence de nombreux généraux. La devise au fronton, *Hic fulmina Jovis* (« Ici les foudres de Jupiter »), est là pour le rappeler. L'édifice à arcades du XVIIIe s en belle pierre des Vosges abrite la maison d'arrêt.

La place d'Armes *(zoom, C3)* **:** *zone semi-piétonne.* Nous sommes au cœur de la nouvelle ville de Vauban. Avec ses immeubles XVIIIe s à l'architecture soignée, son kiosque à musique, sa belle cathédrale de grès rose, ses terrasses de café (il y a même des transats !), cette place se révèle emblématique de la douceur de vivre belfortaine. C'est là que se déroulèrent tous les événements majeurs de la cité : arrivée de personnages importants, parades militaires, défilés religieux, concerts, etc. Dans la rue menant à la place de la République (4, rue de la Porte-de-France), jetez un œil à l'ancienne épicerie *Perello* qui fut l'une des plus vieilles et pittoresques épiceries de France. Elle abrite aujourd'hui un bar, mais les rayonnages et le balcon d'un autre temps n'ont pas bougé.

La cathédrale Saint-Christophe *(zoom, C3)* **:** édifiée à une vitesse record (de 1728 à 1750) par l'ingénieur du roi Mareschal, grâce à la générosité populaire (même Voltaire, pourtant anticlérical converti, envoya un chèque !), avec un grès rose extrait des carrières d'Offemont (à quelques kilomètres de Belfort). Très bel avant-corps surmonté d'un fronton triangulaire sculpté de figures allégoriques. Toutes les statues ont disparu à la Révolution. À l'intérieur, chaire sculptée comme la façade par le Belfortain Antoine Cupillard. Lignes très classiques pour un ensemble assez massif et sombre. Voûte en berceau. Très belles grilles du chœur (largement inspirées de celles de la place Stanislas à Nancy !). Œuvres du peintre Dauphin : *Saint François-Xavier en extase* dans le transept gauche et une *Déposition* dans le transept droit. Superbes grandes orgues fabriquées par Valtrin de Mirecourt. Elles sont aujourd'hui parmi les plus belles orgues de France, offrant une formidable acoustique.
En sortant, ne soyez pas surpris de trouver une ***rue du Quai,*** dans le prolongement de la cathédrale : son nom indique simplement qu'elle fut créée suite au recouvrement d'un ancien canal (qui amenait l'eau au fossé de l'enceinte médiévale). On trouve également une rue Sur-l'Eau dans la vieille ville.

L'hôtel de ville *(zoom, C3)* **:** construction de style très classique de 1724, sur des plans de l'architecte de la cathédrale. À l'intérieur (demandez l'autorisation de les visiter à l'accueil), jolie salle des mariages (dite « salle Kléber ») et salle d'honneur décorée de nombreux tableaux racontant l'histoire de Belfort.

La statue Quand Même : *sur la pl. d'Armes.* Œuvre du sculpteur A. Mercié en 1884. Monument en l'honneur des défenseurs de Belfort, appelé ainsi car, dans les situations les plus difficiles, on doit *quand même* résister ! Assez représentatif du style revanchard, avec son mobile mourant dans les bras d'une Alsacienne qui s'est emparée de son fusil et jette vers l'ennemi un regard de défi ! En médaillon, Thiers et Denfert-Rochereau.

La place de la République *(zoom, C2-3)* **:** on dut liquider les remparts ouest pour aménager la place. Construite au début du XXe s, la place comprend la préfecture (1903), le palais de justice, le nouvel évêché, le monument des Trois-Sièges et la **salle des fêtes** *(zoom, C2),* qui présente un auvent façon Guimard et une façade originale.

Le monument des Trois-Sièges *(zoom, C2-3)* **:** *pl. de la République.* La dernière œuvre de Bartholdi, curieusement, se révèle d'un très grand académisme. C'est donc plus sur le sens que sur la forme qu'il faut l'aborder. Attardons-nous sur la figure allégorique centrale. Une France casquée soutient une jeune fille chancelante (Belfort), encore armée d'un glaive. Derrière, une petite Alsacienne tente de se raccrocher désespérément à la jeune fille, et un gamin (la Lorraine), tenant un drapeau français, semble la consoler et lui transmettre l'espoir que, comme Belfort, elle réintégrera la mère patrie. Tout autour, les défenseurs des trois sièges subis par la ville.

DEVINETTE À TROIS BALLES

Savez-vous pourquoi, à Belfort, les gens attribuent à l'œuvre de Bartholdi, le monument des Trois-Sièges, le sobriquet de « monument des Trois-Menteurs » ? Parce que le général Legrand est le plus petit des trois, que le général Lecourbe se tient en fait bien droit et que Denfert est en réalité en bronze ! Désolé, mais tout bon Belfortain ne peut ignorer cette plaisanterie classique !

Le musée des Beaux-Arts et la Tour 41 (zoom, C2) **:** *rue Georges-Pompidou. ☎ 03-84-54-27-87. Juil-août, tlj, sinon fermé mar : 10h-12h30, 14h-18h (fermé le mat oct-mars). Fermé 1er janv, 1er nov et 25 déc. Entrée incluse dans le pass multisite : 7 €.*
Abritées dans la Tour 41, les collections du musée des Beaux-Arts comprennent des œuvres anciennes (Pourbus, Van Steenwick, Courbet, Heim) et modernes, issues pour la plupart du legs du sculpteur Camille Lefèvre (Eugène Carrière, Armand Guillaumin, Maximilien Luce, Auguste Rodin, Maurice Utrillo), voire contemporaines (Messagier, Pommereulle, Paul-Armand Gette, Erro).
Quelques « pièces » comme *La Résurrection* de Pierre Pourbus (1566), des gravures de Dürer, *Entre ciel et terre* de Gustave Doré (1862) et *Portrait de Verlaine* par Eugène Carrière. Superbe *Moulin de la Galette* d'Utrillo, l'*Éducation de la Vierge* de l'école champenoise. *Portrait de Picasso* par André Villers.

La Tour 46 (zoom, C3) **:** *rue de l'Ancien-Théâtre. ☎ 03-84-54-25-46. Si expo temporaire, juil-août, tlj ; sinon fermé mar : 10h-12h30, 14h-18h (fermé le mat oct-mars). Fermé 1er janv, 1er nov et 25 déc.* L'une des trois tours témoins des fortifications de Vauban. L'espace intérieur a été aménagé pour organiser des expositions temporaires. Elle fait pendant à la Tour 41.

Dans la ville moderne

Le musée d'Art moderne (donation Maurice-Jardot *; plan d'ensemble, B2)* **:** *8, rue de Mulhouse. ☎ 03-84-54-27-57-. Juil-août, tlj sinon fermé mar :*

10h-12h30, 14h-18h (fermé le mat oct-mars). Fermé 1er janv, 1er nov et 25 déc. Entrée : 7 € avec le pass multisite ; réduc ; gratuit moins de 18 ans et pour ts le 1er dim du mois et pour les Journées du patrimoine (en sept). Lors des expos temporaires, les œuvres que nous citons plus bas sont remplacées par celles de l'artiste exposé. Se renseigner pour éviter les déceptions.
En 1945, Maurice Jardot, inspecteur des Monuments historiques, est nommé en Allemagne avec pour mission d'y récupérer un stock de tableaux de maître. Il y rencontre le célèbre marchand de tableaux Daniel-Henry Kahnweiler, celui-là même qui fut le galeriste exclusif de jeunes artistes tels que Picasso, Braque et quelques autres maîtres du XXe s. Entre les deux hommes naît une amitié durable, qui conduira Maurice Jardot à s'associer à Kahnweiler pour assurer la direction de sa galerie pendant près de 40 ans. Avant son décès, il fait don de sa collection à la ville dont il est originaire. Le musée, aménagé par des élèves de Le Corbusier, abrite aujourd'hui une centaine d'œuvres complétées en 2002 par un legs du donateur décédé.
Noter que les œuvres sont présentées par roulement quand elles ne sont pas prêtées à d'autres lieux d'exposition. Parmi les artistes découverts par Kahnweiler avant la Grande Guerre, on retrouve Picasso et son très cubiste nu de 1941 (s'il est là !), représentant l'une de ses égéries, Dora Maar. Les pré-études de Léger illustrent sa période mécanique, ses objets photographiques ainsi que ses expériences de dissociation des couleurs et des formes. Quelques œuvres de Braque, dont la maquette réalisée pour le plafond du Louvre. Intéressants *Groupes de sirènes* d'Henri Laurens, artiste méconnu et ami de Braque.
La balade dans l'art moderne se poursuit avec les artistes exposés par Kahnweiler après la Seconde Guerre mondiale. On découvre là encore des artistes majeurs du XXe s : André Beaudin, André Masson, Chagall, Juan Gris et quelques Le Corbusier. Une bien belle visite, pour amateurs ou néophytes.

Le marché couvert Fréry *(zoom, C2)* **:** *rue Fréry. Ven et sam 7h-12h.* Dans une grande structure façon Baltard, rénovée, retrouvez tous les bons petits producteurs régionaux, fermiers bio, etc.

Le quai Vauban et l'avenue Foch *(plan d'ensemble, B-C2-3)* **:** *le long de la Savoureuse.* Élégant et coquet alignement d'immeubles du XIXe s aux façades doucement pastel (c'est voulu par la mairie : prière de ne pas repeindre en gris !).

Au-delà de la Savoureuse et de la place Corbis – avec des jeux d'eaux devant le théâtre et dont il faut découvrir de nuit les jeux de lumière qui font vivre la rivière – débute le ***faubourg de France*** *(plan d'ensemble, B3)*, la grande artère commerçante piétonne de Belfort. Particulièrement animée en fin d'après-midi, avec quand même un phénomène rigolo : à 19h tapantes, les magasins ferment et la rue se vide en 1 mn ! La nuit, dans ce désert de pierre, la soudaine apparition des colonnes de Guy de Rougemont vous plonge tout à coup dans un décor hyperréaliste à la Delvaux, le peintre postimpressionniste. Le passage de France mène au quartier des 4-As, ensemble immobilier pas très heureux construit sur des terrains militaires libérés, il y a une quinzaine d'années. On y retrouve de nombreux services administratifs (poste, Sécu, allocs, etc.), des centres commerciaux, un restaurant africain très sympathique (ouf !), des immeubles résidentiels et... la fresque d'Ernest Pignon-Ernest.

La fresque d'Ernest Pignon-Ernest *(plan d'ensemble, B3)* **:** sur un grand parking, en marge de la rue de l'As-de-Carreau, s'étend cette œuvre particulièrement originale. Sur la façade aveugle d'un édifice moderne, l'artiste a reproduit 46 des figures marquantes des cultures latine et germanique, réunies pour un véritable banquet de l'esprit européen. Ils sont venus, ils sont tous là, du sud de l'Allemagne et d'Italie... Goethe, Picasso, Rimbaud, Dante, Freud, Rosa Luxemburg, Diderot, Mozart, Louise Michel, René Char... tandis que, dans son coin, Marlène aguiche le passant ! Une 47e figure symbolise l'une des origines communes des cultures latine et germanique : *L'Illiade* d'Homère.

Manifestations et festivals

– ***GéNéRiQ festival :*** *fév à Belfort et les environs.* Festival des « tumultes musicaux » en ville.
– ***Solstice de la marionnette :*** *en fév-mars à Belfort.* Festival international de marionnettes.
– ***Le marché aux puces :*** *dans la vieille ville, 1er dim mat du mois, mars-déc.* Des milliers de chineurs de la région ainsi que de Suisse et d'Allemagne. Le plus important rendez-vous du genre de l'Est de la France.
– ***Enduro VTT du Lion :*** *fin avr à Belfort.* Course de vélo en nature et dans le cœur de la Citadelle.
– ***Festival international de Musique universitaire (FIMU) :*** *w-e de la Pentecôte, dans la vieille ville.* ☎ *03-84-54-24-59.* • *fimu.com* • Plus de 100 groupes, 2 500 musiciens venant d'une trentaine de pays : élèves des écoles de musique, étudiants jouant de la musique en amateurs, qui communient dans une même passion. Musiques du monde, jazz, classique... En moyenne, 60 000 personnes se déplacent pour cet événement, et il n'y a que 1 000 chambres d'hôtel dans la ville, alors...
– ***Les Eurockéennes :*** *début juil, sur 3 j.* ☎ *03-84-22-46-58.* • *eurockeennes.fr* • L'un des plus grands festivals européens de musique, qui propose une remarquable programmation, à des prix qui restent abordables pour tous. Plus de 90 000 fans qui se rassemblent dans le beau cadre du lac du Malsaucy.
– ***Festival d'Histoire vivante :*** *en juil-août sur 4 w-e, à la Citadelle.* Reconstitutions historiques.
– ***Les Mercredis du château :*** *mer à 20h30 de mi-juil à mi-août.* ☎ *03-84-55-90-90.* Concerts de jazz en plein air gratuits, dans l'enceinte de la Citadelle.
– ***Ballons de Belfort :*** *en principe, 2e w-e de sept.* ☎ *03-84-54-56-39.* Grand rassemblement de montgolfières dans le département.
– ***Festival du Conte :*** *oct, à travers le département.* ☎ *03-84-90-99-40.*
– ***Foire aux livres :*** *de mi-oct à début nov, au centre de congrès.* • *livres-90.fr* • Avec quelque 250 000 livres exposés, la plus forte concentration d'ouvrages d'occasion de tout l'Est de la France !
– ***Festival de cinéma « Entrevues » :*** *dernier w-e de nov et 1re sem de déc.* ☎ *03-84-22-94-44.* • *festival-entrevues.com* • Une sélection de jeunes auteurs venant souvent défendre un premier film.

DANS LES ENVIRONS DE BELFORT

★★ ***La tour de la Miotte*** *(plan d'ensemble, D1)* **:** l'une des promenades favorites des Belfortains, dominant l'étang des Forges.
Du temps des Romains, il y eut, dit-on, déjà, à cet endroit, une tour d'observation. On pense que c'est un vestige de l'ancien château détruit au XIIIe s (« en miettes » = *en miottes* dans le patois local). La Miotte symbolisera tout au long de l'histoire la résistance de la ville, régulièrement démolie puis reconstruite grâce à l'amour que lui portent les Belfortains. Elle ne contemple plus désormais que les jeux des enfants et les amoureux en goguette. Pendant longtemps, des légendes et des chansons circulèrent sur la Miotte. Les voyageurs et soldats partant pour des contrées lointaines ne manquaient jamais d'emporter un caillou, un souvenir de la Miotte pour les protéger.

➢ ***Les Hauts-de-Belfort :*** *6 km, env 2h15.* Voici une agréable randonnée qui permet de découvrir d'intéressants aspects de la ville et des environs proches. Puis grimpette jusqu'à la *tour de Miotte,* symbole de la ville pour beaucoup de Belfortains, lieu historique autant que légendaire. On découvre ensuite quelques

LE TERRITOIRE DE BELFORT

ouvrages militaires, du *fort de la Justice* à la terrasse panoramique d'un ancien colombier avant de poursuivre l'itinéraire jusqu'à la Citadelle.

La colline du Salbert *(674 m)* ***:*** *un autre but de promenade, à quelques km au nord-ouest du Territoire, et juste à côté de celle du Mont.* Composé de schiste, c'est le premier (ou le dernier) sommet du massif des Vosges. Coiffé d'une imposante antenne TDF, on y découvre une vue panoramique sur la région et un ancien fort. Un endroit sympa pour un pique-nique. La colline voisine du Mont est faite, elle, de calcaire. Entre les deux, une faille qui a formé la grotte de Cravanche.

L'étang des Forges : *au nord de la ville, vers Offemont.* Base nautique et lieu de détente avec un parcours de 4 km (sentier de la Roselière) Qui en fait le tour en franchissant des zones humides particulièrement remarquables. En plein cœur, une passerelle traverse une forêt inondable, on se croirait presque au cœur des bayous de Louisiane !

Le Musée agricole : *5, rue de Dorans, 90400* ***Botans.*** *☎ 03-84-36-52-04. • museeagricole.botans.free.fr • Au sud de Belfort. Sortir de Belfort par la D 19 ; après Danjoutin, tourner à droite au niveau du Cora, puis musarder jusqu'à Botans. Ouv Pâques-Toussaint, tlj sf lun 14h-17h30. Visite commentée. Entrée : 3,50 € ; réduc ; gratuit moins de 13 ans.* C'est l'ancienne ferme de Marcel Mouilleseaux, agriculteur désormais à la retraite, qui l'a donnée pour y établir le musée. La ferme date de 1830, et l'on ne pouvait rêver meilleur cadre : tout est resté en l'état et a conservé son âme. On entre par l'ancien *charri* où l'on remisait les charrettes avant de passer dans l'ancienne écurie. Barattes à beurre, seillots (seau) à veaux, presse à fromage, outils du maréchal-ferrant. Dans la grange, calèche, traîneau, faucilles et faux, belle collection de charrues, atelier du sabotier. Un musée intéressant et hétéroclite, présentant, en plus des objets agricoles, des objets de la vie quotidienne au XIXe s. Dans le jardin, ne pas manquer le potager.

– ***Les fêtes d'Automne :*** *à* ***Botans.*** *2e dim d'oct.* Fabrication de choucroute à l'ancienne, de raves salées, confitures, jus de pomme. Buffet, expo d'artisanat, etc. L'occasion de revivre des traditions du passé et de se régaler collectivement dans la bonne humeur. Une autre fête, à Pâques, pour l'ouverture du musée avec recherche des œufs (au chocolat !) dans les nids pour les enfants.

LE LAC DU MALSAUCY

Carte Territoire de Belfort, A2

Ce superbe lac s'étend à moins de 6 km au nord de Belfort, dans un environnement totalement préservé. Avec ses dizaines d'étangs, le coin est l'un des sites de repos favoris des oiseaux migrateurs et le lieu de résidence privilégié pour beaucoup d'autres. L'une des destinations préférées des familles également pour sa plage, ses eaux accueillantes et les multiples activités qu'elle propose. C'est aussi un lieu de passage prisé des randonneurs qui suivent le GR 5. Chaque été, les rives du lac s'animent au son des *Eurockéennes* et accueillent des milliers de festivaliers.

À voir. À faire

– ***La base de loisirs :*** *rue d'Évette, 90300* ***Sermamagny.*** *☎ 03-84-90-90-10. Entre Évette-Salbert et Sermamagny. Accès en bus pdt l'été (Nautibus). Horaires sur • territoiredebelfort.fr/le-malsaucy/la-plage-du-mal saucy • Entrée gratuite à la plage surveillée.* En bordure de lac, où il est possible de barboter, pas mal d'activités gratuites et matériel prêté : ping-pong, badminton, volley, beach-volley et... pétanque ! Programme d'animations en été. Aire de pique-nique gazonnée et ombragée, aire de jeux. Snack. Quelques activités payantes (mais pas chères) : embarcation à pédales, mini-golf, pêche sur l'étang de la Véronne et divers ateliers.

La maison départementale de l'Environnement : *90300* ***Sermamagny.*** *☎ 03-84-29-18-12. ● territoiredebelfort.fr/la-maison-departementale-de-lenvironnement/informations-pratiques ● À côté de la base de loisirs. Mer, w-e et j. fériés 14h-18h. Fermé avt et après les Eurockéennes et déc-15 mars. Avr-mai et de mi-juil à nov : mer, w-e, j. fériés et vac scol de la zone A 14h-18h. GRATUIT.* Étonnant bâtiment contemporain, bel exemple d'architecture environnementale. Tout au long de l'année, riche programme d'animations et de sensibilisation à l'environnement. Ouvert en 2011, l'espace muséographique Biorama incite les enfants à garder leurs sens à l'affût pour partir sur les traces des animaux. Expositions interactives, ludiques et originales. Également des animations familiales pendant les petites vacances. Nombreuses conférences, visites guidées, projections, expo photos...

– ***La base nautique (ADPA) :*** *90350* ***Évette-Salbert.*** *☎ 03-84-90-90-10. Horaires sur ● territoiredebelfort.fr/lieux/la-base-nautique-du-malsaucy ●* Sur la rive opposée du lac, dans un bel environnement boisé, voilà une base nautique ouverte à tous. Possibilité d'y pratiquer tous les sports quel que soit le niveau. Personnel très compétent et accueil sympa. Pour les randonneurs, le GR 5 qui longe les rives du lac est, bien sûr, l'occasion d'en goûter tous les charmes. Également de nombreuses pistes cyclables pour rejoindre Belfort ou les Vosges.

– ***Le sentier-découverte de l'Étang de la Véronne :*** *parcours de 4 km (1h30 env) permettant de faire le tour de l'étang. Accessible à ts (promeneurs, poussettes, personnes à mobilité réduite).* Paysages magnifiques sur des sentiers et des pontons au bord de l'eau avec observatoire aux oiseaux. *● belfort-tourisme.com/nature/sentier-decouverte.html ●*

LES VOSGES DU SUD

- **Giromagny** **320**
- **Auxelles-Haut** **322**
- **Le ballon d'Alsace** **322**
- **La route des villages fleuris** **324**
  - Rougegoutte
  - Étueffont
  - Rougemont-le-Château
- **La plaine de Belfort et Le Sundgau** **326**
  - Fontaine • Montreux-Château • Suarce
  - Brebotte
  - Froidefontaine
  - Courtelevant • Réchésy

Le massif des Vosges (comme d'ailleurs celui du Jura) se plaît à se jouer des frontières administratives et a lancé quelques-uns de ses ballons dans le Territoire de Belfort.

GIROMAGNY

(90200) 3 280 hab. *Carte Territoire de Belfort, A1*

Petite « capitale » de la partie vosgienne du Territoire, dans le parc naturel régional des ballons des Vosges, et porte d'entrée du ballon d'Alsace, Giromagny propose quelques témoignages de son passé minier. En effet, la région fut un grand centre d'exploitation du plomb argentifère et du cuivre. Entre les XVIe et XVIIe s, Giromagny comptait trois fois plus d'habitants que Belfort. Au XIXe s, l'industrie textile avait pris le relais des mines, à Giromagny

et dans ses environs. Mais la crise économique frappa également cette industrie au XXe s, et elle disparut. Aujourd'hui, la ville peine quelque peu à trouver un second souffle, mais reste assez vivante.

Où manger dans les environs ?

Auberge de la Vaivre : *36, Grande-Rue, 90330* ***Chaux.*** *☎ 03-84-27-10-61. Village situé avt Giromagny, en venant de Belfort (D 465). Fermé ts les soirs, plus sam tte la journée. Congés : 3 premières sem d'août. Formules 10-18 € midi sem, menus 19-39 € ; carte env 35 €. Café offert sur présentation de ce guide.* En bordure de route, cette ancienne grange avec mezzanine et poutres apparentes a été décorée à l'ancienne par un duo mère-fille. Cuisine mitonnée à l'ancienne : foie gras maison, truites du vivier, tartes maison, etc.

Achats

Brasserie Franc-Comtoise : *24, faubourg de France. ☎ 03-84-29-56-37. 06-27-52-73-60. Mer et ven 16h-19h, sam 10h-12h, 16h-18h.* Excellente bière artisanale à base d'eau de source du village, brassée dans du matériel de récup (dont d'anciens chaudrons à comté) et qui ne porte pas son nom – « la Rebelle » – par hasard !

À voir. À faire

➢ ***Balade dans le village :*** *pl. des Mineurs (Grande-Rue), voir, au n° 5, la maison Mazarin du XVIe s.*
C'est l'ancienne maison de justice des mines. Elle rappelle que le cardinal reçut en cadeau le comté, après la conquête française. Avec sa blanche façade de tavaillons de bois peints et son toit très haut, elle a conservé une imposante noblesse. D'autres *demeures anciennes* Grande-Rue, rue Thiers, rue du Tilleul. Belle fontaine Louis XV (datant de 1740).

➢ ***Le sentier des mines à Giromagny :*** *3h env (7,4 km). Fiche info auprès de Belfort Tourisme.* Circuit forestier menant à l'entrée de mines de cuivre et d'argent du XVIe s, vestiges d'habitations, lavoir, etc. À la Révolution, Giromagny faillit accueillir l'École des mines française ! Prévoir bottes ou chaussures étanches et lampe de poche.

Le fort de Giromagny (ou fort Dorsner) ***:*** *à quelques km au sud-ouest du bourg, par la route d'Auxelles (D 12). 06-22-48-82-46. De juil à mi-sept, dim et j. fériés 14h-18h. Entrée : env 3 € en visite libre ; gratuit moins de 12 ans. Possibilité de visite guidée sur résa et pour les groupes (guides bénévoles).*
Après la défaite de 1870, la France ayant perdu l'Alsace-Lorraine, elle perdit du même coup toutes ses défenses sur l'ancienne frontière face à l'Allemagne et dut donc les reconstituer sur sa nouvelle ligne de front. Pour empêcher toute invasion entre Belfort et le ballon d'Alsace, on construisit ce fort en 1874, l'un des plus importants de tout l'Est.
Entrée par un fossé infranchissable et accès à la cour centrale en grès rose, extrait à Giromagny. Grande salle voûtée d'exposition : photos racontant l'histoire du fort et les étapes de la restauration.
Construit sur un sommet exigu, l'ouvrage se révèle donc particulièrement resserré, cela donne de complexes entrecroisements de voûtes qui évoquent plus l'architecture d'une cathédrale que celle d'un fort. Le tout est recouvert d'une couche de 4 à 8 m de terre pour se protéger des tirs de l'ennemi. Depuis la plate-forme au sommet du fort, intéressant panorama sur la région, la trouée de Belfort et le Jura.

AUXELLES-HAUT

(90200) 305 hab. *Carte Territoire de Belfort, A1*

Après être passé par Auxelles-Bas (logique !), on parvient à ce charmant village lové dans les premiers contreforts des Vosges, entre les monts Ménard (927 m) et Ordon-Verrier (967 m). Surprenant de penser que dans un endroit aussi bucolique, des mines, puis des métiers à tisser ronronnèrent à plein au temps jadis. Un conseil : laisser la voiture au parking et monter à pied. Tout en haut, jolie vue sur la vallée. Et tout un choix de randonnées à faire dans le coin. Au fait, on appelle les habitants les Quichelots, mais nul ne sait vraiment l'origine du mot.

Où manger ?

Crêperie L'Angélus : *34, rue des Bruyères. ☎ 03-84-27-01-82. ♿ À 200 m au-dessus de l'église. Ouv le midi sur demande et l'hiver (sf lun-mar) en fonction de l'accessibilité. Env 15-20 € à la carte. Café ou thé offert sur présentation de ce guide.* Ancienne grange joliment restaurée dans le style chalet. Décor tout en bois et cheminée en hiver. Accueil adorable de Marie-Line et de sa maman. Agréable terrasse, aux beaux jours, d'où la vue court (par temps clair !) jusqu'aux Alpes suisses. Excellentes crêpes ou petite carte spécial grignotage (hamburgers, salades).

À faire

➢ ***Le sentier du souvenir :*** *compter 4h30 (13 km), au départ d'Auxelles-le-Haut. Fiche info auprès de Belfort Tourisme.* Tout au long du parcours, stèles et panneaux explicatifs à la mémoire des résistants belfortains durant la Seconde Guerre mondiale. Le circuit passe par la Planche des Belles-Filles.

LE BALLON D'ALSACE

Carte Territoire de Belfort, A1

À 1 247 m d'altitude et une trentaine de kilomètres au nord de Belfort par la D 465, le Ballon d'Alsace aiguise les appétits, comme si chacun voulait garder pour soi un morceau du bonbon vosgien. Ainsi deux régions (Grand Est et Bourgogne – Franche-Comté) et quatre départements (Haute-Saône, Haut-Rhin, Vosges et Territoire de Belfort) se le partagent-ils !
Côté Territoire, la route monte superbement à travers forêts de sapins, d'épicéas et de hêtres. Au passage, une trentaine de chemins balisés vous invitent à taper dans le ballon. Tout en haut, c'est « grande lumière sur le mont Chauve » : immenses pelouses d'altitude aux douces pentes où la violence des vents sévissant une grande partie de l'année décourage toute tentative de croître quelque peu ! C'est là que vous laisserez la voiture pour emprunter l'ultime chemin menant au sommet. Par grand beau temps, c'est l'enchantement. Le regard peut alors accrocher l'ensemble des grands sommets des Alpes suisses et le mont Blanc, mais ça se mérite : lever à 6h ! Les autres jours, on se contentera de la belle vallée de la Doller qui musarde en Alsace (reconnaissable à ses deux lacs) et des montagnes alentour. Table d'orientation.

Adresses utiles

Maison du tourisme du Ballon d'Alsace : • infotourisme@smiba.fr •

Destination Ballon d'Alsace : *bât. des Démineurs, 90200 Lepuix. ☎ 03-29-25-20-38. • ballondalsace.fr •*

Où dormir ?

Où manger autour du ballon d'Alsace ?

Le Saut de la Truite : *112, route du Ballon, 90200* ***Lepuix-Gy.*** *☎ 09-72-26-90-99. • sautdelatruite.fr • Entre Lepuix-Gy et le sommet du ballon. Doubles 105-149 €. Table d'hôtes.* Une belle maison rose posée à 700 m d'altitude, dans un lacet de la route qui monte vers le sommet du ballon. Conscients du magnifique environnement, les propriétaires ont joué pleinement la carte bien-être et opté pour un confort douillet dans chacune des 5 chambres de cette maison d'hôtes. Cadre vraiment bucolique au bord de la rivière La Savoureuse. Sauna, hammam, tepidarium (pièce tempérée) et bains nordiques pour une relaxation totale !

– Au sommet du Ballon d'Alsace même, une poignée d'établissements proposent gîte et couvert. Mais rien de vraiment emballant. Dommage...

À voir

Le monument aux Démineurs : *en haut du ballon, dans la Maison du tourisme.* Expo sur le rôle et le travail des démineurs de France.

La scierie communale Demouge : *au pied du ballon, à Lepuix-Gy, au nord-ouest du village, au lieu-dit* ***Chauveroche.*** *Ouv mi-juil et lors des Journées du patrimoine. ☎ 03-84-29-32-45.* Scierie à haut fer typique des Vosges, construite en 1878 et demeurée depuis quasi inchangée.

DÉMINEURS DE FOND EN COMBLE

Début 1945, le déminage de toute la France nécessita 3 200 volontaires et 50 000 prisonniers. Le travail dura 3 ans, au cours desquels plus de 600 démineurs laissèrent leur vie. Ce sont les Vosges qui furent le département le plus miné. Un monument se devait de rappeler ce sacrifice, au sommet du Ballon d'Alsace.

Randonnées pédestres

Se renseigner à la Maison du tourisme pour les multiples randonnées existantes à partie et autour du Ballon d'Alsace.

➢ ***Sentier-découverte sommital :*** *compter 1h30 (4 km). Départ en face de la Maison du tourisme. Compter 40 mn pour accéder au sommet et faire la boucle. Accessible à ts.* Chemin d'interprétation de la faune et de la flore. À 1 247 m, on ne vous décrit pas la sensation, voire la griserie de dominer deux régions et quatre départements, en plus de voir les Alpes ! Tables d'orientation. Le sentier passe à proximité des monuments emblématiques du sommet du Ballon d'Alsace (statue de Jeanne d'Arc, Vierge Notre-Dame du Ballon, etc.).

➢ ***La balade des Points de vue :*** *compter 4h (11,2 km). Fiche-rando disponible.* Une fois le petit tour précédent accompli, vous pouvez envisager une promenade plus sportive qui vous permettra d'admirer les beautés des paysages vosgiens. Une randonnée qui vous conduira aux bords de torrents ronronnants et de paisibles étangs.

Sports et loisirs

– **Acropark :** *du haut du Ballon en redescendant vers Lepuix-Gy, fléché sur la gauche. 06-84-67-68-58. • acropark.fr • Juil-août, tlj 13h-19h ; avr-nov : w-e, mer, j. fériés et vac scol de la zone A, 13h-18h ; autres zones de vac scol sur résa. Tarifs : 11-24 € ; réduc.* 11 parcours en forêt de différents niveaux avec pas moins d'une centaine d'ateliers dont quelques-uns accessibles aux tout-petits (3 ans). Également un acrobulle (structure gonflable dans laquelle dévaler une impressionnante pente en herbe !), tyrolienne motorisée et location de trottinettes électriques.

Ski et neige

Eh oui, le Ballon, c'est aussi l'hiver ! À 30 mn de Belfort, une vraie station familiale offrant toute la panoplie des sports de glisse. Un équipement de neige de culture garantit un enneigement durant toute la saison. *• ballondalsace.fr •*

■ ***Allo Info neige :*** *☎ 0820-209-510 (0,09 €/mn).*

Ski de fond : *☎ 03-29-25-20-38. Au col du Ballon (monument aux Démineurs). Caisses tlj 9h-16h30 ou 17h, de mi-déc à mi-mars.* 40 km pour 6 pistes toutes en alternatif et skating. La plus longue permet de rejoindre la Planche des Belles-Filles, en Haute-Saône (voir ce chapitre).

Ski alpin : *jusqu'au 15 janv, 9h-16h30 (17h après). Caisse Gentiane : ☎ 03-84-29-36-76.*

– ***Raquettes :*** 3 itinéraires balisés (3 et 9 km). Possibilités de randonnées accompagnées.

■ ***Informations :*** ***Découverte des 3 vallées du ballon d'Alsace,*** *06-80-03-34-40. • decouvertemontagne.net • Également* ***Ligne de Crête/Rando Vosges,*** *06-70-55-73-37. • rando-vosges.com • Et* ***Bureau Montagne du Ballon d'Alsace,*** *06-88-18-39-48.*

Fête et manifestations

Programme complet sur *• ballondalsace.fr •*
– ***Transhumance :*** *en mai.*
– ***Fête du ballon d'Alsace :*** *mi-août.*

LA ROUTE DES VILLAGES FLEURIS

De Giromagny à La Chapelle-sous-Rougemont, une dizaine de villages abondamment fleuris, dispensant chacun charme et personnalité bien particuliers.

ROUGEGOUTTE *(90200)*

Ce village, dont parle Alphonse Daudet dans les *Contes du lundi,* détient la note maximale pour les récompenses de fleurissement, nationales ou européennes. Son nom vient d'une particularité du ruisseau (appelé « goutte » en patois local) qui le traverse : il rougit sous l'effet de la pluie ! Voir le gros tilleul planté en 1578. Sentiers balisés dans la forêt alentour.

Où manger ?

Couleurs Nature : *32, rue des Écoles. ☎ 03-84-36-90-27. • contact@restaurantcouleursnature.fr • Aller vers le centre, puis sur la gauche au calvaire. Fermé dim soir et lun. Menus 13,50 € midi sem, puis 25-34 € ; carte env 35 €. Café offert sur présentation de ce guide.* On est ici dans une ancienne fabrique de myrtilles, reconvertie en un resto fringant, mais vraiment isolé ! La grange retapée, moderne et colorée, est prolongée par une terrasse bien plaisante en été. Carte enlevée, jouant sur les produits locaux.

ÉTUEFFONT *(90170)*

Son nom vient du latin *stufae,* qui signifie « étouffer » ou « étuve », mais, contrairement à ce que cela pourrait suggérer, on y respire à pleins poumons ! Là aussi, beaucoup de fleurs et de demeures pimpantes.

Où manger ?

Auberge Aux Trois Bonheurs : *34, Grande-Rue. ☎ 03-84-54-71-31. Dans le bourg. Fermé lun-mar, plus mer soir hors saison. Congés : 2 sem en sept. Résa impérative. Menus 11,90 € (midi en sem)-26 € ; carte 25 €. Café offert sur présentation de ce guide.* Une adresse toujours populaire dans la région pour sa cuisine de campagne, aussi goûteuse que généreuse. Cadre évidemment rustique. Entre murs de brique et nappes à carreaux, grandes familles et bandes de retraités aux mines réjouies savourent une tête de veau sauce gribiche, une friture de sandre... Accueil souriant et service efficace.

À voir

La forge-musée : *2, rue de Lamadeleine. ☎ 03-84-54-60-41. • musee-des-techniques.org • (slt dans la forge). À côté de la mairie. Avr-sept, tlj sf lun-mar 14h-18h ; ouv stl ven-dim en oct. Fermé 1er mai, w-e de Pâques et Pentecôte. Visite guidée slt, sur résa (1h30-2h). Entrée : 4 € ; réduc ; gratuit moins de 13 ans. Animations tte l'année (programme disponible sur leur site). Organise également des stages de forge.*
Un musée des Arts et Traditions populaires assez exceptionnel. Il occupe l'ancienne forge de la famille Petitjean, où quatre générations travaillèrent (de 1843 à 1977). Elle est quasiment restée en l'état et semble encore « habitée » ! Les dépendances du musée comprennent les ateliers du forgeron, du maréchal-ferrant et du charron. La visite débute par une vidéo, *Camille le forgeron,* portant sur le troisième forgeron (1878-1952). Trois autres petits films détaillent les activités de ferrage, de cerclage des roues et de fabrication de hache, dans l'atelier du charron.

Au 1er étage et au grenier, ethnographie rurale avec pièces de vie, ustensiles et outils d'un autre âge. Salle consacrée aux loisirs et aux activités d'hiver. Puis, voir le perchi, ancienne grange où l'on stockait le foin.
À l'extérieur, collections concernant le travail de la forêt et reconstitution d'une meule de charbonnier. Bref, un musée bien intéressant.

ROUGEMONT-LE-CHÂTEAU (90110)

Encore un village tranquille, lové au pied de la « montagne des Boules ». Charmantes fermettes sur les hauteurs. Passez-y surtout pour rendre visite au fleuriste (même si c'est fermé), un sacré rigolo dont l'imagination débordante empiète sur les maisons voisines qui font désormais partie du décor : à chaque saison son thème et des centaines d'arrosoirs ont fleuri sur les façades et le coteau à l'arrière ! Sur la devanture, on peut lire « Bienvenue aux personnes sincères, correctes et naturelles ». Comme on pensait avoir le profil idéal, on a poussé la porte. L'intérieur de la boutique est une enfilade de pièces richement décorées où tout est à vendre et où l'on déniche pleins d'autres textes semés partout. Du bonheur, rien que du bonheur !

Où camper dans les environs ?

⛺ ***Flower camping du lac de La Seigneurie :*** *90360* ***Leval.*** *☎ 03-84-23-00-13. • contact@camping-lac-seigneurie.com • camping-lac-seigneurie.com • ♿ Sur la D 11, aux portes de l'Alsace (c'est très bien fléché). Ouv avr-oct. Compter 17-21 € pour 2 pers. Loc mobile homes 211-604 €/sem. Prix caravane : 127-345 €/sem. 120 empl.* À l'orée d'une forêt, dans un écrin de verdure au silence uniquement rompu par le chant des oiseaux et l'eau qui file dans le petit ruisseau. Ce camping, parfaitement ombragé et bien équipé, se situe à la frontière alsacienne, et près d'un adorable petit lac en sous-bois. Minuscule base nautique proposant quelques activités (embarcations à pédales, pêche). Un bonheur pour les campeurs fatigués par la ville.

Randonnée pédestre

➢ ***Le Baerenkopf :*** *compter 4 h (16 km). Fiche-rando disponible auprès de Belfort Tourisme.* Une grande balade sportive qui permet de profiter de panoramas, d'emprunter des sentiers de crêtes, de traverser des sapinières ou même des ruisseaux, tout en découvrant le patrimoine bâti de la région.

LA PLAINE DE BELFORT ET LE SUNDGAU

La plaine de Belfort est occupée par le canal achevé en 1830 et qui marque la frontière avec le Sundgau (« comté du Sud » en dialecte germanique). Ce canal permettait la liaison du Rhin à la Saône. Peu profond (2,20 m), il devint rapidement inadapté à la navigation moderne. Aujourd'hui, il offre ses rives paisibles et bucoliques aux pêcheurs et flâneurs à pied ou à vélo, sur le tracé de l'*Eurovélo 6*.
Le Sundgau belfortain, quant à lui, ressemble bien sûr à celui d'Alsace (il y a un siècle, ce n'était qu'une seule et même région). Plaines ondulantes entrecoupées de bois, de bosquets et d'étangs. Ce sont les moines cisterciens de l'abbaye de Lucelle (à la frontière suisse) qui, pour être sûrs de ne point manquer de poisson les jours de carême, firent creuser et remplir les étangs pour l'élevage de la carpe. Paysages intimes à découvrir à vélo, au long de routes

tranquilles et sereines. Nos villages préférés : Boron, Suarce et Réchésy, avec leurs belles maisons à colombages qui, le printemps venu, se couvrent de géraniums.

FONTAINE *(90150)*

On fera le détour jusqu'à ce village tranquille pour découvrir, planté devant l'église, le tilleul de Turenne, arbre sous lequel l'illustre maréchal échafauda ses plans en 1674-1675, pendant la campagne d'Alsace. Classé aujourd'hui Monument historique, il mesure 7 m de circonférence et 30 m de haut.

Randonnées pédestres dans la plaine de Belfort

➢ Entre Fontaine et Brebotte, jolie ***forêt de Bessoncourt*** où vous pourrez randonner. Circuit du *Tour du haut bois*. Trajet en 3 ou 5 h (10 ou 14 km). Pour les amoureux de forêt dite humide. Ces trois rivières s'appellent l'Autruche, la Saint-Nicolas et la Madeleine. Elles se réunissent pour former la Bourbeuse, qui possède la particularité d'envahir souvent la campagne lors de fortes pluies ou de la fonte des neiges. Grande variété d'arbres : charmes, hêtres, saules, bouleaux, aulnes, chênes, etc. Et des animaux, que vous apercevrez avec un peu de chance : lièvres, lapins, renards, sangliers, hérons, vanneaux huppés, milans noirs, etc.

➢ À partir du village de Bessoncourt, il est possible de suivre la ***randonnée des Forts,*** qui longe la ceinture fortifiée réalisée par le général Séré de Rivières et traverse tout le Territoire de Belfort. Balisage par un rond rouge. Départ du ***fort de Sénarmont*** à Bessoncourt *(possibilité de visite sur rdv : 06-13-61-85-04).* On gagne Chèvremont à travers champs. De là, traversée du grand bois de Vézelois puis arrivée au ***fort Ordener,*** à Vézelois. On peut ensuite regagner Bessoncourt par la D 25. Compter 6h aller-retour.

MONTREUX-CHÂTEAU *(90130)*

À l'écart du bourg, sur la route de Delle, le canal du Rhône au Rhin présente un visage particulièrement avenant avec ses écluses et sa flottille de petits bateaux de plaisance. Au bourg, chapelle consacrée à sainte Catherine, vestige de l'ancienne église et pierres tombales des seigneurs de Montreux.

Où manger ?

La Péniche : *☎ 03-84-58-91-28. • restaurantlapeniche@hotmail.fr • La péniche est amarrée le long du canal. Tlj sf dim soir et lun. Menu du jour env 14 €.* Voilà un lieu sympathique et original où, midi et soir, un bon menu unique est concocté dans la cuisine de poche. Il fait si bon flâner ou manger sur le pont, à regarder passer les vélos ! Sinon, rendez-vous dans la salle en cale. Un lieu bien paisible.

SUARCE *(90100)*

Peut-être bien le plus joli village de ce petit pays. Toutes les maisons (ou presque) sont à colombages, joliment rénovées et fleuries. Les abords sont, comme chez le proche voisin alsacien, soigneusement entretenus, et on ne serait pas si surpris que ça de voir s'y balader Blanche-Neige avec ses sept nains ou Hansel avec sa Gretel.

Où dormir ?

Chambres d'hôtes Aux Portes de l'Alsace : *22, rue Principale. ☎ 03-84-19-33-25. • auxportesdelalsace@yahoo.fr • chambresdhotesenalsace.fr • Doubles et suites 64-107 € env pour 2 à 4 pers.* En plein bourg, voici l'une des plus belles adresses du Territoire avec 3 vastes chambres à la déco traditionnelle et soignée qui plonge dans une confortable ambiance d'antan. Toutes donnent sur le jardin. Il faut dire que la demeure, typique de la région date du XVIIIe s. Accueil pro. Vélos à disposition et table d'hôtes possible.

BREBOTTE *(90140)*

Petit village offrant un remarquable musée né d'une initiative associative, le ***musée de l'Artisanat et des Traditions*** : *3, rue de la Fontaine. ☎ 03-84-23-42-37. • museebrebotte.com • Avr-juin, mar-sam 14h-17h ; juil-sept, mer-dim 14h-17h. Ouv sur rdv le reste de l'année. Entrée : env 3 € ; réduc ; gratuit moins de 10 ans. Juil, animations. Spectacle par des bénévoles 3 soirs en été après le 14 juil sur un thème différent chaque année.*

Musée installé dans une ferme à colombages typique du Sundgau, déplacée (de Boron, village voisin) puis entièrement remontée en 1987. Une équipe de bénévoles dynamiques a mis sur pied ce passionnant musée qui nous renvoie au début du XXe s. Chaque année, des objets donnés par les habitants viennent enrichir la collection actuelle. Impossible de tout énumérer, mais voici quelques repères, qu'on découvre après un film de présentation (environ 20 mn).

- *Au rez-de-chaussée :* les ateliers de plusieurs artisans, l'ancien fourneau de salle de classe, la cuisine et son torréfacteur, son bel évier en pierre. Dans la buanderie, l'une des premières machines à laver le linge et un alambic complet. À sa retraite, le cordonnier a légué l'atelier que l'on voit ici.
- *Au 1er étage :* l'atelier de la couturière avec l'une des premières machines à coudre. Dans la chambre à coucher, la robe noire n'est pas une tenue de deuil mais de mariage ! Atelier du tisserand avec un braque pour carder le chanvre. Art sacré : couronne de mariée sous verre, beau moule à hosties, bondieuseries et saint-sulpiceries diverses.
- *Dans le grenier :* divers outils agricoles, les instruments du matelassier et du tailleur de pierre.
- *En sortant :* ne pas manquer la machine à vapeur d'une ancienne scierie, construite en 1900 et remise en état avec les (petits) moyens de l'association (et une volonté farouche). Aller encore voir les égreneurs à main, le corbillard de campagne, le chariot des pompiers, les gros jougs, diverses machines agricoles...

FROIDEFONTAINE *(90140)*

Gentil village proposant une belle église romane. À l'origine, un prieuré créé par des moines de Cluny. De l'église du monastère, il ne subsiste que le chevet du XIIe s. Sur la corniche de l'abside, on peut encore apercevoir trois têtes humaines. À l'intérieur, trois nefs aux arcades rustiques sur gros piliers. Pas d'ornementation. À l'entrée, deux jolies pierres tombales du XVIIIe s. Noter le presbytère (aujourd'hui transformé en appartements) surdimensionné à côté, ainsi que son élégant portail surmonté du cœur de Jésus (1720).

Randonnées pédestres

➢ ***Sur le chemin des moines de Cluny :*** *9 km (2h30 env). Départ du presbytère.* Fiche-rando de la Communauté des communes du Sud Territoire, dépliant n° 18 (téléchargement possible sur le site de Belfort Tourisme). Signalé par un anneau vert.
De l'église, aller au canal pour observer le passage des bateaux au pont tournant. Puis suivre le chemin de halage jusqu'à Brebotte. Traversée du village. Après Recouvrance, petits chemins de campagne jusqu'aux étangs Brebin. Un dernier petit bois avant de regagner Froidefontaine.

➢ Des sentiers vous mèneront également à ***Bourogne*** (90140), avec son ravissant lavoir du XIXe s en grès rose et tout fleuri, ou à ***Boron*** (90100), autre village pittoresque avec un vieux lavoir en pierre entouré de maisons à colombages. À Bourogne, sentier-découverte de 6 km, de niveau facile *(● bourogne.fr ●) ou de 7 km, « Du bois de la duchesse à la Bourbeuse » (compter 2 h).*

COURTELEVANT (90100)

Sur la D 463 (route de Bâle), 8 km à l'est de Delle. On se rapproche de la Suisse, le relief s'affirme. Là, dans un vallon, le plus beau ***moulin à eau*** du Territoire *(10, rue de l'Église ; 📱 06-50-12-47-69 ; ♿ (partiel) ; mai-oct, tlj sf mer-jeu 14h-18h ; entrée : 4 €, gratuit moins de 10 ans).* Du XVIIe s, réaménagé au XIXe s et restauré au XXe s par une équipe de passionnés. Installé sur un canal alimenté par la Vendeline qui prend sa source en Helvétie, dans un cadre très bucolique. Justement, laissez votre voiture au parking pour apprécier la traversée du village. Le moulin permet de fabriquer de la farine de meules à l'ancienne, comme en 1850. Démonstration tous les premiers dimanches du mois. Visite commentée.

RÉCHÉSY (90370)

À l'extrême sud-est du Territoire. Charmante bourgade aux belles maisons de style alsacien (balcon face sud et auvent de tuiles sur le pignon à l'ouest pour protéger le torchis de la pluie).

Où manger ?

🍴 ***La Vieille Ferme :*** *2, rue de la Côte. ☎ 03-84-29-61-13. ● lavieilleferme90@yahoo.fr ● Au bourg, sur la route de la Suisse. Fermé lun et sam midi. Menus env 14 € (midi en sem)-32 €. Un kir maison offert sur présentation de ce guide.* Dans une ferme à colombages. Terrasse au calme et fleurie, avec vue sur l'église. Cuisine de région simple mais efficace : friture de carpe, sandre, poêlée de *rösti,* etc. Sympathique accueil.

Randonnée pédestre

➢ ***Le tour de Réchésy :*** *env 5 h pour 15 km.* Là encore, l'occasion d'une belle randonnée. Se munir de sa carte d'identité ou de son passeport, car l'itinéraire longe la frontière suisse et y effectue même une incursion. Balisé avec anneau jaune. Première partie en empruntant le ***chemin des Douaniers,*** jalonné de grosses bornes numérotées. Les plus anciennes montrent une fleur de lys symbolisant la France et un ours symbolisant le canton de Berne. En chemin, ne pas manquer

la borne 146, appelée *borne des Trois-Puissances.* Elle symbolise les trois frontières limitrophes : la France, la Suisse et l'Allemagne (puisque, à l'époque, l'Alsace était encore annexée !). Après cette borne, choix de s'en retourner à Réchésy ou de terminer la boucle de l'itinéraire vers la ***forêt de Bambois.*** Beaucoup de petits étangs, le coin y gagna même le surnom de Petite Sologne du Belfortais.
Dans le ***carré du Souvenir,*** plusieurs monuments commémorant la libération de la région, dont celui, émouvant, des ambulancières qui périrent lors des violents combats du 19 au 27 novembre 1944.

LE PLATEAU DU JURA

- **Delle** 330
  - Beaucourt
- Saint-Dizier-l'Évêque
- Croix

DELLE

(90100) 7 025 hab. *Carte Territoire de Belfort, B3*

Deuxième ville du Territoire, porte d'entrée du plateau du Jura, la région la plus au sud. Petite cité active, qui a su conserver quelques pittoresques demeures et une partie de ses remparts. On vous laisse débusquer des petits trésors à chaque coin de rue. Elle a bénéficié de sa proximité immédiate avec la Suisse et constitue une étape agréable sur la route des Franches-Montagnes (voir le *Routard Suisse*).

ON MEURT TOUJOURS TROP TÔT

Triste postérité pour le caporal Jules-André Peugeot qui fut le premier soldat mort aux combats de 14-18. À Joncherey, dans la région de Delle, à la frontière avec l'Alsace (alors allemande !), il tombe sous les balles de militaires ennemis qui avaient pénétré en territoire français, le 2 août, la veille du déclenchement officiel des hostilités ! Son meurtrier fut tué, un certain Mayer originaire de Mulhouse. Ils avaient 21 et 22 ans.

Où dormir ?
Où manger dans le coin ?

Camping

▲ ***Le Passe-Loup :*** *rue des Chênes, 90100* ***Joncherey.*** *☎ 03-84-56-32-63. 📱 06-50-93-51-98. • camping-joncherey90@hotmail.fr • joncherey.fr • ♿ À 3 km au nord de Delle ; fléché à partir du centre de Joncherey. Ouv tte l'année. Prix tente en hte saison : 11,50 €. Prix hébergement locatif : 250-300 €/sem selon saison. CB refusées. 120 empl.* À l'écart de toute agitation, un paisible camping en lisière de bois. Emplacements ombragés. Et de nombreux chemins pour partir à la découverte des étangs de la région. Accueil sympa. Sur le même terrain, location de chalets par la mairie *(☎ 03-84-36-01-46).*

De prix moyens à chic

I●I ***Hostellerie des Remparts :*** *1, pl. de la République. ☎ 03-84-56-32-61. • hostelleriedesremparts@wanadoo.fr • Ouv les midis mar-dim, plus les soirs ven-sam. Menus 13,50-15,50 € le midi en sem, puis 30-49 € ; carte env 40 €.* Le chef s'appelle Caruso. Et on aime bien l'air qu'il nous chante derrière sa vitrine de boutique à l'ancienne, entre deux expos de peinture. Aux premiers rayons de soleil, adorable terrasse vénitienne donnant sur les vestiges des remparts et une petite rivière. Service aussi gai que zélé. Et bons plats de saison, travaillés avec autant de sérieux que d'habileté. Le menu du jour est une vraie affaire. À deux pas de la Suisse, dont on accepte ici la monnaie.

Le Jardin d'Olivier : *54, rue du Général-Leclerc, 90600* ***Grandvillars.*** *☎ 03-84-27-76-03. À 5 km au nord-ouest de Delle. Fermé lun, sam midi et dim soir. Menus 13 € le midi en sem, puis 28 € (sem)-35 € (w-e) ; carte min 25 €.* Dans une petite maison particulière, une adresse de bord de route qui pratique pourtant une belle cuisine toute de finesse et d'inventivité et qui puise ses idées gourmandes, au gré du marché, dans la région ou ailleurs. Service avec le sourire et agréable terrasse (voilà enfin le jardin !) sur l'arrière.

À voir

La maison des Cariatides et la place de la République : la place de la République présente de beaux exemples d'architecture civile alsacienne des XVIe et XVIIe s. Observer notamment la *maison des Cariatides,* ancienne maison de justice, avec un pignon orné de cariatides polychromes. Au milieu, avec sa balance, celle symbolisant la Justice de part et d'autre, de plus surprenants « Indiens »... Dans la rue qui longe la maison des Cariatides, une autre demeure ancienne (marquée « Buvette »). C'était, sous la Révolution, la cantine du club des Jacobins. De l'autre côté de la place, vers l'église, une belle maison médiévale à tourelle.

La maison Feltin : *pl. François-Mitterrand.* Construite en 1581, la plus jolie demeure médiévale de la ville était une dépendance du château (démoli au XVIIe s). Rénovée avec un grand soin pour y abriter, depuis 1997, la mairie. À l'intérieur, on retrouve tout le charme de l'époque, en particulier dans la salle du conseil municipal. De la cour, on aperçoit l'ancien marché couvert. Quelques vestiges des anciens remparts, juste à côté.

Manifestations

- **Foire :** *2e lun du mois (le mat), pl. du Champ-de-Foire ; exception en oct : 4e lun du mois.*
- **Carnaval :** *fév-mars.*
- **Festival de Jazz :** *juin.*

DANS LES ENVIRONS DE DELLE

BEAUCOURT *(90500)*

À 10 km à l'ouest de Delle, c'est la ville qui abrita « l'empire Japy », l'une des plus fascinantes aventures industrielles de France et, bien sûr, longtemps fleuron de l'économie franc-comtoise. Hélas, Japy n'est plus, et la troisième ville du Territoire semble encore noyée dans le chagrin. Reste le musée Japy pour se remémorer les grandes heures du capitalisme d'avant la mondialisation et les aspects les plus significatifs (et les plus curieux) du paternalisme patronal.

- **Marché :** *jeu mat, pl. Roger-Salengro.*

La saga Japy

Tout débuta en 1777, lorsque Frédéric Japy, fils du maréchal-ferrant local et passionné de mécanique, créa à Beaucourt la première manufacture d'horlogerie utilisant des machines-outils. Cette première révolution industrielle permit de mettre la montre à la portée de tous. Pensez-vous, en 1795, l'usine fabriquait déjà 40 000 mécanismes de montre par an et employait 400 personnes ! En outre, Frédéric Japy, soucieux de la santé morale et spirituelle de ses ouvriers, leur lisait la Bible après le repas du soir...

LA « POMPE FUNÈBRE »

Marguerite Jeanne Japy (1869-1954), épouse Steinheil ne fut pas la plus sage de l'illustre famille ! Maîtresse de beaucoup de personnalités, c'est dans ses bras que le président français Félix Faure mourut à l'Élysée le 16 février 1899. L'événement donna lieu à ce célèbre échange : « Le président a-t-il encore sa connaissance ? – Non, elle est sortie par l'escalier de service. » Elle gagne alors le surnom de « Pompe funèbre » avant de passer devant le juge pour un soupçon de double meurtre (sur sa mère notamment !) et continuera sa vie en Angleterre, obtenant au passage le titre de Lady.

Particulièrement inventif, le père Japy rajouta d'autres productions dans ses usines : vis, boulons, limes, serrures, cadenas, etc. Notez que la société Japy fut aussi la principale émaillerie française. Les « placo-émaillophiles » apprécieront ! Puis vinrent, tout au long du XIXe s, les pompes, les moteurs, les petites machines agricoles, les premiers appareils ménagers, presse-purée, tournebroche, etc.

À l'époque du Second Empire, les usines Japy employaient 5 500 ouvriers. C'était aussi le triomphe du paternalisme patronal : construction de cités ouvrières dans l'esprit du logement social mulhousien, jardins pour occuper les travailleurs pendant leurs loisirs et leur éviter le bistrot (à Beaucourt, il se consommait quotidiennement 300 l d'eau-de-vie), caisses de secours, coopératives, écoles, cours professionnels entièrement subventionnés, etc. Dans les années 1880, Japy conditionnait la vie de toute la région, et cela dura encore des dizaines d'années. L'entreprise assurait la fixation de la main-d'œuvre et la transmission du savoir-faire au travers de véritables dynasties ouvrières.

Au début du XXe s, d'autres productions vinrent enrichir l'empire : phonographes, taximètres, caisses enregistreuses et, en 1910, la reine de Japy, la... machine à écrire ! Ce fut le triomphe. Pour l'anecdote, Japy augmenta sa fortune en produisant en exclusivité 3,5 millions de casques pour les poilus de la Première Guerre mondiale.

En 1950, l'entreprise employait encore plusieurs milliers d'ouvriers. Puis, le déclin amorcé vers 1880 s'accentua. La concurrence mit à mal l'empire Japy. Ainsi, ayant eu longtemps l'exclusivité de la fourniture des machines à écrire pour l'administration française, peut-être Japy se crut-il intouchable et ne sut-il pas comment lutter contre les Japonais, technologiquement plus avancés. En 1975 sortait la dernière machine à écrire Japy !

Impréparation et inadaptation aux nouvelles réalités modernes, existence trop longue sur ses acquis, concurrence internationale féroce, certes, mais on reste quand même étonné d'une disparition aussi rapide... Quand on pense que Japy possédait dans ses cartons les plans d'une voiturette !

Où dormir ? Où manger ?

La Terrasse : *château Fernand-Japy, chemin des Vignes. ☎ 03-84-36-32-34. • info@laterrasse-beaucourt.fr • laterrasse-beaucourt.fr • 1re à droite après le musée, avt l'usine Japy, puis parcourir 500 m. Resto fermé lun soir,* *mar soir et mer hors saison. Doubles en gîte 100-120 €. Menu du jour 21 € (midi en sem), menus 28-39 €. Apéritif maison offert sur présentation de ce guide.* Le restaurant, installé dans les dépendances d'un ex-château Japy, bénéficie, depuis la ravissante terrasse, d'une vue géniale sur les Vosges. Très belle rénovation avec un cadre chic et contemporain apaisant. Le jeune chef propose une cuisine française revisitée, selon la saison. 5 gîtes contemporains juste à côté (2-4 personnes) avec grandes baies vitrées donnant sur le parc. Une belle adresse qui redonne du peps à Beaucourt !

À voir

Le musée Japy : 16, rue... Frédéric-Japy. ☎ 03-84-56-57-52. ♿ Mer-dim 14h-17h. Fermé de mi-déc à fin fév. Entrée : 3 € ; réduc ; gratuit moins de 10 ans. Le musée, rénové en 2012, est né de la volonté de ne pas laisser disparaître la mémoire d'une telle aventure industrielle. Installé dans les anciens ateliers d'horlogerie, il présente, bien entendu, l'historique de Japy, les personnalités marquantes de la dynastie et l'évolution de l'entreprise. Admiration devant cette incroyable inventivité. Ébauches de montres du XVIIIe s, premières machines-outils reconstituées, pendules de voyage (nombreuses pièces rares), outillage, etc. Mais aussi des objets et machines insolites : appareil photographique, miroir aux alouettes, etc., et la bible de M. Japy ! Intéressantes expos temporaires et un arbre généalogique de la famille (s'arrête en 1999) avec plus de 500 noms.

SAINT-DIZIER-L'ÉVÊQUE (90100)

Paisible bourgade rurale des plateaux du Jura où les paysages alternent entre prés et forêts, et dont le clocher de la jolie église semble rythmer toute l'activité. Un clocher qui a été surélevé d'un étage en 1875, les paroissiens se plaignant de ne pas bien entendre les cloches !

À voir

L'église : bel environnement, vallonné et verdoyant sur lequel l'église et ses tombes autour semblent posées délicatement. La légende raconte qu'au retour d'un pèlerinage à Rome, vers la fin du VIIe s, Dizier (Desiderius), évêque de Rennes ou de Rouen, s'arrêta dans le coin. Juste avant d'être tué par des bandits, il sauva miraculeusement son serviteur, gravement touché à la tête. Le miracle ne tarda pas à transformer l'oratoire, où il repose désormais, en lieu de pèlerinage. Une église romane s'élèvera au XIe s, dont les nefs furent reconstruites en gothique au XVIe s.

Plan classique à trois nefs. Christ en croix du jubé et chaire du XVIIIe s. Et on y arrive, on y arrive :

– ***Le sarcophage de saint Dizier :*** ce sarcophage, installé dans une crypte aménagée au XIXe s, est bien celui qui a contenu du VIIe au Xe s le corps de l'évêque. On ressort dans l'ancienne sacristie, on découvre l'ancien tombeau du saint (VIIe ou VIIIe s), appelé aussi « pierre des fous » parce qu'il avait la réputation de guérir les bobos de la tête (dents, migraines, méningites, etc.), puis, par extension, les troubles mentaux.

Au XVIIIe s, lorsque le pèlerinage de Saint-Dizier battait son plein, on y amenait les « fous », qui suivaient alors un véritable « traitement spirituel et médical ». Ils devaient résider 9 jours dans l'église, on les soignait par hydrothérapie dans une source froide, à laquelle s'ajoutaient, bien entendu, quelques saignées, des séances d'exorcisme... Une thérapeutique, pas si « folle » que ça, plutôt même progressiste pour l'époque comparée aux maisons pour aliénés. C'est d'ailleurs

un médecin jaloux qui fit interdire les pèlerinages de fous, au milieu du XIXe s, pour exercice illégal de la médecine !
Noter le beau travail de sculpture du couvercle de pierre (rubans ornés de perles entrelacées, palmettes, arcatures, rappelant d'ailleurs l'ornementation des bijoux mérovingiens). Ce qui laisse penser qu'il pourrait bien dater de l'époque de saint Dizier. Toujours dans la sacristie, support d'autel du XIIe s orné de chevrons et un « luculus », cuve de pierre sculptée d'un joli décor fait de feuillages très stylisés et s'enroulant.

Le val Saint-Dizier : dans un vallon encaissé à proximité (accès à pied ou en voiture), vous découvrirez la fameuse source où l'on plongeait les aliénés. Vieux lavoir en pierre également. Le hameau possède un certain caractère.

Randonnée pédestre

➢ ***Sur les contrées de Desiderius :*** *trajet de 8,3 km (env 2h45). Balisé avec anneau jaune.* Fiches-rando de la Communauté des Communes du Sud Territoire, dépliant no 13 (ou en téléchargement sur le site de Belfort Tourisme).

CROIX (90100)

Pittoresque village, au sud du Territoire. Sur une placette, antique puits à balancier de 1772, classé Monument historique, qui fut utilisé pour les bêtes jusque dans les années 1960. En remontant vers le nord, sur la D 26, on arrive sur le plateau de Croix, d'où l'on domine l'horizon et obtient une vision globale saisissante du Territoire de Belfort, du nord au sud et d'est en ouest.

HOMMES, CULTURE, ENVIRONNEMENT

ARCHITECTURE

Si la région se distingue par son habitat rural, difficile d'écrire qu'il existe une architecture urbaine typiquement franc-comtoise ! Aux marches de la région se fait sentir l'influence des voisins : bourguignonne à Dole ou à Gray, alémanique à Montbéliard ou à Belfort, et même un brin méditerranéenne à Besançon en ouvrant bien les yeux ! S'il faut à tout prix trouver un point commun à toutes les villes comtoises, ce sera l'empreinte profonde qu'y a laissée la Renaissance. De la Grande-Rue de Besançon au bourg de Giromagny, on découvrira, dans tous les centres ou presque (Pontarlier et Belfort constituant des exceptions), maisons et hôtels particuliers sur les façades desquels se lit tout le vocabulaire architectural de cette époque florissante.

Querelles de clochers

Les exemples de la période romane se font aujourd'hui rares dans une région ravagée par de nombreux conflits. Les siècles suivants subissent l'influence des voisins (bourguignonne avec l'ordre de Cluny, basiliques italiennes...). Tout change au XVIIIe s, au lendemain de la conquête française. Le haut clergé, un peu inquiet à l'idée d'avoir quelques fiefs protestants (luthériens à Montbéliard, calvinistes à Genève) aux portes de cette nouvelle province française, décide de mettre le paquet. C'est de cette époque que datent la plupart des églises très classiques de la région, désormais typiquement comtoises grâce aux étonnants mais élégants clochers qu'on leur adjoint. Ces tours en forme de biberon, coiffés de toitures « à l'impériale » généralement recouvertes de tuiles vernissées, parfois de lamelles de bois ou de fer-blanc, sont dits « comtois ». Même les plus petits villages en sont dotés, en particulier en Haute-Saône. Ces clochers constituent désormais le trait d'architecture franc-comtois par excellence, si l'on devait n'en retenir qu'un. C'est également du XVIIIe s que datent les retables baroques qui ornent nombre d'églises, d'une rare exubérance, parfois à la limite du kitsch, somptueux pour certains et – comme en Savoie – typiques de la Contre-Réforme.

La Franche-Comté présente aussi la particularité d'avoir connu un vrai renouveau de l'art religieux dans les années 1950-1960 : incontournable chapelle de Ronchamp signée Le Corbusier (et classée par l'Unesco en 2016), vitraux de Fernand Léger à Audincourt ou ceux de Manessier à Pontarlier ou aux Bréseux...

CORBU, CE GRAND MÉCONNU

Le Corbusier, l'un des plus grands architectes français et concepteur de la chapelle de Ronchamp en Haute-Saône, est en fait né en Suisse. Égoïste, vaniteux, opportuniste, il adorait les idées mégalomaniaques mais s'intéressait peu au suivi de ses chantiers. Un de ses projets détruisait la moitié de Paris ! En 1941 et 1942, il s'installa à Vichy, pour mieux séduire ce bon (!) maréchal Pétain. Il mourut en 1965, d'une noyade en Méditerranée. « Corbu » eut droit à des funérailles nationales orchestrées par Malraux qui n'avait peur de rien.

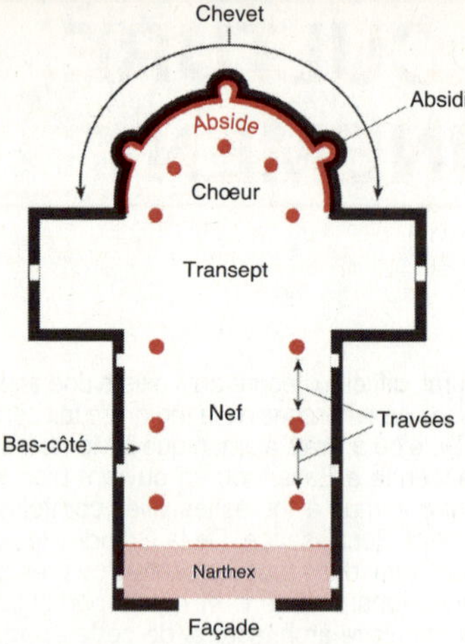

PLAN D'UNE ÉGLISE ROMANE

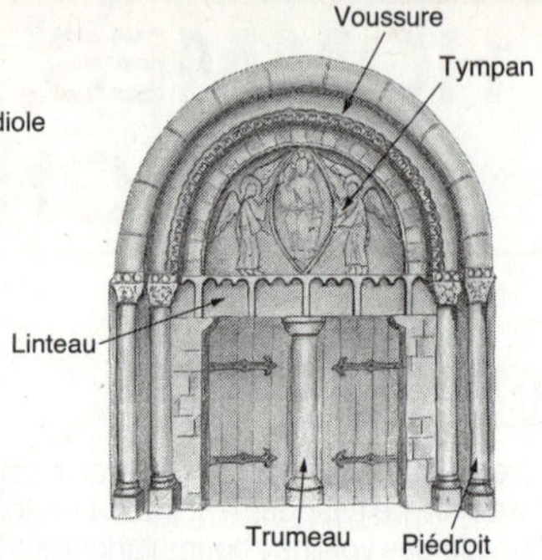

PORTAIL D'ÉGLISE ROMANE

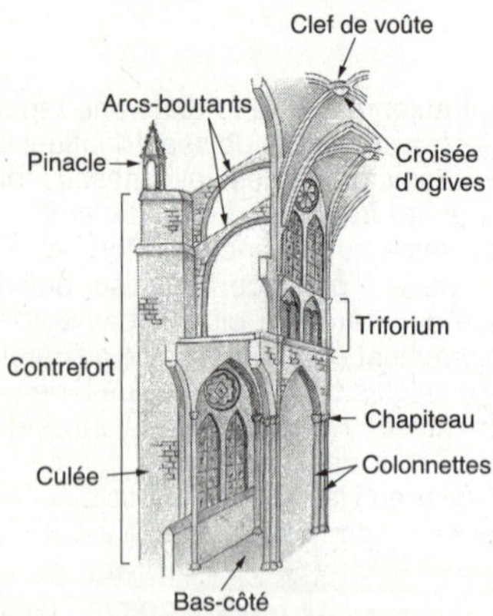

COUPE TRANSVERSALE D'UNE ÉGLISE GOTHIQUE

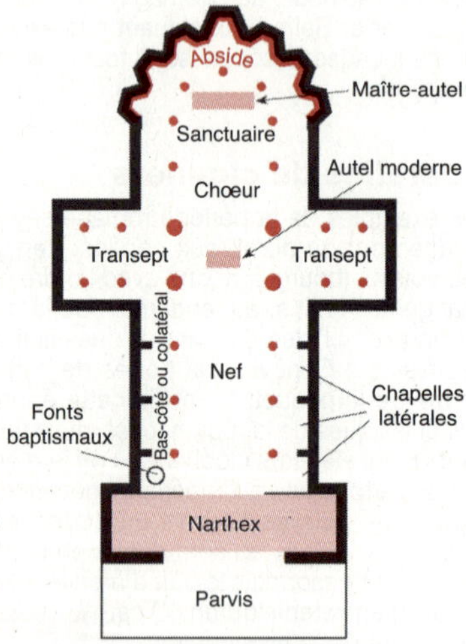

PLAN D'UNE ÉGLISE GOTHIQUE

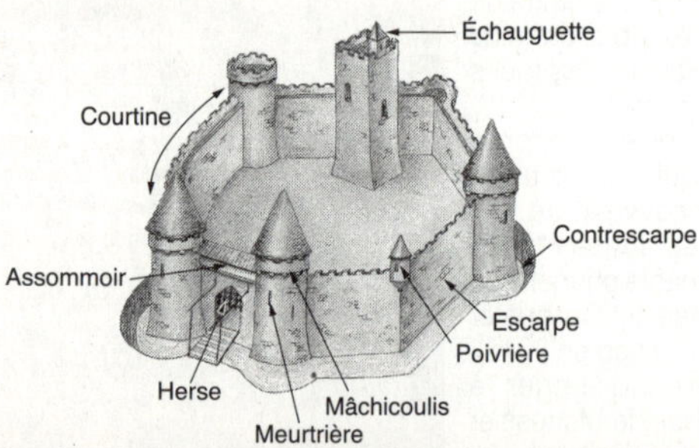

CHÂTEAU FORT

Un flot de lavoirs

Si les villages se repèrent à leurs clochers casqués, difficile également d'échapper à la fontaine qui trône sur la place centrale. Ces fontaines-lavoirs-abreuvoirs construites pour la plupart au XIXe s sont pléthores en Franche-Comté, en particulier dans le Doubs et la Haute-Saône. Des édifices d'une surprenante variété architecturale, des plus sobres aux plus monumentaux, en passant par quelques extravagances comme les mairies-lavoirs, spécialité haute-saônoise !

LAVAGE DE CERVEAU

Comment ne pas voir dans les surprenantes mairies-lavoirs de Haute-Saône, ces mairies construites au XIXe s au-dessus de lavoirs, une volonté de la République de s'approprier ce haut lieu de sociabilité ? Et les citoyens de s'abreuver à cette nouvelle source républicaine dont les principes, après 1789, devaient pénétrer partout.

L'art de Vauban

Inquiet du peu de résistance que, hormis à Besançon, les Comtois, en 1674, avaient opposé à ses troupes (la région était lasse des guerres), Louis XIV chargea son fortificateur favori d'en bastionner les citadelles. À Belfort, alors alsacienne, Sébastien Le Prestre de Vauban remplace les murs médiévaux par une étoile aux angles aigus, ancrée à l'escarpement de grès rouge et scellée par des tours, deux enceintes en brique rose et quatre fossés, dont aucun ennemi, jamais, ne vint à bout. Capitale de la province, Besançon reçut du grand Vauban sa propre citadelle, qui se love dans une boucle du Doubs : 118 m de hauteur de murs, précédés de glacis et de demi-lunes. Témoignage intact de l'esprit Grand Siècle, elle reste, à ce jour, le site comtois le plus visité, classé par l'Unesco au titre du Patrimoine de l'humanité. Vauban s'intéressa également à un nid d'aigle du Haut-Doubs, le château de Joux.

COMMUNAUTARISME ET UTOPISME

L'ampleur des bois communaux et l'ardeur des affouages traduisent bien la fibre communautaire des Comtois. Tenons-nous chaud dans nos montagnes ! Avec leurs cousins suisses, ils ont inventé la coopérative. Un texte de 1272 mentionne une « fructerie », où le bétail broutait les « fruits » de la montagne : un pâturage. Le profil de la « fruitière » se dessine au XVIIe s : c'est une association de fermiers-éleveurs qui mettent en commun le lait, fruit de leur travail, pour produire du fromage dans un lieu idoine, baptisé « chalet », et qui, avec sa boîte aux lettres et son panneau d'affichage, pourra disputer à l'église le titre de haut lieu du bourg.
À l'origine fromagères, ***les fruitières*** sont aussi devenues viticoles, agricoles... voire bancaires. C'est en effet à Salins-les-Bains que la première caisse de *Crédit agricole* a été fondée en 1885.
Si Besançon a joué les avant-gardistes, c'est qu'elle était, depuis longtemps, la patrie du catholicisme social – et de son frère, le ***socialisme utopique.*** **Claude-Nicolas Ledoux** est né en Champagne, à deux pas de là. Cet architecte des Lumières visait la perfection par la transparence et la symétrie – principe que reprendra, deux siècles plus tard, un Jurassien nommé **Le Corbusier.** Pour Louis XV, Ledoux va inaugurer, en 1774, avec la saline royale d'Arc-et-Senans, l'architecture industrielle du siècle suivant. 11 bâtiments de style antique y dessinent un demi-cercle autour de la maison du directeur. Cette forme, « pure comme celle que décrit le soleil dans sa course » (sic !), sera reprise, plus tard, pour les prisons : « Il faut, poursuit notre utopiste, que

l'ouvrier ne puisse se soustraire à la surveillance à la faveur d'un pilier rond. » Mais la classe ouvrière est ingrate et ne se rue guère à l'embauche...
Quelques années plus tard, un Bisontin nommé **Charles Fourier** tombe en extase devant la saline. C'est un employé de commerce qui lit beaucoup – Newton, entre autres. Il occupe ses loisirs à mettre au point une société parfaite, scientifiquement organisée pour accomplir le bonheur de tous. Il s'agit d'une « fruiterie » baptisée phalanstère, dont les membres seraient actionnaires et propriétaires. Son disciple, le Jurassien Victor Considérant, n'a plus qu'à passer à la pratique. Mais à Cîteaux, à Dallas, au Brésil, les phalanstères mettront vite la clé sous la porte !
C'est parce qu'il y flairait l'avènement prochain du totalitarisme que **Proudhon** combattit l'utopie fouriériste. Il est vrai qu'on restait en famille : créateur du ***socialisme libertaire,*** cet homme, qui déclara : « La propriété, c'est le vol », était lui aussi né... à Besançon !

CUISINE

La cuisine des montagnes et des hautes combes glaciales fait rarement dans l'amuse-gueule. Par - 20 °C, la ***soupe de pois au lard*** ou la ***soupe au vin,*** le ***pot-au-feu de chèvre salée*** et la ***potée comtoise*** (avec du lard et du chou, mais aussi de la morteau et autres viandes fumées) ravigotent ! Comme les ***röstis*** (empruntés au voisin suisse) servis avec un ***jambon fumé du Haut-Doubs.*** Le cochon s'impose d'ailleurs en héros de ces lourdes agapes. Du pied des rondes Vosges saônoises, avec le ***gandeuillot de Fougerolles*** (saucisse de tripes et chair de porc) ou le ***jambon de Luxeuil*** (macéré 1 mois dans du vin du Jura et légèrement fumé), aux premiers plissements du Jura avec le ***bresi,*** version amaigrie de la viande des Grisons. Et tout le monde se met au régime saucisses. La ***morteau*** d'abord, et sa variante le ***jésu (ou jésus) de Morteau,*** plus gros, d'aspect moins lisse et fabriqué à l'origine pour Noël. La morteau, star des saucisses, est fumée au minimum 48h sous un feu de sciure de sapin, d'épicéa et de genévrier, dans des cheminées hautes parfois de 14 m appelées *tués* (ou *tuyés*), où pendent aussi noix de porc, palette ou poitrine... Attention : on ne la pique pas avant cuisson !
La ***saucisse de Montbéliard*** est une proche cousine de la morteau : plus petite, plus maigre et moins fumée. Mais elle a d'autres tours dans son sac : on utilise, par exemple, sa chair pour farcir les choux (on appelle cela le ***fechum***).
En fait, la « haute cuisine » tient en un seul plat, le ***coq*** (ou ***poulet,*** en principe une volaille de Bresse) au vin jaune avec ses arômes de noix, devenu mascotte des grands chefs français. Pour faire plus chic, il peut être servi avec des morilles (des forêts comtoises, rares, ou d'importation). On peut aussi remplacer le coq par un des poissons ***(truite, brochet, carpe, sandre...)*** dont regorgent les milliers de rivières et lacs francs-comtois. Autres produits locaux très prisés : les ***grenouilles rousses*** et les ***escargots,*** gros-gris dans le Haut-Doubs, petits-gris que les Arboisiens grillent sur des sarments de vigne.
Enfin, n'oublions pas les ***gaudes,*** cette farine de maïs typique de la Bresse comtoise, autrefois préparée en une épaisse bouillie. Quasiment oubliées, les gaudes réapparaissent depuis quelques années sur certaines grandes tables.

Les fromages

Côté fromages, la Franche-Comté surpasse de beaucoup les Alpes françaises. La famille des gruyères s'épanouit sur ces montagnes à vaches, parsemées de fleurettes odorantes. En Haute-Saône, on fabrique un ***emmental grand cru*** (rien à voir bien sûr avec la version... bretonne ou normande qui fait la loi dans les supermarchés). Surtout, la Franche-Comté mise tout sur le ***comté,*** une pâte chauffée et pressée, bien protégée par son AOP depuis 1976 et traditionnellement produite par des coopératives rustiques, les « fruitières », sous forme d'énormes meules de 36 kg. La flore variant d'une montagne à l'autre, il arbore une incroyable diversité de terroirs et de crus. Dans les caves Marcel Petite, du fort Saint-Antoine, au pied du mont d'Or, comme dans celles du fort des Rousses, on affine lentement, jusqu'à 3 ans, des milliers de meules jusqu'à l'obtention d'une très large palette de goûts : fruité ou animal, acide ou sucré... Il existe une route du Comté (● lesroutesducomte.com ●) pour découvrir tous les lieux de production de cet étonnant fromage. Autre spécialité de montagne, le ***mont-d'or*** (ou vacherin mont-d'or), une AOP également, fabriqué exclusivement dans le Doubs. Ce fromage de boîte est cerclé dans une sangle d'épicéa qui participe pour beaucoup à son goût. Fromage de table saisonnier, on le mange aussi sous forme de « boîte chaude ». On perce un trou au centre du mont-d'or, on le remplit de blanc sec du Jura et on enfourne le tout. Fondu, le mélange va napper des pommes de terre chaudes. La recette vaut aussi pour son vague cousin pasteurisé, l'***édel de Cléron.*** Et ce n'est pas fini... Le fromage franc-comtois peut être par exemple un ***morbier,*** pâte pressée reconnaissable à la traînée de suie qui en strie le cœur (lui aussi protégé par une AOC), un bleu du Haut-Jura, comme le ***bleu de Gex*** (exquise pâte persillée, que le bleu de Bresse a quelque peu relégué dans l'obscurité), voire un ***chevret,*** produit confidentiellement dans le Haut-Jura...

LA CANCOILLOTTE, KESAKO ?

Plus qu'un fromage, la **cancoillotte** *typiquement franc-comtoise est un OCNI (objet coulant non identifié) ! On peut la préparer chez soi en faisant fondre un résidu de petit lait jaunâtre et poisseux (le metton, garanti – notez-le – 0 % de matière grasse), et en ajoutant du beurre plus éventuellement de l'ail ou du vin blanc. Consommer cette sorte de gelée à la cuillère ou napper des pommes de terre chaudes, avec de la saucisse de Morteau. Bon appétit !*

Les desserts et autres douceurs

À l'époque, pas si lointaine, où l'on faisait le pain à la ferme, le reste de pâte était conservé pour des gâteaux, soit secs (les ***sèches***), soit nappés d'une crème aux œufs (appelée ***goumeau***). Petit frère du goumeau, le ***gâteau de ménage*** appelé ***toutché*** dans le pays de Montbéliard. Enfin, le dessert des rois, roi des desserts, le fameux ***biscuit de Montbozon.*** Dans la boîte à douceurs, n'oublions pas (dans leurs jolis emballages rétro) les caramels *Klaus,* de Morteau.

ÉCONOMIE

Des poids lourds de l'industrie

Difficile à croire quand on arpente à skis de fond les sauvages combes du Jura, et pourtant... C'est même, proportionnellement à sa taille (pour mémoire, c'est une des plus petites régions françaises avec la Corse et le Limousin), ***la région la plus industrialisée de l'Hexagone !*** Et cela ne date pas d'aujourd'hui : au XVIIIe s, la Franche-Comté était déjà la troisième province métallurgique du royaume. Les ***usines Japy*** de Beaucourt (dans le Territoire de Belfort) employaient alors plusieurs centaines d'ouvriers.

Le pays de Montbéliard, un des principaux pôles industriels de la région avec le bassin de Saint-Claude, se pose d'ailleurs en héritier de cette tradition métallurgique avec les ***automobiles Peugeot,*** installées depuis 1912 à Sochaux. Peugeot reste d'ailleurs le principal employeur comtois. C'est aussi l'exemple parfait de ces entreprises comtoises particulièrement exportatrices (la région affiche ***l'un des meilleurs soldes commerciaux de l'Hexagone***). Mais en 2014, le groupe a scellé l'entrée de la société chinoise Dongfeng – et de l'État français – dans son capital. Un dragon au pays du lion ! Le président du conseil de PSA n'est plus un Peugeot. De quoi troubler l'identité des Franc-Comtois, d'autant qu'une autre partie historique de l'entreprise, l'activité scooters, est également passée en 2014 sous pavillon indien. Autre héritier d'une vieille tradition industrielle : le ***groupe Solvay,*** installé depuis 1927 à Tavaux, plus grosse entreprise jurassienne. À partir de la saumure pompée dans le sol, l'usine produit notamment de la soude caustique, du chlore et des matières plastiques. C'est l'ultime symbole de l'exploitation du sel, florissante en Franche-Comté dès le Moyen Âge, dont ne subsistent que des toponymes explicites (Lons-le-Saunier, Salins-les-Bains...) et les superbes bâtiments des salines d'Arc-et-Senans, et ceux de Salins.

Alstom et le TGV

Dans le club – restreint – des grosses entreprises de la région (90 % des établissements comtois emploient moins de 10 salariés), il faut également citer « ***l'Alstom*** » (comme on dit à Ornans et surtout à Belfort, où le groupe est né en 1928), spécialisé dans la traction électrique (moteurs de métro, rames de TGV). Petit rappel : le TGV 001 dans sa livrée orange potiron est né à Belfort en 1972. Le TGV roule vers ses 50 ans. Eh oui, le temps file vite !
Alstom équipait aussi les centrales du monde entier en rotors et turbines jusqu'à son rachat par l'américain ***General Electric.*** La ville voit toujours partir ces énormes structures – jour de bouchon assuré – sur des camions équipés d'une centaine de roues mais sous un autre pavillon. L'usine Alstom est désormais coupée en deux entités même si les ingénieurs passent d'une entreprise à l'autre et mangent à la même cantine.
Partenariats, coopérations et alliances font de Belfort la seule ville en Europe à bénéficier de la présence de deux mastodontes. Un équilibre fragile cependant. En 2016, Alstom annonçait un transfert possible de la partie ferroviaire en Alsace, signant la fermeture probable du site belfortain. Entre temps, l'État est venu à la rescousse. Mais, dans les esprits, une page se tourne. Au gré des contrats, les TGV sont fabriqués sur d'autres continents désormais...

Les vaches qui rient

Hormis cette prépondérance des industries liées aux véhicules, la spécificité de la région Franche-Comté tient dans la place qu'y occupent l'agriculture et surtout les industries dites « des équipements du foyer » (horlogerie, lunetterie, jeux et jouets).
Si la polyculture (fourrage, céréales et élevage) est présente dans l'ouest de la région et en Haute-Saône et si le Jura produit des ***vins en AOC,*** la grosse affaire en Franche-Comté reste ***l'élevage bovin.*** Un tiers du cheptel est destiné à la boucherie, le reste à la production laitière (avec, sur la première marche du podium, la star locale, la vache montbéliarde). Ce lait est destiné à la production des fromages, sans lesquels la Franche-Comté ne serait pas la Franche-Comté : ***morbier, cancoillotte, mont-d'or...*** Et le ***célèbre comté,*** produit dans des structures coopératives originales, héritées des anciennes fruitières du Moyen Âge, qui produisaient et vendaient le fromage. Il faut dire que le lait est un peu l'or blanc ici. Celui

À QUI MEUH MEUH

C'est à Bel, installé à Lons-le-Saunier et à Dole, que revient la palme de la réussite marketing en matière d'agroalimentaire. Ce petit marchand de fromages jurassien a fait, à partir de 1920, d'une vache rigolarde un des logos les plus connus au monde : La Vache qui rit. *Il inventera plus tard le* Kiri. *Mais en 1926, Henri Grosjean, un autre producteur éclairé, crée une crème de gruyère concurrente,* La Vache sérieuse *(il suffisait d'y penser !), qui deviendra* La Vache Grosjean *après un procès pour contrefaçon.*

destiné au comté est tout simplement vendu deux fois plus cher qu'en Bretagne. Le comté se vend bien, et les agriculteurs tiennent farouchement à cette économie courte où tout le monde se surveille et se méfie des industriels de la profession qui voudraient bien mettre la main sur cette filière.

Bijoux...

Si la technologie du quartz a transformé la montre – jadis objet de luxe – en produit de consommation courante, les amateurs de belles mécaniques continuent de se fournir en Suisse, premier exportateur horloger pour le chiffre d'affaires et les prouesses techniques. Mais il suffit de traîner dans les ateliers des grandes maisons romandes pour vérifier ce paradoxe : le personnel de la Suisse horlogère est constitué pour moitié de Français ! La majorité sont des Francs-Comtois venus trouver refuge dans le seul pays qui, dans les années 1970, sut résister tant bien que mal à l'invasion des montres à quartz japonaises. Jusque-là, ***l'horlogerie jurassienne*** prospérait des deux côtés de la frontière, les Suisses ouvrant des ateliers à Besançon, les protestants français émigrant dans la Joux, cette vallée du canton de Neuchâtel qui deviendra, deux siècles plus tard, un laboratoire des performances mécaniques.

L'horlogerie comtoise eut ses maîtres, dont les créations ornent le Trianon. L'un d'eux découvrit, en 1798, un système d'échappement grâce auquel le XXe s put inventer le réveille-matin. Au XIXe s, le pays de Montbéliard comptait ainsi 5 000 horlogers. Après l'ère du paysan-horloger, qui passait l'hiver à façonner ses pièces, vint celle des grandes unités, dont Lip fut longtemps le symbole (voir la rubrique « Histoire »).

DES MONTRES RADIOACTIVES

Ernest Lipmann, fils du fondateur de la célèbre manufacture horlogère bisontine, demande aux époux Curie de trouver une solution pour pouvoir lire l'heure dans l'obscurité. La découverte du radium en 1898 va permettre d'équiper les montres LIP des premiers cadrans phosphorescents.

Spécialisée dans les produits peu coûteux, ***l'horlogerie comtoise*** subit donc la crise de plein fouet et faillit bien disparaître. Elle ressuscite au début des années 2000 avec des mouvements le plus souvent suisses, emballés par ***des marques à forte identité,*** chacune axée sur son créneau. Yema, Festina ou Breitling ont installé leur service après-vente à Besançon. Enfin Cheval-Frères, une société vieille de plus de 150 ans, est devenu le premier fabricant au monde de remontoirs de montre. Grandes marques et sous-traitants, ces entreprises forment toute la chaîne de la fabrication d'une montre, du mouvement au bracelet, du cadran au boîtier. On dénombre aujourd'hui près de 90 entreprises dans ce secteur. Trois musées départementaux (à Villers-le-Lac, Besançon et Morteau) retracent l'histoire de cette industrie. Les secteurs historiques d'implantation de l'horlogerie (grosso modo, Besançon et le Haut-Doubs dans sa partie qu'on appelle d'ailleurs le « pays horloger ») se sont également reconvertis dans les microtechniques, à savoir la fabrication de produits taillés au millimètre ou au micron près, notamment des composants pour l'informatique, l'électronique, la robotique... Besançon, qui accueille une unité de l'ex-groupe *Schlumberger* (qui fabrique ces horodateurs chers au cœur de l'automobiliste urbain) et le salon *Micronora,* qui se rêve en capitale des microtechniques...

Filière bois...

Si vous ouvrez un quotidien régional franc-comtois, vous n'échapperez pas, à la rubrique économie, à l'expression « filière bois ». La vaste et profonde forêt comtoise a évidemment généré une industrie largement représentée à travers des micro-scieries autour de Pontarlier, de Champagnole, du ballon d'Alsace dans le Territoire de Belfort. Un secteur qui peine devant le rabot industriel représenté par les super-scieries autrichiennes ou allemandes qui bien sûr travaillent pour moins cher. L'autre menace vient de la Chine qui achète les chênes de la région en tronc pour les revendre en Europe sous forme de meubles. Un comble.

Reste la plus grosse fabrique de meubles d'Europe à Saint-Loup-sur-Semouse (en Haute-Saône) qui travaille pour un agenceur suédois bien connu.

La région est, par excellence, ***le pays des tourneurs.*** Florissante à la Renaissance, cette corporation déclina sous la Révolution. Au XIXe s, pourtant, les tourneurs de Morez fabriquaient des barillets de montre en bois. Et ***Saint-Claude*** reste la ***capitale de la pipe,*** même si le noble art de la bouffarde ne recrute plus guère aujourd'hui hors d'un cercle de bourlingueurs, écrivains, psychanalystes et autres dandys de la fumette... Plus encore que le cigare, la pipe classait son homme. Il fallait savoir la bourrer, l'allumer, la fumer à petites bouffées sans qu'elle s'éteigne, la mettre à refroidir, la curer... À ces opérations d'une complexité sans nom répondait la virtuosité des maîtres tourneurs, habiles à sculpter tel profil célèbre comme à exécuter les 55 opérations requises pour une pipe des plus banale.

ÇA SENT LE SAPIN !

Depuis 170 ans, la société OGF fabrique à Jussey en Haute-Saône des cercueils (ici, on dit plutôt boîtes), du bas de gamme au sur-mesure. C'est la qualité du bois qui fait toute la différence. 90 000 cercueils par an tout de même ! Enfin, une entreprise qui ne connaît pas la crise.

... Joujoux !

C'est également à ces tourneurs sur bois que l'on doit la belle longévité du jouet jurassien. ***Près de la moitié des jouets made in France sont made in Jura.*** Jusqu'au XVIIIe s, les tourneurs sur bois se contentaient de façonner quilles et cerceaux. Plus tard, les ateliers popularisèrent le jouet en fer peint. Les prospères entreprises de Moirans ont su prendre, dès les années 1960, le tournant du plastique et de la mécanisation. Si les jouets sont en plastique pour 91 % d'entre eux, le fabricant de jouets en bois Vilac assure, lui, la transmission de l'héritage.

Le jouet comtois mobilise quelque 2 000 employés et génère un chiffre d'affaires de plus de 160 millions d'euros. Smoby, fierté jurassienne, a bien failli disparaître, mais le dernier fabricant de jouets français de taille industrielle, grâce à des capitaux allemands, s'est solidement relocalisé dans le Jura.

Zoom sur les lunettes

Dernier particularisme local : les lunettes. Les bigleux de France ont leur Mecque à Morez. Si les verres viennent de la région parisienne, cette petite ville jurassienne traite les montures depuis leur invention en 1796, ici même, par un fabricant de clous. Au XIXe s, Morez – dont la devise était « Voir clair, voir loin » – était la capitale du pince-nez. Ses héros s'appellent aujourd'hui Lamy, Charles Bourgeois, Dalloz, Crestin-Billet : ils fabriquent pour le grand public, mais aussi pour des marques connues (Manoukian, Nina Ricci, Lacoste, Boucheron...). Certains ont même poussé leurs pions dans la micromécanique... Pour contrer la concurrence italienne et chinoise, Morez s'intéresse de près aux lunettes connectées, l'avenir paraît-il. Avec ses 2 400 employés et son chiffre d'affaires toujours en augmentation, la lunetterie n'est pas l'activité franc-comtoise la plus sinistrée ! Les fabricants voient d'un bon œil le « papy-boom » des années 2010...

FORÊT ET SAPIN-PRÉSIDENT

À quoi rêvent les auteurs comtois, comme Bernard Clavel ? Au Canada. Est-ce parce que Mouthe, surnommée « la Petite Sibérie », pulvérise les records de froid hexagonaux (- 35 °C) ? Ou que la province s'est habituée aux traîneaux à chiens ? Ou que les producteurs de films qui la fréquentent y plantent régulièrement des décors de Grand Nord ou de révolution russe ? Le Canada comtois, c'est sa forêt : 46 % du territoire. La première région française la plus boisée (28 % au niveau national). Si toutes les espèces et tous les âges s'y côtoient, les chênes prédominent en fond de vallée, les hêtres (ici appelés « foyards ») sur les plateaux, les sapins sur les pentes et les épicéas aux sommets, se rabougrissant avec l'altitude, le froid aidant, à l'approche des hauts pâturages. Les magnifiques sapinières domaniales, « jardinées » – et non fauchées en coupes rases – par l'État, comportent aussi des espèces exotiques – pins Weymouth, Douglas, etc. –, et il faut aller en Californie pour trouver des résineux plus majestueux. Les granges ouvragées, les façades de tavaillons (planchettes), les charpentes des fermes, hautes comme des cathédrales, les énormes tas de bûches rangés sous les balcons disent assez l'ampleur de la forêt privée, qui alimente à Pontarlier le plus grand marché de résineux en France. Cette forêt, qui effrayait le voyageur et attire aujourd'hui des milliers de randonneurs, a doté la province de mille petits métiers : ébénistes, tourneurs sur bois, luthiers, fabricants de jouets ou de pendules, sangliers (fabricants de boîtes de mont-d'or !)... Bref, une véritable osmose entre les Francs-Comtois et leur forêt, vénérée au travers d'une curieuse tradition dans le Haut-Doubs : le sapin-président. Au fait, saviez-vous que le mot *Jura* vient du celte et signifie « forêt » ?

MON BEAU SAPIN

Certaines communes du Doubs perpétuent une drôle de tradition : le sapin-président. Chaque commune désigne son arbre le plus fort et le plus grand, on l'affuble d'une écharpe tricolore, on le fête chaque année et les classes d'enfants viennent faire la ronde autour de son tronc... Celui de La Joux est né sous Louis XIV et mesure aujourd'hui 45 m de haut ! Quand un arbre est abattu par la foudre (privilège des plus grands) ou par une tempête, une élection est organisée pour élire le nouveau « président » !

FRONTIÈRE ET FRONTALIERS

Un tracé plutôt alambiqué

Empruntant la vallée du Doubs, avant de sinuer sur les hautes terres – à plus de 1 700 m d'altitude –, la frontière n'est souvent qu'un bref muret de pierres sèches, avec quelques maisons, lorsque la route y passe... Ici comme là, des sapins, des prairies. Est-on en France ? Est-on en Suisse ? À Goumois, le village est double, et chaque rive possède son école. À Bois-d'Amont, les forêts suisses appartiennent à des Français, suite au traité des Dappes, signé en 1862 entre la France et la Suisse. À La Cure, la frontière traverse même deux maisons : le bien-nommé *Hôtel franco-suisse* et la maison Vandelle, qui a son magasin en Helvétie, mais sert son café en France ! C'est dire combien les deux Juras ne font qu'un. Et pourtant, les douaniers peuvent pavoiser : la frontière a bel et bien dédoublé un ensemble homogène. Résultat : un Jura suisse protestant, prospère, jouxtant Lausanne et Genève, riche en villes actives (La Chaux-de-Fonds, Le Locle...), champion mondial de l'horlogerie ; et un Jura français, champion de la saucisse, catho, que certains, malgré l'essor des techniques de pointe, voient toujours aussi rustique et désœuvré.

Frontaliers...

Suisses ou Français, les Jurassiens empruntent indistinctement les routes « d'en face » lorsqu'elles leur épargnent du chemin. Et chaque jour, quelque 13 000 « frontaliers » partent travailler en Suisse. À l'inverse, les Romands rachètent des horlogers français, bichonnent leur maison de campagne dans le Haut-Doubs ou plantent leurs bureaux « export » à Villers-le-Lac, en pleine Union européenne. Par ailleurs, la bonne santé du franc suisse a renchéri les restaurants français et donné une ampleur inattendue à la zone commerciale de Pontarlier. Quant aux Comtois qui partent se baigner près de Lausanne ou d'Yverdon, ils n'oublient pas d'y faire le plein d'essence suisse, moins chère.

... et contrebande

Sans remonter jusqu'à Mandrin, qui terrorisa la région des Rousses, ou aux gangs de contrebandiers armés du XVIIIe s finissant, de tout temps les « passeurs au clair de lune » rivalisèrent de ruse pour échapper à la misère et déjouer le protectionnisme décrété par les États. Sel et sucre, soieries et tabac, allumettes et bestiaux, tout s'écoulait par les chemins les plus ardus (comme ces « échelles de la mort », simples perches de bois jetées sur les à-pics surplombant le Doubs), tout s'escamotait dans les cachettes les plus imprévues : tonneaux à double fond, billes de bois évidées, talons creux, etc.
Aux Rousses, il arrive que les douaniers suisses contrôlent les remontées mécaniques : rien de plus commode qu'un ski évidé pour cacher des pièces d'or – ou de la drogue ! Pendant la Seconde Guerre mondiale, la vigilance nazie ne sut empêcher l'exfiltration de juifs et de parachutistes anglais, surtout du côté de Chapelle-des-Bois, comme le raconte le film *Monsieur Batignole,* de et avec Gérard Jugnot. Plus étonnant, les contrebandiers des années 1950-1960 transportaient du sperme de taureaux montbéliards, dont les autorités bernoises interdisaient l'importation en Suisse !

GÉOGRAPHIE

On confond souvent allègrement la Franche-Comté avec le Jura. L'erreur n'est pas si grossière, puisque la chaîne du Jura borde toute la région. Au sud-ouest, les plus hauts sommets (Colomby de Gex et surtout le crêt de la Neige, dans l'Ain, officiellement le plus haut sommet du massif du Jura depuis seulement 2003 !) font face au Haut-Jura ; à l'est, on rencontre, entre Haut-Doubs et Suisse, le Jura plissé et sa géomorphologie typique. « Aujourd'hui, devoir de géographie. Expliquez ce que sont un anticlinal, un synclinal, un mont, un val, une combe, un crêt, une cluse. » Vous n'avez pas révisé ? Baladez-vous entre Chapelle-des-Bois et Morez, les paysages valent tous les manuels scolaires ! À signaler toutefois que c'est en 1829 que le géologue Brongniart a inventé le terme de « jurassique » pour classifier les terrains à dominante calcaire (formés entre - 205 et - 135 millions d'années) omniprésents dans le Jura. Une roche calcaire dans laquelle l'érosion a créé quelques-uns des plus étonnants paysages du coin : les fameuses reculées (vallées très encaissées dont celle, superbe, de Baume-les-Messieurs), de profonds canyons (la haute vallée de la Loue), une foule de grottes (Osselle, Les Planches) ou de gouffres (Poudrey) et de facétieuses rivières souterraines. Au nord-est, le Jura termine son parcours comtois avec la chaîne du Lomont (on est là dans le Jura dit « tabulaire ») au-dessus du pays de Montbéliard.
Outre le massif du Jura, on distingue deux autres grands ensembles en Franche-Comté. Au nord-ouest, aux portes de la Lorraine et de la Bourgogne, le département de la Haute-Saône englobe un plateau légèrement creusé par la vallée de la Saône supérieure (on s'en serait presque douté...). Le « bas pays » comtois s'étend à l'ouest de cette vallée de la Saône, de Vesoul à Lons-le-Saunier en

passant par Dole. Traversée par trois autres rivières (l'Ognon, le Doubs et la Loue), cette plaine argileuse est évidemment fertile. Le nord-est de la Franche-Comté est fermé par la partie méridionale du massif des Vosges (point culminant à 1 247 m d'altitude, le ballon d'Alsace qui, comme son nom ne l'indique pas, est aussi en Franche-Comté). Entre la montagne vosgienne et le Jura, un fossé d'effondrement où se sont nichés pays de Montbéliard et Territoire de Belfort. Une voie de communication naturelle vers la région alsacienne du Sundgau, qui a valu au secteur l'évident surnom de « porte d'Alsace ».
Dernier grand ensemble géographique comtois, pile au centre de la région : les (presque) célèbres « trois plateaux » qui s'étagent entre 400 et 900 m entre plaine et massif du Jura.

HABITAT

À la variété des paysages francs-comtois, donc des pratiques agricoles, répond naturellement une diversité des habitats ruraux (que permet de découvrir, en peu de temps, la visite du passionnant musée de plein air des Maisons comtoises de Nancray).
C'est dans le massif du Jura qu'on rencontre la plus remarquable, la plus caractéristique – au point d'avoir monopolisé l'expression « ferme comtoise » – des habitations traditionnelles régionales. Celle qui fera très bien sur la photo-souvenir, l'été avec trois ou quatre vaches montbéliardes broutant paisiblement en premier plan, l'hiver avec son ample toit enfoui sous la neige. Les plus beaux spécimens de ces « fermes comtoises » se rencontrent dans le Haut-Doubs, de Pontarlier à Maîche (surtout dans le secteur de Morteau et de Montbenoît, avec une grosse concentration dans le village de Grand-Combe-Châteleu). Tout en longueur mais trapues, avec leur immense toit (pour récupérer le maximum d'eau de pluie) qui touche presque terre, leurs murs épais percés de discrètes fenêtres, leurs façades bardées de planchettes de bois (les fameux tavaillons), ces fermes sont le parfait témoignage d'une architecture dictée par la rudesse des éléments. La vaste étable attenante aux pièces d'habitation, l'immense grange qui occupe tout le niveau supérieur s'expliquent par la nécessité de nourrir les vaches quand les longs mois d'hiver les privent de pâturages. Autres éléments indispensables à toute ferme comtoise qui se respecte : le *tué* ou *tuyé,* cheminée de bois presque aussi vaste qu'un clocher d'église, où sont fumées viandes et saucisses, et l'horloge comtoise, célèbre, et pour cause : c'est quasiment le seul élément caractéristique d'un mobilier typiquement franc-comtois...
Si des plaques de tôle ont remplacé les anciennes toitures de bois, si beaucoup de ces fermes ne sont plus en activité et ont été transformées en résidences secondaires, elles valent toujours le coup d'œil, voire la visite (certaines ont été transformées en musées, d'autres accueillent gîtes d'étape, restos...).
Les fermes du Haut-Jura relèvent des mêmes caractéristiques, mais elles sont moins plantureuses. Une curiosité qui les distingue également de leurs voisines du Haut-Doubs : les greniers-forts, petits bâtiments construits à l'écart de la ferme, où était conservé (et préservé des risques d'incendie) tout ce qui avait de la valeur. Un type de construction que l'on retrouve en Haute-Saône, autour de Fougerolles, avec les chalots.
Autre massif, autres habitudes, la ferme des Vosges saônoises est souvent divisée en trois parties : la grange, l'habitation et l'écurie. Les toits sont encore – parfois – recouverts de grès. Et il n'est pas une grange haute-saônoise sans ses rinceaux de bois, s'échappant comme autant de rayons de soleil sur le haut des portes. Ils témoignent de la vénération séculaire de Cérès, déesse des Moissons, veillant sur la bonne récolte à venir. Les portes de ces granges sont également souvent percées d'un symbole (cœur, trèfle...).
En plaine et sur les premiers plateaux, consacrés à la polyculture, les fermes concentrent habitation, grange et écurie dans un seul bâtiment (deux au

maximum) sur un même niveau. Si la pierre est majoritairement utilisée pour la construction, on trouve de nombreuses fermes à pans de bois dans la Bresse jurassienne et dans le Sundgau belfortain, des microrégions qui se jouent des frontières administratives. Sur les plateaux, les fermes s'allongent (l'étable et la grange sont séparées par les pièces d'habitation). La maison vigneronne se rencontre essentiellement dans le vignoble (étonnant, non ?) du Jura, mais aussi en Haute-Saône autour de Champlitte ou de Gy. De taille modeste, elle se distingue (mais vous ne vous en étonnerez pas non plus) par sa vaste cave (souvent voûtée) creusée sous le logement d'habitation. Une grange et une petite étable sont souvent accolées à la maison : le vigneron avait besoin d'animaux de trait pour les vendanges et d'une ou deux vaches pour nourrir sa petite famille.

HISTOIRE

De sympathiques bestioles peuplaient déjà le coin il y a très, très (mais alors très) longtemps. À Loulle et Thoiria, dans le Jura, des empreintes de diplodocus par dizaines ont été récemment révélées par des amateurs. Expérience étonnante que de mettre ses pieds dans leurs traces. Deux sites uniques en Europe et accessibles gratuitement, l'un au bord de la route (Thoiria), l'autre à l'entrée du village (Loulle). C'est aussi en Franche-Comté que les restes d'un platéosaure (le plus vieux dinosaure connu de France) ont été trouvés. Voilà une région mûre pour un abonnement à vie au *Livre des records,* puisque c'est aussi en Franche-Comté (dans l'aven de Vergranne, près de Baume-les-Dames) qu'a été découvert l'un des plus anciens témoignages de la présence humaine en Europe (une canine d'enfant d'environ 400 000 ans av. J.-C.).
Bref, la région (qui, paradoxalement, affiche aujourd'hui une des plus faibles densités de population de France) est peuplée depuis la nuit des temps. On trouve des traces d'occupation de 100 000 à 35 000 ans av. J.-C. Bien avant les campeurs venus des pays nordiques, les routards du Néolithique avaient trouvé à leur goût les rives des lacs de Chalain et de Clairvaux, dans le Jura (où ont été découverts d'exceptionnels vestiges de villages lacustres). L'identité régionale se précise au IVe s av. J.-C., quand le peuple gaulois des Séquanes s'installe dans le coin, entre les monts du Jura et la Saône, le Rhône et le Rhin. Chatouillés par des Germains un brin expansionnistes, les Séquanes quémandent de l'aide auprès des Romains. Jules César, vainqueur (il l'est à chaque fois !) des Germains d'Arioviste, entre dans Vesontio (Besançon), capitale de la Séquanie. Après le soulèvement général de la Gaule contre César, les Séquanes, pas très reconnaissants, rejoignent, en 52, les guerriers gaulois de Vercingétorix. Ils sont de la bataille d'Alésia (qui, pour certains archéologues, ne serait pas dans la Côte-d'Or mais dans le Doubs ou le Jura).
Pendant la « paix romaine », les villes se développent : Ledo (Lons-le-Saunier), Abiolica (Pontarlier), les sanctuaires d'Epomanduodurum (Mandeure) dans les environs de Montbéliard et Villards-d'Héria dans le Jura. Luxeuil s'affirme comme station thermale. Les *villae* agricoles produisent (déjà !) des salaisons renommées jusqu'à Rome. La région n'entend parler de la naissance du Christ qu'à la fin du Ier s. Besançon est évangélisée par les saints Ferréol et Ferjeux à la fin du IIIe s. Vers 590, le moine irlandais Colomban fonde le monastère de Luxeuil.

La Comté des grands-ducs

Les Burgondes (qui ont évidemment donné son nom à la Bourgogne), installés en Savoie à partir de 443 et dans le Lyonnais dès 470, agrandissent leur territoire au nord, expulsant les Alamans de Séquanie. Le royaume burgonde est conquis par les Francs en 534. En 843, ce qui est devenu l'Empire carolingien est divisé en trois : les futures France et Allemagne, à l'est et à l'ouest, et, entre les deux, la Lotharingie (royaume de Lothaire), qui englobe l'ancienne Burgondie. Au cours du Xe s, les invasions mettent à mal l'organisation carolingienne. Et, faute d'un pouvoir central fort, l'autorité est récupérée par les féodaux. La Bourgogne d'alors englobe deux grandes unités : les pays proches du massif du Jura forment le comté de Bourgogne, appelé, curieuse féminisation, « la » Comté. Les pays de la vallée de la Saône sont incorporés dans le duché de Bourgogne. Vers 982, Otte-Guillaume, fils du roi d'Italie Adalbert II et beau-fils du duc Henri de Bourgogne, devient le premier vrai comte de Bourgogne. En 1032, avec la mort de Rodolphe III, qui, sans descendance, a désigné l'empereur Conrad II comme héritier, le royaume de Bourgogne (à l'époque formé de la Provence, du Viennois, du Lyonnais, de la Suisse et des duché et comté de Bourgogne) est rattaché à l'Empire germanique. Mais les empereurs ne s'intéressent pas plus que ça aux affaires de la Comté, et leur autorité se heurte à celle de puissants seigneurs locaux comme les Chalon, sires de Salins.

Au XIIIe s, le comte Othon IV marie (contre 100 000 livres...) au fils de Philippe le Bel sa fille, Jeanne de Bourgogne, joliment dotée (le comté de Bourgogne). En 1295, le traité de Vincennes, conclu entre le comte et Philippe le Bel, fait passer la province dans l'escarcelle de la France. Le nom de Franche-Comté apparaît pour la première fois en 1366 dans un acte officiel : il marque l'attachement des habitants à leurs libertés (à partir du XIIIe s, de nombreuses villes comtoises ont acheté leurs franchises).

Au XIVe s, Philippe le Hardi (fils du roi de France Jean le Bon) crée un véritable État bourguignon (duché et comté de Bourgogne, Flandre et Artois). Ses successeurs, Jean sans Peur, Philippe le Bon et Charles le Téméraire (la célèbre dynastie des « grands-ducs »), parachèveront son œuvre et se permettront même de faire de l'ombre aux rois de France. Ils imposent sans détour leur autorité à la Franche-Comté : création du Parlement de Dole, rappel à l'ordre (parfois un peu rude) d'une noblesse locale habituée à n'en faire qu'à sa tête... Mais leur rêve de grandeur prend fin un soir d'hiver devant Nancy : le dernier duc meurt et les dépouilles de son royaume mort-né seront partagées entre les Habsbourg et les Capétiens.

Besançon, vieille ville espagnole ?

En 1477, Marie de Bourgogne, fille de Charles le Téméraire, épouse Maximilien de Habsbourg : la Franche-Comté retrouve sa place dans le Saint Empire germanique. La province passe aux mains de la maison d'Autriche en 1493. Charles d'Autriche (le futur Charles Quint), qui possède déjà la Franche-Comté et les Flandres, devient roi d'Espagne en 1519 et hérite des domaines des Habsbourg à la mort de Maximilien ; il est élu empereur d'Allemagne à l'âge de 19 ans. C'est indubitablement son règne qui a le plus marqué la Franche-Comté. Un peu paumée au milieu de l'immense empire des Habsbourg, la région reprend vite goût à une relative autonomie. La noblesse locale est, à nouveau, aux affaires et certains notables grimpent même sérieusement en grade : ainsi Nicolas Perrenot de Granvelle (voir la rubrique « Personnages ») devient-il un des hommes les plus puissants de l'Europe d'alors. Le somptueux palais qu'il se fait construire à Besançon est le plus prestigieux exemple de cette Renaissance qui imprime partout sa marque en Franche-Comté.

Charles Quint abdique en 1556, abandonnant la Comté à son fils Philippe II, roi d'Espagne, qu'apparemment le sujet ne passionne pas. Hormis un passage dans la sphère autrichienne de 1598 à 1621, la Comté reste pourtant espagnole jusqu'à la conquête française de 1674. Difficile pourtant aujourd'hui d'y déceler une quelconque influence ibérique. Dommage pour Victor Hugo, son « Besançon, vieille ville espagnole » n'a jamais existé que parce que le poète avait besoin d'une rime en « ol » !

La difficile conquête française

La Franche-Comté (comme son nom l'indique) a traversé le Moyen Âge et la Renaissance en entretenant l'illusion de son indépendance. Pas facile aux portes d'un royaume de France de plus en plus puissant et affairé à étendre ses frontières à l'est, en grignotant l'empire des Habsbourg. Henri IV est le premier à tenter le coup, en 1595 ; il est repoussé par les Suisses. Insistant, il négocie en 1601 avec le duc de Savoie et obtient, en échange d'un domaine italien, la Bresse, le Bugey, le Valromey et le pays de Gex (soit, en gros, l'actuel département de l'Ain). C'est Richelieu qui s'y colle ensuite : il ordonne, en 1635, l'invasion de la Franche-Comté, qui a donné asile à Gaston d'Orléans, frère du roi et un de ses (multiples...) ennemis. C'est le début de la guerre de Dix Ans (version locale de la guerre de Trente Ans entre la France et l'Espagne), qui laisse la région exsangue, vidée de plus de la moitié de sa population. Les mercenaires suédois de Bernard de Saxe-Weimar laissent dans le Haut-Doubs le même genre de souvenirs que la division *Das Reich* à Oradour-sur-Glane et, pour tout arranger, une terrible épidémie de peste noire frappe villes et villages. Terminée en 1644, cette guerre est le plus tragique épisode de l'histoire de la région, bizarrement oublié par de nombreux livres d'histoire...

En 1667, Louis XIV estime que la Franche-Comté fait partie de l'héritage de sa femme, Marie-Thérèse, fille du roi d'Espagne. En 2 mois (février-mars 1668), ses troupes pénètrent en Comté. Le traité d'Aix-la-Chapelle la restitue à l'Espagne : Louis XIV sort de scène. « Louis XIV, le retour » se joue en 1674 : les armées royales s'emparent à nouveau de la Franche-Comté. Le traité de Nimègue (1678) confirme l'annexion du comté de Bourgogne à la France. Besançon remplace Dole comme capitale. La Franche-Comté (à l'exception de Montbéliard, depuis 1397 possession de la dynastie allemande des Wurtemberg) est définitivement française. À Paris, Louis XIV fait élever la porte Saint-Martin en l'honneur de cette conquête. On peut y lire (en latin) que le roi a pris deux fois Besançon et la Franche-Comté en écrasant les armées allemande, espagnole et hollandaise ! On le connaissait mégalo, il était aussi un peu mytho, Louis XIV !

De la Révolution (française) à la révolution (industrielle)

Les Comtois vivent mal cette nouvelle citoyenneté française et, jusqu'à la Révolution, vont traîner des pieds pour appliquer les décisions de Versailles.

En 1793, l'administration révolutionnaire divise la Franche-Comté en trois départements : Haute-Saône, Doubs et Jura. Le comté de Montbéliard, annexé par la Convention, forme le département du Mont-Terrible, rattaché au Haut-Rhin (Montbéliard deviendra sous-préfecture du Doubs en 1816).

Au tournant du XIXe s (1813-1815), la Franche-Comté est occupée par les armées ennemies de l'Empire (Napoléon a fait des siennes). Belfort se défend héroïquement par deux fois. Rebelote en 1870 : la courageuse résistance du colonel Denfert-Rochereau force même l'admiration des 40 000 Prussiens qui assiègent Belfort. L'épisode est immortalisé par l'édification du célèbre *Lion* de Belfort et la ville y gagne son Territoire, créé en 1871. Le Territoire de Belfort deviendra département à part entière en 1922 et sera rattaché à la nouvelle région de Franche-Comté dans les années 1960.

UNE PÉPINIÈRE RÉPUBLICAINE

Plutôt anti-royaliste, la Franche-Comté s'est montrée particulièrement réceptive aux idées de la Révolution. Le village haut-saônois de Champagney réclamait (et il est l'un des seuls en France), dans son cahier de doléances, l'abolition de l'esclavage. Le 14 juillet, c'est un Dolois qui entra le premier dans la Bastille. Et c'est un autre Comtois, Rouget de Lisle, qui écrivit La Marseillaise *!*

La fin du XVIIIe s et le XIXe s sont marqués par le début de l'industrialisation de la Franche-Comté. Avec la sortie de la première automobile Peugeot en 1890, une des plus grandes dynasties industrielles de l'Hexagone trouve sa voie. À Beaucourt, la famille Japy pose les bases d'un futur empire industriel. En 1877, c'est l'implantation à Belfort de la *Société alsacienne de constructions mécaniques* (future *Alstom*). Des pôles industriels qui vont nourrir la rubrique sociale tout au long du XXe s. En juin 1968, à Sochaux, les forces de l'ordre affrontent les grévistes de *Peugeot*. Bilan : deux ouvriers décédés (dont l'un tué par un CRS), 150 blessés, dont certains grièvement... En 1973 débute, dans l'usine Lip de Besançon, un feuilleton politico-social qui va faire vibrer, 4 ans durant, la France de Giscard.

Quelques dates

– ***58 av. J.-C. :*** César occupe *Vesontio* (Besançon), capitale des Gaulois séquanes, pour bouter au-delà du Rhin le Germain Arioviste. Le siège d'Alésia aurait eu lieu dans le Jura ? Certains s'en arrangeraient bien...

– ***Du Ier au IVe s :*** Rome intègre la Séquanie (Franche-Comté) à la Germanie inférieure, premier verrou à sauter sous la poussée barbare.

– ***500 :*** conquise par les Francs, la région tire de ses maîtres précédents – les Germains burgondes – son futur patronyme : le comté de Bourgogne. Au Xe s, celui-ci tombe dans l'orbite de l'Empire germanique.

– ***1295 :*** en mariant l'héritière de Bourgogne à un fils de Philippe le Bel, le traité de Vincennes ouvre la voie à une francisation progressive de la Franche-Comté.

– ***1384-1477 :*** la province partage les heurs et malheurs des grands-ducs de Bourgogne – Philippe le Bon, Charles le Téméraire... Rattachée au Wurtemberg, Montbéliard fait bande à part.

– ***1493 :*** le mariage de Marie de Bourgogne avec Maximilien d'Autriche offre la Comté aux Habsbourg : Charles Quint d'abord, puis Philippe II d'Espagne. Face à la Suisse calviniste, la province se pose en donjon de l'ultra-catholicisme.

– ***XVI-XVIIe s :*** les incursions d'Henri IV inaugurent la conquête française, qui continue sous son fils Louis XIII au prix de grands massacres, pour se conclure sous Louis XIV. Les troupes suédoises, alliées des Français, commettent des atrocités mémorables, et Turenne, en 1674, devra canonner Besançon 27 jours durant avant qu'elle ne se rende.

– ***1789 :*** le cahier de doléances du village de Champagney réclame l'abolition de l'esclavage.

– ***1870 :*** c'est – surtout – en Comté que les Prussiens mettent à bas le Second Empire. La résistance de Denfert-Rochereau à Belfort (alors alsacienne) éclipse la déroute du général Bourbaki. Après la défaite, la province devient l'une des plus vastes casernes de France.

– ***1889 :*** Peugeot, spécialiste – entre autres – du moulin à café, se lance dans la fabrication de drôles d'engins appelés « automobiles ».

– ***Vers 1900 :*** les premiers skieurs glissent sur les pentes du Jura.

– ***1915 :*** l'absinthe rend fou, paraît-il. La loi du 16 mars en interdit la fabrication et la vente.

– ***1921 :*** premières boîtes de crème de gruyère ornées d'un bovin rigolard.

– ***1922 :*** le Territoire de Belfort devient département.

– ***1937 :*** les vins d'Arbois obtiennent la première AOC de France.

– ***1940 :*** en juin, l'armée allemande entre en Franche-Comté. La ligne de démarcation, en partie calquée sur le cours de la Loue, coupe la région en deux. 99 résistants sont fusillés dans la citadelle de Besançon.

UN PLAN SECRET

Hitler avait le projet de créer un grand État de Bourgogne qui aurait réuni aussi Franche-Comté, Champagne, Picardie, Wallonie et Suisse romande, en souvenir des luttes entre les ducs de Bourgogne et les rois de France. Le but du découpage était de démanteler donc d'affaiblir la France, la Belgique et même la Suisse qui était restée neutre.

– ***1944 :*** en septembre, la Franche-Comté est libérée. Le nord du département du Doubs attendra novembre.
– ***1968 :*** le 11 juin, aux usines Peugeot de Sochaux, affrontement entre ouvriers et forces de l'ordre : 2 morts, 150 blessés...
– ***1973 :*** avec Lip, la France découvre l'autogestion.
– ***2001 :*** après quasiment un siècle d'absence, l'absinthe made in Pontarlier fait son grand retour.
– ***2008-2009 :*** la citadelle Vauban de Besançon est classée au Patrimoine mondial de l'Unesco en 2008, les salines de Salins-les-Bains en 2009, ralliant les salines d'Arc-et-Senans (classées depuis belle lurette).
– ***2011 :*** le 11 décembre, ouverture de la ligne à grande vitesse Rhin-Rhône et, à Besançon et Belfort-Montbéliard, des deux premières gares d'Europe à obtenir le classement « Haute Qualité Environnementale ».
– ***2014-2016 :*** la fusion des régions Bourgogne et Franche-Comté, entamée en 2014, est entérinée lors des élections régionales de décembre 2015. Marie-Guite Dufay (PS) est élue présidente de la Bourgogne-Franche-Comté.
– ***2016 :*** la chapelle de Ronchamp de Le Corbusier est inscrite au Patrimoine mondial de l'Unesco.

LANGUE RÉGIONALE

Vous partez en rando dans le massif du Jura. Au départ du sentier, un vieux paysan observe pensivement ses vaches. Elles « bésillent » (prononcer « b'zille » : bondir de tous côtés), vous explique-t-il, énervées par les « tavins » (prononcer « taouin » : taons) ou p'têt bien par cette « viôsse » (chien mal élevé) qui vient de temps en temps « s'mer le caillon » (semer le désordre) dans le troupeau. Avisant les noirs nuages qui s'amoncellent sur les montagnes, le bonhomme vous annonce que vous êtes un peu « brindesingue » (fou) de partir en randonnée, parce qu'il va « foutre » une « saprée » (sacrée) « rabasse » (pluie aussi brève que violente). Vous risquez, d'après lui, d'être complètement « gaugé » (mouillé), surtout vu comme vous êtes « gaupé » (mal habillé). Qui plus est, vous n'emmenez pas « graillot » (pas beaucoup) à manger pour une balade comme ça. Remarquez qu'« écressi » (chétif) comme vous l'êtes, vous ne devez pas être le genre à « jaffer » (manger gloutonnement)...
Dialogue imaginaire et qui utilise de manière peut-être un peu excessive le « français régional ». Quoique... Si, depuis le XVIIIe s et la conquête française, la langue régionale a eu le temps de disparaître, une foule de mots issus du patois subsistent dans le vocabulaire de tous les jours (à la ville comme à la campagne) : ainsi, pour n'en citer que le plus connu (outre les exemples plus haut), le « cheni » (à prononcer « ch'ni ») n'est pas un endroit où l'on parque les chiens mais de la poussière !
Le parler franc-comtois se distingue également par la gymnastique qu'il fait subir aux verbes, auxiliaires et autres adverbes, créant des expressions qui feront lever les sourcils du défenseur de la langue française qui sommeille en vous : « je suis été », « j'ai personne vu », « il veut pleuvoir », « il rentre à point d'heure »... Enfin, il y a cet accent typiquement régional qu'on entendra surtout entre Besançon et Vesoul et dans le Haut-Doubs (subtilement différent, l'accent belfortain pourrait passer pour un cousin germain de l'accent alsacien, idem pour l'accent jurassien, qui rappelle les intonations des Savoyards et/ou des Suisses). Le Franc-Comtois se sent par exemple obligé d'ajouter des accents circonflexes sur tous les « a », de prononcer « é » (en n'oubliant surtout pas l'accent aigu) le son « er » et d'ouvrir systématiquement le « o » final des mots. Une autre manie (la loi du moindre effort qui régit toutes les langues du monde !) consiste à avaler certaines lettres (Besançon devenant B'sançon ou – allez savoir pourquoi – pantalon... patalon !). Pas grave pour la compréhension ? Si vous conjuguez la suppression quasi systématique du « v » à la façon locale d'accommoder le son « oi », vous obtenez, par exemple, dans la bouche d'un écolier franc-comtois : « Faut qu'j'aille faire mes douars »... Sur ce, « o rouar » !

LES LIP

En 1973, la marque phare de l'horlogerie française (Lip a, par exemple, inventé la première montre électrique, en 1957), naufragée par l'arrivée du quartz, s'apprête à licencier plus du tiers de ses effectifs. Le petit conflit syndical va devenir la première expérience française de socialisme autogestionnaire. Les camarades syndiqués – de braves mères de famille en blouse blanche – saisissent un stock de montres et procèdent à des ventes sauvages, dans un chassé-croisé avec les CRS. Trois jours plus tard, Besançon est dans la rue, le maire et l'archevêque en tête, pour clamer son soutien. Pierre Messmer, Premier ministre, a beau marteler : « Lip, c'est fini ! », ceux qu'on appelle désormais « les Lip » reprendront la production sans patron, sous le slogan : « On fabrique, on vend, on se paie ». La chose avait été rodée dès 1920, quand les plombiers-zingueurs comtois en grève mirent en commun leurs paies et leur production... En septembre, une marche réunit 100 000 personnes de ce « peuple de gauche » dont Lip, avec le Larzac, constituait désormais la cause obligée. Une subvention de 15 millions de francs et un nouveau P-DG « progressiste », Claude Neuschwander, offrirent à l'entreprise un sursis de 3 ans jusqu'à la liquidation finale, en septembre 1977. L'autogestion façon PSU avait vécu. Mais, 4 ans plus tard, la France portait la gauche au pouvoir...

PERSONNAGES

– ***La tante Airie :*** une fée bienfaisante qui, le 24 décembre au soir, parcourt le nord de la Franche-Comté cachée sous une grande pèlerine et montée sur un âne chargé de jouets et de friandises. La fille du Père Noël ? Qui est la maman ?
– ***Marcel Aymé*** *(1902-1967)* **:** né à Joigny, dans l'Yonne (Bourgogne). Mais son œuvre, satirique et merveilleuse, est traversée par les souvenirs de son enfance et de son adolescence passées dans le Jura : *La Vouivre, La Table aux crevés...*
– ***Frédéric-Auguste Bartholdi*** *(1834-1904)* **:** le sculpteur, auteur de la *statue de la Liberté* et du *Lion* de Belfort, est né à Colmar. Très ébranlé par l'annexion de l'Alsace et de la Moselle à l'Allemagne en 1871, il offre à Belfort, seule cité alsacienne restée française, le célèbre *Lion*.
– ***Tristan Bernard*** *(1866-1947)* **:** de son vrai prénom Paul. Né à Besançon. Un des pères du théâtre loufoque.
– ***Xavier Bichat*** *(1771-1802)* **:** un hôpital parisien a pris le nom de ce grand chirurgien né à Thoirette, dans le Jura, en 1771, et qui fut le père de l'anatomie et de la physiologie modernes.
– ***Jules Bonnot*** *(1876-1912)* **:** né à Pont-de-Roide, dans le pays de Montbéliard. Militant anarchiste, chauffeur hors pair (il aurait été celui de Conan Doyle à Londres, le père de Sherlock Holmes), Bonnot « invente » le hold-up en voiture et se lance en 1911, avec quelques camarades (la fameuse « bande à Bonnot »), dans une épopée aussi brève que sanglante.
– ***Patrick Bouchitey*** *(né en 1946)* **:** « Jésus reviens », ça ne vous dit rien ? Quelques accords de guitare cultes dans *La vie est un long fleuve tranquille* d'Étienne Chatiliez (1988) auront suffi à asseoir la renommée de cet acteur-réalisateur né à Plancher-les-Mines en Haute-Saône.
– ***Cadet Roussel*** *(1743-1807)* **:** on ne sait s'il avait trois maisons, mais il a vraiment existé ! Il est même né dans le bourg jurassien d'Orgelet. Guillaume Roussel était clerc d'huissier à Auxerre quand, en 1792, un chansonnier le prit gentiment pour cible. Emportée au front par des volontaires, la rengaine devint le chant de guerre de l'armée du Nord.
– ***Jean-Pierre Chevènement*** *(né en 1939)* **:** le « miraculé de la République » (il s'est réveillé après un coma de 8 jours), cofondateur du PS, est né à Belfort en 1939, ville dont il a été le maire pendant près de 30 ans (de 1973 à 1997 et de 2001 à 2007).

– ***Christophe*** *(1856-1945)* **:** l'immortel auteur du *Sapeur Camember*, du *Savant Cosinus* et de la *Famille Fenouillard* n'a rien à voir avec le chanteur. De son vrai nom Georges Colomb, l'inventeur de la B.D. est né à Lure, en Haute-Saône.

– ***Bernard Clavel*** *(1923-2010)* **:** né à Lons-le-Saunier. Prix Goncourt en 1968 avec *Les Fruits de l'hiver*. Il serait un peu réducteur de le classer parmi les écrivains « régionalistes », même si beaucoup de ses romans ont le Jura pour cadre.

– ***Le père Clément*** *(1839-1904)* **:** dans les environs d'Oran, donc sous un climat plus clément (on l'a fait !) que celui de son Haut-Doubs natal, ce prêtre missionnaire a inventé en 1902 la clément... ine.

– ***Gustave Courbet*** *(1819-1877)* **:** chef de file de l'école réaliste française, Courbet fut tout à la fois jovial, franc buveur, bouffeur de curés et provoc' en diable. Il s'engagea dans la Commune, suscita la destruction de la colonne Vendôme et expia ce « crime » par l'exil.

– ***Eugène*** *(1832-1894)* ***et Élisée*** *(1851-1928)* ***Cusenier*** **:** il s'agit bien des liqueurs Cusenier, deux frères qui firent de la petite entreprise familiale, dont l'usine était installée à Ornans, une vraie multinationale avec des distilleries installées partout dans le monde : Buenos Aires, Shanghai, Calcutta...

– ***Georges Cuvier*** *(1769-1832)* **:** né à Montbéliard, il mourut avec tous les honneurs... En classifiant les espèces vivantes, Cuvier fonda la biologie moderne. On peut voir en son contemporain, lui aussi né à Montbéliard, ***Georges Frédéric Parrot*** (1767-1852), à l'origine de l'électrochimie, un autre précurseur de la biologie moderne. ***Lucien Quelet*** (1832-1899), l'un des plus célèbres mycologues français, qui établira la classification des champignons, est également natif de Montbéliard.

– ***Victor*** *(1795-1869)* ***et Armand*** *(1797-1867)* ***Dalloz*** **:** les étudiants en droit n'en connaissent qu'un, « le » *Dalloz* ! Et pourtant, ils étaient deux, deux frères jurassiens nés à Septmoncel qui, les premiers, eurent l'idée d'éditer codes juridiques et autres manuels de droit.

– ***Philippe-Aristide Denfert-Rochereau*** *(1823-1878)* **:** le prénom est double, le nom aussi, mais le caractère se révéla entier quand les Prussiens, en 1870 et 1871, vinrent assiéger Belfort. Promu héros national, l'irréductible colonel eut pourtant du mal à faire carrière : il était socialiste. Juste revanche, avec la place de la République à Paris, la place Denfert-Rochereau est le rendez-vous des plus grandes manifs ouvrières de l'histoire, comme le 13 mai 1968 (et le lion de Belfort son symbole)...

– ***Edgar Faure*** *(1908-1988)* **:** sur les caricatures, on reconnaissait sa pipe et sa calvitie. Ce Comtois d'adoption (il fut maire de Port-Lesney puis de Pontarlier, président enfin du conseil régional) mit à profit les vertus du Marais – prudence et modération – pour accéder aux cimes de la IVe République : la présidence du Conseil. Il fut l'inventeur génial de l'université Vincennes-Paris VIII (ouverte aux non-bacheliers) et de l'immortelle formule : « *Ce n'est pas la girouette qui tourne, c'est le vent !* ».

– ***Charles Fourier*** *(1772-1837)* **:** penseur utopiste des XVIIIe et XIXe s, qui, selon la légende, ne riait jamais. Il rêvait de créer des cités idéales axées sur la cosmogonie. Un drôle de zèbre « redécouvert » par André Breton, qui voyait en lui un surréaliste (voir la rubrique « Communautarisme et utopisme » plus haut dans ce chapitre).

– ***Félix Gaffiot*** *(1870-1937)* **:** né à Liesle, père du *Gaffiot*, ce volumineux dico qui est la bible de tout latiniste.

– ***Jules Grévy*** *(1807-1891)* **:** né à Mont-sous-Vaudrey, dans le Jura, l'homme aux célèbres rouflaquettes exerça la présidence de la République de 1879 à 1887. C'est lui qui instaura la fête nationale du 14 juillet en France, en 1880.

– ***Victor Hugo*** *(1802-1885)* **:** lorsqu'on a un père général, on peut naître dans n'importe quelle ville de garnison. Victor Hugo eut le bon ton de voir le jour à Besançon.

– ***Frédéric Japy*** *(1749-1802)* **:** fondateur de la grande firme industrielle de Beaucourt (pendules, textiles, quincaillerie, machines à écrire...), en Territoire de Belfort.

- ***Auguste** (1862-1954)* **et** *(1864-1948)* ***Louis Lumière :*** héritant du labo photo de leur père, à Besançon, leur ville natale, les frères Lumière se sont mis à deux pour donner des couleurs à la photographie, puis inventer le cinématographe. Après quoi le premier devint biologiste et ouvrit à Lyon un laboratoire pharmaceutique à son nom.

LE LINDBERGH FRANÇAIS

André Japy (1904-1974), l'un des rejetons de la dynastie industrielle, se démarqua pour ses exploits en aviation. Après plusieurs défis aéronautiques autour de la Méditerranée ou entre Paris et Tunis, il entreprit en 1936 de rallier Paris à Tokyo en moins de 100 h. Il percuta une montagne au Japon, à seulement 900 km de son but et ressortit cassé mais vivant des débris.

- ***La Madeleine Proust :*** « Et pi, c'est une saprée ptit' bonn' femme... » Si ce personnage de mémé gouailleuse du Haut-Doubs campé par une comique de la région réjouit tant les Francs-Comtois, c'est parce qu'ils ont tous une voisine comme elle ; si Paris lui a fait un triomphe, c'est parce que « la » Madeleine pourrait être de tous les terroirs.
- ***Louis Pasteur** (1822-1895) :* pour les vignerons d'Arbois, leur concitoyen Pasteur est le grand chercheur des maladies du vin. Ami des levures, père de la... pasteurisation et de la vaccination.

P'TIT NOM

En 1878, le chirurgien Charles-Emmanuel Sédillot, au cours d'une séance de l'Académie des sciences donna un nom à ce que l'on appelait jusqu'à présent infusoires, vibrions ou encore animalcules : les microbes, *des mots grecs* mikos *(petit) et* bios *(vie). Un p'tit nom pour une grande découverte !*

- ***Louis Pergaud** (1882-1915) :* poète et écrivain, qui a reçu le prix Goncourt (devant Colette) pour *De Goupil à Margot* en 1910, mais qui est surtout connu pour sa célèbre *Guerre des boutons.* Pergaud, né à Belmont, dans le Doubs, mourra au front en 1915.
- ***Peugeot :*** dynastie industrielle originaire de la société protestante du pays de Montbéliard. Une histoire qui débute dès le XVe s avec des moulins, se poursuit avec la teinturerie et les crinolines, pour finir avec les automobiles.
- ***Proudhon** (1809-1865) :* anarchiste du XIXe s, né à Besançon, inventeur de la formule : « La propriété, c'est le vol » (lire plus haut la rubrique « Communautarisme et utopisme »).
- ***Rouget de Lisle** (1760-1836) :* Claude Joseph de son prénom. Né à Lons-le-Saunier. Plus salonnard que foudre de guerre, il n'en entendit pas moins « dans nos cam-pa-gnes, rugir ces fé-roces sol-dats... ».
- ***L'abbé Simon** (1913-2000) :* il y a quelques décennies, pour financer la rénovation de son église de Saône (dans le... Doubs), il plongeait de hauteurs vertigineuses dans les bassins du Doubs ou dans le Vieux-Port de Marseille... Nom de scène : le curé volant !
- ***Claude Simon** (1913-2005) :* avec son récit *L'Acacia,* Claude Simon, Prix Nobel de littérature en 1985, paie son tribut à Arbois, qui fut l'un de ses lieux de résidence et d'où sa famille est par ailleurs originaire.
- ***Jean-François Stévenin** (né en 1944) :* l'acteur-cinéaste est né à Lons-le-Saunier et vit encore de temps à autre dans sa maison du Grandvaux. C'est d'ailleurs dans ce sauvage décor que se déroule son film culte, *Le Passe-Montagne* (1979).
- ***Hubert-Félix Thiéfaine** (né en 1948) :* le plus atypique des chanteurs français vit dans son Jura natal. Franchement underground au début des *Eighties* (quand sa « Fille du coupeur de joints » faisait un tabac dans les lycées), Thiéfaine empile aujourd'hui les disques d'or.

– ***Paul-Émile Victor*** *(1907-1995)* **:** né à Genève, il a passé toute son enfance à Lons-le-Saunier. L'ethnologue et explorateur polaire a laissé aux combes du Jura ces meutes de chiens de traîneau qu'il a importés du Groenland.
– ***Dominique Voynet*** *(née en 1958)* **:** native de Montbéliard, d'abord implantée à Dole, cette femme médecin a été, de 1997 à 2001, contre vents et marées, ministre de l'Aménagement du territoire et de l'Environnement.
– ***Louis Vuitton*** *(1821-1892)* **:** son monogramme orne aujourd'hui la bagagerie de luxe pour laquelle certains Japonais vendraient père et mère. Belle postérité pour le jeune Jurassien parti (à pied, il mettra 1 an !), au milieu du XIXe s, rejoindre sa place d'apprenti chez un fabricant de caisses en bois.

SITES INSCRITS AU PATRIMOINE MONDIAL DE L'UNESCO

UNESCO
Organisation des Nations Unies pour l'éducation, la science et la culture
En coopération avec le centre du patrimoine mondial de l'UNESCO

Pour figurer sur la liste du Patrimoine mondial, les sites doivent avoir une valeur universelle exceptionnelle et satisfaire à au moins un des 10 critères de sélection. La protection, la gestion, l'authenticité et l'intégrité des biens sont également des considérations importantes.
Le patrimoine est l'héritage du passé dont nous profitons aujourd'hui et que nous transmettons aux générations à venir. Nos patrimoines culturel et naturel sont deux sources irremplaçables de vie et d'inspiration. Ces sites appartiennent à tous les peuples du monde, sans tenir compte du territoire sur lequel ils sont situés.
Pour plus d'informations : • *whc.unesco.org* •
En Franche-Comté : la saline royale d'Arc-et-Senans (1982) ainsi que la grande saline de Salins-les-Bains (2009) pour la production du sel ignigène, mais aussi la citadelle et les fortifications à bastions de Besançon (2008, réseau Vauban) sans oublier la chapelle de Ronchamp en Haute-Saône (2016, réalisation de Le Corbusier), font partie des sites classés.

VINS ET ALCOOLS

TUE-CHAT

Cette fête jurassienne évoque la fin des vendanges. Mais pourquoi une telle expression ? Autrefois, quand la récolte était faible voire détruite par les intempéries ou la vermine, la disette s'annonçait. Pour manger un peu de viande, il fallait alors tuer son chat (ou celui du voisin !).

Accoutumé à boire de l'alsace ou du bourgogne, le Comtois sait maintenant qu'il possède un vaste vignoble de ***côtes-du-jura,*** qui enveloppe les coteaux, de Salins à Saint-Amour, et où brillent des vins fameux. Le plus gros de la production est d'ailleurs bu en Franche-Comté même. Star de la Comté bachique, titulaire de la plus ancienne AOC de France (1936), le petit vignoble (35 000 hl) d'Arbois accueille sur ses coteaux le chardonnay (c'est le cépage le plus répandu ; le vin qui en résulte ici est fruité et beurré : on l'appelle le « melon d'Arbois ») et le pinot noir bourguignons. Mais Arbois et l'ensemble de l'appellation Côtes-du-Jura, ce sont surtout des cépages indigènes qui seront vinifiés sous leur propre nom – le savagnin notamment. Unique en son genre en France, ce cépage donne aux blancs du Jura ce goût si typé et une longévité rare ; à boire par exemple sur des poissons ou des crustacés. Le poulsard (ou ploussard) donne, lui, un rouge très clair, frais et racé, à conserver jusqu'à 15 ans et à servir sur des viandes blanches, voire, pourquoi pas, avec un couscous. Le petit village voisin de

Montigny-les-Arsures a l'exclusivité du trousseau, vin viril aux goûts de baies et d'épices, et de longue garde, à boire sur des viandes rouges et des fromages, et qu'on n'hésite pas ici à comparer à un volnay ou à un échezeaux.
Une grande partie des savagnins subit un sortilège proprement local, d'où résulte l'une des plus fascinantes curiosités de la France viticole : le ***vin jaune*** (en réalité doré), qu'aimait déjà Henri IV et que Bernard Clavel chanta dans son roman *L'Espagnol.* L'étrange moisissure qui se développe dans les caves arboisiennes n'opère ailleurs que sur les xérès andalous et les *tokaj* hongrois. Protégeant la surface du vin de l'oxydation, ce « voile » autorise une fermentation interminable (et 6 ans de barrique !) qui développe de puissants arômes de cire, de noix et d'amande et permet jusqu'à 100 ans de garde. Si vous ne le recrachez pas à la première gorgée, vous en tomberez amoureux ! Vendu (cher, car l'évaporation dans les barriques est importante !) dans sa bouteille caractéristique de 62 cl, appelée clavelin, un vin jaune se boit entre amis, avec un comté bien affiné ou même l'excellent chocolat au curry de l'artisan local Hirsinger. Et si vous en redemandez, vous pouvez participer à la *Percée du vin jaune,* organisée par les « Ambassadeurs du vin jaune » en février (lieu changeant) et qui réunit pas moins de 50 000 personnes à chaque fois *(rens : ☎ 03-84-66-26-14).*
De plus, les Arboisiens produisent désormais, outre le ***macvin*** (pour « marc de vin »), le ***vin de paille,*** dont les raisins ont été séchés 4 mois à l'abri et le moût fermenté 3 longues années en tonneau, pour donner un élixir suave aux arômes inextinguibles (vite, un foie gras !). Et les villages voisins ne sont pas en reste : Château-Chalon produit le... ***château-chalon,*** un vin véritablement majestueux, plus minéral, plus fondu, riche d'arômes et que l'on conseille aux dames. Quant au ***pupillin,*** c'est le frère jumeau de l'arbois : ni moins bon ni meilleur – sauf, peut-être, pour les cépages poulsards, qui sont ici exceptionnels. Moins réputé, le minuscule vignoble de ***L'Étoile*** produit des blancs typés au goût de pierre à fusil. Enfin, le Jura produit des crémants qui, pour certains, n'ont rien à envier à de petits champagnes.
En Haute-Saône, nous vous conseillons vivement de goûter le ***champlitte*** (cépage pinot noir, gris de chardonnay ou gamay), réputé un peu dur mais dont le rapport qualité-prix est plus qu'honorable. Les étiquettes sont peintes par un artiste local, aquarelliste de talent, Bernard Marion. Également très convaincant, le ***charcenne*** (entre Marnay et Gy) est une véritable histoire de famille : deux frères, Guillaume et Philippe, qui ont racheté chacun une partie de la vigne familiale. Et le résultat est là. Avec un petit faible pour le Guillaume. Une curiosité : le vignoble de Vuillafans, dans la vallée de la Loue, relancé lui aussi par des passionnés et qui produit aujourd'hui un p'tit vin de pays sans prétentions mais de plus en plus honorable.
L'***absinthe*** (dont Pontarlier fut la capitale au tournant du XXe s) avait été éradiquée de l'Hexagone en 1915. Depuis, il se murmurait que, parfois, quelques litres distillés clandestinement en Suisse, dans le val de Travers, passaient la frontière... Les distilleries de Pontarlier (qui ont conservé quelques-unes des méthodes de fabrication de l'absinthe pour leur ***anis,*** mêlant hysope et réglisse, plus nerveux que le pastaga) n'attendaient que l'autorisation de produire à nouveau cette absinthe. C'est désormais chose faite : fabriquée dans les règles de l'art (mais titrant largement moins en alcool) à partir de plants d'absinthe locaux, l'absinthe de Pontarlier est de retour. Et les distilleries de Fougerolles, en Haute-Saône, produisent désormais également la leur. Le Haut-Doubs produit aussi de la ***gentiane,*** en apéritif ou en eau-de-vie. Plus confidentiels : la ***liqueur de sapin*** ou encore les ***kirschs de Fougerolles*** (à goûter avec les griottines de la même ville) ou de la ***Marsotte,*** dans la vallée de la Loue.

les ROUTARDS sur la FRANCE 2017-2018

(dates de parution sur • ***routard.com*** •)

Découpage de la FRANCE par le ROUTARD

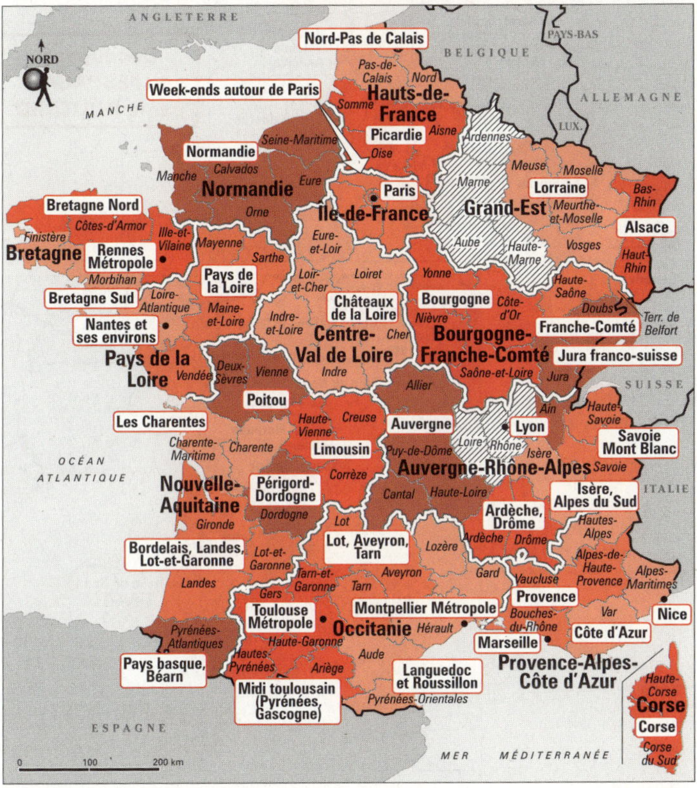

Autres guides nationaux

- Hébergements insolites en France (nouveauté)
- La Loire à Vélo
- La Vélodyssée (Roscoff-Hendaye)
- Nos meilleurs campings en France
- Nos meilleures chambres d'hôtes en France
- Nos meilleurs restos en France
- Les visites d'entreprises

Autres guides sur Paris

- Paris
- Paris balades
- Restos et bistrots de Paris
- Le Routard des amoureux à Paris
- Week-ends autour de Paris

les ROUTARDS sur l'ÉTRANGER 2017-2018

(dates de parution sur • routard.com •)

Découpage de l'ESPAGNE par le ROUTARD

Découpage de l'ITALIE par le ROUTARD

Autres pays européens

- Allemagne
- Angleterre, Pays de Galles
- Autriche
- Belgique
- Budapest, Hongrie
- Pays baltes : Tallinn, Riga, Vilnius (nouveauté)
- Crète
- Croatie
- Danemark, Suède
- Écosse
- Finlande
- Grèce continentale
- Îles grecques et Athènes
- Irlande
- Islande
- Madère
- Malte
- Norvège
- Pologne
- Portugal
- République tchèque, Slovaquie
- Roumanie, Bulgarie
- Suisse

Villes européennes

- Amsterdam et ses environs
- Berlin
- Bruxelles
- Copenhague
- Dublin
- Lisbonne
- Londres
- Moscou
- Prague
- Saint-Pétersbourg
- Stockholm
- Vienne

Les plus belles
chambres d'hôtes
sont dans Le Routard
Nos meilleures
chambres d'hôtes
en France
+ de 950 adresses
à moins de 70 € !
Le Routard
hachette
routard.com
©alle12
Dont 950 adresses
à moins de 70 € petit déjeuner compris
et plus de 300 adresses
avec piscine

PETITS TRUCS ET ASTUCES POUR ÉVITER LES ARNAQUES !

Un routard informé en vaut deux ! Pour éviter les arnaques en tous genres, il est bon de les connaître. Voici un petit vade-mecum destiné à parer aux coûts et aux coups de bambous. À commencer par **l'affichage des prix** : dans les hôtels comme dans les restos, il est **obligatoire** et doit être situé à l'extérieur de l'établissement, de manière visible. Vous ne pouvez donc contester des prix exorbitants que s'ils ne sont pas clairement affichés.

À L'HÔTEL

1 - Arrhes ou acompte ? : au moment de réserver votre chambre par téléphone – par précaution, toujours confirmer par écrit (ou mail) – il n'est pas rare que l'hôtelier vous demande de verser à l'avance une certaine somme, celle-ci faisant office de garantie. Il est d'usage de parler d'arrhes et non d'acompte (en fait, la loi dispose que « sauf stipulation contraire du contrat, les sommes versées d'avance sont des arrhes »). Légalement, aucune règle n'en précise le montant. Toutefois, ne versez que des arrhes raisonnables : 25 à 30 % du prix total, sachant qu'il s'agit d'un engagement définitif sur la réservation de la chambre. Cette somme ne pourra donc pas être remboursée en cas d'annulation de la réservation, sauf cas de force majeure qu'il vous faudra justifier (maladie ou accident) ou en accord avec l'hôtelier si l'annulation est faite dans des délais jugés raisonnables. Si, au contraire, l'annulation est le fait de l'hôtelier, il doit vous rembourser le double des arrhes versées. À l'inverse, l'acompte engage définitivement client et hôtelier.

2 - Subordination de vente : comme les restaurateurs, les hôteliers ont interdiction de pratiquer la subordination de vente. C'est-à-dire qu'ils ne peuvent pas vous obliger à réserver plusieurs nuits d'hôtel si vous n'en souhaitez qu'une. Dans le même ordre d'idées, on ne peut vous obliger à prendre votre petit déjeuner ou vos repas dans l'hôtel ; ce principe, illégal, est néanmoins répandu dans la profession, toléré en pratique, surtout en haute saison... notamment dans les zones touristiques, où la demande est bien plus importante que l'offre ! Bien se renseigner.

« QUI DORT DÎNE ! »

Cet adage, venu du Moyen Âge, signifie que les hôteliers imposaient le couvert aux clients qui prenaient une chambre. Déjà de la vente forcée !

3 - Les réservations en ligne : elles se sont généralisées. Par l'intermédiaire de sites commerciaux ou en direct sur les sites des hôtels, elles sont simples et rapides. Mais voilà, les promesses ne sont pas toujours tenues et l'on constate parfois des dérives, notamment via les centrales de résa telles que promos bidons, descriptifs exagérés, avis d'internautes truqués... Des hôteliers s'estiment étranglés par les commissions abusives. N'hésitez pas à contacter l'hôtel sur son site pour vous faire préciser le type de chambre que l'on vous a réservé (sur rue, sur jardin ?).

4 - Responsabilité en cas de vol : un hôtelier ne peut en aucun cas dégager sa responsabilité pour des objets qui auraient été volés dans la chambre d'un de ses clients, même si ces objets n'ont pas été mis au coffre. En d'autres termes, les éventuels panonceaux dégageant la responsabilité de l'hôtelier n'ont aucun fondement juridique.

5 - En cas d'annulation : si vous avez réservé une chambre (sans avoir rien versé) et que vous avez un empêchement, passez un coup de téléphone pour annuler, c'est la moindre des politesses. Trop peu de gens le font, ce qui rend les hôteliers méfiants.

AU RESTO

1 - Menus : très souvent, les premiers menus (les moins chers) ne sont servis qu'en semaine ou que le midi, et avant certaines heures (12h30 et 20h30 généralement). C'est parfaitement légal, à condition que ce soit clairement indiqué sur le panneau extérieur : à vous d'être vigilant et d'arriver dans les bons créneaux horaires ! Il peut arriver que ce soit écrit en tout petit. Par ailleurs, bien vérifier que le « menu d'appel », le moins cher donc, est toujours présent dans la carte qu'on vous donne une fois installé. Il arrive qu'il disparaisse comme par enchantement. N'hésitez pas à le réclamer si vous êtes entré pour ce menu précis.

2 - Le « fait maison » : cette grande « tendance culinaire » de ces dernières années s'oppose aux plats sous-vide ou congelés achetés par les restaurateurs, réchauffés sur place et « agrémentés » d'une petite touche personnelle pour noyer le poisson (ou la souris d'agneau). Depuis 2013, le label « fait maison » permet de vérifier si les plats sont réellement préparés ou non sur place.

3 - Commande insuffisante : il arrive que certains restos refusent de servir une commande jugée insuffisante. Sachez, toutefois, qu'il est illégal de pousser le client à la consommation. Mais l'on peut également comprendre que commander un seul plat pour 3 personnes peut agacer un tantinet le restaurateur. Tout est une question de juste équilibre.

4 - Eau : une banale carafe d'eau du robinet est gratuite – à condition qu'elle accompagne un repas – sauf si son prix est affiché. On ne peut pas vous la refuser, sauf si elle est jugée impropre à la consommation par décret. La bouteille d'eau minérale quant à elle doit, comme le vin, être ouverte devant vous. L'arnaque dans certains restos « pousse-conso » consiste à proposer d'emblée une eau minérale et de la facturer 7 €, voire plus… À la question du serveur : « …et pour l'eau, Badoit ou Vittel ? » vous êtes en droit de répondre « une carafe ! ».

5 - Vins : les cartes des vins ne sont pas toujours très claires. Exemple : vous commandez un bourgogne à 16 € la bouteille. On vous la facture 32 €. En vérifiant sur la carte, vous découvrez que 16 € correspondent au prix d'une demi-bouteille. Mais c'était écrit en petits caractères illisibles. Attention au prix parfois exorbitant des vins au verre. Abus bien courant, l'année de référence n'est plus disponible : on vous sert un millésime plus récent mais au même tarif ! Vous devez obligatoirement en être informé avant le débouchage de la bouteille.

6 - Couvert enfant : le restaurateur peut tout à fait compter un couvert par enfant, même s'il ne consomme pas, à condition que ce soit spécifié sur la carte. Parfois il est libellé « Enfant ne mangeant pas », tant d'euros ! Cela dit, ce n'est quand même pas courant et ça donne une petite idée de la générosité du restaurateur !

7 - Sous-marin : après le coup de bambou et le coup de fusil, celui du sous-marin. Le procédé consiste à rendre la monnaie en plaçant dans la soucoupe (de bas en haut) : les pièces, l'addition puis les billets. Si l'on est pressé, on récupère les billets en oubliant les pièces cachées sous l'addition. Malin !

N'oublions pas que l'hôtellerie et la restauration sont des métiers de service, qui ne souffrent ni l'approximation, ni les (mauvais) écarts. Nous supprimons de nos guides tous les établissements qui abusent. Mais la réciproque est aussi valable : tout est question de respect mutuel.

Bonne route !

Nous tenons à remercier tout particulièrement Loup-Maëlle Besançon, Thierry Bessou, Gérard Bouchu, François Chauvin, Grégory Dalex, Fabrice Doumergue, Cédric Fischer, Carole Fouque, Michelle Georget, David Giason, Claude Hervé-Bazin, Emmanuel Juste, Dimitri Lefèvre, Fabrice de Lestang, Romain Meynier, Éric Milet, Pierre Mitrano, Jean-Sébastien Petitdemange et Thomas Rivallain pour leur collaboration régulière.

Emmanuelle Bauquis
Jean-Jacques Bordier-Chêne
Michèle Boucher
Sophie Cachard
Lucie Colombo
Agnès Debiage
Émilie Debur
Jérôme Denoix
Flora Descamps
Louise Desmoulins
Tovi et Ahmet Diler
Clélie Dudon
Sophie Duval
Alain Fisch
Roman Fossurier
Bérénice Glanger
Adrien et Clément Gloaguen
Marie Gustot
Bernard Hilaire
Sébastien Jauffret
Jacques Lemoine
Amélie Mikaelian
Caroline Ollion
Martine Partrat
Odile Paugam et Didier Jehanno
Émilie Pujol
Prakit Saiporn
Jean-Luc et Antigone Schilling
Caroline Vallano

Direction: Nathalie Bloch-Pujo
Contrôle de gestion: Jérôme Boulingre et Adeline Cazabat Barrere
Secrétariat: Catherine Maîtrepierre
Direction éditoriale: Catherine Julhe
Édition: Matthieu Devaux, Olga Krokhina, Gia-Quy Tran, Julie Dupré, Emmanuelle Michon, Sarah Favaron, Ludmilla Guillet, Coralie Piron, Flora Sallot, Elvire Tandjaoui, Quentin Tenneson, Clémence Toublanc et Sandra Vavdin
Préparation-lecture: Dorica Lucaci
Cartographie: Frédéric Clémençon et Aurélie Huot
Fabrication: Nathalie Lautout et Audrey Detournay
Relations presse France: COM'PROD, Fred Papet. ☎ 01-70-69-04-69. • *info@comprod.fr* •
Illustration: Anne-Sophie de Précourt
Direction marketing: Adrien de Bizemont, Clémence de Boisfleury et Charlotte Brou
Contacts partenariats: André Magniez (EMD). • *andremagniez@gmail.com* •
Édition des partenariats: Élise Ernest
Informatique éditoriale: Lionel Barth
Couverture: Clément Gloaguen et Seenk
Maquette intérieure: le-bureau-des-affaires-graphiques.com, Thibault Reumaux et npeg.fr
Relations presse: Martine Levens (Belgique) et Maureen Browne (Suisse)
Régie publicitaire: Florence Brunel-Jars

INDEX GÉNÉRAL

Abbaye (le lac de) 221
ABBAYE (L' ;
rucher des Deux-Lacs) 93
ABC de la Franche-Comté 37
ABC de la Haute-Saône 244
ABC du Doubs 43
ABC du Jura 158
ABC du Territoire de Belfort 299
ABONCOURT-
GÉSINCOURT 273
ACCOLANS (parc de loisirs
des Campaines) 138
ACHEY 269
Aigle (pic de l') 221
Ain (pertes de l') 214
Ain (source de l') 217
ALAISE
(massif d'Alaise-Saraz) 76
ALSACE (ballon d') 322
AMONDANS 156
AMOUR ET LA FORÊT
DE CHAUX (val d') 177
ANCIER 264
ARBOIS 184
ARC-ET-SENANS
(saline royale d') 67
ARC-SOUS-CICON 145
Architecture 335
ARLAY 169, 170
AUBONNE 145
AUDINCOURT 135
AUTET 269
AUTREY-LE-VAY 254
AUXELLES-HAUT 322
AVANNE 54
Avant le départ 37

Baignes (forges de) 272
BALANOD 199
BALLONS DES VOSGES
(parc naturel régional des) ... 284
Bambois (forêt de) 330
BAUME-LES-DAMES 139
BAUME-LES-MESSIEURS 195
BAVANS (fort du mont Bart) ... 136
BAVILLIERS 310
BEAUCOURT 331
BEAUJEU 266
BELFAHY 291
BELFORT 300
BELFORT (plaine de) 326
BELFORT (Territoire de) 299
BÉLIEU (Le) 117
BELLECOMBE 233
BELLEFONTAINE 225
Bellefontaine (lac de) 226
BELLES FILLES
(Planche des) 296
Bellevaux (château de) 253
BELMONT 143
BELVOIR (Le château de) 122
BESAIN (sentier karstique) 193
BESANÇON 47
BESSONCOURT (forêt de) 327
BEULOTTE-SAINT-LAURENT .. 288
BIEF 124
Billaude (cascade de la) 215
BIZOT (Le) 117
BLETTERANS 170
BLETTERANS (brasserie
La Rouget de l'Isle) 170
Bleue (source) 90
BLONDEFONTAINE
(église de) 275
Bois de la Biche (Le) 117, 118
BOIS-D'AMONT 229
BONLIEU 209, 210
Bonlieu (lac de) 210
BONNAL 256
BONNAL (val de) 256
BONNÉTAGE 116
BONNEVAUX 93
Bornes (sentier des) 87
BORON 329
BOTANS (musée agricole) 319
BOUCHOUX (LES) 236
BOUGEY 274
BOURG-DE-SIROD
(le château Villain) 214
BOUROGNE 329
BRAINANS 169
BREBOTTE 328
BRÊME (vallée de la) 154
BRESSE JURASSIENNE (la)... 168
BRETONVILLERS 122
BREUREY-LES-FAVERNEY ... 276

BROGNARD 137
BUCEY-LÈS-GY 262
Budget 38
BUFFARD 69
BYANS-SUR-DOUBS 69

C

Cendrée
(belvédère de la) 118
CERNON 205
CHAILLEXON 114
Chaillexon (lac de) 115
Chalain (lac de) 211
Chalam (crêt de) 236
CHALEZEULE 50
Chalots (route des) 287
CHAMBLAY 178
CHAMESOL 124
CHAMPAGNEY 295
CHAMPAGNOLE 213
CHAMPLITTE 266
CHAMPLITTE-LA-VILLE 269
CHAMPLIVE 143
CHAON 90, 92
Chapeau de Gendarme (le) ... 236
CHAPELLE-DES-BOIS 101
CHARBONNIÈRES-
LES-SAPINS (Dino-Zoo) 155
CHARCHILLA 204
CHARQUEMONT 117
CHASSEY-LES-
MONTBOZON 256
CHÂTEAU-CHALON 193
CHÂTEAU-LAMBERT 289
CHÂTELBLANC (Doubs) 102
Châtelot (barrage du) 115
CHÂTENOIS 174
CHÂTILLON-SUR-SAÔNE 275
Chaudanne
(panorama du fort de) 65
CHAUMOZ 102
CHAUSSIN 169
CHAUVEROCHE 323
CHAUVIREY-LE-CHÂTEL
(chapelle Saint-Hubert) 274
CHAUVIREY-LE-VIEIL
(musée des Outils d'hier –
Atelier de saboterie) 275
CHAUX 321
CHAUX (la forêt de) 177
CHAUX-DU-DOMBIEF
(La) 209, 220
CHAUX-LÈS-PASSAVANT 143
CHAUX-NEUVE 99
CHAUX-NEUVE
(parc nordique) 101, 103
CHAUX-NEUVE
(parc polaire) 103
CHEMILLY 272
Chien (saut du) 236
CHILLE 165
CHILLY-SUR-SALINS 181
CHISSEY-SUR-LOUE
(église Saint-Christophe) 179
CLAIRVAUX-LES-LACS ... 206, 207
CLÉRON 155
CLERVAL 138
CLERVAL (musée de
la Mémoire et de la Paix) 138
Climat 39
CLUSE-ET-MIJOUX (La) 81
Coiselet (lac de) 205
COISIA 201
COMBE-DES-CIVES
(La ; écomusée-
maison Michaud) 103
COMBE-SAINT-PIERRE
(La ; station de loisirs) 119
COMBEAUFONTAINE 273
COMBES (Les) 108
COMBES (Les ; centre de loisirs
La Combe d'Abondance) ... 109
Communautarisme
et utopisme 337
CONSOLATION-
MAISONNETTES
(cirque de Consolation) 122
COUDE (Le) 93
Courbet (Sentiers de) 154
COURTELEVANT 329
COURTETAIN-ET-SALANS 143
CRENANS 206
CRESSIA 200
CREUX-BILLARD (Le) 75
CROIX 334
Croix (col des) 289
CROMARY 257
CROSEY-LE-PETIT 140
Cuisine 338
CULT 259
CUSANCE 142
CUSANCIN (vallée du) 142
CUSSEY-SUR-L'OGNON 257
CUTTURA 240

D

DAMPIERRE-SUR-
SALON 269
Dan (croix du) 192
DELLE 330

DESSOUBRE (vallée du)........ 121
Deux-Fays
(sentiers de découverte
des étangs des).................. 170
DEUX-LACS (vallée des) 88
Diable (pont du)....................... 76
DOLE 171
DOMMARTIN........................... 81
Douaniers (chemin des)......... 329
Doubs (bassins du)............... 115
Doubs (le) 43
Doubs (saut du) 115
Doubs (source du)................. 100
DOUBS (vallée du)................. 137
DOUCIER 210, 211
Doucier (Parc Héria, parc
animalier du Hérisson)........ 210
DOYE (La ; taillanderie)........... 74
DURNES................................. 152

ÉCLEUX.................................. 178
ÉCLEUX (Che' Val d'Amour) ... 179
Économie 339
ÉCROMAGNY 292
Entreroches (défilé d')........... 108
ÉPENOUSE 143
Époissets (sentier des) 292
ESMOULIÈRES 288
ÉTALANS
(gouffre de Poudrey)............ 66
ÉTOILE (L')............................. 166
ÉTUEFFONT 325
ÉTUPES.................................. 130
ÉTUZ 257
ÉVETTE-SALBERT
(base nautique).................. 320
EXINCOURT 128

FAUCOGNEY 287
FAVERNEY............................. 275
FERRIÈRE-SOUS-JOUGNE
(La ;
chapelle Saint-Maurice)........ 97
FERTÉ (La)............................. 178
FESCHES-LE-CHÂTEL
(magasin d'usine
Cristel – Côté Cuisine)........ 137
FINS (Les)............................... 110
Flagey (ferme de).................. 155
Flumen (gorges du)................ 236
FONCINE-LE-HAUT 218
FONDREMAND 252
FONTAINE 327
Fontaines (circuit des) 190
FONTENOIS-LA-VILLE.......... 277
Forêt et sapin-président 343
Forges (étang des)................. 319
Forts (randonnée des) 327
FOUCHERANS 152
FOUCHERANS
(Musée rural)....................... 155
FOUGEROLLES 285
FOURGS (Les)......................... 86
FOURNET-
BLANCHEROCHE............. 118
FOURNETS-LUISANS... 110, 111
Frasne (tourbières de)............. 86
Frasnée (La ; reculée de) 207
FRASNOIS (Le)...... 208, 209, 210
Frasnois (Le ; espace
botanique)............. 208, 209, 210
FRASSE (La) 231
FRESSE 291
FROIDEFONTAINE 328
FROIDETERRE 297
FRONTENAY (château de)..... 194
Frotey (réserve naturelle
du Sabot de)........................ 251
FROTEY-LÈS-VESOUL......... 249
Frontière et frontaliers 343

Géographie........................... 344
GIGNY 200
GILLEY 106
GIROMAGNY......................... 320
Giromagny (circuit minier
et forestier de) 321
GOUMOIS 119
GRAND TAUREAU (le)............. 85
GRAND-COMBE-
CHÂTELEU 113
Grande-Pile
(tourbière de la) 292
GRANDVAUX (le) 219
GRANDVILLARS................... 331
GRANGE-DE-VAIVRE........... 182
GRANGES-DE-LADOYE....... 194
GRANGES-NARBOZ.............. 81
GRANGES-SUR-BAUME .. 196, 198
GRANGETTES (Les) 91
GRAY 262
GRAY-LA-VILLE.................... 264
GRUSSE 201
GY 261
GY (monts de) 262

Habitat.................................. 345
HAUT-DOUBS (le)................... 77

HAUT-JURA (le) 212
HAUTE-SAÔNE (la)............... 244
HAUTERIVE-LA-FRESSE 105
HAUTES-COMBES (les) 233
HAUTS-DE-BELFORT (les).... 318
Hérisson (cascades du)......... 207
Hirondelles (ligne des) 159
Histoire 346
HÔPITAUX-NEUFS (Les) ... 94, 97

ISLE-SUR-LE-DOUBS (L').... 137

JONCHEREY 330
JONVELLE............................ 275
JOUGNE........................... 95, 96
Jougnena (vallée de la)............ 97
Joux (château de).................... 85
Joux (forêt domaniale
de La)................................ 215
JURA (le).............................. 158
JURA (plateau du) 330
JURA (vignoble du)............... 179
Jurafaune.............................. 198
JUSSEY 274, 275

L'ABBAYE
(rucher des Deux-Lacs)........ 93
L'ÉTOILE.............................. 166
L'ISLE-SUR-LE-DOUBS....... 137
LA CHAUX-DU-DOMBIEF.... 209, 220
LA CLUSE-ET-MIJOUX 81
LA COMBE-DES-CIVES
(écomusée-
maison Michaud)............... 103
LA COMBE-SAINT-PIERRE
(station de loisirs) 119
LA DOYE (taillanderie)............. 74
LA FERRIÈRE-SOUS-
JOUGNE
(chapelle Saint-Maurice)....... 97
LA FERTÉ 178
La Frasnée (reculée de) 207
LA FRASSE 231
La Joux
(forêt domaniale de)........... 212
LA LONGEVILLE.................. 105
LA MOUILLE........................ 223
LA PESSE............................ 234
LA PESSE (Musée rural « Vie
et Métiers d'autrefois »)...... 236
LA TOUR-DU-MEIX (église
de Saint-Christophe) .. 202, 203
LA VIEILLE-LOYE
(baraques du 14 de) 178
LABERGEMENT-
SAINTE-MARIE..................... 92
LAC-DES-ROUGES-
TRUITES............................ 220
LACS (pays des).................. 199
Ladoye
(cirque et belvédère de)...... 195
LAJOUX............................... 234
LAJOUX (maison du parc
du Haut-Jura) 235
LAMOURA.................... 231, 232
LANDRESSE......................... 143
Langue régionale 350
LAVANS-LÈS-SAINT-CLAUDE
(musée de la Tournerie) 242
LAVANS-VUILLAFANS.......... 149
LAVONCOURT
(église Saint-Valentin)......... 270
LE BÉLIEU 117
LE BIZOT 117
LE BOIS-DE-LA-BICHE ... 117, 118
LE COUDE.............................. 93
LE CREUX-BILLARD 75
LE FRASNOIS........ 208, 209, 210
Le Frasnois (espace
botanique) 208, 209, 210
LE GRANDVAUX.................. 219
LE MARTINET-DU-BAS 182
LE MONT D'OR 94
LE PETIT-FAHYS (écomusée
du Pays de la cerise) 286
LE RUSSEY 116
LE VERNOIS........................ 194
LEPUIX-GY 323
LES BOUCHOUX 236
LES COMBES...................... 108
LES COMBES
(centre de loisirs La Combe
d'Abondance).................... 109
LES FINS 110
LES FOURGS 86
LES GRANGETTES 91
LES HAUTES-COMBES 233
LES HÔPITAUX-NEUFS 94
Les Lip 351
LES LONGEVILLES-MONT-
D'OR............................. 94, 95
LES MOLUNES 234
LES MOUSSIÈRES................ 234
LES MOUSSIÈRES
(maison des Fromages
du Haut-Jura) 236
LES PLANCHES-
EN-MONTAGNE

(cascades et gorges de la Langouette)............... 219
LES ROUSSES..................... 226
LES VERRIÈRES-DE-JOUX..... 81
LES VILLEDIEU-LÈS-ROCHEJEAN....................... 96
LEVAL.................................. 326
Levier (forêt de)...................... 76
LEVIER (musée-relais du Cheval de trait comtois) 76
Lison (source du).............. 73, 75
Lison (vallée du)....................... 73
Livres de route........................ 40
LODS.................................. 147
LOMBARD............................ 68
LONGCHAUMOIS 221
LONGCOCHON.................... 216
LONGEVILLE (La) 105
LONGEVILLES-MONT-D'OR (Les)............................... 94, 95
LONS-LE-SAUNIER 159
Loue (source de la).......... 73, 144
LOUE ET DU LISON (vallées de la)...................... 144
Loulle (les pistes de dinosaures).................. 215
LURE 297
LUXEUIL-LES-BAINS 278

M

MAÎCHE.............................. 120
MAILLERONCOURT-CHARETTE (parc à l'anglaise La Cude).......... 252
MAISOD................................ 203
MALBUISSON 88
Malher (fort) 85
MALPAS 91
Malsaucy (lac du).................. 319
MANDEURE 136
MANDEURE (théâtre gallo-romain) 136
Marast (prieuré de) 255
MARNAY.............................. 258
MARTINET-DU-BAS (Le) 182
Meix Foncin (circuit du) 116
MELISEY 291
MEMBREY............................ 270
MENÉTRUX-EN-JOUX 208
MÉREY-SOUS-MONTROND......................... 54
MESNAY.............................. 189
MÉTABIEF 94, 95
MIÈGES (église et ermitage de)........ 217
MIELLIN................................ 291
MILLE ÉTANGS (plateau des)........................ 287
Miotte (tour de la).................. 318
MIREBEL.............................. 196
Moine (belvédère du)............ 145
MOIRANS-EN-MONTAGNE ... 203
MOIRANS-EN-MONTAGNE (musée du Jouet)............... 204
MOLAIN (grottes des Moidons) 189
MOLUNES (Les) 234
Moncley (château de)........... 257
Mont (Roche du).................... 154
MONT D'OR (Le) 94
MONTAGNA-LE-RECONDUIT 198
MONTAIGU........................... 166
MONTBARREY..................... 178
MONTBÉLIARD.................... 126
MONTBÉLIARD (pays de)...... 125
MONTBENOÎT 105, 106
Montbenoît (abbaye de) 106
MONTBOZON 257
MONTÉCHEROUX (musée de la Pince « Musons et Créons »)........ 125
MONTFLEUR....................... 201
MONTIGNY-LÈS-CHERLIEU (vestiges de l'abbaye cistercienne) 274
MONTLEBON....................... 110
Montmahoux (belvédère de)...................... 75
MONTPETOT......................... 88
MONTREUX-CHÂTEAU......... 327
MORBIER 223, 224
MOREZ......................... 222, 223
Morond (sommet du).............. 96
Mort (échelles de la) 118
MORTEAU 109
Mortes (lac des).................... 226
MOUILLE (La) 223
MOURNANS......................... 217
MOUSSIÈRES (Les).............. 234
MOUSSIÈRES (Les ; maison des Fromages du Haut-Jura) 236
Moutat (tourbière du)............ 101
MOUTHE 99
MOUTHIER-HAUTE-PIERRE................. 146
MUNSTER 285
MYON..................................... 74

NANCRAY
(musée de plein air
des Maisons comtoises)....... 66
NANS-SOUS-
SAINTE-ANNE..................... 73
NEUBLANS-ABERGEMENT... 170
NOIDANS-LE-FERROUX....... 272
NOZEROY 216

Ognon (saut de l')............... 292
OGNON (vallée de l') 252
Oliferne (château d') 205
OR (MONT D') 94
Or (sommet du mont d') 97
Ordener (fort) 327
ORGELET 202
Oricourt (château d')............. 255
ORNANS 149
Osselle (grotte d') 72
OUGNEY-LA-ROCHE 140
OUNANS 178

PARCEY 174
PASSAVANT-LA-ROCHÈRE ... 277
PASSENANS 191
PAYS DOLOIS (le)................ 168
PAYS HORLOGER (le) 107
Perrières (Plage des)................ 90
Personnages 351
Personnes handicapées.......... 41
PESMES 259
PESSE (La) 234
PESSE (La ; Musée rural « Vie
et Métiers d'autrefois)........ 236
PETIT-FAHYS (Le ; écomusée
du Pays de la cerise) 236
PETITE MONTAGNE (la) 199
PEUGEOT
(musée de l'Aventure)......... 134
PHAFFANS 310
Pin (château du).................. 168
PLANCHE DES BELLES
FILLES (la) 296
PLANCHER-LES-MINES...... 296
PLANCHES-EN-MONTAGNE
(Les ; cascades et gorges
de la Langouette)............... 219
POLIGNY 190
PONT-DE-ROIDE.................. 124
PONT-LES-MOULINS.... 139, 142
PONTARLIER......................... 77
PORT-LESNEY 181
PORT-SUR-SAÔNE 272, 273
PORT-TITI 92
Poupet (mont)........................ 183
PRATZ 204
PRÉMANON 230
PRÉNOVEL-NANCHEZ.... 220, 221
Présilly (château de) 202
PUPILLIN...................... 186, 188

Quatre Lacs (les) 210
QUINGEY 71

RAHIN (haute vallée du) 296
RAHIN (vallée du) 293
RANG 138
RAVILLOLES (atelier
des savoir-faire).................. 243
RAY-SUR-SAÔNE................. 270
RÉCHÉSY 329
Réchésy (tour de) 329
RECOLOGNE-LES-RAY 270
Remonot
(grotte-chapelle de) 108
Remoray (lac de) 92
RENÉDALE 145
Renédale (belvédère de)........ 145
REVERMONT 179
RÉVEROTTE (vallée de la) 122
RIOZ 253
Risoux (forêt du) 225
Roche (château de la)........... 253
ROCHEJEAN 96, 97
Rochejean
(ferme La Batailleuse)........... 97
RONCHAMP......................... 293
ROSET-FLUANS 72
ROUGEGOUTTE 325
ROUGEMONT 141
ROUGEMONT-
LE-CHÂTEAU 326
ROUSSES (Les).................... 226
ROYE.................................... 297
RUPT-SUR-SAÔNE 271
RUSSEY (Le) 116

Saint-Albin
(canal Tunnel).............. 271, 272
SAINT-AMOUR 198
Saint-Antoine
(cave d'affinage du fort
Lucotte – Comté Marcel
Petite) 90
SAINT-BARTHÉLEMY............ 292
SAINT-CLAUDE 237, 240
SAINT-DIZIER-L'ÉVÊQUE..... 333

SAINT-GEORGES-ARMONT ... 138
SAINT-GERMAIN-LÈS-ARLAY ... 168
SAINT-HIPPOLYTE ... 123
SAINT-HYMETIÈRE ... 201
SAINT-JULIEN-SUR-SURAN ... 200
SAINT-LAURENT-EN-GRANDVAUX ... 219, 220
SAINT-LOTHAIN ... 191
SAINT-LOUP-NANTOUARD (château de Saint-Loup) ... 266
SAINT-LOUP-SUR-SEMOUSE ... 278
SAINT-MAUR (Jardin fantastique – Labyrinthe végétal) ... 168
SAINT-POINT ... 91
Saint-Valbert (ermitage et parc animalier de) ... 286
Saint-Vincent d'Ilay (prieuré) ... 210
Salbert (la colline du) ... 319
SALINS-LES-BAINS ... 179
SALON (vallée du) ... 269
SAMPANS ... 174
SANCEY-LE-LONG ... 123
SAÔNE (les hauts du val de) ... 274
SAÔNE (le val de) ... 262
SAÔNE (moyenne vallée de la) ... 269
Sarrazine (grotte) ... 75
SAUGEAIS (république du) ... 104
SAULES ... 152
SCEY-SUR-SAÔNE-ET-SAINT-ALBIN ... 271
SELLIÈRES ... 170
Sénarmont (fort de) ... 327
SEPTMONCEL ... 235, 243
SERMAMAGNY ... 319
SERVANCE ... 290
SEVENANS ... 310
SEVEUX ... 269
Sites inscrits au Patrimoine mondial de l'Unesco ... 354
Sites internet ... 41
SOCHAUX ... 130, 134
SOING ... 270
SOLEMONT ... 124
SOUS-LA-JOUX ... 234
SUARCE ... 327
SUNDGAU (le) ... 326
SURAN (vallée du) ... 200
SYAM ... 214
Syam (forges et château de) ... 214, 215

T

TERNUAY-MELAY ... 290
TERRITOIRE DE BELFORT (le) ... 299
THEULEY (mémorial Jules-Rimet) ... 270
THOIRIA ... 207
TILLE DE BRACON (la) ... 183
TOUR-DU-MEIX (La ; église de Saint-Christophe) .. 202, 203
TRAVES ... 272
TRÉPOT (fromagerie-musée) ... 155
Trésor (grotte du) ... 108

V

VAL D'AMOUR ... 73
VAL-DE-CUSANCE ... 142
VALDAHON ... 142
VALENTIGNEY ... 128
VALENTIGNEY (musée de la Paysannerie et des Vieux Métiers) ... 136
VALLÉE DE L'OGNON (la) ... 252
Valouse (gorges de la) ... 200, 201
VALOUSE (vallée de la) ... 229
VANDONCOURT ... 135
VAUCLUSE ... 121, 122
VERNOIS (lac du) ... 210
VERNOIS (Le) ... 194
Veronne (sentier-découverte de l'Étang de la) ... 320
VERRIÈRES-DE-JOUX (Les) ... 81
VESCLES (le château d'Oliferne) ... 205
VESOUL ... 245
Vieille-Loye (baraques du 14 de La) ... 178
Vignes (chemin des) ... 190
VIEUX-CHARMONT ... 128
Villages fleuris (route des) ... 324
VILLARD-SAINT-SAUVEUR ... 240
VILLE-DU-PONT ... 106
VILLEDIEU-LÈS-ROCHEJEAN (Les) ... 96
VILLERS-FARLAY (four de tuilier) ... 179
VILLERS-LE-LAC ... 113, 114
VILLERSEXEL ... 254
Vins et alcools ... 354

VOITEUR 194
VORGES-LES-PINS 72
VOSGES (parc naturel
régional des ballons des).... 284
VOSGES DU SUD
EN HAUTE-SAÔNE (les)..... 276
VOSGES DU SUD CÔTÉ
BELFORT (les) 320
VOUGLANS (lac de) 202
VUILLAFANS 148

LISTE DES CARTES ET PLANS

- Arbois 185
- Belfort – Plan d'ensemble................ 304-305
- Belfort – La vieille ville (zoom).............................. 307
- Besançon............................ 49
- Coups de coeur (nos) 12
- Distances par la route........... 2
- Dole 173
- Doubs (le)....................... 44-45
- Cascades du Hérisson (les) 209
- Franche-Comté (la)............... 9
- Haute-Saône (la)......... 246-247
- Itinéraires conseillés 28, 30
- Jura (le)...................... 160-161
- Lons-Le-Saunier................ 163
- Luxeuil-les-Bains 280-281
- Montbéliard 129
- Pontarlier 79
- Saint-Claude..................... 239
- Territoire de Belfort (le) 301

INDEX GÉNÉRAL

Remarque importante aux hôteliers et restaurateurs

Les enquêteurs du *Routard* travaillent dans le plus strict anonymat. Aucune réduction, aucun avantage quelconque, aucune rétribution n'est jamais demandé en contrepartie. Face aux aigrefins, la loi autorise les hôteliers et restaurateurs à porter plainte.

Avis aux lecteurs

Le Routard, ce n'est pas comme le bon vin, il vieillit mal. On ne veut pas pousser à la consommation, mais évitez de partir avec une édition ancienne. Les modifications sont souvent importantes.
Les réductions accordées à nos lecteurs ne sont jamais demandées par nos rédacteurs afin de préserver leur indépendance. Les hôteliers et restaurateurs sont sollicités par une société de mailing, totalement indépendante de la rédaction, qui reste donc libre de ses choix. De même pour les autocollants et plaques émaillées.

Avec routard.com, choisissez, organisez, réservez et partagez vos voyages !

✓ Rejoignez la plus grande communauté francophone de voyageurs : plus de **2 millions** de visiteurs !

✓ Échangez avec les routarnautes : forums, photos, avis d'hôtels.

✓ Retrouvez aussi toutes les informations actualisées pour choisir et préparer vos voyages : plus de 200 fiches pays, une centaine de dossiers pratiques et un magazine en ligne pour découvrir tous les secrets de votre destination.

✓ Enfin, comparez les offres pour organiser et réserver votre voyage au meilleur prix.

Les Routards *parlent aux* Routards

Faites-nous part de vos expériences, de vos découvertes, de vos tuyaux. Indiquez-nous les renseignements périmés. Aidez-nous à remettre l'ouvrage à jour. Faites profiter les autres de vos adresses nouvelles, combines géniales... On adresse un exemplaire gratuit de la prochaine édition à ceux qui nous envoient les lettres les meilleures, pour la qualité et la pertinence des informations. Quelques conseils cependant :
– Envoyez-nous votre courrier le plus tôt possible afin que l'on puisse insérer vos tuyaux sur la prochaine édition.
– N'oubliez pas de préciser l'ouvrage que vous désirez recevoir, ainsi que votre adresse postale.
– Vérifiez que vos remarques concernent l'édition en cours et notez les pages du guide concernées par vos observations.
– Quand vous indiquez des hôtels ou des restaurants, pensez à signaler leur adresse précise et, pour les grandes villes, les moyens de transport pour y aller. Si vous le pouvez, joignez la carte de visite de l'hôtel ou du resto décrit.
– N'écrivez si possible que d'un côté de la lettre (et non recto verso).
– Bien sûr, on s'arrache moins les yeux sur les lettres dactylographiées ou correctement écrites !
En tout état de cause, merci pour vos nombreuses lettres.

122, rue du Moulin-des-Prés, 75013 Paris

• *guide@routard.com* • *routard.com* •

Édité par Hachette Livre (58, rue Jean-Bleuzen, CS 70007, 92178 Vanves Cedex, France)
Photocomposé par Jouve (45770 Saran, France)
Imprimé par Jouve 2 (Quai n° 2, 733, rue Saint-Léonard, BP 3, 53101 Mayenne Cedex, France)
Achevé d'imprimer le 24 mars 2017
Collection n° 15 - Édition n° 01
84/7983/7
I.S.B.N. 978-2-01-279941-7
Dépôt légal : mars 2017

PAPIER À BASE DE FIBRES CERTIFIÉES